Detlef Henning
Geschichte der lettischen Geschichtsschreibung

# Veröffentlichungen des Nordost-Instituts

## Band 25

2025
Harrassowitz Verlag · Wiesbaden

Detlef Henning

# Geschichte der lettischen Geschichtsschreibung
Vom 19. Jahrhundert bis zur Gegenwart

2025

Harrassowitz Verlag · Wiesbaden

Herausgeber:
Nordost-Institut
Institut für Kultur und Geschichte
der Deutschen in Nordosteuropa e.V.
an der Universität Hamburg
Lindenstr. 31
21335 Lüneburg
www.ikgn.de

Umschlagabbildung: Das Freiheitsdenkmal (lett. *Brīvības piemineklis*, 1935) in Riga ist Symbol lettischer Souveränität. Projekt: Kārlis Zāle (1888–1942), Architekt: Ernests Štālbergs (1883–1958); © Detlef Henning.

Bibliografische Information der Deutschen Nationalbibliothek
Die Deutsche Nationalbibliothek verzeichnet diese Publikation in der Deutschen Nationalbibliografie; detaillierte bibliografische Daten sind im Internet
über https://dnb.de abrufbar.

Bibliographic information published by the Deutsche Nationalbibliothek
The Deutsche Nationalbibliothek lists this publication in the Deutsche Nationalbibliografie; detailed bibliographic data are available in the internet
at https://dnb.de.

Informationen zum Verlagsprogramm finden Sie unter
https://www.harrassowitz-verlag.de
© Otto Harrassowitz GmbH & Co. KG, Wiesbaden 2025
Kreuzberger Ring 7c-d, 65205 Wiesbaden, produktsicherheit.verlag@harrassowitz.de
Das Werk einschließlich aller seiner Teile ist urheberrechtlich geschützt.
Jede Verwertung außerhalb der engen Grenzen des Urheberrechtsgesetzes ist ohne Zustimmung des Verlages unzulässig und strafbar. Das gilt insbesondere
für Vervielfältigungen jeder Art, Übersetzungen, Mikroverfilmungen und
für die Einspeicherung in elektronische Systeme.
Gedruckt auf alterungsbeständigem Papier.
Satz: Danuta und Adam Pitula, Thorn, Polen
Druck und Verarbeitung: Memminger MedienCentrum AG
Printed in Germany
ISSN 1862-7455  eISSN 2750-5529
ISBN 978-3-447-12341-9  eISBN 978-3-447-39644-8

# Inhalt

Vorwort ............................................................. 7
1. Einführung ....................................................... 9
2. Deutschbaltische Geschichtsschreibung, lettisches historisches Interesse
   und junglettisches Geschichtsprogramm (18. und 19. Jahrhundert) ............. 21
   2.1. Politische, soziale und kulturelle Rahmenbedingungen
        im 18. und 19.Jahrhundert ................................... 21
   2.2. Die deutschbaltische Geschichtsschreibung im 18. und 19. Jahrhundert:
        Geschichtsschreiber und Institutionen ........................ 23
   2.3. Aufklärung und Romantik .................................. 29
   2.4. Vom leibeigenen Bauern über die Volksaufklärung zum aufgeklärten Volk  32
   2.5. Die Jungletten: das aufgeklärte Volk sucht (seine) Geschichte .......... 33
3. Die Anfänge der lettischen Geschichtsschreibung im Russländischen Zarenreich
   (1880–1918) ...................................................... 39
   3.1. Historische und politische Rahmenbedingungen ...................... 39
   3.2. Lettische Geschichtsschreibung zwischen Wissenschaft und junglettischer
        Ideologie .................................................. 40
   3.3. Lettische Geschichtsschreibung zwischen nationalem und sozialem Diskurs  44
4. Lettische Historiografie in der Republik Lettland (1918–1940) ................. 48
   4.1. Historische und politische Rahmenbedingungen ...................... 48
   4.2. Transformation des Geschichtsbildes ............................. 50
   4.3. Personen und Institutionen ................................... 55
   4.4. Themen, Konzepte, Diskurse und Kontroversen ...................... 68
5. Lettische Geschichtsschreibung in Sowjetrussland und in der Sowjetunion
   (1918–1940) ...................................................... 77
   5.1. Historische und politische Rahmenbedingungen ...................... 77
   5.2. Personen und Institutionen ................................... 83
   5.3. Themen, Konzepte, Diskurse und Kontroversen ...................... 88
6. Lettische Geschichtsschreibung im Zweiten Weltkrieg (1940–1944) ............. 95
   6.1. Historische und politische Rahmenbedingungen ...................... 95
   6.2. Lettische Historiografie während des ersten Jahres der sowjetischen
        Besatzungszeit (Juni 1940 bis Juni 1941) ......................... 96
   6.3. Lettische Historiografie während der deutschen Besatzungszeit
        (Juli 1941 bis Herbst 1944) ................................... 99

7. Lettische Historiografie in der Sowjetrepublik Lettland (1944–1991)............ 110
   7.1. Historische und politische Rahmenbedingungen ........................ 110
   7.2. Das historische Feld: Personen und Institutionen ....................... 116
   7.3. Themen, Konzepte, Diskurse und Kontroversen ........................ 125
   7.4. Lettisches Exil und sowjetlettische Heimat............................. 159
   7.5. Ende, Aufbruch und Beurteilung(1987–1991) .......................... 163

8. Lettische Historiografie im westlichen Exil (1944–1991)..................... 166
   8.1. Historische und politische Rahmenbedingungen ........................ 166
   8.2. Personen und Institutionen............................................ 171
   8.3. Themen, Konzepte, Diskurse und Kontroversen ........................ 176

9. Ausblick: Die Geschichtslandschaft Lettlands der Gegenwart (1991–2018) ...... 188
   9.1. Historische und politische Rahmenbedingungen ........................ 188
   9.2. Personen und Institutionen............................................ 192
   9.3. Lettische Historiografie der Gegenwart ............................... 212

10. Schlussbemerkungen................................................... 221

Anhang..................................................................... 225
   Abkürzungsverzeichnis................................................. 227
   Quellen- und Literaturverzeichnis...................................... 229
      1. Archive und ungedruckte Quellen ................................. 229
      2. Literatur ....................................................... 230
   Personenregister...................................................... 306

# Vorwort

Zur Vielfalt europäischen Lebens gehört seine geografische, kulturelle und lebensweltliche Diversität – und seine unterschiedlichen Geschichten, die sich Menschen, Gesellschaften und Nationen auf diesem Kontinent erzählen, die sie erinnern und aus denen sie ihre Zukunftsentwürfe entwickeln.

Während die ‚großen' Geschichten – etwa der Briten, Franzosen, Deutschen, Italiener und Russen – in allgemeinen Zügen bekannt sind, haben es die ‚kleineren' Geschichten europäischer Nachbarn oft schwer. Sie gelten nicht selten als zu vernachlässigende Neben- oder Randgeschichten, gelten als irrelevant oder als bedeutsam nur für die Angehörigen der betreffenden Nationen selbst. In besonderem Maße gilt dies für die baltischen Länder, Staaten, Völker und Nationen im nordöstlichen Europa. Der Beginn der nationalen und kulturellen Emanzipation der Esten, Letten und Litauer datiert auf das 19. Jahrhundert und ist auf das Engste mit der Schaffung eines eigenen Erinnerungsraumes, einer eigenen Geschichte verbunden, die nicht mehr die Geschichte der Deutschen, Schweden, Polen oder Russen sein sollte.

Die vorliegende Veröffentlichung widmet sich nicht der Geschichte der Letten oder Lettlands selbst, sondern der Geschichte der lettischen Erinnerungslandschaft und Geschichtsschreibung sowie ihren Protagonisten, den Historikern. Diese waren nicht selten selbst Akteure einer baltischen Geschichte im 20. Jahrhundert, die von Revolutionen, Kriegen, Besatzungsmächten, Umbrüchen und Krisen geprägt ist und so wiederum die jeweilige Art und Weise Geschichte zu denken und zu schreiben zutiefst beeinflusste.

Der Dank des Autors richtet sich zuerst an Prof. Dr. Jan Kusber vom Arbeitsbereich Osteuropäische Geschichte des Historischen Seminars der Johannes Gutenberg-Universität in Mainz, der die Arbeit motiviert und kontinuierlich wohlwollend sowie konstruktiv-kritisch begleitet hat.[1] Daneben gilt mein Dank all den lettischen Historikerkolleginnen und -kollegen, die ich in den vergangenen 40 Jahren kennenlernen durfte, die stets offen und zugewandt im Gespräch und bereit waren, ihre Erlebnisse und Erfahrungen, ihre Erkenntnisse und Kritik zu teilen – Sichtweisen, die sich nicht selten von der Lebenswelt eines in der Bundesrepublik Deutschland der 1960er Jahre und folgenden Jahrzehnte aufgewachsenen jungen Menschen unterschieden. Ohne sie würde es diese Arbeit nicht geben. Besondere Anerkennung sei Prof. Ilgvars Misāns in Riga ausgesprochen, der diese Studie nicht nur akribisch gelesen und begutachtet, sondern sie auch für eine Übertragung ins Lettische vorgeschlagen hat. Ich danke ferner dem Nordost-Institut in Lüneburg für die Aufnahme der

---

1 Die Dissertation wurde am 11. Dezember 2018 an der Johannes Gutenberg-Universität in Mainz (D77) eingereicht, die mündliche Doktorprüfung fand am 9. Juli 2019 statt.

Dissertation in seine Reihe „Veröffentlichungen des Nordost-Instituts" und hier besonders meiner Kollegin Anja Wilhelmi für die redaktionelle Betreuung der Drucklegung.

Bevor der Leser in die spannende Geschichte der lettischen Geschichtsschreibung der letzten etwa 140 Jahre entlassen wird, sollen noch einige wenige formale Hinweise erfolgen:

Aus Gründen der besseren Lesbarkeit wird in dieser Veröffentlichung das generische Maskulinum verwendet. Weibliche und anderweitige Geschlechteridentitäten werden dabei ausdrücklich mitgemeint, soweit es für die Aussage erforderlich ist.

Die historische Schreibweise lettischer Namen oder Veröffentlichungen wurde an die derzeit in Lettland gültige moderne Orthografie angepasst. Dies ist möglicherweise zitierstilistisch nicht ganz korrekt, dient aber der Auffindbarkeit in lettischen Bibliografien oder Datenbanken, in denen dies so üblich ist.

Und schließlich kann der Angriffskrieg Russlands gegen die Ukraine in Einzelfällen dazu geführt haben, dass Websites (URL), auf die in dieser Arbeit hingewiesen wird und die Organigramme oder Personenangaben enthielten, aus Sicherheitsgründen nicht mehr oder nur noch eingeschränkt aufrufbar sind. Dafür bitte ich um Verständnis.

Ich widme diese Arbeit meinen Eltern Peter und Margarete Henning, denen in der ersten Hälfte des 20. Jahrhunderts Diktatur und Krieg die jungen Jahre ihres Lebens verdarben, und die dennoch nach 1945 guten Mutes alles taten, um ihren drei Söhnen Bildung und ein Leben in Frieden zu ermöglichen. Das vorliegende Buch ist auch ihr Verdienst.

Lüneburg, in der Vorweihnachtszeit 2024　　　　　　　　　　　　　　　　Detlef Henning

## 1. Einführung

Als lettische bürgerliche und sozialdemokratische Politiker vor etwas mehr als 100 Jahren, am 18. November 1918 in Riga die Republik Lettland proklamierten, gründeten sie einen neuen Staat ohne Geschichte – besser: ohne eine eigene, eine lettische Geschichte. Es gab, mit einer Ausnahme,[1] weder lettische Historiker noch eine lettische Universität, geschweige denn eine Fakultät oder ein Institut für Geschichte. Und es gab nur eine, aus lettischer Sicht, ‚fremde' Geschichte: eine baltische Provinzial- oder Landesgeschichte,[2] flächendeckend für die ehemaligen russischen Ostseegouvernements Estland, Livland und Kurland. Sie berücksichtigte weder die quer durch Livland verlaufende ethnische Grenze zwischen autochthonen Esten und Letten noch den östlichen Landesteil Lettgallen, das historische Polnisch-Livland, und stammte überwiegend aus der Feder von Vertretern der politisch und ökonomisch im Niedergang begriffenen deutschbaltischen Oberschicht.

Dies änderte sich nur allmählich. Im September 1919 nahm an der Fakultät für Philologie und Philosophie der neu gegründeten „Universität Lettlands" (lett. *Latvijas Universitāte*) eine Abteilung für Geschichte ihre Arbeit auf, allerdings zunächst noch ohne lettische Historiker. Erst 1936 wurde ein Lehrstuhl für Geschichte Lettlands eingerichtet. Im selben Jahr wurde auch das erste außeruniversitäre geschichtswissenschaftliche Forschungsinstitut, das „Geschichtsinstitut Lettlands" (lett. *Latvijas Vēstures institūts*), als Keimzelle einer künftigen Lettländischen Akademie der Wissenschaften ins Leben gerufen, welches bis heute besteht.

Gegenwärtig, etwas mehr als einhundert Jahre nach Gründung der Republik Lettland, verfügt das Land mit seinen knapp 1,9 Millionen Einwohnern über ein ausdifferenziertes historisches Feld mit einigen hundert in der Geschichtsforschung, der universitären Lehre oder im Kulturbereich arbeitenden Historikerinnen und Historikern, unterschiedlich profilierten universitären und wissenschaftlichen Einrichtungen, mehreren anerkannten Fachzeitschriften sowie zahlreichen weiteren Einrichtungen wie Museen, Archive und Bibliotheken, an denen geschichtswissenschaftlich geforscht, diskutiert und publiziert wird. Lettische Historiker sind international vernetzt und stehen in engem wissenschaftlichen Austausch mit Kollegen in den baltischen Nachbarstaaten, Deutschland, Russland, Skandinavien, Polen und im angloamerikanischen Raum, also in Ländern, in denen ein genuines Interesse an der Geschichte der baltischen Region besteht. Die Historiografie Lettlands ist chronologisch und systematisch ausdifferenziert, ihre seit den 1920er Jahren zusammengetragenen Ergebnisse

---

1   Zu Jānis Krodznieks (1851–1924) vgl. ausführlicher Kapitel 3.
2   Die baltische Provinzialgeschichtsschreibung erschien fremd, da sie – auch in Deutschland – als deutsche Landesgeschichte begriffen wurde, vgl. z. B. den Untertitel bei: Seraphim, Geschichte von Livland: Allgemeine Staatengeschichte. Bd. 7. [...]. Dritte Abteilung: Deutsche Landesgeschichten.

sind – trotz der im Vergleich mit anderen Ländern beschaulichen Größe des historischen Feldes – kaum noch überschaubar.³

Was seitens lettischer Historiker allerdings fehlt, ist eine kritische Geschichte der lettischen Historiografie selbst. Eine Geschichte, die die Bedingungen der langsamen Entstehung dieses Wissenschaftszweiges im 19. Jahrhundert skizziert, seine Entfaltung während der ersten Unabhängigkeitszeit Lettlands verfolgt, die wechselnden politischen Abhängigkeiten während der Jahrzehnte des autoritären Regimes, der sowjetischen und deutschen Besetzung analysiert sowie die Wege der Neuorientierungen ab 1991 beschreibt. Eine Geschichte, die selbst in beobachtende, strukturierende Distanz zu dieser Wissenschaftsgeschichte tritt und nach den jeweiligen konstruierten Verfasstheiten, ideologischen Hintergründen, Themen und Kontroversen, methodischen Einflüssen oder Gründen für deren Fehlen fragt. Eine Geschichte, die auch die maßgeblichen Institutionen und Historiker als Akteure und Zeitgenossen in den Blick nimmt, die oftmals nicht nur lettische Geschichte schrieben, sondern sie auch machten.

*Forschungsstand*

Gibt man in die Suchmaske des Katalogs der Nationalbibliothek Lettlands den Begriff „Geschichte der Historiografie" ein, weist der Katalog keinen einzigen Literaturtitel aus. Gibt man den Begriff „Historiografie Lettlands" ein,⁴ bekommt man lediglich den Hinweis auf eine Universitätsvorlesung unter gleichem Titel, die von dem deutschbaltischen Historiker Leonid Arbusow d. J. (1882–1951) im Studienjahr 1928/29 an der Universität Lettlands gehalten und litografisch vervielfältigt wurde.⁵ Beides sind Symptom für einen disparaten und schwer fassbaren Forschungsstand zur Geschichte der lettischen Historiografie sowohl in Lettland selbst als auch im Ausland.

Bis in die Gegenwart sind in Lettland auch unter anderen Überschriften nur wenige und gleichzeitig wenig befriedigende Gesamtüberblicke unter anderen Überschriften zur lettischen Geschichtswissenschaft seit ihrer Entstehung gegen Ende des 19. Jahrhunderts greifbar.⁶ Zum einen ist dies ein umfassender Überblick, der kurz vor dem Ende der SSR Lettland in der zehnbändigen Sowjetenzyklopädie Lettlands erschien. Er beginnt mit der älteren baltischen Historiografie vor 1918, geht ideologisch wertend kurz auf die vorsowjetische Geschichtswissenschaft in der Republik Lettland bis 1940 ein und listet danach thematisch sortiert die wichtigsten Werke der sowjetlettischen Historiografie und der Parteigeschichte bis Anfang der 1980er Jahre auf. Historiografische Hinweise enthalten dort

---

3 So listet z. B. allein eine neuere Bibliografie zur Revolution 1905 auf dem Gebiet des späteren Lettland insgesamt 3.832 Titel auf: 1905.–1907. gada revolūcija Latvijā.
4 Lett. *Historiogrāfijas vēsture* und *Latvijas historiogrāfija*, vgl. URL: https://kopkatalogs.lv/F/66G 5IG1C1J76EYDTUXL8X4PEJLJEP2IAD96JR2CQ1JHIRKAQL8-00373?func=find-b-0 (letzter Zugriff: 31.3.2022).
5 Arbuzovs, Latvijas historiogrāfija.
6 Keine Berücksichtigung finden im Folgenden (kürzere) nichtlettische Überblicke, z. B. das Kapitel „Vom Nationalismus zum Klassenkampf. Eine kurze Geschichte der lettischen Historiographie" in: Onken: Demokratisierung der Geschichte, S. 122-151; Henning, Kurze Geschichte der lettischen Historiografie; Brüggemann, Henning, Tauber, Historiografie, S. 68-79 (der Beitrag vorveröffentlichte z. T. einzelne Textstellen dieser Arbeit).

auch die Lemmata über Nachbardisziplinen wie Archäologie, Wirtschaftswissenschaften, Philosophie, Literaturgeschichte und Kunstgeschichte.[7] Zum anderen erschien nach 1991 ein knapper Überblick über die Historiografie(n) Lettlands zu Unterrichtszwecken an der Universität aus der Feder von Imants Mednis (geb. 1950), damals Dozent am Lehrstuhl für Geschichte in Riga. Mednis periodisiert die Geschichte der Geschichtsschreibung ab dem 13. Jahrhundert, geht auch auf die nichtlettische deutsche und russische Historiografie auf dem Gebiet der späteren Republik Lettland ein und nennt die wichtigsten Publikationen, Historiker und Forschungseinrichtungen. Seine Darstellung stellt eine allgemeine Einführung und nützliche Erstinformation dar, ohne jedoch einen problematisierenden Fragehorizont zu eröffnen.[8] Auch die dritte Publikation, eine umfangreichere Darstellung des lange Jahrzehnte an der Pädagogischen Hochschule (ab 1993 Universität) in Daugavpils (dt. Dünaburg) lehrenden Historikers Josifs Šteimans (1923–2011) bietet allenfalls Sachinformationen, aber wenig Erkenntnis.[9] Einen schmalen Überblick „Geschichtswissenschaft in Lettland" der Historikerin Daina Bleiere (geb. 1949) hat vor kurzem die digitale „Nationale Enzyklopädie" veröffentlicht.[10] Zusammenfassend muss konstatiert werden, dass weder befriedigende Gesamtdarstellungen zur Geschichte der lettischen Geschichtswissenschaft noch kritische *case studies* zu einzelnen Perioden, Institutionen, Historikern oder Fragekomplexen vorliegen. So fehlen z. B. Untersuchungen zum Entstehen eines lettischen geschichtlichen Bewusstseins ab ca. 1850 und zur allmählichen Genese lettischer Geschichtswissenschaft bis Mitte der 1920er Jahre hinein fast völlig, von einer Kontextualisierung mit anderen entstehenden Nationalgeschichten im Europa des ausgehenden 19. Jahrhundert gar nicht zu reden.

Der schmale Befund an monografischen Arbeiten oder Aufsätzen, die die gesamte lettische Historiografiegeschichte in den Blick nehmen,[11] täuscht jedoch darüber hinweg, dass die lettische Geschichtswissenschaft gleichzeitig Gegenstand zahlreicher Einzelbeiträge ist, die jedoch jeweils nur einzelne Perioden, Historiker, Institutionen oder Aspekte betreffen und kaum systematische Fragen aufwerfen. Mitte der 1930er Jahre erschien ein Lemma „Geschichtswissenschaft" im vielbändigen Lettischen Konversationswörterbuch aus der Feder von Augusts Tentelis (1876–1942), das die ältere baltische Geschichtswissenschaft, vor allem aber lettische Veröffentlichungen seit 1920 in den Blick nimmt.[12] Einen knappen Überblick über die Entstehung und frühe Entwicklung der institutionellen lettischen

---

7 Vēstures zinātne [Geschichtswissenschaft], in: Latvijas Padomju Enciklopēdija. 5.2. sēj., S. 507-515; zu den Nachbarwissenschaften vgl. ebenda, S. 515-552. Der Beitrag findet sich in einem Supplementband (5.2), der ausschließlich der SSR Lettland gewidmet ist.
8 Mednis, Savu vēsturi.
9 Šteimans, Latvijas vēstures historiogrāfija.
10 Daina Bleiere, Vēstures zinātne Latvijā, in: Nacionālā enciklopēdija, URL: https://enciklopedija.lv/skirklis/24540-v%C4%93stures-zin%C4%81tne-Latvij%C4%81 (letzter Zugriff: 20.6.2024).
11 Z. B. Mintaurs, Perspectives. Nicht in den Blick genommen werden hier Literatur-, Tätigkeits- oder Forschungsberichte, die regelmäßig veröffentlicht wurden, aber naturgemäß keine eigentlichen historiografiekritischen Ansätze verfolgen, z. B. Malvess, Latvijas vēstures institūts; oder die Bibliografien des Geschichtsinstituts Lettlands zur Sowjetzeit: Latvijas PSR Zinātņu Akadēmijas Vēstures Institūta publikācijas (1946.–1972.); Latvijas PSR Zinātņu Akadēmijas Vēstures Institūta publikācijas 1973.–1975.
12 Tentelis, Vēstures zinātne.

Geschichtswissenschaft veröffentlichte 1938 der junge Mittelalterhistoriker Teodors Zeids (1912–1994).[13] Ein bedeutsames Zeitdokument für den Stand der lettischen Reflexionen über den Gegenstand der Geschichte stellt der Essay „Aufgaben der lettischen Geschichte" dar, den Arveds Švābe (1888–1959) im Frühjahr 1940 kurz vor dem sowjetischen Einmarsch veröffentlichte.[14]

Historiografiegeschichtliche Darstellungen während der Sowjetzeit lassen sich in zwei Stoßrichtungen trennen: die Kritik der älteren deutschbaltischen und der jüngeren lettischen bürgerlichen Geschichtsschreibung einerseits[15] sowie die Hervorhebung der Erfolge der sowjetlettischen Historiker bei der Implementierung eines materialistischen, hier sowjetischen Geschichtsbildes andererseits. Chronisten der sowjetlettischen Geschichtswissenschaft waren vor allem die beiden russischen Historiker Anatolij Biron (1929–2006) und Vasilij Dorošenko (1921–1992), ihre Darstellungen entsprechen allerdings eher Forschungs- und Rechenschaftsberichten als Historiografiegeschichten.[16] Eine Ausnahme bildet eine faktenreiche Monografie zur Genese der sowjetlettischen Geschichtsschreibung in der Sowjetunion während der 1920er und 1930er Jahre, die Anatolij Biron zusammen mit Margarita Biron (geb. 1932) publizierte.[17] Kritische Beiträge zur sowjetlettischen Historiografie finden sich naturgemäß in Veröffentlichungen des lettischen Exils im Westen. Beobachter der sowjetlettischen Kollegen waren vor allem Jānis Arveds Trapāns (geb. 1938), Agnis Balodis (1932–1994) und Uldis Ģērmanis (1915–1997). Darüber hinaus wandte sich der in den Vereinigten Staaten lebende Andrejs Plakans (1940–2024) in den letzten Jahren der Geschichte der lettischen Exilhistoriografie zu.[18]

Die wenigen lettischen Historiker, die nach der Wiederherstellung der Unabhängigkeit Lettlands 1991 Rückblicke auf die lettische Historiografie unternahmen, fokussierten sowohl auf die Zwischenkriegszeit, an deren positives Erbe es nun anzuknüpfen galt, als auch auf die sowjetlettische Geschichtsforschung nach 1945, von der man sich nun distanzieren wollte. Den Beginn machte Heinrihs Strods (1925–2012), selbst lange Jahre ausgewiesener Vertreter der sowjetlettischen Historiografie,[19] mit einem kleinen Aufsatz über „Geschichtswissenschaft in Lettland" nach 1945, gefolgt von zwei Beiträgen über die „Sowjetisierung der Geschichtswissenschaft Lettlands" nach 1945 und mit methodischen Überlegungen zur

---

13 Zeids, Latviešu vēstures zinātnes attīstība 1918–1938.
14 Arveds Švābe, Latviešu vēstures uzdevumi.
15 Zutis, Očerki po istoriografii Latvii; Buržuāziskie nacionālisti – Latvijas vēstures viltotāji; Miške, Kas ir latviešu buržuāziskie nacionālisti; dass russ.: ders., Kto takie latyžsskie buržuaznye nacionalisty.
16 Bīrons, Dorošenko, Vēstures zinātnes attīstība Padomju Latvijā; Biron, Dorošenko, Sovetskaja istoriografija Latvii; Istoriografičeskie issledovanija; Biron, Izučenie istorii Latvii; Biron, Istoričeskaja nauka Latvijskoj SSR v 70-e gody; Istoričeskaja nauka Sovetskoj Latvii na sovremennom etape.
17 Biron, Biron, Stanovlenie sovetskoj istoriografii.
18 Bokalders, Padomju historiogrāfija Latvijā; Trapāns, Geschichtsmodifizierung; ders., Vēstures pētniecība Latvijā Staļina laikā; ders., Vēstures pētniecība Latvijā: Atkusnis un sasalšana; Balodis, Vēsture no „principiālām un partejiskām pozīcijām"; Plakans, Remaining Loyal.
19 Vgl. zum Beispiel seine kleine Handreichung für Propagandisten, in der er den deutschbaltischen Gutsherren unterstellte, mit der Einführung des Brandweins schon frühzeitig die Ausrottung des lettischen Bauernvolkes betrieben zu haben Eine Assoziation an das nordamerikanische „Feuerwasser" liegt nahe, vgl. Strods, Vācu muižnieki – žūpības ieviesēji.

Erforschung der Sowjethistoriografie.[20] Der Einfluss der russischen Historiografie in Lettland und die sowjetlettische Historiografie sind Themen des an der Universität Daugavpils lehrenden russischen Historikers Aleksandr Ivanov (geb. 1964).[21] Einzelnen Aspekten oder Themen der Geschichtsschreibung wandten sich u. a. Leo Dribins (geb. 1931), Ilgvars Butulis (geb. 1948), Ēriks Jēkabsons (geb. 1965), Kaspars Zellis (geb. 1972) oder jüngst – im Kontext eines Vergleiches historischen Erinnerns in Deutschland, Russland und Lettland – die aus Lettland stammende Literaturwissenschaftlerin Olga Bazileviča zu.[22] Vereinzelt standen regionale Schwerpunkte im Mittelpunkt.[23] Einen gewissen Überblick über einzelne Aspekte, Themen und Epochen der lettischen Historiografie bieten die Tagungsbände des I. und II. Historikerkongresses Lettlands, die 2011 und 2018 in Riga stattfanden, und teilweise eine kritisch Bestandsaufnahme der lettischen Geschichtswissenschaft enthalten.[24]

Zu den wenigen Historikern, die neben den genannten ein ausgesprochenes Interesse für Fragen der Historiografiegeschichte entwickelten, gehört vor allem der Mittelalterhistoriker Ilgvars Misāns (geb. 1955). Möglicherweise führte bei ihm die Beschäftigung mit der gegenwärtig in Lettland wenig populären Geschichte der Zeit vor 1918 eher zu einer kritischen Distanz gegenüber einer überwiegend national konnotierten Zeitgeschichte. Misāns veröffentlichte sowohl zu einzelnen Fragen der lettischen Historiografie wie Regionalgeschichte, Geschichte des Deutschen Ordens, Hansegeschichte, die „Schwedenzeit", Italistik im Kontext nationaler Geschichtsschreibung, Probleme der Geschichtsschreibung nach 1991 als auch zu einzelnen Historikern wie Zeids oder Arbusow d. J.[25]

Auch die Erforschung der Institutionengeschichte ist noch ausbaufähig. Im Grunde gibt es bisher nur eine einzige wissenschaftliche Publikation zur Geschichte einer geschichtswissenschaftlichen Einrichtung, eine Geschichte der Fakultät für Geschichte und Philosophie an der Universität Lettlands während der Sowjetzeit. Sie zeichnet sich neben der Darstellung der Fakultätsgeschichte vor allem dadurch aus, dass sie einen Teil der Interviews mit Zeitzeugen, die zusammen mit Archivdokumenten die Grundlage der Veröffentlichung bilden, wiedergibt und so die damalige Atmosphäre an der Fakultät zwischen Lehrkörper, Studenten und Parteifunktionären verdeutlicht.[26] Zur Geschichte des überaus wichtigen Geschichtsinstituts Lettlands gibt es, sieht man von Selbstdarstellungen der Sowjetzeit ab,[27]

---

20 Strods, Latvijas vēstures zinātne; ders., Latvijas vēstures zinātnes padomizēšana; ders., Netradicionālā pieeja.
21 Ivanov, Preemstvennost' russkoj istoriografičeskoj tradicii; ders., Latvijas PSR historiogrāfija; ders.: Vēstures zinātne kā padomju politikas instruments; ders., Okupācijas varu maiņa; ders., Nacionālā politika Latvijā, besonders S. 32 f.
22 Dribins, Nacionālais jautājums Latvijā; ders., Historiography; Butulis, Auswirkungen der autoritären Ideologie; Jēkabsons, Latvijas Neatkarības karš; Zellis, Der Erste Weltkrieg und die lettischen Schützen; Bazileviča, Als das Ich Kind war, S. 113-138.
23 Vgl. zu Kurland: Ozola, Tukuma muzeja ieguldījums; zu Lettgallen: Počs, Poča, Ieskats Latgales vēstures historiogrāfijā; Šteimans, Latgales vēstures historiogrāfija; Ivanovs, Kivrāns, Poča, Počs, Apcerējumi par Latgales vēstures historiogrāfiju.
24 Vgl. Latvijas vēsture krustcelēs; Vēstures zinātne Latvijā.
25 Misāns, Akadēmiske Geschichtsschreibung. Ein Teil seiner historiografiegeschichtlichen Beiträge ist, mit Angaben zur Veröffentlichung von Übersetzungen in westlichen Sprachen, publiziert in: Ders., Klio Latvijā.
26 Keruss, Lipša, Runce, Zellis, Latvijas Universitātes Vēstures un filozofijas fakultātes vēsture.
27 Bīrons, Zeids, Mieriņa, Žagars, Latvijas PSR Zinātņu Akadēmijas Vēstures Institūts.

nur einige wenige neuere Aufsätze, zum Teil verfasst von Mitarbeitern des Instituts selbst und im Kontext des 75jährigen Bestehens des Instituts 2011.[28] Schmerzliches Desiderat ist das Fehlen einer Geschichte des „Instituts für die Geschichte der Partei beim Zentralkomitee der Kommunistischen Partei Lettlands" (lett. *Latvijas Komunistiskās partijas Centrālās komitejas Partijas vēstures institūts*, 1945–1991, kurz „Parteiinstitut)", welches über seine parteiliche geschichtswissenschaftliche Arbeit hinaus auch eine Richtlinienkompetenz und Aufsichtsfunktion für den Geschichtsbetrieb in der SSR Lettland insgesamt besaß. Dies galt sowohl für den wissenschaftlichen Bereich als auch für den Bereich der sowjetlettischen *public history*, also die Instrumentalisierung von Geschichte in der sowjetlettischen öffentlichen Ideologie und Propaganda.

Ähnliches gilt in Bezug auf wissenschaftliche Biografien lettischer Historiker. Zwar gibt es zahlreiche Festschriften und Biobibliografien, die Aufsätze zu den Lebensläufen der jeweiligen Historiker enthalten.[29] Aber es liegt keine einzige monografische Biografie vor, die Leben und Forschen eines lettischen Historikers in seinen politischen, kultur- und wissenschaftsgeschichtlichen Bezügen kritisch kommentiert und wissenschaftlich befriedigend darstellt.[30] Dabei sind die Lebensläufe von Historikern wie Švābe, Jānis Zutis (1893–1962), Aleksandrs Drīzulis (1920–2006) oder Edgars Dunsdorfs (1904–2002) nicht nur wissenschaftsgeschichtlich hoch komplex. Sie verdeutlichen darüber hinaus fast idealtypisch die Verknüpfung von Wissenschaft, Erinnerungspolitik und Zeitgeschichte Lettlands im Spannungsfeld zwischen Ost und West und bieten reichlich Themen für künftige historische Arbeiten.

*Gründe für das Fehlen historiografiegeschichtlicher Forschungen in Lettland*

Während die ältere deutschbaltische historiografische Tradition als eine der im Baltikum vertretenen Historiografien bereits eine Würdigung gefunden hat,[31] können die Gründe,

---

28 Ronis, Latvijas vēstures institūts laikmeta kontekstā.
29 Vgl. vor allem die in unregelmäßigen Abständen vom Geschichtsinstitut Lettlands herausgegebenen biobibliografischen Veröffentlichungen der Serie: Latvijas vēsturnieki [Lettlands Historiker], die jeweils einen einleitenden biografischen Aufsatz enthalten. Einige kürzere biografische Essays enthält die Sammlung: Šteimans, Latvijas vēstures pētnieki. Auch die ausführlichen Nekrologe in der Zeitschrift Latvijas Vēstures Institūta Žurnāls und anderen Periodika enthalten biografische Angaben.
30 Auch in Estland wurde erst jüngst begonnen, sich den Lebensgeschichten estnischer Historiker zuzuwenden, vgl. Kivimäe, Rektor Hans Kruus. Eine Sonderstellung nehmen veröffentlichte Erinnerungen von Historikern ein, die naturgemäß subjektiv gefärbt sind, etwa: Švābe, Mana dzīve; Spekke, Atmiņu brīži; Krupņikovs, Dialogā; u. a.
31 Vgl. das Vorwort in: von Rauch, Geschichte der deutschbaltischen Geschichtsschreibung, S. XIV-XV. Im Vorwort dieses bisher einzigen nennenswerten Überblicks einer im Baltikum entstandenen historiografischen Tradition betont von Rauch sowohl die Notwendigkeit als auch Schwierigkeit einer Gesamtdarstellung der Geschichte der historischen Narrative der Region. Eine integrierte Gesamtschau der unterschiedlichen Historiografien der beiden von deutscher Geschichte beeinflussten baltischen Staaten unter Teilnahme estnischer und lettischer Historiker sei zwar denkbar gewesen, die „zweifellos fruchtbare Polemik", die dann entstanden wäre „hätte freilich den Rahmen des Werks gesprengt". Das Gewicht der Leistungen estnischer und lettischer Historiker könne demgegenüber in einer Selbstdarstellung der estnischen und lettischen Historiker besser berücksichtigt werden.

warum lettische Historiker bisher keine überzeugende Gesamtdarstellung der Geschichte ihrer Zunft vorgelegt haben, nur vermutet werden.

Ein wichtiger Grund liegt möglicherweise in der dramatischen Geschichte Lettlands selbst. In den 1920er und 1930er Jahren galten die praktischen Bemühungen dem personellen, institutionellen, konzeptionellen und terminologischen Aufbau einer eigenen Geschichtswissenschaft. Die Reflexion der eigenen Geschichte hatte affirmativ, nicht kritisch zu geschehen. Nach dem Zweiten Weltkrieg standen in der SSR Lettland die Entwicklung eines marxistischen Geschichtsbildes und die Anpassung der lettischen Geschichte an die Erfordernisse der sowjetischen Staatsraison im Mittelpunkt, während im westlichen Exil Kritik daran formuliert wurde. Zwar kehrte ab den 1960er Jahren eine gewisse Ruhe und Routine in den Wissenschaftsbetrieb ein, Überblicksarbeiten zur lettischen Geschichtswissenschaft jener Jahre tragen jedoch überwiegend den Charakter von Rechenschafts- oder Literaturberichten, und ideologische Vorgaben sowie internationale Isolierung verhinderten wissenschaftskritische Distanz und weitgehend die Übernahme westlicher Wissenschaftstrends.[32] Seit der Wiederherstellung der staatlichen Unabhängigkeit 1991 stand die faktische Aufarbeitung der Geschichte Lettlands im 20. Jahrhundert im Mittelpunkt. Die Krisen und Brüche des 20. Jahrhundertes, die Dramatik dieser von den Historikern miterlebten Geschichte sowie die jeweils rasch folgenden politischem, ideellem und methodischem Adaptionszwänge behinderten eine besonnene Reflexion des eigenen Tuns. Dies galt auch für lettische Historiker, die sich im Exil einrichten mussten und ihre historische Forschung häufig als einen Beitrag zur Befreiung Lettlands verstanden.

Wenig förderlich für eine Selbstreflexion war im 20. Jahrhundert auch die Fokussierung der lettischen Historiker auf den eigenen Ethnos als zentralen Erkenntnisgegenstand von Geschichte. Hinzu trat eine synonyme Verwendung der Begriffe „lettische Geschichte" (lett. *latviešu vēsture*) und „Geschichte Lettlands" (lett. *Latvijas vēsture*). Rückte die lettische Historiografie der Zwischenkriegszeit das lettische Volk (lett. *tauta*) in den Mittelpunkt einer „Geschichte Lettlands" und exkludierte sie gleichzeitig Nichtletten und Letten, die nicht mit der Republik konform gingen, aus diesem Narrativ,[33] so reduzierte die sowjetlettische Geschichtsschreibung wenig später zwar das lettische Volk auf dessen progressive Arbeiterklasse, definierte diese aber wiederum als lettisches „Arbeitsvolk" (lett. *darba tauta*) und perpetuierte damit paradoxerweise den Volksbegriff. Nach 1991 kann methodisch zunächst eine Rückkehr zum Volksbegriff der 1930er Jahre beobachtet werden. Hinzu kamen aber nun die Jahrzehnte der Okkupation und Annexion seit dem Hitler-Stalin-Pakt 1939. Dies hatte zur Folge, dass lettische Geschichte nun nicht mehr nur eine Erfolgsgeschichte war, die zu einem eigenen Staat geführt hatte, sondern auch eine Opfergeschichte, die die Erfahrung des Verlustes dieser Staatlichkeit zu verarbeiten hatte. Im Vorwort des ersten Bandes einer bisher in vier Bänden erschienenen „Geschichte Lettlands im 20. Jahrhundert" hieß es noch unmissverständlich, dass

---

32 Wie Anm. 15.
33 Dies waren z. B. politisch links stehende lettische Weggefährten Lenins wie Pēteris Stučka (1865–1932) oder politisch rechts stehende, konservative Sympathisanten der Deutschbalten wie Fricis Veinbergs (1844–1924) oder Andrievs Niedra (1871–1942).

„die Geschichte Lettlands [...] vor allem und hauptsächlich die Geschichte des lettischen Volkes [ist]. Ungeachtet fremder und feindlicher Großmächte, zutiefst verachtenswerter Verräter aus eigenem Hause, ungezählter Kriege und Verwüstungen, der Pest und anderer Epidemien, Deportationen und Genoziden haben es die Letten geschafft zu überleben. Aber der unaufhörliche Kampf um das Überleben an den gefährlichen Kreuzungspunkten Nordosteuropas, wo sich Lettland befindet, hat zuviel Blut und Leben gekostet, die Wurzeln des Volkes wurden von feindseligen fremden Mächten gefährlich ausgedünnt. Während andere Völker wuchsen, ist die Zahl der Letten gesunken."[34]

Eine ähnliche Sichtweise verdeutlicht auch der Untertitel des zweiten Bandes einer 13 Jahre später erschienenen vierbändigen Aufsatzsammlung „Letten und Lettland", der die Politik-, Wirtschafts- und Kulturgeschichte Lettlands im 20. Jahrhundert thematisiert. Er lautet „Letten und Lettland. Staatlichkeit in Lettland und der Staat Lettland – erkämpft und verloren".[35]

Das hohe Maß an scheinbarer Normativität, dass nämlich „die Geschichte Lettlands [...] vor allem und hauptsächlich die Geschichte des lettischen Volkes" sei, der Schwerpunkt der „lettischen Geschichte" also auf ethnischen oder nationalen Fragen liege,[36] führte dazu, dass wissenschaftstheoretische Fragen an das lettische Geschichtskonzept selten gestellt wurden. Was für lettische Historiker seit den 1920er Jahren das „lettisch" in „lettischer Geschichtswissenschaft" bedeutete, schien so selbstverständlich zu sein, dass eine Reflexion der „Geschichtswissenschaft" als „Wissenschaft" in den Hintergrund trat.

Hinzu kam (und kommt) drittens, dass Philosophie, Epistemologie und damit auch kritisch fragendes geschichtsphilosophisches und -theoretisches Denken in Lettland keine bedeutende Tradition aufweisen. Bis heute hat das Land keinen nennenswerten Philosophen oder Wissenschaftstheoretiker hervorgebracht, sieht man von dem unter Fachleuten bekannten Phänomenologen Teodors Celms (1893–1989) ab, der in Freiburg bei Heinrich John Rickert (1863–1936) und Edmund Husserl (1859–1938) studiert hatte. Geschichtstheoretische Literatur in lettischer Sprache bleibt ein Desiderat. Bisher gibt es, nach der vor dem Ersten Weltkrieg in St. Petersburg herausgegebenen lettischen Übersetzung von Ernst Bernheims (1850–1942) „Lehrbuch der historischen Methode und der Geschichtsphilosophie" von 1889 und den „Großen Problemen der Geschichte" von Robert Vipper (1859–1954) aus dem Jahr 1940 lediglich eine einzige umfangreiche, aber kaum bekannte „Geschichtsphilophie", ein Lehrbuch für Hochschulen, 1996 herausgegeben von der Verteidigungsakademie Lettlands.[37]

---

34 Bērziņš, Ievads, in: 20. gadsimta Latvijas vēsture. I.: Latvija no gadsimta sākuma, S. 9.
35 Latvieši un Latvija. II. sējums.
36 Daran ändert auch der Umstand wenig, dass die eigene Disziplin als durchaus dynamisch wahrgenommen wird: „Keine andere Wissenschaftsdisziplinin Lettland ist im Laufe des 20. Jahrhunderts aus subjektiven Gründen so dynamisch geschrieben, verändert und neu geschrieben worden", zitiert Guntis Zemītis, Direktor des Geschichtsinstituts Lettlands, zum 75. Bestehen der Einrichtung die Rechtshistorikerin Sanita Osipova in: Zemītis, Nacionalā identitāte.
37 Bernheims, Vestures filozofija; Vipers, Vēstures lielās problēmas; Tauriņš, Vēstures filozofija. Nicht berücksichtigt sind hier Aufsätze, die in der Regel ausländische Literatur paraphrasieren, hier nur ein Beispiel: Tentelis, Vēstures likumi.

## 1. Einführung

Neben der Theorieverdrossenheit lettischer Historiker kann als vierter Grund die Kleinräumigkeit des historischen Feldes in Lettland genannt werden. Es gibt nur eine einzige voll ausgebaute Fakultät für Philosophie und Geschichte, und die lettische Geschichtswissenschaft beschränkt sich mit wenigen, kaum prägenden Ausnahmen auf den Standort Riga.[38] Es fehlt an produktiver Konkurrenz zwischen unterschiedlich geprägten, voneinander unabhängigen wissenschaftlichen Standorten und diskursfreudigen Historikerinnen und Historikern. Die Knappheit an gesicherten Arbeitsplätzen, das alltägliche Gerangel um wenige Projektmittel und das Fehlen attraktiver Karrierechancen lassen auch gegenwärtig Fragen des persönlichen beruflichen Überlebens häufig an die Stelle wissenschaftlichen Fragens rücken.

Unter dem Einfluss einer postmodernen Kulturgeschichte zeichnet sich erst seit Kurzem unter Historikern einer jüngeren Generation der Wunsch nach fragender wissenschaftskritischer Distanz zum eigenen Tun ab. Zwei Zitate mögen dies verdeutlichen. Das erste verschiebt die Perspektive vom Ethnos in Richtung universale anthropologische (oder kulturwissenschaftliche) Fragestellungen:

„Die Erzählung der kolonialen und postkolonialen Erfahrung im Lettland des 20. Jahrhunderts ist in hohem Maße eine Erzählung über Angst – auf der einen Seite seine Identität wegen äußerer oder innerer Feinde zu verlieren, Angst ‚aufgefressen' und ‚verstreut', das Opfer regionaler oder globaler Verschwörung zu werden. Die koloniale Erfahrung ist traumatisch."[39]

Das zweite Zitat aus einem Vorwort der Zeitschrift *Vēsture* verlässt Volk und Territorium in Richtung Europa und möchte die lettische Geschichtswissenschaft auch für nichtlettische Themen öffnen

„Der Begriff ‚Geschichte Lettlands' ist vieldeutig, er beinhaltet natürlich nicht nur die Geschichte des Staates Lettland, des Landes und Volkes, sondern kann auch als ‚Geschichtswissenschaft in Lettland' interpretiert werden. Dieser Dualismus eröffnet der Zeitschrift die Möglichkeit auch solche Arbeiten zu veröffentlichen, die nicht immer nur der neuen und neuesten Zeit und nicht immer nur Lettland gewidmet sind, sondern auch Europa und anderen für uns wichtigen Regionen einer einen Welt. In der Geschichtswissenschaft Lettlands war immer die Richtung der Geschichte Lettlands stark, die für unsere Gesellschaft wichtig ist, und wesentlich auch für die Entwicklung der allgemeinen Geschichte und anderer Nebenzweige der Geschichtswissenschaft war."[40]

---

38 An der Universität Daugavpils (lett. *Daugavpils universitāte*) gibt es einen Lehrstuhl für Geschichte an der Fakultät für Humanwissenschaften, den seit 2014 die Historikerin Ilze Šenberga innehat. An der Rigaer Stradiņš-Universität (lett. *Rīgas Stradiņa universitāte*) und der Universität in Liepāja (lett. *Liepājas universitāte*) wird Geschichte nur fragmentarisch in anderen Zusammenhängen gelehrt, aber kaum erforscht.
39 Mintaurs, Koloniālā Latvija?
40 So formulierte 2016 ein neues Redaktionskollegium im Vorwort, nachdem die Universität Lettlands die Zeitschrift *Latvijas Vēsture. Jaunie un Jaunākie Laiki* (dt. Geschichte Lettlands. Neuere und Zeitgeschichte) übernommen und in *Latvijas Universitātes Žurnāls. Vēsture* (dt. Zeitschrift der Universität Lettlands. Geschichte) umbenannt hatte, vgl. Redakcijas kolēģijas ievads [Vorwort des Redaktionskollegiums], hier S. 9.

Beide Äußerungen unterstreichen eine zunehmende Offenheit und Öffnung der lettischen Geschichtswissenschaft für Fragestellungen, die möglicherweise nicht mehr primär mit „Lettland" und den „Letten" zu tun haben, sondern europäischer, möglicherweise auch globaler ausgerichtet sein werden, die Lettland zu einer Fallstudie im Vergleich machen und damit eine wachsend Anschlussfähigkeit an die internationale Geschichtswissenschaft generieren könnten.[41]

*Zur vorliegenden Arbeit*

Die Absicht der vorliegenden Arbeit besteht darin, ein kritisches Interesse an der lettischen Geschichtswissenschaft, also einem kleinen nationalen Narrativ zwischen Nordeuropa, Russland, Deutschland und Polen, zu wecken und zu befördern. Erstmals wird die Geschichte der lettischen Geschichtsschreibung chronologisch, epochenübergreifend und kontextualisiert dargestellt. Gleichzeitig sollen nicht nur die Geschichte eines Wissenschaftszweiges und dessen historiografische Resultate vorgestellt werden, sondern soll deutlich werden, dass „lettische Geschichtsschreibung" selbst immer auch eine Akteurin geschichtlicher Prozesse war und ist. So soll eine Grundlage geboten werden, sich künftig intensiver und detailfreudiger als in dieser Arbeit möglich mit einzelnen Epochen, Personen und Institutionen auseinanderzusetzen und wissenschaftsgeschichtliche Fragestellungen zu entwickeln. Darüber hinaus kann die Studie Impulse setzen, sich auch in den beiden baltischen Nachbarländern Estland und Litauen stärker der eigenen Historiografiegeschichte und der Genese des eigenen nationalen Narrativs zuzuwenden. Langfristiges Ziel könnte eine integrierte, das heißt auch deutschbaltische, russische und andere in der baltischen Region ansässige Narrative gleichermaßen berücksichtigende Gesamtgeschichte der Geschichtsentwürfe der Region sein, die sich wie kaum andernorts in Europa nicht nur kreuzen, sondern immer wieder auch Teil hybrider Konfliktprozesse waren und sind.

Auf eine tragfähige Definition dessen, was „lettische Geschichtsschreibung" präzise sei, wird an dieser Stelle verzichtet, weil es sie nicht geben kann. Lettische Geschichtsschreibung wird nicht nur von Letten und nicht nur innerhalb Lettlands betrieben. Sie bezieht sich inhaltlich nicht immer nur auf Letten und Lettland, sondern greift auch nach Osten, Westen und andernorts aus. Der Begriff wird in der vorliegenden Arbeit daher pragmatisch gehandhabt und beschreibt dreierlei. Zum einen meint er eine Geschichtsschreibung, deren Autoren und Historiker überwiegend, aber nicht nur, Letten sind und vorwiegend in lettischer Sprache publizieren.[42] Zum zweiten behandelt lettische Geschichtsschreibung eine Geschichte, die auf das Siedlungsgebiet der Letten oder die Geschichte von Letten außerhalb dieses Siedlungsgebietes, also ethnisch fokussiert. Und zum dritten geht es um die Geschichte eines Staates und seiner Bewohner, der Republik Lettland (lett. *Latvijas Republika*), die im 20. Jahrhundert zur Emanation lettischen emanzipatorischen Strebens, aber auch zur Heimat von Staatsbürgern nichtlettischer Nationalität wurde. Diese begriff-

---

41 Geschichte reflektierende Essays jüngerer lettischer Historiker veröffentlichen z. B. die literarisch-philosophischen Magazine *Domuzīme* [dt. Gedankenstrich] und *Punctum*, letzteres unter der URL: www.punctummagazine.lv (letzter Zugriff: 4.4.2022).
42 In geringerem Umfang haben lettische Historiker auch in russischer Sprache, vor allem während der sowjetischen Zeit, sowie in deutscher und englischer Sprache, vor allem im Exil, publiziert.

liche Handhabung bleibt naturgemäß an ihren Rändern unscharf und offen für Ausnahmen.

Lediglich der dritte Aspekt berührt dabei auch die Geschichte anderer Ethnien auf dem Gebiet Lettlands, der Deutschen (Deutschbalten), Russen, Juden, Polen, Litauer, Esten und anderer.[43] Darüber hinaus enthält „lettische Geschichtsschreibung" aber auch ein exkludierendes Moment. Entgegen modernen Trends zur Europäisierung oder Globalisierung von Geschichte bleiben die meisten Darstellungen innerhalb der lettischen Historiografie auf die eigene nationale Erfahrung und funktional auf die historische Vergewisserung einer als eigenständig begriffenen nationalen Identität und deren dauerhafte politische Absicherung beschränkt. Sie nehmen daher die Geschichte der Nachbarn oder Europas nur fragmentarisch in den Blick – selbst wenn diese Geschichten wie im Fall Deutschlands oder Russlands auf die Geschichte Lettlands einen dramatischen Einfluss hatten.[44]

Die Gliederung der Arbeit orientiert sich an vier Säulen oder Akteuren. Zum einen sind es die zeitgenössischen und politischen Rahmenbedingungen, die die Geschichtsschreibung beeinflussen, ihre Themen evozieren oder nach etwa zwei Jahrzehnten beginnen, selbst zu historischem Material zu gerinnen. Zum zweiten sind es die Historiker als Personen, die der Geschichte einen Resonanzboden verschaffen, sie erforschen und in sprachliche Form, in Texte gießen. Drittens sind es geschichtswissenschaftlich arbeitende Institutionen oder Vereinigungen und zum vierten Epochen, Themen, Kontroversen sowie Diskurse, die den eigentlichen Inhalt des historisch forschenden Betriebes bilden. Es wurde darauf geachtet, dass die wichtigsten Werke der lettischen geschichtswissenschaftlichen Produktion, ein *best of* der Veröffentlichungen der letzten etwa 150 Jahre, entweder in den einzelnen Kapiteln Berücksichtigung und Beschreibung erfahren oder aber in den Fußnoten, als Anmerkungen zu anderen Sachverhalten, Erwähnung finden.

Auf größere Forschungsarbeiten zur Historiografiegeschichte, darauf wurde bereits hingewiesen, konnte nicht zurückgegriffen werden. Diese fehlen im Übrigen auch für die Nachbarländer Estland und Litauen,[45] und auch für Russland konnte kein Standardwerk zur Geschichte der russischen Geschichtsschreibung ausfindig gemacht werden. Für Deutschland und internationale Zusammenhänge soll auf die einführenden Standardveröffentlichungen von Georg G. Iggers (1926–2017) mit weiterführender Literatur verwiesen werden.[46]

---

43 Aus lettischer Perspektive handelt es sich dabei um „Geschichte der Minderheitsvölker" (lett. *mazākumtautību vēsture*), die nicht zentral konstitutiv für die Geschichte Lettlands ist und eine untergeordnete Rolle spielt.

44 So hat die lettische Geschichtswissenschaft – trotz kaum zu übersehender Verflechtung der Geschichte des Landes mit deutscher und russischer, aber auch schwedischer oder polnischer Geschichte – in mehr als 100 Jahren keinen nennenswerten Deutschland- oder Russlandhistoriker hervorgebracht.

45 Allerdings liegen aus jüngerer Zeit zwei Monografien zur litauischen Historiografie während der ersten Unabhängigkeitszeit und Sowjetzeit vor, vgl. Gieda, Manifestuojanti Klėja; Švedas, Soviet Lithuanian Historiography; als kürzere Einstiege zu Estland und estnischen Historikern mit weiterführenden Hinweisen: Wulf, Grönholm, Generating Meaning; Hackmann: Historians as Nation-builders, ferner verschiedene Beiträge in dem Sammelband Angermann, Henning, Lenz (Hrsg.), Baltische Politiker, Historiker und Publizisten.

46 Vgl. Iggers, Deutsche Geschichtswissenschaft; ders., Geschichtswissenschaft im 20. Jahrhundert; ders., Wang, Mukherjee, Geschichtskulturen. Zu Belarus (Weißrussland) kann auf folgende Studie verwiesen werden: Lindner, Historiker und Herrschaft.

Auf Archivdokumente, also Aktenbestände mit personalem wie institutionellem Bezug, wurde in Anbetracht des großen zeitlichen Untersuchungsrahmens nur autopsisch zugegriffen. Eine Auswertung vor allem der Aktenbestände aus der Sowjetzeit, hier insbesonders Ideologiefragen betreffende Aktenbestände des Zentralkomitees der Kommunistischen Partei Lettlands oder des Parteiinstituts, bleibt künftigen Untersuchungen vorbehalten, die mit dieser Arbeit angestoßen werden sollen. Einige dieser Aktenbestände in den Archiven Lettlands, wie etwa der persönliche Aktenbestand (lett. *fonds*) des Historikers Jānis Krastiņš (1890–1983),[47] befinden sich noch in ungeordnetem Zustand, sodass noch manch außergewöhnlicher Fund auf den Historiker warten dürfte.

Hilfreich war, dass eine gewisse lettische Leidenschaft für enzyklopädische Details zahlreiche Bibliografien, Lexika und Nachschlagewerke generiert hat, die eine Fülle andernfalls mühsam zu eruierender Daten enthalten. Dazu gehören das 21-bändige Lettische Konversationswörterbuch der 1930er Jahre ebenso wie die beiden tendenziösen, aber dennoch detailreichen sowjetischlettischen Enzyklopädien der 1960er oder 1980er Jahre,[48] ein ausschließlich der Stadt Riga gewidmetes Nachschlagewerk,[49] die von Švābe und Nachfolgern im Exil herausgegebene Lettische Enzyklopädie (1950–1982, Nachtrag 2006),[50] zahlreiche Nachschlagewerke, die nach 1990 erschienen[51] sind, und zuletzt die von der Nationalbibliothek Lettlands (lett. *Latvijas Nacionālā bibliotēka*, LNB) herausgegebene digitale Version der neuen Nationalenzyklopädie Lettlands, die am 18. Dezember 2018 online geschaltet wurde. Ihr Chefredakeur Valters Ščerbinskis (geb. 1969) ist Zeithistoriker.[52] Monatlich geführte Zeitschriftenbibliografien listen über Jahrzehnte Artikel und Beiträge nach unterschiedlichen historischen Themenbereichen geordnet auf.[53] Zwei jüngere Bibliografien enthalten alle in Lettland verfassten Dissertationen von Historikern seit 1945, häufig sind diese Arbeiten nicht publiziert.[54] Bücher und Zeitschriften werden sukzessive von der Nationalbibliothek Lettlands digitalisiert, ältere Ausgaben sind frei, jüngere Ausgaben teilweise zugänglich.[55] Zunehmend stellen digitale Geschichtsportale wichtige Informationsquellen dar. Da diese häufig selektiv bleiben und ihre wissenschaftliche Qualität sowie digitale Volatiliät stark variieren, wurde auf sie im Rahmen dieser Arbeit nur vereinzelt zurückgegriffen.[56]

---

47 Latvijas Valsts arhīvs [Staatsarchiv Lettlands, im Folgenden abgekürzt LVA], fonds 1860: Vēsturnieks akadēmiķis Jānis Krastiņš (1890.–1983.) [Der Historiker und Akademiker Jānis Krastiņš (1890–1983)].
48 Vgl. dazu im Literaturverzeichnis: Latviešu Konversācijas vārdnīca (in der Literatur abgekürzt auch LKV); Latvijas PSR Mazā enciklopēdija (abgekürzt LME); Latvijas Padomju enciklopēdija (abgekürzt LPE); und Preses hronika.
49 Enciklopēdija Rīga.
50 Latvju enciklopēdija.
51 Z. B. Enciklopēdiskā vārdnīca; Latvijas enciklopēdija; Latvijas brīvības cīņas 1918-1920; Latviešu rakstniecība biogrāfijās.
52 Nacionālā enciklopēdija, URL: https://www.enciklopedija.lv/ (letzter Zugriff: 4.4.2022).
53 Preses hronika.
54 Latvijas Universitātē izstrādātās vai aizstāvētās disertācijas; Latvijas Universitātes Aspiranti un doktoranti.
55 Siehe unter der URL: www.periodika.lv, dann die Buttons *grāmatas* [Bücher] oder *periodika* [Periodika].
56 Zwei Beispiele: www.historia.lv; sowie die historische Enzyklopädie: https://vesture.eu/Sākumlapa (letzte Zugriffe 4.4.2022).

## 2. Deutschbaltische Geschichtsschreibung, lettisches historisches Interesse und junglettisches Geschichtsprogramm (18. und 19. Jahrhundert)

„Jedem Pflänzchen sein Würzelchen, jedem Bächlein sein Quellchen und jeder Gattung sein Stamm. So hat auch das lettische Volk seine Stammwurzel und Heimat. Aber wo?" fragte 1856 unter der Überschrift „Kurze Nachrichten darüber, woher die Letten stammen und welche Sitten sie in alten Zeiten pflegten" der *Mājas Viesis*, das erste von Letten herausgegebene Wochenblatt und spätere Flaggschiff der lettischen Nationalbewegung in seiner sechsten Ausgabe.[1]

Es war der erste Beitrag in dem neuen Publikationsorgan, der sich der lettischen Geschichte, besser Frühgeschichte, widmete. Ein unbekannter Autor verortete den Ursprung des lettischen Volkes nicht nur in der indischen Urheimat der indoeuropäischen Völker und rückte die Letten damit gleichberechtigt neben die übrigen großen und kleinen Völker Europas, sondern signalisierte damit auch, dass in den baltischen Ostseeprovinzen des Russländischen Reiches neben die traditionelle deutschbaltische Geschichte und Geschichtsschreibung nunmehr eine weitere, eine lettische Erinnerungskultur treten könne, die ihre Schwerpunkte und Themen anders als bisher gewohnt gewichten würde. Denn eine Geschichtsschreibung aus lettischer Feder und in lettischer Sprache hatte es bisher noch nicht gegeben.

### 2.1. Politische, soziale und kulturelle Rahmenbedingungen im 18. und 19. Jahrhundert

Das Entstehen einer lettische Erinnerungskultur in einem weiteren und einer lettischen Geschichtsschreibung in einem engeren Sinne war während der zweiten Hälfte des 19. Jahrhunderts in den baltischen Ostseeprovinzen mit dem Übergang von einer traditionellen, ständischen Agrarordnung zu Beginn des 19. Jahrhunderts hin zu einer modernen, sozial und national differenzierten Gesellschaft um 1900 verbunden, begleitet von den kulturhistorischen Einflüssen der drei großen europäischen Ideensysteme des Jahrhunderts: dem Liberalismus im Kontext der europäischen Aufklärung und französischen Revolution, romanti-

---

[1] M., Īsas ziņas. Die Wochenzeitschrift *Mājas Viesis* (dt. Der Hausgast), unter lettischer Redaktion herausgegeben von dem deutschen Druckereibesitzer Hartung, erschien von 1856 bis 1910 in Riga. In ihr publizierten Krišjānis Valdemārs (1825–1891), Krišjānis Barons (1835–1923), Juris Alunāns (1832–1864) und weitere Protagonisten der ersten Generation der lettischen Nationalbewegung. Das Blatt habe daher das „Volkserwachen eingeläutet", vgl. Latviešu Konversācijas vārdnīca 13, S. 25259.

schen Vorstellungen von der Nation, ausgehend vom „Jungen Deutschland", und schließlich sozialistischen Gedanken, geprägt von Karl Marx (1818–1883) und der deutschen sozialdemokratischen Bewegung. Zwei Jahreszahlen symbolisieren diesen Wandel und markieren das etwas kürzere ‚lange' 19. Jahrhundert im Baltikum: zu Beginn das Jahr 1802 mit der Wiedergründung der Universität in Dorpat (estn. *Tartu*, lett. *Tērbata*) und den Aufständen der leibeigenen lettischen Bauern von Kaugershof (lett. *Kauguri*) sowie gegen Ende das Jahr 1905 mit der „Lettischen Revolution"[2], in der sich die sozialen und politischen Spannungen des 19. Jahrhundert entluden, und als deren politisches Resultat sich erstmals lettische und deutsche Abgeordnete in einem demokratischen Parlament, der russländischen Duma in St. Petersburg, gegenübersaßen. Die Entwicklungen, die dabei während der zweiten Hälfte des 19. Jahrhunderts zur Entstehung eines genuin lettischen Geschichtsbewusstseins und einer lettischen Historiografie führten, können in vier Überlegungen zusammengefasst werden:

Zum einen hatte sich im 18. Jahrhundert bereits eine umfangreiche deutschbaltische Geschichtsschreibung entwickelt, die zu Beginn des 19. Jahrhunderts, wie im übrigen Europa, eine Verwissenschaftlichung und Umwandlung in eine akademische Fachdisziplin erfuhr. Mitte des 19. Jahrhunderts gab es in den baltischen Provinzen bereits ein ausgeprägtes historisches Feld mit professionellen deutschbaltischen, russischen und ausländischen Historikern, historischen Gesellschaften und vor allem Lehrstühlen an der staatlichen Landesuniversität in Dorpat, an denen Allgemeine Geschichte, Geschichte, Geografie und Statistik Russlands sowie Geschichte des Landesrechtes gelehrt wurden.[3] Als einzelne Letten begannen, sich für eine eigene Geschichte zu interessieren, war folglich bereits ein Tableau an Themen, Symbolen und Quellensammlungen vorhanden, auf das sich ihr geschichtliches Interesse richten und dessen Material genutzt werden konnte – auch wenn später spezifisch lettische Modifizierungen und Ergänzungen hinzu treten sollten.

Zum zweiten entdeckten bis etwa 1830 deutschbaltische Aufklärer, Vertreter der Romantik und des Pietismus den estnischen und lettischen Bauern als Objekt aufklärerischer Bemühungen, konstituierten ihn damit neben dem baltischen Adel als Mitglied eines ursprünglichen, eigenständigen Volkes und als weiteres mögliches geschichtliches Subjekt.

Drittens bewirkten die baltischen Bauernbefreiungen[4] ab 1804 eine soziale Mobilisierung dieser bisher leibeigenen Bauern und ihren ‚Exodus'[5] aus ständischen und lokalen bäuerlichen Bindungen. Der soziale Wandel führte ab den 1820er Jahren zur Entstehung einer ersten schmalen lettischen Bildungsschicht und weckte das Bedürfnis, die eigene Herkunft jenseits sozialer Erklärungsmuster ‚neu' und vor allem jenseits deutschbaltischer Bevormundung ‚selbst' zu denken. Das aufzuklärende Volk wurde zum aufgeklärten Volk, zum Subjekt, und begann, sich historisch erinnernd seiner eigenen Kultur zu vergewissern. Die sozialen Spannungen, die im 19. Jahrhundert das deutsche-lettische Verhältnis prägten,

---

2   So der Titel der anonym erschienenen revolutionskritischen Darstellung der russischen Revolution in den von Letten bewohnten Gebieten der Gouvernements Kurland und Livland: [Transehe-Roseneck], Die lettische Revolution.
3   Die Bezeichnungen der einzelnen Lehrstühle und Fakultäten änderten sich im Laufe des 19. Jahrhunderts mehrfach.
4   Zuletzt Feest, Vorbild oder abschreckendes Beispiel?
5   Als Impuls hier Assmann, Exodus.

beschleunigten Prozesse, die im Ergebnis zu einer Differenz zwischen zwei Erinnerungskulturen und zu einer zunehmenden Entfremdung der Letten gegenüber der bisher dominierenden deutschbaltischen Erinnerungslandschaft führten. Ein genuin lettisches Interesse, zunächst an Weltgeschichte, aber schon sehr bald an einer eigenen ‚lettischen' Geschichte und deren Verortung in der europäischen Geschichte begann sich zu entwickeln.

Und schließlich bildete die Entstehung eines lettischen öffentlichen Raumes in Konkurrenz zur bisher deutschsprachig funktionierenden oder von Deutschen dominierten Öffentlichkeit eine wichtige Voraussetzung für die Popularisierung der Gedanken einer ersten Generation national denkender lettischer Intellektueller. Ab den 1850er Jahren schufen Letten mit lettischsprachigen Presse- und Bucherzeugnissen einen eigenen Kommunikationsraum, in dessen Umfeld geschichtliches Interesse nach eigenen Vorlieben und Regeln artikuliert und ein lettischer Leser angesprochen wurde.[6]

## 2.2. Die deutschbaltische Geschichtsschreibung im 18. und 19. Jahrhundert: Geschichtsschreiber und Institutionen

Vorbereitet wurde die Bühne jedoch von der deutschbaltischen Geschichtsschreibung. Deren Entwicklung hin zu einer im Sinne des 19. Jahrhunderts akademischen, d. h. sich als Wissenschaft verstehenden deutschbaltischen Historiografie, nahm ihren Ausgang im 18. Jahrhundert. Zwar gehörten die baltischen Provinzen seit dem Ende des Nordischen Krieges 1721 (Liv- und Estland) bzw. seit der Dritten Polnischen Teilung 1795 (Kurland) zum Russländischen Reich, unterhielten aber fortgesetzt enge kulturelle Verbindung zu Deutschland und Westeuropa. So studierten nach Schließung der Universität Dorpat im Nordischen Krieg 1710 zahlreiche Studenten aus den baltischen Ländern an deutschen Universitäten.[7] Baltische Studenten mit westeuropäischer akademischer Erfahrung und akademisch gebildete Hauslehrer aus Deutschland, die auf baltischen Gütern Arbeit fanden, wurden zu Vermittlern des Gedankenguts der westeuropäischen Aufklärung in der baltischen Region.[8] Neben die aufklärerischen Ideen eines optimistischen Rationalismus und einer vermeintlich unfehlbaren Philosophie, neben die moralisch-politischen Forderungen und neuen ökonomischen Sichtweisen (z. B. des Physiokratismus[9]) traten im letzten Drittel des Jahrhunderts als Gegenbewegung, aber doch komplementär, die Ideen der Romantik und des Pietismus. Sie definierten und beeinflussten die Themenkreise, denen sich die Geschichtsschreibung jener Zeit zuwandte.

---

6 Vgl. u. a. das Forschungsprojekt „Die Entstehung regionaler Öffentlichkeit(en) im baltischen Raum im Zeitalter der Aufklärung. Zur kurländischen Publizistik 1765–1856" am Baltischen Germanistischen Zentrum der Universität Lettlands in Riga, URL: http://www.bgz.lu.lv/index.php/projekte-top/88-die-entstehung-regionaler-oeffentlichkeit-en-im-baltischen-raum-im-zeitalter-der-aufklaerung-zur-kurlaendischen-publizistik-1765-1856 (letzter Zugriff: 4.3.2015).
7 Tering, Baltische Studenten.
8 Elias (Hrsg.), Aufklärung; Kronauer (Hrsg.), Aufklärer im Baltikum; Priedīte-Kleinhofa, Apgaismības idejas; Lukas, Pasewalck, Hoppe, Renner (Hrsg.), Medien der Aufklärung.
9 Elias, Städtische Autonomie, S. 12-14.

Im Russländischen Zarenreich führten aufgeklärte Gedanken auch zu Zentralisierungs- und Reformbemühungen der Regierung.[10] Die deutschbaltische Geschichtsschreibung erkannte im russischen Reichszentralismus eine Gefahr und entdeckte eine ihrer Aufgaben in der historischen Rechtfertigung der rechtlichen Besonderheiten und autonomen Stellung der baltischen Provinzen. So wuchs einerseits das Interesse an den mittelalterlichen Ursprüngen der baltischen Geschichte und am Sammeln mittelalterlicher (Rechts-)Quellen, andererseits aber auch an der eigenen ‚Zeitgeschichte' und einer Deutung der Agrar-, Sozial- und Eigentumsverhältnisse, die sich von den Umständen im Inneren des Russländischen Reiches unterschieden.[11] Neben diese zweifellos politischen Bezüge traten die moralischen Vorstellungen der Aufklärung, die sich gegen die Leibeigenschaft richteten, den Adel kritisierten und die bäuerlichen Zustände, auch aus Gründen ökonomischer Effizienz, verbessern wollten.

1740 wurde die lateinisch überlieferte Chronik Heinrichs von Lettland, gewissermaßen die ‚Gründungsurkunde' des alten Livland, erstmals gedruckt, und 1747 gab Johann Gottfried Arndt (1713–1767), Hauslehrer aus Halle in Livland, eine erste, unvollkommene deutsche Übersetzung heraus. Die Chronik, die nunmehr öffentlich zugänglich war, bildete auch die wichtigste Quelle für das frühe Liven- und Lettentum und sollte ab Mitte des 19. Jahrhunderts eine wichtige Rolle für die Genese des lettischen Geschichtsbildes spielen.[12]

In der Folge der Veröffentlichung der Heinrich-Chronik entstanden weitere umfangreiche Quellen- und Materialsammlungen sowie Topografien. Zu nennen sind hier vor allem Friedrich Konrad Gadebuschs (1719–1783, geboren auf Rügen) „Abhandlungen von livländischen Geschichtsschreibern" (1772) und „Livländische Jahrbücher" (neun Bände, 1780–1783).[13] Arndt und Gadebusch gelten als Repräsentanten einer philologisch-antiquarisch-juristischen Geschichtsschreibung, ihr Interesse galt allerdings dem Sammeln von Urkunden und Chroniken und noch nicht dem Verfassen zusammenhängender Geschichtsdarstellungen. Johann Christoph Brotze (1742–1823) sammelte Urkunden, Siegel und Münzen sowie Zeichnungen von Städten und bäuerlicher Kultur, und August Wilhelm Hupel (1737–1819, aus Thüringen stammend) veröffentlichte Sammelschriften historischer und zeitgenössischer Zeugnisse: die „Topographischen Nachrichten von Lief- und Ehstland" (1774) sowie sein Hauptwerk, die „Nordischen Miscellaneen" (28 Bände, 1781–1791) und „Neuen Nordischen Miscelaneen" (18 Bände, 1792–1798), in denen neben Hupel auch die meisten der damaligen livländischen Geschichtsschreiber mit Beiträgen teilnahmen, in Zusammenhang mit der Agrar- und Leibeigenschaftsfrage durchaus kontrovers.[14]

Agrarhistorische Arbeiten, in denen auch die bäuerlichen Verhältnisse zur Sprache kommen, veröffentlichten Johann Georg Eisen (1717–1779),[15] Wilhelm Christian Friebe (1761–

---

10 Hier sind insbesondere die Reformvorschläge Katharinas II. (1729–1796) ab 1765 zu nennen, die in den baltischen Provinzen zu Nervosität führten, vgl. Neuschäffer, Katharina II. und die Aufklärung; Tuchtenhagen, Zwischen Aufklärung und Absolutismus.
11 Neuschäffer, Die Geschichtsschreibung, S. 63 f.
12 Zur Editions- und Rezeptionsgeschichte von Heinrichs „Chronicon Livoniae" sowie zu dessen umstrittener Nationalität: Angermann, Die mittelalterliche Chronistik, S. 3-9; aus lettischer Sicht: Ēvalds Mugurēvičs, Priekšvārds [Vorwort], in: Indriķa hronika, S. 14-28.
13 Zu Gadebusch vgl. Kupffer, Geschichte als Gedächtnis.
14 Zu Hupel vgl. ausführlich Jürjo, Aufklärung im Baltikum.
15 Bartlett, Johann Georg Eisen.

1811), der sich für die Bauernbefreiung einsetzte, und andere Autoren.[16] Viele von ihnen stammten ursprünglich nicht aus dem Baltikum oder hatten einen theologischen Hintergrund. In ihren Schriften traten sie für eine Verbesserung der Verhältnisse der Leibeigenschaft ein und kritisierten den Adelsstand. Mit der Einführung der Statthalterschaft in den baltischen Provinzen 1783 unter Katharina II. (1729–1796), die als „Zerstörung der historisch gewordenen Verfassung der Provinzen"[17] und erstes Ausgreifen eines aufkeimenden russischen Nationalismus empfunden wurde, und den Ereignissen in Folge der Französischen Revolution sowie deren Ausgreifen auf die europäischen Nachbarländer bekamen historische Abhandlungen im Baltikum zusätzlich erstmals eine nationale Färbung. Als eine der ersten Gesamtdarstellungen baltischer Geschichte in diesem Sinne gilt Alexander von Richters (1802–1864) zweibändige „Geschichte der dem russischen Kaiserthum einverleibten deutschen Ostseeprovinzen bis zur Zeit ihrer Vereinigung mit demselben" aus den Jahren 1857/1858 und aus Sicht eines Juristen und höheren Gouvernementsbeamten.[18]

1802 wurde die Universität Dorpat, die 1632 von dem schwedischen König Gustav II. Adolf (1594–1632) gegründet worden war, aber während des Nordischen Krieges aufgehört hatte zu existieren, zunächst als Landesuniversität wiederbelebt, wenig später aber bereits in eine Staatsuniversität umgewandelt und mit einem eigenen Lehrbezirk in die Bildungsverwaltung des Russländischen Reiches eingegliedert.[19] Mit ihr datiert die Verwissenschaftlichung der Geschichte und Umwandlung in eine akademische Fachdisziplin im Baltikum, und damit acht Jahre früher als in Berlin.[20] Geschichte wurde zunächst am Lehrstuhl für Allgemeine Geschichte, am Lehrstuhl für Geschichte, Geografie und Statistik Russlands, insbesondere Liv-, Est- und Finnlands, sowie in rechtsgeschichtlichen Zusammenhängen auch an den drei Lehrstühlen für das Landesrecht der drei baltischen Provinzen unterrichtet. Mit der russischen Reform des Unterrichtswesens 1820 trat neben einen nunmehr vereinigten Lehrstuhl für Baltisches Landesrecht ein weiterer Lehrstuhl für Russisches Recht. Geschichte wurde hinfort in der Historisch-philologischen Abteilung der Philosophischen Fakultät an den Lehrstühlen für Historische sowie Statistische und Geografische Wissenschaften gelehrt. Einen eigenen Lehrstuhl für Russische Geschichte sollte es dann erst wieder ab 1854 geben.[21]

Zu den bekanntesten Lehrstuhlinhabern im 19. Jahrhundert gehörten sicherlich Gustav von Ewers (1781–1839, gebürtig aus Amelunxen im Weserbergland), Friedrich Georg von Bunge (1802–1897, gebürtig aus Kiew) und Carl Schirren (1826–1910, gebürtig aus Riga).[22] Ewers, ab 1809 auch Korrespondierendes Mitglied der St. Petersburger Akademie der

---

16 Weitere deutschbaltische Geschichtsschreiber der Aufklärungszeit sind Christoph Johann Petri (1762–1851), Gustav von Bergmann (1749–1814), Daniel Ernst Wagner (1739–1810), Albrecht Ludwig Gebhardt (1730–1802), Karl Ludwig Tetsch (1708–1771) und Christoph Georg Ziegenhorn (1715–1783), vgl. Neuschäffer, Die Geschichtsschreibung, S. 82 f.
17 So Reinhard Wittram noch 1954 in: Wittram, Baltische Geschichte, S. 131.
18 von Richter, Geschichte.
19 Zur Geschichte der Universität Dorpat vgl. Die Universitäten; Donnert, Die Universität Dorpat-Jurev; Stradiņš, Zinātnes un augstskolu sākotne, S. 437-470.
20 Vgl. Hardtwig, Berliner Geschichtswissenschaft, S. 91-117.
21 Vgl. Amburger, Die Geschichtsschreibung, S. 90 f.
22 Spekulativ bleibt an dieser Stelle die Frage, wie sich die baltische Historie entwickelt hätte, wenn

Wissenschaften, las in Dorpat Geschichte des Russländischen Reiches, später auch Staats- und Völkerrecht und prägte als Rektor von 1818 bis zu seinem Tod die Universität. Zu den Schwerpunkten seiner Veröffentlichungen gehörten zunächst die Bauernfrage und die Entstehung der ersten Bauernverordnungen in Est- und Livland, später sowohl die Geschichte Russlands, insbesondere die Nestor-Chronik und ältere Rechtsgeschichte Russlands, als auch die baltische Landesgeschichte. Er gilt als „Wegbereiter der Historischen Rechtsschule" in Russland.[23] Bunge erwarb sich Verdienste durch zahlreiche Arbeiten zur Geschichte des est-, liv- und kurländischen Provinzialrechts, den Nachweis der Einflüsse deutschen und römischen Rechts im Baltikum, die Kodifizierung des Baltischen Provinzialrechts als auch die Herausgabe des „Liv-, Esth- und Curländisches Urkundenbuch nebst Regesten" (Reval 1853–1914). Er gilt als Begründer der baltischen Rechtsgeschichte.[24] Der Historiker Carl Schirren wurde der Nachwelt vor allem durch seine Polemik mit dem Vertreter des russischen Slavophilismus Jurij F. Samarin (1819–1876) und seine politische Streitschrift „Livländische Antwort" bekannt,[25] die er als Entgegnung auf Samarins Kritik am rechtlichen Sonderstatus der baltischen Provinzen im Russländischen Reich 1869 veröffentlichte und nach deren Erscheinen er Livland verlassen musste. Als Historiker und Professor für Geschichte Russlands (1863–1869) trat er vor allem durch seine Quellenedition über das Ende Altlivlands im 16. Jahrhundert[26] hervor und unterstrich in der Lehre den deutschen Charakter einer gesamtbaltischen Landesgeschichte.[27]

Mit zunehmenden Zentralisierungstendenzen (‚Russifizierung')[28] seitens der Reichsregierung in St. Petersburg wuchs in den baltischen Provinzen nicht nur das öffentliche, sondern auch das akademische Interesse an den Ursprüngen der ‚deutschen' Geschichte und an der Genese der besonderen Rechte und Privilegien des Landes. Die Zahl der in Dorpat eingeschriebenen Geschichtsstudenten stieg. Bedeutsam bleibt, dass eine nicht unbeträchtliche Gruppe von ihnen in den 1860er und 1870er Jahren in Göttingen bei Georg Waitz (1813–1886) studierte.[29] In der Folge vertraten einige seiner Schüler an der Universität Dorpat die „Waitz'sche Schule" der methodisch-formalen Quellenkritik mit der für Waitz bekannten Präferenz des historischen Details. Die Folgen für die deutschbaltische Geschichtsschreibung waren, dass die Bedeutung der mittelalterlichen Geschichte betont, die baltische Geschichte stärker in einen Zusammenhang mit der deutschen Geschichte gerückt und Detailforschungen gegenüber der Form einer erzählenden, sinnstiftenden Gesamtdarstellung der Vorzug gegeben wurde.[30] Den wissenschaftlichen Ansprüchen der damaligen

---

es Ewers gelungen wäre, Leopold von Ranke (1795–1886) auf den Lehrstuhl für Historische Wissenschaften an die Universität Dorpat zu berufen, vgl. Wittram, Baltische Geschichte, S. 172.
23 Vgl. Amburger, Die Geschichtsschreibung, S. 91-95, hier S. 94.
24 Ebenda, S. 95 ff., 100 ff.
25 Samarin, Das russisch-baltische Küstenland; Schirren, Livländische Antwort.
26 Schirren, Quellen; ders., Neue Quellen.
27 Vgl. Neander, Carl Schirren; Thaden, Iurii Fedorovich Samarin; Lenz, Carl Schirren.
28 Zum kontroversen Begriff der ‚Russifizierung' vgl. Thaden (Hrsg.), Russification; Brüggemann, Licht und Luft, S. 210-269; zur Problematik des Begriffs vgl. ebenda, S. 214-224.
29 Der deutschbaltische Historiker Wilhelm Lenz (1939–2020) zählt „18 Balten bei Waitz in Göttingen", davon „neun promoviert, fünf davon mit einem baltischen Thema", vgl. Lenz, „Alt-Livland", S. 207.
30 Ebenda, S. 209.

Zeit genügende Gesamtdarstellungen der baltischen Geschichte sollten daher erst ab 1886 erscheinen.[31] Wichtigster Schüler der Waitz'schen historisch-kritischen Schule in Dorpat war der baltische Historiker Richard Hausmann (1842–1918), Professor der Allgemeinen Geschichte (1880–1896), dessen zahlreiche Schüler die deutschbaltische Historiografie bis in die 1930 Jahre hinein und damit auch den deutsch-lettischen Historikerstreit der 1930er Jahre prägen sollten.[32]

Bedeutsam für die spätere lettische Historiografie bleibt vor allem, dass sich unter den Geschichtsstudenten der Dorpater Universität kein einziger lettischer Student befand – zumindest ist später keiner öffentlich und Geschichte schreibend in das Bewusstsein seiner Zeitgenossen getreten oder bekannt geworden.[33] Vielleicht erschien lettischen Studenten das Studium der Geschichte wenig attraktiv, da die Berufsaussichten für lettische Historiker in den baltischen Provinzen, sowohl an Schulen als auch an höheren Bildungseinrichtungen, auch in der zweiten Hälfte des 19. Jahrhunderts noch nicht besonders aussichtsreich waren.

Neben die akademisch institutionalisierte Wissenschaft an der Dorpater *Alma mater* entstanden unter dem Einfluss der Freiheitskriege gegen Napoleon I. (1769–1821) und der Nationalromantik in Deutschland auch in den baltischen Provinzen zahlreiche Gesellschaften und Vereine, in denen sich Theologen, Lehrer, Historiker und andere akademisch gebildete und geschichtlich Interessierte der Erforschung und Popularisierung der heimatlichen Sprachen, Kultur und Geschichte der Ostseeprovinzen widmeten. Im lettischen Sprachraum waren dies vor allem die 1815 in Mitau gegründete „Kurländische Gesellschaft für Literatur und Kunst" sowie die 1834 in Riga ausdrücklich als Geschichtsverein gegründete „Gesellschaft für Geschichte und Alterthumskunde der russischen Ostseeprovinzen", später unter der Bezeichnung „Gesellschaft für Geschichte und Alterthumskunde der Ostsee-Provinzen Rußlands" bekannt.[34]

Die „Kurländische Gesellschaft" rief 1818 ein eigenes Museum ins Leben, das „Kurländische Provinzialmuseum", und unterhielt eine Bibliothek sowie ein Archiv, dessen Bestände sich heute im Staatlichen Geschichtsarchiv Lettlands (lett. *Latvijas Valsts Vēstures arhīvs*, LVVA) befinden. 1819 bis 1822 gab sie die „Jahresverhandlungen", 1840 bis 1847 die „Sendungen der kurländischen Gesellschaft für Literatur und Kunst", 1847 bis 1851 die „Arbeiten" und von 1864 bis 1937 vor allem die „Sitzungsberichte der kurländischen Gesellschaft für Literatur und Kunst und Jahresbericht des Kurländischen Provinzialmuseums" heraus.[35]

---

[31] Schiemann, Rußland, Polen und Livland; Arbusow, Grundriß (mit drei weiteren Auflagen bis 1918); Seraphim, Geschichte Liv-, Ehst- und Kurlands; Seraphim, Geschichte von Livland.

[32] Lenz, „Alt-Livland", S. 213 f.

[33] Der Wissenschaftshistoriker Jānis Stradiņš (1933–2019) nennt zwar zahlreiche Letten, die in der zweiten Hälfte des 19. Jahrhunderts in Dorpat studierten, darunter befand sich jedoch kein einziger Historiker, vgl. das Kapitel „Die Verbindung der Universität Dorpat mit Lettland" in: Stradiņš, Zinātnes un augstskolu sākotne, S. 460-470.

[34] Vgl. ausführlich das Kapitel „Das Jahrhundert der Gesellschaften" in: Ebenda, S. 363-436; zum Schicksal der Bibliotheken der Gesellschaften vgl. Zanders, Zinātnisko biedrību bibliotēkas, S. 47-52.

[35] Weiss, Die historischen Gesellschaften, S. 121-124; Stradiņš, Zinātne un augstākā izglītība, S. 300-307. Im April 2015 gab die Post Lettlands eine Gedenkbriefmarke zur Gründung der Gesellschaft vor 200 Jahren heraus, die in Lettland als Vorläufer der Akademie der Wissenschaften und in Deutschland der Baltischen Historischen Kommission e. V. (Göttingen) gilt. Die UNESCO gedachte der Gründung im Rahmen ihrer Gedenktage für 2015.

Ziel der Gesellschaft für Geschichte und Alterthumskunde der Ostsee-Provinzen Rußlands[36] war die Erforschung der baltischen Geschichte und der Erhalt der baltischen Altertümer. Die Gesellschaft unterhielt ebenfalls eine Bibliothek sowie ein Museum und bezog 1890 die Räume eines neugebauten Dommuseums neben dem Rigaer Dom, heute das „Museum für die Geschichte Rigas und der Seefahrt" (lett. *Rīgas Vēstures un Kuģniecības muzejs*). Hauptorgan waren die „Mittheilungen aus dem Gebiete der Geschichte Liv-, Ehst- und Kurlands", die von 1840 bis 1939,[37] sowie daneben die „Sitzungsberichte", die von 1873 bis 1936 erschienen; ferner gab die Gesellschaft Monografien heraus oder förderte deren Erscheinen und edierte ab 1890 das „Liv-, Est- und Kurländische Urkundenbuch". 1883 führte sie mit großem Erfolg eine kulturhistorische Ausstellung in Riga durch, organisierte 1896 den X. Russischen Archäologischen Kongress sowie 1908 und 1912 die ersten beiden Baltischen Historikertage.[38]

Eine Sonderstellung nahm die 1824 in Riga gegründete „Lettisch-literärische Gesellschaft" (lett. *Latviešu Literārā biedrība*) ein, auch „Gesellschaft der Lettenfreunde" (lett. *Latviešu Draugu biedrība*) genannt, die bis 1940 bestand. Zwar war sie keine ausgesprochen historische Gesellschaft, widmete sich aber im Rahmen der selbstgestellten Aufgabe der Erforschung und Weiterentwicklung der lettischen Sprache auch Aspekten der lettischen Kulturgeschichte. Der bekannteste Präsident der Gesellschaft war August Bielenstein (1826–1907), dessen Werk „Die Grenzen des lettischen Volksstammes und der lettischen Sprache in der Gegenwart und im 13. Jahrhundert"[39] später die Grundlage für die Grenzziehung der Republik Lettland nach ethnografischen und sprachlichen Gesichtspunkten werden sollte. Aber vor allem fanden sich später unter den Mitgliedern der Gesellschaft erstmals auch gebildete und kulturhistorisch interessierte Letten, darunter so bedeutende Personen wie der Lehrer und Schriftsteller Matīss Kaudzīte (1848–1926), der Journalist Āronu Matīss (1858–1939), der spätere erste Staatspräsident Lettlands Jānis Čakste (1859–1927) und der Sprachwissenschaftler Jānis Endzelīns (1873–1971).[40]

Diese und andere kleinere lokale Gesellschaften, auch im estnischsprachigen Bereich, bildeten nicht nur Foren für die Erforschung und Dokumentation sowie das Sammeln von Material und ergänzten damit die akademische Geschichtswissenschaft an der Universi-

---

36 Weiss, Die historischen Gesellschaften, S. 124-128; Stradiņš, Zinātnes un augstskolu sākotne, S. 401-412.
37 Das Vorsatzblatt fasst den Titel auch: Mittheilungen aus der livländischen Geschichte.
38 Am X. Russischen Archäologischen Kongress nahm u. a. der Pathologe Rudolf Virchow (1821–1902) teil, der auch als Prähistoriker tätig war, vgl. den Katalog der Ausstellung, zitiert bei: Stradiņš, Zinātne un augstākā izglītība, S. 335 f. Der Kongress wurde von einer lettischen ethnografischen Ausstellung begleitet, vorbereitet vom Rigaer Lettischen Verein (lett. Rīgas Latviešu biedrība). Die Ausstellung gilt als der erste Versuch einer umfassenden Selbstrepräsentation des lettischen Volkes, seiner Sprache, Kultur und Geschichte, und vertrat den Anspruch, das lettische Volk anderen Völkern ebenbürtig an die Seite zu stellen. Den Katalog verfasste V. Plutte (Vilis Olavs, 1867–1917), nachgedruckt in: Latviešu etnogrāfiskā izstāde. Die Baltischen Historikertage sind dokumentiert: Arbeiten des Ersten Baltischen Historikertages; Arbeiten des Zweiten Baltischen Historikertages.
39 Untertitel: Ein Beitrag zur ethnologischen Geographie und Geschichte Russlands. Bielensteins Autobiografie (Ein glückliches Leben, mit späteren Nachdrucken) ist inzwischen auch auf Lettisch erschienen: Bīlenšteins, Kāda laimīga dzīve.
40 Immer noch umfassend: von Hehn, Die lettisch-literärische Gesellschaft.

tät Dorpat, sondern repräsentierten über die enge Zahl ihrer Mitglieder hinaus im weitesten Sinne ein Moment gelehrter Öffentlichkeit in den baltischen Provinzen im Sinne einer frühen *public history*. Damit waren im 19. Jahrhundert historische Themen und Forschungsergebnisse, durchweg auf hohem akademischen Niveau, potentiell auch einer nichtdeutschen Bevölkerung bekannt, sofern Esten und Letten Veröffentlichungen dieser Autoren und Gesellschaften lasen.[41] Die Schwerpunkte der deutschbaltischen Historiografie im 19. Jahrhundert lagen dabei auf der Geschichte des Deutschen Ordens und der geistlichen Herrschaften, auf der Stadt-, Hanse- und mittelalterlichen Wirtschaftsgeschichte sowie auf dem Untergang des alten Livland im 16. Jahrhundert und damit zusammenhängend auf der Reformationsgeschichte. Im Kontext dieser Themen spielte auch die Frage nach der Rolle der estnischen und lettischen bäuerlichen Bevölkerung eine Bedeutung. Das Interesse für archäologische Fragen diente, wie andernorts in Europa auch, der Klärung der Frage nach der baltischen Urbevölkerung.[42] Wichtigstes wissenschaftliches Organ der deutschbaltischen Historiografie, publizistisches Flaggschiff und Seismograf für die Befindlichkeiten der deutschbaltischen Oberschicht wurde für Jahrzehnte die „Baltische Monatsschrift", die in der Reformära nach dem Krimkrieg ab 1859 erschien, 1932 in „Baltische Monatshefte" umbenannt wurde und erst Ende 1939 im Zuge der Umsiedlung der Deutschbalten ihr Erscheinen einstellte.[43]

Wenigstens hingewiesen werden soll an dieser Stelle darauf, dass in den baltischen Provinzen auch eine kleinere russische Historiografie existierte. Als prominentester Vertreter soll hier stellvertretend Evgraf Vasil'evič Češichin (1824–1888) genannt werden, der in Dünaburg geboren wurde, in Moskau studierte, ab 1862 in Riga beim *Rižskij Vestnik* (dt. Rigaer Bote), einer russischen Zeitung mit slavophiler Ausrichtung, arbeitete, eine umfangreiche geschichtspublizistische Tätigkeit entfaltete und zum ersten russischen Vertreter einer russisch-imperialen Geschichtsschreibung in Livland wurde. Auf seine Initiative gehen vier Bände einer Aufsatz- und Materialsammlung zur Geschichte des Baltikums sowie als Autor drei Bände einer größeren „Geschichte Livlands seit den ältesten Zeiten" zurück.[44]

## 2.3. Aufklärung und Romantik

Die deutschbaltische Historiografie vor 1880 sprach historische Zusammenhänge an, die geeignet waren, auch bei einer lettischen Leserschaft ein lebhaftes Geschichtsinteresse zu wecken, weil es diese selbst betraf. Es ging um den leibeigenen lettischen (und estnischen) Bauern im Baltikum, die agrarrechtlichen und gutsherrlichen Beziehungen zwischen dem adligen Gutsherrn und seinen Bauern, die Genese dieser Beziehungen in Zusammenhang mit der deutschen Eroberung des alten Livland und der europäischen Rechtsgeschichte sowie die Ethnizität und den Volkscharakter des bäuerlichen Standes.

---

41 Untersuchungen zur besonderen Rezeption durch den lettischen Leser sind bisher nicht bekannt.
42 Lenz, „Alt-Livland", S. 227 f.
43 Siehe dazu das Register aller Jahrgänge: Baltische Monatsschrift.
44 Češichin (Hrsg.), Pribaltijskij Sbornik; ders., Istorija Livonii. Zur Person Češichins vgl. Brüggemann, Ein Russe in Riga.

Voraussetzung für den Zugriff der Letten auf die bereitgestellten thematischen und kulturellen Synapsen blieben jedoch deren rechtliche und soziale Gleichstellung und vor allem kommunikative Emanzipation, die ebenfalls ihren Ausgang im 18. Jahrhundert nahmen. Zunächst waren es noch Deutsche, die eine lettische Öffentlichkeit lediglich simulierten: Das Erscheinen der ersten lettischsprachigen Zeitschrift *Latviešu Ārste* (dt. Der lettische Arzt)[45] 1768, nur drei Jahre nach Erscheinen der ersten deutschen Zeitschrift im Baltikum, legt zwar nahe, dass das Entstehen einer deutschen und lettischen Öffentlichkeit zeitlich parallel verlief. Tatsächlich wurde die Zeitschrift jedoch von Deutschen herausgegeben und übersetzt, ‚von' Deutschen ‚für' Letten. Damit gab es zwar lettische Leser, aber noch keine lettische Öffentlichkeit. Mediale Öffentlichkeit blieb bis Ende der 1820er Jahre zunächst die Angelegenheit von Deutschen.[46]

Auch die Anfänge, den Letten, die zunächst lediglich als soziale Schicht, nicht als politisches Subjekt erschienen, im Rahmen einer baltischen Geschichtsschreibung einen Platz als historisches Subjekt zuzuweisen, stammten zunächst noch von Deutschen, die unter dem Einfluss des universalgeschichtlichen Denkens der Aufklärung das lettische Volk als Träger geschichtlichen und kulturellen Lebens entdeckten. Deutsche Pastoren, allen voran Gotthard Friedrich Stender (1714–1796),[47] entwickelten eine lettische Grammatik (1761) und ein lettisch-deutsches Wörterbuch (1789), gaben erste Sammlungen von Liedern (1774) und Fabeln (1766) in lettischer Sprache heraus und begründeten ein lettischsprachiges weltliches Schrifttum. Der aus Thüringen gebürtige, später in Riga wirkende pietistische Pastor Friedrich Bernhard Blaufuß (1697–1756) verfasste 1753 seine „Erzählungen aus der Geschichte und Gegenwart der Livländer" in lettischer Sprache, allerdings nur in einer Handschrift bekannt.[48] Heinrich Johann von Jannau (1753–1821), der aus dem im estnischen Teil Livlands liegenden Kreis Fellin (estn. *Viljandi*) stammte und bei August Ludwig Schlözer (1735–1809) in Göttingen studiert hatte, veröffentlichte 1786 ein Werk, das unter dem umständlichen Titel „Geschichte der Sklaverey und Charakter der Bauern in Lief- und Ehstland. Ein Beitrag zur Verbesserung der Leibeigenschaft. Nebst der genauesten Berechnung eines liefländischen Haken" die Freiheit der Esten und Letten vor der Christianisierung, die gewaltsame Landnahme durch die Deutschen und den gegenwärtigen beklagenswerten Zustand des Bauerntums schilderte.[49]

Die romantische Entdeckung der Bauern im Baltikum als eigenständige Völker förderte vor allem Johann Gottfried Herder (1744–1803), der 1764–1769 in Riga lebte, arbeitete und den finnischen und baltischen Völkern in seinen „Ideen zur Philosophie der Geschichte der Menschheit" (1791) ein Kapitel widmete.[50] Herder war derjenige, der den kulturhistorischen

---

45 Die Zeitschrift erschien von 1768 bis 1769, auszugsweiser Nachdruck: Latviešu Ārste.
46 Das gleiche gilt für die ab 1822 von der Kurländische Gesellschaft für Literatur und Kunst unter der Redaktion von Karl Watson (1777–1826) herausgegebene Wochenzeitschrift *Latweeschu Awhses* (*Latviešu avīzes*, dt. Lettische Zeitung, 1822–1915), im Einzelnen: Stradiņš, Zinātnes un augstskolu sākotne, S. 382-387.
47 Schmid, Gotthard Friedrich Stender, S. 219-228.
48 Nachweis der Handschrift und weiterführende Literaturangaben bei Stradiņš, Zinātnes un augstskolu sākotne, S. 477, 518 (Anm. 15); kürzlich erstmals kritisch publiziert: Šiliņš (Hrsg.), F. B. Blaufuss. Seine Autobiografie: Paškevica, Frīdrihs Bernhards Blaufuss.
49 Zu Jannau vgl. Neuschäffer, Die Geschichtsschreibung, S. 71-75.
50 Herder, Ideen.

## 2. Deutschbaltische Geschichtsschreibung und Jungletten (19. Jahrhundert)

Wert der lettischen Volkslieder entdeckte, einige von ihnen mit Hilfe deutscher Pastoren sammelte und in deutscher Übersetzung veröffentlichte.[51]

Die folgenreichste Wirkung unter den deutschbaltischen Aufklärern erzielte aber zweifellos Garlieb Merkel (1769–1850) mit seiner engagierten Schrift „Die Letten, vorzüglich in Liefland, am Ende des philosophischen Jahrhunderts", die 1796 in Leipzig erschien. Merkel, livländischer Pastorensohn und kein Historiker, beabsichtigte seine Schrift nicht als eine Geschichte der Letten, sondern vor allem als ein politisches Traktat, das auf die Zustände der bestehenden baltischen Agrarverhältnisse hinweisen wollte. Seine Leidenschaft, mit der er die Leibeigenschaft anprangerte, lässt nur geringes Verständnis für historische Entwicklungen aufscheinen. Für die Zeit vor Ankunft der Deutschen im 12. Jahrhundert übertrug er Vorstellungen des französischen Popularisators aufklärerischen Gedankenguts Guillaume-Thomas François Raynal (1713–1796)[52] über Naturvölker auf die Letten und skizzierte sie als ein in Frieden und Harmonie lebendes Bauernvolk auf dem Wege zu eigenen staatlichen Strukturen. In der zweiten Hälfte des 19. Jahrhunderts „lieferten seine [Merkels, D. H.] Schriften den sich ökonomisch, sozial und kulturell emanzipierenden und sich zu Nationen formierenden Letten und Esten die Grundzüge eines Geschichtsbildes, das für die Ausbildung ihrer kollektiven Identität kaum zu überschätzende Bedeutung gewinnen sollte".[53]

Vilis Plūdonis (auch Plūdons, 1874–1940), der frühe lettische Literaturhistoriker, bezeichnete ihn 1909 daher in der Rückschau als „Apostel der Freiheit der Letten und Esten", als „Urvater des lettischen Nationalgedankens" und als „Prophet der lettischen Kultur".[54] Und auch wenn Merkels Schilderungen nicht wissenschaftlich belegt seien, so seien seine Ausführungen dennoch wahr, argumentierte in den 1930er Jahren der lettische Historiker Augusts Tentelis (1876–1942).[55] Eine ähnliche Wirkung für die lettische Geschichtsschrei-

---

51 Vgl. Altmayer, Gūtmanis (Hrsg.), Johann Gottfried Herder; Paškevica, Die Sammlung von Volksliedern; über Herders Zeit in Riga: Kantzenbach, Johann Gottfried Herder, S. 24-37.
52 Der Spätaufklärer Raynal wurde vor allem durch seine „Geschichte zweier Indien (1770)" berühmt, vgl. Taterka, Humanität, Abolition, Nation.
53 Taterka, Aufgeklärte Volksaufklärung, S. 18 f. Merkel übt bis in das 20. Jahrhundert und die Gegenwart einen nachhaltigen Einfluss auf die lettische öffentliche Erinnerungskultur aus. Es ist kein Zufall, dass ausgerechnet im Revolutionsjahr 1905 seine „Freien Letten und Esten" und 1906 sein Hauptwerk „Die Letten" ins Lettische übersetzt wurden. Neben der Vermittlung rationaler Denkweisen wirkte besonders seine drastische Kritik an der Leibeigenschaft auf die spätere lettische Agrargeschichtsforschung, die ihren Höhepunkt in den zwanziger und dreißiger Jahren des 20. Jahrhunderts erreichte, als die lettische Agrarreform des Jahres 1920 historisch-ideologisch begründet werden musste. Zur Wirkungsgeschichte Merkels bis in unser Jahrhundert hinein und zu seinen maßgeblichen Einfluss auf die Entwicklung einer lettischen Nationalgeschichte vgl. Taterka (wie oben); und älter: Stritzky, Garlieb Merkel; Heeg, Die politische Publizistik Garlieb Merkels; Boguna, Lettland als übersetzte Nation; zur Wirkung Merkels in Lettland bis in die 1990er Jahre hinein vgl. z. B. die Ausrichtung eines der ersten neuen Schulbücher für Geschichte nach 1991: Auns, Latvijas vēsture; oder die Einführung von: Zeile, Garlībs Merķelis, S. 5-30. Die erste wissenschaftliche Ausgabe von Merkels Schrift „Die Letten...", aus dem Jahr 1797 (eigentlich 1796) erschien erst 1996: Taterka (Hrsg.), Garlieb Merkel.
54 Pludons, Latvju literatūras vēsture, S. 269, hier dt. zitiert nach Taterka, Aufgeklärte Volksaufklärung, S. 20.
55 „Man hat diese Werke Merkels oft angegriffen, denn ihnen fehlt der wissenschaftliche Apparat; daher konnte man die in ihnen angeführten Fakten als Erfindungen, Lügengeschichten abtun. Aber

bung wie Merkel erzielte 60 Jahre später, mit deutlichen Verweisen auf diesen, nur noch der Spätaufklärer Otto von Rutenberg (1802–1864) mit seiner Adelskritik und Verurteilung der mittelalterliche Eroberung Livlands in seiner zweibändigen „Geschichte der Ostseeprovinzen".[56]

## 2.4. Vom leibeigenen Bauern über die Volksaufklärung zum aufgeklärten Volk

Voraussetzung für die Rezeption der Merkelschen Vorstellungen unter den Letten waren die Bauernbefreiungen in den baltischen Provinzen, die früher als im Inneren des Russländischen Reiches in mehreren Schritten zwischen 1804 und 1861 vollzogen wurden. Mit den Bauernbefreiungen wuchs, wie auch im übrigen Europa, die soziale Mobilität der lettischen Bauern. Sie verließen die Bauerngemeinde, eroberten die baltischen Städte und beschritten neue Bildungswege. Mit dem Sichtbarwerden der dynamischen Horizontale moderner politischer, ökonomischer und sozialer Differenz anstelle der statischen Vertikale einer althergebrachten Ständegesellschaft wuchs das Bedürfnis, die wachsende soziale Konkurrenz auch identitär unterscheidbar zu machen. Ein lettisches Interesse an der eigenen bäuerlichen Vergangenheit entstand und suchte der bisher gültigen deutschbaltischen Geschichte im Sinne von Merkels retrospektivem und Herders romantischem Volksbegriffs eine eigene unterscheidbaren Erinnerungskultur entgegenzusetzen.

Zunächst wurden Merkels Schriften – das gilt auch für seine weiteren abolitionistischen Schriften „Die Vorzeit Lieflands: Ein Denkmahl des Pfaffen- und Rittergeistes" (Berlin 1798–1799) sowie „Die freien Letten und Esten" (1820) – unter Letten jedoch kaum rezipiert. Der Grund hierfür liegt in der Tatsache, dass Merkel „in diesen Texten [...] advokatorisch [handelte]. Stets und immer tritt er vehement als Sachverwalter und Fürsprecher der Letten und Esten auf. Niemals aber und an keiner Stelle spricht er zu ihnen."[57]

Seine Texte waren an die Krone in St. Petersburg, an die Gouvernementsregierung und eine liberale deutsche Öffentlichkeit gerichtet, nicht aber an den lettischen Bauern. Diese erschienen zwar als Gegenstand seiner Bücher, waren von ihm aber nicht als Leser vorgesehen. Auch die Gründung der „Lettisch-literärischen Gesellschaft" 1824 und zweier weiterer lettischsprachiger Periodika, des von dem deutschen Oberpastor der St. Johanniskirche zu Riga, Hermann Treu (1794–1849), herausgegebenen *Tas Latviešu ļaužu draugs* (dt. Der Lettenfreund) und die *Latviešu Avīzes*,[58] die im Umfeld der Gesellschaft erschienen, erweiterten zwar den historischen Begriff des ‚Letten', aber eben im Sinne einer deutlichen Unterscheidung vom Deutschen. Der Bauern wird zwar Lette, aber er soll eben auch Lette bleiben: „Warum gibst Du Dich nicht damit zufrieden, dass Gott Dir als Lette das Leben

---

auch wenn die Fakten oft nicht beim Namen genannt werden, sind dann die [Fakten], die in diesen Büchern angeführt werden, weniger wahr?", so Tentelis in: Ders., Vēstures zinātne, S. 22512.

56 von Rutenberg, Geschichte der Ostseeprovinzen Liv-, Ehst- und Kurland. Rutenbergs Werk ist eine der wenigen deutschsprachigen historischen Darstellungen, die ins Lettische übertragen wurden und bis zum Ersten Weltkrieg im Schulunterricht benutzt wurden: Ottona fon Rutenberga Baltijas vēsture.

57 Taterka, Aufgeklärte Volksaufklärung, S. 22.

58 *Tas Latweeschu ļauschu draugs* wurde von 1832 bis 1846 in Riga herausgegeben. Zur *Latweesche Awihses* vgl. Anm. 46.

geschenkt hat?"⁵⁹ fragte Treu im Kalender für die livländischen Bauern des Jahres 1829. Sozialer und Bildungsaufstieg blieben mit einer Akkulturation an die deutsche Sprache und Kultur verbunden. Dies änderte sich erst, als sich Merkel im gleichen Jahr 1829, etwa ein Jahrzehnt nach den ersten Bauernbefreiungen von 1816/19, für eine lettische Übersetzung der aufklärerischen und sozialutopischen Schrift und Dorfgeschichte „Das Goldmacherdorf" des Schweizers Heinrich Zschokke (1771–1848) einsetzte, in der ein Lehrer und ein Pfarrer eine durch Misswirtschaft heruntergekommene bäuerliche Dorfgemeinschaft durch Einführung bürgerlicher Werte retteten. Es ging allerdings nicht um eine einfache Übersetzung ins Lettische, sondern um eine zweisprachige Ausgabe, einen synoptischen Druck. Das revolutionäre an dieser Vorgehensweise war, dass durch die Gleichsetzung der Sprachen das Gefälle zwischen Deutschen und Letten, Aufklärern und Aufzuklärenden, Bildungssprache und Volkssprache erstmals eingeebnet wurde. Die Schranke zwischen den Leserkreisen wurde aufgehoben:

„Das so entstandene hybride Buch ist [...] ein Bekenntnis zur Vereinigung der Semiosphären. Was sonst mit der unerbittlichen Schärfe auseinandergehalten wird, die symbolisch bewehrten Distinktionen in kolonial geschichteten Kulturen [...], wird hier zwischen zwei Buchdeckeln und auf gleicher Höhe zusammengeführt. [...] Das Buch ist weniger ein Text aus zwei Texten als vielmehr ein symbolischer Ort [...] eine gedruckte Utopie [...], die Verheißung an die Undeutschen, durch das Lesen von Büchern werden zu können wie die Deutschen, ohne darüber zu Deutschen werden zu müssen."⁶⁰

Was hier in Bezug auf Merkel und den Bereich der Literatur für das Problem der Akzeptanz kultureller Angebote rekonstruiert wurde, könnte so oder ähnlich auch für den Bereich der Erinnerungskultur und Geschichte formuliert werden: Mit zunehmender sozialer Differenz wurde nicht nur wichtig, wie die Deutschen zu werden, sondern sich auch wie diese erinnern zu können, ohne darüber die deutsche Geschichte im Baltikum als eigene Geschichte akzeptieren zu müssen. Für die erste Generation nationalbewusst denkender Letten, die unter der Bezeichnung „Jungletten" (lett. *Jaunlatvieši*), dem Begriff des „Jungen Deutschland" nachempfunden, ab den 1850er Jahren in die Öffentlichkeit traten, war es daher selbstverständlich, der nationalen Ideologie, die sich in erster Linie gegen die Deutschen richtete, ein eigenes Geschichtsprogramm, eine ‚Geschichte der Letten' (lett. *latviešu vēsture*) an die Seite zu stellen.

## 2.5. Die Jungletten: das aufgeklärte Volk sucht (seine) Geschichte

Die Jungletten gingen aus einem Kreis lettischer Studenten in Dorpat hervor, die sich nicht mehr den deutschen Studenten anschlossen, sondern sich ab 1856 bewusst von diesen distanzierten und einen lettischsprachigen Zirkel mit eigenen Gesprächsabenden ins Leben riefen.⁶¹ Zum geschichtsträchtigen Symbol ihres Handelns wurde die Visitenkarte ihres

---

59 Nach Kaudzīte, Atmiņas, S. 35–41, hier S. 38; Lasmane, Ideju vēsture, S. 406 f. Kaudzīte datierte den Beginn des lettischen Nationalbewusstseins mit dem Jahr 1829.
60 Taterka, Aufgeklärte Volksaufklärung, S. 54 ff.
61 Das Jahr 1856 war noch in einem anderen Sinne symbolisch: „Im Jahre 1856 übertrug Alunāns,

bedeutendsten Vertreters Krišjānis Valdemārs (1825–1891), die dieser provokativ mit der Aufschrift „Christian Waldemar, Lette" versah und an die Tür seines Studentenzimmers in Dorpat heftete. Neben Valdemārs waren Kaspars Biezbārdis (1806–1886), Andrejs Spāģis (1820–1871), Juris Alunāns (1832–1864), Krišjānis Barons (1835–1923), Atis Kronvalds (1837–1875) und Fricis Brīvzemnieks (1846–1907) weitere namhafte Vertreter dieser Bewegung.[62] Das Bildungs- und Emanzipationsprogramm, welches die sich als ‚Volkserwecker' verstehenden Jungletten für ihre Volksgenossen vorsahen, sollte neben der Kenntnis der Natur als Grundlage für ein sich emanzipierendes Bauerntum, neben der Entwicklung und Pflege der lettischen Sprache und Gebräuche, der Ausbildung eines Gemeinschaftsbewusstseins sowie der Verehrung großer Männer der eigenen Vergangenheit auch die Kenntnis der Geschichte umfassen.[63]

Das Auftreten der Jungletten, das die lettische Geschichte ab den 1850er bis Ende der 1880er Jahre, also den eigentlichen Beginn des sogenannten Volkserwachens (lett. *tautas atmoda*), prägte, fiel zeitlich mit dem Entstehen einer lettischsprachigen Presse zusammen, die es ihnen ermöglichte, Auffassungen individueller und kollektiver Freiheit und Emanzipation, von Jean-Jacques Rousseau (1712–1778), Immanuel Kant (1724–1804), John Stewart Mill (1806–1873) und anderen entlehnt, öffentlich zu machen. Zu nennen sind hier vor allem die ersten von Letten geleiteten Zeitschriften, der bereits erwähnte *Mājas Viesis* (1856–1910), die *Peterburgas Avīzes* (1862–1865), der *Baltijas Vēstnesis* (1869–1906), die erste lettische Tageszeitung *Rīgas Lapa* (1877–1880) sowie die in Moskau erscheinende Wochenzeitschrift *Austrums* (1885–1906).[64] In diesen Organen erschienen künftig auch

---

deutsch sozialisiert, aber nationallettisch gesinnt, als Student Heinrich Heines (1797–1856) »Loreley« ins Lettische. Seine wunderbar eingängige und sonst treue Übertragung ersetzt im Vers »Und ruhig zieht der Rhein« den deutschen Strom durch »Daugava«, wie die Düna auf Lettisch heißt. Bis dahin war sie den Letten ein Fluss wie manch anderer gewesen. Nun setzte die Verschiebung vom Rhein zur Düna eine Mythomotorik in Gang, die aus dem ‚deutschen Rhein' unseligen Angedenkens eine bis heute sehr lebendig empfundene lettische Düna hervorgehen ließ. Sie wurde zu einem der Kernstücke der Nationalideologie eines Volkes, das in den von einer schmalen deutschen Oberschicht dominierten Ostseeprovinzen des russischen Zarenreiches über Jahrhunderte das leibeigene Landvolk und die städtischen Unterschichten gebildet hatte. Diese emanzipativ angetretene Ideologie nahm alles in Dienst, was als protonationale Ressource taugte, Geschichte und Folklore vor allem anderen. Als ihr Zentralsymbol installierte sie, nicht anders als sonst in Europa, auf den Spuren Herders und Jacob Grimms die als Integral des Nationalen verstandene Muttersprache." Zitiert nach: Taterka, Brief aus Riga.

62 Zur zweiten Generation der Jungletten – die Vertreter der ersten Generation wurden von späteren Generationen auch als „Altnationale" bezeichnet – zählt man mitunter auch die Sozialdemokraten Jānis Pliekšāns (auch Rainis, 1865–1929), Miķelis Valters (1874–1968) und Pēteris Stučka (1865–1932). Überblicke bei: Švābe, Latvijas vēsture, S. 360-449; Plakans, The National Awakening; Apals, Latviešu nacionālā kustība; kurzer Überblick bei Wohlfart, Nationale Bewegung, S. 13-26.

63 Vgl. Lasmane, Ideju vēsture, S. 410.

64 Zum *Mājas Viesis* vgl. Anm. 1. Die *Peterburgas Avīzes* (dt. Petersburger Zeitungen), ebenfalls eine Wochenzeitschrift, wurden in St. Petersburg von Valdemārs herausgegeben und galt als den Slavophilen und den russischen Reformbestrebungen nahestehend, vgl. Latviešu Konversācijas vārdnīca. 16, Rīga 1937–1938, S. 31875-31883. Der *Baltijas Vēstnesis* (dt. Baltischer Bote) erschien zunächst zweimal wöchentlich, ab 1870 täglich in Riga, herausgegeben von dem Journalisten und ersten Vorsitzenden des Rigaer Lettischen Vereins Bernhards Dīriķis (1831–1892), vgl. Latviešu Konversācijas vārdnīca 1, Rīga 1927–1928, S. 1723 sowie ausführlich: Hanovs, Pilsonības nācija. Die *Rīgas Lapa* (dt. Rigaer Blatt) wurde ebenfalls von Dīriķis herausgegeben. Die Monatsschrift

die wichtigsten Artikel und Beiträge, die sich mit Geschichte – mit Universalgeschichte im allgemeinen, baltischer Regionalgeschichte oder lokaler Geschichte der lettisch besiedelten Landstriche im besonderen – beschäftigten.[65] Um der Zensur zu entgehen und um das Ausland auf die Zustände in den baltischen Ostseeprovinzen sowie die Herrschaft der Deutschbalten hinzuweisen, publizierten Vertreter der Jungletten darüber hinaus auch in deutscher Sprache in Deutschland.[66]

Neben Valdemārs, der die Bedeutung der praktischen Tätigkeit für den Emanzipationsprozess betonte,[67] und Alunāns, der die Wichtigkeit ökonomischen Wissens für den Konkurrenzkampf mit den Deutschen unterstrich, war es vor allem Kronvalds, der die Rolle der Geschichte erkannte.[68] Er hatte 1859 und 1860 einige Monate in Berlin Medizin studiert,[69] dort unter anderem Reichstagsreden angehört und vor allem Johann Gottlieb Fichtes (1762–1814) „Reden an die deutsche Nation" gelesen, die einen nachhaltigen Einfluss auf ihn ausübten. Was für Fichte die französische Bedrohung bedeutete, glaubte Kronvalds in der deutschen und russischen Umklammerung des lettischen Volkes zu erkennen. Er besaß offenbar eine Erstausgabe von Fichtes „Reden" von 1808, aus der er 1886 in seiner Veröffentlichung *Tēvuzemes mīlestība* (dt. Vaterlandsliebe) die Worte aus Fichtes sechster „Rede an die deutsche Nation", „wenn wir eine begeisternde Geschichte der Deutschen aus diesem Zeitraum hätten" unter Auslassung der Wörter „der Deutschen" sowie dessen Forderung nach einem Volksgeschichtsbuch zitieren sollte. Kronvalds ergänzte zu diesen Zeilen: „ein gewichtiger Vorschlag".[70]

Allerdings war Kronvalds kein Historiker, sondern vor allem Publizist, Pädagoge und Volksaufklärer. 1872 entwickelte er in seinen „Nationalen Bestrebungen"[71] – veröffentlicht als Antwort auf deutsche Vorhaltungen,[72] die Letten seien nicht bildungsfähig – ein Geschichtskonzept, das im Unterschied zum Philosophen Fichte kein geschichtsphilosophi-

---

*Austrums* (dt. Der Osten) erschien von 1885 bis 1906 in Moskau, erster Redakteur war Jānis Velme (1855–1928). Zur lettischen Pressegeschichte jener Zeit: Prese [Presse], in: Latvju Enciklopēdija. 3. Stockholm 1952–1953, S. 1997; Treijs, Kas padarīts; Grigulis, Treijs, Latviešu žurnālistikas vēsture; Dreifelds, Latvijas prese.

65 An dieser Stelle muss darauf hingewiesen werden, dass für den Bereich der Geschichte nicht nur Einzelforschungen zur Adaption historischer Stoffe, Erzählungen und Symbole durch Letten im 19. Jahrhundert und zu den kulturellen Übergängen fehlen. Auch die Entstehungsgeschichte der lettischen Geschichtskultur und historischen Vorstellungswelt bis 1900, etwa ein analytischer Überblick über die protohistoriografische Publizistik in den genannten Periodika, war bisher noch nicht Gegenstand der Forschung.
66 Etwa N. N. [Andrejs Spāģis], Die Zustände; Spahg [Andrejs Spāģis], Zur Emancipationsfrage; Woldemar [Krišjānis Valdemārs], Bauernzustände; Beesbardis, Der Sprach- und Bildungskampf; Beezbaard: Zustände und Eigenthümlichkeiten; Beesbardis: Meditationen.
67 Valdemārs veröffentlichte knapp 50 Bücher sowie 200 Aufsätze und Zeitungsartikel, überwiegend in russischer und deutscher Sprache. Seine Korrespondenz (1854–1891) ist publiziert: Valdemārs, Lietišķā un privātā sarakste.
68 Ausführlich, aber leider nicht veröffentlicht: Luven, Atis Kronvalds, hier vor allem S. 165-214.
69 Wegen Geldmangels musste er das Studium abbrechen und nach Livland zurückkehren, vgl. Plūdonis, Latvju literatūras vēsture. Saīsināts izdevums, S. 197.
70 Atis Kronvalds, Tēvuzemes mīlestība [Vaterlandsliebe]. Erstveröffentlichung in: Rota (1886), Nr. 50, S. 500, hier zitiert nach: Kronvalds, Tagadnei, S. 60.
71 Kronwald, Nationale Bestrebungen.
72 Nationale Bestrebungen.

sches, sondern ein geschichtspädagogisches Programm war. Er übernahm Fichtes Forderung nach einer Begeisterung weckenden Geschichtsliteratur und sah wie dieser in der Geschichte ein pädagogisches Mittel zur Hebung des Volksgeistes. Die Nation war für ihn hingegen weniger eine Idee als vielmehr, analog zu Valdemārs' Vorstellungen, das anzustrebende Resultat beharrlicher Bildungsarbeit. Angesichts der zahlenmäßigen Größe des lettischen Volkes erschien ihm auch der von Fichte für das deutsche Volk formulierte Sendungsauftrag nicht übertragbar, wohl aber die Begeisterung, die romantische Hingabe und die ‚Tathandlungen' (Fichte) eines bewegten Geistes und Willens.

Kronvalds unterschied in der Geschichte manichäisch die ‚Partei der Knechtung' und die ‚Partei der Freiheit'. Historische Publizistik sollte seiner Meinung nach eine dienende, keine kritische Funktion in Bezug auf den Sieg der ‚Partei der Freiheit' zum Wohle aller und das politische Programm der nationalen Emanzipation der Letten spielen. Obwohl sich Kronvalds auch für eine kritische und wissenschaftliche Aneignung der Geschichte einsetzte, hatten seine breit rezipierten Überlegungen für die lettische Geschichtsschreibung vor allem die Folge, dass Historiografie weniger als Ort akademischen Fragens denn als Teil einer politischen Auseinandersetzung galt. Die lettische Geschichte wurde somit frühzeitig ideologisiert, bevor sie zu Wissenschaft werden konnte. Die Folgen sind bis in die Gegenwart hinein spürbar.

Kronvalds, der jung an einem Schlaganfall verstarb, war zusammen mit Reinis Kaudzīte (1839–1920)[73] auch Verfasser der ersten lettischsprachigen Geschichtsschulbücher, vor allem aber führte er die lettischen Begriffe *vēsture* für ‚Geschichte' und *zinātne* für ‚Wissenschaft' ein. Noch um 1860 hatte man im Lettischen eher von ‚Erzählung' (lett. *stāsts*), ‚Zeiterzählung' (lett. *laiku stāsts*) oder ‚geschehener Sache', ‚Geschehnis' (lett. *notikusī lieta*) gesprochen.[74]

Die Folie für die Geschichtsvorstellungen der Jungletten bildete das Geschichtsbild der baltischen Geschichte, wie sie es in den Werken Merkels und von Rutenbergs kennengelernt hatten. Im Unterschied zur deutschbaltischen Historiografie seien Letten (und Esten) vor dem 13. Jahrhundert freie Völker gewesen, die auf einer ähnlichen (oder sogar höheren) Kulturstufe wie die übrigen europäischen Völker gestanden hätten. Im Gegensatz zur ‚Kulturträgertheorie' ihrer deutschbaltischen Antagonisten versuchten die Jungletten zu belegen, dass die deutschen Ordensritter, die im 13. Jahrhundert das Ostbaltikum eroberten, nicht die Kultur, sondern die Sklaverei gebracht hätten; und sie wiesen darauf hin, dass das russische Volk sowohl im 13. Jahrhundert als auch später ein Verbündeter der Esten und Letten in ihrem Kampf gegen die Ordensritter gewesen sei.[75] Auch Versuche, die lettische Geschichte mit den Leistungen der griechischen und römischen Antike zu verknüpfen, spielten, wie andernorts in Europa ebenfalls, eine wichtige Rolle.

---

73 Reinis Kaudzīte wurde zusammen mit seinem Bruder Matīss vor allem durch den ersten lettischen realistischen Roman *Mērnieku laiki* (1879) bekannt, der spät (2012) auch in deutscher Übersetzung erschien: Kaudzīte, Kaudzīte, Landvermesserzeiten.
74 Die Begriffe lett. *vēsture* (dt. Geschichte) und lett. *zinātne* (dt. Wissenschaft) sind von lett. *vēstīt* (dt. berichten, erzählen) und lett. *zināt* (dt. wissen) abgeleitet. Entsprechend lett. *stāsts*, *laiku stāsts* bzw. *notikusī lieta*, vgl. Medns, Savu vēsturi, S. 72.
75 Ebenda, S. 73.

## 2. Deutschbaltische Geschichtsschreibung und Jungletten (19. Jahrhundert)

Dementsprechend war auch der erste Versuch einer Periodisierung der lettischen Geschichte, der von dem bedeutendsten Vertreter der junglettischen Ideologie Valdemārs stammte und aufgrund der unangefochtenen Autorität dieses ‚Vaters des Volkserwachens' lange prägend blieb, im wesentlichen Merkel entlehnt. Valdemārs teilte bereits vor 1860, knapp ein Jahrzehnt nach Merkels Tod, die lettische Geschichte in drei Zeitalter ein, von denen die ersten beiden Epochen mit der Merkelschen Einteilung übereinstimmen. Die erste Epoche bildete die ‚Geschichte der alten Freiheit' bis um 1200 bzw. 1250, die zweite Epoche bis zum 19. Jahrhundert bezeichnete er als die Jahre der ‚Sklaverei' und die dritte von ihm hinzugefügte Epoche als die ‚Freiheit in unserem Jahrhundert'.[76]

Zu den Autoren, die neben Kronvalds und Valdemārs Bedeutung erlangten, gehörte auch Kaspars Biezbārdis, der zu Beginn der 1860er Jahre zu publizieren begann und sich besonders für die gemeinsame Geschichte von Slaven und Letten interessierte. 1869 gab er die *Germanica* von Tacitus (ca. 58–120) in lettischer Übersetzung mit Kommentar heraus. Motiviert haben mochte ihn möglicherweise Tacitus' Erwähnung der *Aestii*, Ästier oder Aisten im Norden Europas, deren Bezeichnung in der Baltistik bis ins 20. Jahrhundert als Synonym für Balten verwendet wurde.[77] 1883 brachte er Herodots (ca. 490/480–430/420 v. Chr.) „Skythen und die Stammeserzählungen unserer Vorväter" heraus und versuchte den Nachweis, dass die Skythen auch die Stammväter des lettisch-litauischen Urvolkes gewesen seien, dass ferner im ersten Jahrtausend v. Chr. baltische Stämme von der Küste der Ostsee und der Düna bis an den Dnepr gesiedelt hätten und Letten und Litauer die Vorfahren der alten Preussen gewesen seien.[78] Er war damit der erste Lette, der die Frage nach der Ethnogenese der Letten stellte; wichtiger war jedoch, dass er als erster lettischer Autor versuchte, abstrakte wissenschaftliche Sachverhalte in lettischer Sprache auszudrücken.

Daneben muss auch Fricis Brīvzemnieks Erwähnung finden. Er veröffentlichte mit „Große russische Männer aus niederer Schicht" die ersten beiden Biografien mit wissenschaftlichem Anspruch in lettischer Sprache.[79] Im Vorwort formulierte er, russische Gestalten der Geschichte und Literatur seien ein Vorbild für die Jugend, allerdings „verbietet unser friedlicher Geist auch künftig über solche Berühmtheiten zu schreiben, die mit Kriegsregimentern geschickt wurden, fremde Länder zu erobern und Blut zu vergießen", wichtiger sei es Männer zu beschreiben, die durch die Kraft des Geistes, durch Mut und Geduld ihrem Volk und der gesamten Menschheit zugute gewirkt hätten.[80]

Den Mangel an heroischen Figuren in der aufgrund Quellenmangels weitgehend unbekannten oder mythisierten altlettischen Geschichte kompensierten die Jungletten, indem sie anstelle großer Gestalten großartige Sitten, die lettische Sprache und alte oder vermeintlich alte lettische Lieder, die *Dainas*, in den Mittelpunkt rückten. Dies erlaubte ihnen gleichzeitig, Quellensammlungen und Archive, die sich in deutschbaltischem Besitz befanden, zu umgehen[81] und den Weg Herders zu beschreiten, d. h. die Volksüberlieferung als neue und

---

76 Valdemārs, Krišjāņa Valdemāra rakstu izlase, S. 362; weitere wichtige Veröffentlichungen von Valdemārs vgl. Anm. 67; sowie: Woldemar, Vaterländisches.
77 Vgl. Eckert, Bukevičiūtė, Hinze, Die baltischen Sprachen, S. 17.
78 Bezbardis, Herodota Skuti; weitere Veröffentlichungen vgl. Anm. 66.
79 Brīvzemnieks, Augsti krievu vīri.
80 Ebenda, S. 101.
81 Mit der Unzugänglichkeit der deutschen Archive wurde später häufig die oft oberflächliche Argu-

wichtigste Quelle zu propagieren und eigene Quellensammlungen aufzubauen. Dementsprechend begann Brīvzemnieks 1868 und 1872 mit der Sammlung von lettischen Volksliedern, finanziert und beauftragt von der Moskauer Ethnografischen Gesellschaft. Diese Arbeit wurde später von dem lettischen Volkskundler, Schriftsteller und Philologen Barons, dem lettischen ‚Vater der Lieder' (lett. *Dainu tevs*) mit großem Erfolg fortgesetzt. Damit wurden gleichzeitig die Grundlagen für die lettische Folkloristik gelegt, die ab 1918 in der Republik Lettland eine wichtige Rolle für die Weiterentwicklung der lettischen Historiografie spielen sollte. Zur gleichen Zeit etwa entstand auch das erste lettische, auf Sagen und Mythen fußende Epos *Lāčplēsis* (dt. Der Bärentöter) von Andrejs Pumpurs (1841–1902), prägend für eine nationalromantische Ahnung von einer eigenen, lettischen Vergangenheit, die der wissenschaftlichen Bearbeitung bedurfte.[82]

Bevor allerdings eine anfänglich volkspädagogisch-erbauliche und sich einer nationalen Politik verpflichtend fühlende Geschichtspublizistik in eine lettische Geschichtsschreibung mit wissenschaftlichen Ansprüchen mündete, sollten noch einmal mehrere Jahre vergehen. Ihre Anfänge verbindet die lettische Wissenschaftsgeschichte in der Regel erst mit dem Auftreten des ersten lettischen akademisch ausgebildeten Historikers Jānis Krodznieks (1851–1924), der ab 1885 begann, historische Beiträge zu veröffentlichen.

---

mentationsführung lettischer Geschichtspublikationen von den Jungletten bis hin zu den 1920er Jahren entschuldigt. Unklar bleibt, ob dem tatsächlich so war, außerdem waren bereits große Quelleneditionen publiziert, vgl. Tentelis, Vēstures zinātne, S. 225 ll.

82 Barons, Wissendorff, Latvju dainas; Pumpurs, Lāčplēsis.

## 3. Die Anfänge der lettischen Geschichtsschreibung im Russländischen Zarenreich (1880–1918)

### 3.1. Historische und politische Rahmenbedingungen

Neben dem Auftreten der erwähnten junglettischen Einzelpersönlichkeiten des ersten ‚Volkserwachens'[1] zeichneten sich die 1870er und 1880er Jahre in den baltischen Provinzen durch eine rege Gründung von Vereinen innerhalb der nichtdeutschen Bevölkerung aus, die zunehmend die Tätigkeit einzelner Protagonisten der jungen Nationalbewegung ergänzten. Für den Kontext der lettischen Erinnerungslandschaft ist vor allem der 1868 gegründete Rigaer Lettische Verein (lett. *Rīgas Latviešu biedrība*) von Bedeutung, der 1869 eine Wissenschaftskommission ins Leben rief, die sich zunächst vor allem der Folklore und Sprache widmete.[2] Eine Geschichtskommission sollte erst 1905 entstehen. Ebenfalls 1869 gründete der Verein ein „Lettisches Museum", aus dem später das heutige Nationale Geschichtsmuseum Lettlands (lett. *Latvijas Nacionālais vēstures muzejs*) im Ordensschloss in Riga hervorging, und im gleichen Jahr gedachte der Verein auch Garlieb Merkels 100. Geburtstag mit der Errichtung eines Denkmals an seinem Grab. Zu einer nachhaltigen Politisierung der Letten trug die Manaseinsche Revision 1882/83 bei, die von einer Petition der Letten begleitet wurde und in diesem Zusammenhang zu einer weiteren Besinnung und Reflexion auf das Eigene in der baltischen Landesgeschichte führte.

Ende der 1880er Jahre entsprachen die nationalromantischen Vorstellungen der Jungletten nicht mehr der neuen soziale Situation in der Stadt und auf dem Land, wo es als Folge der Bauernbefreiung, Urbanisierung und Industrialisierung zu einer sozialen Differenzierung der Letten in, grob gesprochen, Bauernwirte und Besitzbürger, Landlose und Industriearbeiter gekommen war.[3] Der veränderten sozialen Situation, ab den 1890er Jahren zunehmend mit Arbeiterunruhen und Streiks, trug ab Mitte der 1880er Jahre eine neu entstehende lettische Protestbewegung, die „Neue Strömung" (lett. *Jaunā Strāva*) Rechnung, die sich, aus Deutschland sozialdemokratisch bis sozialistisch beeinflusst, gegen den

---

1 Lett. *Tautas atmoda*; als ‚zweites Volkserwachen' wird in der lettischen Geschichtsliteratur häufig die Zeit zwischen 1905 und 1918 mit der massenhaften politischen Mobilisierung der Letten (Massendemonstrationen, Flüchtlingsbewegung, lettische Schützenregimenter, Hilfskomitees, Gründung politischer Parteien u. a.) und unter dem ‚dritten Volkserwachen' die Zeit der ‚Singenden Revolution' zwischen 1985 und 1991 verstanden; vgl. dazu auch den Titel des Buches von Stradiņš, Trešā atmoda.
2 Wohlfart, Der Rigaer Letten Verein; Zanders, Rīgas Latviešu biedrība.
3 Gute Überblicke über die sozialen Entwicklungen des 19. Jahrhunderts in den baltischen Provinzen bis zur Revolution 1905 finden sich bei Benz, Die Revolution von 1905; und Wohlfart, Der Rigaer Letten Verein, S. 12-105.

‚Muff von tausend Jahren unter den Talaren' der ‚alten' Jungletten sowie deren idealistische Geschichtsauffassung wandte und das Primat einer sozialökonomischen (marxistischen) Betrachtung der Verhältnisse und der Geschichte forderte.[4] Ihre Vertreter, allen voran die Schulfreunde Rainis (Jānis Pliekšāns, 1865–1929) und Pēteris Stučka (1865–1932), standen für die erste Generation von Söhnen freigelassener Bauern mit weiter reichenden akademischen und politischen Ambitionen. Sie forderten an Stelle einer nationalen Romantik einen sozialen Realismus. Aus ihren Reihen entstand 1904 die erste lettische politische Partei, die Lettische Sozialdemokratische Arbeiterpartei (lett. *Latviešu Sociāldemokrātiskā strādnieku partija*, LSDSP), die wenig später bereits eine führende Rolle bei der Organisation der ‚Lettischen Revolution'[5] 1905 spielen und sich 1914 in einen sozialdemokratischen und bolschewistischen Flügel spalten sollte.[6]

Außer Frage stehen die starken Impulse, die von der Revolution von 1905 für das historische Interesse der Letten ausging. Der spätere lettische Außenminister Felikss Cielēns fasste dies 1927 in den Worten zusammen, für ihn sei das Jahr 1905 „eine flammende Demarkationslinie im geschichtlichen Werdegang des lettischen Volkes" gewesen. Zum ersten Mal hätten breite Volksmassen versucht, ihr Schicksal selbst zu bestimmen und politische Freiheiten zu erringen, um sich so „von einem geschichtslosen in ein geschichtliches Volk" zu verwandeln.[7] Nicht nur das Scheiterns der Revolution warf Fragen nach den Gründen auf. Auch die Tatsache, dass viele lettische Revolutionäre für Jahre ins Ausland fliehen mussten und dort, bedingt durch die Erfahrung neuer politischer Milieus, ihre Perspektive änderten, ließ sie intensiver über Geschichte nachdenken und weitere Broschüren oder Bücher zu Fragen der vergangenen und künftigen Entwicklung ihres eigenen Volkes verfassen. Besonders das Beispiel der kantonalen (territorialen) Lösung der nationalen Frage in der Schweiz oder der angloamerikanischen Demokratien sowie die theoretischen Überlegungen der Austromarxisten Otto Bauer (1881–1938) und Karl Renner (1870–1950) sollten ihr künftiges politisches Denken stark beeinflussen.[8]

### 3.2. Lettische Geschichtsschreibung zwischen Wissenschaft und junglettischer Ideologie

Den junglettischen Vertretern – allesamt publizistisch tätig, aber keine akademisch geschulten Historiker – ging es nicht nur um eine veränderte Wahrnehmung der großen geschichtlichen Fragen und eine Verlagerung der Paradigma weg von der deutschen Herrschaftsgeschichte und hin zu einer Geschichte des lettischen bäuerlichen Volkes, sondern sie nahmen auch Einfluss auf das historiografische Verfahren selbst, ein Einfluss der bis in die

---

4 Überblick mit weiterführender Literatur: Butulis, Jaunā strāva; Zelče, Jaunstrāvnieki.
5 So der vielzitierte Titel von [von Transehe-Roseneck], Die lettische Revolution.
6 Henning, Die Anfänge der lettischen sozialistischen Bewegung. Ab 1918 nannte sich der sozialdemokratische Flügel „Sozialdemokratische Arbeiterpartei Lettlands" (lett. *Latvijas Sociāldemokrātiskā strādnieku partija*) und bestand als eigenständige Partei.
7 Cielēns, 1905. gada vēsturiskā nozīme, S. 8.
8 Ausführlich: Ilga Apine, Latvijas Sociāldemokrātija un nacionālais jautājums, insbesondere S. 189 ff.

### 3. Die Anfänge der lettischen Geschichtsschreibung (1880–1918)

Gegenwart hinein spürbar bleiben sollte.[9] Ihre Forderung, die neue Volksgeschichte solle unparteiisch geschildert werden, war gegen die althergebrachte deutschbaltische und rechtshistorisch orientierte Geschichtsinterpretation gerichtet und meinte eine neue Parteilichkeit im Sinne der Instrumentalisierung der neuen Volksgeschichte für die politische, soziale und kulturelle Emanzipation der Letten. Sie zielte nicht auf wissenschaftliche, sondern auf eine vermeintliche politische Objektivität und historische Gerechtigkeit.

Den Anfang einer wissenschaftlichen lettischen Geschichtsschreibung können drei Jahreszahlen symbolisieren: 1883 erschien die erste lettische Übersetzung einer mittelalterlichen Quelle, der für die Interpretation des Mittelalters und den Beginn der deutschen Herrschaft eminent wichtigen Chronik Heinrichs von Lettland (um 1187–1259). Im Jahr 1885 veröffentlichte der „erste lettische professionelle Historiker"[10] und „Vater der lettischen Geschichtswissenschaft"[11] Johann Krüger – oder Jānis Krodznieks (1851–1924), wie er sich lettisiert seit seiner Moskauer Studienzeit nannte – seinen ersten historischen Beitrag in der Zeitschrift *Austrums* (dt. Der Osten), und 1892 folgte aus seiner Feder die erste geschichtswissenschaftliche programmatische Schrift „Was ist die Geschichte der Letten".[12]

Von Beginn an stand die akademisch orientierte lettische Geschichtsschreibung unter dem Einfluss politischer Notwendigkeiten. An zwei Beispielen konnte im Detail herausgearbeitet werden, wie die Vertreter der Jungletten ihr geschichtsmythologisches, romantisierendes Konzept einer ‚Geschichte der Letten', das sich philosophisch an Fichte und am Jungen Deutschland und historisch an den Leitfiguren und Geschichtsbildern Jannaus, Merkels, Herders und Rutenbergs anlehnte, in der allmählich entstehenden lettischen Geschichtspublizistik und -produktion durchsetzen konnten und sich dieses Konzept dort wirkungsmächtig über Jahrzehnte entfalten sollte.[13]

Das erste Beispiel betrifft direkte Eingriffe in die Redaktion der ersten beiden Übersetzungen mittelalterlicher Chroniken in die lettische Sprache.[14] Der Lehrer, Ethnograf und Kartograf Matīss Siliņš (1861–1942),[15] hatte sich bei der Auswahl der zur Verfügung ste-

---

9 So etwa in Bezug auf Merkels langlebigen Mythos der 700-jährigen Sklaverei der Esten und Letten. Dessen Entmythologisierung begann erst mit der Neubewertung der deutschbaltischen Geschichte in Zusammenhang mit der Unabhängigkeitsbewegung in Lettland ab 1987, als die Westorientierung der lettischen Geschichte neu begründet werden musste, vgl. Daugmalis, Mīts par „septiņiem verdzības gadsimtiem"; vgl. auch das Interview mit dem jüngeren lettischen Historiker Jānis Šiliņš, Vai 700 gadu verdzības mīts.
10 So Mednis, Savu vēsturi, S. 71. Zuvor hatte in den 1930er Jahren Arveds Švābe (1888–1959) auf den Rigaer lettischen Handwerker Jānis Šteinhauers (1705–1779) und dessen ersten Versuch einer vermeintlich ‚nationalen' Geschichte hingewiesen, ferner waren nach dem Vorbild deutscher Gemeindechroniken auch lettische lokale Chroniken oder *Laika grāmatas* (dt. Zeitbücher) bekannt, vgl. ebenda, S. 71 f.
11 Zeids, Latviešu vēstures zinātnes attīstība, S. 3. Die sowjetlettische „Kleine Enzyklopädie der SSR Lettland" vermerkte ihn als „Begründer der lettischen bourgeoisen Historiografie", in: Latvijas PSR Mazā enciklopēdija 2, S. 166.
12 Siliņš, Latviešu Indriķa hronika; Krodznieks, Kā muižnieku kārta; ders.: Kas ir latviešu vēsture?
13 Siehe dazu die Arbeit des lettischen Literaturwissenschaftlers Cīrulis, Die Geschichte der Letten, S. 5–18.
14 Es handelte sich um die Übersetzungen der Chronik Heinrichs von Lettland und der Livländischen Reimchronik, beide aus dem 13. Jahrhundert: Siliņš, Latviešu Indriķa hronika; ders., Atskaņu hronika.
15 Siliņš war mit der Tochter eines deutschbaltischen Barons aus Durben (lett. *Durbe*) verheira-

henden Redaktionen der Chronik Heinrichs von Lettland für die Ausgabe von Wilhelm Arndt (1838–1895) entschieden,[16] weil dieser im Unterschied zu anderen Ausgaben die Hypothese einer möglichen lettischen Nationalität des mittelalterlichen Chronisten vertrat. Siliņš selbst schrieb nur ein kurzes Vorwort und nutzte im Übrigen die Stellenkommentare der Ausgaben von Arndt, August Hansen (1813–1849)[17] und sogar Eduard Pabst (1815–1882)[18], der von der deutschen Nationalität Heinrichs überzeugt war. In Bezug auf die Nationalität des Chronisten stand für Siliņš jedoch zweifelsfrei fest: „Während früher alle es für wahr hielten, dass er von Geburt Lette gewesen ist, meinen Balten neuerer Zeit, dass er ein Deutscher war. Falsch!"[19] Auch bei einem Vergleich zwischen lettischer Übersetzung und den Ausgaben der deutschen Herausgeber können selektive Eingriffe Siliņš' im Text der Übersetzung und in den Kommentaren festgestellt werden, insbesondere dort, wo es um die wichtige Frage der vermeintlich wirklichen Nationalität des mittelalterlichen Autors geht – eine Kontroverse, die auch in der Gegenwart als noch nicht gänzlich abgeschlossen gelten kann.[20]

Eine ähnliche Vorgehensweise kann bei der Übersetzung der Livländischen Reimchronik festgestellt werden.[21] Aufgabe schien, die bisher von der deutschbaltischen Historiografie interpretatorisch besetzten mittelalterlichen Quellen auf ihren Nutzen für den lettischen nationalen Emanzipationsprozess neu durchzusehen:

> „Das ist wohl ein Mund der Fremdlinge, der zu uns aus den Schriften unserer grauen Vorzeit spricht, und der wahrhaftige Hergang der Ereignisse ist oft nur zu ahnen, doch da andere Nachrichten fehlen, werden die in diesen Schriften aufbewahrten Berichte über die längst vergangenen Zeiten der Vorväter umso teurer, und wir können nicht aufhören, unsere Chroniken und alle anderen Schriften der Vorzeit durchzublättern und zu erforschen."[22]

Ziel war, einzelne Textstellen neu, d. h. aus lettischer Perspektive zu interpretieren und sie als Bruchstücke nationaler Legendenbildung produktiv werden zu lassen.[23] Bezeichnend war auch eine Karte, von Siliņš gezeichnet und der lettischen Übersetzung der Reimchronik beigefügt, die Lettgaller, Kuren und Semgaller bereits für das 13. Jahrhundert einheitlich als

---

tet, was ihm kurzzeitig ermöglichte, sich während eines Deutschlandaufenthaltes mit deutscher Geschichtsforschung bekannt zu machen. Von 1885 bis 1888 lebte er als Lehrer und Redakteur der Zeitschrift *Austrums* in Moskau. Er war später von 1924 bis 1934 Direktor des Staatlichen Geschichtsmuseums in Riga, vgl. Latviešu rakstniecība biogrāfijās, S. 525.

16 Arndt, Heinrici chronicon Lyvoniae.
17 Hansen, Origines Livoniae.
18 Pabst, Heinrich's von Lettland Livländische Chronik.
19 Siliņš, Latviešu Indriķa hronika, S. III.
20 Vgl. die Einführung von Ēvalds Mugurēvičs, in: Indriķa hronika.
21 Vgl. Cīrulis, Die Geschichte der Letten, S. 12-14.
22 Siliņš, Atskaņu hronika, S. 1.
23 Ein Beispiel dafür hatte der radikal national eingestellte lettischer Dichter Auseklis (eigentl. Miķelis Krogzemis, 1850–1879) bereits 1873 mit seinem patriotischen Liedtext „Der Sänger von Beverin" (lett. *Beverīnas dziedonis*) geliefert, einer der Heinrich-Chronik entlehnten Episode, die die Belagerung der altlettischen Burg Beverin (lett. Beverīnas pils) schildert. Das Lied endet mit der Zeile „Der Geist der Lieder rettete das Volk", entstanden im gleich Jahr, in dem das erste große lettische Sängerfest stattfand. Text in: Auseklis, Kopotie raksti, S. 254.

‚Letten' bezeichnet und ihre Siedlungsgebiete als Teil eines lettisch-litauischen Großreichs ausweist.

Das zweite Beispiel betrifft die publizistische Disziplinierung des bereits erwähnten Historikers Krodznieks durch den Wortführer der Jungletten Krišjānis Valdemārs (1825–1891) und Krodznieks' allmähliche Anpassung an nationalpolitische Opportunitäten.[24] Krodznieks hatte in den 1870er Jahren in Moskau Valdemārs und Biezbardis kennengelernt. Unter ihrem Einfluss begann er sich für lettische Geschichte zu interessieren. Obwohl ihm in Moskau die baltischen Archive nicht zugänglich waren, begann er unter dem Eindruck der Manaseinschen Revision Beiträge und Artikel über die lettische Geschichte zu schreiben.[25] Auffällig ist, dass er anfänglich, wissenschaftlich-kritisch geschult, die plakative Kritik der Aufklärer Merkel und von Rutenberg[26] sowie der Jungletten am deutschbaltischen Adel nicht teilte, sondern in seinem ersten Aufsatz 1885 „Wie der baltische Adelsstand entstanden ist und sich entwickelt hat" die baltischen Agrarverhältnisse noch in einen europäischen Kontext rückte:

„Da das Vasallenwesen von Deutschland mitgebracht wurde, wird Albert die Lehen auch mit genau solchen Rechten vergeben haben, welche die Vasallen Deutschlands genossen. Dort hatte sich der Feudalismus schon längst herausgebildet; bereits im 8. Jahrhundert finden wir seine Wurzeln, den ersten Ursprung, und im 13. Jahrhundert stand er in voller Blüte."[27]

Ausgangspunkt waren für ihn nicht der mythische Ursprung des lettischen Volkes, dessen Glaube und vermeintliches Staatswesen, sondern die Entwicklung des Lehnswesens und die Ausbreitung des Christentums in Europa sowie die organisatorischen Strukturen des baltischen Rittertums. Krodznieks behandelte damit die beiden Grundfragen, die den Diskurs zwischen konservativen deutschbaltischen Historikern und Vertretern des Junglettentums bestimmten: Wie weit waren die Ureinwohner Livlands vor der deutschen Ankunft im 13. Jahrhundert kulturell fortgeschritten? Und war die Unterwerfung des Landes ungerecht und führte zu einer jahrhundertelangen Sklaverei? Ziel war zunächst eine Erklärung des Mittelalters allgemein, nicht die Kritik des Feudalismus in Livland. Damit bot Krodznieks dem lettischen Leser eine Interpretation der mittelalterlichen Geschichte, die der junglettischen Sichtweise widersprach. Die Reaktion von Krišjānis Valdemārs ließ nicht lange auf

---

24 Vgl. Cīrulis, Die Geschichte der Letten, S. 20–32.
25 Krodznieks veröffentlichte erst nach dem Ersten Weltkrieg zwei auf Quellen (einer Mischung aus Text und eingeschobenen Quellen ohne Quellenangaben) beruhende Publikationen: Krodznieks, Zemnieku nemieri; ders., Vidzemes muižnieku un zemnieku adreses. Sein bekanntestes (Spät-)Werk war die „Geschichte Lettlands": Ders., Latvijas vēsture. Zu seiner Biografie vgl. Zelče, Jānis Krodznieks.
26 Otto von Rutenbergs Geschichte der Ostseeprovinzen erschien erst 1908 in einer lettischen Übersetzung: Ottona fon Rutenberga Baltijas vēsture.
27 Krodznieks, Kā muižnieku kārta. Zitat nach Band III seiner 1912 bis 1914 in Riga herausgegebenen dreibändigen Aufsatzsammlung: Ders., Iz Baltijas vēstures. III, S. 31. Weiter: „Als die Deutschen Livland eroberten, verloren die eingeborenen Völkchen zwar ihre politische Selbständigkeit, nicht aber ihre persönliche Freiheit. Das geschah erst im Laufe der Zeit, mit langsamen Einschränkungen und nicht auf eine allgemein gleiche Weise; erst im 15. und 16. Jahrhundert entwickelte sich die echte Leibeigenschaft zur Sklaverei und verbreitete sich über das ganze Land." Ebenda, S. 81.

sich warten. Valdemārs kritisierte, dass Krodznieks Merkel und von Rutenberg nicht genügend kenne, die Geschichte selektiv verarbeite, parteiisch urteile, sich auf das Selbstlob der deutschen Historiker verlasse, kurz: die (subjektive) Objektivität der Jungletten und damit eine parteiliche Wissenschaftlichkeit ignoriere.[28] In Reaktion auf die scharfe Kritik von Valdemārs lassen bereits die Überschriften weiterer Beiträge von Krodznieks seinen ideologischen Akzentwechsel erkennen. Fortan schrieb auch er „Über die alten Letten", „Über die Semgaller", „Über unsere alten Burgen und Städte" und äußerte zunehmende Distanz gegenüber deutschen Quellen und Autoren.[29] Das nationale Narrativ hatte sich gegen kritische Wissenschaftlichkeit durchgesetzt, und das Primat der nationalen Frage sollte die lettische Geschichtsschreibung während des gesamten 20. Jahrhunderts maßgeblich prägen.

Krodznieks veröffentlichte wenig später auch die ersten Überlegungen darüber, was eigentlich ‚lettische Geschichte' sei. In einem Beitrag „Was ist die Geschichte der Letten?" erläuterte er dem Leser sein Geschichtsprogramm, den allgemeinen Nutzen von Geschichte für die Selbsterkenntnis und die positive Rolle großer Männer und Völker. Der Fall des kleinen lettischen Volkes zeige zwar eine gewisse geschichtliche Passivität und diese generiere eine gewisse kollektive Scham, aber daran seien nicht die Letten, sondern äußere Umstände schuld: „Es ist nicht unsere Schuld, dass wir unterdrückt, gebeugt, versklavt wurden, daher müssen wir uns auch nicht für das nicht beneidenswerte Schicksal unseres Volkes schämen." Es sei Zeit, die dunkle Decke von der Geschichte der Letten zu lüften und darzustellen, dass es ohne Bauern keine Gutsherrschaft, Gutsherren und ohne lettische Geschichte eben auch keine baltische Geschichte gäbe. Und deren Kausalitäten seien herauszuarbeiten. „Die Aufgabe des lettischen Volkshistorikers besteht nicht nur darin, wiederzuerzählen was in diesen 700 Jahren passiert ist, als die Deutschen kamen, zu erklären, wie das alles geschehen ist, sondern auch die Gründe zu erforschen, warum die Ereignisse diesen Weg gingen."[30]

### 3.3. Lettische Geschichtsschreibung zwischen nationalem und sozialem Diskurs

Neben Krodznieks begannen in den 1880er Jahre auch andere Autoren Beiträge über baltische oder lettische Geschichte verstreut in Zeitungen oder Zeitschriften zu veröffentlichen. Es handelte sich dabei jedoch nicht um wissenschaftliche Originalforschungen, sondern häufig um Übersetzungen, Überarbeitungen, Popularisierungen oder Plagiate ohne wichtige historische Ergebnisse. Ihre Funktion war, bei den lettischen Lesern ein Interesse für eine eigene Geschichte zu wecken, Selbstfindung, Aufwachen und Suchen anzuregen. Die Autoren verstanden sich dementsprechend eher als ‚Volkserwecker' denn als Historiker. Ih-

---
28 Valdemārs, Kāds vārds.
29 Nachweise bei Cīrulis, Die Geschichte der Letten, S. 29.
30 Krodznieks, Kas ir latviešu vēsture?, Zitate S. 328 f. Der lettische Historiker Ilgvars Misāns bewertet die professionelle Qualität von Krodznieks als niedrig. Er sei weit hinter dem Niveau seiner deutschbaltischen Zeitgenossen wie Leonid Arbusow d. Ä. (1848–1912) zurückgeblieben, seine Arbeiten trügen eher einen publizistisch-polemischen als akademischen Charakter, er habe keine einzige, wissenschaftlichen Ansprüchen genügende Monografie und keine einzige Quellenedition publiziert, vgl. Misāns, Leonīds Arbuzovs un latviešu historiogrāfija, S. 98; dass. dt.: Ders., Leonid Arbusow und die lettische Geschichtsschreibung, S. 80.

re Ziele waren die Volksaufklärung über die alte Geschichte, das Wecken von Liebe zur lettischen Vergangenheit sowie die Hebung nationalen Selbstbewusstseins und nationaler Moral. Zeitliche Schwerpunkte bildeten vor allem die ‚Alte Zeit', also die Jahrhunderte vor der deutschen Eroberung, die nur über archäologische Zeugnisse fassbar war, sowie der Verlust der Unabhängigkeit in den Kämpfen mit dem Deutschen Orden im 13. Jahrhundert.[31]

Zu den bekannteren Autoren zählten der Lehrer und Publizist Ernests Dinsbergs (auch Dinsberģis, Dünsbergs, 1816–1902), der seine „Geschichte des baltischen Altertums" mit den Ordenskämpfen im 13. Jahrhundert und einem Ausblick auf die unvergängliche, in den lettischen Volksliedern angelegte Sittlichkeit des lettischen Volkes enden lässt; ferner der jung verstorbene Jurastudent Jānis Reinbergs (oder Reinberģis, 1859–1884), der das Augenmerk des lettischen Lesers mit zwei kleineren Veröffentlichungen auf die Bedeutung der kurländischen Herzöge Gotthard Kettler (1517–1587) und Johann Ernst von Biron (1690–1772) richtete; der Schriftsteller Augusts Deglavs (1862–1922), bekannt durch seinen historischen Stadtroman „Riga", der zum 25. Jubiläum des „Rigaer Lettischen Vereins" im Jahre 1893 einen Rückblick auf die Anfänge des lettischen Volkerwachens versuchte; und schließlich Fricis Veinbergs (1872–1928), der seinen Blick gen Süden auf die ruhmreiche, ethnisch und sprachlich verwandte litauische Vergangenheit richtete.[32] Zwischen diesen Autoren bestand jedoch kein organisatorischer Zusammenhang, und Versuche, einen historischen Verein analog zu den deutschbaltischen Gesellschaften ins Leben zu rufen, sind nicht bekannt. Zwar gab es zwischen 1890 und 1905 Initiativen seitens der Wissenschaftskommission des Rigaer Lettischen Vereins eine über Spenden von Letten aus St. Petersburg und Moskau zu dotierende „Lettische Geschichte" in Auftrag zu geben, es ließ sich aber noch kein Historiker finden, der sich dieser Aufgabe stellen mochte.[33]

Die 1890er Jahre stellen den Beginn einer Differenzierung innerhalb der lettischen Geschichtspublizistik dar. Unter dem Eindruck des Marxismus in Westeuropa, vor allem aus Deutschland, setzten sich junge Anhänger der sozialistisch orientierten „Neuen Strömung" mit dem historischen Materialismus auseinander und begannen, ihn in lettischer Sprache zu popularisieren. So veröffentlichten der Dorpater Student und spätere Professor für Pädagogik (1931) Jānis Kauliņš (1863–1940) und sein Freund, der spätere lettische Bildungsminister Aleksandrs Dauge (1868–1937), in der linksgerichteten Zeitschrift *Pūrs* (dt. Die Truhe) Beiträge über die Gesetzlichkeiten des Geschichtsverlaufs.[34] Die erste lettische marxistische Geschichte erschien jedoch erst 1904: Der Sozialdemokrat, spätere Bolschewist und in der lettischen Räterepublik 1919 Kommissar für Landwirtschaft Fricis Roziņš (1870–1919) verfasste unter dem Titel „Der lettische Bauer" eine Agrargeschichte der Letten, die sich

---
31 Wohlfart, Der Rigaer Letten Verein, S. 253 f.
32 Dinsbergs, Baltiešu senatnes vēsture. Dinsbergs veröffentliche auch allgemein zu alter und Weltgeschichte; ferner: Reinberģis, Kurzemes pirmais lielkungs Gothards Ketlers; ders.: Kurzemes Lielkungs Jānis Ernests Bīrons; Deglavs, Latviešu attīstības solis; Veinbergs, Iz latviešu-leišu vēstures. Als weitere Autoren sind Matīss Kaudzīte (1848–1926) sowie Vilis Olavs (bis 1890 Vilis Plute, 1867–1917) zu erwähnen: Kaudzīte, Vēsture tautas skolām; ders.: Krievu valsts attīstības gājums; Plute-Olavs, Latvju vēsture.
33 Wohlfart, Der Rigaer Letten Verein, S. 256.
34 Kauliņš, Domas par vēsturi; Dauge, Vēstures likumi; das erste lettische Originalwerk über den Historischen Materialismus erschien erst 1910: Jansons-Brauns, Vēsturiskais materiālisms.

nach den gleichen materialistischen Gesetzen entwickele wie die Geschichte andernorts in der Welt, also auf die Revolution zulaufe. Grundlegend für die lettische marxistische Geschichtsschreibung wurde jedoch die dreibändige „Geschichte Lettlands" von Kārlis Landers (1883–1937), die den lettischen Leser erstmals mit einer sozioökonomischen Sicht auf die Geschichte konfrontierte, aber formal ebenso wie andere Geschichten aus lettischer Feder ohne Fußnoten auskam und bereits von Zeitgenossen eher als episodisch und Chresthomatie denn als Geschichte bezeichnet wurde.[35]

Den Impulsen der Revolution von 1905 verdanken sich weitere linksgerichtete Veröffentlichungen, deren Inhalte zwischen Geschichte, Politik und Propaganda oszillieren, aber für das lettische Geschichtsbewusstsein vor dem Ersten Weltkrieg eine wichtige Rolle spielten. Zu nennen sind hier Autoren wie Jānis Asaris (1877–1908) mit seiner Schrift „Wie der baltische Adel zu seinen Privilegien kam", Jānis Jansons-Brauns' (1872–1917) „Baltische Revolution", als Antwort auf Astafs Transehe-Rosenecks (1865–1946) „Lettische Revolution" gemünzt, oder die „Preußischen Junker in Lettland 1812 bis 1914" des lettischen Sozialdemokraten, späteren Kommunisten und 1919 stellvertretenden Vorsitzenden der lettischen Räteregierung Jūlijs Daniševskis (1884–1938).[36]

Zwei weitere Bücher aus lettischer sozialdemokratischer Feder verdienen noch Erwähnung, auch wenn sie streng genommen keine historiografischen Werke darstellen. Zum einen war dies eine soziokulturelle Untersuchung zum lettischen Volksbegriff des späteren zweimaligen Ministerpräsidenten Marģers Skujenieks (1886–1941) und „Überlegungen zur Gegenwart und Zukunft Lettlands" von Miķelis Valters (1874–1968), später Innenminister und Diplomat, der 1903 als erster lettischer Politiker die Frage nach staatlicher Unabhängigkeit gestellt hatte. Beide Veröffentlichungen haben unter Rückgriff auf die Geschichte – jeweils eine vermutete Geschichte, da eine wissenschaftlichen Kriterien genügende lettische Geschichte noch fehlte – den Horizont über den lettischen Bauern hinaus auf einen modernen Volks- und Staatsbegriff gelenkt und gelten als publizistische Wegbereiter der Staatsgründung 1918.[37]

Zwar entwickelte sich bis 1917 eine lettische Geschichtsschreibung und -publizistik, aber keine lettische Geschichtswissenschaft. Jene förderte eine breite national- und sozialpolitische Diskussion, die mit historischen Argumenten arbeitete. Ausgehend von den beiden Bewegungen der Jungletten und der Neuen Strömung entstanden im Wesentlichen die beiden historischen Schulen, die bis 1990 die lettische Historiografie prägten: eine auf das lettische ‚Volk', später die Nation fokussierte national-bürgerliche und eine auf die soziale Klasse, auf lettische Arbeiter, Bauern und Landlose und den Internationalismus abzielende marxistische Schule. Theoretische Debatten über Geschichte fanden kaum Anklang. Im Mittelpunkt standen tendenziöses Suchen, Finden, Sammeln, Ordnen und Propagieren. Gemeinsam war

---

35 Landers, Latvijas vēsture. Ein beabsichtigter vierter Teil erschien nicht mehr. Zur Kritik von marxistischer Seite: Paeglis, Sabiedriski politiskā grāmata, S. 115-117.
36 Asaris, Kā Baltijas muižniecību; Brauns, Baltjas revolūcija (das Manuskript eines zweiten Teils gilt als verschollen); Daniševskis, Prūšu junkuri Latvijā.
37 Skujenieks, Nacionālais jautājums; Valters, Mūsu tautības jautājums. Einen nützlichen Überblick über die lettischen Debatten zur nationalen Frage mit zahlreichen Zitaten in deutscher Sprache bietet immer noch: Dopkewitsch, Die Entwicklung des lettländischen Staatsgedankens; neuer: Dribins, Nacionālais jautājums Latvijā.

beiden Richtungen, dass sie sich in Auseinandersetzung zur dritten, traditionellen historiografischen Schule sahen, der deutschbaltischen Geschichtsschreibung, deren Vertreter in Vereinen, Museen, Bibliotheken und Archiven nach wie vor die Positionen innehatten, in denen Geschichtsforschung akademisch-wissenschaftlich betrieben wurde.

## 4. Lettische Historiografie in der Republik Lettland (1918–1940)

Am 17. November 1918, knapp eine Woche nach der Novemberrevolution in Deutschland, konstituierten Vertreter von acht lettischen bürgerlichen und gemäßigt sozialdemokratischen Parteien sowie des Lettgallischen Landesrates in der Privatwohnung von Gustavs Zemgals (1871–1939), dem späteren zweiten Staatspräsidenten Lettlands, in einem verfassungsrechtlichen Akt den „Volksrat Lettlands" (lett. *Latvijas Tautas padome*) und beschlossen eine „Politische Plattform" als provisorische Verfassung. Einen Tag später, am 18. November 1918, proklamierte das neue Vorparlament im Rigaer II. Städtischen Theater[1] die in der Politischen Plattform angekündigte „Republik auf demokratischer Grundlage", ein „vereinigtes, selbständiges und unabhängiges Lettland"[2] und setzte am darauffolgenden Tag ein einstweiliges Ministerkabinett unter Kārlis Ulmanis (1877–1942) ein.

### 4.1. Historische und politische Rahmenbedingungen

Zwar garantierte die Politische Plattform auch den übrigen Nationalitäten des Landes politische Partizipation, beteiligte Deutsche und Juden an der ersten Regierungsbildung und stellte ihnen kulturelle und nationale Autonomie in Aussicht,[3] die Demokratie galt der über-

---

1 Auch Russisches Theater genannt, heute das Nationaltheater Lettlands (lett. *Latvijas Nacionālais teātris*), Ecke Kronvalda bulvāris / Krišjāņa Valdemāra iela.
2 Politische Plattform, Art. II (Staatsform und Beziehungen zu anderen Völkern), Punkte 1-2 in: Latvijas Tautas padome, S. 6. Einzige Frau unter den Teilnehmern war die bekannte Sozialdemokratin Klāra Kalniņa (1874–1964), Vertreter der linken Sozialdemokraten und der Kommunisten nahmen an der konstituierenden Sitzung nicht teil. Die Angaben zur Teilnehmerzahl schwanken zwischen 36 und 40 Personen, vgl. Latvijas walsts pasludinaschana, S. 12 f.; Šilde, Latvijas vēsture 1914–1940, S. 257 f.; Biografien der Teilnehmer im Einzelnen: Latvijas valsts dibinātāji. Der Volksrat tagte vom 17.11.1918 bis zum Zusammentritt der frei gewählten Verfassunggebenden Versammlung (lett. *Satversmes sapulce*) am 1.5.1920.
3 Politische Plattform, Art. VI (Rechte der Angehörigen anderer Völker), Punkte 1-3, und Art. V (Politische Freiheiten), in: Latvijas Tautas Padome, S. 6. Nationale Minderheiten nahmen an der Staatsgründung nicht teil, sie beteiligten sich erst ab dem 2.12.1918 an den Sitzungen des Volksrates. Die Deutschen Eduard Baron Rosenberg (1878–1954, Staatskontrolleur), Alexander von Klot (1855–1925, stellv. Handels- und Industrieminister) und Karl Keller (1868–1939, stellv. Bildungsminister) wurden Mitglieder der ersten Provisorischen Regierung. Gegen Ende seiner Arbeit bestand der Volksrat aus 78 Mitgliedern, darunter waren acht Deutsche, sieben Juden, fünf Russen, ein Litauer und ein Pole, vgl. im Detail: Šilde, Latvijas vēsture 1914–1940, S. 255-271; Blūzma, Kad īsti Latvija kļuva par valsti; staatsrechtlich: Dišlers, Ievads Latvijas valststiesību zinātnē; Latvijas tiesību vēsture, S. 143-215.

wiegend aus bäuerlichen Schichten hervorgegangenen Bevölkerungsmehrheit der Letten[4] jedoch eher als pragmatisches Instrument ethnischen Machtwechsels (engl. *ethnic reversal*[5]) denn theoretisch reflektiertes liberales Prinzip[6] und sicherte ihnen bei künftigen Wahlen vor allem das politische Kontrollpaket. Auch *Latvija* als lettischer Name der neuen Republik,[7] der anstelle historischer Landschaften den lettischen Charakter des Staates zum Ausdruck brachte, und die nach dem ethnografischen Prinzip geplante Staatsgrenze entlang des lettischen Siedlungsgebietes (engl. *spatial reversal*)[8] und damit die Teilung des historischen Livland machten deutlich, dass ein Entwurf als polyethnischer Nationalitätenstaat eher dem krisenhaften Moment des Winters 1918 als den mittelfristigen nationalen Intentionen der Politiker des Volksrates geschuldet war.[9]

---

4  Die Bevölkerung Lettlands nach Nationalitäten im Juni 1920: Letten 72,6 %, Deutsche 3,6 %, Russen 5,7 %, Weißrussen 4,1 %, Juden 5,0 %, Polen 3,3 %, Litauer, Esten und übrige 5,7 % von 1 596 131 Einwohnern insgesamt (1914: 2 552 000), vgl. Latvijas Statistiskā gada grāmata 1920, S. 1 und 10.
5  Zum Begriff siehe: Riga, Kennedy, Tolerant majorities.
6  Zu den theoretisch in der lettischen Literatur bis 1918 diskutierten Ideen des 19. Jahrhunderts gehörten vor allem Nationalismus und Sozialismus, aber kaum die liberale Demokratie. Dementsprechend war auch die Republik des 18. November, vergleichbar mit der Weimarer Republik, eine Republik ohne allzu viele überzeugte Demokraten. Warum das so war, ist im Einzelnen noch ungeklärt. Der lettische Staatsrechtler Kārlis Dišlers (1878–1954) kennzeichnete 1930 die Demokratie Lettlands als egalitäre Volksdemokratie und weniger als liberales System institutionalisierter Konfliktlösung: „Das lettische Volk ist ein demokratisches Volk der Bauern und Arbeiter, es hat keine Aristokratie und auch keine Reichen; daher sind die Ideen der Demokratie und der Gleichheit im lettischen Volk sehr verbreitet.", in: Dišlers, Latvijas satversme, S. 163.
7  Paradoxerweise tauchte der Begriff *Latvija* zum ersten Mal im 17. Jahrhundert in einem deutschlitauischen Wörterbuch als Übersetzung für „Liefland" auf. Zur Begriffsgeschichte von lett. *Latvieši* für Letten und *Latvija* für Lettland: Bušs, Latvija un latvieši: vārdu vēsture, hier S. 17.
8  Vgl. z. B. den Aufruf „An die Bürger Lettlands" vom 18.11.1918, in dem „Lettland" als „vereinigt in den etnografischen Grenzen (Kurland, Livland, Lettgallen)" definiert wird, in: Latvijas valsts pasludināšana, S. 4.
9  Bereits am 3.1.1919 wurde Riga von den Truppen der am 17.12.1918 proklamierten Sozialistischen Räterepublik Lettland unter dem lettischen Bolschewisten Pēteris Stučka (1865–1932) erobert, und die Provisorische Regierung musste sich nach Liepāja zurückziehen, wo sie am 16.4.1919 von deutschbaltischen Militärs gestürzt wurde und erst nach dem militärischen Sieg über die Baltische Landeswehr am 22.6.1919 bei Cēsis (dt. Wenden) die Kontrolle wiedererlangte. Der lettische Journalist Ernests Blanks (1894–1972) umschrieb den 18. November 1918 daher später aus der Rückschau zutreffend als „Ankündigung einer Absicht, kein Beweis, dass wir das Recht besäßen selbst über unser Land zu herrschen". Erst der Freiheitskrieg (1918–1920) und die Verfassunggebende Versammlung (1920–1922) hätten diesen Beweis erbracht, vgl. Blanks, Latvju tautas ceļš, S. 205 f. – Die internationale Anerkennung Lettlands begann im großen Stil erst nach dem Beschluss des Obersten Alliierten Rates der Ententemächte (zu jenem Zeitpunkt Großbritannien, Frankreich, Italien, Japan und Belgien) vom 26.1.1921, die baltischen Staaten als Völkerrechtssubjekte anzuerkennen und endete mit der Anerkennung durch die USA am 28.7.1922. Voraussetzung bildete der lettisch-russische Friedensvertrag vom 11.8.1920. Im Detail: Andersons, Latvijas vēsture. 1920–1940. Ārpolitika I, S. 57-71. Der Schriftsteller Jānis Akuraters (1876–1937) brachte damals die Sehnsucht nach Anerkennung zum Ausdruck und formulierte: „Mit dem Beschluss der Anerkennung begleitet unser Name souverän den Klang der allerbesten Namen der Völker der Welt. Wir sind nicht nur faktisch, sondern auch rechtlich ein Staat geworden.", zitiert nach Lerhis, Bormane, Valsts – ne vien faktiski.

## 4.2. Transformation des Geschichtsbildes

Die Proklamation der Republik Lettland am 18. November 1918 stellte nicht nur eine deutliche Zäsur in der Geschichte des mittleren Baltikum dar, sondern bewirkte auch einen Perspektivwechsel in der baltischen Geschichtsschreibung. Die prägende Bedeutung dieses Datums kann mit der Eroberung der baltischen Region durch Deutsche und Dänen zu Beginn des 13. Jahrhunderts – symbolisch sei hier das Jahr der Gründung Rigas 1201 erwähnt – verglichen werden: Zum ersten Mal in ihrer Geschichte gründeten Letten einen eigenen Staat.[10] Den Gründungsvätern der Republik des 18. November schwebte dabei ein unitarischer Staat als politische Ressource für langersehnte nationale Projekte[11] und vor allem ohne regionale Reminiszenzen vor: Die Jahrhunderte alten historischen Landschaften Kurland und Livland mit ihrer deutschen Herrschaft bzw. Autonomie sowie das von einer lettisch-polnisch-russischen Mischbevölkerung geprägte und bis 1918 den Nordwesten des russischen Gouvernements Vitebsk bildende Lettgallen sollten ihre landesgeschichtliche und identitätsstiftende Bedeutung verlieren. Selbst innerhalb der lettischen Diskurse konnten sich lettgallische Vorstellungen von einer regionalen Teilautonomie bis heute nicht durchsetzen.[12]

Die Politiker des Volksrates schufen damit eine Quadratur des Kreises, die bis in die Gegenwart lettische Politik belastet: das Dilemma zwischen polyethnischer Realität und ethnokratischer Wunschvorstellung, zwischen Staatsvolk und Volksstaat. Da sich die lettischen Autoren des Volksrates als die legitimen Gründungsväter der neuen Republik dachten,[13]

---

10 Auf die Versuche der lettischen Historiografie der Zwischenkriegszeit, für die Zeit um 1200 altlettische Protostaaten zu konstruieren, wird weiter unten eingegangen.
11 Hier bewusst im Plural. Schon die Existenz von mindestens vier unterschiedlichen politischen Flügeln innerhalb der lettischen Sozialdemokratie 1917 (vgl. Ezergailis, Latviešu maziniеki, S. 117 f.) oder drei unterschiedlichen lettischen Regierungsprojekten 1919 (bürgerlich-national unter Ulmanis, kommunistisch-internationalistisch unter Stučka und deutschfreundlich-retrospektiv unter Andrievs Niedra, 1871–1942) lassen zeitgenössisch eine Pluralität lettischer Zukunftsentwürfe erahnen, die später historiografisch eingeebnet wurde.
12 Noch einmal der Staatsrechtler Dišlers: „Lettland ist ein unitarischer Staat. Wie bereits erwähnt, haben die Bezirke des Territoriums Lettlands – Vidzeme, Latgale, Kurzeme und Zemgale [dt. Livland, Lettgallen, Kurland und Semgallen] – lediglich ihre historischen Bezeichnungen bewahrt, aber sie haben keinerlei Bedeutung für die verwaltungsmäßige Einteilung oder Verwaltung des Staates. In der Zeit der Gründung des Staates Lettland war der Gedanke an eine Autonomie Lettgallens nicht ganz fremd, aber später wurde dieser Gedanke völlig fallengelassen, denn selbst die Forderung nach einer Autonomie Lettgallens wurde nicht ernsthaft erhoben und wird jetzt nirgendwo mehr erwähnt.", in: Dišlers, Latvijas satversme, S. 162 f. Dies hing auch mit der unmittelbaren Grenze zu Sowjetrussland zusammen: Autonomiebestrebungen der Lettgaller wurden in Riga als Ausdruck von Separatismus beargwöhnt. Das Herunterspielen der lettgallischen Problematik in der lettischen Politik findet auch Ausdruck in der lettischen Historiografie: Bis heute gibt es keine wissenschaftlichen Ansprüchen genügende Gesamtdarstellung der Geschichte Lettgallens, vgl. Soms, Entstehung der regionalen Identität Lettgallens. Eingeschränkt gilt dies auch für Kurland und Livland. Das Bewusstsein um die Problematik schwach ausgeprägter Landes- oder Regionalgeschichten ist in letzter Zeit allerdings gewachsen, vgl. z. B. den Konferenzband einer Rigaer Tagung vom Mai 1999: Misāns, Oberlenders, Straube (Hrsg.), Kurzeme, Vidzeme, Latgale.
13 In der Schlussphase der Republik versuchte der Rigaer deutsche Historiker Hans von Rimscha (1899–1987) noch einmal, die Deutschen als Mitbegründer der *Latvija* und damit als zweites

## 4. Lettische Historiografie in der Republik Lettland (1918–1940) 51

mussten der neue Staat und das „lettische Volk" (lett. *latviešu tauta*) dauerhaft zur Deckung gebracht werden, der postkoloniale Charakter des Landes mit den Resten alter Herrschaft und nichtlettischer Bevölkerung politisch neu gestaltet und die Wahrnehmung der Geschichte verändert werden. Ab Mitte 1919 verloren daher die bisher politisch, ökonomisch, sozial und kulturell dominierenden Angehörigen der Bevölkerungsminderheit der Deutschbalten[14] allmählich ihre führenden Stellungen, sie mussten einen Funktions- und Identitätswechsel von einer historisch gewachsenen Oberschicht hin zu nationalen Minderheiten im 20. Jahrhundert, gesplittet auf die beiden Staaten Estland und Lettland, bewältigen.[15]

Dem politischen Machtwechsel folgte die Übernahme der Symbole, und der Umdeutung der bisherigen Geschichte durch lettische Historiker fiel eine entscheidende Rolle zu. Drei Gründe spielten dabei eine wichtige Rolle: Erstens sollte der historische Gegner mit seinem Konzept einer „baltischen Landesgeschichte" nach der politischen auch eine ideologisch-kulturelle Entmachtung erfahren, zweitens sollte die neue Republik Lettland, die in der Geschichte im Gegensatz etwa zu Litauen und Polen keinen symbolträchtigen Vorläufer im Mittelalter oder der frühen Neuzeit aufwies, mit einer historischen und symbolischen Tiefendimension aufgeladen werden, und drittens sollte eine lettische Volks- und Staatsgeschichte integrierend und identitätsstiftend auch auf Teile der lettischen Bevölkerung wirken, die noch abseits oder dem neuen Staatsgebilde skeptisch gegenüber standen. Dies betraf in erster Linie große Teile der lettgallischen Bevölkerung im Osten, deren Identität national indifferent erschien,[16] lettische linke Sozialisten und Kommunisten, die internationalistisch

---

Staatsvolk herauszustellen (vergleichbar den Schweden in Finnland), vgl. von Rimscha, Die Staatswerdung Lettlands. Der Hitler-Stalin-Pakt und die Umsiedlung der Deutschbalten wenige Monate später setzten diesen Annäherungsversuchen einen dauerhaften historischen Schlusspunkt.
14 1897: 7,1 %, 1920: 3,6 %, Zahlen hier nach Dunsdorfs, Bevölkerungs- und Wirtschaftsprobleme, S. 317.
15 Die Rechte der Minderheiten regelten die Artikel 1, 2 und 82 der Verfassung von 1922 sowie zahlreiche Einzelgesetze, von denen das „Schulgesetz der Minderheiten Lettlands" vom 8.12.1919 als Grundlage einer Schulautonomie, die Kulturautonomiecharakter besaß, das wichtigste war. Politisch blieben die Deutschen bis 1934 mit fünf bis sechs von 100 Abgeordneten im Parlament (lett. *Saeima*) vertreten, die Organisierung der Minderheit, vor allem Aufbau und Unterhalt eines deutschen Schulsystems, übernahm als Dachverband zunächst der „Deutschbaltische Nationalausschuss", ab 1923 die privatrechtlich nach lettischem Vereinsrecht registrierte „Zentrale Deutschbaltischer Arbeit", 1928 in „Deutschbaltische Volksgemeinschaft in Lettland" und 1939 in „Deutsche Volksgemeinschaft in Lettland" umbenannt. Zur deutschen Minderheit in der Republik Lettlands mit der Detailkenntnis, aber engen Perspektive des Zeitzeugen: Wachtsmuth, Von deutscher Arbeit; ferner: Garleff, Deutschbaltische Politik; Von der Oberschicht zur Minderheit; Dribins, Spārītis, Vācieši Latvijā, hier S. 55-76; Conrad, Loyalitäten, Identitäten und Interessen, S. 25-98. Als zeitgenössisches Beispiel retrospektiver Reduzierung der Geschichte der Deutschen vor 1918 im lettischen historischen Narrativ auf ihre kulturelle Rolle: Grudule, Vācbaltieši.
16 Lettgallen unterschied sich gravierend von Kurland und Livland: Der Anteil russischer und polnischer Bevölkerung lag sehr hoch, die Bewohner besaßen ein nur mangelhaft ausgeprägtes nationales Bewusstsein, stattdessen war die Bindung an die katholische Konfession oder die Landschaft nach wie vor identitätsstiftend. Die Agrarordnung (Erbrecht, Schnurfelder) ähnelte eher der Russlands, in der Rechtsordnung blieb das russische Recht (russ. *Svod zakonov*) im Gegensatz zum Baltischen Provinzialrecht in Kur- und Livland bis zur Ablösung durch das Zivilrecht Lettlands 1937 gültig. Zu Beginn der Republik Lettlands waren noch 50 % der Einwohner Lettgallens Analphabeten (2 % in Liv- und Kurland), und nicht zuletzt im lateinischen statt gotischen Alphabet unterschied man sich von den westlettischen Schwestern und Brüdern in Kurland und

mit Sowjetrussland sympathisierten oder Letten, die sprachlich oder kulturell Affinitäten mit dem deutschen Bürgertum aufwiesen. Lettische Historiker sollten künftig als Intellektuelle und „Mythomotoren" anstelle einer Geschichte der deutschen Herrschaft eine lettische Vergangenheit mit Mythen und Symbolen aufladen, die Geschichte neu kodifizieren und ein neues gemeinschaftliches Konzept von Vergangenheit schaffen, in dessen Mittelpunkt nicht das „Staatsvolk Lettlands", sondern das lettische Volk (lett. *latviešu tauta*) als staatstragendes Subjekt der neuen Republik stehen sollte.[17]

Zahlreiche herrschaftspolitische Maßnahmen, die in den folgenden Jahren gegen die bisherige deutsche Oberschicht gerichtet waren oder von dieser als gegen sie gerichtet interpretiert wurden, hatten daher neben politisch, wirtschaftlich oder rechtlich gerechtfertigten Implikationen stets auch eine geschichtspolitische Dimension. Rechtsstreitigkeiten und publizistische Auseinandersetzungen argumentierten immer auch historisch und setzten öffentliche Diskussionen oder wissenschaftliche Untersuchungen in Gang.[18] Dies wurde neben vielen anderen Konflikten, die das deutsch-lettische Verhältnis während der Zwischenkriegszeit belasteten, vor allem in Zusammenhang mit der „Schließung der Korporationen der Gutsbesitzer" (so der Titel des Gesetzes von 1920 zur Auflösung der traditionsreichen kurländischen und livländischen Ritterschaften), der Agrarreform mit den Enteignungen des (nicht nur deutschen) Großgrundbesitzes (1920), dem Ausschluss der Angehörigen der Baltischen Landeswehr von der Bodenzuteilung durch ein Sondergesetz (1929), den Enteignungen der Rigaer St. Jakobikirche (1923) zugunsten der katholischen Kirche (in Zusammenhang mit dem lettisch-vatikanischen Konkordat von 1922) sowie der lutherischen Domkirche (1931)[19], aber auch im Streit um das Sprach-, Namens- und Schulrecht immer wieder deutlich.[20] Der 22. Juni 1919, Tag des militärischen Sieges estnisch-lettischer Armeeeinheiten über die Baltische Landeswehr bei Cēsis (dt. Wenden) in Südlivland, wurde künftig als amtlicher Gedenktag des Sieges gefeiert, während die deutsche Bevölkerung

---

Livland. Vgl. dazu die zeitgenössischen Statistiken, insbesondere die publizierten Ergebnisse der vier Volkszählungen in Lettland 1920, 1925, 1930 und 1935.

17 Art. 2 der Verfassung der Republik Lettland vom 15. Februar 1922 formulierte „Die souveräne Gewalt Lettlands geht vom Volke Lettlands [nicht: „vom lettischen Volke", D. H.] aus." Auch eine neue Präambel zur Verfassung, die am 19.6.2014 von der Saeima im Kontext der russischen Annexion der Krim und des Krieges gegen die Ukraine verabschiedet worden war, löste dieses Gründungsdilemma nicht: „Der am 18. November 1918 proklamierte Staat Lettland wurde unter Vereinigung der lettischen historischen Länder und auf Grundlage des unbeugsamen Staatswillens der lettischen Nation und ihres unveräußerlichen Rechts auf Selbstbestimmung geschaffen, um das Bestehen der lettischen Nation, ihre Sprache und Kultur durch die Jahrhunderte und um die Freiheit des Volkes von Lettland und jedermanns Freiheit und Wohlfahrt zu garantieren.", vgl. Latvijas Republikas Satversme [Verfassung der Republik Lettland], URL: https://likumi.lv/doc.php?id=57980 (letzter Zugriff: 14.11.2023).

18 Dies gilt insbesondere für die Agrarreform von 1920, die eine breite geschichtswissenschaftliche Auseinandersetzung zwischen deutschen und lettischen Historikern um die Agrargeschichte des Landes auslöste, vgl. dazu unten Kapitel 4.3.

19 Dem „Kampf um den Dom zu Riga" der auch eine internationale Dimension annahm, widmete die Baltische Monatsschrift 62 (1931) unter gleichnamigem Titel eine Sondernummer.

20 Trotz zeitgenössischer politischer Tendenz und Funktion in Zusammenhang mit der deutschen Besetzung des Baltikums 1941 als systematische Übersicht mit weiterführenden Quellenangaben und Hinweisen auf deutsche Übersetzungen nützlich: Wolff, Die Rechtsbrüche; aus heutiger lettischer Sicht: Dribins, Latvijas valsts minoritāšu politika, hier S. 300–314.

hingegen den 22. Mai 1919, den Tag der Befreiung Rigas von den Bolschewisten durch die Baltische Landeswehr, als Gedenktag beging, beargwöhnt von der lettischen Führung und beobachtet von der lettischen Geheimpolizei.[21]

Allerdings verhinderten die Rahmenbedingungen parlamentarischer Demokratie zwischen 1918 und 1934 – gesellschaftliche Liberalität und parlamentarische Opposition, zivile Kontrolle und kulturelle Vielfalt – zunächst eine vollständige Durchsetzung lettischer nationalpolitischer Ziele. Da Ulmanis' Lettischer Bauernbund (lett. *Latviešu Zemnieku savienība*) und die größte politische Partei des Landes, die Sozialdemokratische Arbeiterpartei Lettlands (lett. *Latvijas Sociāldemokrātiskā strādnieku partija*, LSDSP), in der Regierungsarbeit nie koalierten, konnten kleinere Parteien, auch der Minderheiten, stets einen gewissen politischen Einfluss geltend machen und ihre Interessen verteidigen.

Erst der Staatsstreich des Staatsgründers Ulmanis am 15. Mai 1934 sistierte die Verfassung, schaltete die parlamentarischen Kontrolle und damit auch die Vertretung der nichtlettischen Minderheiten in der Saeima aus und veränderte die Situation grundlegend.[22] War Lettland 1918 wenigstens verfassungsrechtlich noch als Staat aller Lettländer gegründet worden,[23] so sollte nun endlich, gewissermaßen in einer nachgeholten nationalen Revolution, die gesamte Macht im Land an die Letten übergehen, Staat und Volk sollten endgültig zur Deckung gebracht werden. Ulmanis' Staatspolitik war von nationalistischen, etatistischen und agrarromantischen Vorstellungen geprägt; die Begriffe „Volk", „Staat", „Lette" und der idealisierte lettische Bauer „als Urquelle der Stärke und der Kraft unseres Volkes"[24] standen im Mittelpunkt seiner politischen Weltanschauung. Bereits am 17. Mai 1934, zwei Tage nach dem Umsturz, erklärte Ulmanis auf der ersten Sitzung des neuen Kabinetts: „Wir kämpften für ein lettisches Lettland. Das wird jetzt erreicht werden. [...]. An der neuen Ordnung werden wir so arbeiten können, dass dieses Land lettisches Land ist, wie es vor Hunderten von Jahren war [...]."[25]

---

21 Unter den Bezeichnungen „Politischer Schutz" (1920–1924), „Politische Verwaltung" (1924–1939) und „Verwaltung der Politischen Polizei" angesiedelt beim Innenministerium, vgl. die Agenturberichte über die „politische Tätigkeit der Deutschen", darin auch über die jährlichen Feierlichkeiten zum 22.5. in: Latvijas Valsts Vēstures Arhīvs [Historisches Staatsarchiv Lettlands], im folgenden LVVA, fonds 3235, 3. apr., 151.-169. lieta.

22 Das autoritäre Regime von Ulmanis der Jahre 1934–1940 wird in der Literatur unterschiedlich interpretiert, vom sowjetlettischen Duktus der 50er Jahre als von „Anglo-Amerikanern und Hitleristen" unterstützte „terroristische Diktatur" bzw. „faschistische Diktatur" (vgl. Latvijas PSR vēsture. Saīsināts kurss, S. 403, 546) über ein autoritäres Regime in Anlehnung an Mussolinis Italien, eine „nationalkonservative Diktatur", ein „korporativ-autoritäres Regime" oder eine „Modernisierungsdiktatur" (vgl. Bleiere, Butulis, Feldmanis, Stranga, Zunda, Latvijas vēsture, S. 153) bis hin zum Hinweis auf Parallelen in der Politik des amerikophilen Ulmanis zum Rooseveltschen „New Deal" bei Kuck, The Dictator without a Uniform.

23 Wie Anm. 17.

24 Zu Ulmanis politischen Vorstellungen mit zahlreichen Zitaten vgl. die unveröffentliche Magisterarbeit von Zestovska, Das autoritäre Regime, hier S. 37; zur Geschichtspolitik auch Butulis, Kārļa Ulmaņa autoritārās ideoloģijas ietekme.

25 LVVA, fonds 1632, 2. apr., 121. lieta, 128. lp. Die Politik von Ulmanis wurde von einer Pressekampagne in den *Jaunākās Ziņas* 1936–1938 begleitet, u. a. unterzeichnet von „Nordicus", Pseudonym für den Direktor von Lettlands Telegrafenagentur (LETA) Rihards Valdess-Bērziņš (1888–1942), dem Vater der Verlegerin Dagnija Šleiere (1919–1993), vgl. Kapitel 8).

Die geschichtspolitischen und geschichtspädagogischen Vorstellungen von Ulmanis, der 1936 auch das Amt des Staatspräsidenten übernahm, besaßen ab 1934 eine Leitfunktion für die Historiografie des Landes, denn Ulmanis entschied alle wichtigen Fragen auf den Sitzungen des von ihm ernannten Ministerkabinetts persönlich.[26] Insbesondere die erziehungspolitische Funktion der Geschichte war für ihn von Bedeutung. Damit die Geschichte jedoch die erwünschte Wirkung in der Bevölkerung erzielen könne, sei keine objektive, sondern eine von den Letten selbst verfasste, nationale und subjektiv wahrhaftige Geschichte notwendig, die das lettische Volk und nicht die „Fremden" zum Subjekt der Geschichte mache.[27] Dabei zitierte er in einer Rede vor Grundschullehrern 1936 einen nichtgenannten deutschen Politiker mit: „Nur im Lichte der Ideologie gewinnen die historischen Ereignisse ihre eigene Bedeutung und ihren eigenen Wert. Wir lehnen den berüchtigten objektiven Gesichtspunkt ab [...]. Unser einziger Gesichtspunkt ist unser deutscher Gesichtspunkt. Objektiv sind wir dann [...], wenn wir als Deutsche denken", und fügte hinzu: „Übersetzen Sie das ins Lettische!"[28] Und im August 1937, in seiner Eröffnungsansprache zur „1. Historikerkonferenz der Baltischen Länder" in Riga, formulierte er den geforderten subjektiven Standpunkt mit den Worten: „Und weiterhin: nur der kann die Geschichte anderer Völker verstehen, wer die Geschichte des eigenen Volkes richtig zu begreifen gelernt hat. Und schließlich: nur der ist berufen und bestellt, Geschichte zu schreiben, wer zu dem Schöpfer der Geschichte, seinem Volk, gehört."[29]

Zwar kam es unter Ulmanis nicht zu einer vollständigen Aufhebung der vergleichsweise liberalen Minderheitenrechte der 1920er Jahre, aber zu tiefgreifenden Einschnitten. Die Verwaltungen der Minderheiten im Bildungsministerium wurden aufgelöst und ihre Leiter zu Abteilungsleitern herabgestuft. Das Elternrecht auf Schulwahl wurde eingeschränkt, Änderungen im Namensrecht (1939), wonach Familiennamen der einheitlichen lettischen Schreibweise folgen mussten, sorgten für Unruhe. Die Enteignungen und Auflösungen insbesondere deutscher und jüdischer Vereine, Genossenschaften und Kultureinrichtungen im Rahmen der zentralisierenden Kammergesetzgebung von 1935/36 sind zwar vor dem Hintergrund der etatistischen Wirtschaftspolitik des Regimes Ulmanis infolge der Weltwirtschaftskrise und des Machtwechsels in Italien und Deutschland zu sehen, aber sie betrafen auch zahlreiche auf dem Gebiet der Geschichte tätige Vereine, Museen und deren Archive.

---

26 Vgl. Bleiere, Butulis, Feldmanis, Stranga, Zunda, Latvijas vēsture, S. 154.
27 „Bis 1918 waren Fremdvölkische fast die einzigen, die die Geschichte des Territoriums von Lettland schrieben. Sie interessierten sich für das Schicksal ihres eigenen Volkes [...]. Für die Letten interessierten sie sich wenig, und wenn sie etwas schrieben, dann überwiegend verurteilend [...].", in: Tentelis, Vēstures zinātne, S. 22511.
28 Hier nach Trešais gads, S. 196.
29 Uzvara pieder, das Zitat hier nach dem deutschsprachigen Abdruck der Rede in der Rigaschen Rundschau vom gleichen Tag.

## 4.3. Personen und Institutionen[30]

*Historiker*

Bei Gründung der neuen Landesuniversität Lettlands im Herbst 1919, zunächst als „Lettlands Hochschule" (lett. *Latvijas Augstskola*), ab 1922 als „Lettlands Universität" (lett. *Latvijas universitāte*), fehlte es den Letten zunächst an personellen Voraussetzungen für das Fach Geschichte. Lediglich Jānis Krodznieks (1851–1924) war im Alter von 68 Jahren aus Moskau nach Riga zurückgekehrt und zum Direktor des neuen, 1919 gegründeten Staatsarchivs (lett. *Valsts arhīvs*) Lettlands berufen worden. Deutsche und Letten arbeiteten daher in den 1920er Jahren auf dem Gebiet der Geschichtswissenschaft aus Sachzwängen heraus noch häufig zusammen. Hermann von Bruiningk (1849–1927), Direktor des Alten Archivs der Livländischen Ritterschaft von 1899 bis 1920, arbeitete bis zu seinem Tode im Jahre 1927 als Angestellter im Staatsarchiv, wo er Güterarchive und andere Bestände sicherte.[31] Arnold Feuereisen (1868–1943) musste seinen Platz als Direktor des Historischen Archivs der Stadt Riga (lett. *Rīgas Pilsētas vēsturiskais arhīvs*) erst im autoritären Lettland unter Ulmanis einem Letten überlassen. Nikolaus Busch (1864–1933) wirkte bis zu seinem Tode als Direktor der Rigaer Stadtbibliothek. Sein Nachfolger wurde der Lette, Theologe und Kirchenhistoriker Gustavs Šaurums (1883–1952), dem mangels bibliothekswissenschaftlicher Kenntnisse zunächst der Historiker Albert Bauer (1894–1961) als Stellvertreter zur Seite trat. Bauer musste sein Amt ebenfalls nach dem Staatsstreich vom 15. Mai 1934 verlassen.

Auch an der neugegründeten Hochschule Lettlands wirkten zunächst noch viele Deutsche bzw. Deutschbalten, auch wenn zunehmend Österreicher, Schweizer, Finnen und Schweden dort berufen wurden, wo wegen des Fehlens qualifizierter lettischer Akademiker die Anstellung von Ausländern notwendig wurde.[32] An der Fakultät für Philologie und Philosophie, wo Geschichte zunächst nur eine Abteilung bildete, lehrten 1920 neben 15 Letten und einem Schweizer drei Deutsche:[33] Der deutsche Prähistoriker Max Ebert (1879–1929) von der Universität Königsberg, u. a. Herausgeber eines 15-bändigen Reallexikons der Vorgeschichte, unterrichtete ab 1922 gleichzeitig in Riga Vorgeschichte. Der deutschbaltische Archäologie, Burgenforscher und Kartograf Karl Woldemar von Löwis of Menar (1855–1930) lehrte als Privatdozent Archäologie. Und schließlich hatte Leonid Arbusow d. J. (1882–1951), zunächst als Dozent und ab 1922 als ordentlicher Professor der Allgemeinen Geschichte, den wichtigen Lehrstuhl für Allgemeine Geschichte inne und lehrte baltische mittelalterliche und frühneuzeitliche Geschichte, zunächst mit ausdrücklicher gutachterlicher Befürwortung seines späteren Gegners Augusts Tentelis (1876–1942). 1920 und 1921 erschien bereits etwa die Hälfte der Arbeiten Arbusows zur baltischen Geschichte auf Lettisch; er versuchte, die

---

30 Vgl. dazu den ausführlichen, zeitgenössischen Überblick bei: Zeids, Latviešu vēstures zinātnes attīstība; sowie die kurzen, Institutionen, Personen und politische Zusammenhänge erfassenden neueren Beiträge von: Dribins, Zum institutionellen Aufbau; sowie: Plakans, Looking Backward.
31 Von Bruiningk war der einzige deutschbaltische Historiker, zu dem Arveds Švābe (1888–1959), führender lettischer Historiker ab Mitte der 1930 Jahre und geschichtsideologischer Gegner der deutschbaltischen Historiografie, ein gewisses Zutrauen fasste, vgl. Švābe, Mana dzīve, S. 220 f.; zu von Bruiningk: Neitmann, Hermann von Bruiningk.
32 Vgl. Bolin, Between National and Academic Agendas, S. 253.
33 Ebd., S. 184.

lettische und estnische Volksgeschichte in seinen Untersuchungen zu berücksichtigen und publizierte zu lettischen Themen.[34] Trotzdem blieb sein Verhältnis zum lettischen Historikermilieu gespannt. Nach einer Auseinandersetzung um eine kartengeschichtliche Publikation des lettischen Romanisten, Historikers und Diplomaten Arnolds Spekke (1887–1972) in der zweiten Hälfte der 1930er Jahre – Spekke hatte die Kulturleistungen der Deutschbalten als minderwertig bezeichnet, Arbusow hatte mit Hinweisen auf die Quellen opponiert – musste Arbusow auf Drängen des lettischen Regierungschefs Ulmanis seinen Lehrstuhl an der Rigaer Universität aufgeben. Er bat um seine Entlassung zum Sommer 1936.[35]

Spätestens ab der zweiten Hälfte der 1920er Jahre begannen sich die Wege deutschbaltischer und lettischer Wissenschaftlern zu trennen. Lettische Historiker strebten, staatlich gefördert, nach Emanzipation von vermeintlich deutscher gelehrter Bevormundung, deutsche Historiker sahen sich zusehends in die defensive Rolle von Apologeten einer vergangenen baltischen Landesgeschichte gedrängt, insbesondere auf dem politisch relevanten Gebiet der Agrargeschichte. 1925 waren nur noch Arbusow und der klassische Philologe und Altertumsforscher Erich Diehl (1890–1952) als Deutschbalten dauerhaft an der Fakultät beschäftigt.[36] Nicht förderlich für das deutsch-lettisch Wissenschaftsverhältnis war auch der Aufbau paralleler Wissenschaftsstrukturen durch die Deutschbaltische Volksgemeinschaft, insbesondere des Herder-Instituts als private Hochschule ab 1921,[37] welches nach 1933 aufgrund der größtenteils aus dem Deutschen Reich erfolgten Finanzierung ebenfalls ins Visier der lettischen Geheimpolizei geriet. An der 1. Historikerkonferenz der Baltischen Länder wurden deutschbaltische Historiker nicht mehr beteiligt.[38]

Wichtige Maßnahmen gegen die unliebsame Wissenschaftskonkurrenz durch deutschbaltische Historiker erfolgten während der Jahre der autoritären Herrschaft (1934–1940) unter Ulmanis und zeitlich parallel zur 1936 erfolgten Gründung des Geschichtsinstitutes Lettlands (lett. *Latvijas Vēstures institūts*, LVI). Die sich im Besitz deutscher amtlich ein-

---

34 So z. B. in seinem grundlegenden und umfangreichen Werk: Arbusow, Die Einführung der Reformation; weitere wichtige Publikationen mit Bezug zu: Ders., Lettland in der jüngeren Eisenzeit; sowie Ders., Frühgeschichte Lettlands.
35 Arbusow lehrte noch bis zur Umsiedlung 1939 als ordentlicher Professor am Herder-Institut in Riga, war 1941 bis 1945 Professor für mittelalterliche Geschichte in Posen, zwischenzeitlich 1942–1944 wieder Gastdozent an der Universität im deutsch besetzten Riga und nach dem Krieg Lehrbeauftragter an der Universität Göttingen. In der in Leipzig erscheinenden Zeitschrift „Jomsburg" publizierte er u. a. unter dem Pseudonymen H. Nordmann und L. Karstens mehrere kritische Rezensionen zu Arbeiten lettischer Historiker. Ausführlich: Misāns, Leonid Arbusow und die lettische Geschichtsschreibung, S. 79-108, hier S. 101-105; Bolin, Between National and Academic Agendas, S. 230-233.
36 Bolin, Between National and Academic Agendas, S. 253.
37 von Hehn, Das Herder-Institut. Auf Seiten der russischen Minderheit existierten von 1921 bis 1937 „Kurse der Russischen Universität", ab 1931 unter der Bezeichnung „Wissenschaftliches Institut der Russischen Universität" (lett. *Krievu universitātes kursi* bzw. *Krievu universitātes zinātņu institūts*)) mit den Abteilungen (Fakultäten) Recht, Geschichte und Philologie, Handelsökonomie und Pädagogik. Das Institut bildete u. a. Lehrer für die russischsprachigen Schulen aus und wurde vom lettischen Bildungsministerium bzw. über lettische Drittmittel finanziert, vgl. Coja, Zigmunde, Krievu universitātes kursu; Coja, Par Krievu universitātes zinātņu institūta finansiālo stāvokli.
38 Vgl. das Programm der Konferenz in: Baltijas zemju vēsturnieku konference Rīgā; sowie den Konferenzbericht ebd. (1937), Nr. 3, S. 469-477; ausführlicher zu dieser Konferenz siehe weiter unten in diesem Kapitel.

## 4. Lettische Historiografie in der Republik Lettland (1918–1940)

getragener Vereine befindlichen Archive der Großen Gilde zu Riga, der Gesellschaft für Geschichte und Altertumskunde zu Riga sowie das Kurländische Provinzialmuseum in Jelgava (dt. Mitau) mit reichen Beständen wurden unter Vorwänden durch drei gleichlautende Verfügungen der staatlichen Denkmalverwaltung (lett. *Pieminekļu valde*) 1935 ins lettische Staatsarchiv überführt. Ein ähnliches Schicksal erlitt 1936 das Dommuseum, das in das Rigaer Städtische Historische Museum (lett. *Rīgas Pilsētas vēsturiskais muzejs*) umgewandelt wurde.[39] Eines der Argumente jener Zeit war, Archive von gesamtstaatlicher Bedeutung aus privatem Besitz zu lösen und somit auch lettischen Historikern zugänglich zu machen.[40] Damit wurde der traditionellen deutschbaltischen historischen Forschung nach der schleichenden Ausgrenzung deutscher Historiker aus den öffentlichen Wissenschaftsinstitutionen auch die institutionell-materielle Basis entzogen.

Die Gruppe der Historiker, die während der Zwischenkriegszeit die deutschbaltische Historiografie abzulösen, die junge lettische Geschichtswissenschaft zu prägen und ab Ende der 1920er Jahre das Geschichtsfeld zu dominieren begann, ist überschaubar. Ein Teil von ihnen hatte keine geschichtswissenschaftliche Ausbildung, es waren Quereinsteiger und Vertreter der klassischen sowie anderer Philologien oder benachbarter Disziplinen wie der Archäologie und Frühgeschichte, der Kunstgeschichte oder der Ethnologie. Neben dem deutschbaltischen Theologen und Historiker Arbusow hatten lediglich der Kunsthistoriker Ernests Felsbergs (1866–1928), der klassische Philologe Pēteris Ķikauka (1886–1967), der Historiker, Bibliothekar und Direktor des Staatsarchivs Jānis Bērziņš (1883–1941) sowie der Archäologe Francis Balodis (1882–1947) an der baltischen Landesuniversität Dorpat, Felsbergs darüber hinaus später in St. Petersburg und in Berlin, Balodis in Moskau studiert. Das deutsche Milieu in Dorpat (lett. *Tērbata*) hatte auf Letten häufig exkludierend gewirkt oder Inferioritätsgefühle hervorgerufen. Die Russifizierung der Universität und etwa die deutliche Empfehlung der linksgerichteten lettischen Tageszeitung Dienas Lapa 1887 unter der Überschrift „Wo lettische Jünglinge studieren sollten [...]. – Den Letten sind die russischen Universitäten zu empfehlen"[41] trugen dazu bei, dass in St. Petersburg und Moskau Zentren der lettischen Nationalbewegung und studierenden Intelligenz entstanden. So hatten der Historiker Tentelis in St. Petersburg und die Historiker Krodznieks sowie Arveds Švābe (1888–1959) in Moskau studiert. Spekke und der klassische Philologe Kārlis Straubergs (1890–1962) hatten an der Moskauer Universität ihr Studium abgeschlossen, der Sinologe und Ethnologe Pēteris Šmits (1869–1938) hatte sowohl die St. Petersburger als auch die Moskauer Universität absolviert. Niemand außer Arbusow, der in Göttingen promoviert hatte, besaß den Abschluss einer deutschen Universität, als diese Gruppe ab 1919 begann an der Abteilung für Geschichte an der neu gegründeten Hochschule Lettlands in Riga zu unterrichten.

---

39 Heute das „Museum für die Geschichte Rigas und der Seefahrt" (lett. *Rīgas vēstures un kuģniecības muzejs*), vgl. kurz: Rudovska, Rīgas Vēsturiskais muzejs. Zu den Archivübernahmen zuletzt: Zvirgzdiņš, Vācbaltiešu arhīvu pārņemšana.
40 Schlechte Erinnerungen weckte bei den Letten immer noch, dass der deutschbaltische Historiker und Archivar Oskar Stavenhagen (1850–1930) während der Angriffe der Bermondt-Armee auf das junge Lettland Ende 1919 eigenmächtig das Kurländische Landesarchiv nach Deutschland verbracht hatte, wo es lettischen Historikern nicht mehr zugänglich war. Das Archiv der Kurländischen Ritterschaft und das Archiv der kurländischen Herzöge waren allerdings in Lettland verblieben.
41 Hier nach Stradiņš, Akadēmiskā izglītība Baltijā, S. 33.

## 4. Lettische Historiografie in der Republik Lettland (1918–1940)

Die genannten lettischen Wissenschaftler gehörten – nach den bürgerlich-nationalen „Jungletten" ab etwa 1850 und den Anhängern der sozialistisch orientierten „Neuen Strömung" ab etwa 1880 – zur dritten Generation junger lettischer kultureller und politischer Eliten überhaupt. Kennzeichen ihrer Biografien war eine „imperiale" Prägung im Russländischen Reich. Sie waren noch in den „Deutschen Ostseeprovinzen Russlands" geboren, machten dort ihre ersten Sozialisationserfahrungen und später in den Zentren des Russländischen Reiches ihre Bildungs- und Berufserfahrungen. Häufig lösten sie sich nach einer Phase des Sympathisierens mit sozialistischen oder sozialdemokratischen Ideen und der Teilnahme an der Revolution von 1905 von linken Ideen und definierten sich im Unterschied von Altersgenossen, die als überzeugte Kommunisten nach 1917 in Sowjetrussland blieben, als „bürgerlich", vor allem aber als „lettisch" und „national". Die Mitte ihres Lebens mit Karriereschüben und intensiven Schaffensperioden fiel in die Zeit nach Gründung der baltischen Nationalstaaten gegen Ende des Ersten Weltkrieges. Sie waren diejenigen, die die deutschbaltischen akademischen Führungsschichten ablösten und sie vom Arbeitsmarkt verdrängten. Sie engagierten sich im Aufbau der neuen staatlichen Institutionen, die ihnen gleichzeitig professionelle Etablierung, wirtschaftlichen Aufstieg und gesellschaftliche Anerkennung versprachen. Von ihnen waren Tentelis, Balodis und Švābe die bedeutendsten lettischen Historiker der Zwischenkriegszeit in Lettland. Eine Sonderstellung nahm der aus Russland stammende Robert Jur'evič Vipper (1859–1954) ein. Als arrivierter russischer Historiker und Lehrstuhlinhaber für die Geschichte der Neuzeit in Moskau war er 1924 nach Lettland emigriert und prägte dort maßgeblich die erste Generation der in Lettland ausgebildeten Historiker.[42] In der zweiten Hälfte der 1930er Jahre bis 1940 traten dann die ersten Historiker einer jüngeren Generation auf, die ihren Abschluss bereits an der Universität Lettlands erlangt hatten und Schüler der oben genannten waren. Zu ihnen gehörten der Historiker und Archäologe Eduards Šturms (1895–1959), ein Schüler Arbusows, sowie Marģers Stepermanis (1898–1968), ein Schüler Vippers, Vilis Biļķins (1887–1974), Roberts Malvess (1905–1982), der Ökonom und Wirtschaftshistoriker Edgars Dunsdorfs (1904–2002), Benno Ābers (1909–1990) und der Mediävist Teodors Zeids (1912–1994).

Als führender lettischer Historiker der Zwischenkriegszeit gilt Arveds Švābe, 1888 im Gouvernement Livland geboren und 1959 in Stockholm verstorben. Er prägte die lettische Geschichtswissenschaft der 1920er bis 1960er Jahre maßgeblich, und seine Veröffentlichungen beeinflussen sie teilweise bis heute.[43] Geschichtspolitisch positionierte er sich deutlich als Antagonist der deutschbaltischen Historiografie und inszenierte sich als Architekt des lettischen „Geschichtsgebäudes".[44] Daneben wurde er als Lehrer, Schriftsteller, Folklorist, Politiker, Rechtshistoriker, Enzyklopädist und Mitglied der lettischen Literatur-, Theater- und Kunstszene bekannt und zählte zu den herausragenden Vertretern der jungen lettischen Wissenschafts- und Kulturelite der Zwischenkriegszeit.[45]

---

42 Zur Person und Biografie: Graham, R. Iu. Vipper; Sach, Ein russischer Exil-Historiker; Kusber, Misāns, Sach (Hrsg.), Die drei Leben eines Historikers.
43 Alle bisher erschienenen biografischen Skizzen zu Švābe folgen mehr oder weniger dessen Autobiografie: Švābe, Mana dzīve. Knappe Einführungen in seine Biografie in westlichen Sprachen: Ābers, Prof. Dr. Arveds Švābe (Nachruf); Arveds Švābe (mit Abbildungen).
44 „[...] mutig unser Geschichtsgebäude errichten." So Tentelis in: Tentelis, Vēstures zinātne, S. 22511.
45 In einer Umfrage der Tageszeitung *Latvijas Avīze* und des Internet-Portals *Apollo*, über die 100

## 4. Lettische Historiografie in der Republik Lettland (1918–1940)

Am Beispiel von Švābe kann ein lettischer Historiker gezeigt werden, der über nicht untypische Umwege, teils den Ereignissen der Zeitgeschichte geschuldet, verhältnismäßig spät zur Geschichtswissenschaft fand. Er studierte zunächst von 1913 bis 1915 in Moskau Naturwissenschaften, dann Geschichte (ohne Examen). 1915 entzog er sich dem Militärdienst und ging nach Vladivostok, wo er sich als Postzugbegleiter auf langen Nachtfahrten mit der lettischen Volksüberlieferung bekannt machte, Šmits kennenlernte und die Bedeutung der tradierten lettischen Volkslieder, der *Dainas*, als sozialhistorische Rechtsquelle erkannte. Nach seiner Rückkehr nach Lettland 1919 arbeitete er zeitweise im Außenministerium Lettlands und begann dann aufs Neue mit dem Studium, diesmal der Rechtswissenschaften.

„Švābes Wendung zur Rechtswissenschaft kann man vielleicht am besten mit der organisch erwachsenen und in der Zeit begründeten Notwendigkeit erklären, mit geistigen Waffen die ideologische Position des baltischen Adels zu zertrümmern", schrieb sein Schüler Ābers später.[46] Als Folklorist, Rechtshistoriker und Historiker versuchte er die bis in die 1920er Jahre hinein dominierende deutschbaltische Historiografie und deren Positionen inhaltlich, ideologisch und institutionell zu „bekämpfen"[47] und durch eine nationale Erinnerungskultur, die sich am lettischen Volksbegriff orientierte, abzulösen[48] Als paradigmatisch gilt in diesem Zusammenhang seine Beteiligung an der Auseinandersetzung mit Arbusow, die 1935/36 zu dessen oben erwähnten Abberufung vom Lehrstuhl für Mittelalterliche Geschichte an der Universität Lettlands führte.[49]

Gleichzeitigt beanspruchte er, wie viele andere seiner Historikerkollegen auch, selbst gestaltend an der Geschichte Lettlands teilzunehmen, sei es als Abgeordneter der Verfassunggebenden Versammlung (1920–1922), als Mitglied (1936) und Stellvertretender Direktor (1939) des von Ulmanis gegründeten staatlichen Geschichtsinstituts Lettlands oder zuletzt ab 1945 als Funktionsträger im lettischen Exil in Deutschland und Schweden. Als Wissenschaftler, der den Gegenstand „Lettische Geschichte" nicht nur untersuchte, sondern dessen jüngste Periode mit ihren bisweilen tragischen politischen Konflikten und Brüchen zwischen 1905 und 1945 selbst erlebte und gestaltete, war er, wie viele seiner Kollegen auch, auf vielschichtige Weise Historiker und engagierter Zeitgenosse in einer Person.

---

    bedeutendsten Letten der Geschichte wurde Švābe von den etwa 7 000 Respondenten auf Platz 125 der 375 Kandidaten gewählt, vgl. Kusiņa, Noskaidrotas 100; Lipša, 100 Latvijas personības.

46  Anlässlich von Švābes 50. Geburtstag im Jahr 1938, vgl. Ābers, Latvijas vēstures institūta kārtējais biedrs, S. 312. Švābe wandte sich zunächst der Geschichte der livländischen Agrarverfassung seit dem Mittelalter, später den älteren livländischen Ritterrechten zu, über die er 1932 promovierte.

47  In Zusammenhang mit einer Auftragsarbeit des Außenministeriums betreffend die Völkerbundsklage der Deutschbalten gegen die Agrarreform von 1920 sprach Švābe davon, dass er es „als seine Aufgabe angesehen habe, gegen die Spätlinge des baltischen Feudalismus zu kämpfen" und dies seiner Auffassung nach „die Fortsetzung des Freiheitskampfes Lettlands" gewesen sei. Für Švābe, der nicht an den Freiheitskämpfen in Lettland 1918 bis 1920 teilgenommen hatte, immerhin eine späte Möglichkeit, am Nimbus der Freiheitskämpfer zu partizipieren, vgl. Švābe, Mana dzīve, S. 228.

48  Überblick über die deutschbaltische Historiografie der Zwischenkriegszeit in Lettland: von Hehn, Deutschbaltische Geschichtsschreibung.

49  Im Einzelnen: Misāns, Leonid Arbusow und die lettische Geschichtsschreibung.

## 4. Lettische Historiografie in der Republik Lettland (1918–1940)

*Institutionen*

Mit der Gründung der Republik Lettland 1918 und dem Übergang der politischen Macht mehrheitlich an Letten waren erstmals die Voraussetzungen für eine institutionalisierte lettische Geschichtswissenschaft gegeben, die sich eng an die Staatsraison anlehnte. Die beiden wichtigsten Einrichtungen während der Zwischenkriegszeit waren die 1919 aus dem Rigaer Polytechnikum hervorgegangene Universität Lettlands und das 1936 ins Leben gerufene staatliche Geschichtsinstitut Lettlands, beide in Riga.

Auch der Zugang zu Quellen und Materialien wurde staatlicherseits neu geordnet, es entstand eine staatliche Archiv- und Museenlandschaft, die die Geschichte bewahrte und präsentierte. Die Geschichte Lettlands wurde Schulfach. Vereine, Stiftungen und nicht zuletzt staatliche Propaganda förderten ein öffentliches Geschichtsinteresse als Voraussetzung für eine nationale Geschichtspolitik. Historiker konnten sich sicher sein, mit ihren Forschungen, Veröffentlichungen und Verlautbarungen eine wichtige und prestigeträchtige Rolle in der Gesellschaft zu übernehmen. Die Geschichte bildete, nach Folkloristik, Archäologie und Sprach- und Literaturwissenschaft die vierte Säule derjenigen Geisteswissenschaften, die in Lettland, wie auch in vielen anderen Ländern Europas jener Jahre, mit der Mission betraut waren, am Aufbau der Nation und eines starken Staates teilzunehmen.[50]

*Universität*

Einen Tag nach ihrer feierlichen Eröffnung am 28. September 1919 nahm die Hochschule Lettlands ihre Tätigkeit mit neun Fakultäten, 110 Lehrkräften und 940 Studenten auf. Mit den vier Abteilungen für Linguistik, Philosophie, Geschichte und Pädagogik an der Fakultät für Philologie und Philosophie wurden an der Rigaer Universität zum ersten Mal *Letonika*[51] zu universitären Unterrichtsfächern, akademische Disziplinen, die sich mit Lettland und den Letten, mit ihrer Früh- und modernen Geschichte, mit der lettischen (auch litauischen) Sprache, Literatur und Kultur auseinandersetzten. Zuvor war dies nur an Hochschulen des Russländischen Reiches, nur am Rande und im Rahmen allgemeiner Fächer wie Geschichte, Linguistik oder Ethnologie möglich gewesen. Darüber hinaus wurde Lettisch erstmals Unterrichtssprache einer Hochschule, auch wenn die von der Regierung mit Gesetzesrang verabschiedete Universitätsverfassung vom 22. August 1922 (Neufassung am 27. März 1923), übergangsweise Ausnahmen, vor allem für Deutsch und Russisch, bis zum 1. Juli 1927 vorsah.[52]

Die Verfassung der Universität bestimmte die Hochschule als höchste Wissenschafts- und Bildungseinrichtung des Landes und als ihre Aufgabe die Ausbildung, die Forschung

---

50 Bolin, Between National and Academic Agendas, S. 13-20.
51 So 1995 die moderne Wortschöpfung von Jānis Stradiņš (1933–2019) in Zusammenhang mit staatlichen „Letonika"-Forschungsprogrammen in Lettland ab 2001, vgl. Stradiņš, Cimermanis, Par „Letonikas" jēdzienu. Gemeint sind „Geschichte, Sprache, Kultur und Werte Lettlands".
52 Vgl. z. B. das Gutachten des Senats der Republik Lettland im Fall des russischen Chemieprofessors Boris Popov (1871–1950): Par tiesībām.. Der Anteil lettischsprachiger Veranstaltungen stieg von 69 % im Jahr 1923 (19,6% russ., 8,9% dt., 1,7 % engl.) auf über 90 % in den 1930er Jahren, vgl. Mednis, Savu vēsturi, S. 97; und Strods, Latvijas Universitāte (1919–1940), S. 54.

## 4. Lettische Historiografie in der Republik Lettland (1918–1940) 61

und die Wissenschaftsvermittlung.[53] Damit wurde die Abteilung für Geschichte, am 30. September 1919 an der Fakultät für Philologie und Philosophie ins Leben gerufen, zur ersten geschichtswissenschaftlichen Einrichtung Lettlands.[54] An ihr bestanden zunächst drei Lehrstühle: Archäologie und Frühgeschichte, Allgemeine Geschichte sowie Kunstgeschichte. Geschichte Lettlands wurde im Rahmen der Allgemeinen Geschichte unterrichtet. Erster Lehrstuhlinhaber wurde ab 1922 Arbusow. Neben Psychologie, Logik, Philosophie und Literatur waren für alle Studierenden der Fakultät auch Veranstaltungen im Fach Geschichte Pflicht. Hauptaufgabe der Abteilung war die Ausbildung der Geschichtslehrer des Landes.

Lehrkraft für Archäologie und Frühgeschichte war zunächst Ebert aus Königsberg. Er wurde 1924 von dem aus Russland zurückgekehrten Balodis abgelöst. Griechische Geschichte unterrichteten der Kunsthistoriker Felsbergs, der klassische Philologe Ķiķauka[55] und ab 1938/39 der klassische Philologe und Historiker Gustavs Lukstiņš (1894–1987), römische und mittelalterliche Geschichte der Historiker Tentelis. Aufgabe der Archäologie und Frühgeschichte war u. a. über die Rekonstruktion protonationaler Wurzeln und die Projektion eines Goldenen Zeitalters vor 1200 eine Verbindung zu den alten Kulturen des Mittelmeeres herzustellen, um so der deutschbaltischen Kulturträgertheorie eine ältere Kulturalität und damit Staats- und Zivilisationsfähigkeit der Letten entgegenzustellen.[56]

Im Bereich der mittelalterlichen und frühneuzeitlichen Geschichte gab Arbusow Kurse in Neuerer Geschichte, Reformationsgeschichte, Historiografiegeschichte, Hilfswissenschaften und Geschichte Lettlands. Ergänzt wurde er ab 1924 durch Vipper, dessen Fachgebiet die Neuere Geschichte ab dem 18. Jahrhundert, aber auch die Geschichte Lettlands vor 1918 war. Einer seiner späteren Schüler, Stepermanis, unterrichtete ab 1936 ebenfalls Neuere Geschichte.

Ein vierter Lehrstuhl für Geschichte Lettlands wurde erst 1936 eingerichtet, Lehrstuhlinhaber wurde Švābe. Bis dahin lasen der Geschichtslehrer und Schulbuchautor Frīdis Zālītis (1887–1944), der alternde Krodznieks und der deutschbaltische Archäologe von Löwis of Menar Spezialkurse der Geschichte Lettlands, ferner Spekke einen Kurs über die Kulturgeschichte Livlands und Jānis Bērziņš als Privatdozent Geschichte Lettlands und Litauens sowie Methodik. Der Ökonom Dunsdorfs begann 1937 einen Kurs über Geschichtsmethodik zu geben. Einen systematischen Kurs der Geschichte Lettlands führte erst Švābe ab 1936 ein.

Außereuropäische Geschichte wurde nur in Ausnahmefällen gelehrt. Šmits machte mit der Geschichte der indoeuropäischen Völker und Chinas bekannt, Tentelis las ein Semester amerikanische Geschichte. Zeitweilig ergänzten Gastdozenten das Lehrprogramm dort, wo lettische Historiker noch nicht zur Verfügung standen, so der Schwede und Privatdozent Harry Wallin (?–?) mit Geschichte Schwedens; der finnische Archäologe Aarne Michaël

---

53 Strods, Latvijas Universitāte, S. 48. Die kurzlebige lettische Sowjetregierung unter Stučka hatte bereits am 8.2.1919 das Rigaer Polytechnikum in eine Hochschule umgewandelt, ein Teil ihrer Lehrkräfte ging ab Herbst in die neue Hochschule über. Die zweite große Gruppe bestand aus Rückkehrern aus dem Russländischen Reich, die dritte Gruppe aus verbliebenen deutschbaltischen bzw. deutschen Wissenschaftlern.
54 Weitere Abteilungen waren Sprachwissenschaft, Philosophie und Pädagogik.
55 Zu Lebenslauf und Tätigkeit an der LU vgl. seine Erinnerungen in: Ķiķauka, Kā es kļuvu par profesoru?
56 Vgl. Bolin, Between National and Academic Agendas, S. 219-229.

Tallgren (1885–1945) von der Universität Tartu mit Frühgeschichte des Baltikums und Estlands oder Sven Tunberg (1882–1954) aus Stockholm mit Geschichte der Nordischen Staaten bis Gustav II. Adolf (1594–1632).

Bis 1939 absolvierten 140 Studenten[57] die Abteilung für Geschichte, sie arbeiteten später überwiegend als Geschichtslehrer. Neben Stepermanis setzten drei von ihnen ihre berufliche Laufbahn als Lehrkräfte an der Fakultät fort: Valērija Seile (1891–1970), Alfrēds Bīlmanis (1887–1948) und Malvess.

Da Letten in den bisher von vorwiegend deutschbaltischen Historikern zusammengetragenen mittelalterlichen Quellen ihre nationale Vergangenheit nicht abgebildet sahen, erfüllte neben der Frühgeschichte und Geschichte auch die lettische Folkloristik[58] zwei Funktionen, die Bedeutung für die Historie besaßen: Zum einen schuf sie über die ethnografische Kodifizierung bäuerlicher Kultur eine Verbindung zu vergangener Volkskultur und damit zu historischen Symbolen früherer Zeiten. Die *Dainas*, Volkslieder, wurden zum Träger eines „echten" Lettentums, zur Essenz lettischen Seins stilisiert. Dort, wo historische Quellen fehlten, sollten sie das Wesen, die Sitten und das Sozialsystem der frühzeitlichen Letten erklären. Zum zweiten schuf die Folkloristik Distanz zu den übrigen ethnischen Bevölkerungsgruppen des Landes, eine Differenz, die z. B durch die regelmäßig durchgeführten großen lettischen Sängerfeste musikalisch und symbolisch aufgeladen wurde.[59] Die Disziplin, ab den 1860er Jahren von Fricis Brīvzemnieks (1846–1907) und Krišjānis Barons (1835–1923) in Zusammenhang mit dem Sammeln der lettischen Volkslieder entwickelt, wurde nach 1918 zu einer kulturwissenschaftlichen Schlüsselwissenschaft Lettlands ausgebaut. Folklore, Mythologie und Ethnografie bildeten einen Teil des Lehrprogramms der Abteilung für Baltische Philologie an der Fakultät für Philologie und Philosophie,[60] daneben aber vor allem an der 1924 neu geschaffenen Forschungseinrichtung und Sammelstelle „Lettische Folkloresammlung" (lett. *Latviešu folkloras krātuve*) unter der Obhut der staatlichen Denkmalverwaltung, die dem Bildungsministerium unterstellt war.[61] Vier Wissenschaftler der Universität gehörten zur Leitung der *Krātuve* und verbanden Fakultät und außeruniversitäre Forschung: die Linguisten Jānis Endzelīns (1873–1961) und Jānis Kauliņš (1963–1940), der Literaturhistoriker Ludvigs (Ludis) Bērziņš (1870–1965) und Šmits.

Bis zur Gründung des Geschichtsinstituts Lettlands gab es kein ausgesprochen geschichtswissenschaftliches Fachorgan. Die Historiker Lettlands publizierten verstreut in verschiedenen Zeitschriften, u. a. in den bedeutenden wissenschaftlichen „Schriften der Universität Lettlands" (lett. *Latvijas Universitātes raksti*)[62] oder im Monatsheft des Bildungsmi-

---

57 Zvirgzdiņš, Vēstures studijas, S. 338; ebd. S. 335 f. findet sich auch das Beispiel des Studienverlaufs einer Studentin mit besuchten Kursen und Dozenten.
58 Zur Geschichte der lettischen Folkloristik im europäischen Kontext während der Zwischenkriegszeit: Bula (Hrsg.), Latviešu folkloristika (darin auch Biografien von Šmits, Švābe u. a.).
59 Zum kulturhistorischen Kontext der Sängerfeste: Karlsone, Dziesmu svētki (mit englischsprachigem *summary* S. 160-214). Der Beschluss der Denkmalverwaltung von 1924, ein lettisches Freilichtmuseum (lett. *Brīvdabas muzejs*) nach dem Vorbild des *Skansen* in Stockholm zu gründen, gehört ebenfalls in diesen Zusammenhang. Das zweitälteste Freilichtmuseum Europas öffnete 1932 seine Pforten für Besucher.
60 Reinsone, Folkloras studijas.
61 Vīksna, Latviešu folkloras krātuves izveide.
62 1921 als *Latvijas Augstskolas Raksti* (dt. Schriften der Hochschule Lettlands) ins Leben gerufen

nisteriums (lett. *Izglītības Ministrijas mēnešraksts*), welches geschichtlichen Themen breiten Raum einräumte und entsprechend dem hohen Stellenwert, der der Geschichte in der Pädagogik zugesprochen wurde, auch auf die Lehrerschaft an den Schulen Lettlands als potentielle Leserschaft abzielte.[63] Quellenbände, vor allem das 18. und 19. Jahrhundert betreffend, gab das Staatsarchiv Lettlands ab 1924 unter dem Serientitel „Schriften des Staatsarchivs" (lett. *Valsts Arhīva raksti*) heraus.

*Das Geschichtsinstitut Lettlands*

Im autoritären Lettland unter Ulmanis gewann, wie bereits dargestellt, die Geschichte zunehmend an politischer Bedeutung. Auf Initiative von Ulmanis verabschiedete das Ministerkabinett am 14. Januar 1936 ein Gesetz über ein zu gründendes Geschichtsinstitut Lettlands als außeruniversitäre Forschungseinrichtung mit Sitz in Riga.[64] Bezeichnend für den gesellschaftlichen und wissenschaftlichen Stellenwert, den man der Geschichte beimaß, ist, dass das Geschichtsinstitut Lettlands gleichzeitig als Keimzelle einer künftigen Lettischen Akademie der Wissenschaften gedacht war.[65] Das Institut wurde dem Bildungsministerium untergeordnet. Erster Institutsdirektor wurde Tentelis, zu jenem Zeitpunkt just Bildungsminister im Kabinett von Ulmanis. Ulmanis selbst wurde 1939 Ehrenmitglied des Instituts. Damit bildeten Regierungsmitglieder und Institutsleitung eine Personalunion, das Institut unterlag der direkten politischen Kontrolle der Führung des Landes. Vizedirektor wurde Balodis, zweiter Vizedirektor ab 1939 Švābe. Staatspräsident Ulmanis selbst wies dem neuen Institut nicht nur seine Aufgabe, sondern auch seine Epistemologie zu. Punkt 2 des „Gesetzes über das Geschichtsinstitut Lettlands" lautete: „Aufgabe des Institutes ist die Erforschung und Klärung der Ereignisse und Erscheinungen der lettischen und allgemeinen Geschichte im Geiste des Nationalismus und der Wahrheit".[66]

---

und 1923 bis 1940 fortgeführt unter der Bezeichnung *Latvijas Universitātes Raksti* (dt. Schriften der Universität Lettlands). Weiter wechselte die Zeitschrift, den politischen Umbrüchen folgend, mehrfach ihren Titel, bis sie 1949 als *Latvijas Valsts Universitātes Zinātniskie Raksti* (dt. Wissenschaftliche Schriften der Staatsuniversität Lettlands, ab als 1958 *Pētera Stučkas Latvijas Valsts Universitātes Zinātniskie Raksti*, dt. Wissenschaftliche Schriften der Staatsuniversität Lettlands Pēteris Stučka) erneuert wurde. Seit 1990 wird sie wieder unter dem alten Titel *Latvijas Universitātes Raksti* herausgegeben, vgl. URL: https://www.biblioteka.lu.lv/resursi/kolekcijas/digitalaskolekcijas/latvijas-universitates-raksti/ (letzter Zugriff: 4.4.2024). Das Staatsarchiv begann 1935 als weitere Serie B Aufsatzsammlungen unter dem Titel „Forschungen" (lett. *Pētījumi*) herauszugeben, von denen vor dem Krieg allerdings nur eine Ausgabe erschien.
63 Die Monatshefte des Bildungsministeriums erschienen von 1920 bis 1939.
64 Kurzer Überblick: Graudonis, Latvijas Vēstures institūts.
65 Vgl. Punkt 8 des Gesetzes: „Bei Gründung einer Akademie der Wissenschaften Lettlands geht das Geschichtsinstitut als erste Einheit in diese über". Gesetz und Statut in: Valdības Vēstnesis (17.1.1936), Nr. 13; auch in: Latvijas vēstures institūta statuti. Bedingt durch den Ausbruch des Zweiten Weltkrieges wurde die Akademie der Wissenschaften Lettlands erst 1946 in der SSR Lettland ins Leben gerufen, parallel zu ähnlichen Einrichtungen in den übrigen Sowjetrepubliken und als Filiale der Allunionsakademie in Moskau, vgl. Stradiņš, Latvijas Zinātņu akadēmija, S. 107 ff. Vgl. auch weiter unten Kapitel 7.
66 Valdības Vēstnesis (17.1.1936), Nr. 13.

Der erkenntnistheoretische Spagat zwischen zu Subjektivität verpflichtendem Nationalismus und zu Objektivität verpflichtender Suche nach wissenschaftlicher Erkenntnis entsprach genau der Vorstellung instrumentalisierter historischer Wahrheitssuche, wie Ulmanis sie mehrfach in der Öffentlichkeit vorgetragen hatte.[67] Tentelis erklärte dazu auf der ersten öffentlichen Sitzung des Instituts, auf der auch der Staatspräsident Ulmanis anwesend war:

„Notwendig war, die lettische Geschichtsforschung selbständig zu machen, da die bisherige Forschung unzulänglich war. Jetzt muss die Geschichte Lettlands als nationale Geschichte ganz von neuem geschrieben werden und alle bisher herausgegebenen und gesammelten Quellen müssen ganz von neuem studiert und erforscht werden. Die bisherigen fremdstämmigen Forscher haben ganz andere Ziele verfolgt und die Geschichte des lettischen Volkes ganz außer Acht gelassen."[68]

Noch deutlicher wurde die ideologische Aufgabenstellung in einem maschinenschriftlichen Bericht über die Tätigkeit des Instituts, im ersten Jahr seines Bestehens formuliert:

„Die Gründung des Geschichtsinstitutes Lettlands per Gesetz vom 14. Januar 1936 ist eine der bemerkenswertesten Arbeiten beim Aufbau der lettischen geistigen Kultur, die der Führer unseres Volkes Staatspräsident Dr. K. Ulmanis und die von ihm gegründete nationale Regierung mit großer Energie angeregt und begonnen hat. [...]. Das Institut hat die Aufgaben, die Erforschung der Geschichte Lettlands und der allgemeinen Geschichte zu organisieren und zu leiten, sowie Quellen zur Geschichte Lettlands zu sammeln, zu kommentieren und herauszugeben.

Aus diesem Programm wird ersichtlich, dass die Regierung dem Institut breite nationale Ziele gesetzt hat: Forschungen zur lettischen Geschichte im Geist des in nationalem Selbstbewusstsein wiedergeborenen lettischen Volkes zu begründen und zu organisieren, damit die Geschichte eine nichtversiegende Quelle der Kraft und der Zähigkeit des lettischen Volk sowie der künftige, nicht auszulöschende geistige Grund des nationalen Lettland sei. Zur Bewältigung dieser Aufgabe hat das Institut begonnen, eine lettische nationale Geschichtsideologie zu entwickeln und die Geschichte unseres Volkes und Landes in einer einheitlichen und ungebrochenen Linie zu zeichnen.

Bereits im Gesetz über das Geschichtsinstitut Lettlands wird die neue Einteilung der Geschichte sichtbar: verworfen sind die verschiedenen »deutschen«, »polnischen«, »schwedischen«, »russischen« Zeiten, und an deren Stelle werden drei große Perioden der Geschichte des lettischen Volkes und des lettischen Landes vorgeschlagen: die lettische Altertumsgeschichte [im Text lett. *Senvēsture*; D. H.], die einen Zeitraum von mehr als tausend Jahren umfasst, die lettische Ältere Geschichte [im Text lett. *Vecākā vēsture*; D. H.], die ungefähr 600 Jahre umfasst, und die lettische Neuere Geschichte [im Text lett. *Jaunākā vesture*; D. H.], die mit den heutigen Tagen endet und ungefähr einhundert Jahre umfasst. Damit, also genau mit der Erforschung der lettischen Perioden ist die Hauptarbeit des Geschichtsinstituts bisher befasst."[69]

---

67 Vgl. weiter oben oben S. 52 f.
68 Zitiert nach: Rigasche Rundschau (12.5.1936).
69 Unterstreichungen im Original in: LVVA, fonds 1865, 1. apr., 7. lieta, 1-2. lpp. Diese Ausführungen finden sich nicht im ersten Jahresbericht 1936 des Instituts von Marģers Stepermanis in: Latvijas

## 4. Lettische Historiografie in der Republik Lettland (1918–1940)

Die Neuperiodisierung der lettischen Geschichte entsprach genau den Vorstellungen, die Krišjānis Valdemārs im 19. Jahrhundert formuliert hatte,[70] von einer Geschichte der „alten Freiheit" bis um etwa 1200, einer zweite Epoche der Jahre der „Sklaverei" bis zum 19. Jahrhundert und einer dritten Epoche des Beginns der „Freiheit in unserem Jahrhundert", d. h. ab dem 19. Jahrhundert. In den Mittelpunkt der Historie rückte das lettische Volk (lett. *latviešu tauta*). Deutsche, Polen, Schweden und Russen wurden zu „Fremdvölkischen" (lett. *sveštautieši*), die die baltische bzw. lettische Geschichte nur noch am Rande bevölkern sollten. Die Struktur des Instituts wurde dieser Epocheneinteilung nachgebildet. Die Abteilung für Lettisches Altertum leitete Balodis, die Abteilung für Lettische Ältere Geschichte Tentelis und die Abteilung für Lettische Neuere Geschichte beide gemeinsam.[71] Daneben existierte noch eine Abteilung für Allgemeine Geschichte.

Die künftigen Aufgaben waren im Statut des Instituts vorgegeben. Zu ihnen gehörten auch das Sammeln von Quellen und Dokumenten zur lettischen Geschichte im Ausland und das Bemühen um Rückgabe von Archivalien aus dem Ausland,[72] eine koordinierende Rolle im lettischen Archivwesen und die Publikation von Quellen, die Öffentlichkeitsarbeit durch die Ausschreibung von Geschichtswettbewerben und Preisen, die Vergabe von Forschungsprojekten an Einzelpersonen, die Gründung eines Verlages für Geschichtspublikationen, die Herausgabe einer geschichtswissenschaftlichen Zeitschrift,[73] die Ausarbeitung einer Geschichtsterminologie in lettischer Sprache und die Herausgabe eines entsprechenden Fachwörterbuchs, die Organisierung von öffentlichen Vorlesungen, Ausstellungen, wissenschaftlichen Tagungen (z. B. die bereits erwähnte 1. Historikerkonferenz der Baltischen Länder), Expeditionen und Ausgrabungen, die Förderung der Heimatforschung und anderes mehr.[74] Mit anderen Worten: Das neue Geschichtsinstitut Lettlands übernahm nicht nur

---

Vēstures Institūta Žurnāls (1937), Nr. 1, S. 157 f. Die Jahresberichte der folgenden Jahre erschienen jeweils in der ersten Nummer der Zeitschrift des Instituts des darauffolgenden Jahres.
70 Vgl. oben Kapitel 2.
71 Weitere Mitarbeiter im Jahr 1936 bzw. den Folgejahren waren Ābers, Pēteris Bērziņš (1882– 1954), Biļkins, Dunsdorfs, Valdemārs Ģinters (1899–1979), Georgs Karlsons (1873–1945), Žanis Karlsons (1899–1976), Nikolajs Ķaune (1903–1939), Malvess, Aleksandrs Plensners (1892–1984), Elvīra Šnore (1905–1996), Rauls Šnore (1901–1962), Šturms und Juris Vīgrabs (1881–1958). Viele der Mitarbeiter lehrten gleichzeitig an der Universität.
72 So wurden z. B. Fotokopien aus dem Staatsarchiv Dortmund, dem Preussischen Staatsarchiv Münster, dem Geschichtsarchiv der Hansestadt Köln, dem Staatsarchiv Düsseldorf, dem Staatsarchiv Stockholm, dem Staatsarchiv Kopenhagen und dem Staatsarchiv in Berlin gesammelt. Auf Expeditionen durch das Land wurden Archivmaterialien sichergestellt, so bereiste z. B. der Geschichtsstudent H. Trops (?–?) 44 Tage lang Lettgallen, besuchte 180 Orte und Einrichtungen und registrierte 84 Archive, elf alte Kirchen- und drei alte Güterbibliotheken, überwiegend im Besitz von Kirchen, vgl. die Vorstandssitzungen und Ordentlichen Sitzungen des Instituts in: LVVA, fonds 1865, 1. apr., 3. lieta, 3. lp. und ebenda, 1. apr., 4. lieta, 6. lp.
73 Latvijas Vēstures Institūta žurnāls, ab (1937), Nr. 1 vier Nummern jährlich, bis zum Krieg erschienen 14 Ausgaben. Die Zeitschrift wurde 1991 fortgeführt. Die Beschlüsse des Vorstandes vom 18.7.1939, zweimal jährlich eine neue großformatige Zeitschrift in deutscher und französischer Sprache, sowie vom 22.9.1939, zwei weitere Reihen (Memoiren und Forschungen) herauszugeben, konnten aufgrund der weiteren politischen Entwicklung nicht mehr umgesetzt werden, vgl. LVVA, fonds 1865, 1. apr., 3. lieta, 10. lp. und ebenda, 1. apr., 2. l., 3. lp. Zur Geschichte der Zeitschrift: Graudonis, Mūsu žurnāls.
74 Latvijas vēstures institūta statuti.

Wissenschaftsaufgaben, sondern war auch für die *public history* des autoritären Regimes verantwortlich und nahm gleichzeitig eine semistaatliche und koordinierende Aufsichtsfunktion über die Geschichtslandschaft des Landes wahr.

In diesem Zusammenhang übte es auch gutachterliche Funktionen aus, vergab finanzielle Mittel an Dritte oder nahm direkt Einfluss auf deren Publikationen, indem es den Redakteur stellte.[75] Das Ministerium für Öffentliche Angelegenheiten, dem die Zensur oblag, bat z. B. um eine Stellungnahme, ob die Herausgabe der deutschbaltischen „Baltischen Monatshefte" wünschenswert sei. Das Institut räumte ein, dass gegen die Beiträge des letzten Jahrgangs keine Einwände, Probleme aber aus kulturpolitischer Sicht bestünden.[76] Eine Veröffentlichung von Helmut Behr (1903–1981) wurde nach einem ersten negativen Urteil der Denkmalverwaltung in einem Zweitgutachten ebenfalls abschlägig bewertet.[77] Einzelne Gemeinden baten das Institut um Empfehlungen, Straßen, Parks u. a. mit historischen Namen zu belegen.[78]

Finanziert wurde das Institut aus dem Staatshaushalt. 1936/37 belief sich der Haushalt auf 15 415 Lat, 1938/39 bereits auf 59 953 Lat.[79] Die Ausstattung und die Gehälter galten als gut bis überdurchschnittlich. Im Frühjahr 1940 wurde das Budget wegen der politischen Krise vom Finanzministerium jedoch wieder um 18 800 Lat gekürzt.[80] Ferner erhielt das Institut verschiedentlich Spenden in Form finanzieller Zuwendungen, von Archivmaterialien, Büchern oder Bibliotheken.[81] Am 26. November 1936 rief das Ministerkabinett zum

---

75 Gutachten: z. B. auf Bitten der Kulturstiftung des Bildungsministeriums über die Publikationen von Vičs, Latvijas skolu vēsture, sowie Kemps, Latgales likteņi, vgl. Latvijas vēstures institūta darbības pārskats par laiku no 1938. g. 27. marta līdz 4. maijam [Tätigkeitsbericht des Geschichtsinstituts Lettlands für die Zeit vom 27. März bis 4. Mai 1938], in: LVVA, fonds 1865, 1. apr., 2. lieta, 1. lp.; redaktionelle Eingriffe: J. Bērziņš wurde z. B. für die von der Kulturstiftung Lettlands herausgegebene Publikation von Avens, Nakts un rīts, mit der Redaktion betraut, ein Theaterstück, in dem der Autor mythologische Szenen aus der lettischen Geschichte vom 12. bis zum 20. Jahrhundert verwob und welches insbesondere vor den Mitgliedern der Heimwehr (lett. *Aizsargi*) zur Aufführung gelangte, vgl. die Vorstandssitzung des Geschichtsinstituts Lettlands vom 6.10.1938, in: LVVA, fonds 1865, 1. apr., 2. lieta, 3. lp.
76 Latvijas vēstures institūta darbības pārskats par laiku no 1938. g. 27. marta līdz 4. maijam, in: LVVA, fonds 1865, 1. apr., 2. lieta, 1. lp. Dieser Punkt 3) unter III. „Empfehlungen des Instituts erbitten" ist im Tätigkeitsbericht allerdings durchgestrichen.
77 Behr, Die vorgeschichtliche Sammlung; vgl. die Vorstandssitzung des Geschichtsinstituts Lettlands vom 6.10.1938, LVVA, fonds 1865, 1. apr., 2. lieta, 3. lp.
78 LVVA fonds 1865, 1. apr., 2. lieta, 1. lp.
79 Šilde, Latvijas vēsture 1914–1940, S. 640. Der Monatslohn eines Beschäftigten in Lettland betrug im Jahr 1937 durchschnittlich 170 Lat, ein Roggenbrot (ein Kilogramm) kostete 0,20 Lat, vgl. auf Grundlage der zeitgenössischen Statistik: Krastiņš, Mājsaimniecību budžetu pētījumi.
80 Vorstandssitzung vom 2.3.1940 in: LVVA fonds 1865, 1. apr., 4. lieta, 2. lp.
81 Allein zwischen Februar 1936 und 1.3.1937 belief sich das Spendenaufkommen auf 41 381 Lat, davon 20 000 Lat vom „Staats- und Ministerpräsidenten" Ulmanis, vgl. Latvijas Vēstures Institūta žurnāls (1937) Nr. 1, S. 159; ferner: 5 000 Ls. von der Valsts Zemes banka [Staatliche Bodenbank] und 500 Lat von der Latvijas zemnieku kredita banka [Bauernkreditbank Lettlands] für die „Prof. Dr. A. Tentelis-Stiftung", vgl.: Latvijas vēstures institūta darbības pārskats par laiku no 1938. g. 27. marta līdz 4. maijam, in: LVVA, fonds 1865, 1. apr., 2. lieta, 1. lp.; 500 Lat von der Stadtverwaltung Liepāja, 171 Bücher und Broschüren vom lettischen Gesandten in Washington, A. Bīlmanis, vgl. Vorstandssitzung des Geschichtsinstituts Lettlands vom 1.12.1938, in: LVVA, fonds 1865, 1. apr., 2. lieta, 4. lp.; 10 000 Lat von Staatspräsident Ulmanis für die „Prof. Dr. A. Tentelis-Stiftung" sowie

60. Geburtstag des Bildungsministers und Direktors des Instituts eine „Professor-Augusts-Tentelis-Stiftung" zur Förderung der Geschichtsforschung ins Leben. Bis 1939 wuchs das Kapital der Stiftung auf 77 000 Lat an; aus den Zinserträgen wurden Publikationen finanziert. Das Institut griff auch bereitwillig zu, wenn andere Institutionen ihre Arbeit beendeten oder beenden mussten. So erhielt das Institut nach der Umsiedlung der Deutschbalten über die Kommission zur Liquidierung des Herder-Instituts Möbel im Wert von knapp 980 Ls, weitere Möbel im Wert von 105 Ls wurden angefordert; ferner die Bücher der Bibliothek der deutschbaltischen Musse-Gesellschaft.[82] Im Frühjahr 1940 konnte das Institut noch neue Räume im Gebäude in der Anglikāņu iela 5 beziehen, nur wenige Schritte vom Sitz seines Ehrenmitglieds, des Staatspräsidenten und Diktators Ulmanis, im alten Ordensschloss entfernt.

*Weitere Einrichtungen und Vereinigungen*

Nicht zu unterschätzen ist neben der Geschichtswissenschaft die Wirkung geschichtlicher Literatur und Publizistik auf die Konsolidierung eines lettischen Nationalbewusstseins nach 1920, getragen von einem breiten öffentlichen Interesse an historischen Themen. Nicht unbedingt Historiker, aber Publizisten wie Ernests Blanks (1894–1972) oder Schriftsteller wie Aleksandrs (eigentl. Jēkabs) Grīns (1895–1941), der mit seinen historischen Romanen und einer vierbändigen Weltgeschichte äußerst populär war, übten großen Einfluss auf das Geschichtsbewusstsein der Bevölkerung Lettlands aus.[83] Im öffentlichen Raum wirkten auch die „Kulturstiftung Lettlands" (lett. *Latvijas Kultūras fonds*, 1920–1940), die geschichtswissenschaftliche Veröffentlichungen finanziell unterstützte, der 1924 ins Leben gerufene „Verein der Alten lettischen Schützen" (lett. *Latviešu veco strēlnieku biedrība*) mit seinem Magazin „Der Lettische Schütze" (lett. *Latviešu Strēlnieks*) und einer von dem General Rudolfs Bangerskis (1878–1958) geleiteten historischen Kommission[84] sowie eine Historikergruppe innerhalb des Rigaer Lettischen Vereins (lett. *Rīgas Latviešu biedrība*), die

---

10 000 Lat für besondere Zwecke, vgl: Vorstandssitzung des Geschichtsinstituts vom 15.12.1938, in: LVVA, fonds 1865, 1. apr., 2. lieta, 6. lp.; 10 000 Lat von der Rīgas pilsētas krājbanka und 50 Lat vom Jelgavas valsts skolotāja institūts, vgl. Ordentliche Sitzung des Geschichtsinstituts Lettlands vom 21.2.1939, in: LVVA, fonds 1865, 1. apr., 3. lieta, 1. lp.; 5 000 Lat von der Valsts Zemes banka, vgl. Vorstandssitzung des Geschichtsinstituts Lettlands vom 27.5.1939, in: LVVA, fonds 1865, 1. apr., 3. lieta, 7. lp.; aus Budapest das Taschennotizbuch von Stučka vgl. Vorstandssitzung des Geschichtsinstituts Lettlands vom 16.1.1940, in: LVVA, fonds 1865, 1. apr., 4. lieta, 1. lp. u. a. m.
82 Vorstandssitzung des Geschichtsinstituts Lettlands vom 2.3.1940, in: LVVA, fonds 1865, 1. apr., 4. lieta, 2. lp.; Vorstandssitzung des Geschichtsinstituts Lettlands vom 28.4.1940, in: LVVA, fonds 1865, 1. apr., 4. lieta, 4. lp.; Vorstandssitzung des Geschichtsinstituts Lettlands vom 23.5.1940, in: LVVA, fonds 1865, 1. apr., 4. lieta, 5. lp
83 Z. B. Blanks, Tautiskā kustība, Rīga 1921; Grīns, Pasaules vēsture.
84 Veröffentlichungen u. a.: Latviešu strēlnieks; Latviešu strēlnieki. Als weiterer Militärhistoriker kann der Generalinspekteur und Oberkommandierende der lettischen Armee, Mārtiņš Peniķis (1874–1964), genannt werden, der nach seiner Pensionierung 1934 die lettische Militärgeschichte in Vorträgen und Büchern popularisierte. Unter seiner Redaktion erschien vor allem: Peniķis (Hrsg.), Latvijas atbrīvošanas kara vēsture. Zur Geschichte des Vereins: Krīgere, Latviešu strēlniekuz piemiņu glābājot.

immerhin eine viel beachtete fünfbändige Schulgeschichte Lettlands herausbrachte.[85] Daneben können noch die 1922 gegründete „Gesellschaft der lettischen Altertumsforscher" (lett. *Latviešu Senatnes pētītāju biedrība*), die bereits erwähnte staatliche Denkmalverwaltung, der 1932 gegründete Geschichtslehrerverein (lett. *Vēstures Skolotāju biedrība*) oder als Beispiel für eine regional arbeitende Vereinigung der „Verein zur Erforschung der Altertümer von Tholowa" (lett. *Talavas Senatnes pētīšanas biedrība*) als Vereinigungen genannt werden, die lettische Geschichte und Archäologie popularisierten.[86]

## 4.4. Themen, Konzepte, Diskurse und Kontroversen

Neben dem Staatspräsidenten Ulmanis, der nach seinem Staatsstreich von 1934 gern die Rolle der Geschichte für die Identität Lettlands betonte, gehörte vor allem Tentelis zu denen, die öffentlich und konzeptionell über lettische Geschichte nachdachten. Tentelis, Historiker, Geschichtspädagoge und zweimaliger Bildungsminister (1928 und 1935–1938), sagte von sich selbst zwar, er sei kein Spezialist auf dem Gebiet der Geschichte,[87] formulierte aber dennoch in einer Rede vor Geschichtslehrern 1923 die Aufgaben, denen sich Lettlands Historiker und Geschichtsinteressierte künftig stellen sollten. In erster Linie gelte es, sich von einer dilettantisch-romantisierenden Geschichtssicht zu verabschieden, vielmehr sollten sich alle Kräfte auf das Suchen, Sammeln und Vervollständigen archäologischer, mittelalterlicher und neuzeitlicher Quellen im In- und Ausland konzentrieren. Diese müssten aus lettischer Sicht herausgegeben und interpretiert, und insoweit bereits von Deutschbalten ediert, uminterpretiert werden. Die Folge der Forderung Tentelis' nach einem *ad fontes* war nicht nur, dass sich lettische Historiker auf Reisen im In- und Ausland, überall dort, wo die Vorgeschichte der Republik Spuren hinterlassen hatte (etwa im Vatikan, in Deutschland mit Preußen und den Hansestädten, in Polen, Schweden und Russland), auf die Suche nach Dokumenten machten, und diese Archivreisen durch die ausländischen Gesandtschaften Lettlands unterstützt wurden,[88] sondern auch, dass der Edition von Quellen als Grundlage historischen Forschens breiter Raum gewidmet wurde. Eines der wichtigsten Ergebnisse war die Herausgabe der Serie „Lettlands Geschichtsquellen", die von 1937 bis 1940 in fünf Bänden (mit Teilbänden) erschien.[89]

---

85 Vičs, Iz latviešu skolu vēstures.
86 Zum Denkmalschutz in Lettland zwischen 1919 und 1940 vgl. ausführlich Mintaurs, Arhitektūras mantojuma aizsardzības vēsture, S. 79-132.
87 Tentelis in einer Rede vom 17.6.1923, abgedruckt in: Tentelis, Latvijas vēsturnieku tuvākie uzdevumi, S. 38. Ausführlicher zu Tentelis: Profesors Dr. honoris causa Augusts Tentelis.
88 So war z. B. Spekke von 1933 bis 1939 Gesandter Lettlands in Italien, Griechenland, Bulgarien und Albanien mit ständigem Sitz in Rom und konnte seine Historikerkollegen in archivalischen Fragen unterstützen, die Italien oder den Vatikan betrafen, vgl. auch seine Erinnerungen: Spekke, Atmiņu brīži.
89 Latvijas Vēstures avoti 1-5. Weitere Bände folgten während der deutschen Besatzungszeit, vgl. Kapitel 6. Einer der lettischen Vorwürfe gegenüber älteren deutschbaltischen Quelleneditionen, etwa dem ab 1853 von Friedrich Georg von Bunge (1802–1897) herausgegebenen Liv- Esth- und Curländischen Urkundenbuch, lautete, es handele sich um den Abdruck fehlerhafter Abschriften von Abschriften und nicht von Originalen, daher seien alle bisher gedruckten Quellen einer gründlichen Revision zu unterziehen, vgl. Zeids: Latviešu vēstures zinātnes attīstība, S. 101.

## 4. Lettische Historiografie in der Republik Lettland (1918–1940)

Im Unterschied zu Švābe schätzte Tentelis den Quellenwert der Volkstraditionen und *Dainas* eher gering ein, da ihr Alter nicht präzise datierbar sei.[90] Švābe hatte 1921 und 1922 die ersten beiden Bände einer „Lettischen Kulturgeschichte" veröffentlicht, in denen er versuchte, die *Dainas* als eine Art Konkurrenz zu den mittelalterlichen Quellen, wie sie von der deutschbaltischen Historiografie benutzt wurden, aufzubauen und mit ethnologischen Methoden aus ihnen sozialgeschichtliches Material herauszudestillieren. Seine Absicht war, über eine Rekonstruktion von vermuteten Rechtsverhältnissen unter den alten Letten für die Zeit vor der Christianisierung protostaatliche Strukturen und damit einen höheren kulturellen Entwicklungsgrad als bisher angenommen postulieren zu können.[91]

Beide Strategien, die Uminterpretation bekannter Quellen und Suche nach neuen Quellen auf der einen sowie die Erschließung zusätzlicher, unkonventioneller Quellen auf der anderen Seite, verfolgten dieselben Ziele. Eine neu entstehende „lettische nationale Geschichtswissenschaft"[92] sollte sich von einer deutschen Geschichtsapologetik emanzipieren, Vorgeschichte und Gründung der Republik Lettlands als Überwindung einer Kolonialgeschichte interpretieren sowie die Staatsfähigkeit der bisher in Europa kaum bekannten Letten historisch begründen helfen.[93] Dabei konzentrierte sich die lettische Historiografie bis zur sowjetischen Annexion 1940[94] im Wesentlichen auf folgende Themenkomplexe, die nicht nur im engen Kreis der Fachkollegen, sondern öffentlichkeitswirksam ab 1936 auch in einer neuen, aufwendig gestalteten Zeitschrift *Senatne un Māksla* (dt. Altertum und Kunst) einer allgemein geschichtlich interessierten Leserschaft präsentiert wurden:[95]

---

90 Tentelis, Latvijas vēsturnieku tuvākie uzdevumi, S. 43.
91 Švābe, Latvju kultūras vēsture. I-II. Ein dritter Folgeband erschien 1933, vgl. Ders., Kuršu ķoniņu un novadnieku tiesiskais stāvoklis. In einer ausführlichen Rezension lobte Arbusow zwar die Fülle des Materials, die Švābe zusammengetragen habe, kritisierte aber dessen fehlerhafte Interpretation. So berücksichtige Švābe keine Epochengrenzen, zöge z. B. neuere Quellen zur Interpretation älterer Jahrhunderte heran, übersetze historische und rechtliche Begriffe falsch, äußere zuviele Hypothesen aufgrund falscher Schlüsse, interpretiere die lettischen Dainas, obwohl es noch keine tragfähige Methode dazu gäbe u. a. m., Arbuzovs, Arveda Švābes Latvju Kultūras Vēsture. Zu Švābe als frühem Kulturhistoriker vgl. Mintaurs, Perspectives, S. 106-109.
92 Zeids, Latviešu vēstures zinātnes attīstība, S. 89.
93 So der 27-jährige Zeids 1939: „Indem sie die Geschichte Lettlands als die Geschichte einer deutschen Kolonisation und der Privilegien des Adels sahen und gewöhnlich Erscheinungen von ähnlichen in der Geschichte anderer Völker Europa isolierten, rutschten die deutschen Historiker des Baltikums in eine außergewöhnliche Einseitigkeit, und ihre Geschichtsforschungen verloren immer mehr ihren realen Grund, erstarrten in dogmatischer Enge, ohne Aussichten auf weitere Entwicklungen. Um ihre Eroberungspolitik vor dem Gericht der Geschichte zu rechtfertigen, setzten sie eigenmächtig die Prämisse einer niederen politischen und wirtschaftlichen Kultur der alten Letten, die den Deutschen im Namen einer höheren Zivilisation das Recht gab in das lettische Land einzubrechen und mit Feuer und Schwert und allen nur möglichen Mitteln ihre angeblich höhere Kultur zu verbreiten.", wie Anm. 92, S. 90.
94 Bibliografie (bis Anfang 1935 reichend): Latvijas vēstures bibliogrāfia 1918.–1935 (allerdings mit zahlreichen Fehlern und nicht immer zuverlässig). Für die Jahre ab 1936 publizierte die Zeitschrift des Geschichtsinstituts Lettlands ab 1937 bibliografische Jahresberichte der geschichtswissenschaftlichen Literatur, vgl. Latvijas Vēstures Institūta Žurnāls. Aufsätze, auch Presseartikel, bibliografierte ab 1920 die Staatsbibliothek, vgl. Latviešu zinātne un literatūra.
95 Senatne un Māksla. Herausgegeben wurde die Zeitschrift von der staatlichen Denkmalverwaltung, dem Staatlichen Geschichtsmuseum (lett. *Valsts Vēstures muzejs*), dem Staatlichen Kunstmuseum (lett. *Valsts Mākslas muzejs*) und der Folkloresammlung. Die ersten Seiten der Ausgaben zieren

Aufgabe der Archäologie und Frühgeschichte, maßgeblich geprägt durch Balodis, wurde es, für die Zeit vor der Christianisierung des Baltikums eine blühende lettische Kultur zu konstruieren. So versuchte Balodis beispielsweise nachzuweisen, dass es auf dem Gebiet des späteren Lettland bereits während der älteren Eisenzeit, also vor der deutschen Einwanderung, 17 blühende lettische „Städte" gegeben habe, die unabhängig von den Stadtgründungen der Deutschen im Hanseraum existiert hätten. Dies gelang, indem der Begriff der mittelalterlichen „Stadt" neu interpretiert wurde. Nach Balodis' Vorstellung konnte bereits in der Vorzeit von einer „Stadt" gesprochen werden, wenn eine Einfriedung, ein Wall und ein Graben eine Siedlung schützten, mit anderen Worten erfüllte bereits eine einfache lettische hölzerne Befestigungsanlage die Bedingungen, Stadt genannt zu werden.[96]

Damit zusammen hing der zweite Themenkomplex, bei dem es um den lettischen Charakter der Hauptstadt Riga ging. Riga sei ursprünglich keine deutsche Gründung im Jahre 1201 gewesen, da bereits vorher an gleicher Stelle ein lettisch-livischer Handelsplatz bestanden hatte.[97] Ferner habe Riga auch später keinen deutschen Charakter besessen, da die Zahl der lettischen Bewohner erheblich größer als bisher angenommen gewesen sei und diese eine maßgebende Rolle im Wirtschafts- und Handelsleben der Stadt gespielt hätten. Darüber hinaus seien sie als Kaufleute und Handwerker maßgeblich an der Entstehung der ersten Gilden beteiligt gewesen.[98] Ein anderer Verfechter der Theorie eines lettischen Riga war neben Švābe der Mittelschullehrer Jānis Straubergs (1886–1952), der die Ursprünge lettischer Handwerkervereinigungen – Gilden – bereits vor 1158 datiert, allerdings ohne den Nachweis führen zu können, da für diese Zeit keinerlei Schragen oder andere urkundliche Nachweise vorhanden sind.[99] J. Straubergs Positionierung in dieser Frage wirkte sich positiv auf seine Karriere aus, er wurde 1938 Leiter der Rigaer Stadtbibliothek.

Neben dem Nachweis der Existenz lettischer Städte in der Frühzeit versuchten vor allem Balodis und Švābe auch den Beweis zu führen, dass es auf dem Gebiet des späteren Lettland bereits früh Staatlichkeit bzw. frühe lettische staatliche Organisationen gegeben habe. Bescheidene Anfänge wurden heroisiert oder ostslavische Tributfürstentümer in lettische Staaten umgedeutet. Bezeichnend wurde die gleichbedeutende Benutzung der beiden Begriffe *zeme* (dt. Land) und *valsts* (dt. Staat).[100] Auf begründete Kritik seitens deutschbaltischer Historiker wurde lettischerseits nicht eingegangen, da Ulmanis bereits im April 1936 in einer Rede auf der lettischen Städtetagung die These der Existenz lettischer Staaten im 12.

---

Porträts von Ulmanis und anderen Staatslenkern des autoritären Regimes, damit dem Leser sinnfällig eine lettische Kontinuität von der frühen Freiheitszeit bis hin zum gegenwärtigen goldenen Zeitalter präsentierend. Die Zeitschrift war reich, auch vierfarbig, illustriert, einen Teil der Abbildungen im Stil der Historienmalerei des 19. Jahrhunderts steuerte der Künstler und Dekorateur der lettischen Nationaloper Ludolfs Liberts (1895–1959) bei.

96 Balodis, 9.–12. gadsimteņu Latvija.
97 Švābe, Rīgas senvēsture. Die Existenz eines Livendorfes war tatsächlich bekannt, dieses hatte sich allerdings außerhalb der ältesten Ummauerung Rigas befunden.
98 Tentelis, Rīga un latvieši.
99 J. Straubergs, Mathematiker, Folklorist und Kulturhistoriker, war der ältere Bruder von Kārlis Straubergs (s. o.). Er hatte neben seinem Beruf als Lehrer u. a. 1921–1923 in Göttingen Philosophie studiert und 1925 mit Erlaubnis des Autors Einsteins Relativitätstheorie ins Lettische übersetzt (A. Einšteina relativitātes teorija, Rīga 1925). Veröffentlichungen: Straubergs, Pirmās latviešu brālības un amatnieki Rīgā; ders., Rīgas vēsture.
100 Vgl. Balodis, wie Anm. 96; Švābe, Jersikas karaļvalsts.

## 4. Lettische Historiografie in der Republik Lettland (1918–1940) 71

und 13. Jahrhundert sanktioniert hatte.[101] Dem Nachweis lettischer Staatlichkeit vor 1918 diente auch die Umdeutung des Herzogtums Kurland im 17. und 18. Jahrhundert zu einem „freien lettischen Kurland". Ulmanis erklärte im Juni 1936 in einer Rede vor Abiturienten:

> „Aus dieser neuen Geschichte ersehen wir, dass unser Volk in jahrhundertelangem Kampf stand, durch welchen sich das Volk durchsetzte und nach oben gelangte. Wir haben gefunden, dass es einen Staat gab – Kurzeme, ein selbständiges Herzogtum. Es hat wohl nicht seine vollständige Unabhängigkeit erreicht und bestand mit fremdblütigen Herrschern. Es stützte sich aber auf die eigene Kraft des Landes, auf seinen Reichtum, und auf unsere, der Letten Tapferkeit und Strebsamkeit. Wir nähern uns dem Zeitpunkt, wo wir die 234 Jahre alte Geschichte des Herzogtums Kurlands als eine Geschichte der lettischen Stämme, als eine Geschichte des Landes und Volkes der Kuren und Semgaller erkennen."[102]

Und der lettische Historiker Stepermanis, Generalsekretär des Geschichtsinstitutes Lettlands, führte aus:

> „Die Lage am Baltischen Meer, der arbeitsame Charakter der Letten, die Fruchtbarkeit des Landes und anderes bestimmte den Schicksalsweg des Herzogtums Kurland und nicht fremde Dynastien. [...]. Darum ist auch die Geschichte des Herzogtums Kurland nur als Bestandteil der lettischen nationalen Geschichte anzusehen, auch wenn an der Spitze des Herzogtums eine nichtlettische Dynastie stand und am Hof und in den Behörden eine fremde Sprache herrschte".[103]

Großen Raum bei den Bemühungen um eine Revision des deutschbaltisch dominierten Geschichtsbildes nahmen Forschungen auf dem Gebiet der Agrargeschichte ein. Dies entsprach dem großen Thema, welches die Diskussionen um baltische Geschichte vom 19. Jahrhundert über die Revolution von 1905 bis hin zur lettischen Agrarreform 1920 beherrscht hatte. Hinzu kam, dass die deutsch-lettischen Verhältnisse bis zu den Bauernbefreiungen im 19. Jahrhundert im Wesentlichen soziale Beziehungen im Agrarbereich waren. Hier konnten von lettischen Historikern, häufig in Auseinandersetzung mit jüngeren Veröffentlichungen von Alexander von Tobien (1854–1929), für das ausgehende Mittelalter und die Frühe Neuzeit wertvolle Ergänzungen erarbeitet werden.[104] Die Frage nach den tatsächlichen sozialen Zuständen auf dem Land trat allerdings häufig hinter formalen Interpretationen bestehender Agrar- und Bauernbestimmungen zurück. Die Rolle der Ritterschaften bei den Bauernbefreiungen im 19. Jahrhundert wurde im Verhältnis zum Zaren und zur Regierung in St. Petersburg niedriger eingestuft. Die Agrargeschichte war darüber hinaus politisch heikel. Oft

---

101 „Städte mit dem Land vereint".
102 Dem Leben entgegen.
103 Stepermanis, Brīvas latviešu kurzemes starptautiskais stāvoklis.
104 von Tobien, Die Livländische Ritterschaft; Vīgrabs, Vidzemes zemnieku tiesiskais stāvoklis; Spekke, Livonijas zemnieku kustība; ders.: Latvieši un Livonija; Dunsdorfs, Uksenšernas Vidzemes muižu saimniecības grāmatas; Ābers, Vidzemes zemnieku stāvoklis; Zeids, Dzimtļaužu atsavināšana. Plakans hebt besonders die „absence of any kind of polemics" bei Ābers hervor, was auf eine nüchternere und zunehmend an wissenschaftlichen Standards orientierte Sichtweise der jüngeren und ersten in Lettland ausgebildeten Historikergeneration hinweist, zu der auch Dunsdorfs gehörte, vgl. Plakans, Looking Backward, S. 297 f.

ging es um eine nachträgliche Rechtfertigung der lettischen Agrarreform von 1920, die in Wirklichkeit revolutionäre Züge aufwies, da sie rechtlich umstritten war und eine radikale Neuordnung der Bodenverhältnisse zum Ergebnis hatte. Übersetzungen lettischer Agrargeschichten in westeuropäische Sprachen hatten daher den Hintergrund, dass deutschbaltische Gutsbesitzer in den 1920er Jahren die lettische Agrarreform über eine Klage wegen Entschädigungen beim Völkerbund auch zu einem internationalen Problem für Lettland gemacht hatten.[105]

Eine wissenschaftliche Gesamtgeschichte Lettlands oder der Letten konnte von den lettischen Historikern der Zwischenkriegszeit nicht mehr vorgelegt werden. Zwei umfangreiche Sammelbände „Die Letten. Aufsätze über Geschichte, Sprache und Kultur der alten Letten", die 1930 und 1932 herausgegeben wurden, nehmen lediglich den Stellenwert eines Zwischenberichtes der lettischen Historiografie der Zwischenkriegszeit ein. Zwar wurde während der zweiten Hälfte der 1930er Jahre auf Anregung des Verlages *Valters un Rapa* im Geschichtsinstitut Lettlands eine dreibändige „Lettische Geschichte" angedacht, bis zum Ausbruch des Zweiten Weltkrieges konnte aber nur noch der erste Teil eines ersten Bandes „Alte Geschichte. Lettische Frühgeschichte", der die Zeit bis 1200 behandelte und aus der Feder von Balodis stammte, veröffentlicht werden.[106] Einen gewissen vorläufigen Überblickscharakter beanspruchte das ungewöhnlich ausführliche Lemma „Rechtsgeschichte Lettlands" im lettischen Konversationslexikon, neben Lemmata wie „Lettische Kirchengeschichte", „Lettische Wirtschaftsgeschichte", „Lettische Geschichte" und anderen mehr.[107] Begründet wurde das Fehlen einer wissenschaftlichen Gesamtgeschichte mit der noch unzureichenden Sichtung von Quellen und Dokumenten.[108] So sollte es letztlich den Historikern der frühen Sowjetrepublik Lettland vorbehalten bleiben, gegen Ende der Stalinära die erste umfangreiche Gesamtgeschichte Lettlands vorzulegen – allerdings ohne erkennbare Rücksichtnahme auf die Quellenlage und mit dürftigem Fußnotenapparat (vgl. Kapitel 7).

Der lettische Historiker Leo Dribins (geb. 1931) schätzte, dass bis 1934 entsprechend der geschichtspolitischen Gewichtung und Bemühungen um eine Umdeutung der Vorgeschichte der Republik Lettland etwa zwei Drittel der geschichtswissenschaftlichen Produktion auf die mittelalterliche und frühneuzeitliche Geschichte bis zum Nordischen Krieg entfielen, etwa ein weiteres Zehntel auf die Geschichte bis zur Industrialisierung und nur etwa ein Viertel

---

105 Vgl vor allem die Veröffentlichungen von Švābe. Sein einleitender historischer Abriss der Agrargeschichte Lettlands in der Dokumentation zum zehnjährigen Jubiläum (1930) der Agrarreform in Lettland beansprucht durchaus den Rang eines historischen Gutachtens (auf Grundlage seines Grundrisses der Agrargeschichte Lettlands von 1928): Švābe, Zemes attiecību un zemes reformu vēsture Latvijā; ferner darauf fußend: Schwabe, Grundriss der Agrargeschichte; ders., Histoire agraire; ders., Agrarian history.
106 Balodis, Šmits, Tentelis (Hrsg.), Latvieši (Bd. I erschien auch in deutscher Sprache: Letten); Balodis, Tentelis (Hrsg.), Latviešu vēsture.
107 Tiesību vēsture, in: Latviešu Konversācijas vārdnīca 11, S. 22114-22250 (Autor: Švābe); Latvju baznīcas vēsture, ebenda, S. 21519-21611; Latvju saimniecības vēsture, ebenda, S. 21914-21970; Latvju vēsture, ebenda, 22272-22397 (Autoren: Tentelis und Fr. Zālītis).
108 Zeids, Latviešu vēstures zinātnes attīstība, S. 105. Eher in die Gattung politischer Literatur gehören Veröffentlichungen wie: Walter, Lettland; ders., Le peuple Letton; Bīlmanis, Latvijas Werdegang.

auf die Neueste Geschichte nach 1850, darunter den so bedeutenden Themenkomplex der Nationsbildung, das „Nationale Erwachen". Eine Analyse des Inhalts der Zeitschrift (1936–1940) des Geschichtsinstituts Lettlands, die der Historiker Andrejs Plakans (1940–2024) unternahm, zeigt gegen Ende der 1930er Jahre bereits leichte Verschiebungen hin zu einem größeren Interesse an der Neueren und der Zeitschichte.[109]

*Ausblick*

Höhepunkt, Schaufenster und Beweis der Leistungsfähigkeit der jungen lettischen Geschichtswissenschaft sollte der internationale „Conventus primus historicorum Balticorum" bilden, die „1. Historikerkonferenz der Baltischen Länder", die unter der Schirmherrschaft von Ulmanis vom 16. bis 20. August 1937 in Riga stattfand.[110] An dem auf Beschluss des Geschichtsinstituts Lettlands vom 5. September 1936 und in Absprache mit schwedischen Kollegen organisierten Treffen von Ostseeraumhistorikern nahmen 185 Historiker aus Lettland und 141 ausländische Geschichtswissenschaftler aus zehn weiteren Ländern teil, aus Deutschland und Danzig, Dänemark, Estland, Finnland, Litauen, Norwegen, Polen, Schweden, Frankreich und Ungarn.[111] Ein Teilnehmer aus Italien hatte kurzfristig abgesagt, die Sowjetunion war nicht vertreten. Die Teilnahme deutschbaltischer Historiker aus Estland oder Lettland war nicht vorgesehen.[112] Ein Begleitprogramm – der Besuch einer Aufführung des Dramas „Pūt vējiņi" von dem Dichter Rainis (Jānis Pliekšāns, 1865–1929) im Nationaltheater, Exkursionen nach Kurland und Livland, kleinere Ausstellungen sowie Empfänge – rundete das Treffen ab.

Auf der Konferenz gemeinsam gefasste Beschlüsse, ein Komitee für die Erforschung der Geschichte des Ostseeraumes innerhalb des Welthistorikerverbandes (frz. *Comité International des Sciences Historiques*, CISH) zu gründen sowie den Kongress zu institutionalisieren und 1941 die zweite Konferenz in Stockholm stattfinden zu lassen, vereitelten der Aus-

---

109 Dribins, Zum institutionellen Aufbau, S. 190; Plakans, Looking backward, S. 300.
110 Das Programm der Konferenz: Baltijas zemju vēsturnieku konference; Konferenzbericht: 1. Baltijas zemju vēsturnieku konference; Publikation der Vorträge: Conventus primus historicorum Balticorum; zeitgenössischer Tagungsbericht aus deutschbaltischer Sicht: von Hehn, Der Baltische Historikerkongreß; aus Deutschland: N. N., Der Baltische Historikerkongreß; neuere kritische Analysen: Hanssen-Decker, Geschichtswissenschaft für den Ostseeraum?; Misāns, Latviešu debija. Für archäologische Zusammenhänge war bereits der „II. Baltische Kongress der Frühhistoriker" von Bedeutung, der vom 19. bis zum 23. August 1930 in Riga stattgefunden hatte, Veröffentlichung: Congressus secundus archaeologorum Balticorum.
111 Diese Zahlen nennt Misāns, Latviešu debija; Hanssen-Decker nennt 283 Wissenschaftler aus 13 Ländern, davon 139 Letten, vgl. Hanssen-Decker, Geschichtswissenschaft für den Ostseeraum?, S. 67.
112 Jürgen von Hehn (1912–1983) schrieb später rückblickend, ohne Umstände oder Gründe zu belegen: „Am großen internationalen Baltischen Historikerkongreß, der im Sommer 1937 in Riga stattfand, wurde die deutschbaltische Forschung nicht beteiligt, sondern ausgeschaltet. Die deutschbaltischen Historiker konnten lediglich als beobachtende Zuhörer teilnehmen; außerhalb des Kongresses fanden allerdings zwischen ihnen und den Vertretern aus dem Deutschen Reich, u. a. Fritz Rörig, Otto Scheel, Walther Vogel, enge Kontakte statt. Der einzige Deutschbalte, der zu Wort kam, war Heinz Mattiesen als Reichsangehöriger innerhalb der Delegation aus dem Deutschen Reich.", siehe: von Hehn, Deutschbaltische Geschichtsschreibung, S. 388 f. Mattiesen referierte über „Jakob von Kurland", vgl. das Programm wie Anm. 110.

bruch des Zweiten Weltkrieges fast genau ein Jahr später und eine Jahrzehnte währende sowjetische Annexion des Baltikums.[113]

Offizielle Konferenzsprache war, den kulturpolitischen Ambitionen des Ulmanis-Regimes entsprechend, französisch, obwohl 50 der 61 Vorträge in deutscher Sprache verlesen wurden und die Teilnehmer untereinander überwiegend deutsch sprachen. Die Eröffnungsansprache hielt Bildungsminister Tentelis in lateinischer Sprache, es folgte eine Ansprache des Staatspräsidenten Ulmanis, in dem dieser, wie oben erwähnt, noch einmal die neue Rolle der Völker als tragende Subjekte historischer Prozesse und die Gleichwertigkeit kleiner und großer Völker in Hinblick auf ihre jeweils sittliche Qualität anmahnte.

Thema der Konferenz bildeten die Geschichte des Ostseeraumes, seine Archäologie, die Hansegeschichte, Kultur- und Sozialgeschichte bis zum 19. Jahrhundert. Die Akzente wurden unterschiedlich gesetzt, die deutsche, schwedische und polnische Delegation betonte jeweils die Leistungen der mittelalterlichen deutschen Ostsiedlung, den polnischen Charakter von Städten wie Danzig oder die Vorzüge der schwedischen Ostseeherrschaft im 16. und 17. Jahrhundert. Auch wenn die lettischen Historiker als zurückhaltend beschrieben wurden,[114] ließen ihre Vorträge, überwiegend zu archäologischen Themen, zu Kurland oder zur Bauernbefreiung, keinen Zweifel daran, dass es ihnen vor allem um die Darstellung der Letten als eines alten und ebenbürtigen Kulturvolkes vor einem europäischen Publikum ging. Die Schwerpunkte oszillierten folglich zwischen nationaler Engführung und dem Bemühen um Regionalisierung und sorgten im Gesamtbild durchaus für inhaltliche und konzeptionelle Vielfalt. So versuchte beispielsweise der estnische Historiker Hans Kruus (1891–1976) in seinem Vortrag „Der Kampf um die Ostsee als Aufgabe der Geschichtsforschung" den Ostseebegriff auszuweiten und forderte die Einbeziehung etwa der Niederlande, Großbritanniens und Frankreichs in die Geschichtsbetrachtung des gemeinsamen Großraumes.

Bemerkenswert ist, dass die lettische Historiografie offenbar unter dem Eindruck zunehmender internationaler Kontakte während der letzten Jahre des autoritären Regimes diesen Wandel – eine das Nationale (wie von dem älteren Tentelis lange geforderten) transzendierende Sichtweise hin zu einer europäischen Perspektive – bereits anzustreben begann. Beispielhaft verdeutlicht dies ein Essay Švābes aus dem Jahr 1940, kurz vor dem sowjetischen Einmarsch und dem Untergang der Republik veröffentlicht, in dem dieser unter dem Titel

---

113 Auch die Initiative des estnischen Historikers Hain Rebas (geb. 1943), der nach der Wiederherstellung nach der baltischen Unabhängigkeiten 1991 die Idee eines institutionalisierten „Conventus" wieder aufleben lassen wollte, mündete lediglich in einer entsprechend titulierten Sektion auf dem 45. Deutscher Historikertag in Kiel, vgl. Reitemeier (Hrsg.), Kommunikation und Raum, S. 24-27.

114 „Die lettischen Historiker selbst hielten sich weitgehend in kluger Reserve. Einstweilen genügte, die internationale wissenschaftliche Welt davon zu überzeugen, daß Lettland in der Lage sei, einen wissenschaftlichen Kongreß zu organisieren, und daß die lettische Geschichtsforschung ihren Anspruch auf Anerkennung dargelegt hatte. Keine der Hauptthesen der lettischen Geschichtswissenschaft kam in vollem Maße zur Geltung. [...]. Aus einem ähnlichen Grunde wurde wohl auch im letzten Augenblick der Vortrag des Bildungsministers, Prof. A. Tentelis, über »Alt-Riga« von der Tagesordnung genommen. Von lettischer Seite wurde alles getan, um einen reibungslosen Verlauf der Tagung sicherzustellen; fraglos hat der Wegfall von Diskussionen nach den Vorträgen auch zum Teil darin seine Ursache.", vgl. Der Baltische Historikerkongreß, S. 156.

## 4. Lettische Historiografie in der Republik Lettland (1918–1940)

„Aufgaben der lettischen Geschichte"[115] die Vorgaben von Tentelis aus dem Jahre 1923 („Die nächsten Aufgaben der Historiker Lettlands"[116]) vor dem Hintergrund des Erreichten weiter zu entwickeln sucht. Unter anderem heißt es dort:

> „Selbstverständlich dürfen wir bei der Lösung unserer eigenen historischen Probleme keinen einzigen Moment die breiten und weiten Beziehungen aus den Augen verlieren, die uns zu allen Zeiten mit den geistigen Bewegungen und politischen Ereignissen der westlichen Zivilisation verbanden. Es wäre ein großer Fehler, wenn wir versuchen würden, die lettische Geschichte zu einem engen, in sich geschlossenen Raum einer lokalen Geschichte zu machen."[117]

Bemerkenswert bleibt auch, dass wichtige Impulse, die Geschichte des Landes nicht länger introspektivisch zu erforschen, sondern sie europäisch zu kontextualisieren, offenbar gerade nicht auf die im Lande lebenden und apologetisch arbeitenden deutschbaltischen Historiker und ihre historische Schule zurückgehen, sondern paradoxerweise auf den Einfluss eines russischen Historikers. Der in Riga lehrende Vipper hatte zwischen 1930 und 1939 mit einer vierbändigen „Geschichte der Neuzeit" nicht nur die ersten an der universitären Lehre orientierten lettischsprachigen Lehrbücher europäischer Geschichte vorgelegt,[118] sondern auch ein ausgeprägtes Interesse an den Spezifika der baltischen Geschichte, vor allem an der Geschichte der Leibeigenschaft und der Aufklärung im Baltikum, entwickelt. Die Einbeziehung der lettischen Geschichte in die allgemeine europäische Geschichte („mit den hiesigen herausragenden Geschichtsseiten die allgemeine Geschichte Europas zu erhellen."[119]), die auf seiner Vorlesung „Die Geschichte des lettischen Volkes in Zusammenhang mit der allgemeinen Geschichte Europas" beruhte, sollte einer nationalen Engführung der lettischen Geschichte entgegenwirken, ohne diese zu vernachlässigen.[120]

Die Auseinandersetzung mit der deutschbaltischen Historiografie, das Sich-Abarbeiten an ihr, war spätestens seit der zunehmenden Ausgrenzung der Deutschbalten während der Jahre der Diktatur unter Ulmanis beendet, nun schien es darauf anzukommen, der lettischen Geschichte einen würdigen Platz im Geschichtskonzert der europäischen Staaten und Völker zuzuweisen. Das Fundament dazu war innerhalb von nur knapp zwei Jahrzehnten gelegt. Insbesondere in den Bereichen der Frühgeschichte (Archäologie), der Mediävistik und Quellenkunde war viel erreicht. Die Entwicklung einer lettischen Variante europäischer „Volksgeschichten" mag heute einseitig anmuten, war aber zeitgenössisch und wissenschaftlich auf der Höhe der damaligen Tendenzen, anschlussfähig und in einzelnen Bereichen durchaus innovativ.[121] Die Publikationen über das Herzogtum Kurland waren stärker nationalpolitischen Bedürfnissen untergeordnet worden, Defizite bestanden vor allem in der Erforschung des 19. Jahrhunderts (mit Ausnahme der Agrargeschichte), der Geschichte des

---

115 Švābe, Vēstures uzdevumi.
116 Anm. 87.
117 Ebd., S. 94.
118 Vipers, Jauno laiku vēsture.
119 Vipers, Par Latvijas vēstures pētīšanu, S. 120.
120 Zu Vipper in Riga vgl. Stepermanis, Roberts Vipers.
121 Zum Beispiel in Hinblick auf Švābes mehrbändige Kulturgeschichte, die noch auf eine Einordnung in die Entwicklung der Kulturgeschichtsschreibung des 20. Jahrhunderts wartet, vgl. Anm. 91.

"Nationalen Erwachens"[122] sowie der Zeitgeschichte (Revolution von 1905, Erster Weltkrieg, Flüchtlingsbewegung, Staatsgründung, Freiheitskrieg), für die der zeitliche Abstand nicht genügend und das wissenschaftliche Instrumentarium einer Zeitgeschichtsforschung noch nicht entwickelt war. Eine breite Memoirenliteratur[123] konnte die Lücken nicht schließen und besaß allenfalls Quellencharakter für künftige kritische Forschungen.

---

122 Hier lag das Augenmerk noch auf wissenschaftlichen Ansprüchen nicht genügenden biografischen Skizzen zu einzelnen Protagonisten, etwa Birkerts, K. Valdemārs; ders., J. Rainis; oder auf einzelnen Episoden: Goba, Pirmās „Peterburgas Avīzes".
123 Beispiele: Paeglis, Kā Latvijas valsts tapa; Seskis, Latvijas valsts izcelšanās. Spricis Paeglis (1876–1962) war Politiker und Minister für Handel und Industrie, Jānis Seskis (ebenfalls 1877–1943) Außenpolitiker und Diplomat.

## 5. Lettische Geschichtsschreibung in Sowjetrussland und in der Sowjetunion (1918–1940)

Zwar existierte zwischen den Kriegen eine zahlenmäßig ähnlich große Emigration von Letten in der Sowjetunion wie später nach dem Zweiten Weltkrieg ein lettisches Exil im Westen. Dennoch kam es während dieser Zeit in der UdSSR nicht zur Ausprägung einer institutionell, personell oder konzeptionell strukturierten sowjetlettischen Geschichtswissenschaft. Dazu mangelte es an ausgebildeten Historikern, und unter denen, die historisch publizierten, an dem Vermögen, eine Vorstellung von Wissenschaftlichkeit zu formulieren. Schließlich fehlten die Möglichkeiten zu einem institutionellen Ausbau, da die kommunistischen Letten nicht über eine eigene Sowjetrepublik verfügten, die den strukturellen Rahmen geliefert hätte.[1] Allerdings bestanden unter dem Eindruck der umstürzenden politischen Ereignisse der Jahre seit 1905 lettische Milieus, deren Vertreter sich der Bedeutsamkeit ihrer eigenen Zeitgeschichte bewusst waren, innerhalb der Rahmenbedingungen der sowjetischen Ideologie- und Machtverhältnisse ein historisches Interesse entwickelten, Sammlungen von Dokumenten und biografischem Material aufbauten und einige wichtige Sammelwerke veröffentlichten. Diese sollten sowohl inhaltlich als auch vorkonzeptionell die Grundlage der späteren sowjetlettischen Historiografie in der Sowjetrepublik Lettland nach 1945 bilden.[2]

### 5.1. Historische und politische Rahmenbedingungen

Während der Zwischenkriegszeit lebten von knapp 1,8 Mio. Letten weltweit etwa 300 000 oder jeder sechste außerhalb der neu gegründeten Republik Lettland, davon etwa 200 000 oder jeder neunte in Sowjetrussland bzw. der Sowjetunion (etwa 140 000 im europäischen und 60 000 im asiatischen Teil).[3] Zum einen war dies eine Folge der Wanderungsbewegun-

---

1 Wie z. B. im Einzelnen für die SSR Weißrussland dargestellt im Kapitel „Nation und Geschichte im Stalinismus, 1921–1944", in: Lindner, Historiker und Herrschaft, S. 147-300.
2 Vgl. Kap. 7.
3 Daten für Mitte der 1930er Jahre bei Krasnais, Latviešu kolonijas, S. 11-16; für Russland detailliert nach Gouvernements, Städten, Dörfern und Kolonien bzw. Kolchosen: Ebenda, S. 127-370. Krasnais addiert zu den ca. 151 410 Letten der sowjetischen Volkszählung von 1926 noch etwa 50 000 in Sibirien lebende Lettgaller mit unklarer Nationalität hinzu, ebenda, S. 130; ferner: Skujenieks, Latvieši svešumā. Nach dem Zweiten Weltkrieg wurde in sowjetlettischen Publikationen vorübergehend die Zahl 250 000 gehandelt, vgl. Latvijas Komunistiskās partijas vēstures apcerējumi, S. 36. In der 1965 erschienenen gleichnamigen, aber leicht geänderten Buchausgabe fehlt diese Angabe, vgl. Latvijas Komunistiskās partijas vēstures apcerējumi. I-III, hier Bd. II, S. 135.

gen von Letten, die im 19. Jahrhundert zum orthodoxen Glauben konvertiert waren oder nach den Bauernbefreiungen bessere Lebensbedingungen im Inneren des Russländischen Reiches gesucht hatten. Begonnen hatte diese Migration um 1840, ihren Höhepunkt fand sie zwischen 1880 und 1914. Die Zahl der Letten in Russland stieg bis zum Vorabend des Ersten Weltkrieges auf schätzungsweise 220 000.[4] Zum anderen war es die Folge der lettischen Massenflucht vor der deutschen Besetzung der Ostseeprovinzen ab April 1915 in die nicht besetzten Gebiete des Russländischen Reiches.[5] Der lettische Statistiker Marģers Skujenieks (1886–1941) schätzte, dass während des Krieges bis zu einer Million Letten in Russland lebten.[6] Ein Teil von ihnen kam während der Kriegs- und Bürgerkriegsjahre ums Leben,[7] ein weiterer Teil kehrte während der Zeit der deutschen Besatzung (bis November 1918)[8] oder bis 1928 im Rahmen der lettisch-sowjetrussischen Vertragsvereinbarungen von 1920/21 in seine Heimat zurück.[9]

In Sowjetrussland bzw. der Sowjetunion hingegen blieben die meisten der ausgewanderten lettischen Bauern,[10] ein Teil der Flüchtlinge und lettischen Industriearbeiter, die zusammen mit den baltischen Industrieanlagen aus Riga und anderen Städten evakuiert worden waren; ferner lettische Soldaten der Roten Armee; vor allem aber die Mehrheit der lettischen Revolutionäre und Bolschewisten, die Mitglieder der Kommunistischen Partei Russlands (Bolschewiki) KPR(B), ab 1925 der Kommunistischen Allunions-Partei (Bolschewiki) VKP(B), waren, wichtige Positionen in sowjetischen Staats- und Parteiorganen einnahmen oder sich der Strafverfolgung in Lettland entzogen.[11]

Die größten lettischen Gruppen lebten nach Angaben von 1926 in Leningrad (12 889), im Gebiet Pleskau (10 583) und Moskau (10 961) sowie in anderen größeren Zentren, dane-

---

4 Skujenieks, Latvija. Zeme un iedzīvotāji, S. 372-374.
5 Vgl. knapp: Henning, Letten – Evakuierung und Flucht; ausführlich: Šalda, Latviešu bēgļi Krievijā.
6 Skujenieks, Latvija. Zeme un iedzīvotāji, S. 377.
7 Ca. 300 000, vgl. Andersons, Ārpolitika I, S. 121.
8 Ca. 300 000, vgl. Stranga, Latvijas-Padomju Krievijas miera līgums, S. 107 mit Anm. 131.
9 Vertrag über die Reevakuierung von Flüchtlingen vom 12.6.1920, lettisch-sowjetrussischer Friedensvertrag vom 11.8.1920 und Abkommen über die Option der Staatsangehörigen vom 22.7./6.11.1921. Bis zum 1.9.1928 kehrten 236 229 Flüchtlinge und im Austausch etwa 400 Geiseln nach Lettland zurück, vgl. Stranga, Latvijas-Padomju Krievijas miera līgums, S. 83. Die genannten Vertragstexte in mehreren Sprache bei: von Freymann, Der lettländisch-russische Friedensvertrag.
10 Ein russischer bzw. sowjetischer Staatsangehöriger konnte für die Staatsangehörigkeit Lettlands nur optieren, wenn er nach dem Staatsangehörigkeitsgesetz Lettlands vom 23.8.1919 „auf der Grundlage der Gesetze Russlands bereits vor dem 1. August 1914 zu diesen Gebieten gehörte" bzw. nach der Gesetzesnovelle von 1927 „seinen ständigen Wohnsitz bis zum Jahre 1881 in den Grenzen Lettlands hatte", vgl. Henning, Zum Staatsbürgerschaftsgesetz, S. 297.
11 Lettische Kommunisten waren für den Roten Terror des Jahres 1919 in Lettland mit Revolutionsgerichten, Massenerschießungen, Konzentrationslagern (so die Bezeichnung in den zeitgenössischen Quellen der lettischen Bolschewisten 1919) und Hungersnot verantwortlich. Zwischen 1920 und 1939 fanden daher in der Republik Lettland mehrere hundert sog. Kommunistenprozesse mehrheitlich gegen Mitglieder der Revolutionstribunale (Standgerichte) oder des Lagerpersonals statt. Sie endeten überwiegend mit glimpflichen Urteilen, vgl. die noch nicht ausgewerteten Akten der vier Bezirksgerichte (lett. *Apgabala tiesa*) im Historischen Staatsarchiv Lettlands (LVVA). Zur Geschichte der Sozialistischen Räterepublik Lettland (LSPR) mit Schwerpunkt auf der Zeit bis Mai 1919 vgl. zuletzt: Šiliņš, Padomju Latvija.

5. Lettische Geschichtsschreibung in Sowjetrussland und in der Sowjetunion (1918–1940)

ben gab es mehrere hundert kleinere Bauernkolonien, vor allem in Sibirien.[12] Im Rahmen der politischen Spielräume in der Sowjetunion der 1920er und 1930er Jahre unterhielten sie ein ausgeprägtes Kultur- und Vereinsleben sowie ein Netz von bis zu 159 Schulen (1921).[13] Möglichkeiten für ein muttersprachliches Hochschulstudium zu pädagogischen Zwecken boten u. a. das 1923 in Moskau gegründete und ab 1925 in Leningrad ansässige Lettische Zentrale Pädagogische Technikum (lett. *Latviešu Centrālais Pedagoģiskais tehnikums*) sowie eine Lettische Abteilung (lett. *Latviešu nodaļa*) an der St. Petersburger Russischen Staatlichen Pädagogischen Hochschule „A. I. Gercen [Herzen]", ferner zu ideologischen und Kaderzwecken eine Lettische Sektion (lett. *Latviešu sekcija*) an der Kommunistischen Universität der nationalen Minderheiten des Westens „Julian Machlewski" (russ. kurz *KUNMZ*) in Moskau. Eine Lettische Arbeiterfakultät (lett. *Latviešu Strādnieku fakultāte*), 1920 gegründet und ab 1925 an der Leningrader Arbeiterfakultät beheimatet, bereitete junge Letten aus der Provinz auf ein Hochschulstudium vor. Das Lettische Bildungshaus (lett. kurz *Latiznams*) in Leningrad leistete unter den Arbeitern politische Bildungs- und Kulturarbeit.[14] Daneben gab es eine kleine lebhafte lettische Künstler- und Schriftstellerszene, zu der hin und wieder auch mit dem Kommunismus sympathisierende Schriftsteller aus Lettland hinzustießen.[15] Es erschienen mehrere lettische kommunistische Zeitungen, darunter das Parteiorgan *Krievijas Cīņa* (dt. Russlands Der Kampf, 1918–1930),[16] die theoretische Parteizeitschrift *Cīņas biedrs* (dt. Der Kampfgenosse, 1920–1935) und die Kunst-, Literatur- und Wissenschaftszeitschrift *Celtne* (dt. Der Bau, 1929–1937), in denen auch Beiträge mit historischen Bezügen erschienen.[17]

Flaggschiffe der lettischen Vereinslandschaft bildeten der „Moskauer Zentrale Lettische Kommunistische Klub" (lett. *Maskavas Centrālais Latviešu komunistiskais klubs*, 1919–1937) mit über 1 000 Mitgliedern, der auch das bekannte Moskauer Staatliche lettische Theater *Skatuve* (dt. Die Bühne, 1919–1938) unterhielt, sowie der Kooperative Kultur- und Bildungsverein *Prometejs* (dt. Prometheus, 1923–1937) mit gleichnamigem Verlag, der eine erfolgreiche wirtschaftliche Tätigkeit entwickelte, den wichtigen Propagandaverlag der Kommunistischen Partei Lettlands (lett. *Latvijas Komunistiskā partija*, LKP) *Spartaks* (1920–1936, in Pleskau, später Moskau) unterstützte und gleichzeitig eine Dachfunktion für

---

12 Krasnais, Latviešu kolonijas.
13 Beika, Vīksna, Latviešu skolas Krievijā, S. 23; nach Daten von 1927 wurden von 100 lettischen Kindern in der Sowjetunion 62 in russischer Sprache und 20 in lettischer Sprache unterrichtet, weitere 15 Kinder erhielten eine Grundschulausbildung in lettischer Sprache (für die restlichen drei Prozent keine Angaben), vgl. ebenda S. 27.
14 1925 sollen 1 060 Letten an sowjetischen Hochschulen studiert haben, vgl. Šalda, Maskavas latviešu elite, S. 24; Vīksna, Latviešu kultūras un izglītības iestādes, S. 84-152; Köstenberger, Die Geschichte der „Kommunistischen Universität". Die Letten stellten an der KUNMZ die größte ethnische Gruppe, ebenda S. 160.
15 Der bekannteste Fall war Linards Laicēns (1883–1937), der 1932 in die UdSSR emigrierte und fünf Jahre später erschossen wurde, vgl. Latviešu rakstniecība biogrāfijās, S. 343 f.
16 1931–1937 unter der Bezeichnung *Komunāru Cīņa* (dt. Kampf der Kommunarden) fortgesetzt und herausgegeben von der *Pravda* (dt. Die Wahrheit). Die Tageszeitung *Cīņa* (dt. Der Kampf) selbst, das traditionelle Parteiorgan seit 1904, erschien weiter illegal in Lettland.
17 Die lettische Literatur in der Sowjetunion während der 1920er und 1930er Jahre und die Rolle der Geschichte und Geschichtsbilder in ihr untersucht im Detail: Ivanovs, Vēsture latviešu diasporā.

viele kleinere Vereine in der gesamten Sowjetunion ausübte.[18] Beide Einrichtungen standen unter Leitung der LKP und ihrer führenden Kommunisten.

Innerhalb dieser lettischen Minderheit in Sowjetrussland bzw. der Sowjetunion der Zwischenkriegszeit sollten für die Ausbildung eines lettischen historiografischen Feldes vor allem zwei Milieus bestimmend werden:

Zum einen waren dies die lettischen Bolschewisten, Veteranen der 1904 gegründeten Sozialdemokratischen Arbeiterpartei Lettlands (*Latvijas Sociāldemokrātiskā Strādnieku partija, LSDSP*) und Weggefährten Vladimir I. Lenins (1870–1924). Sie dominierten seit 1914 das Zentralkomitee (ZK) der lettischen Partei, hatten 1917 ihre gemäßigten, sozialdemokratischen Genossen aus der Partei gedrängt und nahmen nun, nach der Oktoberrevolution in Russland und der fehlgeschlagenen Revolution in Lettland, aufgrund ihres hohen Organisierungs- und Bildungsgrades überproportional viele führende Posten innerhalb des sowjetischen Staats- und Parteiapparats ein.[19] Zahlreiche von ihnen hatten sich an dem gescheiterten Experiment einer Räterepublik Lettland zwischen Dezember 1918 und Januar 1920 blutig beteiligt und brachten sich nach dem lettisch-russischen Waffenstillstand im Januar 1920 nach Sowjetrussland in Sicherheit. Die lettischen Genossen waren zweigleisig organisiert: Da es laut Artikel 4 des lettisch-sowjetischen Friedensvertrages von 1920 auf dem Boden Sowjetrusslands offiziell keine Kommunistische Partei Lettlands geben durfte, wurde das in Moskau ansässige „Auslandsbüro des ZK der LKP" (lett. *LKP CK Ārzemju birojs*, 1920–1936) ab Oktober 1920 zum Sekretariat der *Latsekcija* (1920–1935), der lettischen Sektion der III. Komintern, die in Moskau offiziell die in Lettland im Untergrund operierende LKP vertrat. Faktisch bildeten das Auslandsbüro bzw. das Sekretariat der *Latsekcija* jedoch das ZK der Partei, und die Arbeit der in Lettland illegalen LKP wurde von den Genossen von Moskau aus geleitet.[20] Diese waren gleichzeitig Mitglieder der KPR(B)

---

18 Der Klub wurde auf Beschluss der Lettischen Sektion der Moskauer KPR(B) gegründet und ab 1926 nach dem führenden lettischen Bolschewisten auch „Pēteris-Stučka-Klub" genannt, vgl. Latvijas PSR Mazā enciklopēdija. II, S. 506; ferner: Vīksna, Latviešu kultūras un izglītības iestādes, S. 159-163. Zum Theater: Ebenda, S. 208-232; Miške, Valsts latviešu teātris „Skatuve". Von 1933 bis zu ihrer Verhaftung 1938 führte die auch in Berlin bekannte Asja Lācis (1891–1979) Regie, Geliebte Walter Benjamins (1892–1940), Freundin Bertolt Brechts (1898–1956) und Erwin Piscators (1893–1966) sowie Ehefrau von Bernhard Reich (1894–1972), vgl. Paskevica, In der Stadt der Parolen. Zum Verein und Verlag „Prometejs"; vgl. Latvijas PSR Mazā enciklopēdija III, S. 93; Aktenbestand: Latvijas Valsts Arhīvs (Lettlands Staatsarchiv, im Folgenden LVA), fonds PA-1339.
19 Die LSDSP hatte sich 1906 in Lettlands Sozialdemokratie (lett. *Latvijas Sociāldemokrātija, LSD*) umbenannt, die lettischen Bolschewisten hatten ihren Parteiflügel wiederum 1919 abgespalten und bezeichneten ihn seitdem als Kommunistische Partei Lettlands. Eine wissenschaftliche Gesamtdarstellung der überaus spannenden lettischen linken Bewegung (Sozialisten und Kommunisten) in Ost und West, zwischen deutscher Sozialdemokratie und russischen Bolschewisten, ist schmerzliches Desiderat. Die sowjetische Sichtweise der Parteigeschichte bis 1959: Latvijas Komunistiskās partijas vēstures apcerējumi. I-III; Enzyklopädisch kurze Zusammenfassung: Latvijas Komunistiskā partija. Vgl. auch Toman, Istoriografija istorii Kommunističeskoj partii Latvii.
20 Das „Auslandsbüro" geht auf das „Moskau-Büro des ZK der LSD (Mai 1917 bis Februar 1918) und „Russland-Büro des ZK der LSD" (April bis Dezember 1918) zurück. Vorsitzender des „Auslandsbüros" und der „Latsekcija" sowie ideologisch bestimmend war Pēteris Stučka. Im Detail: Organizacionnaja struktura Kommunističeskoj Partii Latvii, S. 187; Pelkaus, Partijas vārdā. Die *Latsekcija* war dem Exekutivkomitee der Komintern untergeordnet und folgte dessen Beschlüssen und Kaderentscheidungen. Ab 1925 gab es ein gemeinsames Sekretariat der baltischen

bzw. VKP(B) und bestimmten die Positionen innerhalb der lettischen nationalen Parteisektionen, dem Allrussischen Zentrum der Lettischen Sektionen der KPR(B) bzw. VKP(B) in Petrograd, Moskau und den regionalen Sektionen in Char'kov, Kazan, Vjatka, Glazovo, Taškent u. a.[21] Nach Angaben von 1922 bzw. 1927 sollen 9 512 bzw. 12 198 Letten, etwa jeder Sechszehnte der in der UdSSR lebenden Letten, Mitglieder der KPR(B) bzw. VKP(B) gewesen sein, mit 7,8 Prozent bzw. 8,7 Prozent der lettischen Bevölkerung in der Sowjetunion der höchste Organisierungsgrad unter allen Nationalitäten.[22]

Die bekanntesten von ihnen[23] waren zweifelsohne Pēteris Stučka (1865–1932),[24] 1917/18 erster Volkskommissar für Justiz Sowjetrusslands und rechtstheoretischer Begründer des sowjetischen Klassenrechts, ab 1923 Vorsitzender des Obersten Gerichts der UdSSR; Jānis Rudzutaks (1887–1938),[25] Mitglied des Politbüros und eine Zeitlang als Nachfolger Lenins gehandelt; Valerijs Mežlauks (1893–1938), ab 1934 Vorsitzender der staatlichen Planbehörde GOSPLAN und ab 1937 kurzzeitig stellvertretender Vorsitzender des Rates der Volkskommissare sowie Volkskommissar für Schwerindustrie; (Kārlis) Roberts Eihe (1890–1940),[26] Volkskommissar für Lebensmittelversorgung (1919) bzw. Landwirtschaft (1937); Vilis Knoriņš (russ. Vil'gelm Knorin, 1890–1938), Mitbegründer der Kommunistischen Partei Weißrusslands, ZK-Mitglied der litauischen KP, Leiter der Abteilung für Agitation und Propaganda des ZK der VKP[B] und des Autorenkollektivs der kanonisierten Parteigeschichte der VKP(B) (russ. *Kratkaja istorija VKP(B)*, bekannt unter dem Kürzel *Kratkyj kurs*); Eduards Bērziņš (1894–1938), ab 1927 in Sibirien und dort später Leiter der Arbeitslager des Dal'stroj; Jēkabs Peterss (1886–1938), Mitbegründer der VČK (russ. kurz ČK, Tscheka); Jukums Vācietis (1873–1938),[27] 1918/19 erster Oberbefehlshaber der Roten Armee oder Jēkabs Alksnis (1897–1938), ab 1931 Kommandeur der sowjetischen Luftstreitkräfte. Zahlreiche lettische Namen findet man in den Redaktionskollegien der Zeitungen *Pravda* und *Izvestija*, der „Großen Sowjetenzyklopädie", in führenden Positionen des diplomatischen Dienstes, der *Tscheka* bzw. GPU und anderer Institutionen.[28]

---

Kommunistischen Parteien, von 1926 bis 1935 ein polnisch-baltisches „Ländersekretariat". Der Aktenbestand der *Latsekcija* (LVA, fonds PA-54 und fonds PA-240) wurde teilweise ausgewertet in: Niedre, Daugmalis, Slepenais karš pret Latviju.
21 Dönninghaus, Minderheiten in Bedrängnis, S. 280 ff.
22 Ebenda, S. 335, 339.
23 Kurzbiografien und bis auf die Todesdaten der zwischen 1934 und 1940 ermordeten Letten zuverlässig: Latvijas PSR Mazā enciklopēdija I-III; knapper: Latvijas Padomju enciklopēdija. 1-10.1.
24 Eine wissenschaftliche Biografie Stučkas ist überfällig, kurz: Latvijas PSR Mazā enciklopēdija. III, S. 438 f.; sowie Šalda, Maskavas latviešu elite, S. 54-64; sowjetlettisch: Dzērve, Pēteris Stučka; Stučkas Biografie bis 1917 aus der Feder seines Weggefährten: Dauge, P. Stučkas dzīve un darbs; Stučkas Schriften mustergültig ediert und mit Chronologie seines Lebens und seiner Veröffentlichungen: Stučka, Rakstu izlase; Stučka als führender Jurist der Sowjetunion und sein Konflikt mit Jevgenij B. Pašukanis (1891–1937): Loeber, Unbewältigte Vergangenheit. Stučka ist der einzige Lette, der es als „Sowjetrusse" in die Suhrkamp Bibliothek schaffte: Stucka, Die revolutionäre Rolle von Recht und Staat.
25 Vgl. Šalda, Jānis Rudzutaks.
26 Vgl. Riekstiņš, Roberts Eihe.
27 Vācietis war später u. a. Dozent und Professor (1927) für Kriegsgeschichte an der M. Frunze-Akademie. Die wichtigste Biografie über Vācietis bricht leider 1917 ab: Ģērmanis, Oberst Vācietis; jüngst auch: Jēkabsons, Pirmais Padomju Krievijas Bruņoto spēku virspavēlnieks.
28 Bis auf Stučka, der rechtzeitig eines natürlichen Todes starb, wurden alle genannten Personen

Das zweite Milieu bildeten in der Sowjetunion zurückgebliebene Veteranen der lettischen Schützenregimenter, die Ende 1918 bzw. Anfang 1919 nicht an der vorübergehenden Rückeroberung Lettlands teilgenommen hatten, dort nicht desertiert und in die Armee Lettlands übergetreten waren oder 1919 nicht über Sibirien und per Schiff nach Lettland zurückgekehrt waren. Sie genossen im Westen, aber auch in der frühen Sowjetunion einen (nicht immer zweifelsfreien) revolutionären Ruhm als „Kern der Roten Armee", „Elitetruppen", „Prätorianergarde der Bolschewisten" oder „lettische Scharfschützen"; Lev Trockij (1879–1940) lobte die lettischen Regimenter als „die besten in der Zarenarmee", sie hatten 1918 Lenins Kremlwache gestellt und waren entscheidend an der Niederschlagung des Aufstandes der Linken Sozialrevolutionäre in Moskau im Juli 1918 beteiligt gewesen.[29] Überall dort, wo es größere lettische Zentren gab, organisierten sie sich in lettischen Schützensektionen. Anfang der 1930er Jahre soll es 20 Sektionen mit etwa 1 000 ehemaligen Schützen gegeben haben. Ab 1924 gedachten Letten in der UdSSR am 30. Mai des „Tages der Schützen".[30] 1929 wurde innerhalb der sowjetischen paramilitärischen Organisation OSOAVIACHIM[31] ein Lettisches Zentralbüro für diese Sektionen eingerichtet. Eine der Aufgaben dieses Zentralbüros bildete die Koordinierung des Sammelns und Popularisierens von Material über die lettischen Schützen und ihre Kämpfe.

Dies entsprach der Bedeutung der nichtrussischen Völker in der Leninschen Befreiungspolitik der Völker Russlands und der Arbeiterklasse, die noch der XII. Parteikongress der KPR(B) 1923 in seinen Resolutionen betont hatte. Spätestens nach dem Tod des marxistisch-internationalistisch ausgerichteten sowjetischen Historikers Michail N. Pokrovskij (1868–1932) und dem Beginn der sowjetischen Propaganda vom „Sowjetpatriotismus" ab 1934 setzte unter Stalin jedoch eine Umbewertung des Verhältnisses zwischen Russen und anderen Nationalitäten – darunter auch Letten – und eine Rückbesinnung auf die Russen als führendes historisches Subjekt ein.[32] Die Verdrängung nichtrussischer Kader gipfelte schließlich ab 1936 in Stalins „Großem Terror",[33] der ab 1937 zur Schließung der meisten lettischen Einrichtungen und zwischen November 1937 und November 1938 im Rahmen

---

während der Stalinschen Säuberungen erschossen. Zu den näheren Todesumständen und -daten, auch der anderen in diesem Kapitel genannten Personen, vgl. die URL: https://timenote.info/lv (vormals: https://nekropole.info/lv, letzter Zugriff: 16.11.2022); eine (nicht fehlerfreie) Aufzählung der bedeutendsten lettischen Kommunisten in der UdSSR in Staat, Partei, Kultur usw. bei Andersons, Ārpolitika. I, S. 121-137.

29 Nachweise im Einzelnen bei: Ģērmanis, Oberst Vācietis und die lettischen Schützen im Weltkrieg, S. 175-177.

30 Am 30.5.1917 (17.5. nach alter Zeitrechnung) hatte der Vereinigte Rat der Lettischen Schützenregimenter auf seinem II. Kongress in Riga in einer Resolution erstmals „alle Macht den Arbeiter-, Soldaten- und Bauerndeputiertenräten" verkündet, vgl. Padomju varas konstitucionālie akti, S. 62.

31 Abk. russ. für *Obščestvo sodejstvija oborone, aviacionnomu i chimičeskomu stroitel'stvy* (dt. Gesellschaft zur Förderung der Verteidigung, des Flugwesens und der Chemie).

32 Die lettischen Kommunisten waren spätestens seit einer außerordentlichen Sitzung des Russland-Büros des ZK der LKP am 23.11.1918 in Konflikt mit Josif V. Stalin (1873–1953). Dieser war als Volkskommissar für Nationalitätenfragen auf der Sitzung aufgetaucht und hatte die Letten ultimativ aufgefordert, in den „befreiten Gebieten" eine unabhängige Räterepublik zu gründen. Die lettischen Kommunisten weigerten sich zunächst, sich solchermaßen für die Leninsche Westpolitik instrumentalisieren zu lassen. Vgl. das Protokoll der Sitzung: LVA, fonds PA-32, 1. apr., 1. lieta, 107.-109. lpp.; ferner: Šiliņš, Padomju Latvija, S. 57-59.

33 Ausführlich: Baberowski, Der rote Terror; kompakt: Neutatz, Träume und Alpträume, S. 263-277.

5. Lettische Geschichtsschreibung in Sowjetrussland und in der Sowjetunion (1918–1940)

der „Lettischen Operation", einer von zwölf gegen nationale Minderheiten gerichteten Terroraktionen, mit mehr als 25 000 Verhaftungen und 16 573 Todesurteilen dem lettischen nationalen Leben und den meisten lettischen Kommunisten in der Sowjetunion ein tragisches Ende setzte.[34] Zum Zeitpunkt der Volkszählung vom Januar 1939 sollen in der UdSSR nur noch 128 345 Letten gelebt haben.[35]

## 5.2. Personen und Institutionen

Zwischen den Weltkriegen gab es in der Sowjetunion weder eine institutionalisierte sowjetlettische Geschichtswissenschaft noch professionell ausgebildete Historiker, die in größerem Maßstab populär hervorgetreten wären. An ihrer Stelle generierten die beiden zuvor genannten Milieus zum einen die historischen Themenfelder, die selbst nach dem Zweiten Weltkrieg die sowjetlettische Historiografie in der Sowjetrepublik Lettland noch lange beschäftigen sollten, prägten zum zweiten spätere sowjetlettische Historiker lebens- und wissenschaftsweltlich, die ab 1946 die sowjetische Geschichtswissenschaft in der Sowjetrepublik Lettland aufbauen sollten, und brachten drittens – und das ist das eigentlich entscheidende – bereits in den 1920er Jahren zwei historische Kommissionen hervor, die sich für die Ausbildung einer sowjetlettischen Historiografie als prägend erweisen sollten. Alle größeren lettischen geschichtlichen Publikationen in der UdSSR bis 1935 wurden von diesen beiden Kommissionen ediert, und die Gründung wichtiger sowjetlettischer Geschichtsinstitutionen nach 1945 ging auf die Tätigkeit, die Archive und Sammlungen dieser beiden Kommissionen zurück. Insbesondere gilt dies für das Institut für die Geschichte der Partei beim ZK der LKP und das Revolutionsmuseum der SSR Lettland (lett. *LPSR Revolūcijas muzejs*) mit seiner Filiale, dem Museum der Lettischen Roten Schützen (lett. *Latviešu sarkano strēlnieku muzejs*).

Die wichtigere der beiden Kommissionen war die „Geschichtskommission der LKP" (lett. *LKP Vēstures komisija*).[36] Am 21. September 1920 hatte der Rat der Volkskommissare ein Dekret zur Gründung einer zentralen „Kommission für die Geschichte der Oktoberrevolution und der KPR(B)" (russ. kurz *Istpart*) veröffentlicht. Die zu gründende Kommission wurde mit der Aufgabe des Sammelns, der Erforschung und Veröffentlichung entsprechender Materialien und Quellen betraut, und es wurde eine Aufteilung nach Regionen vorgesehen. Daraufhin beschloss das Auslandsbüro des ZK der LKP bereits einen Tag später die

---

34 Zur „Lettischen Operation" und zur Liquidierung lettischer Einrichtungen im Einzelnen: „Latviešu akcija"; Felder, Lettland im Zweiten Weltkrieg, S. 63-75; Riekstiņš, PSRS Iekšlietu tautas komisariāta „Latviešu operācija". Die lettischen Botschaftsberichte aus Moskau dokumentiert Jēkabsons, Latvijas sūtniecības ziņojumi. In Lettland wird noch heute die Frage diskutiert, ob der stalinistische Terror in Lettland nach 1940 harmloser oder brutaler ausgefallen wäre, wenn mehr lettische Altkommunisten den „Großen Terror" überlebt und 1940 nach Sowjetlettland hätten zurückkehren können.
35 Latvieši PSRS varas virsotnēs, S. 4. Nach der offiziellen, aber zu bezweifelnden Parteistatistik sollen 1938 noch 10 310 Letten Mitglieder der VKP(B) gewesen sein, vgl. Felder, Lettland im Zweiten Weltkrieg, S. 64.
36 Vgl. den Aktenbestand im LVA, fonds PA-35: Latvijas KP Vēstures komisija [Geschichtskommission der KP Lettlands].

Gründung einer „Kommission für die Geschichte der Kommunistischen Partei Lettlands".[37] Sie bestand zunächst aus ihrem Vorsitzenden Kārlis Pečaks (1882–1938), Politökonom, Journalist und Mitglied des Sekretariats der *Latsekcija*, Stučka und Kārlis Krastiņš (1892–1932), Letztgenannter Leiter des Sekretariats der *Latsekcija*. Weitere Vorsitzende waren ab 1924 Stučka, ab 1932 Jānis Krūmiņš (1894–1938) und ab 1934 Jānis Lencmanis (1881–1939).[38] Im Laufe des Bestehens der Parteikommission wurden mehrere hundert Parteigenossen aufgefordert, sich an der Arbeit der Kommission zu beteiligen.[39] Die Aufgaben der Kommission wurden gleich zu Beginn formuliert: Erstens sollte eine Geschichte der LKP verfasst und zweitens das nötige Quellenmaterial dazu gesammelt, bearbeitet und publiziert werden. 1923 wurden die Aufgaben der regionalen Abteilungen in den „Bestimmungen über die Abteilungen der *Istpart*", unterzeichnet vom ZK-Sekretär der KPR(B) Rudzutaks, noch einmal allunionsweit verbindlich formuliert:[40] Es sollte um das Sammeln, Erforschen und die wissenschaftliche Bearbeitung und Publizierung von Materialien zur Geschichte der Oktoberrevolution und der regionalen Parteiorganisationen gehen; ferner um die Einrichtung von Bibliotheken, Museen und Ausstellungen; den Aufbau von Archiven, u. a. eines Parteiarchivs der Sozialdemokratie Lettlands, aus dem die LKP hervorgegangen war, sowie eines Archives der lettischen revolutionären Bewegung seit den 1890er Jahren;[41] um die Einbindung von Veteranen der Arbeiterklasse in eine aufklärend-propagandistische Geschichtsarbeit unter der Bevölkerung; und schließlich um die Veranstaltung von Erinnerungsabenden unter Beteiligung von Veteranen. Bis zu ihrer Auflösung 1936 publizierte die Kommission 14 Monografien, darunter sieben Sammelbände mit Erinnerungen und Dokumenten sowie zwei Bände mit Abbildungen.[42]

Die zweite Kommission war die „Kommission für die Geschichte der lettischen Schützen" (lett. *Latviešu Strēlnieku Vēstures komisija*), gegründet in Moskau am 15. Mai 1926 und angesiedelt bei der lettischen Sektion des ZK der VKP(B).[43] Zuvor waren bereits einzelne Artikel über die Geschichte der lettischen Schützenregimenter seit 1916 in der Zeitschrift *Strēlnieks* (dt. Der Schütze) erschienen und in Zusammenhang mit der Umformierung der lettischen Schützendivision 1923 ein Initiativkomitee zu Fragen der Geschichte der lettischen Schützen ins Leben gerufen worden. Vorsitzender der neuen Kommission wurde

---

37 In offiziellen Dokumenten als „Istpart ZK CP Latvii", „Latvijski Istpart", „Latistpart" oder „Istpart Latvijskoj sekcii Kominterna" bezeichnet. Im Einzelnen: Biron, Biron, Stanovlenie sovetskoj istoriografii Latvii, S. 27-40.
38 Lencmanis war 1919 Volkskommissar für Inneres in der kurzlebigen Räterepublik Lettland, lebte danach in der UdSSR, wurde im Rahmen der „Lettischen Operation" 1937 verhaftet und 1939 erschossen; vgl. den Beitrag über lettischen Terrorismus zu Beginn des 20. Jahrhunderts: Stradiņš, Latvijas 1905. gada revolūcijas kaujinieki, S. 422-424.
39 Latvijas PSR Mazā enciklopēdija. II, S. 412.
40 Biron, Biron, Stanovlenie sovetskoj istoriografii Latvii, S. 31.
41 Mit dem Sammeln von Parteidokumenten hatte man in der LSDSP bereits während der Revolution von 1905 begonnen, erster Bearbeiter des Parteiarchivs war Jēkabs Žilinskis (1884–1939), der nach 1921 die LKP in Westeuropa (Berlin) vertrat und eine Zeitlang in der Kommunistischen Partei Deutschlands (KPD) aktiv war, vgl. Latvijas PSR Mazā enciklopēdija. III, S. 786.
42 LVA, fonds PA-200, 1.-20. apr., 78. lp.: Vēsturiskā izziņa [Historische Auskunft].
43 Bericht und Aufruf des Sekretärs der Kommission: Strauss, Par latweeschu strehlneeku wehstures komisijas darbibu, S. 4. Überblick bei Ģērmanis, Oberst Vācietis und die lettischen Schützen im Weltkrieg, S. 182-193.

Pauls Vīksne (1894–1938), ehemaliger Schütze und Sekretär der Moskauer lettischen Sektion des ZK der VKP(B).[44] Weitere Mitglieder der Kommission waren ebenfalls ehemalige Schützen und bekannte lettische Kommunisten.[45] Die Kommission war nicht nur personell teilidentisch mit der *Istpart*. Vielmehr galt sie als ihre örtliche, themengebundene Abteilung. Ab 1929 wurde auch die Organisation der ehemaligen lettischen Schützen bei der OSOAVIACHIM in die Arbeit einbezogen, und ab 1933 arbeitete die Kommission eng mit der Redaktion für die Geschichte der lettischen Schützen des Verlages *Prometejs* zusammen. Darüber hinaus bestanden enge personelle Kontakte zur sowjetischen Kommission für die Geschichte des Bürgerkrieges[46] sowie zu den Redaktionen der Enzyklopädie des Bürgerkrieges und der Enzyklopädie für Kriegsgeschichte.

Aufgabe der Kommission war, die Schützenveteranen zu motivieren, ihre persönliche Erinnerungen zu schreiben und Aufsätze und Dokumente einzureichen. Themenschwerpunkt sollte der „Kampf der Völker Sowjetrusslands gegen die äußere und innere Konterrevolution an den Fronten des Bürgerkriegs" sein.[47] Damit war die Marschroute der historischen Bemühungen vorgegeben, deren Ziel die Einbettung der Geschichte der Schützen in ein gesamtsowjetisches Narrativ von Revolution und Bürgerkrieg darstellen sollte, nicht ohne jedoch selbstbewusst die Rolle der Letten herauszustellen. Und dies ungeachtet der Tatsache, dass der größere Teil der ehemaligen Schützen längst in der Republik Lettland lebte und hier mit dem 1924 gegründeten „Verein der Lettischen alten Schützen" (lett. *Latviešu Veco strēlnieku biedrība*) ebenfalls die Geschichte der Schützenregimenter pflegte.[48]

Weitere wichtige Funktionen für die Bildung eines sowjetlettischen Geschichtsbewusstseins – das Sammeln und Dokumentieren der lettischen revolutionären Geschichte und der Schützen, gewissermaßen als ‚Treibriemen' einer sowjetlettischen *Public History* – übernahmen auch die „Gesellschaft der ehemaligen politischen Zwangsarbeiter und Verbannten" (russ. *Obščestvo politkatoržan i ssyl'noposelencev*, OPK, 1919–1935), zu deren Gründern

---

44 Vīksne hatte 1924 ein Abendstudium an der Fakultät für Gesellschaftswissenschaften der Moskauer Staatlichen Universität beendet, leitete bis 1928 die lettische Sektion an der KUNMZ und absolvierte 1933 das Institut für Parteigeschichte am Institut der Roten Professur. Gleichzeitig publizierte er in den einschlägigen lettischen Zeitschriften in Russland, vgl. Latvijas PSR Mazā enciklopēdija. III, S. 692.
45 Biron nennt die Namen J. Danišēvskis, J. Lencmanis, P. Blumfelds, P. Celmiņš, A. Feldmanis, K. Janelis, K. Stucka (nicht P. Stučka!) und V. Štrauss, vgl. Biron, Biron, Stanovlenie sovetskoj istoriografii Latvii, S. 132.
46 Graždanskaja vojna. 1918–1921. Neben A. S. Bubnov und S. S. Kamenev war Roberts Eidemanis (1895–1937), Leiter der militärischen Führungsakademie M. Frunze, einer der drei verantwortlichen Hauptredakteure. Er wurde am 12.6.1937 zusammen mit Marschall Mihail N. Tuchačevskij (1893–1937) u. a. erschossen.
47 Biron, Biron, Stanovlenie sovetskoj istoriografii Latvii, S. 133.
48 Ob offizielle Verbindungen zwischen beiden Organisationen bestanden, ist nicht bekannt. Allerdings gab es viele, oft problematische Verbindungen zwischen Letten in Lettland und der UdSSR, zwei Beispiele: Margarete Vāciete (?–?), die Frau von Jukums Vācietis, lebte seit 1921 mit ihren drei Kindern in Lettland. Nach der Erschießung ihres Mannes in der UdSSR (1938) entschloss sie sich, dem drohenden sowjetischen Einmarsch in Lettland zu entgehen, nahm mit ihren Kindern 1939 an der Umsiedlung der Deutschbalten teil und lebte nach dem Zweiten Weltkrieg in den USA, vgl. Jēkabsons, Pirmais Padomju Krievijas Bruņoto spēku virspavēlnieks, S. 180 und 195; Stučkas Frau Dora (geb. Pliekšāne, 1870–1950) war die Schwester des lettischen Sozialdemokraten, Schriftstellers und Bildungsministers (1926–1928) Jānis Pliekšāns (Rainis).

Rudzutaks gehörte und in der Letten einen Mitgliederanteil von 7 bis 8 Prozent besaßen, sowie die lettische Landsmannschaft (lett. *novadniecība*) der „Allunionsgesellschaft der Alten Bolschewiken" (russ. *Vsesojuznoe Obščestvo starych bol'ševikov*, 1922–1935), zu der z. B. in Moskau 115 Letten zählten und die mit Rudzutaks und Pauls Dauge (1869–1946) auch im Zentralrat der Vereinigung vertreten war. Die lettische Landsmannschaft unterhielt eine eigene kleine historische Kommission sowie eine Museumskommission mit dem Ziel, Materialien zur Geschichte der LSDSP, LSD bzw. LKP zu sammeln und zu veröffentlichen.[49]

Wie bereits betont, traten – ähnlich wie während der Anfangsjahre der Republik Lettland – auch unter den Letten in der Sowjetunion keine akademisch ausgebildeten Historiker hervor. Bei denen, die zu historischen Themen publizierten, Dokumente edierten oder historische Zusammenhänge in politischer Broschürenliteratur streiften, handelte es sich überwiegend um alte Genossen der lettischen Sozialdemokratie bzw. der LKP. Aufgrund gebrochener Lebensläufe seit der Revolution von 1905 und durch den Krieg wiesen sie häufig nur unvollständige Bildungsgänge auf. Stučka und Dauge stellten dabei aufgrund ihres Alters eine Ausnahme dar: Stučka mit einem Abschluss an der Juristischen Fakultät in St. Petersburg (1888) und einer zwischenzeitlichen Tätigkeit als Anwalt, Dauge als Zahnmediziner und Mitbegründer der Stomatologie in der UdSSR. Knoriņš, neben vielen anderen Ämtern auch Direktor der Abteilung für Parteigeschichte am Moskauer „Institut der Roten Professur" (russ. *Institut krasnoj professury, IKP*), hatte immerhin das Lehrerseminar in Wolmar (lett. *Valmiera*) absolviert. Typisch war eher der Lebenslauf des „Revolutionärs", der junge Letten nach Beendigung der Schule vielfach gleich in die Mühlen der Revolution von 1905, in die Verbannung, ins Exil, im Ersten Weltkrieg an die Front und in die Revolution von 1917 geführt hatte.[50]

Der einzige bekannte Historiker war Jānis Zutis (1893–1962), nach 1945 führender sowjetlettischer Historiker für Agrargeschichte des 18. und 19. Jahrhunderts und Geschichte der Historiografie in Sowjetlettland sowie verantwortlicher Redakteur des ersten Bandes der in den 1950er Jahren erschienenen dreibändigen sowjetlettischen Gesamtgeschichte.[51] Zutis hatte 1924 die Fakultät für Gesellschaftswissenschaften der Moskauer Universität beendet, arbeitete als Universitätsdozent an der Universität Voronež und später als außerplanmäßiger Professor am Institut für Literatur und Geschichte in Moskau. Seine 1937 erschienene Monografie über „die Politik des Zarismus in den baltischen Provinzen in der ersten Hälfte des 18. Jahrhunderts" stellte die Vorarbeit für seine agrargeschichtlichen Veröffentlichungen in Sowjetlettland nach 1945 dar.[52]

Gelegentlich wird in der Literatur Kārlis Šķilters (1891–1941), der an der Akademie der Wissenschaften in Minsk am Institut für Nationale Minderheiten arbeitete, als Histori-

---

49 Latvieši PSRS varas virsotnēs, S. 46-53. In der jüngsten Studie über die OPK werden die Letten und Rudzutaks Nationalität nicht erwähnt, vgl. auch Junge, Die Gesellschaft.
50 Typisch z. B. der Lebenslauf von Jūlijs Daniševskis (1884–1938): „Hat die Realschule von Jelgava beendet. Begann seine revolutionäre Laufbahn in Jelgava, war in der s[ozial].-d[emokratischen]. Jugendorganisation tätig.", Latvijas PSR Mazā enciklopēdija. I, S. 337, im folgenden Text keine weiteren Angaben zum Bildungsweg.
51 Latvijas PSR vēsture. Sēj. I-III.
52 Zutis, Politika carizma.

ker vorgestellt, aber über ihn fehlen nähere Angaben.[53] Oto Līdaks (1891–1936), ab 1931 Direktor des Instituts für Kommunistischen Journalismus der Sowjetunion und ab 1933 Direktor des Leningrader Instituts für Partcigeschichte, hatte lediglich das IKP durchlaufen und galt nicht als Historiker. Ebenfalls eine nur zweijährige Ausbildung am Institut für Parteigeschichte des IKP befähigte Vladimirs Miške (1895–1972) später immerhin für das Amt des stellvertretenden Direktors des Instituts für Parteigeschichte des ZK der LKP in Riga (1954–1971).[54] Jānis Bērziņš-Ziemelis (1881–1938), ab 1932 nach diplomatischen Stationen in der Schweiz, in Großbritannien und Österreich Leiter der Zentralen Archivverwaltung der UdSSR und der VKP(B) sowie Redakteur der Zeitschrift *Krasnyj Archiv*, der zu Fragen der Parteigeschichte publizierte, hatte lediglich das Lehrerseminar in Valka (dt. Walk) beendet.[55] Jūlijs Kiršs (1890–1936), wie Knoriņš Absolvent des Lehrerseminars in Valmiera, war 1933–1936 Leiter der Geschichtssektion am Wissenschaftlich-Pädagogischen Institut der Nationalitäten der UdSSR (Moskau) und publizierte zur Agrargeschichte und -politik.[56] Die Reihe der historiografisch dilettierenden Berufsrevolutionäre und sowjetischen Funktionäre ließe sich fortsetzen.[57]

Allerdings erfuhr während der Zwischenkriegszeit eine Reihe von jungen Letten ihre Sozialisation und Ausbildung in der Sowjetunion, die nach 1945 in der SSR Lettland als namhafte Historiker hervortreten und für mehrere Jahrzehnte die Paradigmen der sowjetlettischen Historiografie bestimmen sollten. Zu ihnen gehörten neben Zutis etwa Jānis Krastiņš (1890–1983), Kārlis Strazdiņš (1890–1964) und vor allem der jüngere Aleksandrs Drīzulis (1920–2006), Sohn von Arvīds Drīzulis (1890–1940), der 1936–1938 verantwortlicher Sekretär der Parteikontrollkommission der VKP(B) war. Von seinem Vater lernte Aleksandrs Drīzulis früh die Praktiken sowjetischer Machtausübung kennen. Es waren solche *social skills* sowjetischer Prägung, die ihn nach 1945 befähigten, als Mitglied des ZK der LKP in Riga und graue Eminenz der sowjetlettischen Geschichtswissenschaft diese über mehr als vier Jahrzehnte maßgeblich mitzubestimmen.

---

53 Vgl. Vīksna, Latviešu kultūras un izglītības iestādes, S. 12 f.; Mednis, Savu vēsturi, S. 111 f.; einige fragmentarische Hinweise bei: Andronovs, Baltkrievijas ZA latviešu sektora darbība. Šķilters veröffentlichte zu Fragen der Agrargeschichte und der lettischen Emigration in Russland: Ders., Latkoloniju vēsture; ders., Pilsoņu karš; ders., Latgales nacionālais jautājums; ders., Latvju zemnieks.
54 Miške veröffentlichte Ende der 1920er Jahre ein politisches Buch über die „Erste sozialdemokratische Regierung des bourgoisen Lettland": Miške, Buržujiskās Latvijas pirmā sociāldemokrātiskā valdība.
55 Latvijas PSR Mazā enciklopēdija I, S. 219 f.
56 Kiršs, Piezīmes par agrārjautājumu; ders., Agrārjautājums Latgalē; ders., Latvijas lauksrādnieki; ders.: Kā lauksrādnieki cīnās; ders. [Ju. Kir's], Agrarnaja revolucija v Pribaltike.
57 Etwa Roberts Apinis (1892–1938) zur Geschichte der lettischen Schützen, Kārlis Kaufmanis-Soms (1894–1937) zur Agrargeschichte, K. Štrauss (1871–1941) zur Geschichte des Bürgerkriegs, Pēteris Valeskalns (1899–1987) zu Philosophiegeschichte oder Haralds Krūmiņš (1894–1943, stellv. Hauptredakteur der Großen Sowjetenzyklopädie).

## 5.3. Themen, Konzepte, Diskurse und Kontroversen

Bestimmend für die geschichtlichen Themen, die innerhalb der genannten Milieus behandelt wurden,[58] war kein wissenschaftliches historisches Interesse, sondern waren der Kreis der Interessierten und ihre lebensweltlichen Motive. Es handelte sich überwiegend um lettische Revolutionsteilnehmer der Jahre 1905 oder 1917, um lettische Kommunisten oder lettische Schützen des Welt- und Bürgerkrieges. Ihr historisches Interesse richtete sich fast ausschließlich auf die selbsterlebte, aufregende und grundstürzende Geschichte seit den 1890er Jahren, zunächst in den engen Verhältnissen der baltischen Ostseeprovinzen, später in den Weiten des Russländischen Reichs. Revolution, Verbannung oder Exil, Arbeit im Untergrund und der Krieg selbst hatten vielfach zu Brüchen, dem Bedürfnis nach grundlegender Selbstklärung und Neuorientierung sowie im neuen Sozial- und Machtgefüge Sowjetrusslands zu einer Identitätskonstruktion als ‚professioneller Revolutionär' geführt.

Die lettischen Kommunisten standen dabei in einem besonderen Spannungsverhältnis zum neuen Machtgefüge. Die Sondergeschichte der baltischen Ostseeprovinzen, ihre soziale und kulturelle Andersartigkeit im Russländischen Reich ging bei den lettischen Kommunisten innerhalb der russischen sozialistischen Bewegung mit einem Sonderbewusstsein einher, das nicht selten zu ideologischem Dissens mit der russischen Parteielite führte. Ihren Ausgang hatten die Differenzen an einem Sonntagmorgen, dem 2. (15.) April 1900, genommen, als Lenin in Riga versucht hatte, die lettischen Genossen zur Mitarbeit an seiner Zeitung *Iskra* zu gewinnen und diese ihm selbstbewusst eine Abfuhr erteilt hatten.[59] Selbstständigkeit oder Aufgehen in der russischen Partei bildeten seitdem ein Dauerthema unter lettischen Sozialisten und Kommunisten,[60] und erst auf ihrem V. Kongress im Juli 1917 beschloss die LSD die Vereinigung mit der Sozialdemokratischen Arbeiterpartei Russlands (Bolschewiki).

Das Desaster der Räterepublik Lettland 1919 ließ noch einmal die Konfliktlinien zwischen russischer Führung und lettischen Genossen deutlich werden. Hatten sich die lettischen Kommunisten als bekennende Internationalisten zunächst noch geweigert, eine nationale Räterepublik zu gründen,[61] so traten sie kurz darauf die Flucht nach vorn an, besannen sich auf ihre vermeintliche kulturelle und ideologische Überlegenheit und versuchten, Lettland als vorbildliche ‚Musterkommune' und Avantgarde der Revolution auf dem Weg von Petrograd nach Paris zu installieren. Stučka verstand die Gründung Sowjetlettlands ausdrücklich nicht als Akt nationaler Befreiung, sondern lediglich als notwendige Zwischenstation, als „Angliederung der Räterepublik Lettland bzw. der Kommune Lettland an die Sozialistische Föderative Sowjetrepublik Russland als Vorläufer der Union der sozialisti-

---

58 Kurzgefasster Überblick: Bīrons, Padomju vēsturnieku pētījumi.
59 Lenins einziger Besuch in Riga wurde nach 1945 entlang der Parteilinie idealisiert, beschönigt und mit einer Museumswohnung (Adresse in Riga: Cēsu iela 17) erinnerungspolitisch gewürdigt. Im einzelnen A. Drīzulis, V. I. Ļeņins, S. 10-21.
60 Zuletzt spaltete sich im April 1990 die Lettische Unabhängige Kommunistische Partei (lett. *Latvijas Neatkarīgā Komunistiskā partija*, kurz *LNKP)* von der LKP ab, die 1991 endgültig in Lettland verboten wurde.
61 Vgl. Anm. 32. Dies auch vor dem ideologischen Dilemma, dass das Industrieproletariat als ideologisch notwendiger und sozialer Akteur einer Einführung des Sozialismus ab 1915 aus Lettland evakuiert worden war und eigentlich der LKP als Anhängerschaft in Riga kaum noch zur Verfügung stand.

## 5. Lettische Geschichtsschreibung in Sowjetrussland und in der Sowjetunion (1918–1940)

schen Republiken Europas und der Welt".[62] Überzogener Terror gegenüber dem politischen Gegner und die übergangslose, sofortige Kollektivierung der Landwirtschaft (mit der Folge einer Hungerkatastrophe) sollten demonstrieren, was das Wappen der neuen Republik symbolisierte: Es zeigte neben dem Hammer statt der rückständigen russischen Sichel die größere Sense.

Hatte nach dem Zusammenbruch der Räterepublik ab dem 22. Mai 1919 eine parteiinterne Untersuchungskommission im Juni noch eigenes Versagen als Ursache ausgemacht,[63] so erforderten die Auflösung der Räterepublik am 13. Januar 1920 – in Zusammenhang mit Lenins Friedenspolitik gegenüber den baltischen Staaten und erneut gegen den Willen der bolschewistischen Letten – und die Rückkehr der lettischen Genossen nach Sowjetrussland eine argumentative Neuorientierung. Die Schuld für das Scheitern des sowjetlettischen Experiments wurde nun der „internationalen Konterrevolution"[64] in die Schuhe geschoben.[65] Auffällig bleibt, dass die lettischen Spitzenfunktionäre der kurzlebigen rätelettischen Republik, die Gruppe der Mitglieder der Räteregierung und des ZK der LKP, nach ihrer Rückkehr nach Sowjetrussland mit zweitklassigen Staats- und Parteiposten abgefunden und degradiert wurden[66] – im Unterschied zu lettischen Spitzenfunktionären, die in Sowjetrussland geblieben waren, weil Lenins Führung ihnen die *komandirovka*, den Dienstbefehl nach Sowjetlettland, trotz Bitten der lettischen Räteregierung wegen Unabkömmlichkeit verweigert hatte.[67]

Ein ähnliches Dilemma stellte sich den lettischen Schützen, die in Sowjetrussland geblieben waren, denn die Mehrheit ihrer Kameraden hatte sich ab 1919 von Lenin abgewandt und auf der Seite von Kārlis Ulmanis (1877–1942) für ein unabhängiges bürgerliches Lettland weitergekämpft. Außer Frage stand die historische Bedeutung des Phänomens der lettischen Schützen.[68] Nur – waren sie bürgerliche Nationalisten, die zwischen 1917 und 1919 lediglich

---

62 Thesen zur lettischen Frage auf der II. Parteikonferenz der lettischen Schützen (15.–19.11.1918) in: Latvijas Komunistiskā partija 1918. un 1919. gadā, S. 140.
63 Vgl. den geheimen, nie veröffentlichten Abschlussbericht der am 26.5.1919 eingesetzten, aus Mitgliedern des ZK der LKP bestehenden Untersuchungskommission zur „Niederlage Rätelettlands", der als Hauptursache die militärische Inkompetenz der Armeeführungen der Armee Rätelettlands und der Roten Armee ausmachte (ohne Datum) in: LVA, fonds PA-31, 1. apr., 12. lieta.
64 So im Titel einer 1931 erscheinenden Publikation: Strauss, Padomju Latvija.
65 Von Bedeutung sind u. a. Stučkas Deutungsversuche und Erinnerungen an diese Episode, vgl. Stučka, Pjat' mesjacev; Stutschka, Fünf Monate; Stučka, Par padomju varu; und der vorveröffentlichte Teil einer beabsichtigten Diplomarbeit des späteren Ersten Sekretärs des Zentralkomitees der LKP (1940–1959) Jānis Kalnbērziņš (1893–1986): Ders., Piezīmes.
66 So wurde Stučka auf dem IX. Kongress der KP Russlands im März 1920 in Moskau zum Kandidaten des ZK degradiert, nachdem er im März 1919 noch zum Vollmitglied gewählt worden war. Vgl. Stučka, Rakstu izlase 2, S. 620; ders., Rakstu izlase 3, S. 634.
67 Vgl. z. B. das Schreiben des ZK der LKP vom 10.1.1919 an den Vorsitzenden des Allrussischen Zentralen Exekutivkomitees Jakov M. Sverdlov (1885–1919) um Freistellung der Genossen Kārkliņš, Efferts, Danišēvska, Jansone, Kronbergs und Knoriņš für die Arbeit in Lettland, in: LVA, fonds PA-32, 1. apr., 3. lieta, 154. lp.
68 Prägnant interpretiert von Helene Dopkewitsch: „Die Bedeutung der lettischen Schützenregimenter liegt aber noch in einer anderen Richtung: Es war eine in die Geschichte eingreifende Tat der Letten. Indem die Letten als Bestandteil des russischen Reiches in das militärische und politische Geschehen des Weltkrieges hineingerissen wurden und leidend und handelnd an diesem Geschehen teilnahmen, sind sie aus einem ‚geschichtslosen' Volk, als das sie sich zu Beginn des

aus opportunistischen Gründen auf der Seite Lenins gekämpft hatten, weil dieser ihnen die Öffnung des ‚russischen Völkergefängnisses' versprochen hatte, oder waren sie im Grunde doch überzeugte Kommunisten, Anhänger Lenins und loyale Streiter der Oktoberrevolution gewesen? Hatte die Nation oder die Klasse ihren Kampf beflügelt? Klärung bringen sollten die zweibändigen Erinnerungen von Vācietis sowie eine mit großem Aufwand publizierte „Geschichte der lettischen Schützen", die sowohl Abhandlungen und Erinnerungen als auch Dokumente enthält. Von drei geplanten umfangreichen Bänden erschienen 1928 Band 1 in zwei Teilbänden und 1934 der zweite Teil von Band 2, danach wurden die Arbeiten, vermutlich unter Druck, eingestellt.[69] Vor den Stalinschen Säuberungen gelang es noch, eine weitere Publikation „Der lettische revolutionäre Schütze" in zwei Bänden herauszugeben, in dem das unabhängige Lettland schärfer kritisiert und Stalin bereits gebührend gehuldigt wurde.[70]

All diese Fragen machten eine zeitgeschichtliche Apologetik durch einen konzentrierten Rückblick auf die partikulare Geschichte der lettischen revolutionären Geschichte seit den 1890er Jahren zwingend notwendig. Insbesondere in den Machtkämpfen nach Lenins Ableben wurde die Frage nach den jeweiligen Lebensläufen und Verdiensten der alten Bolschewisten noch einmal verschärft gestellt, und nach Stalins Eingreifen in die Geschichtsdebatten ab den 1930er Jahren[71] und seiner Hervorhebung einer russischen Führungsrolle wurde sie existenziell. Gleichzeitig rückte das Interesse an einer allgemeinen baltischen oder lettischen Geschichte in den Hintergrund. Sich mit einer Gesamtgeschichte Lettlands konzeptionell und inhaltlich auseinanderzusetzen, wurde erst wieder mit der Rückeroberung Lettlands ab Ende 1944 und der Wiederherstellung der SSR Lettland opportun, als die neue Staatlichkeit historisch-ideologisch begründet werden musste.[72] Bis dahin bildete Lettland als Staat lediglich eine Zielscheibe lettischer kommunistischer Propaganda, wie sie sich in einer umfangreichen ideologischen Broschürenliteratur ausdrückte. Seine bis ins Mittelalter

---

Weltkrieges bezeichneten, zu einem historischen Volk geworden, mit einem nationalen Gemeinschaftsbewußtsein und nationalem Selbstbewußtsein." In: Dies., Die Entwicklung des lettländischen Staatsgedankens, S. 41 f.
69 Ģērmanis, Oberst Vācietis und die lettischen Schützen im Weltkrieg, S. 186.
70 Vācietis, Latviešu strēlnieku vēsturiskā nozīme; Latvju strēlnieku vēsture. Der bürgerliche Historiker Arveds Švābe kommentierte diese Literatur 1955 folgendermaßen: „Z. B. bilden die beiden Broschüren von Vācietis eine typische Apologetik mit dem Ziel, vor dem unabhängigen Lettland *post factum* den Überfall von 1919 zu rechtfertigen. Außerdem waren die Ausgaben der LSV [Geschichte der lettischen Schützen] (Moskau) der lettischen Bolschewisten, als sie an der Macht waren, für die Herren im Kreml gedacht, als Beweis, dass ‚ihr kleinen Russen von der Gnade der lett. Schützen da sitzt'", zitiert nach: Krēsliņš, Raksti, S. 233; Überblick bei Ģērmanis, Oberst Vācietis und die lettischen Schützen im Weltkrieg, S. 182-187.
71 Vgl. Stalins Brief in: Proletarskaja Revoljucija (1931), Nr. 6; und sein Dekret über die Lehren der Geschichte vom 16.5.1934; Biron, Biron, Stanovlenie sovetskoj istoriografii Latvii, S. 121.
72 So lehnte z. B. der Verlag *Prometejs* eine Neuauflage von Kārlis Landers' sozialistisch geprägter Baltischer Geschichte (vgl. Kap. 3) mit dem Hinweis auf politische Unkorrektheit ab, vgl. das Schreiben an Landers vom 26.4.1932 in: Latvijas Valsts Arhīvs, fonds P-1339, 1. l., 368. lp. Landers, der nach 1918 hohe Ämter in der UdSSR einnahm (Volkskommissar für Volkskontrolle, Vorsitzender der ČK des Moskauer Gouvernements u. a., daneben pädagogische Tätigkeit an Hochschulen in Moskau, Leningrad und Kiev) wurde 1937 ermordet. Roziņš' Agrargeschichte (Roziņš, Latviešu zemnieks) erlebte hingegen eine Neuauflage in russischer Sprache: Rozin'-Azis, Stranica iz istorii krest'janstva.

reichende Vorgeschichte war in den aktuellen politischen Auseinandersetzungen von geringem Interesse. Die Gründung der beiden, bereits genannten, historischen Kommissionen hatte demnach vor allem drei Funktionen: Selbstvergewisserung (persönlich, historisch und ideologisch), Apologetik und Existenzsicherung.

Ähnliches gilt für das ältere Gebiet der baltischen Agrargeschichte, vor allem des 19. Jahrhunderts. Sie gerann in den Veröffentlichungen der lettischen Kommunisten in der UdSSR lediglich zu Vorgeschichte, ihre Interpretation diente vor allem der Rechtfertigung der Episode sowjetlettischer Agrarpolitik 1919, deren Ziel die sofortige Umwandlung der Güter in Kolchosen und Sowchosen, die Liquidierung der ritterschaftlichen Gutsherrschaft sowie die Umwandlung der lettischen Bauerngehöfte in Pachtwirtschaften (mit einjährigen Pachtverträgen) gewesen war.[73] Vor allem Stučka nahm für sich in Anspruch, die baltische Agrargeschichte und die Agrarpolitik seiner Partei 1919 abschließend zu interpretieren. Er verteidigte den sofortigen lettischen Übergang zum Kommunismus und veröffentlichte bereits 1920 eines seiner umfangreicheren und grundlegenden Werke unter dem Titel „Arbeit und Boden: Agrarevolution und Kommunismus".[74] In seiner agrarökonomischen Untersuchung verknüpfte er die baltische Agrargeschichte mit der marxistischen Interpretation der Begriffe Arbeit, Boden und Markt und stellte sie in die Zusammenhänge der britischen, französischen, deutschen und russischen Agrargeschichte. In seiner Schrift rückte er allerdings teilweise von seiner Politik ein Jahr zuvor ab, versprach ein neues Agrarprogramm der LKP und die Vererbbarkeit der Pachtverträge für Kleinbauern; dies vermutlich unter dem Eindruck der unmittelbar bevorstehende Agrarreform in der Republik Lettland, die die lettischen Kommunisten um ihre ureigenste Klientel, die Landlosen, bringen sollte.

Für die Klärung der Anfänge der lettischen sozialistischen Bewegung und der Sozialdemokratischen Arbeiterpartei Lettlands ist der Sammelband „Die Proletarische Revolution in Lettland. Die Anfänge der Partei der Arbeiterklasse" von außerordentlicher Bedeutung, der 1924 als erster Band einer beabsichtigten Reihe zum 20jährigen Bestehen der Partei von der Geschichtskommission der LKP herausgegeben wurde.[75] In Aufsätzen, Erinnerungen, Dokumenten und Materialien behandelt er auf knapp 800 Seiten die Geschichte der lettischen Arbeiterbewegung von ihren Anfängen in der „Neuen Strömung" bis hin zur Gründung der Partei und zum Entstehen des ersten Parteiprogramms. Die Erinnerungen der Parteiveteranen oszillieren dabei zwischen anekdotischer Widergabe klassenbewusster Lausbubenstreiche und marxistischen theoretischen Überlegungen, geben aber einen Einblick in die von russischen Entwicklungen relativ unabhängige Entwicklung der Partei, die in ihren Anfängen der deutschen Sozialdemokratie wesentlich näher stand als der russischen.[76] Auf Grundlage des Parteiarchivs gab die Parteikommission ferner zum 25jährigen Parteijubilä-

---

73 Dekret über die Nationalisierung, die Nutzung und Verwaltung des Bodens vom 1.3.1919, in: Latvijas Sozialistiskās Padomju Valdības Ziņotājs / Izvestija Socialističeskogo Sovetskogo Pravitel'stva Latvii, Nr. 23 (19.3.1919). Autor des Dekrets war der Verfasser des „Latviešu zemnieks" [Lettischen Bauern] und Kommissar der Räteregierung für Landwirtschaft Fricis Roziņš.
74 Stučka, Darbs un zeme. Zu Stučkas agrarpolitischen Ansichten ausführlich: Bondarevs, P. Stučka par agrāro jautājumu.
75 Proletariskā revolūcija Latvijā.
76 Die erste Schrift Lenins in lettischer Sprache erschien erst 1917. Karl Marx' (1818–1883) Kommunistisches Manifest war 1900 in London, die Schriften Karl Liebknechts (1871–1919) und August Bebels (1840–1913) kurz darauf in lettischer Übersetzung erschienen.

um 1929 einen wichtigen Dokumentenband mit Parteidokumenten, den Beschlüssen und Resolutionen der Parteikongresse, -konferenzen und des ZK bis 1928 heraus.[77]

Eine besondere Bedeutung für die lettischen Kommunisten besaßen die Ereignisse der Revolution von 1905 mit den nachfolgenden Strafaktionen in den baltischen Provinzen, die für viele linksgerichtete Letten politische Initiation und gleichzeitig endgültiger Bruch mit der deutschbaltisch geprägten bürgerlichen Landeskultur bedeuteten. Zunächst erschien 1924 ein Nachdruck von Jansons-Brauns' „Baltischer Revolution" in russischer Übersetzung,[78] im folgenden Jahr begann die Veröffentlichung von Erinnerungen in Sammelbänden, vergleichbar dem Aufsatzband „Die Proletarische Revolution in Lettland".[79] Wichtigste Publikation aber wurden die beiden Märtyrerbücher „Erinnerungsbuch der im revolutionären Kampf Gefallenen", die in zwei von vier geplanten Bänden noch 1933 und 1936 erscheinen konnten.[80] Beide Titel versammeln biografische Überblicksartikel unterschiedlicher Länge zu 2 735 Personen, die während der Revolutionstage und nachfolgenden Strafaktionen zwischen 1905 und 1907 ihr Leben verloren hatten oder in den Folgejahren in der revolutionären Bewegung aktiv gewesen waren. Zwei weitere Bände mit weiteren 5 556 Namen waren in Planung, ihre Veröffentlichung verhinderte Stalins ‚Großer Terror'.[81] Da die Parteizugehörigkeit vieler Personen nicht mehr ermittelt werden konnte, handelt es sich nicht nur um Sozialdemokraten, sondern grundsätzlich um lettische Opfer und Teilnehmer der Revolution. Für die Redaktion stand allerdings fest, dass „nicht zu bestreiten und widerlegen ist – die führende Rolle in der revolutionären Bewegung und der Revolution von 1905 spielte das Proletariat".[82] Dies war eine unabdingbare Feststellung, da im bourgeoisen Lettland selbst die Revolution inzwischen nicht mehr marxistisch, sondern bereits als nationaler Befreiungskampf interpretiert wurde. Grundlage der Veröffentlichungen bildete das Sammeln von Archivdokumenten, Zeitungsartikeln und -abschriften, vor allem aber von Zuschriften mit Augenzeugenberichten. Bei widersprüchlichen Angaben redigierte und glättete die Redaktion.[83] Material aus Lettland war offensichtlich schwer und nur über private Kanäle zu bekommen; die Redakteure beklagten, dass „wir bei der Sammlung des Materials auf große Schwierigkeiten stießen. Materialien und Nachrichten über gefallene Revolutionskämpfer mussten wir sammeln, obwohl wir uns außerhalb der Grenzen Lettland befanden"[84] – ein methodisches Problem, mit dem sich nach 1945 auch lettische Exilhistoriker im Westen auseinander setzen mussten. Beide Bände stellen trotz einer stilisierten Darstellung der Lebensläufe wichtige Publikationen dar, so lassen z. B. viele Biografien das Netz der Querverbindungen zwischen der Sozialdemokratie Lettlands und den Sozialdemokratien Westeuropas, vor allem Deutschlands, aufscheinen.[85]

---

77 L. K. P. 25 gadi. Der Band wurde rasch zu einer bibliografischen Rarität und erst 1958 durch eine erweiterte Ausgabe aktualisiert, vgl. Latvijas Komunistiskās partijas kongresu.
78 Janson-Braun, Revoljucija v Pribaltike, vgl. auch Kap. 3, Anm. 34.
79 9. un 13. janvaris; 1905. g. revolūcija; 1905. gads.
80 Revolucionārās cīņas kritušo piemiņas grāmata.
81 Ab 1976 wurden eine erweiterte Neuauflage und in zwei weiteren Bänden ein Teil der unveröffentlichten Materialien herausgebracht, vgl. Latvijas revolūcionāro cīnītāju piemiņas grāmata.
82 Vorwort der Herausgeber ebenda, I. sēj. 1. daļa, S. 18.
83 Aktenbestand der Redaktion in: LVA, fonds P-36.
84 Anm. 81, S. 19.
85 So heißt es z. B. über Eduards Veiss (1881–1938), der 1908 nach Deutschland floh: „In Deutsch-

## 5. Lettische Geschichtsschreibung in Sowjetrussland und in der Sowjetunion (1918–1940)

Wie bereits erwähnt, waren die sowjetlettischen Veröffentlichungen der 1920er und 1930er Jahre zur Geschichte weniger Ausdruck eines wissenschaftlichen Erkenntnisinteresses, vielmehr spiegelten sich in ihnen neben den bereits genannten Funktionen der Selbstvergewisserung Apologetik und Existenzsicherung auch Flügel- und Überlebenskämpfe innerhalb der LKP wider. Am bekanntesten wurde die Kontroverse zwischen Stučka und Kārlis Kaufmanis-Soms (1894–1937) vor und nach dem VIII. Parteikongress der LKP von 1931. Etwa zur gleichen Zeit, als Stučka und andere genötigt wurden, ihre machtsymbolischen Wohnungen im Kreml zu räumen und in das neu errichtete Regierungshaus an der Moskva umzuziehen, wurden kritische Stimmen gegenüber seiner Führungsrolle unter den lettischen Kommunisten lauter. Stučka hatte im Dezember 1930 ein neues Parteiprogramm der LKP mit einem ausführlichen Teil zur Agrarpolitik vorgestellt. Kurze Zeit darauf erschien ohne Genehmigung der Redaktion des Auslandsbüros des ZK der LKP und ohne Wissen Stučkas die Broschüre „Die Agrarpolitik der LKP und Fragen des Agrarprogramms" mit dem Untertitel „Kritische Anmerkungen in der Agrarfrage in Zusammenhang mit P. Stučkas ‚Arbeit und Boden'" von Kārlis Soms,[86] im Grunde eine um zehn Jahre verspätete Rezension der Agrargeschichte Stučkas von 1920. Kaufmanis-Soms kritisierte darin Stučkas Fehler in der Agrarpolitik 1919 in Lettland, verdammte vor allem die verfrühte Kollektivierung der Landwirtschaft und warf Stučka Kautskismus und Trockismus vor. Zu denen, die eine zunehmende Kritik an Stučka beförderten, soll u. a. ein Freund von Kaufmanis-Soms, der Gefolgsmann Stalins und Leiter der Presseabteilung des ZK der VKP(B) Lev S. Mechlis (1889–1953), gehört haben.[87]

Auf dem VIII. Kongress der LKP (7. Januar bis 6. Februar 1931) in Moskau[88] kam es daraufhin zu heftigen Diskussionen über die Politik der LKP insgesamt. Knoriņš verteidigte Stučka, dieser wehrte sich mit einer Veröffentlichung in der Presse.[89] Nachdem Stalin im November 1931 einen Brief „Über einige Fragen der Geschichte des Bolschewismus" (1931) veröffentlicht hatte,[90] in dem er den Kampf gegen jeglichen „Opportunismus" in der Parteigeschichte ankündigte, kam es auf dem Plenum der LKP im Januar 1932 erneut zu heftigen Diskussionen unter den lettischen Genossen. Eine Resolution formulierte die Aufgaben der Partei neu. Einen Tag nach Ende des Plenums verstarb Stučka, seine Urne wurde an der Kremlmauer beigesetzt. Zwar gelang es der Fraktion um Stučka noch, seinen Gegner Kārlis Krastiņš, Sekretär der *Latsekcija*, der die Herausgabe der Broschüren von Soms unterstützt hatte, zu denunzieren. Krastiņš wurde wegen Spionage verurteilt und 1932 erschossen. Aber spätestens nach der heftigen Kritik Andrej J. Vyšinskijs (1883–1954) an

---

land, Berlin und Frankfurt am Main arbeitete er eng mit Fritz Heckert (1884–1936) zusammen [...], traf Wilhelmine Heckert". Heckert war einer der Begründer des Spartakusbundes und der KPD. Seine Frau, die Lettin Vilma Štamberga (Wilma Stammberg, 1885–1967) war Mitglied der Sozialdemokratischen Arbeiterpartei Russlands SDAPR(B), hatte ihren Mann mit Lenin bekannt gemacht und wurde nach dem Zweiten Weltkrieg in der DDR mehrfach ausgezeichnet; oder über Fricis Stepe (1882–1955): „1909 fuhr Fricis Stepe nach Berlin. [...]. Er besuchte die Vorträge von K. Liebknecht und Rosa Luxemburg."Vgl. ebenda, S. 80, 259.

86 Pseudonym für Kārlis Kaufmanis: Soms, L. K. P. agrarpolitikas un agrarprogramas jautajumi.
87 Šalda, Maskavas latviešu elite, S. 62.
88 Dokumentiert in: Latvijas Komunistiskās partijas kongresu, S. 472-582.
89 Stučka, Mana agrarevolucija.
90 Stalins Brief, vgl Anm. 71.

Veröffentlichungen und politischen Einstellungen Stučkas 1937 verschwanden auch dessen Bücher aus den Bibliotheken. Stučkas Name und seine Veröffentlichungen durften – auch in der SSR Lettland – erst nach dem XX. Parteitag der KPdSU 1956 wieder erwähnt werden. Vyšinskij hingegen sollte wenige Jahre später, im Sommer 1940, in Riga emissarisch die sowjetische Annexion Lettlands orchestrieren.

# 6. Lettische Geschichtsschreibung im Zweiten Weltkrieg (1940–1944)

## 6.1. Historische und politische Rahmenbedingungen

Um 2 Uhr 30 in der Nacht zum 15. Juni 1940 durchquerte eine Sondereinheit der sowjetischen Staatssicherheit NKVD den lettisch-russischen Grenzfluß Ludza, ermordete fünf lettische Grenzschutzsoldaten der Wachstationen Masļenki und Šmaiļi und verschleppte weitere zehn Soldaten und 27 Zivilisten. Zwei Tage später, in den frühen Morgenstunden des 17. Juni, überschritt die Rote Armee die Grenze zu Lettland und okkupierte das Land. Nach Bildung einer neuen „Volksregierung" am 20. Juni, Scheinwahlen am 14. und 15. Juli mit 97,6 Prozent der Stimmen für die kommunistische Einheitsliste, dem Zusammentritt eines neuen „Volksparlaments" und der Ausrufung der „Sowjetmacht" am 21. Juli wurde Lettland auf „Bitten" der neuen Volksregierung am 5. August 1940 als Sowjetrepublik in die UdSSR „aufgenommen", nach Litauen am 3. und vor Estland am 6. August.[1] Mit diesen Ereignissen wurde das Land verspätet in den Zweiten Weltkrieg hineingezogen.[2] Und als fünf Jahre später, am 8. Mai 1945, die letzten deutschen Truppen im „Kurlandkessel" kapitulierten, bedeutete dies nicht das Ende des Zweiten Weltkrieges im Baltikum, denn der Partisanenkrieg der „Waldbrüder" gegen die Rote Armee verebbte erst Anfang der 1950er Jahre.

Ein dreimaliger Wechsel der Besatzungsregime in vier Jahren kennzeichnet den Kriegsverlauf im Baltikum: das erste Jahr der sowjetischen Okkupation und Annexion (Juni 1940 bis Juni 1941), die deutsche Besatzungszeit (Ende Juni 1941 bis Sommer 1944 bzw. bis Mai 1945 in Kurland) und die sowjetische Rückeroberung zwischen Sommer 1944 und Mai 1945. Beide Besatzungsregime gingen von einer dauerhaften Okkupation und Eingliederung des Baltikums in ihren Machtbereich aus, ihre rigorosen Gewaltpolitiken verfolgten das Ziel der Einschüchterung, Unterdrückung, Ausbeutung und Ermordung der Bevölkerung. Tiefpunkte der Verbrechen bildeten für die sowjetische Besatzungszeit die Deportation von 15 425 Personen am 14. Juni 1941 nach Sibirien, für die deutsche Besatzungszeit der Massenmord von etwa 90 000 lettischen und deutschen Juden in Lettland. Daneben sollte eine Politik der Umgestaltung der Kultur, Bildung und Wissenschaft in den besetzten Gebieten die jewei-

---

1  Kurz gefasst bei: Levits, Lettland unter der Sowjetherrschaft, S. 140 f.
2  Zum Zwischenfall von Masļenki: Feldmanis, Masļenku traģēdija; ausführliche Darstellungen der Geschichte Lettlands im Zweiten Weltkrieg: Lumans, Latvia in World War II; Bleiere u.a., Latvija otrajā pasaules karā; Felder, Lettland im Zweiten Weltkrieg; kürzere Darstellungen: Zellis, Die Okkupation Lettlands; Plath, Lettland unter deutscher Besatzung. Dokumente: Latvijas suverenitātes ideja; Okupācijas varu politika, S. 59–229; Plakans, Experiencing Totalitarianism, S. 24–151.

lige Herrschaftsideologie durchsetzen.³ Dies betraf auch die Geschichtswissenschaft, ihre Einrichtungen und Vertreter.

## 6.2. Lettische Historiografie während des ersten Jahres der sowjetischen Besatzungszeit (Juni 1940 bis Juni 1941)

*Die Universität*

Die Eingliederung Lettlands in die Union der Sozialistischen Sowjetrepubliken erfolgte in nur sieben Wochen. Von der politischen Transformation und Anpassung an das in der UdSSR herrschende System waren auch Kultur, Bildung und Wissenschaft betroffen. Ab Juli 1940 bereitete eine Kommission die Umgestaltung der Universität vor, ihre Verstaatlichung kam ab dem 25. September in der neuen Bezeichnung „Lettlands Staatsuniversität" zum Ausdruck.⁴ Auf Befehl von Andrej Vyšinskij (1983–1954), dem Moskauer Emissär in Riga, der die Stalinisierung Lettlands koordinierte, wurde Jānis Paškevics (1900–194?) vom „Institut der Roten Professur" in Moskau sowie Dozent für Politische Ökonomie und Marxismus-Leninismus neuer kommissarischer Rektor. Seine Aufgabe bestand zunächst darin, die Statuten der Moskauer Universität auf die Universität in Riga zu übertragen. Da er als zu nachsichtig gegenüber dem Klassenfeind galt, wurde er bereits am 13. Februar 1941 durch den NKVD-Mitarbeiter und Politischen Ökonomen Jānis Jurgens (1900–1983) ersetzt.⁵

Die Fakultät für Theologie wurde geschlossen, die Fakultät für Philologie und Philosophie in Fakultät für Geschichte und Philologie umbenannt. Neuer Dekan wurde für kurze Zeit Marģers Stepermanis (1898–1968), zu den Lehrkräften gehörten auch Arveds Švābe (1888–1959), der Sohn von Robert Iu. Vipper (1859–1954) und Kunsthistoriker Boris R. Vipper (1888–1967) sowie Brūno Kalniņš (1899–1990).⁶ Der politischen Erziehung und Kontrolle diente die Einführung eines allgemeinen Lehrstuhls für Marxismus-Leninismus. Lehrstuhlinhaber wurde der Historiker Vladimirs Miške (1895–1972), ebenfalls vom „Institut der Roten Professur" kommend und gleichzeitig Chefredakteur der lettischen kommunistischen Parteizeitung *Cīņa* (dt. Der Kampf).⁷ An der Fakultät für Geschichte und Philologie ergänzte ein Lehrstuhl für Dialektischen und Historischen Marxismus die ideologische Indoktrinierung. Ab dem 3. Oktober wurden für alle Fakultäten russische Sprachkurse obligatorisch. Die Kontrolle der Universität durch die Partei blieb während des ersten sowjetischen Jahres jedoch rudimentär: Zu Beginn des neuen Studienjahres waren von den

---

3 Allgemeiner Überblick über die Wissenschaft Lettlands im Krieg: Stradiņš, Totalitāro okupāciju režīmu represijas.
4 Überblick: Latvijas Valsts universitātes vēsture, S. 39-64.
5 Liepiņš, Uldis Ģērmanis (1915–1997).
6 Vgl. das Foto der Absolventen der Geschichtsabteilung vom März 1941 in: Ģērmanis, Zili stikli, 1986, S. 316.
7 Zu Paškevics: Jaunais rektors, S. 2; ebenda auch sein Lebenslauf vom semgallischen Bauernknecht über die lettischen Schützen in der Revolution und das Studium am „Institut der Roten Professur" (1934–1938) bis hin zum Lehrstuhlinhaber für Politische Ökonomie ebendort. Miške hatte den Lehrstuhl bis 1954 inne und wurde dann Direktor des Geschichtsinstituts.

Mitarbeitern an der Universität nur 38 Genossen organisiert und 1941 nur 1,1 Prozent der Studenten Mitglied im Komsomol.[8]

Das Ziel der Umgestaltung der Universität war, in den Worten von Paškevics, „die Ausbildung auf eine ebenso hohe Stufe zu heben wie in der Sowjetunion", „die Bibliothek um hochwertige Bücher aus der Sowjetunion zu vervollständigen", ergänzt um das Versprechen „dass niemand, der von Herzen seiner wissenschaftlichen Arbeit nachzugehen wünscht, von der Hochschule gejagt" würde.[9] Dennoch wurden von 409 Lehrkräften 42 entlassen, darunter die Historiker Francis Balodis (1872–1947) und Augusts Tentelis (1876–1942). Neben Paškevics und Miške kamen zehn weitere neue Lehrkräfte aus der UdSSR, alle ausnahmslos von der Kaderschmiede des „Instituts der Roten Professur", von der Höheren Parteischule in Leningrad oder der „Kommunistischen Universität der nationalen Minderheiten des Westens", allesamt Letten und Vertreter der Führungszirkel innerhalb der KP Lettlands, keiner jedoch mit einem Universitätsabschluss.[10] Im Januar 1941 wurden mehr als 1 000 Studenten mit bürgerlichem Hintergrund von der Universität relegiert, mehr als 350 wurden 1940/41 deportiert.[11]

*Das Geschichtsinstitut*

Auch das Geschichtsinstitut sollte entsprechend den ideologischen Vorgaben der neuen Sowjetmacht reorganisiert werden. Zunächst wurde Tentelis seines Postens als Direktor enthoben. Kommissarischer Leiter wurde vorübergehend Stepermanis, gleichzeitig die Funktion des Generalsekretärs des Instituts fortführend. Ende Juli 1940 wurde Jānis Lieknis (1883–1941) dauerhaft zum kommissarischen Direktor berufen,[12] ein Geschichtslehrer und Schulbuchautor, der 1926 seine Ausbildung zum Historiker an der Universität in Riga abgeschlossen hatte.[13] Balodis, stellvertretender Direktor, hatte eine Einladung zu Ausgrabungen im schwedischen Sigtuna angenommen, war bereits am 13. Juli zusammen mit seiner Frau nach Schweden geflogen und nicht zurückgekehrt. Als „Deserteur seines Landes und Volkes in einer Zeit umwälzendster Erneuerung" wurde er auf Verfügung von Paškevics auch von allen Ämtern an der Universität befreit.[14] An die Stelle der stellvertretenden Direktoren traten Roberts Malvess (1905–1982) und Alfreds Altements (1902–1947) als Sekretäre der wissenschaftlichen Abteilungen für Mittelalterliche Geschichte und Neuzeitliche Geschichte. Die Abteilungen wurden später, wie in der UdSSR üblich, in „Sektionen" umbenannt. Eine Sektion für Archäologie kam hinzu.[15]

---

8 Latvijas Valsts universitātes vēsture, S. 62.
9 Jaunais rektors.
10 Latvijas Valsts universitātes vēsture, S. 40, 46 f.
11 Straubergs, Latvijas universitāte 2. pasaules kara laikā, S. 12 f.; Überblick: T. Vilciņš, Latvijas zinātnieki staļinisma represiju apstākļos.
12 Vgl. Latvijas Valsts Vēstures Arhīvs [Historisches Staatsarchiv Lettlands], im folgenden LVVA, fonds 1865, 1. apr., 1. lieta, 26.-32. lpp.
13 Ronis, Latvijas vēstures institūts laikmeta kontekstā, S. 25.
14 Klētnieks, Profesors Francis Balodis; über Arveds Švābe während des Jahres der sowjetischen Okkupation liegen keine biografischen Angaben vor.
15 Vgl. die handschriftlichen Erinnerungen von Malvess: Ders.: Mans zinātnes darbinieka ceļš [Mein Weg als Wissenschaftler], in: Latvijas Nacionālā Bibliotēka (LNB). Retumu un rokrakstu nodaļa

## 6. Lettische Geschichtsschreibung im Zweiten Weltkrieg (1940–1944)

Zunächst musste das Institut, jetzt „Geschichtsinstitut der SSR Lettland", den neuen Machthabern Bericht über die Geschichtswissenschaft in der Republik Lettland vor Juni 1940, deren staatliche Einrichtungen, wissenschaftliche Gesellschaften, einzelne Personen und Veröffentlichungen erstatten.[16] In einem zweiten Schritt wurden die künftigen Aufgaben skizziert: Unter Berücksichtigung der gegenwärtigen Situation sei es unmöglich, eine allgemeine Geschichte Lettlands zu schreiben, vielmehr müsse einstweilen die Herausgabe von Quelleneditionen fortgesetzt werden. Allerdings sei der Herausgabe von Monografien künftig ein größerer Stellenwert einzuräumen, es fehle jedoch an Bibliografien. Weitere wichtige Aufgaben seien die Herausgabe eines Wörterbuchs der Geschichtsterminologie[17] und eines Geschichtsatlanten. Und schließlich sei nun die große Aufgabe „der Herausgabe einer allgemeinen Geschichte Lettlands im materialistischen Geiste" nicht aus dem Auge zu verlieren:

> „Bis heute hat K. Landers die einzige ausführliche Geschichte Lettlands verfasst, darüber hinaus die Geschichte vom historischen Materialismus aus erfassend. [...]. Und, wenn das lettische Bürgertum in 22 Jahren des Bestehens eines bürgerlichen Lettland nicht in der Lage war, eine allgemeine Geschichte Lettlands abzuliefern, dann müssen jetzt die Historiker Sowjetlettlands das Versprechen von Fricis Roziņš aus dem Jahre 1904 realisieren – eine Geschichte Lettlands aus der Perspektive des Marxismus-Leninismus muss geschaffen werden."[18]

Letztlich drückt der Bericht die Hoffnung der damaligen Historiker aus, man könne unter Nennung politisch korrekter Fernziele und damit verbundener Schwierigkeiten zumindest mittelfristig zunächst an einem geschichtswissenschaftlichen *business as usual* festhalten, zumal der Mitarbeiterbestand, bis auf den fehlenden Balodis, zunächst stabil blieb. Die Hoffnungen trogen jedoch. Mit Verfügung vom 7. Februar 1941 wurde die Verbreitung der Zeitschrift und vier weiterer Veröffentlichungen des Institutes verboten.[19] Bereits drei Tage später beschlossen der Rat der Volkskommissare der SSR Lettland und das ZK der LKP, in Lettland eine Filiale der Akademie der Wissenschaften der UdSSR unter Einschluss bereits bestehender Institute zu gründen. Eines davon sollte das Geschichtsinstitut Lettlands sein, das als „Sektion für Geschichte und Archäologie" unter Mitarbeit von Robert Iu. Vipper, der im Frühjahr 1941 nach Moskau zurückgekehrt war, und dessen Sohn Boris R. Vipper fort-

---

[Lettlands Nationalbibliothek. Abteilung für Seltenheiten und Handschriften], A 105, Roberts Malvess.
16 Īss pārskats. Das Dokument wird hier auf den Herbst 1940 datiert.
17 Am 25.11.1940 wurde tatsächlich eine Kommission zur Ausarbeitung einer historischen Terminologie eingesetzt. Als Mitglieder wurden benannt: die Professoren Jānis Endzelīns (1873–1961), Ernests Blese (1892–1964) und Švābe sowie die Dozenten Stepermanis, Gustavs Lukstiņš (1894–1987), Eduards Šturms (1895–1959) und Edgars Dunsdorfs (1904–2002). Vgl. LVVA, fonds 1865, 1. apr., 1. lieta, 33. lp.
18 Īss pārskats, S. 124-128, Zitat S. 128 f.
19 Verfügung Nr. 65 in: LVVA, fonds 1865, 1. apr., 1. lieta, 36. lp. Neben der Zeitschrift *Latvijas Vēstures Institūta Žurnāls* betraf dies weitere Veröffentlichungen des Instituts über die I. Historikerkonferenz der Baltischen Länder 1939 sowie drei Veröffentlichungen der Serie Latvijas Vēstures avoti: Dokumenti par „Peterburgas Avīzēm"; Latvijas vēstures avoti Jesuitu ordeņa archivos; und: Dokumenti par tautas atmodas laikmetu.

geführt werden sollte.[20] Damit sollte das Institut in das gesamtsowjetische Wissenschaftssystem integriert, unter die Kontrolle Moskaus gestellt und seiner nationalen Bedeutung entledigt werden. Die deutsche Besetzung des Landes Ende Juni 1941 durchbrach diese Bemühungen. Nennenswerte geschichtswissenschaftliche Ergebnisse und Publikationen hat das erste Jahr der sowjetischen Annexion nicht hervorgebracht.

### 6.3. Lettische Historiografie während der deutschen Besatzungszeit (Juli 1941 bis Herbst 1944)

*Die politischen Rahmenbedingungen*

In einer Mischung aus Kolonialismusvorstellungen des 19. Jahrhunderts, Eroberungs- und Siedlungsplänen des Ersten Weltkrieges, europäischem Sendungsbewusstsein und sozialdarwinistischem Rassedenken beabsichtigten die Nationalsozialisten, das besetzte Lettland zunächst zu einer Kolonie, später durch „Germanisierung" und „Eindeutschung"[21] zu deutschem Reichsgebiet umzuwandeln. In den Stäben des „Reichskommissars für die Festigung des deutschen Volkstums" Heinrich Himmler (1900–1945) entstanden ab Frühjahr 1942 die Projektentwürfe zunächst für den „Generalplan Ost", später „Generalsiedlungsplan Ost", die die Transformation der eroberten Räume durch eine deutsche bzw. germanische Oberschicht und die Aufsplitterung der örtlichen Bevölkerung nach „rassischen" Gesichtspunkten sowie ihre teilweise „Eindeutschung" bzw. Umsiedlung nach Osten vorsahen. Während die Juden des Baltikums ermordet wurden, veranschlagten die Nationalsozialisten in Lettland etwa 30 Prozent der Letten als „eindeutschungsfähig". Die lettischen Kultureliten sollten nach Vorstellung der Nationalsozialisten eine Mittlerrolle bei der sogenannten Germanisierung ihrer Volksgenossen übernehmen.[22] Diese Zielvorstellungen waren nach der Niederlage von Stalingrad nicht mehr haltbar. Die Bevölkerung wurde nun für den Kriegseinsatz benötigt, und die Propaganda wies ihrem Land eine neue Rolle beim Aufbau eines „Neuen Europa" unter nationalsozialistischer Führung zu.

Nach der Eroberung Rigas am 1. Juli 1941 übernahm zunächst eine Militärverwaltung unter dem Befehlshaber des rückwärtigen Heeresgebiets General Franz von Rocques (1877–1967) die Kontrolle im besetzten Lettland. Ihm wurden zusammen mit einem Teil seines Stabes eine kritische Haltung gegenüber dem Krieg gegen die Sowjetunion und Sympathien für die politischen Bestrebungen der baltischen Länder nachgesagt, was den Letten zunächst kleinere Freiräume zu bewahren schien.[23] Zum 1. September übernahmen deutsche Zivilbehörden die Verwaltung des „Generalbezirks Lettland" mit dem „Generalkom-

---

20 Strods, Latvijas vēstures zinātnes padomizēšana, S. 15.
21 „Germanisierung" bedeutete die „Durchmischung" der autochthonen Bevölkerung mit deutschen Beamten, Kolonisten usw., „Eindeutschung" hingegen die allmähliche Assimilierung der rassisch als wertvoll erachteten autochthonen Bevölkerung.
22 Felder, Lettland im Zweiten Weltkrieg, S. 195-202; Blank, Nationalsozialistische Hochschulpolitik, S. 47-64.
23 Kulturpolitischer Berater von v. Rocques in Riga war Wilhelm Klumberg (1886–1942), letzter Rektor des 1939 im Rahmen der Umsiedlung der Deutschbalten liquidierten Rigaer Herder-Instituts, vgl. Blank, Nationalsozialistische Hochschulpolitik, S. 15.

missar" Otto-Heinrich Drechsler (1895–1945) an der Spitze. Der „Generalbezirk Lettland" wiederum bildete neben dem „Generalbezirk Estland", „Generalbezirk Litauen" und „Generalbezirk Weißruthenien" einen Teil des „Reichskommissariats Ostland" unter Leitung des aus Reval (estn. *Tallinn*) in Estland stammenden „Reichsministers für die besetzten Ostgebiete" Alfred Rosenberg (1893–1946). Sein Vertreter war Hinrich Lohse (1896–1964), er residierte in Riga. Daneben bestimmte Rosenberg am 6. Juli 1941 den lettischen General Oskars Dankers (1883–1965) zum „Generaldirektor" einer künftigen lettischen „Landeseigenen Verwaltung" (lett. *Zemes pāšpārvalde*, die Begriffe „lettisch" und „Lettland" wurden vermieden), deren verschiedene Generaldirektorien bis März 1942 eingeführt wurden, eine gewisse Selbständigkeit suggerierten und untergeordnete Verwaltungsfunktionen sowie eine Mittlerrolle zwischen Besatzern und lettischer Bevölkerung wahrnehmen sollten.[24]

Geschichtswissenschaft, Geschichtsbetrieb und nicht zuletzt Geschichtspropaganda sollten eine wichtige Rolle für die ideologische Machtsicherung und beabsichtigte Germanisierung Lettlands spielen. Ihre Richtung wurde von den deutschen Besatzungsorganen vorgedacht und vorgegeben. Verantwortlich für die lettischen kulturellen und wissenschaftlichen Einrichtungen war während der kurzen Phase der Militärverwaltung der deutschbaltische Kunsthistoriker Niels von Holst (1907–1993), der bereits Anfang Juli nach Riga gekommen war, und dem insbesondere in Zusammenhang mit der Umbenennung lettischsprachiger historischer Straßennamen in Riga eine antilettische Haltung nachgesagt wurde.[25] Ab Anfang September übernahmen die „Abteilung für Kultur" beim Generalkommissar unter der Leitung von Karl von Stritzky (1911–1943, ebenfalls Deutschbalte und Historiker)[26] und der Referent für Archivfragen beim Generalkommissar Kurt Dülfer (1908–1973, ab Januar 1943 Nachfolger von Stritzkys) die kultur- und bildungspolitische Richtlinienkompetenz für das besetzte Lettland. Die Umsetzung oblag innerhalb der „Landeseigenen Verwaltung" dem lettischen Generaldirektor für Bildung und Kultur, zunächst Jānis Celms (1895–1960), ab 1942 Mārtiņš Prīmanis (1878–1950).[27]

---

24 Zur Entstehung der lettischen Selbstverwaltung vgl. Evarts, Latviešu Zemes pašpārvaldes izveidošanās. Neben den genannten Verwaltungsorganen sorgten Wehrmachtstellen, Himmlers Reichssicherheitshauptamt, dem die alleinige Polizeigewalt unterstellt war, sowie die „Wirtschaftsinspektion Ost" unter Hermann Göring (1893–1946) für Kompetenzchaos und Dysfunktionalität der Besatzungsverwaltung; ein Umstand, den die lettische „Landesverwaltung" gelegentlich bei der Durchsetzung eigener Interessen nutzte.

25 Pārpuce, Vēstures krātuves darbība, S. 36; Kangeris, Die Rückkehr, S. 416.

26 Karl von Stritzky (eigentl. Carl Christoph von Stritzky) hatte an der Universität Lettlands Geschichte studiert und war noch kurz vor der Umsiedlung als Historiker am Herder-Institut angestellt worden, vgl. Kangeris, Die Rückkehr, S. 413; 1939 hatte von Stritzky eine kritische Untersuchung über den lettophilen Garlieb Merkel veröffentlicht, vgl. Kap. 2, Anm. 52.

27 Celms gehörte später zu den Unterzeichnern des lettischen Memorandums vom 17.3.1944, in dem 190 Politikern des ehemaligen demokratischen Lettland und Mitglieder des Zentralrates Lettlands (lett. *Latvijas Centrālā padome*), einer gegen die Sowjetunion und Nazideutschlands gerichteten Widerstandsorganisation, die Wiederherstellung der Souveränität des Landes forderten. Das Original befindet sich heute im Kriegsmuseum Lettland, der Text in fünf Sprachen unter URL: https://latvijasdargumi.unesco.lv/lv/informacija-par-objektu/nacionali-noverteti-objekti/latvijas-centralas-padomes-memorands-riga-1944-gada-17-marts/ (letzter Zugriff 7.12.2023); Mārtiņš Prīmanis, wie Celms Chemiker, war gleichzeitig Rektor der wieder geöffneten Landesuniversität in Riga. Ihm war es Anfang 1941 gelungen, im Rahmen der sog. Nachumsiedlung der Deutschbalten nach Deutschland zu gelangen, bevor er im Sommer 1941 nach Riga

## 6. Lettische Geschichtsschreibung im Zweiten Weltkrieg (1940–1944)

### Die Transformation des Geschichtsbildes

Unmittelbar nach der Besetzung Lettlands begannen die Nationalsozialisten mit der Transformation des bisherigen lettischen nationalen Geschichtsverständnisses im Sinne ihrer Propaganda und politischen Ziele.[28] Bestimmend waren nationalsozialistische Ideologie und Kriegspropaganda, die jeweiligen Veränderungen an der Ostfront im weiteren Verlauf des Krieges und die damit zusammenhängenden Politik gegenüber den Letten sowie vor allem die künftige Stellung, die den Letten in der Rassenideologie und in einer Neuordnung Nachkriegseuropas zugedacht war.

Im Fokus standen zunächst die Interpretation der sowjetischen Besatzung 1940/41 als „Jahr des Schreckens" und der deutschen Okkupation als „Befreiung" sowie die daraus folgende Umbewertung der Geschichte der unabhängigen Republik Lettland vor 1940. Primäres Ziel war, die Bevölkerung von der historischen Notwendigkeit des neuen Besatzungsregimes und seiner Rolle als Befreier zu überzeugen. Dies war vor allem Aufgabe der Geschichtspropaganda in der Presse und im öffentlichen Raum. In einem zweiten Schritt sollte auch die Vorgeschichte der lettischen Staatlichkeit bis 1918 uminterpretiert werden. Diese Aufgabe wurde den neuen Kultur- und Bildungsbehörden, dem Geschichtsunterricht in den Schulen und mittelbar den lettischen Historikern zugewiesen.

Ausgangspunkt der Propaganda bildete das „Jahr des Schreckens", die Horrifizierung der sowjetischen Okkupation zwischen Juni 1940 und Juli 1941,[29] und die Verknüpfung des sowjetlettischen Lokalregimes mit dem Judentum. Die sowjetischen Sicherheitsorgane, so die NS-Propaganda, seien „bis zu den Zähnen bewaffnete jüdische Garden" gewesen, deren Ziel die „Errichtung eines Judenstaates im Baltikum" gewesen sei.[30]

Damit verbunden wurde die Diskreditierung des unabhängigen Lettland der Zwischenkriegszeit. Dem Staatspräsidenten Kārlis Ulmanis (1877–1942) wurde eine anglo-amerikanische Orientierung und dem Außenminister Vilhelms Munters (1898–1967) der Ausverkauf Lettlands an Stalin und damit an das „bolschewistische Judentum" vorgeworfen. Die Plutokratie des unabhängigen Lettland habe nicht den Interessen des lettischen Volkes gedient, sondern die Machinationen des internationalen Judentums bedient. Das Jahr 1940 und der folgende stalinistische Terror gegen die Bevölkerung seien das Ergebnis dieser verfehlten Orientierung, der Abweichung von einer Zusammenarbeit mit dem nationalsozialistischen Deutschland gewesen. Erst die „Befreiung" durch die Wehrmacht Großdeutschlands habe dem Land wieder Richtung und eine Zukunft in einem künftigen nationalsozialistischen Europa gewiesen.[31]

Eines der Ziele der nationalsozialistischen Erinnerungspolitik im besetzten Lettland war die Umgestaltung und Uminterpretation des öffentlichen Erinnerungsraumes. So standen

---

zurückkehrte. Während Celms die nationalsozialistische Behördenvielfalt und das Kompetenzgerangel der Besatzungsbehörden zu nutzen verstand, galt Prīmanis als willfähriger, vgl. z.B. seinen Beitrag: Prīmanis, Kriegsaufgaben.
28 Zellis, Nacionālsociālistiskās Vācijas propaganda.
29 Im Einzelnen: Kangeris, Baigā gada izpēte. Von den historiografisch minderwertigen Propagandaschriften der deutschen Besatzungszeit ist insbesondere der begrifflich und visuell prägend gebliebene Bild- und Dokumentenband zu erwähnen: Baigais gads.
30 Zitiert nach: Zellis, Latviešu vēsturiskuma izpratnes rekonstrukcija, S. 81.
31 Ebenda, S. 83 f.

## 6. Lettische Geschichtsschreibung im Zweiten Weltkrieg (1940–1944)

beispielsweise von 43 eingeführten Gedenktagen nur zehn in einer Verbindung zur Geschichte Lettlands, diese jedoch alle zur deutschen Geschichte des Landes (Wolter v. Plettenberg, Herzog Jakob v. Kurland usw.). Die übrigen Tage gedachten der Geburtstage Adolf Hitlers (1889–1945) und anderer Nazigrößen oder dem Tag der französischen Kapitulation 1940. Schwierigkeiten bereitete der „Befreiungstag" des 22. Juni, der Tag des Angriffs auf die Sowjetunion, gleichzeitig 1919 aber Tag des Sieges einer estnisch-lettischen Armee über die Baltische Landeswehr, der daher in den „Generalbezirken" Estland und Lettland nicht begangen wurde. An seine Stelle trat in Lettland der 22. Mai, Tag der Befreiung Rigas von der Roten Armee durch die Baltische Landeswehr im Jahr 1919, dem besonders zum 25. Jubiläum 1944 ausführlich gedacht wurde.[32]

Der Gründungstag der Republik Lettland am 18. November, der ab 1942 wieder gefeiert werden durfte, wurde umbewertet, er „möge uns an die Periode der Irrtümer unserer bisherigen Staatslenker erinnern, von der jetzt eine feste Brücke zum wirklichen Freiheitstag geschlagen werden muss, welcher dem Volk das Leben und die Zukunft zurückgegeben hat"[33], gemeint war der 22. Juni 1941. Auch der 25. Jahrestag der Republiksgründung 1943 stand – vor dem Hintergrund der rückkehrenden Front – im Zeichen der Reden von einem neuen Lettland in einer neuen europäischen Völkergemeinschaft, nicht aber im Zeichen einer Wiederherstellung der Republik des 18. November 1918.

Die Beschlagnahmung und Vernichtung von Büchern, Umbenennung von Straßen- und Ortsnamen sowie Ausrichtung von Ausstellungen zur deutschen Geschichte Rigas und Lettlands in den Museen des Landes vervollständigten die Propaganda. Im Juli 1942 wurde im Rigaer Städtischen Geschichtsmuseum eine Ausstellung „Europas Schicksalskämpfe im Osten" eröffnet, ferner eine von Letten vorbereitete und zunächst im Rigaer Kunstmuseum gezeigte Wanderausstellung „Das Jahr der Roten Gewalt in Lettland". Allen Maßnahmen war die Intention gemein, die lettische Geschichte 1940 enden zu lassen und sie nur noch partiell in einem deutsch, germanisch bzw. nationalsozialistisch konnotierten und dominierten europäischen Kontext aufscheinen zu lassen.[34]

Neben die Umgestaltung des öffentlichen Gedächtnisraumes trat die Neukonzeption dessen, was von einer lettischen Geschichte übrig bleiben sollte. Verantwortlich für die Neufassung des Geschichtskanons für Schule, Hochschule und Wissenschaft war der Leiter der Kulturabteilung des Generalkommissariats Lettland von Stritzky, dessen Haltung ebenfalls als antilettisch galt. Er formulierte Mitte August 1941 in einem Memorandum an den Generalkommissar und deutsche Dienststellen die Aufgaben einer künftigen lettischen Geschichtswissenschaft. Darin hieß es u. a.:

> „Die Aufgabe eine neue Geschichtsauffassung zu schaffen, ist eine vordringliche, da sie schon für den Geschichtsunterricht in den Grundschulen gelöst werden muss. Diese Aufgabe ist aber auch eine eminent politische, da es unbedingt notwendig ist, den Letten anstelle des überspitzten Nationalgefühls, das ihnen die Ulmaniszeit eingeimpft hat, etwas neues zu geben, eine neue Einstellung zur Geschichte des Landes zu suggerieren,

---

32 Ebenda, S. 85-91.
33 Kurzemes Vārds, Nr. 268, (18.11.1942), S, 2.
34 Zu diesen und weiteren Ausstellungen: Zellis, Ilūziju un baiļu mašinērija, 2012, S. 150 ff.; zur Denkmalpolitik: Mintaurs, Arhitektūras mantojuma aizsardzības vēsture, S. 147-163.

## 6. Lettische Geschichtsschreibung im Zweiten Weltkrieg (1940–1944)

die den politischen Zielen des Reiches im Ostland entspricht und den Letten die Möglichkeit bietet, ihre Vergangenheit und die Gegenwart in einem neuen Lichte zu sehen, das auch für sie überzeugend ist."[35]

Ziel von Stritzkys war, den Mythos der Letten von „700 Jahren Sklaverei" durch einen neuen Mythos von „700 Jahren europäischer Kultur" zu ersetzen. Vier Aspekte sollten dazu beitragen, dies zu erreichen:

1. An die Stelle einer lettischen Volksgeschichte solle eine Landesgeschichte treten.
2. Diese Landesgeschichte stehe in engster Verbindung mit der deutschen Geschichte.[36]
3. Im Sinne der Rassenpolitik seien die Letten als den Deutschen nahe stehend und zur nordischen Rasse gehörend zu betrachten, daher sei der nationale Gedanken in einen rassischen Gedanken zu überführen; Letten sollen stolz darauf sein, eine historisch enge Beziehungen zu den Völkern gehabt zu haben, die die Geschichte machen.
4. Deutschen und Letten sei der Abwehrkampf gegen den Osten gemeinsam; jedes Abweichen von dieser gemeinsamen Front habe in der Vergangenheit eine Katastrophe für das Land und seine Bewohner bedeutet.[37]

Anfang 1942 unterstrich von Stritzky noch einmal seine Rolle als Vordenker eines Projekts der Reduktion lettischer Nationalgeschichte auf bloße Landesgeschichte des „Ostlands" und ihre Eindampfung zu provinzieller Heimatgeschichte innerhalb eines deutsch dominierten europäischen Kontextes: Geschichte könne nicht objektiv erforscht werden, sondern sei machtabhängig und Machtinstrument. Forschung und Methode müssten „sauber und innerlich wahr" sein. Die rassengeschichtliche Betrachtung von Geschichte sei der neue Leitgedanke, von dem aus die Geschichte des „Ostlandes" nunmehr neu zu lehren sei, diese sei eine Teilgeschichte Westeuropas. Heimatgeschichte sei nicht abzuwerten, aber letzlich nur die

„erste und primitivste Verbindung zum Allgemeinen. Was wir aber fordern, ist eine ausreichende Kenntnis in der allgemeinen Geschichte Europas, damit ein jeder Grundschüler auch tatsächlich persönlich dem großen Geschehen der Gegenwart folgen kann und dadurch Teil hat an dem Werden eines neuen Europa, in das er schon heute hineingestellt ist."[38]

---

35 Hier nach dem deutschen Zitat bei Pārpuce, Vēstures krātuves darbība, S. 56, Anm. 52. Das Memorandum in lettischer Sprache: Ostlandes reihskomisariāta Kūlturas nodaļas vadītāja Dr. Eriha fon Strikija (Erich Stricky) 1942. gada memorands, hier S. 303-306 und fälschlicherweise Dr. Erich von Stritzky (1881–1961) zugeschrieben und auf 1942 datiert (vgl. den Hinweis bei Pārpūce, ebenda S. 56 f., Anm. 53). Ein Original befindet sich im Bundesarchiv-B, R 92 (Generalkommissar Riga), Akte 49 (Handakten Abt.-Leiter Dr. von Stritzky, 1941–1942, Bl. 104 f.).
36 In einem Beitrag zum Geschichtsunterricht in Schulen hieß es: „Alles, was die guten Beziehungen zwischen dem deutschen und lettischen Volk beschränken könnte, ist natürlich außer acht zu lassen." In: Namneek, Vēstures mācīšana, S. 226. Der Beitrag war der erste Teil eines fünfteiligen Curriculums für den Geschichtsunterricht in lettischen Grundschulen, veröffentlich in: Izglītības Mēnešraksts (1942), Nr. 8-9.
37 Ostlandes reihskomisariāta Kūlturas nodaļas vadītāja Dr. Eriha fon Strikija (Erich Stricky) 1942. gada memorands, S. 303 f.
38 von Stritzky, Von der Aufgabe des Unterrichts.

Was von Stritzky für Pädagogik und Schule formulierte, sollte auch für die lettische Geschichtswissenschaft und ihre Historiker gelten. Deren Tätigkeit war künftig nur noch in dem skizzierten, engen ideologischen Rahmen der deutschen Besatzer möglich, zu denen auch deutschbaltische Historiker und Opponenten der lettischen Geschichtswissenschaftler gehörten. Ein Weitermachen wie im Geschichtsinstitut ab 1936 wurde damit undenkbar, trotzdem sahen lettische Historiker im neu verordneten Geschichtsbild durchaus Anknüpfungspunkte oder eilten diesem willfährig voraus. Bereits am 25. Juli 1941, noch vor Abfassung des Memorandums von Stritzkys, signalisierte Švābe in einer Veröffentlichung unter der Überschrift „Auf dem Wachposten der Kultur Europas"[39] die partielle Bereitschaft lettischer Historiker, an einem neuen Geschichtsbild mitzuwirken. Das Baltikum sei immer Schlachtfeld in den höchsten Fragen europäischer Politik gewesen. Vom 13. Jahrhundert über Ivan IV. dem Schrecklichen und Peter I. dem Großen bis hin zur jüngsten „Bolschewikenzeit" sei es immer russischen Angreifern und ihren grausamen mongolischen Methoden ausgesetzt und zuletzt von der Sklaverei durch den vom internationalen Judentum organisierten asiatischen Bolschewismus bedroht gewesen, daraus schlussfolgernd:

> „Schon das allein, dass unsere Flüsse gen Westen und Norden fließen, und die Tatsache, dass unsere Ahnen, diesen Strömen folgend, viele Jahrhunderte zuvor von Osten und Südosten in unser jetziges Vaterland einwanderten, beweist, [...] dass die einzige richtige Orientierung nicht die Slawen, sondern die Germanen sein können."

Schließlich, so führte er weiter aus, gehörten die Letten auch anthropologisch der nordischen Rasse an, und die Balten

> „unter diesem Begriff alle Bewohner des Baltikums mit europäischem Weltgefühl und Denken verstehend, haben in einem 700jährigen Zusammenleben eine unzertrennliche Schicksalsgemeinschaft gebildet, die wir nach dem Fall des bolschewistischen Regimes, Resultat des weltgeschichtlichen Kreuzzuges der alle besiegenden und verbündeten deutschen Armee, tiefer als je zuvor empfinden."

Nicht geklärt sind die Umstände, die den deutschkritischen Švābe so früh zu diesem Beitrag bewogen. Möglicherweise spielte die Erfahrung der sowjetischen Besatzung eine Rolle, vielleicht erhoffte er mit einem publizistischen Kniefall die neuerliche Schließung des drei Wochen zuvor wiedereröffneten Geschichtsinstituts zu verhindern. Schließlich hatte Švābe bei den deutsch-lettischen Kulturgutverhandlungen im Zusammenhang mit der Umsiedlung der Deutschbalten im Winter 1939/40 den deutschen Nazibeamten von Stritzky und Dülfer gegenüber gesessen und kannte bereits deren Denkweise. Eine frühe persönliche Kontaktaufnahme in den ersten Julitagen des Jahres 1941 und darauf folgende Überlegungen, sich taktisch auf ihren Duktus einzulassen, kann daher vermutet werden.

*Das Geschichtsinstitut*

Unmittelbar nach dem Einmarsch der deutschen Wehrmacht in Riga Anfang Juli 1941 hatten die Historiker des Geschichtsinstituts zunächst die Unübersichtlichkeit der ersten

---

39 Švābe, Eiropas kultūras sargposteņī.

Wochen genutzt, um das Institut in seiner Vorkriegsform wiederherzustellen. Am 7. Juli unterzeichnete Tentelis eine Verfügung, mit der er sich selbst wieder in die Leitung des Instituts einsetzte. Als stellvertretende Direktoren wurden Švābe und der abwesende Balodis, als Generalsekretär Stepermanis benannt.[40] Der von den Sowjets eingesetzte kommissarische Direktor des Instituts, Lieknis, trat zurück, er wurde wenig später erschossen.[41]

Bereits am 18. August ließ Celms, Generaldirektor für Bildung und Kultur der neu geschaffenen „Landeseigenen Verwaltung", die Tätigkeit des Institut wieder sistieren, rückwirkend zum 16. Juli und vermutlich auf Anweisung der deutschen Militärverwaltung, da den Mitarbeitern des Instituts eine „bewusst unfreundlichen Haltung gegenüber Deutschland" nachgesagt wurde.[42] Die Mitarbeiter wurden entlassen bzw. mit der Auflösung des Instituts beauftragt. Einen Teil der Bibliothek und des Inventars übernahm die neue „Landesbibliothek" (lett. *Zemes bibliotēka*), die mehrere große Bibliotheken Rigas, darunter die Staatsbibliothek, zusammenfasste. Zuständig für das Archiv, die Fotokopien und Manuskripte wurde Dülfer in seiner Funktion als Referent für Archivfragen beim Generalkommissar und Leiter des Staatsarchivs in Riga.

Privat versuchten die Historiker im Winter 1940/41 zwar, die Herausgabe der Serie „Lettlands Geschichtsquellen" fortzusetzen, die Verbreitung der noch im Verlag des Geschichtsinstituts gedruckten Publikationen scheiterte jedoch an der fehlenden Erlaubnis der Besatzungsbehörden.[43]

*Die Sammelstelle für Geschichte*

In den Augen der deutschen Besatzungsbeamten galten die lettischen Historiker des Geschichtsinstituts zwar als Angehörige eines national bewussten Lettentums, ein Teil von ihnen jedoch als den Sozialdemokraten nahe stehend und damit als Gegner des Ulmanis-Regimes. So hatte Altements unter Ulmanis eine Zeitlang im Gefängnis gesessen und der junge Švābe eine sozialdemokratische Vita. Außerdem konnten beide eine widerständige Haltung während des sowjetischen Jahres aufweisen, dies war aus den deutsch-sowjetischen Verhandlungen zur Nachumsiedlung der Deutschen im Frühjahr 1941 bekannt.[44] Diese Umstände wie der Wunsch nach Kontrolle, loyaler Einbindung und Instrumentalisierung der lettischen Historiker führten zwischen Winter 1941 und Frühjahr 1942 zur Gründung einer neuen geschichtswissenschaftlichen Einrichtung. Der Empfehlung Dülfers, die vollständige Liquidierung des Geschichtsinstituts sei ein Fehler gewesen und eine Einrichtung in neuer Gestalt wünschenswert, folgte seitens des lettischen Generaldirektors für Kultur und Bil-

---

40 Der wiedereingesetzte Vorstand bestätigte ferner folgende Historiker als wissenschaftliche Mitarbeiter: Eduards Šturms, Malvess, Altements, Arturs Nīkurs, Eduards Krastiņš und Uldis Ģērmanis (1915–1997).
41 Ronis, Latvijas vēstures institūts laikmeta kontekstā, S. 25.
42 So Dülfer in einer späteren Notiz zur Gründung der Sammelstelle für Geschichte, hier zitiert nach: Pārpuce, Vēstures krātuves darbība, S. 42.
43 Die betraf die drei Bände: Vidzemes 1638. g. arklu revīzija; Vidzemes tiesību vēstures avoti; Vidzemes saimniecības vēstures avoti.
44 Dülfert habe ferner berichtet, Švābe sei während der Sowjetzeit aus dem Geschichtsinstitut entlassen worden, sein Name habe auf den Listen der zu Deportierenden gestanden; dies berichtete später auch Zeids, vgl. Lazdiņš, Profesors Arveds Švābe, S. 87.

dung Celms am 11. Dezember ein formales Gesuch an Generalkommissar Drechsler. Die offizielle Antwort und Genehmigung zur Gründung einer „Sammelstelle für Geschichte" (lett. *Vēstures krātuve*) seitens Drechslers kam am 28. Februar 1942.

Die „Sammelstelle" unterstand formal dem Generaldirektor für Bildung und Kultur der lettischen „Landeseigenen Verwaltung", wurde als eine Art An-Institut beim Staatsarchiv aber gleichzeitig von Dülfer kontrolliert. Sie war in gewissem Sinne Nachfolgeeinrichtung des Geschichtsinstituts unter deutscher Regie und blieb während der deutschen Besatzung die einzige Institution, an der lettische Historiker geschichtswissenschaftlich arbeiten konnten. In der Sammelstelle wurden sechs Wissenschaftler und drei technische Angestellte beschäftigt. Neuer Direktor wurde Švābe, Abteilungsleiter wurden Altements und Jānis Zemzaris (1902–1996)[45], weitere wissenschaftliche Mitarbeiter waren Stepermanis, Teodors Zeids (1912–1994) und Uldis Ģērmanis (1915–1997).

Themen und Aufgaben betreffend blieb die Sammelstelle dem Generalkommissar gegenüber weisungsgebunden. Hauptaufgaben waren zum einen der Aufbau einer historiografischen Kartothek. Dazu bestanden Kontakte in die übrigen besetzten Gebiete bis hin zur „Sammelstelle für baltendeutsches Kulturgut" in Posen oder zum Planungsstab von Rosenberg. Karteien und Bücher konnten in Königsberg und anderweitig angekauft werden. Die zweite Aufgabe bestand im Sammeln und Sichten der Dokumente der Behörden der Sowjetzeit (1940/41) mit dem Ziel einer späteren ideologischen, auch strafrechtlichen Instrumentalisierung durch die deutschen Besatzer. So war Zemzaris z. B. an den Vorbereitungen der Propagandaausstellung „Das Jahr der Roten Gewalt in Lettland" beteiligt. Kleinere Forschungsaufträge blieben unveröffentlicht, obwohl die Sammelstelle zunächst als Publikationsstelle geplant war. Sie wurden aber in bis zu 50 Exemplaren für den Dienstgebrauch der deutschen Behörden vervielfältigt.[46] Eine Forschung über das Rechtssystem Lettlands während der Zwischenkriegszeit blieb unvollendet.[47]

Neben den primär geforderten Aufgaben in der Sammelstelle und der Dokumentation der sowjetisch-lettischen Verwaltung konnten die lettischen Historiker zwar auch bisherige Forschungen fortsetzen, aber nicht veröffentlichen.[48] Bei Bedarf wurden weitere Historiker

---

45 Zemzaris hat über seine Tätigkeit in der Sammelstelle kurze Erinnerungen veröffentlicht: Zemzaris, Kultūras vērtības sargājot; zur Biografie: Auns, Jānim Tālivaldim Zemzarim.
46 Die Titel der Forschungsaufträge: N.N.: Die Gerichtsverfassung der lettischen SSR, Riga 1943; Alfreds Altements: Der innere Aufbau der Staatsorgane der Lettländischen Räterepublik, Riga 1943; ders.: Die Entstehung der Staatsordnung der Lettländischen SSR. Kurzer historischer Abriss, Riga 1944. Exemplare davon befinden sich in den Akten des Generalkommissars Riga im Bundesarchiv (R 92). Ein Bericht von Rauls Šnore für die deutschen Behörden über die Tätigkeit des Rigaer Städtischen Geschichtsmuseums 1940/41 ist veröffentlicht bei Pārpuce, Raula Šnores pārskats. Die Arbeitspläne sahen weitere, aber nicht mehr bearbeitete Themen vor: Die Bolschewisierung der Universität; die Bolschewisierung der Armee; die Regierung Augusts Kirhenšteins (1872–1963) usw. Zemzaris schrieb dazu in seinen Erinnerungen: „Die von den Verwaltungsbehörden aufgegebene Thematik mit ihrem nackten pragmatischen Charakter konnte niemanden interessieren und begeistern. Wir betrachteten diese Arbeit als notwendigen Tribut.", in: Zemzaris, Kultūras vērtības sargājot, S. 48.
47 Pārpuce, Vēstures krātuves darbība, S. 61.
48 Arveds Švābe, Livonijas vidējās bruņinieku tiesības: teksts un komentārs [Die mittleren Rechte der Livländischen Ritterschaft. Text und Kommentar]; Jānis Zemzaris, Gerichte während der Schwedenzeit; Teodors Zeids, Dokumente des Livländischen Landtags (17. Jh.); Marģers Stepermanis

mit kleineren Forschungsaufgaben betraut.[49] Daneben mussten quartalsmäßig Arbeitsberichte der Sammelstelle eingereicht werden. Der letzte Arbeitsbericht stammt vom zweiten Quartal 1944, danach bricht die Berichterstattung ab. Ģērmanis wurde in die SS-Legion einberufen, Zeids als untauglich eingestuft, Švābe flüchtete Ende 1944 mit seiner vierten Ehefrau und seinem ersten Kind vor der Roten Armee nach Deutschland.

*Geschichte an der Universität Riga*

Nach dem deutschen Einmarsch in Riga hatte die Leitung der Universität Lettlands zunächst den *status quo* wie am 16. Juni 1940, dem Tag vor der sowjetischen Besetzung, wieder hergestellt.[50] Die anfangs pragmatische Haltung der deutschen Militärverwaltung endete mit dem Verbot selbständiger Universitäten der Esten, Letten und Litauern in den besetzten Gebieten vom 3. September 1941 durch den Reichsministers für die besetzten Ostgebiete, ergänzt durch ein Verbot von Stritzkys vom 15. September, das der Universität in Riga bis zur Ausarbeitung neuer Richtlinien jegliche Tätigkeit untersagte. Vorgesehen war zunächst die Neugründung der Universität Dorpat als einzige und deutsche Universität im Reichskommissariat Ostland. Die lettische Universität sollte wieder Polytechnikum werden.[51] Erst am 15. November konnte die Universität, während der deutschen Besatzungszeit unter der Bezeichnung „Universität Riga", ihren Lehrbetrieb für das Wintersemester wieder aufnehmen, zunächst in den kriegsbedingt wichtigen Fakultäten Architektur, Ingenieurswissenschaften, Chemie, Mathematik und Naturwissenschaften sowie Medizin. Die Fakultät für Philologie und Philosophie, an der auch die Geschichte angesiedelt war, öffnete erst mit Wirkung vom 27. März 1942.[52] Im Gegensatz zu anderen Fakultäten erhielten lettische Wissenschaftler im Fach Geschichte jedoch keine Lehrerlaubnis mehr. Die Lehraufträge in Geschichte wurden an zehn Deutsche vergeben, hauptsächlich an Beamte des Reichskommissariats, darunter etwa Wolfgang Arthur Mommsen (1907–1986)[53]. Leonid Arbusow (1882–1951) besuchte von Posen aus mehrmals die Universität und hielt Gastvorlesungen.[54]

Allerdings waren lettische Historiker teilweise in Nachbardisziplinen tätig. Edgars Dunsdorfs (1904–2002) und Arnolds Aizsilnieks (1898–1982) lehrten Wirtschaftsgeschichte, Eduards Šturms (1895–1959) und Stepermanis durften in allgemeiner Kulturgeschichte forschen. Vorübergehend bot die Universität in Riga lettischen Historiker auch Arbeitsmöglichkeiten in der Verwaltung, darunter Švābe und Stepermanis. Beide wurden im Dezember

---

zusammen mit Alfreds Altements, Die Agrarverfassung in Livland in den 60er Jahren des 18. Jahrhunderts. Archivnachweise bei Pārpuce, Vēstures krātuves darbība, S. 50 mit Anm. 148 und 149.
49 Z. B. Georgs Jenšs, Hugo Vītols, Die Stellung Rigas in Nord- und Osteuropas Handel im Mittelalter, unveröffentlicht, vgl. ebd., S. 50 mit Anm. 152.
50 Dazu allgemein Straubergs, Latvijas universitāte.
51 Myllyniemi, Die Neuordnung, S. 175-183.
52 Insgesamt studierten im Herbstsemester des Studienjahres 1942/43 an der Historischen Abteilung der Philologisch-Philosophischen Fakultät immerhin 87 Studenten und zwei Gasthörer Geschichte, vgl. Generalkommissar in Riga (Hrsg.), Statistische Berichte, S. 209 f.
53 Lehr, Wolfgang A. Mommsens Aufzeichnungen, S. 459 ff. Einer seiner Hörer war der später in den USA lebende lettische Exilhistoriker Edgars Andersons, vgl. den Brief von Andersons an Švābe vom 2. Juni 1955, in: Sveriges Riksarkivet Marieberg, Arveds Švabes arkiv, vol 1, Brev A-B.
54 Neitmann, Das wissenschaftliche Lebenswerk Leonid Arbusows, S. 37.

1943 offiziell ihrer akademischen Aufgaben enthoben, Švābe nach Angaben von Dülfer auf Befehl aus Berlin, weil jener seine lettischen Studenten in deutschfeindlichem Geiste beeinflusst habe.[55]

Insgesamt blieb die Historische Abteilung der Universität während der deutschen Besatzungszeit für die Geschichtsforschung bedeutungslos.[56] Die Nationalsozialisten sahen in der Hochschule eine künftige deutsche Universität, dementsprechend wurde der deutschen Sprache und der Lehrerausbildung breiter Raum gegeben. Geschichte wurde nur noch als Deutsche oder Allgemeine Geschichte gelehrt. Für eine eigenständige Geschichte Lettlands, selbst als rudimentäre Heimatgeschichte, war an der lettischen *Alma Mater* kein Platz mehr vorgesehen.

*Historiker*

Zu welchen Überlegungen, Schlussfolgerungen oder Krisen führte die Kriegszeit unter den lettischen Historikern der Zwischenkriegszeit? War die bisherige lettische Geschichte als Volks- oder Nationalgeschichte überhaupt noch denkbar? Wie veränderte der Kontext des deutsch-sowjetischen Krieges ihr geschichtliches Denken?

Als führender Kopf der kleinen lettischen Historikerzunft galt fraglos Švābe. Er nahm für sich in Anspruch, lettische Geschichte grundlegend durch- und vorzudenken. Insofern kann ein Essay aus seiner Feder als Schlüsseldokument für die Befindlichkeiten lettischer Historiker während der Zeit der deutschen Besatzung gelten. Das Manuskript blieb unveröffentlicht; ob es zur Veröffentlichung bestimmt war, ist unbekannt. Es ist undatiert, stammt vermutlich aus der Zeit nach der deutschen Niederlage bei Stalingrad und ist „Geschichte als Quelle der geistigen Kräfte des Volkes" überschrieben.[57] Das Volk, so Švābe, habe kein historisches Gedächtnis, verfüge lediglich über rudimentäre Mythen, Legenden, Symbole. Es sei Aufgabe des Historikers zu erklären, woher es komme. Dies sei methodologisch aber nicht möglich, da die Quellen für die lettische Frühgeschichte und das Mittelalter nicht ausreichten, für die Neuzeit ein „flimmerndes Chaos von Ereignissen" bildeten, und ihre geschichtswissenschaftliche Interpretation von subjektiven Faktoren abhänge. Auch wenn der geschichtliche Prozess weder Ziel noch Sinn habe, führe geschichtlicher Nihilismus und Pessimismus in Anlehnung an Spenglers „Untergang des Abendlandes" trotzdem zu der Frage, wie es weitergehe. Zwei Wege führten in Anlehnung an Platons Welt der absoluten Ideen scheinbar aus dem Relativismus der Geschichte und der Verzweiflung des Augenblicks: zum einen die Romantisierung der Geschichte und die Idealisierung der Zukunft, um Kraft für den Augenblick zu schöpfen, zum zweiten der evolutionäre Optimismus der Kantschen positiven Philosophie, später der Sozialisten, dass die Welt sich bessere.

Gebessert habe sich aber nur der technische Fortschritt, kulturell sei der Mensch eine blutrünstige Bestie geblieben. Der Historiker kenne kein Gesetz des Fortschritts, letzte

---

55 Pārpuce, Vēstures krātuves darbība, S. 51.
56 So konnte Dunsdorfs zwar 1942 seine Dissertation abschließen, durfte sie in Riga aber nicht mehr veröffentlichen, vgl. Dunsdorfs, Der Grosse schwedische Kataster.
57 Vēsture kā tautas garīgo spēku avots [Geschichte als Quelle der geistigen Kräfte eines Volkes]. Maschinenschriftlich in: LVVA, fonds 7118, 1. apr., 1. lieta, 14-22 lpp.; kleinere Auszüge veröffentlicht bei: Misāne, Daudzskaldnis, S. 71.

Instanz bleibe der Krieg. Und was von dem gegenwärtigen Krieg Asiens gegen Europa bleibe, sei, wie im Falle des Untergangs des alten Griechenland, lediglich das geistig-kulturelle Erbe, das auf die neuen Barbaren übergine. In diesem Sinne gehörten die kleinen Völker des Baltikums zu Europa, der Osten sei das ewige Grab des lettischen Volkes, seine historische Mission und sein metaphysischer und metahistorischer Sinn aber lägen in der Europäisierung Russlands an der Schwelle zwischen Asien und Europa.

Švābes Essay, seine düstere, kulturpessimistische und in Anklängen rassistisch geprägte Ausrichtung und Sinnsuche sind ein Dokument der Verzweiflung angesichts der lettischen Katastrophe im Zweiten Weltkrieg, der scheinbaren Sinnlosigkeit lettischer Geschichtswissenschaft und dem bevorstehenden Ende der Geschichte Lettlands.[58] Hatte man sich bis 1940 zunächst am Ziel der Geschichte, die Überwindung einer 700-jährigen Untertänigkeit und der Beginn eines neuen goldenen Zeitalters, gewähnt, so zerbrach dieser historische Optimismus angesichts der drohenden dritten, wieder sowjetischen Besatzungswelle vollends. Die Überwindung von Švābes persönlicher und wissenschaftlicher Resignation blieb dem lettischen Exil nach dem Zweiten Weltkrieg vorbehalten: 80 Jahre nach dem Sieg der Letten über Russen und Deutschbalten im Bürgerkrieg 1918–1920 und mehr als 50 Jahre nach der „Baltischen Tragödie" im Zweiten Weltkrieg sollte eine exillettische Veröffentlichung wieder den selbstbewussten Titel „Wir haben gesiegt" tragen.[59]

---

58 Švābe gab diesem Weltgefühl und der Hoffnung, Krieg und Gewalt durch Kultur überwinden zu können, wenige Jahre später noch einmal in einem Gedicht Gestalt (unter der Überschrift „Chan und Pan" in deutscher Übersetzung veröffentlicht in: Die Tat (Zürich), Nr. 18 (4.7.1953), S. 12:
*Der Steppe Dämon jagt von Ost nach West,*
*häuft Leichenberge, färbt die Flüsse rot*
*und breitet hin das Fahnentuch der Pest,*
*dass Gras nicht grüne, stampft er alles tot.*
*Des Teufels Knüttel schwingt seit geraumer Zeit*
*Attila, Temudzin, manch andrer Chan...*
*Zu Ostern aber hebt in Fröhlichkeit*
*das Lamm zur Flöte Pans zu blöken an.*
*Und Wald und Plan erwacht bei seinem Schritt,*
*es springt die Knospe auf, so laut sie kann,*
*und auferstanden schaffen alle mit:*
*die Frau spannt an, am Pfluge zieht der Mann.*
*Reite nur, Steppe, was die Hufe tragen:*
*Wald sperrt den Weg dir, Acker wird dich schlagen!*
59 Spilners, Mēs uzvarējām.

# 7. Lettische Historiografie in der Sowjetrepublik Lettland (1944–1991)

Mit der Rückeroberung des deutsch besetzten „Generalbezirks Lettland" ab Juli 1944 durch sowjetische Truppen, dem Einmarsch der Roten Armee in Riga am 13. Oktober 1944 und der Kapitulation der deutschen Heeresgruppe Kurland am 8. Mai 1945, geriet Lettland erneut unter sowjetische Herrschaft und bildete als „Sowjetische Sozialistische Republik Lettland" (im Folgenden kurz SSR Lettland, lett. *Latvijas Padomju Sociālistiskā Republika*, kurz *Latvijas PSR*), bis zum 4. Mai 1990 eine von 15 Sowjetrepubliken im Verbund der Sowjetunion.[1]

## 7.1. Historische und politische Rahmenbedingungen

Nach Moskauer Verständnis war Lettland 1940 freiwillig der UdSSR beigetreten und 1944/45 wieder vom Hitlerfaschismus befreit worden. Die Bevölkerung sah dies anders. Etwa zehn Prozent der Bewohner Lettlands, vor allem ein Teil der bürgerlichen Eliten, entzog sich der neuen sowjetischen Herrschaft und flüchtete gegen Ende des Zweiten Weltkrieges nach Deutschland und Schweden. Für die Mehrheit der verbliebenen Bevölkerung bedeutete die Rückkehr der Roten Armee die Fortsetzung der sowjetischen Besatzung und stalinistischen Unterdrückung. Jahre der Gewalt gegen die Zivilbevölkerung und des bewaffneten und passiven Widerstandes gegen die *pax sovietica* folgten.

International blieb Lettland zwar *de iure* Völkerrechtssubjekt, da der Westen mit Ausnahme Schwedens und vorübergehend Australiens die Annexion der baltischen Staaten von 1940 nicht anerkannte.[2] *De facto* wurde es jedoch eine von Moskau kontrollierte Diktatur. Zwar sahen die Scheinkonstitutionen der SSR Lettland von 1940 und 1977 eine zivile sowjetlettische Landesregierung (Rat der Volkskommissare, später Ministerrat) mit einem Obersten Sowjet als Landesparlament vor, die tatsächliche Macht lag jedoch beim Büro des

---

1 Darstellungen der Sowjetperiode: Levits, Lettland unter der Sowjetherrschaft; Misiunas, Taagepera, The Baltic States: Years of Dependence; Plakans, The Latvians. A Short History, S. 143-183; Bleiere, Butulis, Feldmanis, Stranga, Zunda, Latvijas vēsture, S. 285-382 (dt. Version S. 334-471; Plakans, The Baltic States, S. 336-401. Gelungene Kurzdarstellungen der Sowjetzeit: Bleiere, Eiropa Ārpus Eiropas; dies., Latvijas sovetizācija; dies., Die sowjetische Herrschaft; ausführlich für die Stalinzeit bis 1953: Zubkova, Pribaltika i Kreml'. Dokumente: Okupācijas varu politika; Latvija padomju režīma varā; Plakans (Hrsg.), Experiencing Totalitarianism; Nevardarbīgā pretošanās.
2 Zur völkerrechtlichen Nichtanerkennung der Annexion: Meissner, Die Sowjetunion, die baltischen Staaten und das Völkerrecht; Loeber, Legal Consequences; und ausführlich noch einmal: Ziemele, State Continuity and Nationality.

## 7. Lettische Historiografie in der Sowjetrepublik Lettland (1944–1991)    111

Zentralkomitees (ZK) der Kommunistischen Partei Lettlands (*Latvijas Komunistiskā Partija*, LKP), einer Art sowjetlettisches Politbüro mit 14 Mitgliedern (1981). Die LKP wiederum war lediglich regionales Territorialorgan der Kommunistischen Allunions-Partei (Bolschewiki) VKP(B) (ab 1952: Kommunistischen Partei der Sowjetunion, KPdSU) und somit der zentralen Parteiführung in Moskau unterstellt.[3]

Für eine direkte Kontrolle, unter Umgehung der lokalen Strukturen, sorgten ab 1944 spezielle Organisationsbüros des ZK der VKP(B) für die baltischen Republiken, die die Funktionen der sowjetischen Emissäre von 1940/41 übernahmen und die örtlichen Organe und die Sowjetisierung bis 1947 überwachten.[4] Später erfüllte der Zweite Sekretär des ZK der LKP diese Aufgabe, ein Posten, der bis 1989 mit einer Ausnahme (Vilis Krūmiņš, 1919–2000, Zweiter Sekretär von 1953–1956 und 1958–1960) stets mit einem Russen besetzt wurde.[5] Auch die Strukturen des Innenministeriums und dessen Sicherheitsapparate[6] in Riga blieben direkt den Moskauer Behörden unterstellt. Als Teil der sowjetischen Nordwestgrenze wurde Lettland außerdem militärisch vom Kommando des Baltischen Militärbezirk (russ. *Pribaltijskij Voennyj Okrug*) in Riga kontrolliert. Die Mobilität der Einwohner wurde durch einen Sperrgürtel entlang der Ostseeküste und Sperrbezirke im Inneren beschränkt. Mit wenigen Ausnahmen durften daher ausländische Touristen aber 1957 wieder Riga, nicht jedoch das Landesinnere besuchen.

Zwar knüpfte die Sowjetmacht ab 1944 unmittelbar an die Sowjetisierung bzw. Stalinisierung des Landes 1940/41 an,[7] die Jahre der sowjetischen Herrschaft zwischen 1944 und 1991 verliefen jedoch nicht gleichförmig. Eine sinnvolle Periodisierung unternahm die lettische Historikerin Daina Bleiere (geb. 1949), die die Jahre der Sowjetherrschaft in vier Perioden untergliedert sieht.[8] Drei Aspekte berührten dabei jeweils direkt oder indirekt auch die Geschichtswissenschaft und ihre öffentliche Funktionen: die Illegitimität der sowjetischen Herrschaft in Lettland, die mangelnde Akzeptanz der Kommunistischen Partei und Ideologie durch die Bevölkerung und die als „Russifizierung" empfundene massenhafte Immigration von Russen und anderen Sowjetbürgern:

---

3  Vgl. zum politischen System der SSR Lettland aus sowjetlettischer Perspektive zuletzt das Lemma: Valsts iekārta [Staatsordnung], in: Latvijas Padomju Enciklopēdija. 5.2. sēj., S.10-33. Zum Büro des ZK der LKP vgl. das Lemma: Centrālās komitejas birojs [Büro des Zentralkomitees] in: Ebenda, 2. sēj., S. 248. Zur Frage nach den Spielräumen, die zwischen Moskau, den lokalen Machthabern in Riga und der Bevölkerung bestanden: Bleiere, Eiropa Ārpus Eiropas, S. 50-61.
4  Bleiere, Butulis, Feldmanis, Stranga, Zunda, Latvijas vēsture, S. 296.
5  Eine Auflistung der Zweiten Sekretäre bei: Misiunas, Taagepera, The Baltic States: Years of Dependence, S. 352.
6  Zu den sowjetlettischen Sicherheitsorganen 1945–1991 siehe: Bergmanis, Zālīte, Padomju Latvijas drošības iestādes.
7  Erwin Oberländer nennt sieben Instrumente der Sowjetisierung 1940/41 bzw. nach 1944/1945, darunter die Vereinheitlichung von Bildungssystem und Kultur: Oberlenders, Sovetizācijas instrumenti.
8  Bleiere, Eiropa Ārpus Eiropas, S. 35-38; eine andere Periodisierung, die die sowjetische Zeit in eine Periode der Sowjetisierung (1944–1956), die man im weitesten Sinn mit der Herrschaft Stalins gleichsetzen kann, eine Periode der gemäßigten Liberalisierung (1956–1969), eine Periode der Stagnation (1969–1979) und eine Periode der späten Stagnation und des allmählichen Wandels (1980–1991) einteilt, findet sich in: Keruss, Lipša, Runce, Zellis, Latvijas Universitātes Vēstures un filozofijas fakultātes vēsture, S. 3 f.

Am Beginn standen die Jahre des Stalinismus (1944–1953), die sich durch den Einsatz massiver Unterdrückungsmaßnahmen (Deportationen, Säuberungen, politische Prozesse)[9] als Mittel politischer Disziplinierung auszeichneten,[10] ferner durch die Durchsetzung des sowjetischen sozialen und ökonomischen Systems (Kollektivierung der Landwirtschaft, staatliche Industrialisierung), die Unterordnung der Ökonomie unter die militärischer Interessen sowie den Versuch umfassender Kontrolle des privaten und öffentlichen Lebens durch eine zentralisierte Bürokratie. Im Grunde blieb das unter Stalin eingeführte System in abgeschwächter Form bis Ende der 1980er Jahre bestimmend.

Obwohl die UdSSR mit dem Sieg im Zweiten Weltkrieg inzwischen zu einer Weltmacht aufgestiegen war und südwestlich des Baltikums auch die übrigen Staaten Ostmitteleuropas kontrollierte, blieb die sowjetische Herrschaft paradoxerweise im Baltikum nach 1945 zunächst fragil. Stalin schien sich der neuen Herrschaft an der Ostsee nicht ganz sicher gewesen zu sein. Sowjetbaltische „Außenministerien" in Tallinn, Riga und Vilnius, sowjetbaltische „Außenminister" auf der Pariser Friedenskonferenz und das Ansinnen Stalins, auch den baltischen Republiken Sitze in den neu zu gründenden Vereinten Nationen zu verschaffen, sollten nicht nur den Charakter des Besatzungsregimes verschleiern und international eine Restselbständigkeit suggerieren, sondern stellten vielleicht auch Maßnahmen Stalins dar, einem möglichen *Roll back* im Baltikum diplomatisch gegenzusteuern.[11]

Im Inneren konnte der militärische Widerstand lettischer Partisanen, die in den ersten Nachkriegsjahren die ländlichen Regionen kontrollierten, erst Anfang der 1950er Jahre durch rigoroses Vorgehen sowjetischer militärischer Einheiten und Sondereinheiten – SMERŠ, *Istrebiteli* (Vernichtungsbataillone) und Strafbataillone – und durch Deportationen gebrochen werden.[12] Unmittelbar nach Kriegsende bezweifelten daher sogar Rotarmisten, ob sie sich in einer befreiten Sowjetrepublik und nicht doch eher in der sowjetischen Besatzungszone Deutschlands befanden.[13] Erst mit der Einsatzfähigkeit der ersten sowjetischen Atombombe und der letzten Massendeportation baltischer Landbevölkerung, beides 1949, schien sich das sowjetische Regime im Baltikum dauerhaft sicher zu fühlen.

Die herrschende LKP blieb zunächst strukturell schwach aufgestellt. Die meisten lettischen Kommunisten waren vor dem Krieg den „Säuberungen" in der Sowjetunion zum Opfer gefallen, und die wenigen jetzt aus der UdSSR nach Lettland kommenden lettischen kommunistischen Funktionäre (russ. *latoviči*, dt. Russlandletten) waren häufig jung, unerfahren oder verfügten über keine Orts- und kaum lettische Sprachkenntnisse. Letten blie-

---

9 Damit sind Prozesse der sowjetlettischen Gerichte gemeint, vgl. No NKVD līdz KGB (mit einem alphabetischen Personenregister aller 49 321 Fälle). Nicht alle Unterdrückungsmaßnahmen gegen die Bevölkerung, insbesondere während der Stalinzeit, unterlagen einem förmlichen Gerichtsverfahren.

10 Bleiere beziffert die Zahl der Opfer der stalinistischen Maßnahmen in Lettland bis 1953 auf etwa 140 000 Personen, d.h. etwa 7 Prozent des Bevölkerungsstandes von 1959 mit knapp 2,09 Mio. Einwohnern, vgl. Bleiere, Eiropa Ārpus Eiropas, S. 35.

11 Zur Geschichte und Rolle des sowjetlettischen „Außenministeriums": Lerhis, Padomju Latvijas ārlietu spēles; gegenüber dem lettischen Exil: Zunda, Latviešu trimda.

12 Strods, Latvijas nacionālo partizānu karš; Jansons, Bruņotā pretošanās. Zur Deportationswelle vom 25.3.1949, der noch einmal 42 149 Personen zum Opfer fielen: Kalnciema, Šķiņķe, 1949. gada 25. marta deportācijas skaitliskais raksturojums.

13 Bleiere, Butulis, Feldmanis, Stranga, Zunda, Latvijas vēsture, S. 291.

ben während der gesamten Sowjetzeit in der LKP in der Minderzahl (1953: 29,2 Prozent, 1988: 39,9 Prozent). Das Fehlen lettischer Parteikader zog die Einwanderung von russischen Funktionären, die forcierte Industrialisierung des neuen, infrastrukturell gut aufgestellten „Westens" der UdSSR die Einwanderung von Arbeitskräften und deren Familien nach sich. Strittig ist, inwieweit bzw. zu welcher Zeit die sowjetische Immigration („Russifizierung") nicht nur dem Ausgleich der immensen Bevölkerungsverluste Lettlands im Zweiten Weltkrieg und dem Ausbau sowjetischer Industrien dienten, sondern auch Mittel sowjetischer Kolonisierungsbemühungen in den baltischen Sowjetrepubliken darstellte.[14]

Die zweite Periode (1953–1964), die Jahre der kollektiven Führung nach Stalins Tod und unter Nikita S. Chruščev (1894–1971), brachten zwar keine Änderung des Systems der Sowjetunion, aber der Art und Weise, wie es funktionierte – mit der Absage an Massenterror als politischem Mittel, der Einführung begrenzt garantierter rechtlicher Normen, ökonomischen Verbesserungen im privaten Bereich, einer kontrollierten Öffnung gegenüber der Außenwelt und vorsichtig erweiterten politischen Spielräume.

Auch in Sowjetlettland änderte sich die Situation mit Stalins Tod 1953 langsam. Einerseits setzte die Niederschlagung des Ungarnaufstandes 1956 letzten Hoffnungen auf ein Eingreifen des Westens zugunsten der besetzten baltischen Staaten ein Ende, andererseits durfte die Mehrzahl der Deportierten ab 1956 in ihre Heimat zurückkehren und eröffneten Chruščevs Geheimrede auf dem dem XX. Parteitag der KPdSU 1956 und der Beginn des „Tauwetters" Hoffnungen auf mehr politische Freiheit. Ein „Marsch durch die Institutionen", sprich der Eintritt in die Partei und eine Mitgestaltung des sowjetischen Systems von innen, erschien vor allem der jüngeren Generation zunehmend sinnvoll.[15] Langsame ökonomische Verbesserungen im Alltag unterfütterten einen zurückhaltenden Optimismus.

Die Grenzen der Liberalisierung wurden in Sowjetlettland jedoch sichtbar, als zwischen 1956 und 1959 lettische Nationalkommunisten (oder Reformkommunisten) versuchten, soziale, kulturelle und ökonomische Interessen der Republik gegenüber Moskau durchsetzen. Da sie im Unterschied zu estnischen und litauischen Kommunisten schlechter in Moskau vernetzt und politisch durchsetzungsschwach waren, endeten ihre Reformversuche 1959 mit ihrer Verurteilung als „bürgerliche Nationalisten". Der glücklose Jānis Kalnbērziņš (1893–1986) musste seinen Posten als Erster Sekretär der LKP an Arvīds Pelše (1899–1983)[16],

---

14 Die Bevölkerung Rigas war trotz Kriegsverlusten zwischen 1940 und 1956 von 355 000 auf 565 000 gestiegen, vgl. Latvijas PSR tautas saimniecība, S. 8; detailliert und nur für den Dienstgebrauch: Itogi vsesojuznoj perepisi naselenija, S. 81-96. Der Anteil der Letten ander Bevölkerung der SSR Lettland sank bis 1989 auf 52 Prozent, vgl. Latvijas statistikas gadagrāmata, S. 80; Mežs, Latvieši Latvijā; S. 2-10.
15 Insbesondere in der SSR Litauen schien dies erfolgreich gewesen zu sein, vgl. Misiunas, Taagepera, The Baltic States: Years of Dependence, S. 131 ff.
16 Arvīds Pelše, eine der schillerndsten Figuren in Sowjetlettland nach 1944: ab 1917 unter Feliks Dzierżyński (1877–1926) beim Geheimdienst ČK, ab 1929 historische Studien am Institut der Roten Professur in Moskau, politische Ämter in Kasachstan und Moskau, 1941–1962 Mitglied des ZK-Büros der LKP, 1959–1966 Erster ZK-Sekretär der LKP, 1959–1962 verantwortlich für die „Säuberungen" von ca. 2 000 lettischen Nationalkommunisten, 1961 ZK-Mitglied in Moskau, 1966 Politbüro-Mitglied in Moskau; Pelše verhandelte 1968 als Gewährsmann von Michail A. Suslov (1902–1982) in Prag und besaß offenbar Sinn für *Scrabble*: 1961 wollte er – unter Verschüttelung der vier Buchstaben der lettischen Hauptstadt – Riga in „Gagarin" umbenennen,

einen moskautreuen Weggefährten Michail Suslovs (1902–1982), abtreten. Pelše zeichnete in der Folgezeit für die Entlassung und teilweise Verbannung von etwa 2 000 Nationalkommunisten verantwortlich.[17]

Der Gefahr einer Rückkehr regionaler Nationalismen, die damit sichtbar geworden war, begegnete die Führung der Sowjetunion mit der Forcierung einer Politik des „neuen Sowjetvolkes" als künftiger gesellschaftlicher Klammer. Das neue Parteiprogramm, auf dem XXII. Parteitag der KPdSU 1961 verabschiedet, versprach daher nicht nur den Übergang vom Sozialismus zum Kommunismus. Vielmehr wurde nun die Herausbildung eines neuen Sowjetvolkes als neuer nationaler Gemeinschaft, bisher nur in Liedern oder auf Plakaten als „neue historische Menschheitsgemeinschaft" beschworen, in das Parteiprogramm aufgenommen und offiziell politische Linie der Nationalitätenpolitik des UdSSR.[18] Eine der Konsequenzen war die bis Ende der 1980er Jahre anhaltende Forcierung einer einseitigen Förderung der russischen Sprache und Kultur, verbunden mit der Diskriminierung nichtrussischer nationaler Kulturen.

Die dritte Periode, die Jahre der „Stagnation" (1965–1984), zeichnete sich auf der einen Seite durch eine Stabilisierung des Systems, andererseits durch einen stetigen ökonomischen Niedergang aus, da das System die dreifache Herausforderung der militärischen Hochrüstung, der industriellen Modernisierung und der Einlösung sozioökonomischer Versprechen an die Bevölkerung nicht leisten konnte. Einzelne Gruppen innerhalb der Bürokratie begannen partikulare, auch nationale Interessen zu entwickeln. Loyalität gegenüber dem Regime äußerte sich in entleerten Ritualen, Konformismus wurde zu einer alltäglichen Erscheinung. Gleichzeitig unterstrich der XXIV. Parteitag der KPdSU (1971) noch einmal die Konzeption vom neuen „Sowjetvolk", das sich jetzt bereits herausgebildet habe. Moskau versuchte damit ideologisch und mit Hilfe einer Ausweitung der Rolle der russischen Sprache als Herrschaftsinstrument in der Öffentlichkeit und Bildung auch praktisch, zentrifugalen Sonderinteressen örtlicher und nationaler Nomenklaturen zu begegnen.

Im Rahmen der Enspannungspolitik mit dem Westen und unter dem Stichwort „friedliche Koexistenz" durften sich die baltischen Sowjetrepubliken ab 1970 vorsichtig in Richtung Ostseeraum öffnen. Es kam es zu einer Ausweitung der Kontakte mit dem Westen. Mehr westliche Touristen, darunter viele mit familiären und historischen Interessen, besuchten Sowjetlettland. Einen Höhepunkt bildete die Austragung der olympischen Segelwettkämpfe in der Nachbarrepublik Estland 1980. Das politische Bedürfnis, einer schwindenden politischen Integration über eine forcierte, mit historischer Tiefe argumentierende Identitätspolitik entgegenzuwirken, wurde besonders 1979 sichtbar, als das 60-jährige Jubiläum der SSR Lettland, bewusst an 1919 statt an 1940 anknüpfend, begangen wurde. Die Erinnerung an lettische Kommunisten, u. a. den Weggefährten Lenins, Pēteris Stučka (1865–1932), dessen politische Schriften zwischen 1976 bis 1984 endlich in lettischer Sprache und sieben

---

vgl. Remeikis, A Latvian in the Politbureau; ferner: Der Lette, der noch Lenin kannte. Zu Pelšes enger Freundschaft mit Suslov: Prigge, Sovietization, S. 72-75.

17 Bleiere, Butulis, Feldmanis, Stranga, Zunda, Latvijas vēsture, S. 343-353; Prigge, Bearslayers; Bleiere, Nacionālkomunisms. Zu den Historikern und der Rückkehr ausgeschlossener Historiker an die Staatsuniversität während dieser Jahre vgl. Lipša, Die Historiker der Lettischen Staatsuniversität.
18 Safronovas, Kampf um Identität.

Bänden erschienen, sollten eine originär lettische Verwurzelung im Kommunismus sichtbar machen. Selbst linke Sozialdemokraten, wie der unter Stalin in der UdSSR ermordete Linards Laicēns (1883–1937), wurden wieder salonfähig.[19]

In den 1970er Jahren regte sich zunehmend politischer Protest, der auch internationales Echo auslöste. 1972 gelang es 17 lettischen Kommunisten, einen offenen Brief im Westen zu lancieren, der die Russifizierung Lettlands thematisierte. Die KSZE-Schlussakte von Helsinki (1975) mit der Feststellung der Unveränderlichkeit der Grenzen in Europa fand auch in Sowjetlettland Beachtung. 1979 forderten 45 baltische und russische Dissidenten in einem Apell an den UNO-Generalsekretär und die Regierung der UdSSR die Annullierung des Hitler-Stalin-Paktes und den Abzug sowjetischer Truppen aus dem Baltikum. Schließlich wurde sogar das Europäische Parlament aktiv: Es beschloss am 13. Januar 1983, die Frage der baltischen Staaten dem Dekolonisationsausschuss der UNO zuzuleiten.[20] Das sowjetlettische Geschichtskonstrukt, dessen Dreh- und Angelpunkt der freiwillige Anschluss an die Sowjetunion 1940 bildete, wurde immer öfter zur Disposition gestellt.

Die vierte Periode wird durch die politischen und ökonomischen Bemühungen Michail Gorbačevs (1931–2022), die UdSSR unter den Stichworten der *perestrojka* und der *glasnost'* zu reformieren, die Entstehung nationaler Unabhängigkeitsbewegungen, darunter die baltischen Volksfronten, sowie den Niedergang der UdSSR (1985–1991) markiert.[21]

Bereits kurz nach Gorbačevs Amtsantritt im März 1985 machte der erste öffentliche Protest in der SSR Lettland die Brisanz der Geschichte deutlich: Mitten im Abschlusskonzert des großen sowjetlettischen Sängerfestes am 21. Juli 1985 auf der Sängerbühne im Rigaer Waldpark, auf den Tag 45 Jahre nach Verkündung der Sowjetmacht in Lettland, traten zwischen den Sängern sowjetische Soldaten in Uniform auf und sangen in russischer Sprache sowjetische patriotische Lieder. Daraufhin skandierten nach Ende des Konzertes Sprechchöre der Sänger und Zuschauer den Namen des Dirigenten Haralds Mednis (1906–2000) und zwangen die Regie, Mednis auf die Bühne zu lassen, um das emotional bewegende und verbotene Lied *Gaismas pils* (dt. Die Burg des Lichtes) zu dirigieren. Mednis war zwei Tage vor dem Konzert aus der Liste der Dirigenten gestrichen worden, weil er während des Zweiten Weltkrieges auf deutscher Seite gekämpft hatte.[22] Ein Jahr später war es bereits möglich, dass Äußerungen US-amerikanischer Politiker zur Einverleibung der baltischen Staaten in die UdSSR 1940 auf der amerikanisch-sowjetischen Chatauqua-Konferenz in

---

19 Stučka, Rakstu izlase, Tabūns, Linards Laicēns. Der Herausgeber Leo Dribins erinnerte sich später, der Beschluss zur Herausgabe der Werke Stučkas sei aus Moskau gekommen, um den Internationalismus der baltischen Kommunisten gegenüber westlichen revisionistisch gestimmten Kommunisten in Schutz zu nehmen, die die Russifizierung in der Sowjetunio kritisierten, vgl. Leo Dribins: Latvijas zinatnieks Leo Dribins. Biobibliografija. Rīga 2020, S. 9.
20 Brief der 17 lettischen Kommunisten; zum Apell der 45: Levits, Der politische Konflikt, S. 367; KSZE-Schlussakte: Eiropas drošības un sadarbības apspriede. in: Latvijas Padomju Enciklopēdija. 3. sēj., S. 59; zum Entschließungsantrag des Europäischen Parlaments vgl.: Entschließungsantrag.
21 Aus der Fülle der Literatur: Butenschön, Estland, Lettland, Litauen; Zusammenfassung: Henning, Der Weg Estlands, Lettlands und Litauens; Blūzma, Celle, Jundzis, Lēbers, Levits, Zīle, Latvijas valsts atjaunošana; wichtige Erinnerungen der lettischen Volksfront-Aktivistin und späteren EU-Kommissarin mit vielen Details: Kalniete, Es lauzu; Dokumente siehe: Nevardarbīgā pretošanās.
22 Vgl. den Ausschnitt aus der damaligen TV-Übertragung: https://www.youtube.com/watch?v=OiPfinuyn-Q, hier ab Minute 3:00 (letzter Zugriff 14.5.2024).

Jūrmala bei Riga (15.–19. September 1986) von den sowjetlettischen Medien wiedergegeben und anschließend dokumentiert wurden.[23]

Damit wurde bereits kurz nach Gorbačevs Amtsantritt klar, dass in dem Maße, wie das sowjetlettische Geschichtskonstrukt zu einem wesentlichen Bestandteil der sowjetischen Herrschaftssicherung geworden war, die Geschichte auch zu einem der Faktoren werden würde, die zum Niedergang der Sowjetunion und zur Wiederherstellung der Unabhängigkeit der Baltischen Staaten führen würde. Fast alle Demonstrationen und Massenkundgebungen der folgenden Jahre bis 1991 in Lettland und im Baltikum orientierten sich an historischen Daten und Ereignissen. Es begann mit einer kleineren Demonstration zum Gedenken an die erste Deportation 1941 (17. Juni 1987) und führte über die Gedenktage des Hitler-Stalin-Paktes (23. August 1987), der Unabhängigkeitserklärung 1918 (18. November 1987) und der zweiten großen Deportation 1949 (25. März 1988) bis hin zum Geburtstag des letzten lettischen Staatsgründers, Staatspräsidenten und Diktators Kārlis Ulmanis (4. September 1988) und zur Menschenkette „Baltischer Weg" am 23. August 1989. Neben den politisch-rechtlichen Forderungen nach Demokratie und staatlicher Unabhängigkeit wurde somit die Wiederherstellung historischer Gerechtigkeit eines der wichtigsten Ziele und Instrumente der lettischen Unabhängigkeitsbewegung. Geschichtswissenschaft und Geschichtspublizistik wurden damit zu Akteuren der „Singenden Revolution".

### 7.2. Das historische Feld: Personen und Institutionen

Mit der sowjetischen Rückeroberung Lettlands 1944 geriet auch die Wissenschaftslandschaft des Landes wieder unter sowjetische Herrschaft, diesmal für knapp 45 Jahre. Im Rahmen der stalinistischen Wissenschafts- und Kaderpolitik galt es, die Wissenschaft von unliebsamen Personen zu „säubern" bzw. mit loyalen Forschern zu besetzen, um sie ideologisch an die Vorgaben der Partei und Stalins anpassen zu können. Institutionell sollte sie mit dem Ziel umgebaut werden, sie in das gesamtsowjetische Wissenschaftssystem integrieren zu können. Dies galt insbesondere für die Geschichtswissenschaft als ideologisches Herrschaftsinstrument der neuen politischen Führung.[24]

*Personeller Umbau – Historiker*

Mit der Rückkehr der Roten Armee setzten ab Herbst 1944 die stalinistischen „Säuberungen" und Deportationen als Instrumente der Herrschaftssicherung wieder ein[25] und trafen auch lettische Historiker. Daneben bildeten Entlassungen vom Arbeitsplatz, Selbstkritik

---

23 Vgl. Jūrmalas dialogi. Die Rolle des lettischen Exils in diesen Prozessen beleuchtet: Beķere, Latvian diaspora involvement.
24 Überblick über Methoden und die zentrale Organisationsgeschichte der sowjetischen Geschichtswissenschaft, jedoch weitestgehend ohne Berücksichtigung der Geschichtswissenschaften in den nichtrussischen Republiken bei: Hösler, Die sowjetische Geschichtswissenschaft.
25 Überblick bei: Stradiņš, Staļina režīma attieksme. Zu den Deportierten des 14. Juni 1941 hatte bereits der Kirchenhistoriker und Theologe Ludvigs Adamovičs (geb. 1884) gehört. Er war 1943 in der UdSSR umgekommen.

und Umerziehung weitere Mittel der Umgestaltung des geschichtswissenschaftlichen Betriebes mit dem Ziel der Schaffung ideologiekonformer Kader an der Wissenschaftsfront. Die schwerste Welle der „Säuberungen wegen bourgeoiser Umtriebe" traf die Akademie der Wissenschaften in den Jahren 1949 und 1950, als z. B. allein auf einen Beschluss des ZK der LKP, veröffentlicht am 2. August 1950, 65 Mitglieder der Akademie entlassen wurden.[26]

Von den wenigen lettischen Historikern der Zwischenkriegszeit, die gegen Ende des Krieges in Lettland geblieben waren – Marģers Stepermanis (1898–1968), Teodors Zeids (1912–1994), Gustavs Lukstiņš (1894–1987), Roberts Malvess (1905–1982) u. a. – wurden der Archäologe und Ethnograf Ādolfs Karnups (1904–1973), der Archäologe Rauls Šnore (1901–1962, Ehemann der Archäologin Elvīra Šnore) und Aleksandrs Jansons (1916–1991) nach Sibirien deportiert. Von der Arbeit im Geschichtsinstitut entlassen wurden Malvess, Jānis Straubergs (1886–1952) und Jānis Zemzaris (1902–1996).[27] Seine Arbeit im Staatsarchiv verlor Juris (Georgs) Jenš, die Fakultät für Geschichte an der Staatsuniversität mussten Boļeslavs Brežgo (1887–1957) und Lukstiņš verlassen. Veröffentlichungen von Historikern wie Arveds Švābe (1888–1959), Benno Ābers (1909–1990) und Vilis Biļķins (1887–1974) oder Archäologen wie Francis Balodis (1882–1947) und Valdemārs Ģinters (1899–1979), die aus Lettland geflohen waren, von Augusts Tentelis (1876–1942), der am 19. Januar 1942 in Riga verstorben war, des Religionshistorikers und Begründers der neuheidnischen *Dievturi* (dt. Gotteshalter) Ernests Brastiņš (geb. 1892), der am 28. Januar 1942 in der UdSSR erschossen worden war, oder des Bildungshistorikers Andrejs Vičs (1879–1943), 1943 im Arbeitslager umgekommen, verschwanden aus den Bibliotheken und wurden größtenteils vernichtet.

Der bekannteste Fall für Selbstkritik und Umerziehung betraf die beiden Historiker Stepermanis und Zeids. Beide wurden genötigt, am 2. Februar 1948 in einer wissenschaftlichen Sitzung der Fakultät für Geschichte der Staatsuniversität zwei Vorträge zu halten, Stepermanis über „bourgeoisen ‚Objektivismus' und Geschichtswissenschaft" und Zeids über „Einblicke der bourgeoisen Historiografie in die Entstehung des Feudalismus in Lettland", in denen sie ihre wissenschaftlichen Methodik der Vorkriegszeit widerrufen und unter Beweis stellen mussten, in der Lage zu sein die Unwissenschaftlichkeit der „bourgeoisen" Historiografie und ihre Funktion im Kampf der „Ulmanis-Clique" gegen die lettische Arbeiterklasse „demaskieren" zu können. Während es Zeids einigermaßen gelang, für das lettische Mittelalter anstelle nationaler Geschlossenheit im Kampf gegen den Deutschen Orden frühe Klassenantagonismen und darüber hinaus eine uralte Verbundenheit mit den Slaven im Osten zu konstatieren, musste Stepermanis öffentlich Abbitte tun:

---

26 Vgl. Strods, LPSR Zinātņu Akadēmijas politiskā tīrīšana.
27 Zu Šnore vgl. Vīksne, Krimināllieta Nr. 15463. Malvess hinterließ zu diesen Ereignissen und über seinen weiteren, von Enttäuschungen geprägten Lebenslauf handschriftliche Erinnerungen (118 Seiten): LNB Retumu un Rokrakstu nodaļa, A 105, N 193. Straubergs („unpolitisch, unfähig zu wissenschaftlicher Arbeit") war ein Bruder des Folkloristen Kārlis Straubergs, zu ihm („unpolitisch, unfähig zu wissenschaftlicher Arbeit") und Zemzaris („ehemaliger Angehöriger der Aizsargi", hat diese Tatsache bisher verschwiegen, politisch unzuverlässig") vgl. die Liste der Deportierten bei Strods, Anm. 26, S. 124.

„Dozent Stepermanis [...] analysierte kritisch die Werke, die er während der Zeit des kapitalistischen Lettlands verfasst hat. Er zeigte den unmarxistischen, umwissenschaftlichen Charakter seiner Werke auf, verwies auf die in ihnen anzutreffenden irrigen Auffassungen und gestand, dass einige Werke nichts Anderes seien als eine Apologetik der Bourgeoisie und ihrer Herrschaft, mit geschickt zusammengestellten empirischen Fakten. Obwohl er seine Fehler der Vergangenheit gestand und verurteilte, war seine Kritik an sich selbst und an der Konzeption der bourgeoisen Historiker Lettlands zuweilen trotzdem rein formal. Er wandte sich nicht scharf genug mit Gegenargumenten gegen die Vertreter des bourgeoisen Objektivismus, verschwieg einige seiner Fehler und kritisierte die Schmeicheleien der bourgeoisen Historiker gegenüber der jeweilig herrschenden Gruppe der Bourgeoisie nicht ausreichend.

Im Ganzen muss jedoch zugestanden werden, dass der Vortrag von Stepermanis die Folgerung erlaubt, dass er sich nicht mit einer Ein-Tages-Deklaration begnügen wird, sondern dies der Brückenabbruch zur Vergangheit und der Beginn einer fruchtbaren Arbeit für die Ernte einer progressiven Wissenschaft ist. [...] In diesem Sinne war sein Referat [...] ein ernsthafter Schritt nach vorn."[28]

*Das institutionelle Umfeld*

Die sowjetlettische Geschichtswissenschaft blieb über 40 Jahre im wesentlichen in drei Institutionen gebündelt. Es waren dies vor allem das „Institut für Geschichte an der Akademie der Wissenschaften der SSR Lettland" (lett. *Latvijas PSR Zinātņu Akadēmijas Vēstures institūts*, im folgenden: Geschichtsinstitut der SSR Lettlands), welches seine Arbeit unter sowjetischen Vorzeichen und im Rahmen der Akademie der Wissenschaften der SSR Lettland fortführen konnte, ferner das neu gegründete „Institut für die Geschichte der Partei beim Zentralkomitee der Kommunistischen Partei Lettlands" (lett. *Latvijas KP CK Partijas vēstures institūts*, im folgenden: Parteiinstitut), welches stärker propagandistisch, zeit- und politikgeschichtlich arbeitete, sowie die Fakultät für Geschichte an der Staatsuniversität Lettlands in Riga. Weitere Einrichtungen (Pädagogische Hochschulen, Museen, Vereinigungen) spielten eine untergeordnete Rolle, vielfach im Sinne einer sowjetischen Geschichtspropaganda und *public history*, boten aber nicht selten Nischen für Berufshistoriker und Heimatforscher, die hier weniger opportune, lokale Themen, die aus unterschiedlichen Gründen das Tageslicht der offiziellen Ideologie und sowjetischen Massenmedien scheuen mussten, veröffentlichen konnten.

Alle Einrichtungen waren in ein System der Koordination, Unterordnung und Kontrolle eingebunden, sowohl horizontal auf Republiks- als auch vertikal auf Unionsebene. Gleichzeitig gab es aber innerhalb der Institutionen Gesprächsforen, in denen in beschränktem Maße Spielräume ausgelotet und Diskussionen geführt werden konnten. Dabei spielten die Stellung in der politischen Hierarchie, Selbstbeschränkung und Selbstkontrolle der einzelnen Historiker eine wichtige Rolle.

---

28 Par LVU vēstures fakultātes zinātnisko sesiju; Keruss, Lipša, Runce, Zellis, Latvijas Universitātes Vēstures un filozofijas fakultātes vēsture, S. 112-114; Überblick über die Historiker an der Staatsuniversität während dieser Jahre bei: Keruss: Die Lehrkräfte der Historischen Fakultät.

## Das Institut für Geschichte an der Akademie der Wissenschaften der SSR Lettland

Während sich Austausch und Umerziehung der Kader über Jahre hinzog, gelang der institutionelle Umbau relativ rasch. Wichtigste Institution wurde das „Institut für Geschichte der Akademie der Wissenschaften der SSR Lettland" (lett. *Latvijas PSR Zinātņu Akadēmijas Vēstures institūts*, im folgenden Geschichtsinstitut),[29] welches, schenkt man den Autoren einer Festschrift aus dem Jahr 1976 Glauben, für drei Viertel der geschichtswissenschaftlichen Produktion in der SSR Lettland verantwortlich zeichnete.[30] Bereits am 16. Oktober 1944 hatte das Geschichtsinstitut seine Arbeit wieder aufgenommen, nachträglich sanktioniert durch einen Beschluss des ZK-Büros der LKP vom 7./8. Dezember 1944 und zunächst als Teil der Staatsuniversität in Riga.[31] Gleichzeitig mit dem Beschluss vom 7./8. Dezember übernahm das ZK der LKP bzw. dessen Abteilung für Agitation und Propaganda auch die vollständige Kontrolle über die Geschichtswissenschaft in Lettland, und das Geschichtsinstitut wurde von dem ZK-Sekretär Jānis Kalnbērziņš als Propagandainstrument in Stellung gebracht:

„Während der drei Jahre der deutschen Okkupation haben die deutschen Faschisten und Nationalisten die Einwohner Lettlands mit ihrer lügnerischen faschistischen Propaganda verkrüppelt. [...]. Um deren Einfluss zu liquidieren, wird in Kürze das Geschichtsinstitut erneuert, dessen wichtigste Aufgabe die Erstellung einer wissenschaftlichen Geschichte Lettlands sein wird."[32]

Neuer Direktor wurde für kurze Zeit Stepermanis, der bereits 1936 bis 1940 Generalsekretär des von Ulmanis ins Leben gerufenen Instituts gewesen war. Die Personalie Stepermanis', immerhin eines Historikers der Ulmanis-Ära mit Studienaufenthalt in Paris (1933), war einerseits einem akuten Personalmangel, der Notwendigkeit eines raschen institutionellen Neuanfangs, aber sicher auch der Tatsache geschuldet, dass das neue Institut neben Stepermanis zunächst nur über vier weitere wissenschaftliche Mitarbeiter – Alfrēds Altements (1902–1946), Zemzaris, Zeids und Irma Alksne – verfügte und keine größere Bedeutung besaß.[33]

---

29 Zur Geschichte des Geschichtsinstituts nach 1944: Latvijas PSR Mazā enciklopēdija. III. sēj., S. 668-670; Bīrons, Zeids, Mieriņa, Žagars, Latvijas PSR Zinātņu Akadēmijas Vēstures Institūts; Ronis, Latvijas vēstures institūts laikmeta kontekstā; Zemītis, Latvijas Vēsturs institūtam 75 gadi. Veröffentlichungen des Geschichtsinstituts: Latvijas PSR Zinātņu Akadēmijas Vēstures Institūta publikācijas (1946.–1972.); Latvijas PSR Zinātņu Akadēmijas Vēstures Institūta publikācijas 1973. –1975. g.; Vēstures zinātņu attīstība.
30 Bīrons, Zeids, Mieriņa, Žagars, Latvijas PSR Zinātņu Akadēmijas Vēstures Institūts, S. 8.
31 Dabei ging es ausdrücklich nicht um eine sowjetische Neugründung, sondern die Fortführung des bisherigen Instituts. Punkt 4 des Beschlusses lautete: „An der Staatsuniversität Lettlands die Arbeit des Geschichtsinstitutes wieder aufnehmen. Der Abteilung für Agitation und Propaganda beim ZK empfehlen, bis zum 15. Januar 1945 Vorschläge eines Arbeitsplanes für 1945 und die Zusammensetzung der Mitarbeiter zur Bestätigung vorzulegen", vgl. LK(B)P CK plēnumu, biroju protokoli, 1944, in: LVA, fonds PA-101, 3. apr., 13. lieta, 53. lp., hier zit. nach Ronis, Latvijas vēstures institūts laikmeta kontekstā, S. 25.
32 Zit. nach: Strods, Latvijas vēstures zinātnes padomizēšana, S. 19.
33 Zu Stepermanis während der Sowjetzeit: Cimermanis, Marģers Stepermanis.

Dies sollte sich ändern, nachdem auf Initiative des sowjetlettischen Rats der Volkskommissare (der Sowjetregierung Lettlands) vom 18. Juni 1945 sowie Beschlüssen des Rates der Volkskommissare der UdSSR vom 4. November 1945 und des ZK der LK(B)P vom 7. Februar 1946 die Akademie der Wissenschaften der SSR Lettlands gegründet worden war,[34] und das Geschichtsinstitut ab 1. Juli 1946 unter der Bezeichnung „Institut für Geschichte und Materielle Kultur"[35] in die neue Wissenschaftsakademie eingegliedert wurde.[36] Als Gründungsjahr galt künftig 1946, alle Hinweise auf die Vorkriegstradition des Institutes wurden fortan vermieden.

Die lettische Akademie der Wissenschaften bildete eine Filiale der Akademie der Wissenschaften der UdSSR in Moskau und unterlag in der Auswahl der Kader denselben Prinzipien der Nomenklaturbildung wie die Moskauer Akademie, d. h. der Kontrolle des ZK der LKP und den Weisungen aus Moskau.[37] Damit war auch das Geschichtsinstitut in Riga an die Vorgaben der Berichterstattung und Weisungen des Mutterinstituts für Geschichte und Materielle Kultur in Moskau gebunden und unterlag dessen Kontrolle

Neuer Direktor des Geschichtsinstituts wurde 1946 der Russlandlette Kārlis Strazdiņš (1890–1964), der am Institut der Roten Professur in Moskau studiert hatte, Dozent an verschiedenen Hochschulen der UdSSR gewesen war und von 1944 bis 1950 gleichzeitig den Posten des Volkskommissars für Bildung der SSR Lettland innehatte. Strazdiņš war ohne akademischen Grad in die Akademie der Wissenschaften gewählt worden. Sein Nachfolger wurde 1963 der aus Sowjetrussland stammende Aleksandrs Drīzulis (1920–2006), der immerhin das Moskauer „Staatliche Institut für Geschichte und Archive" absolviert hatte und somit als ausgebildeter Historiker galt. Ihm folgten – bis zum Beginn der lettischen Unabhängigkeitsbewegung und Gründung der Volksfront Lettlands 1988 – der Philosoph Valentīns Šteinbergs von 1970 bis 1981) und Vincents Karaļuns von 1981 bis 1988 nach, der Volkswirtschaft und Recht an der Staatlichen Universität studiert hatte.

Das Institut verfügte über einen Teil des Inventars, der Bibliothek und des Archivs des Vorkriegsinstituts, beschäftigte zunächst neben den bereits genannten fünf Historikern der Zwischenkriegszeit auch noch die in der Republik Lettland ausgebildeten Historiker Malvess, Straubergs und die Archäologin und Historikerin Elvīra Šnore (1905–1996) weiter und konnte so unter den Umständen der stalinistischen Politisierung wenigstens eine gewisse professionelle Kontinuität bewahren. Insbesondere in den Sektionen, die der Gegenwart näherkamen und politisch sensibler waren, wurde das Personal allerdings durch Russlandlet-

---

34 Organisiert wurde die Gründung der Akademie der Wissenschaften vom Volkskommissar für Äußeres, dem Russlandletten Pēteris Valeskalns (1899–1987), der in den 1920er Jahren bereits unter dem Rektor der Universität Moskau, Andrej Vyšinskij (1983–1954), dem Emissär Stalins in Riga im Juni/Juli 1940, gearbeitet hatte, 1940/41 in Riga Volkskommissar für Bildung gewesen war und in späteren Jahren auch philosophiegeschichtlich publizierte. Zur Gründung: Stradiņš, Cēbere, Latvijas Zinātņu akademijas veidošanās, S. 101 f.; zur Geschichte der Akademie: Akademija nauk; Stradiņš, Latvijas Zinātņu Akadēmija.
35 Ab August 1959 lautete die Bezeichnung „Akademie der Wissenschaften der SSR Lettland. Geschichtsinstitut" (lett. *Latvijas PSR Zinātņu akadēmija. Vēstures institūts*).
36 Lettische Historiker konstatieren für die Zeit zwischen Kriegsende und Herbst 1946 einen „gewissen Liberalismus", den sie mit Stalins Schlaganfall kurz nach Kriegsende in Verbindung bringen, vgl. Bleiere, Butulis, Feldmanis, Stranga, Zunda, Latvijas vēsture, S. 286 u. 360.
37 Akademiemitglieder waren von den Historikern u. a. Krastiņš, Drīzulis und Strazdiņš.

ten vervollständigt. Zu diesen Neuzugängen gehörten etwa Augusts Blumfelds (1894–1965), Teodors Draudiņš (1890–1962) oder Krišs Grašmanis (1898–1980), der spätere Rektor der Pädagogischen Hochschule Daugavpils.[38]

1947 bestanden am Geschichtsinstitut zunächst drei Abteilungen, später Sektionen genannt: die „Abteilung für Materielle Kultur" (Archäologie), die „Abteilung für Historische Hilfswissenschaften" sowie die „Abteilung für Geschichte Lettlands" (Leitung Jānis Krastiņš, 1890–1983), die ihrerseits wieder in Unterabteilungen gegliedert waren. So bestand z. B. die „Abteilung für Geschichte Lettlands" aus der „Sektion für Geschichte des Mittelalters", der „Sektion für Neuere Geschichte" und der „Sektion für Neueste Geschichte".[39] Im Laufe der folgenden vier Jahrzehnte wurde das Institut mehrfach umstrukturiert, die Bezeichnungen der Abteilungen veränderten sich. 1955 wurde die „Abteilung für Historische Hilfswissenschaften" aufgelöst, es kamen 1956 eine „Sektion für Ethnografie" (bis 1968) und 1962 eine „Sektion für Philosophie" (später: „Sektion für Philosophie und Soziologie") hinzu. 1964 wurde die „Sektion für Neuere und Neueste Geschichte" in eine „Sektion für Sowjetgesellschaft" reorganisiert, zu dessen Aufgaben die Erforschung der „Sozialistischen Revolution" 1940 in Lettland sowie der „Aufbau des Sozialismus und Kommunismus" ab 1940 gehörte. Diese besaß prioritären Status und war sowohl in Hinblick auf die Zahl ihrer Mitarbeiter als auch ihrer Möglichkeiten zu publizieren die bedeutendste Abteilung des Instituts.

1972 wurde eine „Sektion für Kritik der bourgeoisen Ideologie der Gegenwart" gebildet, später kamen weitere Sektionen „für Soziologie"[40] und „Geschichte des entwickelten Sozialismus" sowie kurzzeitig, bis zur Gründung eines eigenen Instituts für Philosophie und Recht an der Akademie der Wissenschaften, eine Sektion für „Probleme der Vervollständigung des Sowjetrechts" hinzu.[41] Umbenennungen und Umstrukturierungen waren Ausdruck sich verändernder Aufgabenstellung seitens der Ideologie, aber auch aufgrund der Tatsache, dass mit den Jahrzehnten die sowjetlettische Gegenwart begann zu Zeitgeschichte zu werden, und so etwas wie Zeit- und Gesellschaftsgeschichte notwendig wurde, um den sozialistischen Fortschritt zu dokumentieren, wie er in der Parteipropaganda beschworen wurde. Ausdruck der Politik war auch, dass ab 1968 das Wort „Lettland" aus den Sektionsbezeichnungen verschwand, die nun ideologisch korrekt nur noch „Sektion für Archäologie und Ethnografie", „Sektion für Geschichte des Feudalismus", „Sektion für Geschichte des Kapitalismus", „Sektion für Sowjetgesellschaft" und „Sektion für Philosophie und Soziologie" hießen.[42]

---

38 Eine vollständige Liste aller Mitarbeiter zwischen 1945 und Ende der 1980er Jahre findet sich auf der Website des Geschichtsinstituts: URL: https://www.lvi.lu.lv/par-mums/vesture/okupacijas-varu-laika/ (letzter Zugriff: 9.7.2024).
39 Vgl. den Aktenbestand des Geschichtsinstituts im Staatsarchiv Lettlands: LVA, fonds 2371, 1. apr., 13. lieta, 2. lp.
40 Die Soziologie wurde aus der „Sektion für Philosophie und Soziaolgie" herausgelöst und bekam einen eigenen Status als Sektion, was der zunehmenden internationalen Bedeutung der Soziologie geschuldet war. Erste Leiterin der Sektion war Maija Ašmane (1930–1998).
41 Mednis, Savi vēsturi, S. 121 f.
42 Vgl. LVA, fonds 2371, 1. apr., 13. lieta. Die „Soziologie" wurde 1971 wieder gestrichen, die Sektion hieß fortan nur noch „Sektion für Philosophie".

*Das Institut für die Geschichte der Partei beim Zentralkomitee Kommunistischen Partei Lettlands*

Nach Beschlüssen des ZK der VKP(B) und des Büros des ZK der LKP im Sommer 1945 wurde ein „Institut für die Geschichte der Partei" (Parteiinstitut) als Abteilung beim ZK der LKP[43] ins Leben gerufen. Einerseits konnten, da es nun eine Sowjetrepublik Lettland gab, die 1920 in Moskau gegründete gerufene und 1936 aufgelöste Geschichtskommission der LKP institutionalisiert und deren archivalische und bibliografische Materialien – 1946 immerhin mehr als 1 600 Akten, 1957 kamen die Akten der Lettischen Sektion der Komintern hinzu[44] – übernommen werden. Andererseits bildete das Institut eine von vielen regionalen Filialen des zentralen Moskauer Instituts für Parteigeschichte (Marx-Engels-Lenin-Institut) beim ZK der VKP(B) und war dessen Regulativen unterstellt.

Der neuen Einrichtung, die mit der Verabschiedung der Statuten am 25. September 1945 offiziell ihre Arbeit aufnahm, wurden drei Hauptaufgaben zugewiesen: die Erforschung der Geschichte der lettischen revolutionären Bewegung und der LKP, die Übersetzung und Herausgabe der marxistisch-leninistischen Klassiker in lettischer Sprache und der Aufbau eines Archivs sowie einer Bibliothek der revolutionären Geschichte und der Geschichte der KP Lettlands. Entsprechend gestaltete sich die Struktur des Instituts: Es gab die Sektion für Geschichte der LKP, die Sektion für Übersetzungen, das Parteiarchiv und eine Bibliothek. 1969 kamen eine weitere Sektion für den „Parteiaufbau", gewissermaßen für Gegenwartsgeschichte der LKP, und 1988, zu einem Zeitpunkt, als der LKP die Macht bereits aus den Händen zu gleiten begann, eine vierte Sektion für „Nationale Beziehungen" sowie ein „Zentrum für Erforschung und Prognose der öffentlichen Meinung" hinzu. Am Institut fanden auch kommunistische Vereinigungen wie die Veteranen der revolutionären Kämpfe, des Großen Vaterländischen Krieges oder der Teilnehmer am Spanischen Bürgerkrieg[45] eine ideelle Heimstatt. Sie konnten hier in ihren Erinnerungen leben oder diese aufzeichnen und an das Archiv geben.[46]

Direktoren des Instituts waren von 1945 bis 1959 Kārlis Kauliņš (1891–1968, 1919 Sekretär der kurzlebigen lettischen Räterepublik), von 1959 bis 1969 der ehemalige sowjetische Partisan Alfreds Raškevics (1910–1977), von 1969 bis 1975 Andrejs Elvihs (1910–1975), von 1976 bis 1977 Ilmārs Īverts (1924–1995) und von 1977 bis zur Auflösung des Instituts 1991 Ļubova Zīle (1928–2016), als einzige der Direktoren mit einer Ausbildung zur Historikerin an der Moskauer Universität.

Wichtigstes Gremium am Institut war seit 1945 der „Wissenschaftliche Rat", eine Art Vorstand und für die Begutachtung der Forschungspläne und Bestätigung der Forschungser-

---

43 Vgl. LVA, fonds PA-101, 7. apr., 13. lieta, 46.-47. lp.; Latvijas KP CK Partijas vēstures institūts, S. 12 f.
44 LVA, fonds PA-200, 1.-20. apr.: Vēsturiskā izziņa [Historische Auskunft], S. 82; Protokoll Nr. 7 vom 30.10.1957 in: Protokoli zasedanij naučnogo soveta i proizvodetvennych sobeščanii. Fevral' 1957–dekabr' 1957, in: LVA, fonds PA-200, 1. apr., 157. lieta, 20. lp.
45 Vgl. Latvijas cīnītāji Spānijā.
46 Die umfangreiche Sammlung mit tausenden von hand- oder maschinenschriftlichen Aufzeichnungen der Parteiveteranen bildet eine Quellensammlung und Textgattung *sui generis*. Ein kleiner Teil wurde ab 1957 publiziert, ein Teil trägt aufgrund seines nonkonfomen Inhalts den Stempel *„ne vydavat'"* („gesperrt"), vgl. z. B. LVA, fonds PA-200, 9. apr. mit 1 487 Akten u. a.

gebnisse zuständig.⁴⁷ Ab 1963 übernahm dessen Funktionen der „Republikanische Rat zur Koordinierung der wissenschaftlichen Forschungsarbeit zur Geschichte der KPdSU", der nicht nur sämtliche Forschungen zur Parteigeschichte in Lettland koordinierte und kontrollierte, sondern auch Doktor- und Kandidatenarbeiten zur Parteigeschichte betreute und ab 1986 auch Titel vergeben durfte. Innerhalb der mit Forschung betrauten Sektionen wurden 1971 zusätzlich fünf themenbezogene Arbeitsgruppen, sogenannte Problemgruppen, gebildet, deren Zahl bis 1984 auf zwölf anwuchs, 1989 jedoch wieder auf fünf reduziert wurde. Die Problemgruppen widmeten sich Themenkreisen wie der „Geschichte der revolutionären Organisationen der Sozialdemokratie Lettlands (1890er Jahre bis 1917)", der „Geschichte der LKP während der Periode der bourgeoisen Diktatur (1920–1940)", dem „Parteiaufbau" oder der „Nationalen Politik der LKP". In beschränktem Maße konnte auf den Sitzungen der einzelnen Problemgruppen, abhängig vom jeweiligen Leiter, eine begrenzte mündliche Diskussionskultur gepflegt werden.⁴⁸

1967 arbeiteten am Institut 40 wissenschaftliche und technische Mitarbeiter, darunter ein Professor und vier Kandidaten der Wissenschaft. Die übrigen Mitarbeiter waren häufig Parteimitglieder, die mit einem Posten versorgt werden mussten, revolutionäre Veteranen oder Publizisten, selten Historiker. Professionell etwas besser gestaltete sich die Situation 1985 mit immerhin drei Doktoren und 12 Kandidaten der Wissenschaft von 45 Mitarbeitern.⁴⁹

Bis zum XX. Parteitag der KPdSU 1956 beschäftigte sich das Institut überwiegend mit der Übersetzung der Werke von Marx, Engels, Lenin und Stalin ins Lettische. Nur fünf Monografien erschienen. Erst nach dem XX. Parteitag, als lettische Kommunisten wieder namentlich genannt und das Archiv mit Erlaubnis des Direktors benutzt werden durfte, setzte eine breitere Publikation von Originalarbeiten ein, darunter eine dreibändige Geschichte der LKP,⁵⁰ ausgewählte Schriften lettischer Kommunisten,⁵¹ Monografien zur Parteigeschichte, Biografien lettischer Kommunisten, Erinnerungen und Dokumentenbände, insgesamt bis 1985 neben rund 160 marxistischen Klassikern und Übersetzungen etwa 280 Originalarbeiten.⁵² Daneben war das Institut Herausgeber der ideologischen Parteizeitschrift *Padomju Latvijas Komunists* (dt. Sowjetlettlands Kommunist),⁵³ dem lettischen Pendant zur *Partijnaja Žizn'* dt. in Moskau, in der auch historische Beiträge erschienen. Aus der Fülle der Publikationen sind zwei Arbeiten der Historikerin Ilga Apine (1928–2019) hervorzuheben, die ein sensibles Thema berührten: die seit 1905 in der sozialdemokratischen, später kommunisti-

---

47 Neben Mitarbeitern des Instituts war der ZK-Sekretär der LKP für Ideologie ständiges Mitglied im Wissenschaftlichen Rat, er genehmigte dessen Zusammensetzung. Bis 1959 war dies Pelše, vgl. z. B. für das Jahr 1956: LVA, fonds PA-200, 1. apr., 149. lieta, 21. lp.
48 Die Sitzungen der Problemgruppen sind protokolliert, etwa in LVA, fonds PA-200, 1. apr., 6. apr., 7. apr. u. a..
49 Latvijas PSR Mazā enciklopēdija. II. sēj., S. 736; Latvijas Padomju Enciklopēdija. 7. sēj., S. 551.
50 Latvijas Komunistiskās partijas vēstures apcerējumi. I.-III. sēj.
51 Roziņš, Rakstu izlase; Stučka, Rakstu izlase; u. a.
52 Eine Bibliografie der Veröffentlichungen des Instituts zwischen 1950 und 1980 in: Latvijas KP CK Partijas vēstures institūts, S. 109-127.
53 Das theoretisch-ideologische und politische Organ des ZK der LKP(B) wurde von 1940/41 und 1944/45 unter dem Titel: Propagandists un Aģitators, ab 1945 unter dem Titel: Padomju Latvijas Boļševiks, und von 1952 bis 1990 unter dem Titel: Padomju Latvijas Komunists herausgegeben. Nachfolger war die kurzlebige Zeitschrift (1990/91): Vēsture. Socioloģija. Politika [Geschichte. Soziologie. Politik].

schen Partei Lettlands kontrovers diskutierte Nationale Frage, die zwischen sozialistischem Universalismus der Arbeiterkalsse und nationaler Eigenständigkeit des lettischen Volkes oszillierte und damit subtil Fragen der geschichtlichen Entwicklung und der Zugehörigkeit Lettlands zur Sowjetunion aufwarf. Beide Veröffentlichungen orientieren sich eng an den Quellen und scheuen sich nicht, zeitgenössische Kontroversen zu referieren und damit historische Optionen aufscheinen zu lassen.[54] Apine hat nach 1991 unter anderen Umständen ihre Forschungen zur Nationalitäten- und Minderheitefrage in der lettischen Geschichte fortgeführt.

Das Institut wusste sich in seiner Arbeit einer geschichtswissenschaftlichen Teildisziplin unter der Bezeichnung „Wissenschaft der Parteigeschichte" verpflichtet, die zwar als Teil der Gesamtgeschichte gesehen wurde, gleichzeitig aber den vermeintlichen Motor und das Ziel der Geschichte, die Partei und den Kommunismus, im Blick hatte und Parteilichkeit als Teil ihrer Methodologie verstand. Damit gehörte zu den Forschungsaufgaben des Instituts nicht nur die Geschichte, sondern auch die unmittelbare Zeitgeschichte, die Gegenwart und Zukunft.[55] Verbunden damit waren ein wissenschaftlicher Führungsanspruch sowie eine Aufsichtsfunktion über die übrige geschichtswissenschaftliche Produktion in der SSR Lettland.

Nachdem das ZK der LKP im Januar 1991 noch einmal versucht hatte, die Übernahme des Parteiarchivs durch das Staatsarchiv zu verhindern, wurde das Parteiinstitut, das sich am 15. Mai 1990 noch in „Institut für Sozialpolitische Forschung beim ZK der LKP" umbenannt hatte, im August 1991, unmittelbar nach dem gescheiterten Putschversuch gegen Gorbačev in Moskau, geschlossen.[56] Seine Archivbestände bilden heute einen Teil der Aktenbestände des Staatsarchiv Lettlands.

*Zeitschriften*

Der weitgehenden Marginalisierung der Geschichte Lettlands bzw. der SSR Lettlands im Rahmen der Geschichte der Sowjetunion zwischen 1945 und 1991 entsprach, dass das 1936 gegründete Geschichtsinstitut nach seiner Wiedergründung 1946 keine eigene Zeitschrift mehr herausgeben durfte. Damit gab es während der knapp 45 Jahre währenden Sowjetherrschaft in Lettland keine historische Fachzeitschrift der Historiker. Historische Aufsätze er-

---

54 Apine, Latvijas Sociāldemokrātija un nacionālais jautājums; Apine, Latvijas Komunistiskās Partijas nacionālā politika.
55 „Die Wissenschaft der Parteigeschichte ist Teil der Geschichtswissenschaft, die die Herausbildung, Entwicklung und Tätigkeit der KPdSU erforscht. Forschungsobjekt ist die soziale Wirklichkeit, die sich von der Vergangenheit zur Gegenwart entwickelt [...]. Methodische Grundlage ist der Marxismus-Leninismus [...]. Bedeutendes methodologisches Prinzip [...] ist die Parteilichkeit. [...]. Parteilichkeit bedeutet auch eine Haltung, die sich nicht mit antimarxistischen Theorien bzw. jedwelchen Äußerungen bourgeoiser Ideologie versöhnt. [...]. Hauptquelle sind die Arbeiten der KPdSU und des Gründers und Leiters des Sowjetstaates V. I. Lenin sowie sein ideell-theoretisches Erbe. Die Quellen sind: 1) Die Arbeiten der Klassiker des wiss. Kommunismus; 2) Dokumente der Parteiorgane und -organisationen; 3) [...].", in: Latvijas Padomju Enciklopēdija. 7. sēj., S. 551.
56 Auf Grundlage der Beschlüsse Nr. 324 des Obersten Rates der Republik Lettland „Über die verfassungswidrige Tätigkeit der Kommunistischen Partei Lettlands" und Nr. 334 „Über die Beendigung der Tätigkeit einiger gesellschaftlicher und gesellschaftlich-politischer Organisationen" vom 23.8.1991.

schienen hauptsächlich entweder im politisch-ideologischen Organ des ZK der KP Lettlands *Padomju Latvijas Komunists* oder verstreut im *Latvijas PSR Zinātņu Akadēmijas Vēstis* (dt. Bote der Akademie der Wissenschaften der SSR Lettlands), in der Reihe *Zinātniskie Raksti* (dt. Wissenschaftlichen Schriften) der Staatsuniversität Lettlands, die ab 1949 unter wechselnden Bezeichnungen erschien, und andernorts. Naturgemäß publizierten sowjetlettische Historiker auch in russischsprachigen Sammelwerken, Zeitschriften (etwa im *Istoričeskij Arhiv* oder in den *Voprosy Istorii*) und Enzyklopädien, seltener in deutscher Sprache in der DDR.[57]

## 7.3. Themen, Konzepte, Diskurse und Kontroversen

Neben dem Austausch bzw. der Disziplinierung der Kader und der institutionellen Umgestaltung erwies sich die methodologische und thematische Anpassung der baltischen Regionalgeschichte, die sich von der übrigen sowjetischen Geschichte unterschied, in das sowjetische Geschichtsmodell als sperrig und langwierig. Zwar hatte es bereits vor dem Zweiten Weltkrieg in der Sowjetunion Ansätze einer marxistischen sowjetlettischen Historiografie gegeben,[58] die Veröffentlichungen hatten jedoch für die lettischen Bolschewisten im östlichen Exil zunächst keine wissenschaftliche Funktion, sondern dienten einer erinnernden Selbstvergewisserung und politischen Apologetik gegenüber der sowjetrussischen Führung. Darüber hinaus ließ die Begrenztheit der Themen – die Geschichte der revolutionären lettischen Arbeiterklasse und der lettischen Sozialdemokratie bzw. der Kommunistischen Partei, die Revolutionen von 1905 und 1917, die lettischen „roten" Schützen sowie die lettische Räterepublik 1919 – noch kein Konzept einer marxistischen Gesamtgeschichte Lettlands erkennen.

Auch das kurze Jahr der ersten sowjetischen Besetzung Lettlands zwischen dem 17. Juni 1940 und Ende Juni 1941 hatte lediglich zu organisatorischen Ergebnissen bei der Stalinisierung der Wissenschaft und der Hochschulen geführt. Es gab erste Versuche, das Geschichtsinstitut zu reorganisieren, ein Lehrstuhl für Marxismus-Leninismus an der Universität in Riga wurde eingerichtet und Vorarbeiten zur Gründung eines Revolutionsmuseums (lett. *LPSR Revolūcijas muzejs*) begannen. Aber es fehlten für die Ausarbeitung einer neuen Geschichtskonzeption sowohl zuverlässiges Personal als auch Zeit. Die eigentlichen Anfänge einer sowjetlettischen Historiografie mit wissenschaftlichen Ambitionen liegen daher im Herbst 1944, nachdem Riga zurückerobert und die sowjetische Herrschaft wiederhergestellt worden waren. Erst jetzt konnte mit der institutionellen, personellen, ideologischen und thematischen Sowjetisierung der lettischen Vorkriegsforschung und des Geschichtsunterrichts begonnen werden. Die oben skizzierte Wiederaufnahme der Arbeit am Geschichtsinstituts (1944), die Gründung des Parteiinstituts (1945) und die Liquidierung des Lehrstuhl für Geschichte Lettlands an der Universität (1951) bildeten das institutionelle Grundgerüst für die kommenden Jahrzehnte.[59]

---

57 In deutscher Sprache in der DDR z. B.: Sipols, Die ausländische Intervention; Vestermanis, Mit dem anderen Deutschland; Die Roten lettischen Schützen; in der Bundesrepublik: Krupnikov, Lettland und die Letten; u. a.
58 Vgl. oben Kap. 5.
59 Ivanovs, Latvijas PSR historiogrāfija, S. 77.

## 7. Lettische Historiografie in der Sowjetrepublik Lettland (1944–1991)

Für die sowjetlettische Historiografie können drei Perioden unterschieden werden, die den politischen Umbrüchen der sowjetischen Geschichte zeitverzögert folgten und teilweise auch die Themen vorgaben:[60]

Zum ersten die Phase zwischen 1945 und 1959 mit institutioneller, personeller und konzeptioneller Sowjetisierung und Integration in die gesamtsowjetische Geschichte: Es überwiegen publizistische, populärwissenschaftliche und propagandistische Veröffentlichungen, die Autoren waren nicht immer Historiker. Ein wissenschaftlicher Anmerkungsapparat war, den Anweisungen Stalins folgend, die Ausnahme, stattdessen dienten die sowjetische und die Parteipresse als Quelle. Während der Stalinzeit mussten Persönlichkeiten der lettischen revolutionären Geschichte hinter die Person Stalins zurücktreten und durften nur selten erwähnt werden, die lettische Geschichte wurde depersonalisiert.[61] Die Phase wurde mit Erscheinen des dritten und letzten Bandes der sowjetlettischen, noch stalinistisch geprägten Gesamtgeschichte abgeschlossen, die für die folgenden drei Jahrzehnte Themen, Sprachregelung und interpretatorischen Rahmen verpflichtend und stilbildend vorgeben sollte.

Zum zweiten die Phase zwischen 1960 und 1987 mit anfänglicher ideologischer Liberalisierung und nachfolgender Stagnation: Der sowjetlettische historiografische Kanon wurde stabilisiert, die einzelnen Themen wurden ausgefächert und nach vorsichtiger Öffnung der Archive ab 1957 mit konkretem Faktenmaterial aufgefüttert. Ein wissenschaftlicher Anmerkungsapparat wurde wieder die Regel. Sowjetische Geschichte sollte regional verankert werden, Persönlichkeiten der revolutionären Geschichte Lettlands durften wieder genannt werden, als vorbildliche Kommunisten sollten sie die Identifizierung der Bevölkerung mit Sowjetlettland als einem Teil der Sowjetunion befördern. Daher wurden ihre Rolle für die gesamtsowjetische (russische) kommunistische Bewegung und ihre engen Kontakte zu deren Führern hervorgehoben. Gleichzeitig folgte die Geschichte immer stärker formalen Vorgaben: Parteitagsbeschlüssen und Jubiläen wie Lenins Geburtstag (1870), den Revolutionen von 1905 und 1917, den Jahren 1919 und 1940 (Errichtung und Wiederherstellung der „Sowjetmacht" in Lettland) oder 1945 („Befreiung Sowjetlettlands von den Hitleristen"). Im Mittelpunkt standen die Geschichte der lettischen Bauern und Arbeiter, die lettische revolutionäre Bewegung und ihre Partei sowie die Ereignisse gegen Ende des Ersten und des Zweiten Weltkrieges. Mit der Öffnung Sowjetlettlands für Ausländer ab 1957 und vermehrten Kontakten ins lettische Exil im Westen übernahm kam der sowjetlettischen Geschichte zunehmend eine Propagandafunktion in der Außendarstellung Sowjetlettlands zu.

Die dritte Phase zwischen 1987 und 1991 umfasste Erosion und Transformation der Geschichtswissenschaft in Lettland: zum einen die publizistischen Rückzugsgefechte orthodoxer sowjetlettischer Historiker der älteren Generation und den Zusammenbruch ihres Geschichtskonstruktes, zum anderen den Wechsel der mittleren und jungen Historikergeneration auf die Seite der lettischen Unabhängigkeitsbewegung, die Dekonstruktion des sowjetlettischen Geschichtsbildes, vor allem die faktische Aufarbeitung der Ereignisse zwischen 1939 und 1941 nach Veröffentlichung der Geheimen Zusatzprotokolle des Hitler-

---

60 Die Periodisierung folgt ebenda., S. 78.
61 So musste z. B. die junge Historikerin Alma Zīle (1917–?) ihre Dissertation um lettische Personennamen gekürzt ein zweites Mal einreichen: Zile, Social'no-ekonomičeskie meroprijatija; dies., Ekonomičeskie meroprijatija.

## 7. Lettische Historiografie in der Sowjetrepublik Lettland (1944–1991)

Stalin-Vertrages (August 1939) und des Deutsch-Sowjetischen Grenz- und Freundschaftsvertrages (September 1939) in der Sowjetunion, und die allmähliche Öffnung für westliche Forschungsansätze und -methoden.

Die Konformität und Synchronizität der lettischen Themen mit der gesamtsowjetischen Geschichte wurde institutionell über eine straffe Einbindung der geschichtswissenschaftlichen Einrichtungen und ihrer Historiker garantiert. Dies geschah auf regionaler Ebene in sowjetlettische und auf zentraler Ebene in Moskauer Machtstrukturen: die lettische und die Allunions-Akademie der Wissenschaften, die ZKs der LKP und der KPdSU sowie die Sicherheits- und Zensurorgane in Riga und in Moskau. Generell regelten auch im Bereich der Geschichtswissenschaften Fünfjahrespläne Themen und Produktion. Sie wurden von den Forschungssektionen entlang ihrer Nützlichkeit für den „Aufbau und Siegeszug unserer sowjetischen Ordnung" formuliert,[62] von den Leitungsgremien der Institute akzeptiert und als Arbeitspläne zur Prüfung an die übergeordneten wissenschaftlichen und politischen Ebenen weitergeleitet. Im Bereich der allgemeinen Geschichte waren dies die Akademie der Wissenschaften der SSR Lettland bzw. das Institut für Geschichte der Akademie der Wissenschaften der UdSSR in Moskau, im Bereich der Parteigeschichte der ZK-Sekretär für Ideologie der LKP bzw. sein Pendant im ZK der KPdSU in Moskau. Jährliche Arbeitsberichte garantierten die Kontrolle. Da führende Historiker der SSR Lettland gleichzeitig wichtige Posten in Staat und Partei einnahmen und andererseits Politfunktionäre in den Gremien der Institute vertreten waren, war zusätzlich für eine gewisse Selbstkontrolle bei der Auswahl der Forschungsthemen gesorgt. Direkte Eingriffe in den Betrieb der Geschichtswissenschaft waren häufig.[63] Individuelle Forschungsinteressen waren nur in abseitigen Nischen möglich und konnten selten publiziert werden.[64]

Die sowjetlettische Interpretation der Geschichte Lettlands wurde im wesentlichen von drei Traditionen beeinflusst. Zum einen waren es die marxistisch-leninistische Ideologie, bis Mitte der 1950er Jahre in ihrer Stalinschen Ausprägung, und die Geschichte der großen Sowjetunion in Form von Stalins neuem Sowjetpatriotismus (russ. *sovetskij patriotizm*), die der Peripherie eine untergeordnete Rolle und im Bereich der neueren Geschichte des 19. und 20. Jahrhunderts der lettischen Nationalgeschichte den Status einer revolutionären Provinzgeschichte zuwiesen. Zum zweiten wurden für die älteren Epochen der baltischen Geschichte bis zum Ende des 18. Jahrhunderts, wenn es um russische oder sowjetische Herrschaftsansprüche im baltischen Raum ging, auch Erklärungsmuster der vorsowjetischen, russischen nationalen Historiografie des 19. Jahrhunderts bemüht, dies entsprach ebenfalls Vorgaben des Sowjetpatriotismus.[65] Drittens musste die bisherige lettische Nationalgeschichte zwar dekonstruiert werden, um dies zu tun, mussten sich die sowjetischlettischen Historiker aber auf diese beziehen, sie wenigstens in Teilen rezitieren und subkutan rezipieren. Der Ter-

---

62 Zutis, Latvijas vēstures pētīšanas jaunie uzdevumi, S. 68.
63 Vgl. z. B. die Empfehlung des ZK-Sekretärs der LKP(B) Pelše aus dem Jahr 1948, dem Historiker Boļeslavs Brežgo (1887–1957) den Doktorgrad und Professorentitel nicht zuzuerkennen, in: Latvija padomju režīma varā, S. 396 f.
64 Z. B. im Jahreskalender des „Vereins für Natur und Geschichte" (lett. *Dabas un vēstures biedrība*).
65 Mednis, Savu vēsturi, S. 125. Ivanovs nennt vor allem Vasilij N. Tatiščev (1686–1750) mit seinen Forschungen zur frühen Tributherrschaft Russlands über das Baltikum, Nikolaj M. Karamzin (1766–1826) und Sergej M. Solov'jov (1820–1879), vgl. Ivanovs, Latvijas PSR historiogrādija, S. 70-72.

minus von der „nationalen Unabhängigkeit", auch in sowjetlettischen Veröffentlichungen gebräuchlich, konnte jedoch mit der Formel „national in der Form, sozialistisch im Inhalt" abgefedert werden. Wichtig war in diesem Zusammenhang, die Lösung der nationalen Frage zu betonen. Der Volksbegriff wurde weiterverwendet, aber partiell auf den progressiven Teil des lettischen Volkes, die Arbeiter- und Bauernklasse, verengt. Die „bourgeoisen Nationalisten" im ausländischen Exil und letzte Überbleibsel von ihnen in Sowjetlettland wurden in die Rolle von Volksverrätern gedrängt – sie spielten in der sowjetlettischen Rabulistik bis Mitte der 1980er Jahre die Rolle eines Parias.

*Genese der sowjetlettischen Nachkriegshistoriografie*

Bevor mit eigentlicher Geschichtsforschung begonnen werden konnte, hatte allerdings gegen Kriegsende zunächst die Klärung der ideologischen Stoßrichtungen Priorität. Das Problem der sowjetlettischen Historiker bestand nicht nur darin, den lettischen Sonderweg, der 23 Jahre später als in der Sowjetunion zur sozialistischen Revolution geführt hatte, zu erklären und an die dialektischen Vorgaben des Historischen Materialismus anzupassen, vor allem musste die sowjetische Okkupation des Baltikums 1940 bzw. dessen Rückeroberung 1944/45 durch die Rote Armee, die von der Bevölkerung als bedrückende Rückkehr des russischen Imperiums erfahren wurde, positiv umschrieben werden. Gleichzeitig galt es, den deutschen Anteil an der Geschichte und den Westen im Sinne eines Feindbildes negativ aufzuladen und drittens das lettische Volk entlang der Klassenkampfrhetorik zwischen diesen beiden Positonen aufzuspalten.

Die Stichworte zu Freund und innerem bzw. äußerem Feind kamen von dem Leiter der Abteilung Propaganda und Agitation des ZK der LKP und ihrem Ideologen Pelše. Zwei Tage, nachdem das ZK der LKP und der sowjetlettische Rat der Volkskommissare die Gründung einer Außerordentlichen Kommission zur Untersuchung der Naziverbrechen in Lettland ins Leben gerufen hatte, gab Pelše am 25./26. August 1944 auf einem Plenum der LKP im zurückeroberten Ludza die Marschrichtung bekannt:

> „Wir müssen die Massen um unsere bolschewistische Partei, um den Genossen Stalin scharen. [...]. Wir müssen unbedingt unter den Massen die These umfassend propagieren, dass das lettische Volk für seine Existenz gegenüber dem großen russischen Volk in der Schuld steht. Wenn Aleksander Nevskij 1242 die Teutonen nicht auf dem Eis des Peipussees vernichtet, wenn Ivan der Schreckliche dem Livländischen Orden nicht den vernichtenden Stoß versetzt hätte, wonach sich dieser nicht mehr erholte, wenn Lettland seinerzeit nicht an Russland angeschlossen worden wäre, und schließlich, wenn nicht die Hilfe des großen russischen Volkes in diesem Krieg gewesen wäre, dann hätte die Letten das gleiche Schicksal heimgesucht wie die alten Pruzzen."[66]

Pelše forderte damit das Primat der Propaganda vor dem der Wissenschaft ein und benannte die beiden ersten Eckpfeiler der künftigen sowjetlettischen Historiografie. Die Geschichte habe auf der einen Seite die progressive lettische-russische Völkerfreundschaft, auf

---

66 LVA, fonds 101, 3. apr., 5. lieta, 62.-64. lpp, hier zitiert nach: Strods, Latvijas vēstures zinātnes padomizēšana, S. 16.

der anderen Seite aber eine retrospektive lettisch-deutsche Feindschaft bzw. einen lettisch-westlichen Antagonismus zu ihrem zentralen Thema zu machen.

*Die lettisch-russische Völkerfreundschaft*

Der aus der Sowjetunion gekommene Historiker Krastiņš übernahm kurze Zeit später die Aufgabe, Pelšes Forderungen historisch zu präzisieren. In einem programmatischen Aufsatz unter der Überschrift „Die Freundschaft zwischem dem russischen und dem lettischen Volk", der Anfang 1945 in der Parteizeitschrift *Propagandists un Agitators* (dt. Propagandist und Agitator) erschien,[67] deklinierte er eine vorgebliche uralte lettisch-russische Völkerfreundschaft durch die Jahrhunderte und erläuterte die positiven Rollen der russischen Zaren für die lettische Geschichte und die des russischen Volkes als großer Bruder.

Ideologisch schloss er damit nahtlos an Stalins Direktiven zur Geschichte aus den Jahren 1931 und 1934 an, die zur Verurteilung des bis Ende der 1920 einflussreichen russischen marxistischen Historikers Michail N. Pokrovskijs (1868–1932)[68] geführt sowie den Vorrang der Parteilichkeit vor den historischen Quellen und des Sowjetpatriotismus eingeführt hatten.[69] Hatte Pokrovskij konsequent den marxistischen Ansatz und die Bedeutung der jeweiligen Produktionsverhältnisse als treibende Kraft der russischen Geschichte betont und dem vorrevolutionären Russland eine reaktionäre und imperialistische Rolle gegenüber der progressiven Arbeiterklasse und der Weltrevolution zugewiesen – eine Rolle, die ungeeignet war, eine lettische-russische Völkerfreundschaft durch die Jahrhunderte hindurch zu belegen –, so machte Stalin nun an Stelle des marxistischen, also antifeudalen und antimonarchischen Aspekts, eine positive Berücksichtigung aller Vorstufen der Oktoberrevolution für den gesamten russischen Geschichtsverlauf verbindlich. Damit wurde eine Umbewertung der Persönlichkeiten der Zaren, die Ehrenrettung Ivans IV. des Schrecklichen (1530–1584) sowie die Betonung der positiven Rolle Russlands für den globalen Geschichtsverlauf und die führende Rolle des fortschrittlichen Teils des russischen Volkes darin eingeleitet. Über die „Theorie des kleineren Übel" (russ. *naimen'šie zlo*) konnten russische Eroberungen in der Geschichte nunmehr positiv gedeutet werden: Sie bedeuteten keine Aggression mehr, sondern die Einbeziehung des Eroberten in einen progressiven Geschichtskreis. Die Eroberung durch andere Großmächte hätte den Fortschritt des Geschichtsverlauf behindert. Das „Völkergefängnis Russlands" war einer vaterländischen Geschichte Russland als „Befreier" der angrenzenden Völker gewichen.

Sowjetlettische Historiker, die die „Stalinschen Säuberungen" überlebt hatten, hatten diesen ideologischen Schwenk bereits mitvollzogen. Deutlich wird dies, wenn man zwei Publikationen des Mittelalterhistorikers Jānis Zutis (1893–1962) vergleicht. Hatte er 1937

---

67 Krastiņš, Krievu un latviešu tautas draudzība. Ähnliche Veröffentlichungen: Bērzs, Krievu un latviešu tautas vēturiskā draudzība; Lācis, Krievu un latviešu tautas vēturiskā draudzība; Skolis, Krievu un latviešu tautas vēturiskā draudzība. Vgl. auch Anm. 113.
68 Pokrovskij leitete u. a. von 1921 bis 1932 das Institut der Roten Professur in Moskau, an dem auch zahlreiche lettische Bolschewisten eine Kaderausbildung durchliefen.
69 Stalins Brief in: Stalin, Über einige Fragen der Geschichte; ferner der Beschluss „Über den Unterricht in staatsbürgerlicher Geschichte in den Schulen der UdSSR" vom 16.5.1934. Vgl. auch Sokolov, Der ewige Karamzin.

in der Sowjetunion den russischen Zarismus in den baltischen Provinzen im 18. Jahrhundert noch als reaktionär definiert, so wies er ihm in seinen Nachkriegsveröffentlichungen eine deutlich positivere Rolle zu.[70] Von den Historikern war es in der Folgezeit in der SSR Lettland neben Zutis[71] und Krastiņš vor allem Vladimirs Miške (1895–1972), von 1954 bis 1971 stellvertretenden Direktors des Parteiinstituts, der diese „Theorie des kleineren Übels" vertrat. Sie führte in den Folgejahren zu einer immer stärkeren Rühmung der Rolle des russischen Volkes und alles Russischen und wurde in der lettischen Sowjethistoriografie zunächst besonders von Drīzulis propagiert. Drīzulis, der 1946 nach Riga gekommen war und ab September des gleichen Jahres für die ideologische Richtlinienkompetenz der Zeitgeschichte Lettlands ab 1920 stand, hatte am Moskauer Institut für Geschichte der Akademie der Wissenschaften bei Anna M. Pankratova (1897–1957) seine Kandidatendissertation abgeschlossen.[72] Pankratova war nach Pokrovskijs Sturz eine der bedeutendsten Historikerinnen unter Stalin.[73] Ihr 1952 veröffentlichtes Werk „Das große russische Volk" bildete ein Jahr vor Stalins Tod den Kulminationspunkt der Stalinschen Geschichtshybris und beschrieb eine über tausendjährige konfliktfreie Koexistenz des russischen Volkes mit den Völkern der Ukraine, des Kaukasus und des Baltikums, ihre gemeinsamen Kämpfe und Leidensgeschichte, aber auch die Rolle Russlands als Beschützer der übrigen Völker.[74] Diese Sicht sollte für die lettische Historiografie bis in die 1980er Jahre im wesentlichen verbindlich bleiben.

Neben die unverbrüchliche Völkerfreundschaft zwischen Russland und dem Juniorpartner Lettland bzw. den beiden übrigen baltischen Sowjetrepubliken trat ab den 1950er Jahren allerdings ein weiteres Motiv.[75] Reste eines bürgerlich-nationalen Einzelbewusstseins sollten in den drei baltischen Sowjetrepubliken durch ein sowjetbaltisches Regionalbewusstsein überschrieben werden. Immer häufiger wurden sowjetestnische, sowjetlettische und sowjetlitauische Historiker aufgefordert, nicht mehr die Geschichte ihrer Sowjetrepublik, sondern gemeinsam und unter Anleitung, Koordinierung und Kontrolle durch die entsprechenden Zentralinstitutionen in Moskau, die Geschichte der *„Sovetskaja Pribaltika"*, des Sowjetbalti-

---

70 Zutis, Politika carizma; ders., Krievu un Baltijas tautu cīņas; ders., Baltijas jautājums. Zutis hatte 1941 auch einen Aufsatz zur Schlacht bei Grunewald veröffentlich: Ders., Grjunval'd.
71 „Unter Berücksichtigung der damaligen politischen Situation muss man zugestehen, dass die Unterordnung unter die russische Tributherrschaft für die baltischen Stämme das ‚kleinere Übel' bedeutete.", siehe Zutis, Agrie viduslaiki, S. 45; vgl. auch: Ders., Ob istoričeskom značenii.
72 Drīzulis hatte seine Arbeit über das sensible Thema der Beziehungen zwischen der Sowjetunion und Lettland 1939/40 verfasst.
73 Vergleiche die beiden Publikationen: Drizul, Velikij russkij narod; Pankratova, Lielā krievu tauta. Das von Pankratovas herausgegebene Schulbuch „Geschichte der UdSSR" war bereits 1941 in Riga in lettischer Übersetzung erschienen, es folgten bis 1963 zahllose Neuauflagen, vgl. Pankratova (Hrsg.), PSRS vēsture.
74 Pankratova, Velikij russkij narod.
75 Zur Kanonisierung und Harmonisierung der Geschichte der drei baltischen Staaten sollten bereits sehr früh gemeinsame Werke mit estnischen und litauischen Historikern durch die Akademie der Wissenschaften der UdSSR in Moskau abgestimmt werden. So habe Pankratova in Moskau empfohlen, eine mehrbändige Reihe zur Geschichte der Völker des Baltikums herauszugeben. Dafür sollten baltische Geschichtsinstitute Aspiranten an das Institut für Geschichte der Wissenschaftsakademie in Moskau entsenden, vgl. das „Protokol Nr. 3: Učenogo soveta instituta Istorii AN Latv. SSR" vom 3.4.1953, in: LVA, fonds 2371, 1. apr., 143. l., 13. lp.

kums, zu schreiben – und dies selbstverständlich in der nunmehr gemeinsamen *lingua franca* des Russischen.[76] Das Ergebnis war ambivalent: einerseits verschwammen die historischen Grenzen zwischen den einzelnen Republiken, andererseits begannen die sowjetbaltischen Historiker enger zusammenzuarbeiten und legten damit eine der Grundlagen für die enge Koordinierung der baltischen Unabhängigkeitsbewegungen ab 1986, die den Untergang der Sowjetunion beschleunigen sollten.

*Der sowjetlettisch-deutsche Antagonismus*

Die positiv konnotierte lettisch-russische Völkerfreundschaft wurde durch einen negativ gewendeten lettisch-deutschen Antagonismus komplementiert. Auch hier stammten die Vorgaben von Pelše. Er veröffentlichte kurz vor Ende des Krieges im Januar 1945 in der gleichen Nummer von *Propagandists un Aģitators*, in der Krastiņš' Beitrag erschienen war, einen Aufsatz unter dem Titel „Die deutschtümlichen lettischen Nationalisten – die ärgsten Feinde des lettischen Volkes", der einen ewigen Kampf gegen den historischen deutschen Feind beschwor: „Die deutschen Eindringlinge sind die uralten Feinde des lettischen Volkes. Ihre Politik der Versklavung haben sie immer mit Hilfe von Verrätern und Abgefallenen verwirklicht. Die deutschen Eindringlinge waren immer schamlos und unmenschlich, aber die Falschheit und Unbarmherzigkeit der Hitleristen haben alles bisher dagewesene übertroffen."[77]

Vor dem Hintergrund des gerade erst durchlebten brutalen deutsch-sowjetischen Krieges flossen die deutschbaltische Vergangenheit und die Gegenwart des deutschen Vernichtungskrieges in einer Kontinuität zusammen, die auch in Sowjetlettland unter dem Schlagwort vom „Drang des Ostens" subsummiert wurde. Einflüsse deutscher Kultur, vermittelt durch die Deutschbalten und noch vor kurzem von der bürgerlichen lettischen Historiografie in Auswahl positiv gedeutet, wurden als „Kulturträgerismus"[78] abgetan. Auch für die Geschichte der Literatur, der Musik, der Kunst und des Theaters galt es fortan, die Weltsicht vom „guten" russischen Volk und alten kulturellen Beziehungen zwischen den slavischen und baltischen Völker auf der einen Seite und dem „bösen" deutschen Volk auf der anderen Seite zu propagieren. So schrieb der Kunst- und Literaturhistoriker Roberts Pelše (1880–1955, im Folgenden R. Pelše) im Jahr 1951:

> „Jahrhundertalt sind die gegenseitigen materiellen und geistig-kulturellen Verbindungen des lettischen und russischen Volkes. Alt ist der gemeinsame Kampf dieser Völker und die Geschichte ihrer Freundschaft. Noch älter ist die echte Verwandtschaftsbeziehung

---

76 Als Beispiele für dieses sowjetische *region building* siehe z. B. Sovetskaja Pribaltika v bratskoj semi narodov SSSR; Sovetskaja Pribaltika. Fotoal'bom; Bor'ba za sovetskuju vlast'; Ėkonomičeskie svjazi Pribaltiki; Istoriko-ėtnografičeskii atlas Pribaltiki; für die gesamte Sowjetunion: Razvitie sovetskogo naroda. In gewissem Sinne kann man auch eine Publikation aus dem Jahr 1979 hinzurechnen, die der „Baltischen Emigration" (unter Vermeidung des Begriffs „Exil") gewidmet war und von Autoren aus der SSR Estland, Lettland, Litauen und aus Leningrad verfasst wurde: Pribaltijskaja reakcionnaja emigracija segodnja.
77 Pelše, Latviešu vāciskie nacionālisti, hier S. 27.
78 Vgl. das Lemma „kultūrtrēģerisms" [„Kulturträgerismus"] in: Latvijas PSR Mazā enciklopēdija. II. sēj., S. 190.

der alten Stämme des lettischen und russischen Volkes. [...]. Jahrhundertelang haben die deutschen „Hunderitter" und ihre Nachfahren, die deutschen Gutsbesitzer, allerlei Lügen und Gerüchte über die Letten verbreitet. Viel schädliches, pseudowissenschaftliches und politisches Gerede haben auch die Ideologen der nationalistischen und faschistischen Bourgeoisie gestreut. Im Gesamtresultat haben sich sowohl in der allgemeinen als auch in der Literatur- und Kulturgeschichte irrige Ansichten tief eingenistet, so als sei das gesamte Kulturerbe der Letten seit mehreren Jahrtausenden aus dem Westen gekommen, von den Germanen, den Deutschen. [...] Wir müssen diese bewussten Lügen demaskieren."[79]

„Demaskieren" sollte in den kommenden Jahrzehnten eine der wichtigen Aufgaben der sowjetlettischen Historiografie bleiben. Noch 1984 hieß es in der Sowjetenzyklopädie Lettlands:

„Die Wissenschaftler Sowjetlettlands wenden sich in ihren Arbeiten gegen die historiografischen Konzeptionen der Baltikumdeutschen [sic, D. H.] und der Bourgeoisie, demaskieren den antiwissenschaftlichen Charakter der Arbeiten der Baltikumdeutschen, ihre Bemühungen, die Tätigkeit der reaktionären deutschen Gutsherren im Baltikum zu rechtfertigen und die antagonistischen Widersprüche zwischen der Bauernschaft und den Gutsherren zu verschweigen."[80]

Dies bedeutete aber paradoxerweise gleichzeitig, dass der Anteil der deutschen Geschichte an der Geschichte Lettlands im Fokus der Geschichtsschreibung blieb. Bereits zu einem sehr frühen Zeitpunkt veröffentlichte Zutis seine bedeutsame Arbeit über die „Baltische Frage im 18. Jahrhundert".[81] Ihr folgte eine historiografische Arbeit, die erkennen ließ, dass er sich mit den wichtigsten Werken der deutschbaltischen Geschichte des 19. und des beginnenden 20. Jahrhunderts auseinandergesetzt hatte. Zutis stellte dabei zwar die deutschbaltische Historiografie unter Ideologieverdacht und warf ihr eine Apologetik der deutschbaltischen „Kulturträgermission" vor.[82] Damit wurde diese aber bereits zur Stalinzeit in einem sowjetlettischen Werk zitiert und war daher den folgenden Historikergenerationen bekannt, auch wenn die Veröffentlichungen deutschbaltischer Historiker selbst in den Bibliotheken nur äußerst schwer zugänglich waren. Für seine „Baltische Frage" erhielt Zutis 1950 immerhin den renommierten Staatspreis der UdSSR.

Anknüpfend an die Arbeiten von Zutis veröffentlichte dessen jüngerer Mitarbeiter Maksim Duchanov (1921–2001) 1970 ein weiteres wichtiges sowjetlettisches Werk über die Reformpolitik der deutschbaltischen Ritterschaften im 19. Jahrhundert, in dem er diesen vorwarf, hinter ihrer vorgeblich national (deutsch) bestimmten „Landespolitik" und Reformpolitik in der Agrar- und Verfassungsfrage lediglich Klasseninteressen verborgen zu haben. Der deutschbaltischen Geschichtsschreibung insgesamt machte er zum Vorwurf, eben diese

---

79 Pelše, Latviešu un krievu kultūras sakari, S. 5 und 7.
80 Latvijas Padomju Enciklopēdija. 5.2 sēj., S. 511.
81 Zutis, Ostzejskij vopros; erw. lettische Ausgabe: Ders., Baltijas jautājums.
82 Zutis, Očerki po istoriografii Latvii (weitere geplante Teile sind nicht erschienen). Zutis' „Očerki" ist die erste Monografie zur deutschbaltischen Historiografie überhaupt, 37 Jahre vor Erscheinen der von Georg von Rauch herausgegebenen Geschichte der deutschbaltischen Geschichtsschreibung. Zwei Jahre nach seinem Tod erschien eine Würdigung, u. a. mit einem Lebensweg aus der Feder von Zeids: Akadēmiķis Jānis Zutis.

## 7. Lettische Historiografie in der Sowjetrepublik Lettland (1944–1991)   133

Klassengegensätze und den gesetzmäßigen Verlauf der Geschichte nach den Formationen des Historischen Materialismus nicht erkannt zu haben.[83]

Setzte sich in der Bundesrepublik Deutschland 1971 Reinhard Wittram zunächst noch schriftlich mit den Positionen Duchanovs auseinander,[84] so ermöglichte die Entspannungspolitik der Bundesrepublik und des Westens wenige Jahre später bereits persönliche Begegnungen zwischen deutschbaltischen und sowjetlettischen Historikern.[85] Auf dem „Ersten Internationalen Marburger Symposium zu Problemen der baltischen Sozial- und Kulturgeschichte" 1979 trafen zum ersten Mal zwei sowjetlettische Historiker, Sigurds Ziemelis (1927–1981) und Pēteris Krupņikovs (1920–2009), persönlich auf deutschbaltische und exillettische Kollegen. Zwei weitere Symposien folgten.[86] Ab den 1970 Jahren organisierte Krupņikovs, begünstigt durch eine liberalere Atmosphäre an der Fakultät für Geschichte an der Universität in Riga, regelmäßige Symposien unter dem Titel „Deutschland und das Baltikum" (russ. *Germanija i Pribaltika*, ab den 1980er Jahren unter dem Titel „Das Baltikum und Westeuropa"). An ihnen konnte 1985 auch der Vorsitzende der Göttinger Baltischen Historischen Kommission e. V., Gert von Pistohlkors (geb. 1935), teilnehmen.[87]

Persönliche Begegnungen und der Niedergang der Sowjetunion mit ihren propagandistischen Hülsen führten schließlich zu einer Aufweichung der Stereotypen, zu vorsichtiger inhaltlicher Annäherung und zum Abbau persönlicher Vorurteile[88] – wie sie sich A. Pelše

---

83 Duchanov, Ostzejcy; die erw. Neuauflage: Ders.: Ostzejcy. Politika ostzejskogo dvorjanstva. Mitte der 1980er Jahre griff er die Thematik noch einmal modifiziert auf: Ders., Baltijas muižniecība. Duchanov hatte bereits seit seinem siebten Lebensjahr in Lettland gelebt und war 1941 in die UdSSR geflüchtet, von wo er nach seinem Studium in Moskau 1948 nach Riga zurückkehrte, vgl. Lipša, Die Historiker der Lettischen Staatsuniversität, S. 184. – In den frühen Kontext der ideologischen Kritik an der ritterschaftlichen Politik im 19. Jahrhundert gehörte auch die erste größere Quellenedition des Geschichtsinstituts, des vollständigen Textes der Manaseinschen Revision 1882/83 in russischer und lettischer Sprache: Manaseina revīzija.
84 Wittram, Methodologische und geschichtstheoretische Überlegungen. Die Auseinandersetzung mit den Thesen der sowjetbaltischen Historiker regte auf deutschbaltischer Seite den gelungenen Versuch einer Rückbesinnung und Bestandsaufnahme an: von Rauch (Hrsg.), Geschichte der deutschbaltischen Geschichtsschreibung.
85 Überblick bei von Pistohlkors, Baltische Geschichtsforschung in drei Generationen, S. 260-262.
86 1981 und 1985, Teilnehmer aus der SSR Lettland: Duchanov, Kārlis Daukšts (geb. 1944) und Lida Balevica (1933–2021). Referenten und Nachweis der publizierten Referate in: Kaegbein, Lenz, Fünzig Jahre baltische Geschichtsforschung, S. 81-88.
87 Sein Vortrag siehe: von Pistohlkors, Die Baltischen Provinzen Rußlands im 19. Jahrhundert. 1990 erschien eine lettische Auswahl der Vorträge aus neun Symposien: Krupņikovs (Hrsg.): Vācija un Baltija. Zuvor waren ab 1972 neun Sammelbände „Germanija i Pribaltika" (späte Ausgaben auch in lettisch und deutsch) erschienen. Die einzige Monografie, die Krupņikovs (lettisch, russisch und deutsch erschienen) veröffentlichte, ist im Grunde ein längerer Literaturbericht, er machte damit aber den sowjetlettischen Leser mit deutscher Historiografie zum Baltikum bekannt: Krupņikov, Melu un patiesības palete; Krupnikov, Polveka istorii Latvii; ders., Lettland und die Letten. Interessant sind vor allem seine Erinnerungen: [Krupņikovs], Dialogā ar vēsturi (auch russ.).
88 Ausdruck des entstehenden Dialogs dürfte auch ein Beitrag von Duchanov (und Ronis) über die deutschbaltische Historiografie gewesen sein: Duhanovs, Ronis, Par dažām jaunām iezīmēm. Für eine späte Zusammenfassung der Positionen Maksim Duchanovs vgl.: Ders., Der baltische Adel. Duchanov veröffentlichte später noch ein Buch über den Nationalsozialismus: Duhanovs, Nacisms 1919–1933. Zur Biografie Duchanovs vgl.: Zelče, Maksims Duhanovs. Duhanovs hatte von 1943 bis 1948 in Moskau Geschichte u. a. bei R. Iu. Vipper und Zutis studiert. Über seine zeitweilige

1945 wohl kaum hatte vorstellen wollen und können.[89] Eine umfassende Entmythologisierung des deutschen Feind- oder Fremdenbildes begann jedoch erst mit der Neubewertung der deutschbaltischen Geschichte in Zusammenhang mit der Unabhängigkeitsbewegung in Lettland ab 1987, als die Westorientierung der lettischen Geschichtswissenschaft neu begründet werden sollte. Jānis Stradiņš (1933–2019), populäres Mitglied der Akademie der Wissenschaften der SSR Lettland, räumte 1988 in einem vielbeachteten Vortrag im Schöneberger Rathaus in Berlin den Deutschbalten in der Geschichte des Baltikums einen wichtigen und positiven Platz als „Brücke zwischen Ost und West" ein und lobte ihre Beiträge zur Kulturgeschichte des Landes.[90] Der Journalist Viktors Daugmalis (eigentlich Viktors Kalniņš, geb. 1952) entzauberte in einem bekannten Essay 1990 den „Mythos von der siebenhundertjährigen Knechtschaft" der Letten unter „deutschen Baronen".[91] Und schließlich erschienen in Zusammenhang mit der Neuformulierung einer lettischen Minderheitenpolitik ab 1991, die international im Rahmen des Beitritts Lettlands zu europäischen Institutionen (Europarat, Ostseerat, OSZE, EU, NATO) gefordert wurde, zahlreiche Publikationen, die sich einer Wiederaneignung und Neubewertung der Geschichte der lettländischen Deutschen widmeten.[92]

*Die „lettischen bürgerlichen Nationalisten – Handlanger des Imperialismus"*

Im ideologischen Kampf um die Deutungshoheit der Geschichte Lettlands nach 1945 gab es noch ein drittes Problem. Zwar konnte man bürgerliche Historiker „säubern", zum Umdenken oder in den Opportunismus zwingen, im Unterschied zu anderen Sowjetrepubliken (z. B. Belarussland oder die Ukraine) war jedoch in der Bevölkerung die Erinnerung an eine mehr als 20-jährige erfolgreiche Unabhängigkeit lebendig – eine Erinnerung, die den zugereisten russlandlettischen Historiker fremd war. Und trotz der Tatsache, dass die wichtigsten Historiker zusammen mit knapp 200 000 Letten ins westliche Ausland geflüchtet waren (vgl. Kap. 8), blieben die Publikationen deutschbaltischer und lettischer Historiker des 19. und 20. Jahrhunderts in Bibliotheken, oder sofern sie dort in die nur mit Ausnahmegenehmigung zugänglichen Spezialbestände (lett. *specfonds*) und unter Verschluss gerieten, wenigstens in privaten Bücherschränken erhalten.[93] Es reichte daher nicht aus, eine marxistische Geschichtssicht machtpolitisch durchzusetzen, man musste sich auch mit den Historikerfeinden auseinandersetzen – ideologisch, inhaltlich und persönlich – und ihre Schädlichkeit für die lettische Arbeiterklasse propagieren.

---

Kommilitonin Svetlana Iossifovna Allilujeva (1926–2011), Tochter Stalins und Studentin der Literatur und Geschichte, soll er Kontakte in die höhere sowjetische Nomenklatura gehabt haben. Nach der 1984er Konferenz „Das Baltikum und Westeuropa" in Riga soll Duchanov bemerkt haben: „Wir können von den bürgerlichen Historikern viel lernen, sie haben alle eine Konzeption.", in: Keruss, Lipša, Runce, Zellis, Latvijas Universitātes Vēstures un filozofijas fakultātes vēsture, S. 296.

89 Zuletzt vermittelnd: Vācu faktors.
90 Stradiņš, Latvijas dramatiskā vēsture.
91 Daugmalis, Mīts par „septiņiem vērdzības gadiem".
92 So wurde z. B. eine Broschüre zur Geschichte der Deutschbalten, von Arved von Taube und Erik Thomson verfasst und 1973 von der deutschbaltischen Carl-Schirren-Gesellschaft e. V. in Lüneburg herausgegeben, 1993 mit einem Nachwort von Stradiņš versehen ins Lettische übersetzt, vgl.: Vācbaltieši.
93 „Švābe flüchtet, aber in der Heimat hat er ein sehr unangenehmes ‚Erbe' hinterlassen", Zutis, Buržuāziskais nacionālisms, S. 41.

Zwar hatte A. Pelše, inzwischen auch Redakteur der ideologisch einflussreichen Zeitschrift *Padomju Latvijas Bolševiks* (1899–1983), bereits 1944 den Kampf gegen die „lettischen deutschfreundlichen Nationalisten" aufgenommen und damit die Verbindung zwischen lettischen Bürgerlichen und Großem Vaterländischen Krieg hergestellt,[94] der konzeptionelle Angriff gegen die bürgerliche historische Zunft brauchte jedoch Zeit. Zunächst einmal musste die Geschichte Lettlands marxistisch periodisiert und konzipiert werden, bevor die bürgerliche Historiografie als Teil der bourgeoisen Ideologie demaskiert werden konnte. Die Auseinandersetzung mit den lettischen bürgerlichen Historikern begann daher später als mit der älteren deutschbaltischen Historiografie, da zunächst die ideologische Verbindung zwischen Deutschen, Deutschbalten und bürgerlichen Letten hergestellt werden musste.[95] 1952 erschien die erste Publikation, die sich namentlich mit früheren lettischen Historikern auseinandersetzte, 1953 folgte eine erweiterte Fassung.[96] Alle Autoren des Aufsatzbandes (mit Ausnahme von E. Šnore und Stepermanis) kamen aus Russland und waren mit der Geschichtswissenschaft im Vorkriegslettland kaum vertraut. Das Vorwort verfasste Strazdiņš in seiner doppelten Funktion als Volkskommissar für Bildung der SSR Lettland und Direktor des Geschichtsinstituts. Die Geschichtswissenschaft, so Strazdiņš, sei eine scharfe Waffe an der Front des Klassenkampfes, und dem entsprechend müsse deutlich zwischen dem progressiven Teil des lettischen Volkes, der Arbeiterklasse im Bündnis mit der von Stalin geführten Partei, und den bürgerlichen Nationalisten, den Feinden der Völkerfreundschaft, differenziert werden.[97] Es folgten Aufsätze über die „bourgeoise Konzeption der Archäologie Lettlands" (E. Šnore), die „Fälschung" der Bedeutung der Schlacht vom Peipussee von 1242 (mit der wichtigen russischen Symbolgestalt Aleksandr Nevski, Autor Drīzulis), die „bürgerlichen Historiker als Geschichtsfälscher" (Stepermanis), die „Entstehung der lettischen bourgeoisen Nation" (Strazdiņš) und ihre „konterrevolutionäre Rolle" in der Revolution 1905 (Krastiņš), noch einmal, wie die „bourgeoisen Historiker die Geschichte Lettlands fälschen" (Draudiņš) und zuguterletzt ein Aufsatz von Auseklis Spreslis (1922–1985) über die „Lügen der bourgeoisen Nationalisten", das Proletariat und den Klassenkampf im Lettland der Zwischenkriegszeit.

Zwar werden in den Aufsätzen die ideologischen Gegner immer wieder namentlich genannt, vor allem Tentelis, Balodis und Švābe; auffällig ist aber, dass nur ein Beitrag des Sammelbandes einem Historiker namentlich gewidmet ist, mit dem aber gleichzeitig die gesamte Geschichtskonzeption der Zwischenkriegszeit ins Visier gerät. Zutis wirft Švābe vor, Anhänger Rickerts und Neokantianer zu sein, den Volksbegriff nationalistisch interpretiert, das „Volk" auf die bäuerliche Geschichte beschränkt und die Arbeiterklasse vernachlässigt und die „Legende" von der 700-jährigen Sklaverei der Letten abgelehnt zu haben, aber auch ein Anhänger Ulmanis' gewesen zu sein. Damit war der führende lettische Historiker und Geschichtspolitiker der Zwischenkriegszeit als Hauptfeind ausgemacht:

---

94 Pelše, Inteliģences uzdevumi.
95 Zutis, Krievu un Baltijas tautu cīņas.
96 Buržuāziskie nacionālisti (1952 und 1953); ferner: Miške, Kas ir latviešu buržuāziskie nacionālisti (mit einer Reihe von Beispielen, von den Jungletten über die bürgerlich-liberalen Letten bis hin zu deren zu „vertilgenden" nationalistischen Resten in der befreiten Sowjetgesellschaft).
97 Buržuāziskie nacionālisti, ²1953, S. 6 f.

„Der in den Werken Švābes zum Ausdruck kommende bourgeoise Nationalismus und Kosmopolitismus war zur Vergiftung unserer Jugend gedacht. Naiv zu denken, wir, die Historiker Sowjetlettlands hätten es bereits geschafft, diese giftigen Reste vollständig zu vernichten und auszurotten. Es muss noch große Arbeit geleistet werden, um die Überreste von Švābes reaktionärer Geschichtskonzeption mit den Wurzeln auszureißen."[98]

Immerhin zitiert Zutis die wichtigsten Arbeiten Švābes, und einigen Sowjethistorikern der kommenden Jahrzehnte gelang es immer wieder, sie zu lesen.[99] Gleichzeitig blieben Duktus und Argumente bis kurz vor dem Ende der Sowjetzeit gültig, wenn auch mit der Zeit etwas differenzierter und stilbildend.[100]

Als Anfang der 1960er Jahre die sowjetischen Bemühungen um Repatriierung der Exilletten aufgegeben wurden,[101] trat an deren Stelle die ideologische Diversion des lettischen Exils in Westeuropa und Nordamerika. Dessen Organisationen, die nicht ohne Erfolg darauf beharrten, dass Lettland 1940 von der Sowjetunion annektiert worden war,[102] sollten mit Hilfe historischer Propaganda gespalten und kollektiv als Kollaborateure des Hitlerregimes und des westlichen Imperialismus diffamiert werden. Hauptziele waren dabei vor allem die Veteranenvereinigung *Daugavas Vanagi* (dt. Dünafalken),[103] und die Exilorganisation der politischen Konkurrenz der LKP, die lettische Sozialdemokratie (LSDSP) in Stockholm. 1962 erschien, von Dienststellen des KGB produziert, die Broschüre „Die Dünafalken: Wer sind sie?", in der einer breiteren Weltöffentlichkeit in einer kruden Zusammenstellung von Dokumenten, Texten und Bildern die Teilnahme von Letten an der Vernichtung der lettischen Juden ab Sommer 1941 bekannt gemacht werden sollte. Weitere Broschüren folgten. Der Exilhistoriker Andrew Ezergailis (1930–2022) hat 2005 Broschüren, Kampagnen und Wirkungsgeschichte im Westen untersucht und versucht, Fakten und Propaganda voneinander zu scheiden. Er machte deutlich, dass die Instrumentalisierung der Geschichte des Holocausts in Lettland 1941–1944 durch die Sowjetunion bzw. Russland nach 1945 bis heute eine eigene Geschichte hat, die von der Geschichte im Zweiten Weltkrieges deutlich zu trennen ist.[104]

---

98 Ebenda, S. 41 f.
99 So finden sich z. B. im (ungeordneten) Nachlass von Krastiņš Exzerpte von Švābes späterem Opus Magnum: Latvijas vēsture 1800–1914, vgl. LVVA, fonds 1860: Vēsturnieks akadēmiķis Jānis Krastiņš (1890.–1983.)
100 Einige Beispiele: Drizulis, Fälscher der Geschichte; Miške, Tas jāzina! (auch russ.); Buržuāziskie nacionālisti – latviešu tautas niknākie ienaidnieki; Sīpols, Latvijas buržuāziska diplomātija; Kalniņa, Buržuāziskie uzskati par imperiālisma; zuletzt noch 1983: Samsons, Naida un maldu slīkšņā.
101 Vgl. Zalkalns, Back to the Motherland.
102 Vgl. z. B. die Berichte über Protestdemonstrationen in den USA und in Australien gegen die Anerkennung der sowjetischen Annexion durch die australische Regierung, in: Austrālijas Latvietis 26 (27.9.1974), Nr. 1246, S. 1 und 8.
103 Lettische Kriegsgefangene der Westalliierten (insgesamt ca. 25 000), die in britischen Kriegsgefangenenlagern in Belgien interniert waren, hatten sich am 28.12.1945 in der zunächst als Hilfsverein für lettische Soldaten und ihre Familien gegründeten Vereinigung *Daugavas Vanagi* zusammengeschlossen.
104 Avotiņš, Dzirkalis, Pētersons (Pseud.), Kas ir Daugavas Vanagi?; die dt. Version erschien ein Jahr später: Dies., Daugavas vanagi. Wer sind sie? Zur Auflösung der Pseudonyme und Hintergründen der Broschüre vgl. Avotiņš (†), Dzirkalis (†), Pētersons (†), Ezergailis, Nazi/Soviet Disinformation, S. 65-78.

## Gesamtgeschichte der SSR Lettland

1945 lag für Lettland, auch aus bürgerlicher Zeit, immer noch keine befriedigende Gesamtgeschichte vor.[105] Die Zeit der Unabhängigkeit war zu kurz gewesen, und in der Sowjetunion hatte es keinen lettischen Historiker gegeben, der diese Aufgabe hätte erfüllen können. Unmittelbar nach Kriegsende musste, wie ausgeführt, zunächst einmal die ideologische Ausrichtung einer sowjetischen Geschichte an der Peripherie und im Dunstkreis des jahrhundertealten Einflusses eines soeben niedergerungenen Kriegsgegners geklärt werden. Die Herausforderung an die sowjetlettische Historiografie war daher eine mehrfache: Die lettische Geschichte musste nicht nur in das bereits bestehende System stalinistischer Geschichten der einzelnen Sowjetrepubliken oder das Konzept der stalinistischen Geschichte der UdSSR als Ganzes eingepasst werden, sondern überhaupt erst einmal zusammenhängend, als „systematischer Kurs", dargestellt werden.

Ein erster Entwurf zu einer sowjetlettischen Gesamtgeschichte war bereits im Juni 1944 in Moskau an der Akademie der Wissenschaften erarbeitet worden. Es handelte sich um einen „Systematischen Plan / Projekt / Kapiteleinteilung"[106] für ein auf 38 Druckbögen veranschlagtes Kapitel einer „Geschichte der Lettischen SSR", das offensichtlich Teil einer größeren gesamtsowjetischen Veröffentlichung werden sollte. Als verantwortliches Redaktionskollegium zeichneten neben dem Letten Zutis sowie dem Vorsitzenden des ZK der KP Lettlands Kalnbērziņš,[107] die Nichtletten Robert Iu. Vipper (1859–1954),[108] Boris D. Grekov (1882–1953) und Aleksandr D. Udal'cov (1883–1958). In vier großen Abschnitten und 30 Kapiteln sollte die Geschichte eingeteilt werden: Abschnitt I: „Die alte Periode der politischen Unabhängigkeit (bis Ende des 12. Jhs)" (Redaktion: Grekov), Abschnitt II: „Lettland – die feudale Kolonie (13. bis 17. Jh.)" (Redaktion: Vipper, Grekov und Vladimir I. Pičeta [1878–1947]), Abschnitt III: „Der nationale Befreiungskampf während der Epoche des Kapitalismus (von der französischen Revolution bis zur bourgeoisen Februarrevolution 1917 in Russland)" (Redaktion: Pičeta und Pankratova) und Abschnitt IV: „Der Kampf für den Sowjetstaat und der Sieg der Lettischen SSR" (Redaktion: Pankratova und Kalnbērziņš). Die Autoren der einzelnen Kapitel sollten Raudanikas, Zutis, Niedra (oder Niedre), R. Iu. Vipper, dessen Sohn Boris R. (1888–1967), Pauls Dauge (1869–1946), Krastiņš, Pičeta und R. Pelše sein.[109] Bemerkenswert ist die geplante Mitarbeit nichtletti-

---

105 Dies gilt auch für die in Kap. 3 bereits erwähnte sozialistisch gefärbte, populäre und wissenschaftlichen Ansprüchen nicht genügende Geschichte Lettlands von Kārlis Landers (1883–1937) aus der Zeit vor dem Ersten Weltkrieg: Ders., Latvijas vēsture.
106 Sistematičeskij plan / Proekt / Raspredelenija glav „Istorii Latvijskoj SSR", in: LVA, fonds PA-200, 4. apr., 1. lieta, 1.-3. lpp.
107 Kalnbērziņš hatte u. a. 1931–1933 am Institut der Roten Professur Parteigeschichte studiert und als Lektor für Geschichte gearbeitet, bevor er 1936 nach Lettland zurückgekehrt und dort im kommunistischen Untergrund die Stalinschen Säuberungen überlebt hatte, Biografie in: Latvijas PSR Mazā enciklopēdija. II. sēj., S. 19 f.
108 Vipper war im Frühjahr 1941 zusammen mit seinem Sohn Boris aus dem sowjetischen Riga nach Moskau zurückgekehrt. 1944 war die revidierte und und Ivan IV. und dessen Politik verherrlichende Fassung seines Buches „Ivan Groznyj" (1922) erschienen, für die er 1945 den Leninorden erhielt.
109 Daneben existiert ein Entwurf von Dauge für die Kapitel 17-25 (ca. 1850–1919) sowie ein Entwurf für Kapitel 26 „Die Periode der bourgeoisen Republik in Lettland" von Krastiņš, in: LVA, fonds PA-200, 4. apr., 1. lieta, 4.-6. lpp.

scher bzw. belarussischer Autoren. Sie ist ein Indiz sowohl für den Mangel an qualifizierten lettischen Sowjethistorikern als auch dafür, dass die Erfahrung belarussischer Sowjethistoriker mit der Darstellung der Geschichte einer Peripherie in das Konzept der sowjetlettischen einfließen sollte. R. Iu. Vipper schließlich kannte die Geschichtswissenschaft in Riga, er hatte in den 1920er und 1930er Jahren junge lettische Historiker ausgebildet und die Geschichte des Landes in einen größeren Kontext gestellt. Die selbe Aufgabe kam ihm jetzt erneut zuteil, nun jedoch im sowjetischen Kontext.

Nach sowjetischer Wiedergründung des Geschichtsinstituts gehörte zu dessen dringlichsten Aufgaben neben der raschen Erstellung von Geschichtsbüchern für die Mittelschulen vor allem, endlich eine den Vorgaben des Historischen Materialismus entsprechende Periodisierung der Geschichte der SSR Lettland und das gültige Konzepts einer kanonisierten Gesamtgeschichte vorzulegen.[110] Auf Beschluss des ZK-Büros der LKP vom 7. bis 8. Dezember 1944 musste eine Kommission gebildet werden, die eine „marxistische-wissenschaftliche Geschichte der SSR Lettland" ausarbeiten sollte.[111] Der Kommission gehörten neben dem Dozenten für Marxismus-Leninismus Krišs Grašmanis (1898–1980), Zutis, Krastiņš und R. Pelše auch die Parteifunktionäre Vilis Lācis (1904–1966), J.[ānis?] Ozoliņš (Lebensdaten unbekannt) und Jānis Ostrovs (1896–1966) sowie der Schriftsteller Andrejs Upīts (1877–1970) an. Den Vorsitz sollte A. Pelše führen, der Entwurf sollte bis zum 15. Januar 1945 eingereicht werden.

Zunächst einmal, wenigstens für die Geschichte ab 1880, diente auch in der SSR Lettland der „Kurze Lehrgang der Geschichte der VKP(B)" Er war 1938 in der UdSSR unter der Redaktion des lettischen Kommunisten Vilis Knoriņš (1890–1939) erschienen und wurde im Januar 1941 erstmals in einer Auflage von 50 000 Exemplaren auch in lettischer Sprache veröffentlicht und diente als Raster, an dem man sich orientieren musste.[112] Die Adaption der Geschichte Lettlands an die vorgegebenen, abstrakten Schemata des „Kurzen Lehrgangs" führte in der SSR Lettland zu den bekannten methodischen und inhaltlichen Einschränkungen der Geschichtswissenschaft, die noch Jahre nach Stalins Tod spürbar blieben. Zu nennen sind Parteilichkeit und ein Übergewicht der Parteigeschichte, Falsifizierung, Verkürzung oder Verschweigen historischer Umstände, die tendenziöse Auswahl von Quellen und Fakten sowie die Vereinfachung oder Vulgarisierung historischer Prozesse;[113] nicht zuletzt der Vorzug politischer oder ideologischer Argumente für die Interpretation der herangezogenen Quellen und Fakten gegenüber wissenschaftlichen Erwägungen.[114]

Der „Kurze Lehrgang" mit seiner Fokussierung auf die gesamtsowjetische Parteigeschichte als Zeitgeschichte konnte jedoch keine sowjetlettische Gesamtgeschichte ersetzen. Um möglichst schnell den Bedarf an einer Geschichte Lettlands zu decken, die sowohl der

---

110   LVA, fonds 2371, 1. apr., 1. lieta, 2.-3. lpp.
111   Ronis, Latvijas vēstures institūts laikmeta kontekstā, S. 25. Mögliche Akten, die die konkrete Arbeit der Kommission dokumentieren, konnten nicht aufgefunden werden.
112   Vissavienības Komunistiskās (boļševiku) partijas vēsture.
113   So behauptete etwa K. J. Bērzs (evtl. Pseudonym für Arvīds Pelše) in seiner Veröffentlichung (1947): Krievu un latviešu tautas vēsturiskā draudzība, dass die Letten durch ihre frühen Handelsbeziehungen mit den Russen ihre Zahlen ab zwei erhalten hätten, und die Bezeichnung latvieši" für dt. Letten erstmals in der Nestorchronik (zwischen 1113 und 1118) erwähnt worden sei, ebenda S. 5 f.
114   Mednis, Savu vēsturi, S. 120.

marxistischen Ideologie als auch sowjetischen Herrschaftsansprüchen genügte, beschloss das ZK der LKP 1946, unter der Überschrift „Beiträge zur Geschichte der SSR Lettland" zunächst rasch eine Reihe mehr oder weniger umfangreicher Broschüren zu unterschiedlichen Epochen und Themen zu veröffentlichen. Die Autorenschaft wurde den drei idelogisch zuverlässigen und aus der UdSSR kommenden Historikern Zutis (Frühgeschichte, Mittelalter, Neuzeit bis Mitte des 19. Jahrhunderts), Krastiņš (Mitte des 19. Jahrhunderts bis 1940) und Drīzulis (1917 bis Gegenwart) übertragen. Bis 1956 wurden 25 Titel im Umfang zwischen zwischen 22 und 227 Seiten veröffentlicht, gewissermaßen als Fingerübung für die noch zu verfassende Gesamtgeschichte.[115]

Die eigentliche „Geschichte der SSR Lettland" von den Anfängen bis zur Gegenwart erschien in drei Bänden in den Jahren 1952 bis 1958 zunächst in russischer Sprache und zwischen 1953 und 1959 in lettischer Übersetzung mit einem Gesamtumfang von knapp 2 000 Seiten.[116] Die zentrale Tendenz der Geschichtsdarstellung bildeten die sieben Jahre nach Rückeroberung Lettlands durch die Rote Armee,

> „die tiefen historischen Wurzeln der großen leninistisch-stalinistische Freundschaft der sowjetischen sozialistischen Nationen. Die Geschichte des lettischen Volkes wird in diesem Werk in unverbrüchlicher Verbindung mit der Geschichte der anderen Völker der Sowjetunion und vor allem des großen russischen Volkes, mit der Geschichte der UdSSR beleuchtet. Die Verbindungen und beidseitigen Beziehungen des lettischen Volkes und des großen russischen Volkes ist eines der zentralen Themen, das in allen Abteilungen und Kapiteln der ‚Geschichte der SSR Lettland' beleuchtet wird",

wie es im Vorwort zu Band 1 heißt.[117] Die Darstellung der „Geschichte der SSR Lettland" folgte zum ersten Mal konsequent der marxistischen Periodisierung nach Gesellschaftsformationen und erreichte dadurch ein hohes Maß an Synchronizität mit der Geschichte der Sowjetunion. Band 1 enthielt die „Ordnung der Stammesgesellschaft auf dem Territorium der SSR Lettland" und „die Zeit des Feudalismus bis 1860", Band 2 beschrieb die Geschichte der SSR Lettland im frühen Kapitalismus und im Imperialismus von der Bauernbefreiung 1861 bis zur Februarrevolution 1917 und Band 3 die Zeit von der Februarrevolution bis „zum Sieg des Sozialismus in der SSR Lettland" um 1950. Besonderheiten der Geschichte Lettlands bzw. des Baltikums spielten für die Periodisierung kaum noch eine Rolle.

Der Kanon der „Geschichte der SSR Lettland" aus den 1950 Jahren, entstanden im Stalinismus der Nachkriegszeit und konzeptionell abgeschlossen vor dem XX. Parteitag der KPdSU 1956, blieb die gesamte Sowjetzeit über verpflichtend. Dafür sorgte auch die beeindruckende Kontinuität eines ihrer Herausgeber: Die 1986 neu herausgegebene zweibändige

---

115 Vgl. mit Auflistung der einzelnen Titel: Apcerējumi par Latvijas PSR vēsturi. Zuvor waren unter dem Serientitel: Latvijas PSR vēstures materiāli [Materialien zur Geschichte der SSR Lettland] erschienen: Zutis, Vidzeme XVIII gadsimtenī; ders., Cīņa par agrārām reformām.

116 Stammten von den acht Autoren des ersten Bandes noch fünf aus Vorkriegslettland (Stepermanis, Zeids, Brežgo, Moora [1900–1968], Šnore), so wurde deren Zahl mit jedem Band weniger. Damit die Zensur das Werk begutachten konnte, erschien es zuerst auf Russisch: Istorija Latvijskoj SSR; dasselbe lett.: Latvijas PSR vēsture. Sēj. I-III; Kurzfassungen: Latvijas PSR vēsture. Saīsināts kurss (1956, mit Neufassung 1967); dasselbe russ.: Istorija Latvijskoj SSR. Sokraščennyj kurs; populäre Darstellung: Andersone, Dzerve, Draudin, Latvijskaja SSR.

117 Latvijas PSR vēsture. Sēj. I, S. 3.

"Geschichte der SSR Lettland" wurde ebenfalls von Drīzulis redigiert und unterschied sich konzeptionell, textlich und in ihren Interpretationen nur geringfügig von ihrem Vorgänger aus den 1950er Jahren.[118] Die Zugehörigkeit Lettlands zur Sowjetunion erschien 40 Jahre nach Kriegsende offensichtlich so normativ, dass diese noch als selbstverständlicher begriffen und die positive Rolle Russlands für die lettische Geschichte noch deutlicher betont werden konnte. Allerdings trat die Bedeutung der älteren Geschichte zurück. Der Zeit bis zur Revolution von 1905 wurde nur noch etwas mehr als ein Viertel des Gesamtumfangs von insgesamt 950 Seiten gewidmet. Offensichtlich sollte der sowjetischen Geschichte ab 1917 der Vorzug vor den älteren, weniger russisch geprägten Perioden gegeben werden. Der Blick sollte somit auf den industriell geprägen "Entwickelten Sozialismus" gelenkt werden und besonders die ideologisch umstrittene Geschichte des 20. Jahrhunderts ausführlicher erklärt werden. Die Darstellung reichte nunmehr bis zum 27. Reformparteitag der KPdSU (Februar/März 1986). Der Zwischenkriegszeit ("Lettland während der Zeit der Herrschaft der nationalistischen Bourgeoisie") werden immerhin 72 Seiten gewidmet.[119] Aufgrund der politischen Veränderungen ab 1987 erlangte diese zweite Gesamtgeschichte jedoch keine historiografisch normative, geschweige denn öffentliche Bedeutung mehr.[120] Keine der während der Sowjetzeit erschienenen Gesamtgeschichten der SSR Lettland wies Fußnoten oder einen wissenschaftlichen Apparat auf. Viele Behauptungen, Zahlenangaben oder Schlussfolgerungen konnten und können daher nicht überprüft werden. Ihre Überzeugungskraft bezogen diese Darstellungen nicht aus wissenschaftlich verifizierbaren Argumenten, sondern allein aus der Verflochtenheit der jeweiligen Historiker mit den Machtstrukturen der sowjetischen Diktatur.

*Die „Revolution von 1905–1907"*[121]

Bereits im Jahr 1950, noch vor Erscheinen der ersten sowjetlettischen Gesamtgeschichte, veröffentlichte Krastiņš ein Buch über die Revolution von 1905 und unterstrich damit nicht nur die Bedeutung des Epochenjahres[122] für den sowjetlettischen Geschichtskanon, sondern auch seine Autorität als führender sowjetlettischer Zeithistoriker im Stalinismus.[123] Seine

---

118 Latvijas PSR vēsture. No vissenākiem laikiem.
119 Ebenda, Sēj. 2, S. 77-148, davon ist etwa ein Viertel der Kulturgeschichte im traditionellen Sinne gewidmet.
120 Zwei Jahre zuvor war ferner ein umfangreicher Lexikonartikel der Geschichte Lettlands erschienen, der die sowjetlettische Deutung der Geschichte noch einmal enzyklopädisch zum Maßstab erhob: Vēsture.
121 Eine jüngere Bibliografie zur Revolution von 1905 auf dem Gebiet des späteren Lettlands nannte insgesamt 3 832 Titel, darunter alle während der Sowjetzeit erschienenen Monografien, Broschüren, Aufsätze usw.: 1905.–1907. gada revolūcija Latvijā.
122 1950 lebten noch zahlreiche Teilnehmer und Augenzeugen der Revolution mit je eigenen Erinnerungen und Erklärungsmustern, gleichzeitig hatte die Revolution nach 1920 als „erster lettischer Volksaufstand" der Geschichte neben den lettischen Schützen zu den Gründungsmythen des unabhängigen Lettland gehört. Eine ideologisch gültige Umdeutung war daher dringend notwendig.
123 Krastiņš, 1905. gada revolūcija Latvijā. Eine kürzere Fassung im Umfang von 87 Seiten war bereits zwei Jahre zuvor in der Serie „Abhandlungen zur Geschichte der SSR Lettland" erschienen: Ders.: 1905. gada revolūcija Latvijā. Apcerējumi; vgl. auch die kurze Darstellung

## 7. Lettische Historiografie in der Sowjetrepublik Lettland (1944–1991)

marxistische Deutung besagte, die Revolution sei keine nationale Erhebung gewesen, wie dies bürgerliche lettische Publizisten behauptet hatten,[124] sondern im Rahmen der zunächst historisch notwendigen bürgerlichen Revolution eine Revolution der Massen, geführt vom lettischen Proletariat und der marxistischen Sozialdemokratischen Arbeiterpartei Lettlands. Gleichzeitig sei sie regionaler Ausdruck einer gemeinsamen Revolution im Schulterschluss mit dem russischen Proletariat unter der Führung Lenins gewesen:

> „Die revolutionäre Bewegung in Lettland 1905–1907 war keine rein nationale Bewegung, wie die lettischen bourgeoisen Historiker sie zu beschreiben versuchen, sie war auch keine gewöhnliche bürgerliche Revolution, wie die Menschewisten behaupten, sondern eine bürgerlich-demokratische Revolution, die das Zeitalter des Imperialismus hervorgebracht hat, als die Klassengegensätze sich extrem verschärft hatten. Auf jeden Tritt war die entscheidende historische Rolle des Proletariats spürbar. Der Kampf der Knechte und Bauern gegen die Barone [...], das alles hatte das Proletariat organisiert und die revolutionären Sozialdemokraten geleitet. [...] Die Revolution von 1905 zeigte die herausragende Rolle des russischen Proletariats bei der Einbeziehung des Proletariats anderer Völker in den revolutionären Kampf."[125]

Für diese Interpretation, die 1975 in dritter Auflage erschien und bis in 1980er Jahre ihre Gültigkeit behielt, erhielt Krastiņš nach Zutis als zweiter Historiker 1952 ebenfalls den bedeutsamen Staatspreis der UdSSR. In den folgenden Jahren geboten vor allem die runden Jubiläen weitere Publikationen: Zum 50. Jahr der Revolution erschien 1956 eine umfangreiche Sammlung von Dokumenten und Materialien, zum 60. Jubiläum eine Aufsatzsammlung. Ein letzter Aufsatzband zum 70. Jubiläum erschien 1986.[126] Daneben ergänzten zahlreiche kleinere Veröffentlichungen etwa von Miške, Jānis Babris (1911–2000), Irēna Jonāne (1927–2008), Kārlis Martinsons (1896–1968) u. a. das Werk von Krastiņš um einzelne Aspekte oder lokale Episoden bzw. Untersuchungen einzelner Gruppen unter den Revolutionären.[127]

Nicht ganz unumstritten war allerdings die von Krastiņš vertretene Einheit der Interessen zwischen dem Arbeiterproletariat in den Städten, vor allen in Riga und Liepāja, und dem „Landproletariat", bestehend aus Kleinbauern, Knechten und Landlosen bzw. zwischen städtischer und ländlicher Revolution. Damit wurde ein Streit um die Deutung der Revolution von 1905 wieder aufgenommen, der bereits in den 1920er Jahren zwischen den lettischen Bolschewisten im Exil in Moskau ausgetragen worden war.[128]

Schwierigkeiten bereitete ferner die Aufbereitung der Materialien, die die Geschichtskommission der LKP ab 1920 gesammelt hatte, und die sich inzwischen im Archiv der

---

      von: Pauls Dauge ein Jahr zuvor: Ders., 1905.–1907. gada revolucija Latvijā. Bibliografie der Veröffentlichungen von Krastiņš: Šakare, Akadēmiķis Jānis Krastiņš.
124  In der Ausgabe von 1975 nennt Krastiņš vor allem die Sozialdemokraten Jānis Jansons-Brauns (1872–1917), Felikss Cielēns (1888–1964) und Brūno Kalniņš (1899–1990), erwähnt aber auch Švābe und dessen im Exil erschiene „Geschichte Lettlands 1800–1914" von 1958, vgl. Krastiņš, 1905. gada revolūcija Latvijā. ³1975, S. 78-82.
125  J. Krastiņš, 1905. gada revolūcija Latvijā. Rīga ³1975, S. 365-367.
126  Revoljucija 1905–1907 gg. v. Latvii; 1905. gads Latvijā; Latvijas strādnieki un zemnieki.
127  Miške, 1905.-1907. gada revolūcijas augstākā pakāpe; Babris, Revoljucija 1905-1907 godov; Jonāne, Latvijas sociāldemokrātija 1905.-1907.; Martinsons, Rīcības komitejas.
128  So z. B. Kozin, Ekonomičeskie predposylki.

LKP im Parteiinstitut in Riga befanden.[129] Zahlreiche Teilnehmer der Revolution, deren Lebensläufe man dokumentiert hatte, waren Sozialdemokraten gewesen, in der Sprache der Partei Menschewisten und Abweichler, oder lettische Bolschewisten, die in den 1930er Jahren den „stalinistischen Säuberungen" zum Opfer gefallen waren. Ihre Namen durften erst nach dem XX. Parteitag der KPdSU 1956 wieder erwähnt werden.[130] Auf Drängen lettischer bolschewistischer Veteranen bereitete eine Redaktion des Parteiinstitutes unter der Leitung von Ziemelis und Karaļuns eine auf 4 710 Kurzbiografien erweiterte Neuausgabe der beiden 1933 und 1936 erschienen Erinnerungsbände der „revolutionären Kämpfer" der Revolution sowie die Herausgabe derjenigen Bände vor, die in den 1930er Jahren nicht mehr erscheinen konnten.[131] Eine geplante Fortsetzung, die den Revolutionären der Oktoberrevolution gewidmet sein sollte, konnte nicht mehr erscheinen.[132] Die vier Bände, die erst ab 1976 erschienen, enthalten reichhaltiges, bebildertes biografisches Material, die Aussagekraft zur Geschichte der Revolution selbst bleibt jedoch beschränkt.

*Die „Stolypinsche Reaktion", die „Periode des imperialistischen Weltkrieges" und die „bürgerlich-demokratische Februarrevolution"*

Die nachrevolutionären Jahre und die ersten Jahre des Ersten Weltkrieges sowie die deutsche Besatzung Kurlands, ab September 1917 des gesamten lettischen Territoriums, standen hingegen kaum im Fokus sowjetlettischer Historiker. Sie waren in der Erinnerung der ehemaligen Revolutionäre nicht dramatisch genug und boten, wie zum Beispiel im Fall der zu Beginn des Krieges noch wenig sozialistisch gestimmten lettischen Schützen, ideologisch weniger Angriffsfläche als die hochaufgeladenen Umbruchsituationen der folgenden Jahre.[133] Hinzu kam, dass die sozialistische Bewegung in den von der deutschen Reichswehr besetzten Gebieten ab April 1915 nur im Untergrund operierte und sich ihre Führungszirkel in den nicht besetzten Gebieten bzw. unter den lettischen Flüchtlingen im Inneren Russlands oder unter den lettischen Schützenregimentern aufhielten.

---

129 LVA, fonds PA-35 (Geschichtskommission der LKP), besonders die Verzeichnisse (apr.) 2 bis 5, 8 und 10, die die Revolution von 1905 betreffen.
130 Ihre genauen Todesdaten wurden allerdings noch bis Ende der Sowjetzeit verschleiert und oftmals in die Anfangsjahre des Zweiten Weltkrieges hineinverlegt, vgl. die biografischen Angaben in den beiden sowjetlettischen Enzyklopädieausgaben: Latvijas PSR Mazā enciklopēdija; Latvijas Padomju enciklopēdija. Eine erste Ausgabe mit Erinnerungen von Teilnehmern der Revolution erschien 1955–1956: 1905. revolūcijas dalībnieku atmiņas.
131 Vgl. Kap. 5 mit Anm. 80; die Neuausgabe hier: Latvijas revolūcionāro cīnītāju piemiņas grāmata.
132 Vgl. das Vorwort zu Bd. 2: Latvijas revolūcionāro cīnītāju piemiņas grāmata. 2. sēj., S. 12; die Akten der Redaktion zum geplanten Bd. III in: LVA, fonds PA-200, 16. apr.
133 Die wenigen Ausnahmen enthalten allerdings eine Fülle von Daten zur Sozialgeschichte, beispielsweise: Balevica, Lauksaimniecība Vidzemē un Kurzemē; Niedre, Vidzemes un Kurzemes strādnieki un zemnieki; Ronis, Latviešu buržuāzijas politika; ferner die Festschrift mit Aufsätzen zum 90. Geburtstag von Krastiņš: Kapitālisma attīstības un revolucionārās kustības problēmas; Netesin, Promyšlennyj kapital Latvii.

*Die „Grosse Sozialistische Oktoberrevolution in Lettland und der Kampf um die Sowjetmacht (März 1917 – Januar 1920)*

Bezogen auf die entscheidenden Jahre zwischen russischer Februarrevolution und den Friedensschlüssen Lenins mit den baltischen Staaten (1917–1920), in der lettischen bürgerlichen Geschichtsschreibung mit den Begriffen der Staatsgründung Lettlands und des Freiheitskrieges umrissen, ergaben sich für die sowjetlettische Historiografie mehrere Probleme: Erstens konnte die Entstehung einer neuen Staatlichkeit, erstmals in der Geschichte mit „Lettland" (lett. *Latvija*) bezeichnet, nicht geleugnet, musste aber sowjetmarxistisch erklärt und eingebettet werden. Zweitens galt es die führende Rolle der russischen Oktoberrevolution sowie der lettischen und russischen Bolschewiki in diesem Geschichtsprozess herauszuheben. Und drittens musste die bürgerliche Staatsgründung als gegen das Volk, konterrevolutionär und von vornherein zum Scheitern verurteilt beschrieben werden, um die spätere „sozialistische Revolution" im Sommer 1940 narrativ vorzubereiten.

Die Periodisierung der Jahre zwischen Februar 1917 und Frühjahr 1920 sah zwei Abschnitte vor: eine erste revolutionäre Phase bis zum Spätherbst 1918 und eine zweite Phase vom November 1918 bis zum Januar 1920, also von der Gründung einer lettischen Räterepublik, in deren Kontinuität 1940 die SSR Lettland eintrat, über die „ausländische imperialistische Intervention" bis zum lettisch-sowjetrussischen Waffenstillstand vom Januar 1920. Der Tag der Proklamation der Republik Lettland am 18. November durfte für die Periodisierung keine Rolle spielen.

Der Schwerpunkt der Veröffentlichungen zur Oktoberrevolution[134] auf dem lettischen Territorium lag auf der Darstellung der führenden Rolle Lenins[135] und der Kommunistischen Partei Russlands,[136] der Führungsrolle der lettischen Bolschewisten innerhalb der lettischen Rätebewegung ab Herbst 1917 sowie auf den lokalen Abläufen der Oktoberrevolution.[137] Die Publizierung narrativ und stilistisch normierter Erinnerungen ehemaliger

---

134 Gesamtdarstellungen: Drizul, Velikij Oktjabr' v Latvii; Drīzulis, Lielais Oktobris Latvijā.
135 Lenin war bis 1917 unter den lettischen Marxisten verhältnismäßig unbekannt. Die erste Schrift Lenins in lettischer Sprache erschien erst 1917: Ļeņins, Par lozungiem. Während der Sowjetzeit wurde dem Konstrukt der besonderen Rolle Lenins für das lettische Proletariat verhältnismäßig viel Aufmerksamkeit gewidmet. So wurde z. B. für den einzigen eintägigen (und erfolglosen) Besuch Lenins bei lettischen Sozialdemokraten in Riga im April 1900 ein Memorialmuseum in der Kirova iela 18 (heute wieder Elizabetes iela), in unmittelbarer Nähe des Lenindenkmals und Intourist-Hotels „Latvija", unterhalten (lett. *V. I. Ļeņina memoriālais muzejs*, eine von vier Filialen des Revolutionsmuseums der SSR Lettland, lett. *LPSR Revolūcijas muzejs*). Vgl. Bīrone, Miške, Ļeņins Latvijas revolucionāru atmiņās; Drizul, V. I. Lenin i revoljucionnaja Latvija. Seit 2006 gibt es in der Cēsu iela 16, wo Lenin übernachtete, wieder ein kleines, privat geführtes Museum mit Übernachtungsmöglichkeiten, vgl. die URL des Museums: www.lenin.lv (letzter Zugriff 16.7.2024).
136 Die Kommunistische Partei Lettlands (LKP) wurde erst im März 1919 so benannt, sie ging nach der Parteispaltung 1918 aus dem bolschewistischen Flügel der Sozialdemokratie Lettlands (LSD) hervor. Aus dem rechten Flügel der Partei ging die LSDSP hervor, eine der maßgeblichen demokratischen Parteien in der Saeima in Lettland zwischen 1922 und 1934, nach 1945 im Exil in Stockholm.
137 Vor allem: Drīzulis, Lielais Oktobris Latvijā; ferner: Draudiņš, Latvijas bezzemnieki cīņā; Drīzulis, Krastiņš, Cīņa par padomju varu; Greitjāne, Vidzemes bezzemnieku padomju darbība; Valmieras apriņķa. un Sēļu pagasta deputātu padomju protokoli.

Teilnehmer der Revolution spielte daneben eine wichtige Rolle in der sowjetlettischen Geschichtspropaganda.[138]

Dabei galt es, die Oktoberrevolution als ersten Etappensieg auf dem lettischen Umweg zur „sozialistischen Revolution" 1940 darzustellen und der Proklamation der Republik Lettland am 18. November 1918 rückwirkend zuvorzukommen, indem das Exekutivekomitee des gewählten Arbeiter-, Soldaten- und Landlosendeputiertenrat Lettlands (ISKOLAT, August 1917 bis März 1918) zu einer lettischen Protoregierung hochstilisiert wurde: „Vom 16. bis 17. (29.–30.) Dezember [1917] kam der II. Kongress der Arbeiter-, Schützen- und Landlosendeputierten zusammen, um feierlich die Gründung der Sowjetmacht in Lettland zu proklamieren. [...] Der Kongress berief eine Sowjetregierung Lettlands (,Iskolat') mit einem der ersten lettischen Marxisten und Gründer der LSD, F. Roziņš [...] an ihrer Spitze."[139]

Dass der Sieg der Oktoberrevolution in Lettland aufgrund der zwischen September 1917 und Frühjahr 1918 erfolgten Besetzung des gesamten lettische Territoriums durch die deutsche Reichswehr hinfällig wurde, schmälerte allerdings nicht seine historische Bedeutsamkeit: „Die sozialistische Revolution des Großen Oktober befreite das lettische Volk von seinem sozialen und nationalen Joch, machte es zum Subjekt seines Schicksals, gründete zum ersten Mal in der Geschichte einen souveränen Sowjetstaat Lettland und vereinigte in ihm das gesamte von Letten bewohnte Land."[140]

Mit der Gründung einer bürgerlichen Republik 1918 und ihrer Geschichte bis 1940 geriet die sowjetlettische Historiografie jedoch in eine gewisse Erklärungsnot. Schließlich war die Oktoberrevolution in Russland dauerhaft erfolgreich gewesen, in Lettland nicht. Dies durfte aber unter keinen Umständen an der lettischen Arbeiterklasse und ihrer führenden Partei, der LKP, gelegen haben. Doch erlaubte es die politisch und militärisch überaus unübersichtliche Lage in Lettland zwischen Sommer 1917 und Frühjahr 1920, aus der Fülle historischen Materials eine maßgeschneiderte Lösung zu konstruieren: Die Niederlage der nach den Gesetzlichkeiten des Historischen Materialismus geschichtlich eigentlich unabdingbaren sozialistischen Revolution in den nordwestlichen Randgebieten des ehemaligen Russländischen Reiches war nicht der Revolution selbst, sondern einer anschließenden ausländischen, imperialistischen Intervention und ihren Handlangern, den lettischen bourgeoisen Nationalisten zuzuschreiben, die dort Marionettenregierungen und bourgeoise Diktaturen errichtet hätten.[141]

Allerdings war es nach der deutschen Revolution und dem Waffenstillstand von Versailles noch einmal gelungen, die Sowjetmacht in Lettland wiederherzustellen. Das Vorrücken der Roten Armee ab Ende November 1918 erlaubte es den lettischen Bolschewisten unter Pēteris Stučka am 17. Dezember 1918, auf ausdrücklichen Wunsch Lenins, eine Sowjetische Sozialistische Republik Lettland zu proklamieren. Diese – und nicht die vier Wochen zuvor gegründete parlamentarisch demokratische Republik Lettland unter Kārlis Ulmanis – sei in Fortsetzung der Iskolat-„Republik" von 1917 die eigentliche historische lettische Staatsgründung in der Geschichte gewesen.[142] Deren vermeintlichen politischen, ökonomischen,

---

138 Stellvertretend für eine schwer überschaubare Fülle von Veröffentlichungen: Par oktobra uzvaru.
139 Latvijas PSR vēsture. Saīsināts kurss, S. 338.
140 Ebenda, S. 340.
141 Lielā Oktobra sociālistiskā revolūcija un ārzemju militāra intervencija Latvijā.
142 Vgl. auch die sowjetlettischen staatsrechtlichen Begründungen: Miller, Sozdanie sovetskoj gosudarstvennosti v Latvii, S. 197-317. Der dazu passende Dokumentenband war bereits zehn

## 7. Lettische Historiografie in der Sowjetrepublik Lettland (1944–1991) 145

sozialen und kulturellen Erfolgen wurde zwar von der sowjetlettischen Historiografie gewisse Aufmerksamkeit zuteil,[143] im Mittelpunkt stand jedoch die Geschichte der LKP.[144] Eine umfassende Monografie zum Thema erschien nie – das Versagen der lettischen Kommunisten im Frühjahr 1919 war zu komplex, um es ideologisch korrekt darstellen zu können.[145] Ihr politisches und militärisches Desaster ab März 1919 und dessen Gründe – der „rote Terror" der Revolutionstribunale, die im Unterschied zu Russland verfrühte Kollektivierung der Landwirtschaft, militärische Inkompetenz[146] – wurden verschwiegen, der Untergang Rätelettlands vielmehr unter der Umschreibung von der „ausländischen militärischen Intervention" ebenfalls der internationalen Konterrevolution zugeschrieben.[147] Die Rolle der vor allem auf dem Lande relativ selbstständig operierenden Räte, nicht immer durchweg bolschewistisch besetzt, wurde gegenüber der Führungsrolle der LKP heruntergespielt.

Bedeutsam bleiben Dokumentenpublikationen weil sie besonders im Anmerkungsapparat eine Fülle zusätzlicher Forschungsdetails veröffentlichen.[148] Auch hier gilt, auf Auswahl,

---

Jahre zuvor erschienen (man achte im Jahr nach dem XX. Parteitag der KPdSU und zu Beginn der kurzen Phase der lettischen Nationalkommunisten auf die Auslassung „Sowjet" im Landesnamen): Padomju varas konstitucionālie akti Latvijā, S. 121-205.

143 Mirāms, Bruņotā sacelšanās Rīgā 1919. gada; 1919. gads Latvijā; Treijs, Latvija 1919. gadā. Eine Gesamtdarstellung zur lettischen Räterepublik 1919 erschien erst jüngst: Šiliņš, Padomju Latvija 1918–1919.

144 Das Personal der rätelettischen Regierung war im Wesentlichen identisch mit dem ZK der LKP. Zur Geschichte der LKP im Jahr 1919: Treijs, LKP 1919. gadā.

145 Auch eine für 1947 angekündigte, auf eigenen Materialsammlungen beruhende Darstellung des Augenzeugen Pauls Dauge, der 1946 verstorben war, erschien nie. Vgl. Zutis, Latvijas vēstures pētīšanas jaunie uzdevumi, S. 67.

146 Nach Auflösung der Räteregierung im Januar 1920 diente die These von der internationalen Konterrevolution zunächst als wichtigste Erklärung für den Untergangs Rätelettlands und der politischen Rechtfertigung des lettischen bolschewistischen Führungspersonals gegenüber Vorwürfen der russischen Genossen, wurde später dann gegen Kritiker der lettischen Räterepublik allgemein angewandt und nach 1953 zum ehernen Bestandteil des Kanons sowjetlettischer Geschichte.

147 Diese These formulierte zuerst: Strauss, Padomju Latvija. Vgl. auch: Draudiņš, Amerikāņu un angļu imperialisti; Sīpols, Ārvalstu intervencija Latvijā; Das Buch des unter Pseudonym schreibenden sowjetlettischen Diplomaten Sīpols erschien 1961, im Jahr des Mauerbaus, auch in deutscher Übersetzung in der DDR. Darin heißt es u. a.: „Die Politik der amerikanischen, englischen, französischen und deutschen Imperialisten hat sich bis zum heutigen Tag um keinen Deut geändert. Sie träumen immer noch von der Beseitigung der Sowjetmacht, auch in Lettland. Die Kenntnis der reaktionären, aggressiven Politik der mächstigsten Staaten der kapitalistischen Welt in den Jahren 1918–1920 in Lettland wird zum besseren Verständnis ihrer gegenwärtigen Politik beitragen; sie wird helfen, ihnen ihre demagogische Maske wegzureißen, sie als raubgierige Bestien zu entlarven, die versuchen, die Freiheitsbestrebungen der Völker der ehemaligen Kolonien und Halbkolonien im Blut zu ersticken." vgl. Sīpols, Die ausländische Intervention in Lettland, S. 8. Die Legende von der ausländischen Intervention anstelle des militärischen Sieges des bürgerlichen Lettland über die Rote Armee im Sommer und Herbst 1919 wurde noch 1997 unkritisch übernommen von: Stopinski, Das Baltikum im Patt der Mächte; sowjetlettischer Dokumentenband: Kā tas bija.

148 Zum Arbeiter-, Soldaten und Landlosendeputiertenrates Lettlands (ISKOLAT, August 1917 bis März 1918): ISKOLATA un tā prezidija protokoli; lokale Räte: Valmieras apriņķa un Sēļu pagasta deputātu padomju protokoli; zur Gründung des bürgerlichen Lettland: Kā tas bija; zur lettischen Räterepublik die beiden umfangreichen Dokumentenbände: Socialističeskaja Sovets-

Vollständigkeit und Auslassungen zu achten. So enthält eine Dokumentation über die LKP in den Jahren 1918 und 1919 auf 514 Seiten zwar 230 Dokumente, aber es fehlt zum Beispiel das entscheidende Protokoll der Außerordentlichen Sitzung des Russlandbüros des ZK der LSD in Moskau vom 23. November 1918, auf der Stalin die lettischen Genossen gegen deren Willen ultimativ aufforderte, eine lettische Sowjetrepublik zu gründen. Auch die brisanten Protokolle der rätelettischen Regierung unter Stučka (Dezember 1918 bis Januar 1920) wurden lediglich in wenigen Auszügen publiziert.[149]

### Die „Lettischen Roten Schützen" (1915–1920)

Die Geschichte der lettischen Schützen im Ersten Weltkrieg und die Erinnerung an sie waren schon in den 1920er und 1930er Jahren sowohl in Lettland als auch unter Letten in der Sowjetunion gepflegt worden. Die Kämpfe der lettischen Schützen gehörten zu den Gründungsmythen Lettlands, die Erinnerung daran war jedoch eine geteilte. Zwar waren die Aufstellung lettischer Schützenregimenter 1916 von nationalem Pathos begleitet, das militärische Elend an der Front und das Versagen der zaristischen Regierung sowie die ungewisse Zukunft seit der Februarrevolution ließen die lettischen Schützen jedoch ab 1917 mit den Losungen Lenins vom Frieden und seinen Versprechungen in der „Deklaration der Rechte der Völker Russlands" vom 2. (15). November 1917 sympathisieren. Dabei ist nicht immer auszumachen, ob die lettischen Schützen, die mehrheitlich der Lettischen Sozialdemokratie folgten, deren sozialdemokratischen oder bolschewistischen Flügel zuzurechnen waren. In jedem Fall gehörten sie zu den bolschewistischen Eliteeinheiten, die im Januar 1918 die russische Konstituante auflösten, den Aufstand der Sozialrevolutionäre im Juli 1918 niederschlagen halfen und an den verschiedensten Fronten des russischen Bürgerkrieges kämpften, bis viele von ihnen desillusioniert im Winter 1918/19 die Rückeroberung Lettlands nutzten, um in ihre Heimat zurückzukehren, dort zu desertieren und sich auf die Seite des bürgerlichen Lettland zu schlagen. Bis heute gelten die lettischen Schützen, denen auf dem Rigaer Rathausplatz ein Denkmal gewidmet ist, als Symbol für eine die regionale Geschichte transzendierende Beteiligung der Letten an der Weltgeschichte. Dies machte ihre Bedeutung, aber auch ihre Problematik für die sowjetlettische Geschichtsschreibung aus.

Der „Verein der Alten lettischen Schützen" (lett. *Latviešu veco strēlnieku biedrība*) war von den Sowjets bereits während der ersten Besatzung am 20. Januar 1941 geschlossen worden. Thema und Begriff der „lettischen Schützen" wurden daraufhin bis Ende der 1950er Jahre zunächst tabuisiert. Dies geschah möglicherweise, um die zunächst propagandistisch dringlichere Stilisierung der während des Zweiten Weltkrieges in der Roten Armee kämpfenden Letten der 201. Lettischen Schützendivision (später des 130. Lettischen Schützenkorps) nicht zu überschatten.[150]

---

    kaja Respublika Latvii v 1919 g.; ferner die beiden Bände mit Erinnerungen: Par padomju Latviju.
149  Handschriftliche Originale in: LVA, fonds PA-31, hier 1. apr., 1. lieta, 107. ff. lpp.
150  Die einzig nennenswerte Veröffentlichung der Stalinzeit zu den lettischen Schützen huldigt der Führungsrolle Stalins, „unter dessen Führung sie an den Fronten des Bürgerkrieges kämpften", Ķīsis, Oktobra revolucija un latviešu strēlnieki, S. 91.

Erst mit dem „Tauwetter" ab 1956, aber auch mit der politischen Niederlage der lettischen Nationalkommunisten 1959, von denen viele Veteranen des Zweiten Weltkrieges und zunächst an der Herausstellung ihrer Bedeutung im „Großen Vaterländischen Krieg" interessiert waren, änderte sich die Situation.[151] 1958 thematisierte ein vielbeachteter Film des Rigaer Kinostudios „Die Geschichte eines lettischen Schützen" nach Motiven der Biografie des lettischen Revolutionärs Jānis Fabriciuss (1877–1929) die Geschichte der Schützen zwischen der „Weihnachtsschlacht" 1916 und dem Bürger- und Freiheitskriegkrieg.[152] 1965 wurde zum 25. Jahrestag Sowjetlettlands (1940) der ehemalige Rigaer Rathausplatz, seit 1950 Altstadtplatz (lett. *Vecpilsētas laukums*) benannt, in „Platz der Lettischen Roten Schützen" (lett. *Latviešu Sarkano strēlnieku laukums*) umbenannt und mit dem Bau eines gleichnamigen Denkmals begonnen, das am 20. April 1971, dem Geburtstag Lenins, eingeweiht wurde und zusammen mit dem 1970 eröffneten „Memorialmuseum der Lettischen Roten Schützen" (lett. *Latviešu Sarkano strēlnieku memoriālais muzejs*) Gedächtnisort und politische Bildungsstätte bilden sollte.[153]

Bereits 1958 hatte das Geschichtsinstitut begonnen, an einer dreibändigen Geschichte der lettischen Schützen zu arbeiten.[154] Aber erst 1970, vordergründig anlässlich des 100. Geburtstags Lenins, mit dessen „Namen der heldenhafte Kampf der roten lettischen Schützen auf das engste verknüpft ist", erschien das sowjetlettischen Standardwerkes zu den lettischen Schützen unter der Redaktion des bereits 80-jährigen Krastiņš.[155] Es beschreibt aufgrund von Archivmaterialien nicht nur die Kämpfe der lettischen Schützen an den verschiedenen Bürgerkriegsfronten in ermüdender Faktenfülle, sondern entzieht sie vor allem

---

151 „Nach dem XX. Kongress der KPdSU begann eine neue Periode in der Erforschung der Geschichte der lettischen Schützen. Die Zahl der Historiker wuchs, die sich diesem Problem zuwandten. Aktenbestände mit reichem Archivmaterial wurden für sie zugänglich", vgl. Latviešu strēlnieku vēsture, S. 628; erste größere Veröffentlichungen: Kaimiņš, Latviešu strēlnieku cīņā; Draudiņš, Latviešu strēlnieku cīņu ceļš; eine erste Dokumentenauswahl mit 109 Dokumenten: Latviešu strēlnieki cīņā; ferner: Spreslis, Latyšskie strelki.

152 Lett. *Latviešu strēlnieka stāsts*, Regie: Pāvels Armands (1902–1964). In scharfem Kontrast zu diesem Film stand der 1982 gedrehte Dokumentarfilm „Das Sternbild des Schützen" (lett. *Strēlnieka zvaigznājs*) des lettischen Filmemachers Juris Podnieks (1950–1992), der im Gegensatz zur kollektiven Propaganda der 1950er Jahre die widersprüchliche, individuelle Erinnerung noch lebender Schützenveteranen in bewegenden Aufnahmen in den Fokus rückte. Zur Funktion des sowjetlettischen Films für das sowjetlettische Geschichtsnarrativ: Shabalov, Long Road in the Dunes.

153 Das Museum bildete eine weitere Filiale des Revolutionsmuseums, sein Besuch war Pflichtprogramm für offizielle ausländische Gäste Rigas, vgl. Zellis, Der Erste Weltkrieg und die lettischen Schützen, S. 179 f. Es beherbergt heute das Okkupationsmuseum Lettlands, Teil des diplomatischen Besuchsprotokolls der Republik Lettland. Das Denkmal ist heute allen lettischen Schützen der Kriege 1914–1920, unabhängig ihrer politischen Couleur, gewidmet

154 Ģērmanis, Oberst Vācietis und die lettischen Schützen im Weltkrieg, S. 200.

155 Zitat in: Latviešu strēlnieku vēsture, S. 5; russ. Fassung des Buches 1972; gekürzte russ. Fassung 1980: Revoljucionnye latyšskie strelki; deutsche Version 1985: Die Roten lettischen Schützen (leicht gekürzt und ergänzt; auffällig ist, das im lettischen Buchtitel der Zusatz „rot" vermieden wurde, der in dieser deutschen Übersetzung der zweiten, gekürzten russischen Fassung vom 1980 wieder vorkommt: Bereits 1969 war fakten- und datenreich erschienen: Bērziņš, Latviešu strēlnieku cīņā par Padomju Latviju. Valdis Bērziņš (geb. 1935) widmete sich mit bemerkenswerter Stetigkeit dem Thema der lettischen Schützen, zuletzt: Ders.: Latviešu strēlnieki Pirmajā pasaules karā.

dem nationalen Narrativ der Zwischenkriegszeit und ordnet sie in die Geschichte des internationalen Proletariats ein, das Sowjetrussland bei seinem Sieg über die internationale Konterrevolution unterstützt habe:

„An den blutigen Kämpfen des Bürgerkrieges, der mit einem vollständigen Sieg über die internationale Konterrevolution endete, nahm auch das lettische Volk aktiv teil – seine mutigen Schützen. Die von der Kommunistischen Partei erzogenen lettischen Schützen waren den großen Ideen V. I. Lenins treu und hielten auf ihren Kampfwegen die Fahne des proletarischen Internationalismus hoch. Lang und voller Heldentaten war der Kampfesweg der lettischen Schützen, den sie mit Schlachten vom Baltischen Meer bis zum Schwarzen Meer durchschritten. Die Ideologen der lettischen Bourgeoisie, die der an den Fronten des Bürgerkrieges gewonnene Ruhm der lettischen Schützen ärgerte, falsifizierten die Fakten der Geschichte und [...] behaupteten, dass verschiedene Zufallsfaktoren ihre aktive Teilnahme am Kampf für die Sowjetmacht bestimmt hätten. Es muss nicht bewiesen werden, dass diese Behauptungen absolut unbegründet sind. Mit ihrem selbstlosen Kampf für die Sowjetmacht haben die mutigen lettischen Schützen unvergessliche, leuchtende Seiten in der Geschichte des lettischen und gesamten Sowjetvolkes geschrieben. Unter der Leitung der Kommunistischen Partei haben die lettischen Schützen ohne Rücksicht auf ihr Leben die Eroberungen des Oktober [...] verteidigt, bis zum letzten Atemzug blieben sie der proletarischen Revolution und der Sowjetmacht treu. Deshalb wird der unverwelkende Kampfesruhm der legendären lettischen Schützen ewig leben."[156]

Demgegenüber durfte das Manuskript einer Geschichte der lettischen Schützen, das der erste Oberbefehlshabers der Roten Armee, der Lette Jukums Vācietis (1873–1938), verfasst hatte und das sich im Parteiarchiv der LKP befand, nicht veröffentlicht werden. Es erschien zunächst 1956 im lettischen Exil, in Riga erst 1989.[157] Vācietis war im Juli 1938 in Moskau zum Tode verurteilt und erschossen worden.

*Lettland während der „Herrschaft der nationalistischen Bourgeoisie" (1920–1940)*

Im Unterschied zu anderen Sowjetrepubliken, die staatliche Unabhängigkeit nur als kurze Episode im russischen Bürgerkrieg erlebten hatten, blickte die Bevölkerung der baltischen Sowjetrepubliken auf die politischen Erfahrungen einer 20-jährigen staatlichen Unabhängigkeit im europäischen und internationalen Kontext zurück. Die Bewohner Lettlands hatten neben dem lettisch-deutschen auch einen lettisch-russischen Gegensatz in nicht allzu bester Erinnerung. Dies stellte die neue sowjetlettische Historiografie vor große propagandistische Herausforderungen. Einerseits sollte die Geschichte in das Prokrustesbett des sowjetmarxistischen Narrativs eingefügt werden, andererseits musste erklärt werden, warum der dialektisch notwendige Geschichtsprozess in Lettland und bei dessen baltischen Nachbarn erst 1940 über den Umweg bürgerlicher Republiken vonstatten gegangen war.

---

156 Latviešu strēlnieku vēsture, S. 613 f.
157 Ģērmanis (Hrsg.), Vācietis, Pa aizputinātām pēdām.

Dies gelang im wesentlichen, indem die bisherige Geschichtsinterpretation Lettlands während der Zwischenkriegszeit als gefälschte Geschichte diffamiert[158] und die bürgerliche Republik Lettland als Machtusurpation einer zahlenmäßig kleinen und konterrevolutionären, städtischen und großbäuerlichen lettischen Bourgeoise dargestellt wurde, die „die Macht im Staate mit Hilfe der USA und den Imperialisten Westeuropas an sich gerissen" und das eigentliche Volk, bestehend aus revolutionären Arbeitern, Arbeitslosen, Bauern, Knechten und Landlosen „bestialisch"[159] unterdrückt habe.[160] Die parlamentarische Demokratie (1920–1934) sei lediglich Machtinstrument dieser Unterdrückung gewesen, die Weltwirtschaftskrise habe die Klassenkampfsituation verschärft[161] und die lettische Bourgeoisie habe um des Machterhaltes willen nach dem Vorbild Hitlers 1934 eine faschistische Diktatur errrichtet.[162] Fazit und Botschaft einer solchen Geschichte lautete im wesentlichen: „Die zwanzigjährige (1920–1940) bourgeoise Herrschaft und die Abgeschnittenheit Lettlands von Sowjetrussland hatten das Land an den Rand des Zusammenbruchs gebracht."[163]

Auf der anderen Seite sei während dieser ganzen Zeit der Kampf der Arbeiterbewegung unter Führung der verbotenen und im Untergrund operierenden LKP um die Wiederherstellung der Sowjetmacht weitergegangen.[164] Da sich die Führer der refomistischen LSD den Vorschlägen der LKP zu einer antifaschistischen Zusammenarbeit verweigert hätten, sei der Tag des faschistischen Umsturzes von Kārlis Ulmanis (15. Mai 1934) nach dem Fall Rätelettlands 1919 die nächste größere Niederlage des lettischen Proletariats gewesen. Erst der wirtschaftliche Niedergang sowie innen- und außenpolitische Krisen hätten die revolutionäre Situation Ende der 1930 Jahre, insbesondere aber im Juni 1940, wieder verschärft.[165]

Maßgebliche Autorität der sowjetlettischen Darstellung der Republik Lettland in der Zwischenkriegszeit blieb die gesamte Sowjetperiode über Drīzulis. Er veröffentlichte bereits 1948 in der Serie „Beiträge zur Geschichte der SSR Lettland"eine Broschüre über „die ersten

---

158 „Über die Gründung des bourgeoisen Lettland und die sogenannten Freiheitskämpfe hat die lettische [...] Bourgeoisie und die von ihr gekauften Tintenkleckser ganze Haufen von Blödsinn, Wirklichkeitsverstümmelung und glatte Lüge geschrieben, und all dieses Gepäck wurde 20 Jahre lang in Schulen, Versammlungen, in der Presse ausgekramt.", vgl. den sowjetlettischen Parteifunktionär, Ökonom und Publizisten Fricis Deglavs (1898–1957), in: Ders., Rakstu izlase. 2 sēj., S. 231; auch: Miller, Padomju valstiskuma tapšana Baltijā.
159 Latvijas PSR vēsture. Saīsināts kurss, S. 363.
160 Zur Außenpolitik des „bourgeoisen" Lettland: Sipols, Za kulisami inostrannoj intervencii; Sīpols, Dzimtenes nodevība; ders., Slepenā diplomātija.; ders., Latvijas buržuāziskā diplomātija. Sīpols (1923–2002), Doktor der Geschichtswissenschaften, arbeitete im Moskauer Außenministerium; ferner: Počs, „Sanitārā kordona"; Varslavans, Zunda, Britanskij imperializm; Počs, „Sanitarnyj kordon".
161 Zur Wirtschafts- und Sozialgeschichte: Dzērve, 1929-1933. g. ekonomiskā krīze; Spreslis, Strādnieku kustība buržuāziskajā Latvijā; Buržuāziskā Latvija; Varslavans, Anglijskij kapital v buržuaznoj Latvii; ders., Anglijskij imperializm i buržuaznaja Latvija; ders., Britanskij imperializm i buržuaznaja Latvija.
162 Zum Konzept der „faschistischen Diktatur" für das autoritäre Ulmanis-Regime: Drīzulis, Latvija fašisma jūgā; Rudevics, Fašistiskā diktatūra; ders., Pārdomas par buržuāzisko Latviju.
163 Latvijas PSR vēsture. Sēj. II, S. 129.
164 Beipiele für die Verklärung der Rolle der LKP im Untergrundkampf: Revolucionārās Liepājas un Lejaskurzemes pagrīde cīņā.
165 Hier nach: Latvijas PSR vēsture. Saīsināts kurss, S. 363-417; Latvijas PSR vēsture. Sēj. II, S. 77-129.

Jahre des bourgeoisen Lettland (1920–1923)"[166] und traf damit die Sprachregelungen der ideologischen Interpretation. Altements, noch aus dem bürgerlichen Lettland stammend, der zunächst mit einer Monografie über die Gründung der Republik Lettland betraut worden war,[167] war Ende Dezember 1946 verstorben.

Gegenüber der eigentlich zahlenmäßig marginalisierten kommunistischen Untergrundbewegung, der hohe historiografische Aufmerksamkeit gewidmet wurde (vgl. unten den Abschnitt über die Geschichte der LKP), verblassen in der sowjetlettischen Historiografie die Konturen des bürgerlichen Lettland und ihrer führenden Persönlichkeiten. Ihre Geschichte sollte als eine Geschichte des Scheiterns gelten,[168] während der Sieg der „Revolution" 1940 aus überwiegend belanglosen kommunistischen Protagonisten Helden der Revolution zimmerte. Dass die kommunistische Untergrundbewegung in Lettland bis zum sowjetischen Einmarsch unbedeutend war und sich die Führung der LKP im Exil in Sowjetrussland bis zu ihrer Liquierung ab 1937 an zahllosen Dilemmata zerrieb, wurden nicht thematisiert.

Auffällig in der sowjetlettischen Historiografie nach 1945 bleibt die fortgesetzte Verwendung des Volksbegriffes, jedoch wird das „lettische Volk" (lett. *latviešu tauta*) der Zwischenkriegszeit durch das internationalistische „Volk Lettlands" (lett. *Latvijas tauta*) ersetzt[169] und der Volksbegriff der marxistischen Definition untergeordnet. Während der Periode des Kapitalismus, also der „antagonistischen Formation", exkludiert der Terminus „gegen das Volk gerichtete reaktionäre Gruppen der Unterdrücker",[170] und versteht unter Volk lediglich das Arbeitervolk und andere sozialen Gruppen, die den Kampf der LKP gegen die Bourgeoisie unterstützten. Ohne auf ideologische Korrektheit verzichten zu müssen, konnten mit diesem selektiven Volksbegriff nationale Befindlichkeiten der lettische Bevölkerung auch nach 1945 weiter angesprochen werden, gleichzeitig war er anschlussfähig für den Begriff des „Sowjetvolkes" und der Subsumierung unter die führende Rolle des großen russischen Volkes.

Auch in der Darstellung der Kulturgeschichte Lettlands während der Zwischenkriegszeit folgte die sowjetlettische Historiografie der Unterscheidung zwischen „bourgeois" und „progressiv" und somit Kategorien, denen die einzelnen Persönlichkeiten, Schriftsteller, Künstler, Musiker jeweils zugeordnet wurden. Dabei ist zwischen 1945 und 1985 eine gewisse Liberalisierung und allmähliche Ausweitung des Personenkreises zu verzeichnen, auf den das Epitheton „progressiv" Anwendung fand.[171] Probleme bereitete vor allem die überragen-

---

166 Drīzulis, Buržuāziskās Latvijas pirmie gadi. Das Thema der bereits im Krieg begonnenen und 1947 bei Pankratova abgeschlossenen Kandidatendissertation von Drīzulis hatte gelautet: Die Beziehungen zwischen der Sowjetunion und Lettland 1939–1940, vgl. Latvijas PSR Zinātņu akadēmijas akadēmiķis Aleksandrs Drīzulis, S. 9.
167 So Zutis, Latvijas vēstures pētīšanas jaunie uzdevumi, S. 67.
168 „In vollkommener Übereinstimmung mit den Gesetzen der Geschichte rettet sich das Volk 1940 vor dem Joch des Kapitalismus und der Ausbeutung, um energisch an die Aufbauarbeiten für eine neue sozialistische Gesellschaftsordnung zu gehen." in: Zutis, Latvijas vēstures pētīšanas jaunie uzdevumi, S. 67.
169 Allerdings spricht auch die Verfassung Lettlands von 1922 vom „Volk Lettlands" und nicht vom „lettischen Volk" (Art. 2) als dem Souverän.
170 Vgl. das Lemma „Volk" (lett. *tauta*) in: Politiskā enciklopēdija, S. 675.
171 Latvijas PSR vēsture. Saīsināts kurss, S. 417-427; Latvijas PSR vēsture. Sēj. II, S. 130-148; die sowjetlettische Kultur in der UdSSR wird hier als „Zweig der lettischen Kultur in der Sowjetunion" bezeichnet, ebenda, S. 145-148.

de Persönlichkeit des Schriftstellers Jānis Rainis (1865–1929), einerseits ehemals radikaler Sozialist, Revolutionär, Schwager von Pēteris Stučka und von Maksim Gorkij (1868–1936) auf dem Ersten Sowjetischen Schriftstellerkongress 1934 als großartiger Dichter gelobt, andererseits zwischen Dezember 1926 und Januar 1928 in Riga Bildungsminister einer sozialdemokratisch-bürgerlichen Regierung unter Marģers Skujenieks (1886–1941), der in Moskau erschossen worden war. Die sowjetlettische Historiografie half sich aus dem Dilemma, in dem der Biografie von Rainis eine gewisse linke Tragik zuerkannt, sein Schaffen jedoch als Protest gegen das bürgerliche Regime interpretiert wurde:

> „Nach 15 Jahren der Emigration war Rainis 1920 in seine Heimat zurückgekehrt. Lange Jahre von der Heimat getrennt, verstand der Dichter zunächst nicht, dass ‚Freiheit', ‚Demokratie' und ‚Unabhängigkeit' nur trügerische Aushängeschilder waren, die die konterrevolutionären Ziele der bourgeoisen Ausbeuter verstecken. Das war der Grund für die tiefe Tragödie des Dichters. Rainis' Leben im bürgerlichen Lettland wurde, seinen Worten zufolge, zum dritten Exil. Den Dichter quälte das terroristische Treiben im Staat. Er versuchte sich vom bourgeoisen Lettland zu lösen und in die Sowjetunion auszureisen, aber es gelang ihm nicht [...]. Die Quelle der Größe von Rainis war die Volksnähe des Dichters, seine revolutionären und sozialistischen Ideen [...]. 1940 verlieh die Sowjetregierung Lettlands Rainis den Ehrentitel des Volksdichters."[172]

Insgesamt konnte mit der Geschichte der Republik Lettland während der Zwischenkriegszeit historiografisch nicht umgangen werden. Ihre Menschen und ihre Erinnerung blieben während der gesamten Sowjetzeit präsent, die Kontakte zum Exil bewirkten ein Übriges. Im Verhältnis zu der Bedeutung, die die 1918 gründete Republik im Bewusstsein ihrer Bürger besaß, war ihre Geschichte in den Veröffentlichungen der sowjetlettischen Geschichtswissenschaft aber zu einer Episode verkürzt worden. Dies entsprach zum einen den ideologischen Vorgaben des marxistischen Narrativ, zum anderen aber der bleibenden Sprödigkeit, die die vergangene Wirklichkeit der Ideologie entgegensetzte, und den Schwierigkeiten der sowjetlettischen Historiker, mit einer Geschichte umzugehen, die nicht ihre Milieuerfahrungen und ihre interpretatorischen Horizonten widerspiegelte. Entsprechend kläglich, qualitativ wie quantitativ, blieb die historiografische Ausbeute zu dieser wichtigen Periode der Geschichte Lettlands während 40 Jahren sowjetlettischer Geschichtswissenschaft.

*Die sowjetische Okupation und Annexion Lettlands 1940*

Die Okkupation und Annexion Lettlands durch die Sowjetunion im Sommer 1940 als unmittelbare Folge der geheimen Absprachen zwischen Hitler und Stalin vom August und September 1939 fanden in der sowjetischen und sowjetlettischen Historiografie nicht statt. An ihre Stelle trat das ideologische Konstrukt einer „sozialistische Revolution":[173]

---

172 Latvijas PSR vēsture. Saīsināts kurss, S. 419 f. fast der gleiche Wortlaut: Latvijas PSR vēsture. Sēj. II, S. 137. Rainis' kurzzeitige Rolle als Vorsitzender des im April 1929 in Riga gegründeten „Vereins zur kulturellen Annäherung an die Völker der UdSSR" war zwar eher symbolisch, konnte aber als ein Argument gelten, ihn als „progessiv" einzuordnen, vgl. Daukšts, Kulturālās tuvināšanās biedrība ar SPRS tautām, S. 21 ff.

173 Andernorts wird auch die Umschreibung „Eintritt in die Sowjetunion" gewählt. Sowjetlettische

„Der Sieg der sozialistischen Revolution in Lettland im Jahre 1940 ist eine gesetzmäßige Weiterentwicklung des globalen Prozesses sozialer Umgestaltung und Neuschaffung, der mit dem Sieg der Großen Sozialistischen Oktoberrevolution im Jahre 1917 begann. Für die sozialistische Revolution in Lettland waren die allgemeinen Gesetzmäßigkeiten charakteristisch [...]: erstens, die Verbundenheit der Arbeiterklasse mit den armen Bauern und anderen Schichten der Werktätigen im Kampf für den Sieg der sozialistischen Revolution; zweitens, die Realisierung der führenden Rolle der mit der marxistisch-leninistischen Theorie bewaffneten Vorhut der Arbeiterklasse – der Kommunistischen Partei; drittens, die Eroberung der politischen Staatsmacht und die Errichtung der Diktatur des Proletariats zur Unterdrückung des Widerstands der Bourgeoisie und zur Sicherung der sozialistischen Umgestaltungen."[174]

Allerdings habe diese Revolution in den baltischen Ländern mehrere Besonderheiten aufgewiesen: Erstens habe sie sich erst zu Beginn der zweiten Periode der allgemeinen Krise des Kapitalismus und während des bewaffneten Kampfes der imperialistischen Staaten untereinander ereignet, deshalb hätten diese der lettischen Bourgeoisie, im Unterschied zu 1918–1920, keine bewaffnete Hilfe leisten können. Gleichzeitig sei Lettlands Nachbarstaat, die inzwischen starke Sowjetunion, eine mächtige Stütze des lettischen Proletariats beim Sturz der bourgeoisen Ordnung gewesen. Zweitens habe das lettische Proletariat aus den Jahren des Kampfes um die Sowjetmacht 1917 und 1919 über eine motivierende historische Erfahrung verfügt; und drittens sei „die sozialistische Revolution in Lettland, wie in Litauen und Estland, eine der ersten sozialistischen Revolutionen" gewesen, „in der das Proletariat den Sieg über die Bourgeoisie ohne einen bewaffneten Aufstand und Bürgerkrieg, auf friedlichem Wege, unter Nutzung des Parlaments, errang."[175]

Der Beginn des Zweiten Weltkrieges habe Lettland zunächst isoliert und wirtschaftlich geschwächt. Diese Situation habe die faschistische Regierung Lettlands unter Ulmanis einerseits zu einer Annäherung an die Sowjetunion gezwungen. Ausdruck dieser Annäherung seien der Beistandspakt vom 5. Oktober 1939 und der Handelsvertrag vom 18. Oktober 1939 zwischen Lettland und der UdSSR gewesen. Die Truppenstationierung der Roten Armee in Lettland habe sowohl dem Schutz der Grenzen der UdSSR als auch der Lettlands gedient. Andererseits sei aufgrund der sich verschlechternden Wirtschaftslage, der fortgesetzten Sympathien der faschistischen Regierung mit Deutschland und der politischen Verfolgung von Kommunisten und ihrer Sympathisanten die Unzufriedenheit der Werktätigen mit der faschistischen Regierung gewachsen.[176]

Gleichzeitig hätten die baltischen Regierungen unter dem Eindruck des mit Hilfe englischer, französischer und amerikanischer Imperialisten Ende November 1939 ausgelösten

---

Quellen- und Dokumentenauswahl: Sociālistiskās revolūcijas uzvara. Dokumenti un materiāli; Bibliografie der sowjetlettischen Literatur zum Thema: Sociālistiskās revolūcijas uzvara. Bibliogrāfiskais rādītājs.

174 Bondarevs, Lettland 1940, S. 58 f. Als Argument gegen die „Lüge" einer Okkupation dient bei Bondarevs der Hinweis, die Erhöhung der Truppenkontingente (d. h. der Einmarsch der Roten Armee) habe Mitte Juni 1940 stattgefunden, während die Sowjetmacht erst am 21. Juli 1940 gegründet worden sei.
175 Latvijas Padomju Enciklopēdija. 5.2. sēj., S. 217.
176 Kanāle, Fašistiskās diktatūras sabrukums.

sowjetisch-finnischen Konfliktes begonnen, die Beistandspakte mit der UdSSR zu sabotieren und sich in Geheimgesprächen auf einen Krieg gegen die UdSSR vorbereitet.[177] Die LKP habe diese Prozesse wachsam beobachtet und bereits am 3. März 1940 in einer Resolution die Vereinigung aller antifaschistischen Kräfte, den Sturz der faschistischen Diktatur und die Schaffung einer „wahrhaft demokratischen Ordnung" gefordert. Da „die faschistische Clique ihre provokatorischen Handlungen und ihre antisowjetische Politik nicht preisgab", habe die Regierung der UdSSR schließlich am 16. Juni 1940 in einer diplomatischen Note eine Neubildung der Regierung in Lettland gefordert. Unter dem „Druck der Massen" habe die Ulmanis-Regierung diese Forderung schließlich akzeptiert, „und „am 17. Juni betraten zusätzliche Truppenteile der Roten Armee, von der Bevölkerung mit Begeisterung begrüßt, das Territorium Lettlands." Die „Verwandlung des Territoriums von Lettland und der anderen baltischen Staaten in einen Aufmarschplatz des internationalen Imperialismus" sei verhindert worden.[178]

Den friedlichen Charakter der Revolution habe u. a. das „Vorhandensein der Truppenteile der Roten Armee auf dem Territorium Lettlands" seit Oktober 1939 gesichert.[179] Die Revolution sei gegen die faschistische Regierung Ulmanis gerichtet gewesen, begleitet von einer einvernehmlichen Erhöhung der Truppenkontingente der Roten Armee in Lettland im Juni 1940, der gerechten Wiederherstellung der 1919 zunächst am internationalen Imperialismus gescheiterten Sowjetmacht im Juli 1940 und schließlich der freiwilligen Wiedereingliederung der lettischen Werktätigen in den Verband der Völker und Republiken der UdSSR im August 1940. Das erste Jahr der neuen Sowjetmacht sei geprägt gewesen vom Beginn eines erfolgreichen sozialistischen Aufbaus in Politik, Wirtschaft, Gesellschaft und Kultur.

Im Einzelnen habe dieser politische Prozess zur Bildung einer neuen „Volksregierung" unter dem Chemiker Augusts Kirhenšteins (1872–1963) am 20. Juni geführt, weiter zur Legalisierung der LKP (mit Aufnahme als Territorialorgan in die KPdSU im Oktober), zur Wahl eines neuen „Volksparlaments" (lett. *Tautas Saeima*) am 14./15. Juli mit dem Sieg des Blocks des Werktätigen Volkes Lettlands (97,8 Prozent) und darauf folgend zur Verkündung der Sowjetmacht in Lettland am 21. Juli. Schließlich habe die lettische „Volkssaeima" um „Aufnahme" der SSR Lettland in die UdSSR nachgesucht, die am 5. August vom Obersten Sowjet im Kremlpalast in Moskau in Anwesenheit einer lettischen Delegation und Stalins beschlossen wurde.[180] Den Abschluss der „Revolution" habe die Verabschiedung einer neuen Sowjetverfassung Lettlands am 25. August 1940 gebildet.[181] Alle diese Prozesse seien stets von machtvollen Demonstrationen begleitet worden: Allein am 18. Juli hätten in Riga 170 000 Menschen mit roten Fahnen ihren Forderungen „Es lebe Sowjetlettland" und „Wir verlangen die Eingliederung Lettlands in die UdSSR" Nachdruck verliehen.[182] Dies sollte das Fazit erlauben: „Der Beitritt Sowjetlettlands zum Bestand der Union der

---

177 Latvijas Padomju Enciklopēdija. 5.2. sēj., S. 214.
178 Zitate bei: Bondarevs, Lettland 1940, S. 32.
179 Ebenda, S. 59.
180 Žagars, Latvijas PSR iestāšanās PSR Savienībā.
181 Die entsprechenden staatsrechtlichen Dokumente in: Padomju varas konstitucionālie akti Latvijā, S. 211-262; ferner: Padomju varas atjaunošana Latvijā.
182 Bondarevs, Lettland 1940, S. 50 f. Der Autor und Historiker (geb. 1933) gibt an, selbst Augenzeuge der Ereignisse gewesen zu sein, ebenda., S. 34.

Sowjetischen Sozialistischen Republiken stellte für das lettische Volk Freiheit und nationale Unabhängigkeit sicher."[183]

Dem „Sieg der Revolution" folgten als zweite Etappe die „ersten Schritte der Umgestaltung": die Nationalisierung der Wirtschaft, d. h. die die Verstaatlichung und Eingliederung der Volkswirtschaft Lettlands (vor allem der entwickelten Industrie, aber auch des Banken- und Geldsystems) in das sowjetische Wirtschaftssystem, die Bodenreform (Juli bis September), d. h. die Enteignung der mittleren und großen Bauernhöfe und die Zuteilung des Bodens an Kleinbauern und Landlose zur unbefristeten Nutzung, sowie die Stalinisierung von Presse, Bildung, Wissenschaft und Kultur.[184]

Weder der Nichtangriffspakt vom 23. August 1939 zwischen Deutschland und der Sowjetunion (Hitler-Stalin-Pakt) noch der deutsch-sowjetische Grenz- und Freundschaftsvertrag vom 28. September 1939 mit ihren jeweiligen Geheimen Zusatzprotokollen, in denen die beiden Diktatoren Hitler und Stalin u. a. die territoriale Zuordnung der baltischen Staaten zur sowjetischen Interessensphäre vereinbarten, finden in den sowjetlettischen Darstellungen zur Geschichte der Umbruchjahre 1939/40 Erwähnung.[185] Die Krise beginnt vielmehr erst mit den baltisch-russischen Beistandspakten vom Oktober 1939. Ebensowenig werden der Name des Generalstaatsanwaltes und späteren Außenministers der UdSSR, Andrej J. Vyšinkij (1883–1954), der in den Sommermonaten 1940 als Sonderbeauftragter die Regie über den Anschluss Lettlands an Stalins Sowjetunion führte, oder der Zwangscharakter der Volkswahlen vom Juli 1940 genannt.

In der 1986, kurz nach dem Amtsantritt von Michail Gorbačev im April 1985, erschienen „Geschichte der SSR Lettland" jedoch konnte die Erwähnung der ersten stalinistischen Deportationswelle vom 13./14. Juni 1941 mit 15 424 Deportierten aus Lettland nicht mehr vermieden werden. Der sozialistische Aufbau Lettlands, unter Führung der LKP, sei von fortgesetztem Klassenkampf begleitet gewesen, kurz vor dem deutschen Angriff hätten konterrevolutionäre Kräfte ihre Aktivitäten verstärkt, daher sei

„Mitte Juni 1941 eine gewisse Zahl ehemaliger Großindustrieller, Führer der ehemaligen bourgeoisen politischen Parteien, russische Weißgardisten, Kommandeure der Schutzwehr [lett. *Aizsargi*], Polizisten, Angehörige der Politischen Verwaltung [d. h. der ehemaligen Geheimpolizei] und ihre Familienangehörigen wie auch städtische deklassierte Elemente aus Lettland verbannt worden. Die Repressionen berührten auch einen gewissen Teil der Offiziere der ehemaligen Armee des bourgoisen Lettland. Bei dieser Aktion, die in großer Eile durchgeführt wurde, wurden auch Fehler zugelassen. Nicht deportiert

---

183 Istorija Latvijskoj SSR. Tom III, S. 514.
184 „Die Sowjetmacht in Lettland wies in den Jahren 1940/41 bei der Verwirklichung der Kulturrevolution in kurzer Zeit große Erfolge auf. Sie übernahm kritisch das Erbe der lettischen Kultur und schuf die Grundlagen für eine neue Kultur – national der Form nach und sozialistisch dem Inhalt nach. [...] Die Sowjetmacht befreite die lettische Kultur aus den Ketten der nationalen Abgeschiedenheit, eröffnete ihr den Weg in die weite Welt.", hier: Bondarevs, Lettland 1940, S. 78; ferner: Žagars, Sociālistiskie pārveidojumi Latvijā.
185 Lediglich in Zusammenhang mit dem deutschen Angriff auf die UdSSR am 22.6.1941 heißt es, ohne Erwähnung des Geheimes Zusatzprotokolls: „Am 22. Juni 1941 fiel das faschistische Deutschland unter grober Missachtung des am 26. [sic!] August 1939 zwischen Deutschland und der UdSSR geschlossenen Nichtangriffspaktes und ohne Kriegserklärung in das Territorium der Sowjetunion ein." Latvijas PSR vēsture. Sēj. II, S. 173.

# 7. Lettische Historiografie in der Sowjetrepublik Lettland (1944–1991) 155

wurden viele Personen, die der Sowjetmacht gegenüber offen feindlich gestimmt waren, auf der anderen Seite gab es unter den Deportierten auch solche, gegen die solche Mittel anzuwenden nicht notwendig gewesen wäre. Diese Deportation, die unter den Bedingungen des Stalinschen Personenkultes durchgeführt wurde, wurde den werktätigen Massen nicht erklärt, daher konnte sie in den Jahren der hitleristischen Okkupation breit zu antisowjetischen und antikommunistischen Zwecken genutzt werden, indem man sie als ‚den Beginn der Vernichtung des lettischen Volkes' usw. ausschmückte."[186]

Eine öffentlich wirksame „Erklärung" konnte auch dies nicht mehr beinhalten.[187] Ein Jahr nach Erscheinen der letzten „Geschichte der SSR Lettland", am 14. Juni 1987, fand am Freiheitsdenkmal in Riga bereits die erste größere Demonstration anlässlich dieser ersten Deportationswelle von 1941 statt, die an den verbrecherischen Charakter der Deportationen erinnerte.[188] Mit den folgenden politischen Umwälzungen der ersten tatsächlich friedlichen Revolution in Lettland war der letzte vorsichtige Versuch, die stalinistischen Verbrechen zwar zu erwähnen, ihnen aber einen defensiven politischen Charakter zu verleihen, obsolet geworden.

*Sowjetlettland im „Großen Vaterländischen Krieg (1941–1945)"*

Die ersten größeren Veröffentlichungen zur Geschichte Lettlands im Zweiten Weltkrieg[189] mit geschichtswissenschaftlichem Anspruch erschienen erst gegen Ende der 1950er Jahre. Den Anfang machte ein Kapitel in der „Geschichte der SSR Lettland", überschrieben mit „Die SSR Lettland in den Jahren des Großen Vaterländischen Krieges der Sowjetunion".[190] Mit dieser Kapitelüberschrift sollte deutlich werden, dass die Geschichte Lettlands im Zweiten Weltkrieg nur im Kontext des deutsch-sowjetischen Krieges ab 1941, nicht aber etwa im Zusammenhang mit dem Schicksal Ostmitteleuropas ab 1939 verstanden werden durfte, in keinem Fall aber mit dem Hitler-Stalin-Pakt und dem sowjetischen Einmarsch im Baltikum 1940 in Verbindung stand.

Erst nach Veröffentlichung der monumentalen sechsbändigen gesamtsowjetischen Kriegsgeschichte „Geschichte des Großen Vaterländischen Krieges der Sowjetunion 1941–1945"[191] erschienen weitere lettische Einzelpublikationen als lokale Varianten der gesamt-

---

186 Latvijas PSR vēsture. Sēj. II, S. 172-73.
187 Begründet wurde dies wenig später mit der zu kleinen Auflage von „nur" 15 000 Exemplaren, vgl. den letzten Versuch der Rechtfertigung der Deportation mit alten Argumenten (Klassenkampfsituation, bevorstehender deutscher Angriff) von Karaļuns, Par padomju varas pretinieku, S. 69.
188 Nachsowjetische Literatur zur Deportation mit Einführungen, Dokumenten und den Namenslisten der Deportierten: Aizvestie; ferner: Bleiere, Riekstiņš, Latvijas iedzīvotāju pirmā masveida deportācija.
189 Nachsowjetische grundlegende Überblicke zur Geschichte Lettlands im Zweiten Weltkrieg vgl. Lumans, Latvia in World War II; Bleiere u. a., Latvija otrajā pasaules karā; Felder, Lettland im Zweiten Weltkrieg.
190 Istorija Latvijskoj SSR. Tom III, S. 514-585.
191 Istorija Velikoj Otečestvennoj vojny; dt. Ausgabe: Geschichte des Großen Vaterländischen Krieges.

sowjetischen Kriegsgeschichte, ein Sammelband über die „Tage des Krieges" in Lettland[192] und schließlich das sowjetlettische Standardwerk zur Geschichte Lettlands zwischen 1941 und 1945, in dessen Titel der Name „Lettland" vermieden und der Schwerpunkt auf den „Kampf des lettischen Volkes im Großen Vaterländischen Krieg"[193] gelegt wurde – immerhin die erste Veröffentlichung in der Sowjetunion, die dem militärischen Beitrag einer Einzelrepublik gewidmet, darüber hinaus aber von Zivilisten verfasst worden war.[194] In sieben Kapiteln und auf 668 Seiten werden die Vorgeschichte des Krieges 1939/40 (der „Sieg der sozialistischen Revolution" in Lettland), die heldenhafte Verteidigung Lettlands in den ersten Kriegswochen, die Aufstellung lettischer Einheiten auf sowjetischer Seite[195] (etwa 57 000 Mann, größtenteils in der 201. Schützendivision, später im 130. Lettischen Schützenkorps),[196] das „Okkupationsregime der Hitleristen" und der Widerstand der „Werktätigen Lettlands", die patriotische Rolle der evakuierten Letten hinter der Front, die ideologische Arbeit der LKP und schließlich die „Befreiung" Lettlands bzw. gegen Ende des Krieges Kurlands geschildert.

Im gleichen Jahr erschien auch der erste Band einer dreibändigen Militärgeschichte über den „Kampf um das sowjetische Baltikum im Großen Vaterländischen Krieg. 1941–1945",[197] verfasst von einem Autorenkollektiv ehemaliger Generäle, Admiräle und Offiziere, gleichzeitig wissenschaftliche Mitarbeiter der Parteiinstitute der Kommunistischen Parteien Estlands, Lettlands und Litauens, mit Schwerpunkt auf der Darstellung der militärischen Kämpfe und Abläufe und begleitet von der Herausgabe von Dokumentenbänden in lettischer Sprache.[198]

Angesichts der Tatsache, dass während des Krieges etwa 150 000 Letten als Arbeiter oder Soldaten für den deutschen Kriegseinsatz mobilisiert worden waren (ab 1943 vor allem in der von Hitler befohlenen „Lettischen SS-Freiwilligen Legion", später „15. und 19. Division der Waffen-SS")[199] oder im Untergrund im Lettischen Zentralrat sowohl gegen die deutsche als auch die sowjetische Besatzung gearbeitet hatten,[200] und diese Erinnerung im

---

192 V dni vojny.
193 Latviešu tautas cīņa. Verantwortlicher Redakteur war Vilis Samsons (1920–2011), weitere Autoren waren Ēriks Žagars (1935–2022), Vasilij I. Savčenko (1923–2014), Edgars Blumfelds (1928–1998), Jānis Dzintars (eigentl. Valdis Klucis, 1928–2007), Aurora Ūdre (1930–2007) und Velta Kalnača (1934–2015). Das Zitat ebenda, S. 3. Der Band zitiert auch zahlreiche Archivmaterialien aus sowjetischen Archiven. Eine erweiterte russ. Ausgabe erschien 1970: Bor'ba latyšskogo naroda.
194 Vgl. Latvijas Vēstures Institūta žurnāls (2013), Nr. 2, S. 200.
195 Savčenko, Gvardejskaja Latyšskaja.
196 Zu Letten auf sowjetischer Seite vgl. nachsowjetisch: Denis, „The Best School of Communism"; Butulis, Zunda, Latvijas vēsture, S. 148.
197 Bor'ba za sovetskuju Pribaltiku.
198 Reiz cēlās strēlnieks sarkanais.
199 Das komplexe Thema der „Lettische Legion" genannten Verbände kann an dieser Stelle nicht ausgeführt werden. Zur Militärgeschichte, Frage der Begrifflichkeit, der „Freiwilligkeit", des Status innerhalb der deutschen Verbände, der Instrumentalisierung durch die sowjetische, gegen das lettische Exil gerichtete Diversion nach 1945 u. a. vgl.: Silgailis, Latviešu leģions; Ezergailis (Hrsg.), The Latvian Legion; Avotiņš u. a., Nazi/Soviet Disinformation, S. 57-64; kritischer: Felder, Lettland im Zweiten Weltkrieg, S. 266-275, Zahlenangabe S. 274.
200 Nachsowjetisch: Andersons, Siliņš u. a.: Latvija un rietumi; Ērglis, Latvijas Centrālās Padomes vēstures nezināmās lappuses.

Westen im gut organisierten lettischen Exil wachgehalten wurde, konnte eine lediglich militärische Lokalgeschichte des deutsch-sowjetischen Krieges ideologisch nicht ausreichen. Dementsprechend wurden in Sowjetlettland (wie auch in Estland und Litauen) besondere Schwerpunkte auf zwei Bereiche gelegt. Zum einen waren dies die positiv besetzten Kämpfe sowjetlettischer Partisanen, die im Geschichtsunterricht in Schulen und Bildungseinrichtungen eine wichtige Rolle spielten.[201] Zum anderen ging es um die abschreckenden Verbrechen des deutschen Besatzungsregimes im Generalbezirk Lettland zwischen 1941 und 1944, die die unabdingbare Bedeutung der „Befreiung" Lettlands durch die Rote Armee ab Sommer 1944 unterstreichen sollten.[202] Dabei wurden zwei Themen besonders hervorgehoben und propagandistisch instrumentalisiert: Das Massaker von Audriņi, bei dem vom 2. bis 4. Januar 1942 im Dorf Audriņi (Kreis Rēzekne) Sicherheitspolizei und lettische Hilfspolizisten 235 Zivilbewohner ermordeten und das Dorf niederbrannten, weil Dorfbewohner Rotarmisten versteckt hatten,[203] sowie das „Konzentrationslager Salaspils" (Lager Kurtenhof bei Riga), in dem bis Ende des Krieges nach sowjetischen Angaben über 100 000 Sowjetbürger umgebracht worden seien, und an dessen Ort 1967 auf einem 40 Hektar großen Gelände eine monumentale Gedenkstätte eröffnet wurde.[204]

*Die Nachkriegszeit*

Die sowjetlettische Nachkriegsgeschichte ab 1944/45 konnte als unmittelbare Zeitgeschichte naturgemäß nur peripher historisch erforscht werden. Sie galt als widersprüchlich und unbeliebt, Quellen waren nur begrenzt zugänglich, und als Historiker konnte man ideologisch kaum alles richtig machen. Die Zeit wurde beschrieben als „Aufbau des Sozialismus

---

201 Die wichtigsten Autoren waren der ehemalige sowjetische Partisan Vilis Samsons, der lediglich eine Lehrerausbildung, aber keine geschichtswissenschaftliche Ausbildung besaß, und der ehemalige Geheimdienstmitarbeiter (bis 1961) Valdis Klucis, der unter dem Pseudonym Jānis Dzintars publizierte (vgl. Anm. 191). Letztere beiden lebten nach 1991 bis zu ihrem Tod in Moskau: Samsons, Partizanu kustība; ders., Kurzemes partizāņi; ders., Kurzemes katlā; ders., Kurzemes meži šalc...; ders., Družba narodov pobedila; Dzintars, Neredzamā fronte; ders.: Nepakļāvīgie; Raškevics: Partizāņa piezīmes. Zum Mythos der heldenhaften Verteidigung Libaus zu Beginn des Krieges: Savčenko.
202 Mēs apsūdzam; Vestermanis, Tā rīkojās Vermahts.
203 Neaizmirsti Audriņus! Das Massaker von Audriņi wurde 1990 bis 1994 noch einmal vor dem Landgericht Münster im Strafverfahren gegen Boleslavs Maikovskis aufgerollt, vgl. die aufschlussreiche Dokumentation: NS-Verbrechen und Justiz, darin insbesondere den Beitrag von Ojārs Rozītis: Justizförmige Bearbeitung und öffentliche Darstellung in Lettland, ebenda, S. 39-128, der die sowjetlettische juristische Aufarbeitung von NS-Verbrechen in den 1960er Jahren in Riga beleuchtet, insbesondere den Prozeß in Abwesenheit gegen den in der Bundesrepublik Deutschland lebenden Alberts Eihelis (1912–1984) u. a.
204 Die Propagandazahl von 100 000 Opfern findet sich z. B. in Reiseführern für Touristen aus dem Westen, vgl. Melderis, Lettland, S. 28, sowie in jüngerer Zeit: Latvija pod igom nacizma. Sbornik archivnych dokumentov. Moskva 2006, S. 344. Zwischen November 1941 und Oktober 1944 waren insgesamt max. 23 035 politische Gefangene, Militärpersonen, Kriegsgefangene, Transitgefangene u. a. in dem Lager inhaftiert, 1 952 fanden den Tod aufgrund der Haftbedingungen. Zum Lager von Salaspils: Salaspils nāves nometnē; aktueller Stand der Forschung: Angrick, Klein, Die „Endlösung" in Riga; Prigovorennye nacizmom; Kangeris, Neiburgs, Vīksne, Aiz šiem vārtiem vaid zeme.

in Sowjetlettland" (1940-1960), „Sowjetlettland unter den Bedingungen des entwickelten Sozialismus" (1961-1985) und zuletzt knapp die Gegenwart unter der Überschrift „Sowjetlettland in der Phase der sich beschleunigenden sozialökonomischen Entwicklung unseres Landes" (ab 1985).[205] Bedeutsame Forschungen zur damaligen Gegenwart Sowjetlettlands sind Desiderata. Beispiel für das Verharren in Parteitagsphraseologie ist eine Veröffentlichung der Direktorin des Parteiinstituts Zīle aus dem Jahr 1988, welches im wesentlichen die Fünf-Jahrespläne seit 1940 als erfüllt referiert.[206] Problematisch bleibt auch eine Geschichte der „Arbeiterklasse" zwischen 1940 und 1980, die auch „Agrararbeiter", also in der Landwirtschaft Beschäftigte, in die Darstellung miteinbezieht. Auch sie orientiert sich an den Abläufen der sowjetlettischen Produktionspläne, stützt sich vor allem auf schwer verifizierbare statistische Daten von Arbeit und Produktion der Sowjetzeit und bleibt daher methodologisch fragwürdig.[207]

*Wissenschaft in der Nische: Mittelalterliche Geschichte, Frühneuzeitliche Geschichte, Stadtgeschichte*

In auffälligem Gegensatz dazu stand die Geschichte Lettlands „im Zeitalter des Feudalismus" und im „Zeitalter des Kapitalismus", also die mittelalterliche und frühneuzeitliche Geschichte des Landes. Sie galt während der Sowjetzeit als politisch und ideologisch nicht prioritär und bildete eine Nische in der sowjetlettischen Forschungslandschaft. Hier konnte vergleichsweise solide an den Quellen entlang gearbeitet werden. Zwar wurde die Geschichte beider Großepochen bis zur ersten Hälfte des 19. Jahrhunderts ebenfalls den Schemata der marxistischen Geschichtslehre unterworfen, aber nicht so stark deformiert wie die erinnerungspolitisch umstrittene Zeitgeschichte ab 1905. Erst die Geschichte der zweiten Hälfte des 19. Jahrhunderts mit ihren Debatten um die Agrarpolitik, mit Landlosenproblematik nach den Bauernbefreiungen, der Industrialisierung und Enstehung einer ideologisch bedeutsamen Industriearbeiterschaft wurde wieder stärker politisiert, da während dieser Jahrzehnte die sozialen Grundlagen für den vermeintlich unaufhaltsamen Sieg des Sozialismus gelegt worden waren.

Insbesondere in der Mittelalter- und Frühneuzeitforschung konnten daher subtil Traditionen der nationalen Historiografie aus der Zwischenkriegszeit aufrecht erhalten werden. Biografisch verkörperte vor allem der Mediävist Zeids diese Kontinuitäten, sein Hauptinteresse in den 1960er und 1970er Jahren galt der Stadtgeschichte Rigas.[208] Weitere Beispiele sorgfältigen wissenschaftlichen Arbeitens sind einzelne Veröffentlichungen von Meta Taube (1914–1996), Dzidra Liepiņa (1926–2003)), Austra Mieriņa (1926–2012), Melita Svarāne (1916–2011) oder Vasilij V. Dorošenko (1921–1992), der ausführlich zum frühneuzeitlichen Handel der livländischen Städte Riga und Reval im Kontext des Ost-West-Handels

---

205 Vgl. die entsprechenden Großkapitel in: Latvijas PSR vēsture. No vissenākiem laikiem. Sēj. 2.
206 Zīle, Sociālisma celtniecības vēsturiskais ceļš; Latvijas PSR strādnieku šķira.
207 Vgl. zuletzt: Latvijas PSR vēsture. No vissenākiem laikiem, Bd. 2, S. 550–551.
208 Zeids, Feodālisms Livonijā; Zeids, Beziehungen der Hansestädte Riga und Rostock; ferner einzelne Kapitel von Zeids im ersten (von Zeids redigierten) Band der dreibändigen Stadtgeschichte Rigas: Feodālā Rīga (die beiden anderen Bände der Stadtgeschichte: Rīga 1860–1917; Rīga sociālisma laikmetā). Davor war bereits eine einbändige Stadtgeschichte Rigas erschienen: Rīga.

im Hanseraum forschte und dabei sowohl die westeuropäische Hanseforschung, u. a. Friedrich Benninghovens (1925–2014) und Philippe Dollingers (1904–1999), rezipierte als auch neue Quellen aus baltischen Archiven statistisch innovativ auswertete[209] Ab den 1970er Jahren wuchs sein Interesse an der Stadtgeschichte und Bedeutung Rigas und seiner Kaufmannschaft unter polnischer und schwedischer Herrschaft im 17. Jahrhundert sowohl in lokalen als auch internationalen Bezügen, sodass in diesen Arbeiten, entgegenden den oben beschriebenen Forschungen zum 20. Jahrhundert, eine Europäisierung der livländischen Geschichte gelang.[210]

**7.4. Lettisches Exil und sowjetlettische Heimat**

Die Begrifflichkeit vom „Kalten Krieg" suggeriert zunächst eine hermetische Abgeschlossenheit zwischen den Systemgegnern in Ost und West, die aufgrund der besonderen Situation der baltischen Staaten innerhalb des „Ostblocks"[211] kaum Wechselbeziehungen zwischen der lettischen Exilhistoriografie im Westen und sowjetlettischen Historikern in der Sowjetrepublik Lettland zu erlauben schien. Die Wirklichkeit sah jedoch anders aus. Dies betraf in der Nachkriegszeit zunächst die Bücher, mit Beginn der 1960er Jahre zunehmend auch persönliche Kontakte.

Bereits 1940 wurde in Lettland eine Filiale der sowjetischen „Hauptverwaltung für Literatur" (russ.*Glavnoe literaturnoe upravlenie* oder *GLU*), der sowjetischen Zensur, eingerichtet, die ab August 1944 ihre Tätigkeit wiederaufnahm. 1947 arbeiteten in Lettland bereits 90 Zensoren. Bis Ende der 1940er Jahre wurden mehr als 10 Mio. Bücher, die als politisch schädlich erachtet wurden, aus öffentlichen Bibliotheken entfernt und vernichtet. Es handelte sich um Titel, die oft nur an abgelegener Stelle in privaten Bücherregalen überdauerten.[212] Ab 1957 wurde in beschränktem Maße erlaubt, Literatur aus dem Ausland in die SSR Lettland zu schicken, ab 1958 nahm eine „Spezielle Abteilung für ausländische Literatur" ihre Arbeit in Riga auf, die neben der Kontrolle eingeführter Bücher auch für die Perlustrierung von Briefpost zuständig war. Ein großer Teil der aus dem Ausland und vom Exil per Bahn oder Flugzeug in die SSR Lettland gesandten Literatur wurde vom Zoll, den Sicherheitsorganen an der Grenze oder auf den Schwarzmärkten konfisziert, danach von der „Speziellen Abteilung" nach vier Gesichtspunkten klassifiziert: zur allgemeinen Benutzung, zur Benutzung in den Spezialbeständen der Bibliotheken, zur Benutzung im Spezialbestand des ZK der LKP und zur Information des NKVD bzw. KGB; sowie schließlich zur Verbrennung bestimmt. Dazu gehörten auch die Bände der *Latvijas Vēsture*. Ab 1961 wurde die Kontrolle noch einmal engmaschiger, praktisch gelangte kaum eine Veröffentlichung des

---

209 Taube, Rīgas latviešu tirdzniecības palīgamati; Liepiņa, Agrārās attiecības; Liepiņa, Vidzemes zemnieki un muiža; Mieriņa, Agrārās attiecības; Svarāne, Saimnieks un kalps; Dorošenko, Očerki agrarnoj istorii Latvii.
210 Feodālā Rīga; Dorošenko, Myza i rynok; Dorošenkos wichtiges Hauptwerk: Ders., Torgovlja i kupečestvo Rigi, Pavulāns, Satiksmes ceļi Latvijā; Pavulāne, Rīgas tirdzniecība ar meža materiāliem; Grasmane, Daugava un Rīgas eksports. Eine ausführliche Würdigung Dorošenkos zuletzt bei: Bessudnova, Vasilij Dorošenko.
211 Allgemein: The Baltic Sea Region and the Cold War.
212 Urtāns, Padomju cenzūra, S. 71.

Exils mehr in Privathände, mit Ausnahme weniger erfolgreich geschmuggelter Bücher.²¹³ Bis Ende der 1980er Jahre stieg die Zahl der aus dem Umlauf genommenen Bücher auf 17 Mio. an, 0,3 Prozent davon betrafen Veröffentlichungen des Exils.²¹⁴ Dies beinhaltete selbstredend auch die politisch brisante historische Literatur.

Allerdings spiegelt das nur einen Teil der sowjetlettischen Alltagswirklichkeit wieder. Es gab Persönlichkeiten wie den Staatspreisträger Krastiņš, in dessen Nachlass sich neben einer Kladde mit handschriftlichen Stalinzitaten auch Exzerpte von Švābes „Geschichte Lettlands 1800–1914" befinden.²¹⁵ Und wer wusste, dass es bestimmte Titel gab, und sie lesen wollte, der suchte nach Wegen. Der Philosoph Vilnis Zariņš (1930–2014) stieß im Bücherregal seines Vaters auf Hitlers „Mein Kampf", Rosenbergs „Mythos des 20. Jahrhunderts" und Richard Walther Darrées „Blut und Boden". Der Historiker Ēriks Žagars (1935–2022) berichtete über seinen Zugang zu Vorkriegsliteratur:

> „Švābe konnte man noch kennenlernen. Als ich schon im Geschichtsinstitut arbeitete, 1961 habe ich dort angefangen, fuhr ich nach Moskau und lernte zum ersten Mal die 14 Ausgaben des Geschichtsinstituts Lettlands²¹⁶ und die Zeitschrift *Senatne un Māksla* kennen. Es stellte sich heraus, dass diese in Moskau im offenen Bestand waren! Vieles der lettischen Literatur, besonders über Archäologie, konnte man dort bekommen, weil man das dort für nicht so schrecklich hielt. Bei uns dagegen – nur im *Specfond*! Ich versuchte natürlich zu stochern. Schon im zweiten Studienjahr hatte ich eine Erlaubnis für die Fundamentalbibliothek, heute Akademische Bibliothek. Mit einem Wort, alles was irgendwie offen zugänglich war, habe ich gesehen. In den Geheimbestand ließ man mich natürlich nicht hinein. Aber da war praktisch alles! Erst nach der Beendigung der Universität, als ich im Staatsarchiv zu arbeiten begann, sah ich, was für ein riesiger Reichtum für den normalen Menschen praktisch nicht zugänglich war. Eine riesiger Reichtum! Sowohl Archivdokumente als auch Presse usw. [...]."²¹⁷

Exilpresse und -bücher waren auch in der Moskauer Leninbibliothek zugänglich, wo man glaubte, dass sie aufgrund der fremden und kleinen lettischen Sprechergruppe nicht lesbar und unbedeutend seien. In Riga spielten Kontakte zu den Bibliothekaren der *Specfonds* oder Sympathien parteitreuer Historiker eine Rolle, um eine Empfehlung und Genehmigung für die *Specfonds* zu erhalten.

---

213 So wurden 1968 von 4 628 Buchsendungen des Exils nur 334 (7,2 Prozent) an die Empfänger übergeben, zwischen 1961 und 1983 wurden 26 116 Exilpublikationen beschlagnahmt, vgl. Strods, Trimdas izdevumu cenzūra, S. 89, 94. Naturgemäß waren die „Klötze" der Stockholmer Serie *Latvijas Vēsture* besonders schwer zu schmuggeln.
214 Strods, Trimdas izdevumu cenzūra, S. 90.
215 LVA, fonds 1860: Vēsturnieks akadēmiķis Jānis Krastiņš (1890.–1983.) [Der Historiker und Akademiker Jānis Krastiņš 1890–1983]; der Nachlass ist ungeordnet.
216 Gemeint sind die 14 vor dem Krieg erschienenen Nummern der Zeitschrift *Latvijas Vēstures Institūta Žurnāls*, 1937–1940.
217 Vilnis Zariņš, Nevienam uz pieres tas uzrakstīts nebija [Keinem stand das auf der Stirn geschrieben], in: Keruss, Lipša, Runce, Zellis, Latvijas Universitātes Vēstures un filozofijas fakultātes vēsture, S. 73; Ēriks Žagars, Ja nav, tad nav, un nav ko vaidēt [Wenn nicht, dann nicht, und kein Jammern], in: Ebenda, S. 53. Krupņikovs berichtete dem Autor in 1990er Jahren, er und Mavriks Vulfsons (1918–2004) hätten im Geheimbestand der Bibliotheken ohne größere Probleme den „Spiegel" und „Die Zeit" lesen können.

## 7. Lettische Historiografie in der Sowjetrepublik Lettland (1944–1991) 161

Neben der Literatur wurden, je länger die Teilung Europas andauerte, persönliche Kontakte und Besuche immer wichtiger, da beide Seiten allmählich Gefühl und Verständnis für die jeweilige Wirklichkeit auf der anderen Seite verloren hatten und bereits der banale Alltag für Irritationen gesorgt hatte.[218] Ab Ende der 1940er Jahre konnten westlichen Delegationen Riga besuchen. So waren z. B. 1955 eine belgische Parlamentariergruppe und 155 Dänen (per Schiff) sowie 1956 die schwedische Marine mit einem Kreuzer, zwei Minenschiffen und 300 Marinesoldaten in der lettischen Hauptstadt.[219] Zur Regulierung und Überwachung von Auslandskontakten wurden Filialen allsowjetischer Struktureinheiten des NKVD, später KGB ins Leben gerufen, darunter 1951 das „Komitee der SSR Lettland zur Verteidigung des Friedens" (lett. *Latvijas Miera aizstāvēšanas komitejas*, bis 1990)[220] und 1956 die „Gesellschaft für Freundschafts- und Kulturverbindungen Lettlands mit dem Ausland" (lett. *Latvijas un ārzemju draudzības un kultūras sakaru biedrība*, bis 1989). Beide Organisationen verzichteten mit Blick auf das Ausland bewusst auf den Zusatz „SSR": Mit dem Tauwetter wurde ab 1956 in Riga eine Filiale der allsowjetischen Tourismusagentur „Intourist" aufgebaut. 1960 besuchten bereits 2 649 Touristen aus „kapitalistischen" und „sozialistischen Staaten" die Stadt. Bis 1985 wuchs die Zahl ausländischer Touristen auf 49 361.[221] Daneben eröffneten sich allmählich Möglichkeiten zu kulturellen Kontakten, so war z. B. Heinrich Böll (1917–1985) mit seiner Frau und Söhnen Gast des sowjetlettischen Schriftstellerverbandes in dessen Ferienheim in Jūrmala.[222]

Die lettischen Flüchtlinge in den westlichen alliierten Besatzungszonen Deutschlands, später vor allem in den USA, spielten aufgrund ihrer überwiegend antikommunistischen Haltung und politischen Arbeit seit Kriegsende eine besondere Rolle unter den „ausländischen" Touristen und standen im Fokus der sowjetischen Sicherheitsorgane. Nachdem zunächst die zwangsweise Repatriierung baltischer Flüchtlinge aus den westlichen Besatzungszonen, nach Moskauer Lesart Bürger mit sowjetischer Staatsangehörigkeit, am Widerstand der Westalliierten gescheitert war, gründete die UdSSR 1955 in Berlin das „Komitee für die Rückkehr in die Heimat", um neben anderen Sowjetbürgern auch Exilletten propagandistisch zur Rückkehr in die SSR Lettland zu bewegen.[223] Als auch diese Bemühungen

---

218 Beredt die vielen Reiseberichte und -eindrücke, z. B. von West nach Ost: Ģērmanis, Zili stikli; oder von Ost nach West: Mugurevičs, Mana dzīve, z. B. das Kapitel „Dienstreise in die BRD 1981", S. 239-242.
219 LVA, fonds PA-101, 18. apr., 112. lieta (Perepiska po voprosam iskusstva, buzov i naučnych učreždenij v 1955 gody), 6. f. lpp., 17.-31. lpp.; auch: Draudzības vizīte.
220 Daukste-Silasproģe, Latvijas Miera aizstāvēšanas komiteja.
221 Starostina, Padomju ideoloģijas un propagandas izpausmes, S. 42. Die „1. Baltische Gesellschaftsreise" für Deutschbalten, organisiert vom „Baltischen Reisebüro" (München), fand 1971 statt, vgl. Baltische Briefe (1971), Nr. 7/8, S. 2-4 und folgende Nummern.
222 Vgl. die Erinnerungen des Rigaer jüdischen Schriftsteller Gunārs Cīrulis (eigentl. Gabriels Civjans, 1923-2002), der Böll – nach Angaben von Cīrulis im Jahr 1966 – durch die Rigaer Altstadt, ins lettische Freilichtmuseum, zur Burgruine von Treyden (lett. *Turaida*), zum Grab des Dichters Rainis führte und mit ihm eine Nacht lang über lettische Literatur sprach, vgl.: Ders., Atmiņu akordi, S. 155 f.. Trotz seines Engagements für die Menschenrechte in der UdSSR finden sich im Werk Bölls keine Spuren, die zu erkennen geben, dass ihn das Schicksal Lettlands in der Sowjetunion in irgendeiner Form beeindruckt hätte.
223 Dazu wurde das Leben im Westen in düstern, das Leben im neuen Sowjetlettland in sonnigen Farben geschildert, gedruckt auf schlechtem Papier, z. B. der „Erlebnisbericht" eines der wenigen

wenig Ergebnisse zeitigten, passte Riga seine Politik an die realen Umstände an und setzte auf eine Beeinflussung des Exils. 1959 konnten erstmals Auslandsletten ihre alte Heimat besuchen, allerdings lediglich eine Gruppe von Altmarxisten und Revolutionären von 1905, die das Lettland der Zwischenkriegszeit nie kennengelernt hatten.[224] 1960 gelangte eine kleine Gruppe jüngerer Letten, die 1944 geflohen waren, über Intourist und den Umweg über Moskau nach Riga.[225] Zuständig war vorübergehend das Außenministerium der SSR Lettland.[226]

Aus der 1961 in Riga ins Leben gerufenen lettischen Abteilung des „Komitees ‚für die Rückkehr in die Heimat' " (russ. *Komitet Za Vozvraščenije na Rodinu*, lett. *Komiteja Par atgriešanos Dzimtenē*) ging am 10. September 1964 schließlich die wichtigste Organisation hervor: „Lettlands Komitee für kulturelle Verbindungen mit Landsleuten im Ausland" (lett. *Latvijas Komiteja kultūras sakariem ar tautiešiem ārzemēs*, kurz *KultKom*). Sie war ebenfalls eine Struktureinheit des lettischen KGB, die unter dem Deckmantel kultureller und wissenschaftlicher Kontakte die Diversionstätigkeit im lettischen Exil koordinierte. Neben Sektionen für Literatur, Bildende Kunst, Musik, Film- und Fotokunst, Theaterkunst und Jugend, die sowohl systemkonformen Sowjetletten Reisen ins Ausland als auch Exilletten Reisen nach Riga organisierten, gab es auch eine Sektion für Wissenschaft und Technik, die eng mit der Akademie der Wissenschaften zusammenarbeitete und auch für Kontakte zwischen Historikern zuständig war.[227] Das Komitee versandte die seit 1946 bestehende und an das Exil gerichtete Wochenzeitung *Dzimtenes Balss* (dt. Stimme der Heimat) kostenfrei ins Ausland, die auch Beiträge zu strittigen historischen Themen veröffentlichte, etwa zu Episoden des Zweiten Weltkrieges.[228] Erst im Rahmen der Entspannungspolitik ab den 1970er Jahren wurden auf Einladung auch Privatbesuche bei Verwandten möglich, die Vergabe von Visa wurde jedoch restriktiv gehandhabt.

Zu den Historikern, die im Rahmen dieser vorgegebenen engen Korridore den Weg nach Riga fanden, gehörten u. a. Uldis Ģērmanis (1915–1997), Ezergailis und Edgars Andersons

---

Repatrianten: Gavars, Tāda ir patiesība.; zur Geschichte des Komitees detailliert: Zalkalns, Back to the Motherland.
224 Vgl. Lettisches Komitee, S. 57 f.
225 Der Reisebericht der Gruppe: Klāns, Riga retour. Pāvils Klāns war das Pseudonym für Pauls Kovaļevskis (1912–1979), Schriftsteller und Redakteur der unter deutscher Besatzung in lettischer Sprache erscheinenden nationalsozialistischen Propagandazeitung *Tēvija* (dt. Vaterland, 1.7.1941–16.10.1944), zu den Hintergründen vgl. Rīga retour.
226 Zunda, Latviešu trimda.
227 Selbstdarstellungen: Lettisches Komitee; Dzimtene; Überblick: Zake, Soviet Campaigns. Gut erforscht ist der Bereich der Literaturbeziehungen: Eglāja-Kristsone, Dzelzgriezēji. Reise- und Erfahrungsbericht: Lejiņš, Gäst hos KGB. Die drei genannten Komitees residierten im Gebäude des ehemaligen lettischen Außenministeriums in der Gorkija iela 11a (heute wieder Valdemāra iela). Als Lette galt, wer Lettisch sprach, sich mit Land und Leuten besser auskannte als „normale" ausländische Touristen und daher ein potentieller Gefährder war. Dies betraf z. B. auch Deutschbalten wie den Völkerrechtler Dietrich A. Loeber (1923–2004) oder den Journalisten und Herausgeber der „Baltischen Briefe" Wolf von Kleist (1922–2000), der seine Heimat Riga ab 1971 wieder bereiste, aber ab 1983 auch deutsche Studenten der lettischen Sprache aus Münster und Bonn, die „zu einer Tasse Kaffee" gebeten wurden.
228 Die lettische Zeitschrift entstand zunächst 1956 als lettische Version der russischen *Za vozvraščeņije v Rodinu* [Für die Rückkehr in die Heimat] und ab 1958 als eigenständiges Organ mit Sitz der Redaktion in Riga unter der Bezeichnung *Dzimtenes Balss* (dt. Stimme der Heimat).

(1920–1989). Ģērmanis beschrieb später seine beiden Reisen nach Riga im Herbst 1966 ausführlich, darunter seine Spurensuche zu den lettischen Sozialdemokraten und Schützen sowie seine Begegnungen mit alten Arbeitskollegen und Gespräche mit Krastiņš, Anatolijs Birons (1929–2006), Drīzulis, Spreslis im Geschichtsinstitut der Akademie der Wissenschaften.²²⁹ Andersons besuchte Riga im Jahr 1979.

Eine allmähliche Annäherung und der Abbau von Stereotypen und Vorurteilen begannen im Rahmen der Entspannungspolitik und im Vorfeld des KSZE-Prozesses ab Anfang der 1970er Jahre. Einen Durchbruch bedeutete das von der exilbaltischen *Association for the Advancement of Baltic Studies* (AABS), der Baltischen Historischen Kommission e. V. (BHK) und dem Herder-Institut im Juni 1979 gemeinsam durchgeführte Erste Marburger Symposium, das neben der Teilnahme baltischer Historiker aus Westeuropa und Nordamerika erstmals auch Wissenschaftlern aus der SSR Lettland eine Tür nach Westen öffnete. Ende Juni 1979 konnten bereits zwei sowjetestnische Wissenschaftler an einer Konferenz in Stockholm teilnehmen, im Oktober bereiste Zeids aus Einladung von Andersons die USA.²³⁰ 1988 schließlich konnte Ezergailis als Exilhistoriker in der Zeitschrift der Wissenschaftsakademie der SSR Lettland einen Beitrag über die Beteiligung lettischer Hilfspolizisten am Holocaust veröffentlichen und eine Debatte über lettische (Mit-)Täterschaft im Zweiten Weltkrieg anstoßen, die bis heute anhält.²³¹

## 7.5. Ende, Aufbruch und Beurteilung (1987–1991)

Einer der wichtigsten Beweggründe der Oppositions-, Reform- und Unabhängigkeitsbewegung ab 1985 war die Revision der Geschichte. Sie entzündete sich anlässlich der ersten ungehinderten Demonstrationen am 14. Juni 1987 zum Gedenken an die erste stalinistische Deportation aus Lettland 1941 und am 23. August 1987 zum Gedenken an den Hitler-Stalin-Pakt 1939. Zur Debatte standen zunächst die Souveränität Sowjetlettlands innerhalb der Sowjetunion, ab der zweiten Jahreshälfte 1989 die Wiederherstellung der staatlichen Unabhängigkeit Lettlands von der Sowjetunion. Zur Disposition stand somit die gesamte sowjetlettische Historiografie seit 1945 und ihr verordnetes Geschichtsbild, sofern dieses die sowjetische Herrschaft in Lettland rechtfertigte.

Zunächst versuchten die orthodoxen Historiker um Drīzulis die Diskussion mit herkömmlichen Mitteln aufzuhalten, indem sie noch einmal Dokumentenbände sprechen ließen. Eine Zusammenstellung von Auszügen aus den Erinnerungen lettischer bürgerlicher Politiker, des Sozialdemokraten Voldemārs Bastjānis (1884–1975), des Vorsitzenden der Bank von Lettland Ādolfs Klīve (1888–1965), des Außenministers Vilhelms Munters (1898–1967, deportiert 1940) und des Beamten im Außenministerium Arturs Stegmanis (1902–1986, deportiert 1941) sollten die Widersprüchlichkeit und Verlogenheit des „bourgeoisen" Lettland aufzeigen. Zwei weitere Quellenpublikationen mit tendenziöser Auswahl von Dokumenten und Materialien sollten noch einmal die Entstehung der Republik Lettland 1918 als aus-

---

229 Ģērmanis, Zili stikli.
230 Vgl. Dzimtenes Balss (27.9.–3.10.1979).
231 Ezergailis, Arāja komanda.

ländische Intervention und den „Beitritt" zur Sowjetunion 1940 noch einmal als logische Konsequenz der Geschichte erscheinen lassen.[232]

Am 2. Juni 1988 allerdings trat der in der Bevölkerung populäre Journalist Mavriks Vulfsons (1918–2004) auf einem Plenum der Schaffenden Verbände Sowjetlettlands mit einer Rede auf, in der er die Ereignisse im Sommer 1940 als „Okkupation" bezeichnete und öffentlich das Geheime Zusatzprotokoll des Deutsch-sowjetischen Nichtangriffsvertrages vom 23. August 1939 verlas.[233] Damit stand das sowjetische Regime in Lettland (und den anderen baltischen Sowjetrepubliken) zur Disposition. In der Folge waren es paradoxerweise ausgerechnet Historiker des Parteiinstituts, vorwiegend einer jüngeren Generation, die begannen die sowjetische Legalität der sowjetischen Staatlichkeit in Sowjetletland zu schleifen. Zwischen 1988 und 1990 erschienen vor allem in der Monatszeitschrift *Padomju Latvijas Komunists* eine Fülle von Aufsätzen von Valdis Blūzma (geb. 1951), Leo Dribins (geb. 1931), Aivars Stranga (geb. 1954), Ojārs Niedre (1929–2009), Ilga Gore (geb. 1952), Indulis Ronis (1943–2016) u. a., die die wiedersprüchliche nationale Politik der lettischen Kommunisten 1917 bis 1920, Lenins Haltung zur Nationalitätenfrage, die Gründung einer bürgerlichen Republik sowie die Ausrufung Sowjetlettlands 1918 als eines von Russland formal unabhängigen Staates und zuletzt den lettisch-russischen Friedensschluss von 1920 thematisierten.[234] Sie artikulierten mit der Frage nach politischen Alternativen in der Geschichte zugleich die Frage nach mehr Souveränität innerhalb des sowjetischen Bundesstaates, nach staatlicher Unabhängigkeit im Kontext des sozialistischen Staatenblocks oder sogar nach Wiederherstellung eines demokratischen Lettlands außerhalb sowjetischer Vorstellungswelten.

Bedeutsam in diesen Jahren wurde eine kleine Reihe von Aufsatzbänden, die sich unter dem Titel „Lettlands Schicksalsjahre" den Schlüsselereignissen der lettischen Geschichte im 20. Jahrhundert zuwandten und deren Interpretation behutsam in eine Richtung öffneten, die der Geschichtssicht des lettischen Exils und des Westens entsprach.[235] Die Revision der Geschichte beschloss schließlich ein Aufsatzband, der sich 1990 ebenfalls den strittigen Fragen, den sogenannten „weißen Seiten" Lettlands in der ersten Hälfte des 20. Jahrhunderts zwischen Staatsgründung(en) und Kollektivierung der Landwirtschaft (1943–1953) zuwandte. Und schließlich war es ausgerechnet der bisher unbeugsame Kommunist Vilis

---

232 „Neatkarīgā" Latvija – kāda tā bija. Rīga 1987; Dokumenti stāsta; Padomju varas atjaunošana Latvijā.

233 Der öffentliche Diskurs um die Geschichte begann 1987, setzte sich fast täglich vor allem in der Tagespresse fort und kann hier nicht ausführlich referiert werden. Er ist aber hervorragend, mit Faksimilieabbildungen der Presseartikel, dokumentiert auf der Website URL: www.barikado pedija.lv/raksti/Sākumlapa (letzter Zugriff 7.10.2024).

234 Auswahl: Blūzma, Latvija, 1918. gads; Dribins, 1918. gada 17. decembra manifests; Stranga, Pie miera politikas šūpuļa; Niedre, Pirmais Latvijas valdības vadītājs; Ronis, Dažas pagātnes aktualitātes no 19. gadsimta beigām līdz 1920. gadam, in: Padomju Latvijas Komunists (1990), Nr. 1, S. 73-81. Eine bereits vergleichsweise ideologiefreie und faktenreiche Geschichte Lettlands im Ersten Weltkrieg mit Schwerpunkten auf der Wirtschaftsgeschichte, der Flüchtlingsbewegung, der Geschichte der lettischen Schützen und dem Kriegsgeschehen legte 1987 Valdis Bērziņš vor: Bērziņš, Latvija pirmā Pasaules kara laikā.

235 Latvijas likteņgadi. Autoren waren neben den oben genannten Ojārs Niedre, Elmārs Pelkaus, Ēriks Žagars, Jānis Riekstiņš, Vincents Karaļuns, Mārtiņš Virsis, Ilga Apine, Vilis Krūmiņš, Ļubova Zīle u. a.

Samsons (1920–2011), der ebenfalls 1990 einen Quellenband mit bisher unveröffentlichten Dokumenten herausgab, der die Geschichte der lettischen Idee der Unabhängigkeit während der deutschen Besatzungszeit im Zweiten Weltkrieg dokumentierte.[236]

Mit dem Ende der sowjetischen Herrschaft in Lettland stellt sich die Frage, welches jenseits der Ideologie der bleibende wissenschaftliche Ertrag aus mehr als 40 Jahren sowjetlettischer Historiografie ist. Immerhin wird inzwischen kaum noch aus ihr zitiert, ihr Duktus ist einer jüngeren Historikergeneration suspekt oder gar fremd. Ein Urteil fällt folglich nicht leicht. Es kann jedoch konstatiert werden, dass in dem engen epistemologischen, methodologischen und thematischen Rahmen, den der historische Materialismus, die politische Ideologie und die geopolitische Lage des Landes der lettischen Geschichtswissenschaft zogen, mindestens die zusammengetragenen Fakten und Daten überwiegend sorgfältig recherchiert und zusammengetragen wurden, auch wenn die jeweilige Kontextualisierung schmal und die Analyse tendenziös ausfiel (Ausnahmen bilden einzelne Forschungen zur mittelalterlichen und frühneuzeitliche Geschichte). Dies gilt vor allem für zahllose Veröffentlichungen zur Geschichte der lettischen Linken (Sozialdemokraten wie Anhänger Lenins), nach 1991 verdrängt, aber vielleicht künftig von neuem Interesse,[237] sowie für die Sozialgeschichte derjenigen Schichten, die für die sozialistische Bewegung konstituierend sind: Bauern, Knechte, Landlose, Industriearbeiter und Revolutionäre. Eine endgültige Bewertung bedarf jedoch eingehender Forschungen und Analysen und der Differenzierung zwischen den Jahren des Stalinismus bis zum XX. Parteitag der KPdSU, den 1960er bis Anfang der 1970er Jahren und den folgenden knapp zwei Jahrzehnten, in denen auch Sowjetlettland von der europäischen Entspannung zwischen den Systemblöcken berührt wurde und wissenschaftliche Westkontakte zunahmen, bevor das Sowjetsystem, ausgehend von der baltischen Peripherie, zusammenfiel, und mit ihm die Konstrukte sowjetischer Geschichtsnarrative.

---

236 Pretstatu cīņā; Latvijas suverenitātes ideja likteņgriežos; Vācu okupācijas laika dokumenti. Die Veröffentlichung 1990 bedeutete dabei praktisch, dass Idee, Konzept und Bearbeitung bereits früher stattfanden. Zu Samsons, vgl. die Erinnerungen von des Literaturhistorikers Viktors Hausmanis (1932–2023) anlässlich des Todes von Samsons: Hausmanis: Dažas atmiņu lauskas.
237 Zur Geschichte der lettischen Linke, nach 1991 unbequem gewordenen, vgl. das Gespräch: Šiliņš, Zanders, Ķēpīga tēma.

# 8. Lettische Historiografie im westlichen Exil (1944–1991)

## 8.1. Historische und politische Rahmenbedingungen

Lebten bis zu den stalinistischen Säuberungen knapp 200 000 Letten östlich der Landesgrenzen Lettlands, so gab es mit dem Ende des Zweiten Weltkrieges ein ähnlich großes Exil (lett. *trimda*) im Westen, das sich politisch und sozial allerdings erheblich von den „Russlandletten" unterschied. Während ab 1944 auf der einen Seite Letten, die mit dem Sowjetsystem sympathisiert und in der UdSSR den stalinistischen Terror überlebt hatten, in das sowjetisch „befreite" Lettland zurückkehrten, flüchteten vor allem ehemalige Führungsschichten, städtisches Bildungsbürgertum und Gegner des Sowjetregimes nach West- und Nordeuropa. Nach 1945 lebte mehr als jeder zehnte Lette außerhalb des sowjetischen Einflussgebietes und somit – in der Sprache der Ära des Kalten Krieges – im „freien Westen". Die lettische Nation kennzeichnete fortan eine extreme Bipolarität: Die „Heimatletten" waren jetzt als „Sowjetletten" den Zwängen einer ausländischen Diktatur und kulturellen Überfremdung ausgesetzt, die „freien" Letten sahen sich im Westen heimatlos, auf die Bildung von Exilgemeinschaften in der Diaspora angewiesen und der allmählichen Assimilation ausgesetzt.[1]

Die genaue Zahl der Einwohner Lettlands, die sich ab Mai 1945 westlich der von der Roten Armee eroberten Gebiete befand, ist schwer auszumachen.[2] Dafür gibt es unterschiedliche Gründe: von der unübersichtlichen Vielzahl der Fluchtwege über Land und die Ostsee nach Deutschland und Skandinavien, der ungewissen Zahl der auf der Flucht Umgekommenen und der gegen Ende des Krieges chaotischer werdende Registrierung der Flüchtlinge bis hin zu Letten, die bereits zu Beginn der deutschen Besatzung abtransportiert oder als

---

1   Bereits vor dem Ersten Weltkrieg lebten ca. 45 000 Letten in Westeuropa und Nordamerika, vgl. Zelče, Latviešu emigrācijas prese, S. 205. Kurze Überblicke über das lettische Exil finden sich bei Nollendorfs, Heimat in der Ferne; Plakans, Esten, Letten und Litauer im Exil; neuere Monografien über das lettische Exil im Westen nach 1945: Plakans, The Reluctant Exiles; Beķere, Latvijas labā; aus sowjetischer Sicht (1979) vgl.: Pribaltijskaja reakcionnaja emigracija segodnja. Ein Großteil der Archive der lettischen Flüchtlinge und des lettischen Exils, die sich in der Bundesrepublik Deutschland (u. a. im Lettischen Zentrum in Münster) befanden, wurde nach 1991 sukzessive an das Staatsarchiv Lettlands in Riga gegeben, obgleich sie auch Teil der Geschichte Nachkriegsdeutschlands sind, vgl. Trimdas arhīvi atgriežas. Ähnliches gilt auch für übrige nach 1945 im Westen gesammelte und aufbewahrte Archivbeständen des lettischen Exils in Schweden, Nordamerika oder Australien. Vgl. auch die Archivinformation des Staatsarchiv Lettlands (lett. *Latvijas Valsts arhīvs*, LVA) unter der URL: www.diaspora.arhivi.lv (letzter Zugriff: 23.9.2023). Der Erforschung der baltischen Diaspora widmet sich das 2008 gegründete „Baltic Heritage Network", vgl. URL: www.balther.net (letzter Zugriff: 23.9.2023).
2   Vgl. Mühle, Resettled, Expelled and Displaced.

Zwangsarbeiter ins Deutsche Reich geschickt worden waren. Hinzu kamen lettische Soldaten der in der Wehrmacht kämpfenden lettischen 15. Waffen-Grenadier Division der SS, die im Frühjahr 1945 nach Deutschland verlegt worden und in westliche Kriegsgefangenschaft geraten war. Aufgrund dieser Unwägbarkeiten müssen Zahlen nach wie vor geschätzt werden. Während sowjetische Quellen von bis zu 280 000 Personen ausgehen, die während des Krieges Lettlands verließen, darin eingerechnet vermutlich auch die deutschbaltischen Umsiedler der Jahre 1939–1941,[3] geht die jüngste und bisher genaueste Untersuchung von ca. 171 000 Letten aus, die sich 1945 in den westlichen Besatzungszonen Deutschlands aufhielten, sowie von ca. 27.000 weiteren Letten, die über die Ostsee nach Schweden flohen.[4]

Baltische Flüchtlinge wurden von den westlichen Besatzungsadministrationen, deren Staaten die Annexion der baltischen Staaten durch die UdSSR nicht anerkannten,[5] als Sonderfälle betrachtet und von der *United Nations Relief and Rehabilitation Administration* (UNRRA) und ab 1947 von der *International Refugee Organization* (IRO) unterstützt. Sie lebten in den westlichen Besatzungszonen Deutschlands zunächst in einem weit verzweigten System von knapp 300 Lagern für *Displaced Persons* und versuchten dort, ihre demoralisierende Situation als Heimatlose im zerstörten Nachkriegsdeutschland über den Aufbau eines kulturellen Lebens (Schulen und Volkshochschulen, Musik-, Theater und Sportgruppen, Kirchengemeinden, Verlage, Bibliotheken usw.) und durch Imitation aus Lettland gewohnter Strukturen zu bewältigen. Der von den Flüchtlingen gewählte Begriff des „Kleinen Lettland" (lett. *Mazā Latvija*), mit dem sie das Nachkriegsexil in Deutschland bezeichneten, fasste dies zusammen.[6] Ein im August 1945 in München gegründeter „Lettischer Zentralrat" (lett. *Latviešu Centrālā padome*) übernahm koordinierende Funktionen. Die Statuten hatte Arveds Švābe (1888–1959) in München ausgearbeitet.[7] Der quantitativ sowie qualitativ außergewöhnliche Grad an Selbstorganisierung kann mit dem hohen zivilgesellschaftlichen Niveau Lettlands vor dem Krieg und dem großen Anteil an Gebildeten und Mitgliedern der ehemaligen politischen und kulturellen Eliten Lettlands unter den Flüchtlingen erklärt werden.[8] Zahlreiche Politiker der Zwischenkriegszeit, die die beiden Besatzungsregime überlebt hatten, etwa Alfrēds Bērziņš (1899–1977), Minister für Öffentliche Angelegenheiten unter Kārlis Ulmanis (1877–1942), aber auch lettische Diplomaten wie Karlis Zariņš (1879–1963) in London oder Alfrēds Bīlmanis (1887–1948) in Washington, blieben im Westen politisch aktiv.

---

3  „In den Jahren des Zweiten Weltkrieges wurden ungefähr 280 000 Einwohner zwangsweise von Lettland nach Deutschland umgesiedelt oder reisten unter dem Einfluss der faschistischen Propaganda aus [...]", in: Latvijas PSR Mazā enciklopēija. I. sēj., S. 473. 76 000 von ihnen, überwiegend aus dem sowjetischen Machtbereich in Ostmitteleuropa und aus der Sowjetischen Besatzungszone Deutschlands bzw. der DDR, sollen später in die SSR Lettland repatriiert worden sein, vgl Riekstiņš, Ar varu un viltu.
4  Mit Zitierung älterer Forschungsergebnisse vgl. Kangeris, Evakuācija.
5  Vgl. Hiden, Made, Smith (Hrsg.), The Baltic Question.
6  Gut erforscht ist der Bereich der Literaturgeschichte: Daukšte-Silasproģe, Latviešu literārā dzīve.
7  Vgl. im einzelnen Reins, Latviešu Centrālās Padomes un Latviešu Centrālās Komitejas pirmsākumi; ferner zu baltischen Flüchtlingen in Nachkriegsdeutschland: Pletzing, Pletzing (Hrsg.), Displaced Persons.
8  Ieva Zake [eigentl. Zaķe] schätzt, dass 1944 etwa 50 Prozent der Eliten und Intelligenz vor den Sowjets flohen, 1952 befanden sich von 446 Fakultätsangehörigen der Universität Lettlands 360 im Westen, vgl. Zake, Nineteenth-Century Nationalism, S. 130 f.

Die Währungsreform 1948 und die Gründung der Bundesrepublik Deutschland 1949 führten schließlich zur Auflösung der DP-Lager. Etwa 113 000 lettische Flüchtlinge wanderten bis 1951 nach Nordamerika aus, unter anderem begünstigt durch den *Displaced Persons Act* der USA von 1948. Weitere 18 000 gelangten nach Großbritannien und 21 000 nach Australien und Südamerika.[9] Besonders in den USA trafen die Übersiedler auf sogenannte Altletten, Industriearbeiter und Altsozialisten, die bereits in der zweiten Hälfte des 19. Jahrhunderts emigriert oder nach der Revolution von 1905 geflüchtet waren und keinerlei Erinnerung an die Republik der Zwischenkriegszeit besaßen. Affinitäten zu den Neuankömmlingen bestanden hier allenfalls unter lettischen Sozialdemokraten.[10]

Von den lettischen Exilorganisationen, die während der Jahrzehnte bis 1991 national oder weltweit Bedeutung erlangten, sind neben dem Lettischen Zentralrat in Deutschland vor allem die 1951 gegründete „Assoziation der Letten Amerikas" (lett. *Amerikas Latviešu asociācija*, ALA), die „*Lettische Volksgemeinschaft* in Deutschland e.V." (lett. *Latviešu Kopība Vācijā*) mit dem Lettischen Gymnasium in Münster (bis 1996),[11] die ab den 1960er Jahren politisch bedeutsame Jugendorganisation „Vereinigung der Lettischen Jugend in Europa" (lett. *Eiropas Latviešu Jaunatnes apvienība*, ELJA), der nicht unumstrittene Kriegsveteranen- und Fürsorgeverein „Dünafalken" (lett. *Daugavas Vanagi*, DV),[12] vor allem aber die 1955 zunächst unter der Bezeichnung „Lettischer Verband der freien Welt" (lett. *Brīvās pasaules latviešu apvienība*) gegründete und vor allem in den 1970er und 1980er Jahren politisch aktive Dachorganisation „Weltverband der Freien Letten" (lett. *Pasaules Brīvo Latviešu apvienība, PBLA*) zu nennen.[13]

Von den etwa ein Dutzend Exilverlagen, die allein bis 1980 über 5 000 Titel veröffentlichten, sind insbesondere der bereits 1926 in Riga gegründete Verlag *Grāmatu draugs* (dt. „Der Bücherfreund") zu nennen, dessen lettischer „Jahrhundertverleger" Helmārs Rudzītis (1903–2001) auch die wichtigste, zweimal wöchentlich in den USA erscheinende Exilzeitung *Laiks* (dt. „Die Zeit") herausgab[14], sowie der Verlag *Daugava*, 1945 von Georgs (Juris) Šleiers (1917–2005) und seiner Frau Dagnija Šleiere (1919–1993) in Stockholm gegründet, der neben schöner Literatur vor allem durch seine elfbändige, monumentale Geschichtsreihe „Geschichte Lettlands" (1958–1997) bekannt wurde. Kulturell bedeutsam wurde die 1947 in Stockholm gegründete „Lettische Nationalstiftung" (lett. *Latviešu Nacionālais fonds*).

Hervorzuheben ist, dass lettische, estnische und litauische Exilorganisationen nach dem Zweiten Weltkrieg im Westen besser kooperierten als die baltischen Staaten untereinander während der Zwischenkriegszeit. Ausdruck fand diese Zusammenarbeit sehr früh in der Gründung einer gemeinsamen Baltischen Universität in Hamburg bzw. Pinneberg (1946–

---

9 Zu einzelnen Ländern, Orten, Organisationen und Zahlen der lettischen Diaspora außerhalb Lettlands, weltweit und im Detail vgl. Veigners, Latvieši ārzemēs.
10 Ausführlich zur Geschichte der lettischen Emigration in den USA: Zake, American Latvians.
11 „Bevollmächtigter Interessenvertreter der Letten in der Bundesrepublik Deutschland" war der in Münster lebende Jurist und Historiker Ādolfs Šilde (1907–1990). Eine Würdigung seiner Arbeit bei Lēbers, Ādolfa Šildes darbs trimdā.
12 Vgl. Kap. 7, S. 135
13 Überblick über die politische Tätigkeit und die Organisationen des lettischen Exils: Deksnis, Beķere, Latviešu trimdas loma.
14 Auflage durchschnittlich 6 000 Exemplare, vgl. Enciklopēdiskā vārdnīca. I. sēj., S. 360.

1949),¹⁵ später in einem gemeinsamen Vorgehen innerhalb der 1954 gegründeten *Assembly of Captive European Nations*, dem politischen Engagement des 1966 in New York gegründeten *Baltic Appeal to the United Nations* (*BATUN*), des *Baltic World Council* (1972) oder des *Baltischen Komitees* in Stockholm (schwed. *Baltiska kommittén*), als Mitglied der schwedischen Sektion der 1954 gegründeten *World Anti-Communist League*. Baltische Exilorganisationen versuchten, die Baltische Frage im Kontext der Verhandlungen zur KSZE-Schlussakte von Helsinki (1975) und der Vereinten Nationen auf die internationalen Tagesordnung zu setzen und waren ab 1986 maßgeblich am Erfolg der baltischen Unabhängigkeitsbewegungen auf der internationalen Bühne beteiligt.¹⁶ In Deutschland bildete die „Baltische Gesellschaft in Deutschland" (1955–2007) die „Zusammenfassung der Bestrebungen, die freundschaftlichen Beziehungen und das gegenseitige Verständnis zwischen dem deutschen Volk und den baltischen Völkern zu fördern"¹⁷ und setzte sich aus der Deutsch-Estnischen, Deutsch-Lettischen und Deutsch-Litauischen Vereinigung zusammen. Mitglieder des Ehrenpräsidiums der ersten Stunde waren der Bundestagspräsident Eugen Gerstenmaier (1906–1986), der Bundesminister für besondere Aufgaben Waldemar Kraft (1898–1977), der Völkerrechtler Rudolf Laun (1882–1975), der die deutsche Nichtanerkennungsdoktrin der sowjetischen Annexion der baltischen Staaten rechtlich begründet hatte, sowie die ehemaligen baltischen Minister Petras Karvelis (1897–1976), Roberts Liepiņš (1890–1978) und Karl Selter (1898–1958).

Zwar waren die lettischen Exilanten über gemeinsame Fluchterfahrungen und einen allgemeinen Antikommunismus miteinander verbunden, gleichzeitig aber führten alte Konflikte zwischen konservativen Anhängern der parlamentarischen Demokratie, lettischen Sozialdemokraten und nationalistischen Anhängern des Ulmanis-Regimes zu polemischen Debatten über eine Neugestaltung Lettlands nach der erhofften Befreiung vom Bolschewismus. In gewissem Sinne wurden diese Diskussionen retrospektiv geführt und sie besaßen häufig den Charakter zeitgeschichtlicher Diskussionen. Wichtige Themenkomplexe waren die Bewertung des Ulmanis-Regimes als „Goldene Zeit" oder als Diktatur, die Frage der Kollaboration mit dem Naziregime sowie das Problem einer lettischen Beteiligung am Holocaust im Generalbezirk Lettland.¹⁸ Hinzu kamen persönliche Querelen über die Bewertung der historischen Rolle einzelner Letten unter den verschiedenen Besatzungsregimen. Dies betraf beispielsweise Alfrēds Valdmanis (1908–1970), Finanzminister unter Kārlis Ulmanis und Generaldirektor für Rechtswesen während der deutschen Besatzungszeit, der eine Führungsrolle im Exil beanspruchte, in Kanada 1950 Direktor für Wirtschaftsentwicklung Neufundlands wurde und 1954 wegen Betrugs ins Gefängnis wanderte;¹⁹ oder einen der Gründungsväter der Republik 1918, den Vorsitzenden der Lettischen Sozialdemokraten im Exil und

---

15 Rektor der lettischen Sektion war der Historiker Edgars Dunsdorfs. Vgl. Grāmatiņš (Hrsg.), Baltijas Universitāte; Baltijas Universitāte 1946–1949; Hackmann, Baltic Historiography in West German Exile, S. 47 f.
16 Vgl. Vigners, Mēs uzvarējām!
17 Mitteilungen, S. 1.
18 Scharfzüngig und bisweilen polemisch: Ezergailis, Kas ir Daugavas vanagi?; ders., Holokausts Latvijā; ders.: Ulmanis – Ulmanisms. Weitere Hinweise auf wichtige Polemiken bei Zake, Nineteenth-Century Nationalism, S. 129-151.
19 Vgl. Alfred Valdmanis, in: Heritage. Newfoundland & Labrador, URL: www.heritage.nf.ca/articles/politics/alfred-valdmanis.php (letzter Zugriff: 23.9.2023).

Freund Willy Brandts (1913–1992), Brūno Kalniņš (1899–1990), der unter Ulmanis nach 1934 im Gefängnis saß, 1940 kurzzeitig Politkommissar bei den Sowjets war und das Geschäft der Eingliederung der Armee Lettlands in die Rote Armee mitbetrieben hatte.[20] Die Diversionstätigkeit des sowjetlettischen KGB, der gezielt versuchte, belastendes Material aus der Kriegszeit gegen Exilpolitiker einzusetzen, verschärfte diese Auseinandersetzungen periodisch.[21] Bekanntestes Beispiel ist der Fall Vilis Hāzners (1905–1989), Offizier in der „Lettischen Legion" und zeitweilig Generalsekretär der „Dünafalken", der 1977 in den USA auf Grundlage von kompromittierenden KGB-Unterlagen angeklagt wurde, am Holocaust beteiligt gewesen zu sein, wegen mangelnder Beweise aber freigesprochen wurde.[22] Für Wogen der Erregung sorgte der Rigaer KGB-Mitarbeiter Imants Lešinskis (1931–1985), der sich 1978 in die USA absetzte und in öffentlichen Vorträgen und Publikationen über die Tätigkeit des lettischen KGB aufklärte.[23] Neben innerlettischen Streitigkeiten waren es aber auch die starken und funktionierenden Demokratien des Westens, die den lettischen Nationalismus herausforderten und die Diskussionen allmählich veränderten.

Akkulturation und Assimilation ließen die Exilgemeinschaft(en) im Laufe der Jahrzehnte bis 1991 kleiner werden. Darüber hinaus bewirkte ein zweifacher Generationenwechsel bis Ende der 1980er Jahre auf der einen Seite ein Verblassen der Erinnerung an die „Goldene Zeit" der Republik zwischen den Kriegen sowie auf der anderen Seite ständige Kontroversen zwischen den Generationen über die politische Korrektheit kultureller Verbindungen zu offiziellen Vertretern des Sowjetregimes im „besetzten Lettland". Eine gewisse Respektlosigkeit und Kritik an orthodox nationalen Standpunkten der ersten Exilgeneration vertraten ab den 1960er Jahren die 1949 gegründete Exilzeitschrift *Tilts* (dt. „Die Brücke") sowie die 1955 von jüngeren lettischen Künstlern und Schriftstellern gegründete Zeitschrift *Jaunā Gaita* (dt. „Neuer Weg"). Beide Organe setzte sich für Kontakte nach Sowjetlettland ein, veröffentlichten sowjetlettische Autoren und boten auch Historikern eine Plattform, ihre Beiträge, Diskussionen und Rezensionen herauszugeben.[24] Später publizierte auch die seit 1967 in den USA erscheinende Zeitschrift *Treji Vārti* (dt. „Drei Tore") historische Artikel.

---

20 Memoiren von Politikern der Zwischenkriegszeit sorgten zusätzlich immer wieder für Diskussionsstoff, z. B. die Erinnerungen von: Alfrēds Bērziņš (1899–1977), Weggefährte von Ulmanis, Innenminister und Minister für Öffentliche Angelegenheiten 1934–1940: Bērziņš, Labie gadi; Felikss Cielēns (1888–1964), Außenminister 1926–1928, später Gesandter: Cielēns, Laikmetu maiņā; Kalniņš, Vēl cīņa nav galā; Ādolfs Klīve (1888–1974), Präsident der Bank von Lettland 1931–1940: Klīve, Brīvā Latvija; ders., Latvijas neatkarības gadi.
21 Zu den Kontakten des lettischen Exils nach Sowjetlettland siehe ausführlich Kap. 7.4.
22 Dazu knapp: Avotiņš u. a., Nazi/Soviet Disinformation, S. 181 f.
23 Seine Erinnerungen erschienen unter dem Titel: Kalpības gadi [Jahre der Knechtschaft] als Fortsetzung in der Zeitung *Laiks*; zuletzt nachgedruckt: Lešinskis, Starp divām pasaulēm. Lešinskis starb 1985 unter ungeklärten Umständen, nach seinem Tod wurde bekannt, dass er als Doppelagent gearbeitet haben soll. Kritisch: Ekmanis, Kur ir tā patiesība plikā? Der lettische Dokumentarfilm *Spiegs, kurš mans tēvs* (dt. Die Tochter des Spions, 2019) der beiden Regisseure Jaak Kilmi (geb. 1973) und Gints Grūbe (geb. 1972) behandelt das Leben Lešinskis' aus der Sicht seiner Tochter Ieva Lešinska (geb. 1958). Der Film lief auch in deutschen Kinos.
24 Überblick bei: Ķikauka, Trimdas periodiskie izdevumi. Das Archiv der Printausgaben und die neuesten Ausgaben der Zeitschrift *Jaunā Gaita* finden sich unter der URL: www.jaunagaita.net (letzter Zugriff 5.12.2024).

Entlang dieser skizzierten politischen Linien und Generationen im lettischen Exil und immer vor dem Hintergrund der politischen Situation in der verlorenen Heimat orientierten sich öffentliches Geschichtsinteresse und Forschungsinteressen der wenigen lettischen Historiker im Westen, die versuchten zu lettischer Geschichte zu forschen und zu publizieren.

## 8.2. Personen und Institutionen

*Historiker*

Die Zahl der akademisch ausgebildeten lettischen Exilhistoriker bis 1991 ist überschaubar. Andrejs Plakans (1940–2024) unterscheidet drei verschiedene Generationen nach ihrem Erfahrungshintergrund, ihren jeweiligen Herausforderungen und ihren Themen:[25]

Zur ersten, älteren Generation zählt er die zwangsmigrierten Gründer einer lettischen Historiografie („*relocated professionals*"), geboren noch im Zarenreich zwischen 1887 und 1909 und bereits während der Zwischenkriegszeit in Lettland beruflich als Historiker tätig. Für sie war es nach 1945 schwierig, Anschluss und adäquate Arbeitsmöglichkeiten in westlichen Institutionen zu finden.[26] Die zweite Generation begann nach Plakans während der Zwischenkriegszeit mit ihrer akademischen Ausbildung oder beendete sie in Lettland, musste aber in den Ländern des Exils noch erhebliche Anstrengungen unternehmen, um sprachliches Niveau und wissenschaftlichen Habitus an die Erfordernisse der neuen Umgebung anzupassen („*balancing act*").[27] Die Angehörigen der dritten Generation schließlich, noch als Kinder in Lettland geboren und zur Schule gegangen und mit ihren Eltern geflüchtet, erfuhren ihre akademische Sozialisation bereits vollständig in ihrer neuen Umgebung, waren dort sprachlich und wissenschaftlich integriert und publizierten überwiegend nicht mehr in Lettisch. Sie sahen ihre Aufgabe weniger in der Konservierung nationaler Vorstellungen als vielmehr darin, Fragestellungen ihrer neuen Umgebung in das intellektuelle Leben des Exils zu integrieren („*reformulating exile*"). Sie waren später diejenigen, die während und nach der Wende von 1987/91 westliche Wissenschaftsvorstellungen in die sich neu aufstellende lettische Geschichtswissenschaft in Lettland hineintrugen.[28]

---

25 Plakans, Remaining Loyal, hier S. 72–80.
26 Neben den von Plakans genannten Arnolds Spekke (1887–1972), Alfrēds Bīlmanis (1887–1948), Arveds Švābe (1888–1959), Nikolajs Vīksniņš (1893–1976), Edgars Dunsdorfs (1904–2002), Ādolfs Šilde (1907–1990), Haralds Biezais (1909–1995) und Benno Ābers (1909–1990) muss noch der Ökonom und Wirtschaftshistoriker Arnolds Aizsilnieks (1898–1982) Erwähnung finden. Die beiden Diplomaten Spekke und Bīlmanis blieben politisch aktiv und schrieben vor allem für die englischsprachige Presse, Švābe arbeitete nach 1949 in einem Stockholmer Archiv, Ābers fand den Weg zum Radiosender *Voice of America*, zu letzterem, vgl. Ekmanis, Starptautiskie raidījumi. Biezais wurde 1945 an der Universität Uppsala Assistent und dort 1958 zum außerordentlichen und 1961 zum ordentlichen Professor für Religionsgeschichte berufen. Dunsdorfs wurde 1948 Dozent, 1963 Abteilungsleiter und 1968 Professor für Wirtschaftsgeschichte an der Universität Melbourne, vgl. Mugurēvičs, Profesora Edgara Dunsdorfa dzīve, S. 9.
27 Zu ihnen können Uldis Ģērmanis (1915–1997), Indriķis Šterns (1918–2005), Edgars Andersons (1920–1989) und Andrejs Johansons (1922–1983) gezählt werden.
28 Plakans nennt die Namen von Andrievs (Andrew) Ezergailis (1930–2022), Paulis Lazda (geb. 1938; 1993 einer der Gründer des Okkupationsmuseums Lettlands in Riga), Jānis Arveds Trapāns

Trennend, so Plakans, war das jeweilige Verständnis dessen, was „Lettentum" und „lettische Identität" bedeuten mochte. Verbindend war jedoch das Leben in drei Welten: zum einen in der Gesellschaft der Exilgemeinschaften, zum zweiten in den Gesellschaften der westlichen Demokratien und drittens im Umfeld des Systemkonflikts im „Kalten Krieg" und der intellektuellen Auseinandersetzung mit der schwer erreichbaren und unverständlich gewordenen sowjetisierten Heimat. Diese drei Lebensräume formten die intellektuellen Herausforderungen, denen sich die Exilhistoriker gegenübersahen. Zum einen war dies das fortgesetzte Schreiben bürgerlich-nationaler lettischer Geschichte für den Leser im Exil (und eventuell eine kleine Lesergruppe in der SSR Lettland). Zum zweiten sahen sich die Historiker herausgefordert, sich mit der marxistischen Geschichtsproduktion aus der SSR Lettland (die teilweise als Propagandasendung kostenfrei den Weg in die Briefkästen der Exilanten fand) auseinanderzusetzen. Und drittens musste man sich einerseits westliche Trends in den Geschichtswissenschaften und deren Sprech- und Schreibweisen aneignen, um andererseits lettische Geschichte in die allgemeine Geschichte einbringen und spezifische Probleme der baltischen Geschichte für westliche Leser verständlich darstellen zu können. Zwei- oder Mehrsprachigkeit und Multikulturalität erwies sich dabei besonders seit den 1960er Jahren nicht selten als Karrierevorteil in den dynamischen nordamerikanischen Lebenswelten.

*Institutionen*

Kennzeichnend für die Situation der lettischen sowie auch der übrigen baltischen Historiografien außerhalb der baltischen Sowjetrepubliken nach 1945 war zunächst, dass diese an Universitäten institutionell nicht vertreten waren, nur sporadisch im Kontext der russischen oder osteuropäischen Geschichte gelehrt werden konnten und dem persönlichen Interesse und Engagement von Einzelwissenschaftlern oblag. Hinzu kamen infrastrukturelle Probleme: Im Westen waren Archivalien nur in geringem Umfang und nicht systematisch vorhanden. Die Archive in Sowjetlettland blieben Ausländern zunächst verschlossen und wurden ab den 1970er Jahren nur vorsichtig geöffnet; dies auch nicht für jeden und oftmals nur für ausgewählte Dokumentenbestände. Auch Bibliotheken im Westen wie etwa die *Hoover Institution on War, Revolution and Peace* in Stanford (Kalifornien), die Universitätsbibliothek in Helsinki, die Staatsbibliothek Preußischer Kulturbesitz in Berlin oder die Bibliothek des 1950 in Marburg gegründeten Herder-Institutes, die über vergleichsweise umfangreiche Bestände an Baltica verfügten, waren bei weitem nicht so vollständig wie die Sammlungen der Akademischen Bibliothek, der Misiņš-Bibliothek oder der Staatsbiblio-

---

(geb. 1938), Andrejs Plakans (1940–2024), Modris Ekšteins (geb. 1943, Professor in Toronto), Māris Vinovskis (geb. 1943), Valdis Lumans (geb. 1944), Leonards Latkovskis (1943–1915) und Kārlis Kangeris (geb. 1948, lebt und arbeitet heute in Lettland). Ekšteins veröffentlichte 1999 eine Mischung aus historischen Reflexionen, Mosaiksteinen der baltischen Zeitgeschichte und Episoden seiner Familiengeschichte: Eksteins, Walking since Daybreak. Hinzuzählen könnte man auch Jānis Krēsliņš (1924–2021, Pseudonym *Pelikāns*), langjähriger Bibliothekar an der Bibliothek des *Council of Foreign Relations* in New York. Krēsliņš hatte u. a. von 1946 bis 1949 in Tübingen Geschichte studiert und begleitete jahrzehntelang die lettische Historiografie durch zahlreiche Rezensionen und scharfzüngige Kommentare, teilweise nachgedruckt in seinem Essayband „In den Pforten der Geschichte": Krēsliņš, Raksti. Vēstures vārtos.

thek in Riga. Forschung zur baltischen Geschichte bestand oft aus mühsamer Kleinarbeit und war mit aufwendigen Reisen verbunden. Der Mangel an Originaldokumenten gehörte in den 1950er und 1960er Jahren zu den geläufigen Klagen, die lettische Exilhistoriker in ihrer Korrespondenz untereinander führten.[29]

Wissenschaftliche Vereinigungen übernahmen daher zunächst Funktionen fehlender Exilforschungsinstitute. Zu ihnen zählte in gewissem Sinne das 1952 ins Leben gerufene „Baltische Forschungsinstitut" (BFI) in Bonn, ein Zusammenschluss baltischer Exilwissenschaftler, hervorgegangen aus der Baltischen Universität. Zu seinen Initiatoren gehörten der estnische Geograf Edgar Kant (1902–1978), der Preußenhistoriker Walther Hubatsch (1915–1984) und der aus Königsberg stammende Soziologe Gunther Ipsen (1899–1984).[30] Satzungsgemäße Zielsetzung des Instituts war „die Förderung der wissenschaftlichen Forschungsarbeit baltischer Wissenschaftler, die Förderung baltischer Studierender an deutschen Universitäten[31] und die Veröffentlichung der Forschungen baltischer Gelehrter".[32] Das Institut mit einem Raum in der Bonner Universität beschäftigte vier exilbaltische Wissenschaftler, darunter den lettischen Archäologen und ersten Direktor des Instituts Eduards Šturms (1895–1959). Zu den lettischen Wissenschaftlern, die zeitweilig mit Forschungsaufträgen bedacht wurden, gehörten der Historiker und Diplomat Juris Vīgrabs (1881–1958), die Archäologen Jēkabs Ozols (1922–2013) und Valdemārs Ģinters (1899–1979), der Kulturhistoriker Andrejs Johansons (1922–1983) sowie der Architekturhistoriker Pauls Campe (auch Kampe, 1885–1960), zu den korrespondierenden Mitgliedern zählte Švābe. Das Forschungsspektrum war breit, die Veröffentlichungen des vom Baltischen Forschungsinstitut in unregelmäßigen Abständen herausgegebenen Jahrbuches *Commentationes Balticae* behandelte neben historischen auch sprach- und literaturwissenschaftliche, volkskundliche und andere Themen.[33] Eine größere Bedeutung konnte das Institut nicht erlangen, wohl aber bot es vorübergehend baltischen Exilwissenschaftler eine akademische Heimat und die Möglichkeit im deutschen Sprachraum zu veröffentlichen. 1972 hörte das Institut auf zu bestehen, letzter Direktor nach dem Tod des Litauers Zenonas Ivinskis (1908–1971) wurde für kurze Zeit Jēkabs Ozols.

Bei dem 1960 vom katholischen Bistum Limburg ins Leben gerufenen *Institutum Balticum* im „Haus der Begegnung" in Königstein handelte es sich um eine kirchliche Arbeitsstelle. Der Auftrag des einzigen Mitarbeiters bestand in der Beobachtung der politischen, vor allem aber kirchlichen Entwicklungen in den baltischen Sowjetrepubliken. Im Jahrbuch des Institutes wurden neben Dokumenten aus dem sowjetisch besetzten Baltikum auch Beiträge zu zeitgeschichtlichen Fragen oder zur Geschichte veröffentlicht.[34] Das Institut wurde bis

---

29 Vgl. z. B. die Briefe an Arveds Švābe im Stockholmer Reichsarchiv: Sveriges Riksarkivet Marieberg, Arveds Švabes arkiv, vol 1-7.
30 Vgl. Hackmann, Baltic Historiography in West German Exile, S. 48-52.
31 Das BFI verteilte einmalige Beihilfen der Bundesregierung für baltische Studenten an deutschen Hochschulen, so z. B. im Sommersemester 1959 und Wintersemester 1959/60 insgesamt 7 915 DM an 57 Studenten, vgl. Commentationes Balticae. VIII/IX, S. 404.
32 Vgl, ebenda. I, S. 225.
33 Vgl. ebenda. Zu den Forschungsaufträgen, Lehraufträgen und Vorträgen der Mitglieder des Instituts siehe die Tätigkeitsberichte, die bis zum Haushaltsjahr 1960 in den *Commentationes Balticae* veröffentlicht wurden.
34 Vgl. Acta Baltica. Im Jahrbuch veröffentlichten die exillettischen Historiker Edgars Andersons,

1985 von dem lettischen Geografen Andrievs Namsons (1912–1990), danach bis zu seiner Auflösung 1997 von dem deutschen Historiker Ernst Benz (geb. 1954) geleitet.

Für die baltische Geschichtswissenschaft ungleich bedeutsamer wurde die 1951 von Reinhard Wittram (1902–1973) und anderen deutschbaltischen Historikern nach dem Vorbild deutschbaltischer akademischer Gesellschaften des 19. Jahrhunderts gegründete „Baltische Historische Kommission e. V." (BHK) in Göttingen.[35] Die Auseinandersetzungen zwischen deutschbaltischen und lettischen Historikern der Zwischenkriegszeit hatten allerdings zur Spätfolge, dass exillettische Historiker den Kontakt zur BHK zunächst mieden bzw. nur in Einzelfällen aufnahmen.[36] Bis zum 50. Baltischen Historikertreffen 1996 waren zwar drei Exilesten zu Ordentlichen Mitgliedern gewählt worden,[37] aber kein einziger Exillette. Erst 1954 hielt mit Juris Vīgrabs der erste Lette auf einem Baltischen Historikertreffen in Göttingen einen Vortrag, andere folgten zögerlich. Das Verhältnis änderte sich langsam, als der erste Kommissionsvorsitzende Wittram begann, im Ergebnis persönlichen Reflektierens über Nationalismus, Krieg und damit zusammenhängend sein Tun als baltischer Historiker, die Enge einer auf die Deutschbalten beschränkten Geschichte zu überwinden und die Multiethnizität der Region in den Blick zu nehmen.[38] Neben einer gemeinsamen Verlusterfahrung und einer antikommunistischen Haltung der älteren Generation traten für eine jüngere Historikergeneration, akademisch bereits im Westen sozialisiert, Internationalisierung des Faches, Regionalgeschichte und komparatistische Ansätze in den Vordergrund und ließen – auch unter deutschen Historikern baltischer Abstammung – nationale Paradigmen zunehmend verblassen. Ab den 1970er Jahren veröffentlichten Deutschbalten und Exilbalten gemeinsam in Publikationen der BHK.[39] Die BHK ist heute mit etwa 150 deutschen, estnischen, lettischen, litauischen, aber auch russischen und weiteren ordentlichen

---

Vilis Biļķins (1887–1974), Edgars Dunsdorfs, Uldis Ģērmanis und Jānis Arveds Trapāns; historische Beiträge publizierten ferner Ādolfs Šilde (1907–1990), Egils Levits (geb. 1955), Artūrs Silgailis, Miķelis Bukšs (1912–1977) u. a. Nach 1990 zählten auch Historiker aus Lettland zu den Autoren (Heinrihs Strods, Helēna Šimkuva).

35 Vgl. von Pistohlkors, Baltische Geschichtsforschung, S. 243–268.
36 Symptomatisch für das Klima der Nachkriegszeit zwischen Letten und Deutschbalten mag ein Brief an Arveds Švābe sein, der in der Offenheit seiner Formulierung ein zustimmendes Verstehen des Empfängers impliziert: „Ebenso scheint mir die deutschbaltische Frage eine ziemlich harte Nuss zu sein. Auch wenn ich sie persönlich nicht weniger als die Bolschewiken hasse, erhebt sich die Frage, ob das heutzutage noch schlau ist bzw. ob man da nicht Ihre Formulierung benutzen müsste: zusammenarbeiten wie mit der Schwiegermutter des Teufels, wenn unser Kampf davon profitiert." Außerdem könnten Deutschbalten nach einer Befreiung Lettlands vom Bolschewismus als Arbeitskräfte und Gegengewicht gegen das linke Element von Nutzen sein, vgl. Antons Launags an Arveds Švābe, 23.5.1950 in: Sveriges Riksarkivet Marieberg, Arveds Švābes arkiv, vol 4, Brev L-N.
37 Hain Rebas (1983), Vello Helk (1984) und Henn-Jüri Uibopuu (1992), vgl. die alphabetisch geordneten biografischen Einträge der Kommissionsmitglieder bei: Kaegbein, Lenz, Fünfzig Jahre baltische Geschichtsforschung.
38 Vor allem Wittram, Das Interesse an der Geschichte; vgl. auch: Hackmann, Baltic Historiography in West German Exile, S. 54 f.
39 Von den baltischen Provinzen. In beiden Bänden (1971 und 1977) u. a. Beiträge von Uldis Ģērmanis, Edgars Andersons, Brūno Kalniņš und Edgars Dunsdorfs; vgl. Ezergailis, von Pistohlkors (Hrsg.), Die baltischen Provinzen Russlands zwischen den Revolutionen u. a.; vgl. die Publikationsreihen der BHK unter: https://www.balt-hiko.de/publikationen/ (letzter Zugriff: 28.9.2023).

und korrespondierenden Mitgliedern praktisch der einzige internationale baltische Historikerverband weltweit.

In den USA wurde 1968 – nach dem Vorbild anderer regionalwissenschaftlicher Organisationen wie der 1911 gegründeten *Society for the Advancement of Scandinavian Studies* (SASS) oder der *American Association for the Advancement of Slavic Studies* (AAASS, 1948) – die interdisziplinäre *Association for the Advancement of Baltic Studies* (AABS) mit einem Vorstand, einem Newsletter (der 1972 in die Zeitschrift *Journal of Baltic Studies* umgewandelt wurde) und einer Förderstiftung gegründet.[40] In den 1980er Jahren hatte die Gesellschaft bereits um die 1 000 Mitglieder, darunter bis zu 100 Wissenschaftler aus Europa. Lettische Wissenschaftler stellten mit 46 Prozent fast die Hälfte der Mitglieder.[41] Die AABS führt seit 1968 im Zweijahresrhythmus internationale Konferenzen durch,[42] versammelt Wissenschaftler mit einem Interesse an der baltischen Region und kooperiert mit Forschern in Europa, insbesondere der BHK in Deutschland und dem *Baltiska Institutet* (s. u.).

Mitglieder der BHK nahmen regelmäßig an Konferenzen der AABS in Nordamerika teil, der Konferenzturnus wurde mit den nachfolgend genannten Stockholmer Einrichtungen abgestimmt. Analysiert man die Aktivitäten und Veröffentlichungen der AABS, wird das Gewicht der Geschichtswissenschaft deutlich. Mehr als 27 Prozent der Veröffentlichungen und Vorträge betrafen die Frühe, die Mittelalterliche und vor allem die Moderne Geschichte. Damit war die AABS ab Ende der 1968 Jahre das wichtigste nordamerikanische Forum für die Präsentation von Ergebnissen der lettischen Exilhistoriografie.[43] 1991 wurde die AABS schließlich Mitglied im renommierten *American Council of Learned Societies* (ACLS) und war damit endgültig in den internationalen Humanwissenschaften angekommen – zeitgleich mit der Wiederherstellung der Unabhängigkeit der baltischen Staaten 1991, deren wissenschaftlichen Strukturwandel sie künftig begleiten sollte.[44]

In Stockholm wurde 1970 das *Baltiska Institutet* (BI), eine Vereinigung von exilbaltischen, vor allem estnischen Wissenschaftlern, Kulturvertretern und am Baltikum Interessierten gegründet.[45] Gleichzeitig galt das BI als eine schwedische NGO zur „Verwirklichung von Schwedens internationaler Kulturpolitik", als ein „Organ für fortgesetzten und ausgebauten Kulturaustausch zwischen Schweden und einigen unserer nächsten Nachbarvölker auf der anderen Seite der Ostsee"[46] und wurde daher mit staatlichen Mitteln unterstützt. Zunächst lag seine Bedeutung in der Durchführung der *Conference on Baltic Studies in Scandinavia* (CBSS), die seit 1971 im Wechsel mit den Tagungen der AABS in Nordamerika alle zwei Jahre stattfand. Bereits auf der zweiten Tagung 1973 waren Vertreter

---

40 Über die AABS vgl. Raun, Transnational Contacts.
41 Ders., S. 36.
42 Zur ersten Konferenz: Ivask (Hrsg.), First Conference.
43 Raun, Transnational Contacts, S. 39.
44 Vgl. URL: https://www.acls.org/member-societies/association-for-the-advancement-of-baltic-studies/. Die AABS unterhielt nach 1991 vorübergehend ein Büro in Riga.
45 In Stockholm war bereits 1931 ein Baltisches Institut gegründet worden, dass seine Arbeit nach 1945 zunächst fortgesetzt hatte, vgl. das Lemma: Zinātne trimdā [Wissenschaft im Exil], in: Latvju enciklopēdija. 3, S. 2872.
46 Schwedischer Reichstag: http://www.riksdagen.se/sv/dokument-lagar/dokument/motion/baltiska-institutet_G902kr279 (letzter Zugriff: 2.11.2017).

aus zwölf Ländern anwesend.[47] Die Eröffnungsrede der dritten Tagung 1975 hielt neben dem lettischen Sozialdemokraten Brūno Kalniņš der schwedische Ministerpräsident Olof Palme (1927–1986), dessen Mutter Elisabeth von Knierim (1890–1972) aus Livland kam, und dessen Familie mehrere bekannte Historiker aufwies. Er unterstrich die Bedeutung des Institutes für Schweden und formulierte als Hauptaufgaben „to help stimulate and develop the cultural life of the Baltic minorities in Sweden" und (unter Verzicht auf die Begriffe „Sowjet" oder „Staaten") „to extend intercommunication with the scientific and cultural institutions in the Baltic Homelands". 1996 wurde das BI mit der Begründung aufgelöst, die wiederhergestellte Unabhängigkeit der baltischen Staaten mache seine Existenz nunmehr überflüssig.[48] 1980 war zusätzlich an der Universität Stockholm ein *Centrum för Baltiska Studier* gegründet, an dem neben dem Sprachunterricht in Lettisch und Litauisch auch historisch gearbeitet wurde. Erster Direktor war bis 1993 der in Estland geborene schwedische Historiker Aleksander Loit (1925–2021).[49] Das *Centrum* wurde 2005 in das an der Hochschule Södertörn neu gegründetet *Centre for Baltic and East European Studies* (CBEES) integriert.

### 8.3. Themen, Konzepte, Diskurse und Kontroversen

*Die Anfänge nach 1945*

Am 3. und 4. Januar 1948 fand auf Einladung von Arveds Švābe an der Baltischen Universität in Pinneberg die erste Konferenz lettischer Exilhistoriker statt.[50] In seinem Einleitungsreferat umriss Švābe die künftigen Aufgaben lettischer Historiker im Exil, die in ihrer Arbeit nicht souverän und deren akademische Interessen von äußeren Umständen geprägt seien, insbesondere „dass wir mit dem Eisernen Vorhang von unserem Land und Volk abgeschnitten sind, was bedeutet, dass für uns die Archive, Bibliotheken, Institute, ja sogar unsere eigenen früheren Forschungen nicht zugänglich sind, dass uns auch die Möglichkeit genommen ist, mit unseren Arbeitskollegen in Lettland selbst in wissenschaftlichen Fragen

---

47 Second Conference.
48 Conference on Baltic Studies in Stockholm. Opening Speech by the Prime Minister of Sweden. in: Lituanus 21 (1975), Nr. 3 (online URL: http://www.old.lituanus.org/1975/75_3_07.htm [letzter Zugriff: 28.9.2023]). Die Ergebnisse der Tagungen wurden teilweise veröffentlicht in der Reihe: Acta Universitatis Stockholmiensis, Studia Baltica Stockholmiensia. Seit 1995 finden die Tagungen unter der Bezeichnung *Conference on Baltic Studies in Europe* (CBSE) alternierend in den Baltischen Staaten und in anderen europäischen Ländern statt.
49 Vgl. Rūķe-Draviņa, Baltistische Studien. Am *Centrum* arbeiteten u. a. der Exilhistoriker Kārlis Kangeris, der am Lettischen Gymnasium in Münster sein Abitur gemacht hatte, sporadisch auch die Lyrikerin Veronika Strēlerte (1912–1995), Ehefrau von Arveds Švābe (1936), und der Kulturhistoriker Andrejs Johansons (1922–1983).
50 An ihr nahmen neben den Historikern Ābers, Andersons, Biļķins, Dunsdorfs, V. Kalniņš und Švābe auch die Archäologen Šturms und E. Krūmiņa, ferner der Literaturwissenschaftler Kārlis Dziļleja (1891–1963), der Diplomingenieur Kārlis Ieleja (1909–1970), der Kunsthistoriker Jānis Siliņš (1896–1991), der Komponist Jāzeps Vītols (1863–1948), der Offizier Aleksandrs Plensners (1892–1984) und weitere 32 Lehrkräfte der Universität und 55 Studenten teil. Neben Švābes Grundsatzreferat wurden acht weitere thematische Vorträge gehalten, am 4. Januar wurde eine „Lettische Assoziation für Humanwissenschaften" gegründet.

einen Gedankenaustausch zu pflegen." Die Aufgaben und Pflichten unterschieden sich jetzt daher von denen der Unabhängigkeitszeit: „Wir sind für eine besondere Mission mobilisiert, nämlich mit geistigen Waffen für die Befreiung unseres Vaterlandes zu kämpfen."[51]

Zwar stünden – laut Švābe – für diese Mission im Exil gerade einmal einige zehn Historiker zur Verfügung, an deutschen Universitäten schrieben ihre Dissertation im Fach Geschichte zurzeit nur drei Letten: Edgars Andersons (1920–1989) und Kārlis Skapars (1916-1964) in Würzburg sowie Ritvars Bregžis (1920–2013) in Bonn. Die Zahl sei aber nicht entscheidend für die unmittelbaren Aufgaben: Diese bestünden in der Erfassung aller für baltische Geschichte relevanten öffentlichen Dokumentensammlungen im Westen, da die Archive in der Heimat nicht mehr zugänglich seien; ferner müsse mit der Sammlung von Dokumenten und Erinnerungen der Kriegszeit und Flüchtlingsjahre begonnen werden, um diese später umfassend dokumentieren zu können. Und drittens habe die Geschichte einen Beitrag zur Verhinderung der Assimilation zu leisten, um, „in der Fremde seine lettische Seele bewahren und dem Land und Volk Lettlands nicht verloren gehen" zu müssen.[52] Um sich dauerhaft effizient organisieren zu können, sei aber eine „zentrale Idee und damit deren Ideologie" notwendig, und diese sei im Wesentlichen eine geschichtliche:

1. Ursache des gegenwärtigen Leidens sei eine politische Überzeugung, die sich schon in der Vergangenheit gegen Besatzer und Marionettenregierungen gewendet habe;
2. politisches Ziel sei die Rückkehr nach Lettland;
3. das wahre Vaterland der Letten sei Lettland, unabhängig vom Geburts- oder Wohnort.

Aufgabe des Historikers sei zu erzählen, wie das unabhängige Lettland untergegangen sei: „unsere Unabhängigkeitszeit ist die politische und geistige Metropole, auf die wir immer unseren Blick werfen werden als das goldene Zeitalter der lettischen Nation."

Um diese Aufgabe zu erfüllen, sei vor allem in lettischer Sprache zu publizieren, vor allem nicht zu akademisch, wie von den Deutschen gelernt, sondern einfach und populär wie bei den Engländern und Franzosen. Politische und ideologische Themen sollten nicht umgangen werden. Um „Altletten" und neue Flüchtlinge im Exil zu integrieren, solle ein Augenmerk auf die Geschichte der lettischen Arbeiterschaft gelegt werden, denn die Altemigranten könnten mit der Geschichte der Republik wenig anfangen.

Im Grunde skizzierte Švābe damit, wie bereits während der Zwischenkriegszeit, die Funktion von Geschichte als die einer Mission, jetzt ergänzt um die Umstände einer neuen politischen Situation nach dem Untergang der Republik: eine politisch und ideologisch zweckgebundene Geschichte sowie damit verbunden notwendige Geschichtspädagogik und -didaktik. Im Fokus sollten keine primär wissenschaftlichen Fragestellungen, sondern eine bedarfsorientierte Historik stehen, dem Moment geschuldet – unabhängig von den wissenschaftlichen Vorträgen, die neben Švābe noch auf der Konferenz gehalten wurden.

Auch Mitte der 1950er Jahre hatte sich diese Situation nur geringfügig verändert. Der Historiker Nikolajs Vīksniņš (1893–1976) beklagte 1955 unter gleichlautender Überschrift „Die Aufgaben lettischer Historiker im Exil"[53] das Fehlen der Archive und Quellen, die zeit-

---

51 Švābe, Latviešu vēsturnieku uzdevumi trimdā, hier (1948) S. 7.
52 Ebenda, S. 9.
53 Vīksniņš, Latviešu vēsturnieku uzdevumi trimdā. Vīksniņš veröffentlichte später noch eine Geschichte Lettlands: Vīksniņš, Latvijas vēsture.

liche Belastung durch den Hauptberuf und fügte als wichtigste Aufgaben des Exilhistorikers den Kampf gegen Geschichtsfälschungen der sowjetlettischen Historiker in Riga hinzu: Aufgabe der „Geschichtssektion der Lettischen Assoziation für Humanwissenschaften" sei der Kampf gegen Geschichtsfalsifizierung wie beispielsweise in der dreibändigen „Geschichte der SSR Lettland" (1952 ff.[54]). Es müsse eine besondere Arbeitsgruppe gebildet werden, die nicht nur die Fälschungen herausarbeiten, sondern auch der Übernahme von Ergebnissen der sowjetlettischen Historiografie in westlichen Veröffentlichungen entgegenwirken solle.[55] Einige der Publikationen der oben genannten ersten Generationen fühlten sich dieser Aufklärungsarbeit besonders verpflichtet. Švābe, Spekke und Bīlmanis, teilweise auch der in Nizza lebende lettische Sozialdemokrat der ersten Stunde und Vater des lettischen Staatsgedankens Miķelis Valters (1874–1968), publizierten in Deutsch, Englisch, Französisch, Schwedisch oder Italienisch, um im Westen die Geschichte Lettlands zu popularisieren bzw. überhaupt an das verschwundene Land zu erinnern.[56]

Der Aufgabe des Sammelns und Dokumentierens nahm sich insbesondere Švābe an, der eine ausgedehnte, weltweite Korrespondenz entwickelte, um Literatur, Quellentexte, Bibliotheks- und Archivkopien zusammen zu tragen. Im Ergebnis seiner Sammelleidenschaft entstand eine mehrbändige Exilenzyklopädie mit unzähligen historischen Sach- und biografischen Einträgen, die allerdings nicht an die Vorkriegsenzyklopädie heranreicht und deren Fragmentcharakter, bedingt durch die Beschränkungen des Exils, erkennbar bleibt. Die Enzyklopädie wurde nach dem Tode des Verfassers von seiner Frau Lidija Švābe (1918–1996, auch Kronberga) und anderen fortgeführt und ergänzt die sowjetlettischen Enzyklopädien, in denen aus ideologischen Gründen viele Sach- und Personenlemmata fehlen.[57]

*Die Buchreihe „Latvijas Vēsture"*

Die elfbändige Reihe „Geschichte Lettlands" mit einem Umfang von 8 126 (!) Seiten, die der Exilverlag *Daugava* zwischen 1958 und 1997 in einer für Exilverhältnisse erstaunlichen Auflage von bis zu 2 200 Exemplaren herausgab, stellt bis heute das unübertroffene *Opus Magnum* der gesamten lettischen Historiografiegeschichte dar und ist, was die Fülle der Detailinformationen betrifft, in Teilen immer noch von wissenschaftlicher Bedeutung.[58] Nachdem der 68jährige Arveds Švābe 1956 das Angebot der „Humanwissenschaftlichen Assoziation der Letten in Amerika" abgelehnt hatte, die Herausgeberschaft und Redaktion einer mehrbändigen lettischen Geschichte zu übernehmen, schlug der inzwischen in Mel-

---

54 Vgl. Kap. 7, S. 138 ff.
55 Als Beispiel nennt Vīksniņš Band 14 der Universal Standard Encyklopedia, in der Fotos aus sowjetlettischen Quellen übernommen worden seien.
56 Auswahl: Švābe, The Story of Latvia and her neighbours; ders., The Story of Latvia; ders., Histoire du peuple letton; ders., Lettlands historia; Bilmanis, Latvian-Russian Relations; Bīlmanis, A History of Latvia; Spekke, La Lettonie; ders., History of Latvia (zuvor in Lettisch: Ders., Latvijas vēsture); Valters, Das Verbrechen. Zu Švābes: The Story of Latvija ist die Anekdote überliefert, Reinhard Wittram habe gesagt, der Ärger über dieses Buch habe Leonid Arbusows Leben um mindestens ein Jahr verkürzt, vgl. Ģērmanis, Prof. A. Švābe baltvācu skatījumā, S. 4.
57 Die lettische Exilenzyklopädie: Latvju enciklopēdija.
58 Die Auflagenzahlen bei Zanders, Edgars Dunsdorfs un apgāda „Daugava" Latvijas vēstures sērija, S. 75.

bourne (Australien) lebende und lehrende Edgars Dunsdorfs (1904–2002)[59] zunächst mehreren Exilverlagen vor, in Anlehnung an nicht mehr verwirklichte Pläne der 1930er Jahre eine fünfbändige Geschichte Lettlands zu publizieren. Auch die Kulturstiftung des Exilverbandes ALA forderte eine fünfbändige Geschichte Lettlands als Gegengewicht gegen die gerade erscheinende dreibändige „Geschichte der SSR Lettland" in Riga, die „eine vorsätzliche Verstümmelung der Geschichte Lettlands" darstelle.[60] Die Finanzierung sei daher von übergeordnetem Interesse und solle von der ALA in Nordamerika über Subskribierung übernommen werden. Nachdem jedoch Švābe sein ehrgeiziges Projekt einer dreibändigen lettischen Exilenzyklopädie abgeschlossen hatte, erschien 1958 im Verlag *Daugava* sein bedeutsamstes Werk einer „Geschichte Lettlands 1800–1914"[61] und ermutigte dessen Verleger Šleiers, auf eigene Faust die Herausgabe weiterer vier Bände einer lettischen Gesamtgeschichte zu lancieren – ein finanzielles Wagnis, da die Zahl der Leser und damit des Absatzes nicht zu prognostizieren war. Günstig war der Umstand, dass sich alle Autoren, die bereits in den 1930er Jahren für das Projekt einer Gesamtgeschichte Lettlands vorgesehen waren, bis auf den während des Krieges verstorbenen Augusts Tentelis (1876–1942) im Westen befanden. Dunsdorfs war daher bereit, die Koordinierung der folgenden Bände, deren Zahl im Verlauf von vier Jahrzehnten auf elf anwuchs, zu übernehmen.[62]

Eine konzeptionelle Redaktion der geplanten Geschichte Lettlands lehnte Dunsdorfs ab. „[...] wenn für die einzelnen Perioden die Autoren gefunden sind, wird die zeitliche Einteilung von selbst Parallelismen verhindern, und das wäre ja die einzige Funktion eines Redakteurs."[63] In der Exilzeitung *Austrālijas Latvietis* (dt. Der Australien-Lette) fasste Dunsdorfs die Funktionen der zusammen, die die Edition erfüllen sollte. Auch hier vermied er den Hinweis auf eine wissenschaftliche Konzeption, stattdessen betonte er die nationale, politische und gesellschaftliche Bedeutung:

„[...]. zum ersten Mal hält der Leser ein Geschichtsbuch in Händen, in dessen Zentrum nicht die äußeren Ereignisse, sondern die Geschichte der lettischen Volkswerdung steht.

---

59 Zu Dunsdorfs im Einzelnen siehe: Mugurēvičs, Profesora Edgara Dunsdorfa dzīve; das Dunsdorfs gewidmete Themenheft: Latvijas Vēstures institūta žurnāls (2015), Nr. 4; Plakans, Edgars Dunsdorfs.
60 Zanders, Edgars Dunsdorfs un apgāda „Daugava" Latvijas vēstures sērija, S. 50. Dunsdorfs merkte dazu später in einem Interview an: „Wir hoffen auch, dass die Daugava-Geschichte auch die Letten in Lettland lesen werden. Es versteht sich, dass das erst möglich sein wird, wenn dort Freiheit herrscht und jeder Bürger lesen kann, was er will. In Vorbereitung auf diesen großen Tag bewahren wir in unseren Regalen die Bände der Geschichte Lettlands wie ein Gastgeschenk für das freie Lettland.", in: Monumentāls Latvijas vēstures izdevums, S. 1; Švābe formulierte: „Unsere Aufgabe ist zu sagen, was ihnen verboten ist.", in: Švābe, Latvijas vēsture 1800–1914, S. 8.
61 Švābe, Latvijas vēsture 1800–1914 (Aufl. 1 500). Rezensenten bemängelten das Fehlen von Fußnoten und Quellenangaben, die Literaturangaben am Ende der einzelnen Kapitel seien spärlich; auch in weiteren Auflagen (Uppsala 1962 und Riga 1991) wurden diese Mängel nicht behoben. Der Nachdruck Riga 1991 in einer Auflage von 20 000 Exemplaren beschränkte sich auf die ersten 23 von 37 Kapiteln, vgl. Zanders, Edgars Dunsdorfs un apgāda „Daugava" Latvijas vēstures sērija, S. 57 und 77.
62 Ein weiterer Band in gewohnter Aufmachung erschien nicht mehr im Verlag *Daugava*, sondern im Verlag des Geschichsinstituts Lettlands, vgl. Šterns, Latvijas vēsture 1180–1290.
63 Brief von Dunsdorfs an Dagnija Šleiere vom 5.10.1956, hier zitiert nach Zanders, Edgars Dunsdorfs un apgāda „Daugava" Latvijas vēstures sērija, S. 47.

Vom nationalen Standpunkt aus liegt die Bedeutung der Ausgabe darin, dass wir zum ersten Mal Geschichtsbände bekommen, die wir neben die dicken Bände der übrigen Völker legen können. Vom politischen Standpunkt aus ist diese Geschichtspublikation dadurch bedeutsam, dass wir neben die Geschichtsklitterung der Bolschewiken ein ungefälschtes Geschichtsbild legen, auch wenn wir wissen, dass unter der gegenwärtigen Unterdrückung dem einfachen lettischen Volk nicht erlaubt wird, diese Bände zu lesen. Vom gesellschaftlichen Standpunkt aus liegt die Bedeutung der Bände darin, dass ihre Publikation dem großen Interesse unserer Jugend für die Geschichte Lettlands entspricht."[64]

Mit anderen Worten – ein Gesamtkonzept gab es nicht, die Ausrichtung der einzelnen Bände und formale Gestaltung der Texte blieb den Autoren überlassen.

Der erste Band, Švābes Werk im Umfang von 752 Seiten, beinhaltet das in den 1950er Jahren im Exil beschränkte vorhandene Wissen von der Geschichte des späteren Lettland im 19. Jahrhundert. Ursprünglich sollte der Band die Zeit bis 1950 umfassen, der Tod des Autors im August 1959 unterbrach die Arbeit am Manuskript. Der Autor beginnt früher, mit der russischen „Annexion Lettlands"[65] in drei Schritten (Schwedisch-Livland 1721, Polnisch-Inflantien 1772 und Kurland 1795), führt durch das gesamte 19. Jahrhundert und endet mit den publizistischen Debatten um die „nationale Frage" am Vorabend des Ersten Weltkrieges. Breiten Raum nehmen die Agrarfrage, die Politik der baltischen Ritterschaften und der russischen Regierung ein, die das 19. Jahrhundert in der baltischen Region bestimmten, Themen, mit denen sich Švābe bereits vor 1940 intensiv sowohl politisch als auch wissenschaftlich auseinandergesetzt hatte. Im Mittelpunkt der Darstellung steht die nationale Emanzipation des lettischen Volkes in Auseinandersetzung mit den Deutschbalten auf der einen und dem Russländischen Reich auf der anderen Seite, verstanden als ein allmählicher Rollenwechsel von einem historischen Objekt hin zum Subjekt einer eigenen Geschichte. Sowohl deutschbaltische als auch sowjetlettische Historiker sahen sich zu Rezensionen veranlasst. Während Jürgen von Hehn (1912–1983), langjähriger erbitterter Gegner Švābes in Beiträgen unter dem Pseudonym „Karsten" in der Zeitschrift „Jomsburg", seinen Gegenspieler nunmehr anerkannte und nachkriegsmilde ein positives Urteil abgab, urteilte die sowjetlettische Presse, Švābes „Büchelein" sei „keineswegs der Standpunkt eines einzelnen Menschen, sondern die Verallgemeinerung der jüngsten bourgois-nationalistischen Konzepte in mehreren bedeutenden Fragen der Geschichte Lettlands", ganz im Geiste der von Konrad Adenauer erneuerten Losung vom „Drang nach Osten".[66]

Drei weitere Bände über die frühe Neuzeit zwischen 1500 und 1800 stammen aus der Feder des 16 Jahre jüngeren Dunsdorfs.[67] Zentraler Begriff des Wirtschaftshistorikers Dunsdorfs ist nicht wie bei Švābe das lettische Volk, sondern die frühe europäische Modernisierung. Ausgehend von einem Modernisierungsbegriff, wie er von Ernst Troeltsch (1965–1923), Werner Sombart (1863–1941) und Max Weber (1964–1920) entwickelt worden war, wollte Dunsdorfs die lettische Geschichte im Kontext der europäischen Wirtschaftsgeschich-

---

64 Monumentāls Latvijas vēstures izdevums, S. 1.
65 Švābe, Latvijas vēsture 1800–1914, S. 9-16.
66 von Hehn, Lettische Geschichtsschreibung; Libermanis, Mošķi sadodas rokās.
67 Dunsdorfs, Latvijas vēsture 1600–1710; Spekke, Dunsdorfs, Latvijas vēsture 1500–1600 (Spekke steuerte allerdings nur zwei Kapitel zu diesem Band bei); Dunsdorfs, Latvijas vēsture 1710–1800.

te während der frühen Neuzeit verstanden wissen. Bereits seine Vorarbeiten über ein livländisches Gut und über die Hakenrevisionen in Livland[68] aus den 1930 Jahren kündigten an, das Gut nicht mehr nur als Ort der Unterdrückung lettischer Leibeigener, sondern als Ort ökonomischer Anpassung an europäische Tendenzen zu verstehen. Ein Ort also, der auch für den lettischen Bauern Entwicklungsmöglichkeiten bedeutete. Dunsdorfs Arbeiten zeichnen sich durch eine Fülle wirtschaftlicher und sozialer Daten, präzisen Quellenbezug und den Versuch einer Europäisierung der Geschichte Lettlands aus. Der Einfluss seines Rigaer akademischen Lehrers Robert Iu. Vipper (1859–1954) blieb sichtbar. Während Dunsdorfs in den beiden Bänden zum 16. und 17. Jahrhundert auch die Kulturgeschichte mitbehandelte, wurde dieser für das 18. Jahrhundert ein eigener Band gewidmet,[69] verfasst von dem Schriftsteller, Religions- und Kulturwissenschaftler Andrejs Johansons (1922–1983), der an der Universität Stockholm Vergleichende Religionsgeschichte unterrichtete.

Schon früh hatte die Verlegerin des *Daugava*-Verlages, Šleiere, darauf hingewiesen, dass bisherige Geschichtsdarstellungen lettischer Autoren mit der Gründung der Republik Lettland und den „Freiheitskämpfen" endeten. Ihrer Meinung nach sei aber gerade die Geschichte der Unabhängigkeitszeit „für uns die wichtigste, nur diese kurze und leuchtendste Epoche von zwei Jahrzehnten gibt uns das Recht, die vorhergehenden Jahrhunderte unter der gemeinsamen Überschrift ‚Geschichte Lettlands' zu fassen".[70] Unabhängig davon, ob retrospektiv und teleologisch für die Jahrhunderte vor 1918 von einer Geschichte „Lettlands" gesprochen werden kann, bleibt bedeutsam, dass diese Überlegung dazu führte, der Zeitgeschichte ab 1914 immerhin fünf der elf Reihenbände zu widmen. In drei Bänden behandelte der an der State University von San Jose (Kalifornien) lehrende Edgars Andersons die moderne Geschichte Lettlands in den internationalen Beziehungen vom Beginn des Ersten Weltkrieges mit seinen Kriegshandlungen zwischen dem Deutschen und Russländischen Reich über die Diplomatiegeschichte der Republik Lettland zwischen 1920 und 1938 bis hin zur „Katastrophe", zum „Untergang des Staates" und dem ersten Jahr der sowjetischen Okkupation 1941. Alle drei Bände[71] sortieren die lettische Außenpolitik entlang der verschiedenen Akteure (Lettland, Russland bzw. die Sowjetunion, Deutschland, Frankreich, Großbritannien, die USA, übrige Staaten, Völkerbund usw.) und bringen eine erschlagende Summierung an Details der Diplomatiegeschichte (und im Einzelpunkt nicht immer zuverlässig), ohne jedoch einen Rekurs auf zeitgenössische Theorien der Internationalen Politik oder einen analytischen Zugang sichtbar werden zu lassen.[72]

---

68 Dunsdorfs, Zum Hakenproblem.
69 Johansons, Latvijas kultūras vēsture 1710–1800.
70 Šleiere, Neatkarības laikmets.
71 Andersons, Latvijas vēsture 1914–1920; ders., Latvijas vēsture 1920–1940. Ārpolitika. I; ders., Latvijas vēsture 1920–1940. Ārpolitika. II. Andersons hat auch eine umfangreiche Militärgeschichte für die Jahre 1918–1945 vorgelegt: Ders., Latvijas bruņotie spēki. Der erste Band (1914–1920) wurde in der SSR Lettland rituell „der Lügen und Falsifizierungen" bezichtigt, aber immerhin bekanntgegeben: Krastiņš, Kā nevajag rakstīt Latvijas vēsturi.
72 Andersons gab auch eine englischsprachige Landeskunde Lettlands heraus: Andersons (Hrsg.): Cross Road Country Latvia; und er popularisierte die weitgehend unbekannte Geschichte der überseeischen Kolonien des Herzogtums Kurland, in deutscher Sprache: Anderson, Die ersten kurländischen Expeditionen; ders., Die kurländische Kolonie Tobago.

Anders dagegen die Wirtschaftsgeschichte Lettlands aus der Feder von Arnolds Aizsilnieks (1898–1982),[73] die in sechs Perioden aufgeteilt zwar ebenfalls die einzelnen Felder der Ökonomie von der Agrarwirtschaft über die Industrie, Geld, Bankenwesen, Handel, sozialen Fragen usw. durchdekliniert, aber auch wirtschaftsmethodisch kritische Fragen aufgreift, etwa nach der Rolle der Minderheiten in der Volkswirtschaft Lettlands oder dem vorgeblichen staatswirtschaftlichen Aufschwung unter Ulmanis ab 1934. Heftig waren die Reaktionen im Exil, die dem Verfasser u. a. Schwarzmalerei des „goldenen Zeitalters" und Verrat an der nationalen Sache vorwarfen.[74] Zu Aizsilnieks' Opponenten gehörten Jānis Labsvīrs (1907–2002), ehemaliger Mitarbeiter im Ministerium für Öffentliche Angelegenheiten unter Alfreds Bērziņš (1937–1940) und Doktor der Geschichte (Universität von Indiana, 1959), sowie der ehemalige sozialdemokratische Saeimaabgeordnete und Finanzminister (1926/27) Voldemārs Bastjānis (1884–1975). Aizsilnieks Opus bildet, wenn auch inzwischen veraltet, bis heute die ausführlichste und unverzichtbare Wirtschaftsgeschichte Lettlands ab 1914, wenn man von sowjetlettischen Veröffentlichungen absieht.[75]

Die innere Entwicklung der Republik Lettland, mit Doppelungen zu Andersons Band über die Kriegsjahre, behandelt Ādolfs Šilde (1907–1990).[76] Der Autor, eigentlich Jurist, schrieb eine Institutionengeschichte von den ersten Selbsthilfekomitees im Ersten Weltkrieg über die Gründung politischer Parteien ab 1917 bis hin zu den politischen, gesellschaftlichen und kulturellen Einrichtungen während der Republikzeit. Trotz einer Fülle von Einzelinformationen und der Darstellung des politischen Systems fehlt auch hier ein systematischer oder analytischer Zugriff, eine Aufnahme zeitgeschichtlicher oder politiktheoretischer Fragestellungen, etwa zum Scheitern der Demokratie 1934 oder zum Charakter des Ulmanis-Regimes. Auch Šilde ging es offensichtlich zunächst um eine Bestandsaufnahme dessen, was im Exil gewusst werden konnte und sollte. Der letzte Band der Reihe, der das lettische Mittelalter behandelt und ebenfalls seit den 1950er Jahre geplant war, erschien schließlich erst 1997, nachdem der Verlag *Daugava* nach Riga übergesiedelt war.[77]

---

73 Aizsilnieks, Latvijas saimniecības vēsture 1914–1945.
74 Kurze Rezension: Ezergailis, Vēl viens kapitāldarbs; zur Polemik zwischen Aizsilnieks und Labsvīrs über den „Wirtschaftsaufschwung" unter Ulmanis vgl Aizsilnieks, Vai tā būtu attaisnojuma meklēšana; Labsvīrs, Atbilde Aizsilniekam; Aizsilnieks, Daži piebildumi; zur Polemik zwischen Aizsilnieks und Voldemārs Bastjānis (1884–1975) vgl. Bastjānis, Saimnieciskās dzīves attīstība; Aizsilnieks, Voldemāra Bastjāņa versija un manējā.
75 Vgl. z. B.: Očerki ekonomičeskoj istorii Latvii. Aizsilnieks veröffentlichte später zusammen mit dem 1926 in Daugavpils geborenen und in den USA lehrenden Ökonomen Nicholas Balabkins eine weitere Untersuchung: Balabkins, Aizsilnieks, Entrepreneur in a Small Country.
76 Šilde, Latvijas vēsture 1914–1940. Die zweite Auflage von 1992 erschien im Rigaer Wissenschaftsverlag Zinātne und umfasste 50 000 Exemplare, vgl. Lēbers, Ādolfa Šildes darbs trimdā, S. 33. Für Šildes Band war zunächst Uldis Ģērmanis als Autor im Gespräch. Dunsdorfs hielt ihn unter Bezug auf den Umsturz von Ulmanis 1934 für mutig genug, „zu sagen, dass eine schlechte Demokratie besser sei als eine gute Diktatur". Ģērmanis hatte sich aber bereits mit seiner Biografie des ersten Oberbefehlshabers der Roten Armee, dem Letten Jukums Vācietis, also einem „Bolschewisten", in Exilkreisen desavouiert, vgl. unten Anm. 80 und Zanders, Edgars Dunsdorfs un apgāda „Daugava" Latvijas vēstures sērija, S. 61. Šilde veröffentlichte später noch einen Essayband zur Geschichte der Republik Lettland, vgl. ders., Pirmā Republika.
77 Šterns, Latvijas vēsture. 1290–1500. Indriķis Šterns, ein Schüler Švābes an der Universität Lettlands (1937–1940), lebte und lehrte nach dem Zweiten Weltkrieg in den USA. Zu seinem Buch über die „Epoche der Eroberungen" (1180–1290) vgl. Anm. 62.

## 8. Lettische Historiografie im westlichen Exil (1944–1991)  183

*Einzelveröffentlichungen lettischer Exilhistoriker*

Bewegten sich die Gesamtdarstellungen der *Latvijas Vēsture* noch in den Bahnen einer nationalen Geschichtsschreibung, wie sie in den 1930er Jahren entwickelt worden war, so wurde mit den ersten Veröffentlichungen der zweiten Generation der Exilhistoriker ein Paradigmenwechsel sichtbar. Mit dem Bemühen, die eigene Geschichte Lettlands in den Kontext einer internationalen Geschichtsforschung oder doch zumindest Osteuropaforschung unter Einschluss der russischen Geschichte einzubringen, wurde die innerlettische Sicht auf die eigene Geschichte pluralistischer und gleichzeitig wissenschaftlich distanzierter.[78]

Den Anfang machte Uldis Ģērmanis, der sich zu Beginn der 1950er Jahre für die Geschichte der auf sowjetischer Seite kämpfenden lettischen Schützen im Ersten Weltkrieg zu interessieren begann. Zum einen hatte sein Vater, der Schauspieler Jānis Ģērmanis (1889–1965), 1919 eine kleinere Funktion im bolschewistischen Rätelettland inne gehabt, zum anderen war der Sohn im Besitz der seltenen, in Sowjetrussland in den 1920er und 1930er Jahren erschienenen Publikationen über die lettischen Schützen.[79] 1956 gab er in Stockholm einen historischen Abriss über die lettischen Schützen, von Jukums Vācietis (1873–1938) in den 1920er Jahren verfasst, neu heraus und wies auf die Rolle der Schützen im russischen Bürgerkrieg und ihren Einfluss auf die Geschichte Sowjetrusslands hin.[80] Ģērmanis' Bestreben war, lettische Geschichte über enge nationale Belange hinaus zu Weltgeschichte zu transzendieren. Dennoch rief die Publikation in der lettischen Exilpresse eine ungewöhnlich scharfe Polemik hervor. Man warf Ģērmanis vor, mit seiner Darstellung der Beteiligung lettischer Schützen an der Oktoberrevolution und im Bürgerkrieg die Letten in den Augen der westlichen Demokratien zu kompromittieren und den Eindruck zu erwecken, die Letten seien kommunistisch eingestellt.[81] Mit diesem Vorurteil waren Vertreter der bürgerlichen

---

78 Dazu gehörte auch eine zunehmend distanziertere Haltung gegenüber dem nationalen Narrativ und seiner politischen Funktionalisierung, wie sie in den 1950 Jahren noch nicht denkbar gewesen wäre: „The political events of the twentieth century have made objectivity in Latvian historical scholarship increasingly difficult, especially in the treatment of topics that are not rescued by their antiquity from association with contemporary issues. Emerging after World War I within the context of newly acquired political independence, Latvian historical writing had little time in these years to break free of the politics of nation building.", vgl. Plakans, The Latvians, S. 207.
79 Die Bücher: Vācietis, Latviešu strēlnieku vēsturiskā nozīme; sowie die Ausgaben der Kommission für die Geschichte der lettischen Schützen: Latvju strēlnieku vēsture; Latvju revolucionārais strēlnieks. Zum 100. Geburtstag von Ģērmanis wurde eine Konferenz ausgerichtet und ein Aufsatzband veröffentlicht: Piemini Uldi Ģērmani!.
80 Vgl. Ģērmanis, Vācietis, Pa aizputinātām pēdām. Die Erinnerungen von Vācietis wurden 1989 in Riga nachgedruckt: Vācietis, Latviešu strēlnieku vēsturiskā nozīme.
81 Die wichtigsten lettischen Kritiken, die Antworten von Ģērmanis und ausländische Reaktionen bei Ģērmanis, Oberst Vācietis und die lettischen Schützen, S. 208 f. mit Anm. 107–109; sowie ausführlich bei: Zanders, Mazāk zināmais. Ģērmanis' Beschäftigung mit dem Schützenthema führte 1974 zu einer ausführlichen Biografie von Jukums Vācietis, die in ihrer Schilderung allerdings leider im Dezember 1917 abbricht, genau in dem Moment, in dem das Leben von Vācietis an Dramatik gewinnt: Ģērmanis, Oberst Vācietis. Die Arbeit war gleichzeitig Ģērmanis' Dissertation. Ģērmanis unterrichtete später an der Universität und der schwedischen Militärakademie in Stockholm, war politisch in der lettischen Sozialdemokratie (LSDSP) im Exil in Stockholm aktiv und profilierte sich schriftstellerisch als Polemiker und Satiriker unter dem Pseudonym Ulafs Jansons.

Letten bereits während der Staatsgründung 1918 im Westen immer wieder konfrontiert worden.

Eine besondere Stellung nimmt eine weiteres Buch von Ģērmanis mit dem Titel „Die Abenteuer des lettischen Volkes"[82] ein, in dem der Autor die lettische Volksgeschichte für die lettische Exiljugend als Abenteuerroman von der Eiszeit bis zum Exil nach 1945 erzählt – gewissermaßen eine Art lettischer, historisch gewendeter „Nils Holgerson". Das geschichtspädagogische Ziel war, ein nationales Selbstbewusstsein unter den Bedingungen der Diaspora zu fördern. An die lettische Exiljugend gerichtet schrieb er:

> „Woher kam die Kraft der Letten auszuhalten und am Ende zu siegen? Das war nicht die Kraft ihrer Arme und Muskeln allein, sondern in weit höherem Maße ihr starker Geist und heller Verstand. Wir kennen kein anderes Volk, das so viele alte Lieder besitzt, in denen die Weisheit und Beobachtungen eines alten Volkes hineingelegt sind. Es gibt nicht viele Völker, die so sehr nach Schule und Bildung strebten wie die Letten. Das bezeugen und bewundern auch Angehörige anderer Völker. Darauf können wir stolz sein."[83]

Das Buch wurde zunächst als Fortsetzungsgeschichte in *Jauna Gaita* (1957–1959) abgedruckt, erschien 1959 in Stockholm als Buch und ab 1990 auch in Riga. Es prägte mit seinem zentralen Narrativ, den jahrhundertelangen Kämpfen der Letten für ihre Rechte und Freiheit, das Geschichtsbild mehrerer Generationen lettischer Jugendlicher.

Ebenfalls dem im Exil wenig opportunen Thema der lettischen Linken widmete sich in den 1970er Jahren Andrievs (Andrew) Ezergailis (1930–2022) in den USA. Er veröffentlichte 1974 eine Monografie zur „Revolution von 1917 in Lettland".[84] In ihr behandelte er die Geschichte der Sozialdemokratie Lettlands (LSD) zwischen russischer Februar- und Oktoberrevolution bis hin zur Gründung der ersten Räteherrschaft im Herbst 1917 als „erste lettische sozialistische Republik" („ISKOLAT-Republik").[85] Indem er das sowjetlettische Konstrukt einer monolithischen, straff leninistisch geführten Kommunistischen Partei Lettlands (LKP) um das Bild einer Partei mit unterschiedlichen Akteuren, Flügeln und Richtungen ergänzte, gelang es ihm gleichzeitig, das sowjetlettische Konstrukt zu dekonstruieren. Eine Fortsetzung der lettischen revolutionären Geschichte bis April 1918 erfolgte wenige Jahre später in einer weiteren Veröffentlichung.[86] Kennzeichnend ist, dass beide Bücher in englischer Sprache veröffentlicht wurden, um über das lettische Exil hinaus auch das Publikum einer internationalen *scientific community* zu erreichen. Drei längere Essays in lettischer Sprache über die Wahlen zur Rigaer Stadtverordnetenversammlung im September 1917, die lettischen Menschewisten 1917 sowie zum Lettischen Bauernbund 1917 ergänz-

---

82 Ģērmanis, Latviešu tautas piedzīvojumi. Das Buch wurde insgesamt bis 2010 in mindestens zehn Auflagen gedruckt, vgl. Krēsliņš, Latviešu tautas piedzīvojumi.
83 Ģērmanis, Latviešu tautas piedzīvojumi, S. 5. Die lettische Kulturministerin Dace Melbārde (geb. 1971), äußerte später in einem Zeitungsinterview, „dass gerade durch die Literatur des Exils eine ‚andere Geschichte' zu mir kam. Ich war eine 17 Jahre alte Halbwüchsige, als ich das Buch in die Hände bekam, das mein ganzes künftiges Denken beeinflusste. Es waren ‚Die Abenteuer des lettischen Volkes' von Uldis Ģērmanis.", vgl. Kas vieno un kas šķeļ, S. 7.
84 Ezergailis, The 1917 revolution.
85 Vgl. Kap. 7, S. 143.
86 Vgl. Ezergailis, The Latvian Impact.

ten und präzisierten in großer Detailfülle die lettische Revolutionsgeschichte des Jahres 1917 und relativierten u. a. die umstrittenen, scheinbar hohen Wahlerfolge der lettischen Bolschewiki im Herbst 1917.[87]

Dem lettischen Exil gebührt auch das Verdienst, die erste, damaligen wissenschaftlichen Ansprüchen genügende politische Biografie der lettischen Historiografie vorgelegt zu haben. Dunsdorfs veröffentlichte 1978, ebenfalls im Verlag *Daugava*, mit den Einschränkungen, die im Exil für die Quellengrundlage galten, eine Biografie der umstrittenen Persönlichkeit von Ulmanis und zeichnete dessen Jugend, Schul- und Ausbildungsjahre, die Zeit der Revolution von 1905 und seine Emigration in den USA bis 1917, seine Zeit als Politiker und mehrfacher Ministerpräsident während der parlamentarisch-demokratischen Periode bis 1934 sowie als lettischer Diktator ab 1934 nach. Dabei werden auch seine Rolle 1918/19, seine staatskapitalistische Wirtschaftspolitik nach 1934 sowie seine Bildungs- und nationale Politik einer Beurteilung unterzogen. Das letzte Kapitel enthält die wenigen Informationen, die 1978 über das weitere Schicksal von Ulmanis nach seiner Verschleppung am 22. Juli 1940 bekannt waren.[88]

Militärgeschichtliche Darstellungen dienten vor allem der Dokumentation und Selbstvergewisserung. Sie hatten darüber hinaus die Funktion, das sowjetlettische Bild von Letten im Zweiten Weltkrieg – auf der einen Seite heldenhafte Verteidiger der neuen sowjetischen Heimat, auf der anderen Seite bürgerlich-nationalistische Verräter – zu konterkarieren und den lettischen Soldaten im Westen von Vorwürfen der Kollaboration mit Nazideutschland freizusprechen. Dazu gehören sowohl die Erinnerungen von Rūdolfs Bangerskis (1878–1958), dessen militärische Laufbahn vom Oberst in der zarischen Armee über die Posten eines Armeegenerals und Kriegsministers in Lettland bis zum SS-Gruppenführer, Generalleutnant der Waffen-SS und Generalinspekteur der Lettischen Legion führte, ferner die Erinnerungen des Generals und lettischen „Quislings" Oskars Dankers (1883–1965), eine elfbändige Reihe mit Dokumenten und Erinnerungen über die militärischen Formationen und Kämpfe des „Lettischen Soldaten im Zweiten Weltkrieg" sowie eine Monografie von Artūrs Silgailis (1895–1997) über die Lettische Legion.[89]

Die Integration jüngerer lettischer Exilhistoriker in die geschichtswissenschaftlichen Felder der jeweiligen Wohnländer und deren thematische und methodologischen Trendverläufe, häufig bedingt durch die beruflichen Karrieren, ließ einige von ihnen einen allmählichen Paradigmenwechsel vollziehen. Ein Beispiel ist Andrejs Plakans, der in seiner Dissertation über das „Nationale Erwachen in Lettland 1850–1900" aus dem Jahre 1969 nicht mehr lettische Geschichte, sondern historiografische Fragestellungen in den Mittelpunkt der Dar-

---

[87] Vgl. Ezergailis, Rīgas domes vēlēšanas; ders., Latviešu mazinieki; ders., Latviešu Zemnieku savienība; alle drei Studien neu veröffentlicht und um einen Dokumentenanhang ergänzt in: Ders., Esejas par 1917. gadu. Die angeblich „bolschewistischen" Wahlerfolge unkritisch noch bei von Rauch, Geschichte der baltischen Staaten, S. 44.

[88] Vgl. Dunsdorfs, Kārļa Ulmaņa dzīve; Rezension siehe von Hehn, Anmerkungen. Das genaue Schicksal nach seiner Verschleppung und sein Todestag (20.9.1942) im Krankenhaus des Gefängnisses in Krasnovodsk konnten erst zu Beginn der 1990er Jahre festgestellt werden, vgl. Ronis, Žvinklis (Hrsg.), Kārlis Ulmanis trimdā un cietumā, S. 167.

[89] Vgl. Bangerskis, Mana mūža atmiņas; Dankers, Lai vēsture spriež tiesu; Latviešu karavīrs; Silgailis, Latviešu leģions.

stellung rückte. Er machte damit lettische Geschichte zu einer *case study*, auch um gleichzeitig deren Anschlussfähigkeit innerhalb der internationalen *scientific community* zu betreiben.[90] Plakans beschrieb das so genannte Nationale Erwachen nicht mehr als die Geschichte einer politischen Emanzipation in nationaler Rhetorik oder als Wirken bedeutender lettischer Persönlichkeiten, sondern als Geschichte der Bedingungen, die es den befreiten lettischen Bauern und ihren sozial aufstrebenden Kinder ermöglichten, sich intellektuell zu artikulieren. Ausgehend von der „Gedankenwelt vor dem Erwachen" arbeitete er die *thought styles* der Generation der „Gründerväter" (1855–1875), der 1880er Jahre, der 1890er „Dekade der Genies" und schließlich der „Letten in einer Welt der multiplen Wahrheit" (1897–1905) heraus.

Plakans gelang damit, die Periode des Nationalen Erwachens vom Beginn lettischer Verschriftlichung bis zur Ausdifferenzierung eines referentiellen und kritischen Denk- und Schreibstils als eine Geschichte der kognitiven Sozialisation, der Aneignung literarischer Techniken und Ausdrucksweisen und der Einschreibung der Letten in die beginnende Moderne zu beschreiben. Eine solche Sichtweise musste zwangsläufig auch zur Distanzierung von altbekannten Interpretationsmustern historischer Phänomene wie der „Russifizierung" führen, die Plakans zwölf Jahre später erstmals nicht mehr als nationalen Kampf, sondern im Kontext der Unifizierungsbemühungen des sich modernisierenden Russischländischen Reiches beschrieb.[91] In seinen Studien zum 19. Jahrhundert verzichtete er auf den rückprojizierten Territorialbegriff „Lettland" und benutzte stattdessen die zeitgenössischen historischen Namen der baltischen Provinzen Estland, Livland und Kurland. Konsequent betitelte er seine spätere Gesamtgeschichte, die er 1995 vorlegte, nicht mehr, wie noch in der ersten Generation der Exilhistoriker üblich, mit „Geschichte Lettlands", sondern nur noch mit „Die Letten".[92]

Eine eigene Zeitschrift gaben die lettischen Exilhistoriker nicht heraus. Eine Eigentümlichkeit und Fundgrube bildet jedoch das themenorientierte Jahrbuch *Arhīvs* (dt. Das Archiv), das ab 1960 von Dunsdorfs in Australien ediert wurde und in erster Linie das

---

90 Vgl. Plakans, The National Awakening. Die Arbeit blieb leider unveröffentlicht. Bereits die Überschrift der Einleitung zeigt die wissenschaftliche Distanzierung: Angekündigt wird nicht mehr eine „Geschichte des lettischen Volkes", sondern „the following chapters are devoted to the emergence of a new fact in the intellectual life of the nineteenth-century Europe: a literature written in the Latvian language, expressing the artistic sensitivity and analytic ability of an ethnically unique people known as Latvians.", ebenda, S. 1.
91 Vgl. Plakans, The Latvians, S. 206-283.
92 Vgl. Plakans, The Latvians. A Short History. Den Einwand, dies habe möglicherweise nicht konzeptionellen Überlegungen entsprochen, sondern sei lediglich dem Reihentitel *Studies of Nationalities* geschuldet, wies der Autor später zurück: „Ich beschloss schon recht früh, den Titel ‚Die Letten' zu benutzen, weil ich dachte, dass das Buch 1996 erscheinen wird, also genau zum 200. Jubiläum von Merkels »Die Letten«. Mein Buch erschien 1995, und damit entfiel die Sache mit Merkel, auch wenn ich dies im Vorwort (S. XVII) erwähne. Ebendort schrieb ich auch, dass das Buch eine der an den Gestaden der Ostsee lebenden Einwohnergruppen (*a distinct Baltic subpopulation* – S. XIX) beschreibt. Ich wollte die Formulierung der Daugava-Reihe »Geschichte Lettlands« nicht benutzen. Der Hauptredakteur der Buchreihe, Wayne Vucinich, hat in keinster Weise den Titel des Buches diktiert. Toivo Raun betitelte in der gleichen Reihe sein Buch ‚Estland und die Esten'", E-Mail von Plakans an den Autor (3.12.2021). Vgl. auch Raun, Estonia and the Estonians.

Exilleben, dessen wichtigste Persönlichkeiten sowie Probleme des „Lettentums" dokumentieren sollte. Einzelne Jahrgänge waren auch historischen Themen gewidmet.[93]

Spätestens seit den 1970er Jahren begann die lettische Exilgeschichtsschreibung weitere Grenzen zu überschreiten. Auf der einen Seite intensivierte sich über die Kooperation mit Esten und Litauern in der AABS das Bewusstsein, ähnliche Erfahrungen gemacht zu haben. Gleichzeitig führte der innerbaltische Vergleich zu einer größeren Distanz gegenüber eigenen, alteingespielten Narrativen, ließ nationale Forschungsinteressen allmählich zurücktreten und in *Baltic Studies*, also in Regionalgeschichte münden.[94] Einer der Gründe hierfür kann auch in den Bemühungen des Exils gesehen werden, eine ignorante nichtbaltische Öffentlichkeit beständig über die offene „Baltische Frage" und deren historische Kontexte aufklären zu müssen. Der Begriff „baltisch" konnte aber vor allem in Nordamerika leicht mit dem bekannten Begriff der „Baltic Sea" assoziiert werden, während Bezeichnungen wie „Estland", „Lettland" und „Litauen" auf der öffentlichen *mental map* in Nordamerika, aber auch in Europa, kaum noch eine Rolle spielten. Die Verwendung „baltisch" war also öffentlichkeitswirksamer, auch die Einwerbung von Forschungsgeldern betreffend. Auf der anderen Seite begannen lettische Exilhistoriker zunehmend über das Englische als neuer *Lingua franca* auch zu allgemeinen, systematischen Problemen der Geschichte zu veröffentlichen, wobei die lettische Geschichte, wenn sie überhaupt erwähnt wurde, nurmehr die Rolle eines *case* unter vielen einnahm.[95]

Ausgesprochene geschichtswissenschaftliche Kontroversen zwischen den lettischen Exilhistorikern gab es praktisch kaum mehr. Kleinere Schlagabtäusche in der exillettischen Presse entzündeten sich häufig an Details oder persönlichen Vorwürfen, wurden zwischen Autoren und erinnernder Leserschaft ausgetragen und betrafen so gut wie nie Fragen der Methodologie, Geschichtstheorie, Periodisierung oder Interpretation. Gründe hierfür waren, dass die lettischen Exilhistoriker lettische Geschichte nicht hauptberuflich schrieben, die Kommunikation und Herausbildung einer lettischen *historian community* über die Kontinente hinweg schwierig war und es kein zentrales Publikationsorgan gab. Die Themen entsprangen bisweilen der Familiengeschichte, persönlichen Interessen oder Profilierungswünschen auf der kleinen Bühne des Exils, verfolgten selten eine klare Forschungsstrategie, reflektierten häufig exilpolitische Diskussionen oder Ziele und waren, selbst im Fall der aufwendigen Reihe *Latvijas Vēsture*, nicht koordiniert.

Baltische Geschichtsforschung besaß damit nach 1945 vier Gravitationszentren, die sich einander ergänzten und beeinflussten, und in denen lettische Historiografie einen der Akteure bildete: die Bundesrepublik Deutschland mit einem zunächst traditionell deutschbaltischen Schwerpunkt im Kontext deutscher historischer Osteuropa- und Ostmitteleuropaforschung, Nordamerika im Zusammenhang von Einwanderermilieus und *Baltic* oder *Regional Studies*, Schweden im Rahmen seiner *Östersjöns historia* (dt. Geschichte der Ostsee) und das „Sowjetbaltikum" mit seiner verordneten *Istorija narodov SSSR*, Geschichte der Völker der Sowjetunion.

---

93 Themen waren z. B. Bau und Baumeister, Volksgesundheit, Technik. Tonschöpfung usw. Historische Bände: Bd. II: Agrargeschichte; Bd. III: Mittelalter und Frühe Neuzeit; Bd. XXV: Soldaten; Bd. XXVII: Freiheitskämpfer, vgl.: Arhīvs.
94 Vgl. Ziedonis, Winter, Valgemäe (Hrsg.), Baltic History; der Tagungsband einer Konferenz 1987 in Köln: Loeber, Vardys, Kitching (Hrsg.), Regional Identity.
95 Beispiele: Plakans, Kinship in the Past; Ekstein, Rites of Spring; Lumans, Himmler's Auxiliaries.

# 9. Ausblick: Die Geschichtslandschaft Lettlands der Gegenwart (1991–2018)

1989 erhielt die oppositionelle Volksfront Lettlands von der exillettischen Organisation PBLA für ihre Büroräume in der Rigaer Altstadt den ersten Xerox-Kopierer und von Dänemark das erste Mobiltelefon für ganz Lettland. Im Juli 1991 wurde der erste E-Mail-Dienst angeboten und am 2. Oktober 1992 der erste Internetanschluss zwischen Riga und Tallinn mit 2 000 b/s geschaltet. Damit öffnete sich auch in Lettland der Weg in die Informationsgesellschaft westlichen Zuschnitts und die offene Wissensgesellschaft.

Das historische Wissen der letzten etwas mehr als 30 Jahre hat sich seitdem um ein Vielfaches im Vergleich zu den ersten 120 Jahren der lettischen Historiografie bis 1991 vermehrt. Allein die Digitalisierung von Periodika und Büchern in der Nationalbibliothek Lettlands,[1] von Archivdokumenten in den staatlichen Archiven und von Publikationen im WorldWideWeb haben die Arbeitsmöglichkeiten von Historikern nicht nur verbessert, sondern auch komplexer werden lassen. Im Unterschied zu den vorangegangenen Kapiteln können daher im Folgenden anstelle einer nach Themen geordneten und umfassenden Darstellung des Geleisteten der letzten Jahrzehnte, die den Rahmen dieses Überblicks sprengen würde, lediglich einige Schwerpunkte und Tendenzen repräsentativ aufgezeigt werden.

## 9.1. Historische und politische Rahmenbedingungen

Das Scheitern des Moskauer Putschversuchs gegen Michail S. Gorbačev (1931–2022) im August 1991 ermöglichte der lettischen Reformbewegung, am 21. August die staatliche Unabhängigkeit Lettlands auch *de facto* wiederzustellen. Unmittelbar im Anschluss an den Putsch nahmen die meisten westlichen Staaten ihre diplomatischen Beziehungen zu den baltischen Staaten wieder auf. Die Russländische Föderation folgte am 24. August, und mit der Anerkennung der Unabhängigkeit durch die UdSSR am 6. September und dem Beitritt zu den Vereinten Nationen am 17. September 1991 kehrten Estland, Lettland und Litauen endgültig in die internationale Staatengemeinschaft und auf die europäische Landkarte zurück. Damit war der Weg für eine selbstbestimmte Innen- und Außenpolitik, die politische Transformation und die Überwindung der sowjetischen Vergangenheit frei.

---

[1] Die Digitale Bibliothek der Nationalbibliothek Lettlands findet man unter der URL: www.periodika.lv (Zeitschriften unter dem Button *periodika* und Bücher unter *grāmatas*; Archivdokumente unter https://www.arhivi.gov.lv/ (hier der Button: *Datu bāzes* [Datenbasis] (letzte Zugriffe 24.9.2024).

## 9. Ausblick: Die Geschichtslandschaft Lettlands der Gegenwart (1991–2018)

*Rekonstruktion*

Die 1990er Jahre waren zunächst vom Wiederaufbau der staatlichen Strukturen der Republik Lettland bestimmt. Der Einfachheit halber erinnerte man sich zunächst an das demokratische System der ersten parlamentarisch-demokratischen Phase zwischen 1918 und 1934 und rekonstruierte dieses. In der Außenpolitik grenzte man sich in Riga gegenüber dem neuen alten russischen Nachbarn ab und definierte im Inneren den Status der ab 1945 ins Land gekommenen sowjetischen Immigranten neu. Zur Absicherung der wiedergewonnenen Freiheit begann man eine eigene Sicherheitspolitik zu entwickeln, deren äußeren Rahmen die Integration in die politischen und transatlantischen Bündnisse des Westens bilden sollte. Im Inneren sollte eine dreifache Systemtransformation für Stabilität sorgen, die erstens die Demokratisierung und den Aufbau einer Zivilgesellschaft, zweitens die Herstellung von Rechtstaatlichkeit sowie drittens die Einführung einer funktionierenden Marktwirtschaft nach westlichem Vorbild betraf. Alle genannten Aspekte berührten die Vergangenheit, die Erinnerungspolitik und stellten die Historiker vor Herausforderungen.[2]

Besonders gilt dies für den Aspekt der Rekonstruktion. In Lettland spricht man nicht von einer ‚ersten' Republik zwischen den Weltkriegen und einer ‚zweiten' Republik ab dem 4. Mai 1990, sondern betont die völkerrechtliche Kontinuität des Staates, die am 6. Juli 1993 durch die Wiedereinsetzung der alten Verfassung vom 15. Februar 1922 unterstrichen wurde. Es handelte sich dabei nicht nur um einen verfassungsrechtlichen, sondern auch um einen symbolischen Akt lettischer Geschichtspolitik.[3] Seither stehen die Verfassungsorgane des Landes, das Parlament (lett. *Saeima*), die Regierung (Ministerkabinett) und der Staatspräsident, wieder in der Tradition ihrer Vorläufer aus den 1920er Jahren. Für eine Übergangsphase orientierten sich auch neu entstehende politische Parteien – etwa die Sozialdemokratie Lettlands oder der Lettische Bauernbund (lett. *Latviešu Zemnieku savienība, LZS*) – an historischen Vorbildern und appellierten an politische Reminiszenzen ihrer Wähler. Bedeutsam für die ökonomischen Reformen, aber auch das nationale Selbstbewusstsein, war 1993 die Wiedereinführung der alten nationalen Währung des Lat. Das Symbol der ersten Unabhängigkeit erinnerte an damaligen Wohlstand und war Ausdruck einer kollektiven, in die Zukunft blickenden Zuversicht. Darüber hinaus bildete er konkret die Voraussetzung für die Abkoppelung vom damals inflationären postsowjetischen Rubelraum, den Übergang von der sozialistischen Plan- zu einer Marktwirtschaft westlichen Zuschnitts, die Restituie-

---

2  Lettland adaptierte nach 1991 relativ rasch einen flexiblen Sicherheitsbegriff, der neben der ‚harten' militärischen auch eine ‚weiche' Sicherheit im Sinne zivilgesellschaftlicher Stabilität und Resilienz umfasst, vgl. Jundzis, Latvijas drošības politika.

3  Im Unterschied zu Estland und Litauen, wo am 3.7.1992 und 30.11.1992 neue Verfassungen in Kraft traten, hielt Lettland an seiner alten Verfassung fest und besitzt seitdem das sechstälteste geltende republikanische Grundgesetz der Welt. Zur Verfassunggeschichte: Taube, Constitutionalism. Der eigentliche Grund für die Wiederinkraftsetzung der alten Verfassung war allerdings ein pragmatischer: Angesichts des hohen Anteils an nichtlettischer Bevölkerung wollte man eine langwierige Verfassungsdebatte vermeiden, den Staat schnell wieder funktionstüchtig machen und stattdessen die alte Verfassung behutsam über Änderungen und Zusätze (z. B. einen Grundrechteteil, in Kraft seit 6.11.1998), modernisieren – eine Vorgehensweise, die im wesentlichen funktionierte.

rung des Privateigentums und den Beginn eines zunächst bescheidenen, aber beständigen Wirtschaftswachstums ab 1994.[4]

*Abgrenzung*

Letten verbanden mit der Sowjetherrschaft vor allem die Erinnerung an unfreiwillige Okkupation und Annexion, den stalinistischen Terror der großen Deportationswellen von 1941 und 1949, die Durchsetzung der russischen Sprache als *lingua franca* im öffentlichen Raum und einen demografischen Rückgang des lettischen Bevölkerungsanteils auf 52 Prozent zum Zeitpunkt der letzten sowjetischen Völkszählung 1989, von Letten häufig als „Russifizierung" oder „Kolonialisierung" verstanden.[5] Eine Ablösung vom ehemaligen sowjetischen Herrschaftsraum bzw. ein Prozess der Distanzierung gegenüber der Russländischen Föderation unter Boris Jel'cin (1931–2007) stand daher außer Frage.

Die neue russische Militärdoktrin vom 2. November 1993 machte darüber hinaus rasch deutlich, dass die Moskauer Politik nicht bereit war, den Verlust hegemonialer Machtstellung Russlands im ehemals sowjetischen Machtbereich langfristig zu akzeptieren. Der Abzug von etwa 100 000 ehemals sowjetischen Soldaten aus Lettland wurde daher prioritäres Ziel lettischer Sicherheitspolitik. Nach schwierigen Verhandlungen und mit Unterstützung der Westeuropäer und der USA unterzeichneten die Präsidenten Guntis Ulmanis (geb. 1939)[6] und Boris Jel'cin schließlich am 30. April 1994 in Moskau ein lettisch-russisches Vertragswerk, das neben dem russischen Truppenabzug bis zum 31. August 1994 auch die Garantierung sozialer Rechte pensionierter Offiziere und ihrer Familien, die in Lettland bleiben wollten, sowie die Bewahrung sowjetischer Memorialbauten (Denkmäler) und Kriegsgräber durch die Republik Lettland festschrieb.[7]

Ein weiteres Instrument der Abwicklung sowjetischer Herrschaft war die Restitution des historischen Staatsvolkes. Am 15. Oktober 1991 verabschiedete das Parlament der Republik Lettland eine Resolution, nach der sich zunächst nur Einwohner Lettlands als Staatsbürger für den neuen lettischen Pass registrieren konnten, die selbst oder deren Vorfahren am 17. Juni 1940, dem Tag des sowjetischen Einmarsches, Staatsangehörige der Republik Lettland waren, unabhängig von der Nationalität. Damit waren zum Zeitpunkt der ersten nachsowje-

---

4  Zur Systemtransformation: Henning, Strupiss, Latvia; Dreifelds, Latvia in Transition; zum politischen System: Anton, Staatlichkeit und Demokratisierung; Schmidt, Lettland. Nach Daten des Internationalen Währungsfonds wuchs das Bruttoinlandsprodukt in Lettland zwischen 1995 und 2020 von jährlich nominal 5 410 auf 33 478 US-Dollar.
5  Zvidriņš, Vanovieši, Latvieši, S. 51. In der Hauptstadt Riga war der Anteil der Letten bis 1989 sogar auf 36,5 Prozent gesunken, vgl ebenda. Bedingt durch den russischen Truppenabzug 1994 und eine niedrigere Geburtenrate der russischsprachigen Bevölkerung lag der Anteil der Letten 2024 wieder bei 63 Prozent, vgl. URL: https://data.stat.gov.lv/pxweb/lv/OSP_PUB/START__POP__IR__IRE/RIG040/table/tableViewLayout1/ (letzter Zugriff 20.8.2024).
6  Guntis Ulmanis, der seine Kindheit von 1941 bis 1946 in der Verbannung in Sibirien verbrachte, ist ein Großneffe des lettischen Ministerpräsidenten und autoritären Staatsführers Kārlis Ulmanis.
7  Russische Militärdoktrin; Text der Verträge: Ziņotājs (1995), Nr. 2, Pos. 25, S. 168 ff. Mit Beschluss vom 12.5.2022 und Wirkung vom 16.5.2022 setzte das lettische Parlament Teile des Vertragswerkes, betreffend die Bewahrung von Denkmälern und die Rechte von Militärpensionären, vorübergehend bis zur Beendigung der Verletzungen des Völkerrechts durch die Russländische Föderation gegenüber der Ukraine außer Kraft.

tischen Parlamentswahlen 1993 nur 71,8 Prozent der Einwohner Lettlands Staatsbürger. 60,9 Prozent aller im Land lebenden Russen und andere ehemalige Sowjetbürger durften nicht wählen.[8] Dies hatte zur Folge, dass der Anteil der Letten in der neugewählten Saeima überproportional bei 88 Prozent lag. 1998 wurde die Staatsbürgerschaft, vor allem aber die Frage der Einbürgerung der jetzt als „Nichtstaatsbürger" bezeichneten sowjetischen Immigranten, gesetzlich neu geregelt.[9] Dies führte mittelfristig zu einer Entspannung der Situation, 2024 besaßen bereits 86 Prozent der Einwohner Lettlands die Staatsbürgerschaft ihres Landes.[10] Die restriktive Regelung der Staatsbürgerschaft wurde häufig als Instrument einer ethnisch motivierten Politik und als undemokratisch kritisiert. Wie regelmäßige Wahlergebnisse zur lettischen Saeima, aber auch von in Lettland lebenden Russen zur russländischen Duma und zum Präsidentenamt im Kreml zeigen, sicherte paradoxerweise jedoch gerade der Ausschluss eines als postkommunistisch und prorussisch geltenden Teilelektorats die anfangs noch labile Demokratie und die Westorientierung des Landes, die zuletzt 2004 in den Beitritt Lettlands zur Europäischen Union und zur NATO mündete.

Die Erinnerung an die Republik der Zwischenkriegszeit wurde verbunden mit der Betonung der Bedeutung der lettischen Sprache als Staatssprache und primärem Identifikationsmerkmal. Die Sowjetzeit hatte zu einem Verlust der soziolinguistischen Funktion der lettischen Sprache im öffentlichen Raum geführt. Eng mit der Staatsbürgerschaft verbunden war daher die Sprachenfrage. Im Rahmen eines Einbürgerungsantrages muss neben einem Test zur Kultur und Geschichte Lettlands auch eine Sprachprüfung bestanden werden. Ein neues Sprachengesetz von 2000 schrieb Lettisch verbindlich als einzige Staatssprache fest und definierte das Russische fortan als Fremdsprache.[11] Lettisch soll sukzessive das Russische im Schulunterricht ablösen. Eine umstrittene Bildungsreform 2003/2004 legte zunächst den Anteil lettischsprachigen Unterrichts in der zur Hochschulreife führenden Oberstufe der Mittelschule (Klassen 10 bis 12) fest, der seit 2021 in vollem Umfang in der lettischen Sprache stattfindet. Eine weitere im Oktober 2022 unter dem Eindruck des russischen Angriffskrieges gegen die Ukraine beschlossene Änderung sieht vor, dass die Vorschul- und Grundschulausbildung der Klassen 1 bis 9 aller Schulen, also auch der nichtlettischen Minderheitenschulen, bis 2025 zur lettischen Unterrichtssprache übergehen müssen. Dies führt in der beabsichtigten Konsequenz z. B. dazu, dass im Unterricht alte sowjetische oder neuere Geschichtsbücher aus Russland nicht mehr verwendet werden können. Der Versuch russischer Gruppierungen, mit Hilfe eines Referendums 2012 die russische Sprache in der Verfassung als zweite Staatssprache zu etablieren, wurde mit 74,8 Prozent der Befragten abgelehnt.[12]

Zwar versuchte die Republik Lettland gleichzeitig, über eine liberale Minderheitenpolitik Räume kultureller und sprachlicher Autonomie für nichtlettische Bevölkerungsgruppen zu schaffen – nicht zuletzt war dies Vorbedingung für die Aufnahmen in den Europarat und die EU –, trotzdem führten Staatsbürgerschafts- und Sprachenpolitik zur Entstehung eines

---

8 Latvijas Vēstnesis / Pavadonis (27.11.1993), Nr. 112, S. 3.
9 Henning, Zum Staatsbürgerschaftsgesetz; die Übersetzung des Gesetzes ebenda, S. 304–314.
10 Statistik: URL: https://data.stat.gov.lv/pxweb/lv/OSP_PUB/START__POP__IR__IRV/IRV010/ table/tableViewLayout1/ (letzter Zugriff 24.8.2024).
11 Henning, Sprachenpolitik.
12 Die Ergebnisse des Rererendums unter der URL: https://www.tn2012.cvk.lv/report-results.html (letzter Zugriff 20.8.2024).

neuen Minderheitenproblems. Ähnlich wie die deutschbaltische Minderheit nach 1918 fühlt sich ein Teil der russischsprachigen Bevölkerung weiterhin einer imperialen russländischen bzw. sowjetischen Vergangenheit verpflichtet. Am deutlichsten manifestierte sich die Teilung der Erinnerung am 18. November, wenn Letten die Unabhängigkeit ihres Staates feiern, und am 9. Mai, wenn ehemalige Sowjetbürger des Tages des Sieges im „Großen Vaterländischen Krieg" gegen Deutschland und der „Befreiung" Lettlands vom „Hitlerfaschismus" gedachten.[13] Seit 2022 ist das öffentliche Gedenken an den Sieg der Sowjetunion 1945 verboten, der Tag wurde gesetzlich zu einem Gedenktag für die Opfer und Kriegstoten der Ukraine umgewidmet.[14]

Die Bedeutung dieser Themen hat seit dem Amtsantritt Vladimir V. Putins (geb. 1952) am 31. Dezember 1999, seit dem massiven Dissens zwischen russischer und lettischer Geschichtsinterpretation anlässlich der Moskauer Feierlichkeiten zum 60. Jubiläum des Kriegsendes 2005[15], insbesondere aber im Zusammenhang mit Russlands Kriegen gegen Georgien 2008 und die Ukraine seit 2014 sprunghaft zugenommen hat. Kollektive Erinnerungen zu steuern und zu beherrschen ist seither Teil hybrider Kriegsführung im öffentlichen und digitalen Raum.[16] In den baltischen NATO-Mitgliedstaaten, hier in Lettland kommt daher im 21. Jahrhundert der Geschichte und damit der Tätigkeit von Geschichtswissenschaftlern zunehmend eine strategische Bedeutung zu. Historiografie bleibt eine Funktion volatiler Machtverhältnisse im Inneren und Äußeren der baltischen Grenzregion.

## 9.2. Personen und Institutionen

*Evaluation der Geschichtswissenschaft*

Mit der Wiederherstellung der staatlichen Unabhängigkeit und der notwendig gewordenen Reform des lettischen Wissenschaftssystems standen auch die Geschichtswissenschaft, ihre Vertreter, Institutionen, Themen und Ziele zur Disposition. Ihre Überprüfung war Teil einer internationalen Evaluierung des lettischen Wissenschaftssystems, die auf Ansuchen des neu

---

13 Wezel, Geschichte als Politikum, S. 249-259.
14 Vgl. das entsprechende Gesetz vom 8.4.2022 in URL: https://likumi.lv/ta/id/331564-par-ukraina-cietuso-un-boja-gajuso-pieminas-dienas-noteiksanu (letzter Zugriff 26.8.2024).
15 Vgl. die öffentlicher Erklärung der lettischen Staatspräsidentin Vaira Vīķe-Freiberga (geb. 1937) vom 12.1.2005, in der sie die lettische Interrpetation des 9. Mai als erneute Okkupation deutlich machte, unter der URL: https://www.president.lv/lv/jaunums/latvijas-republikas-prezidentes-vairas-vikes-freibergas-pazinojums-sakara-ar-2005-gada-9-maiju-riga-2005-gada-12-janvari (letzter Zugriff 26.8.2024); ferner: Zarusky, Debatten um den Hitler-Stalin-Pakt, hier S. 332-337.
16 So verkündete z. B. der russische Katastrophenminister und spätere Verteidigungsminister Sergej K. Šojgu (geb. 1955) Anfang Mai 2009 im staatlichen Fernsehen: „Russland ist ein mächtiges, ein reiches und großes Land. Um der eigenen Selbstachtung willen ist es notwendig, unsere eigene Erinnerung der Geschichte zu verteidigen.", vgl. Eine alleingültige Geschichtssicht; ferner: Muižnieks (Hrsg.), The Geopolitics. Die besonders brisanten Beziehungen zu Russland und dessen Einmischungsversuche in den baltischen Staaten analysiert regelmäßig und zuverlässig das *Latvian Institute for International Affairs* (lett. *Latvijas Ārpolitikas institūts*, LAI). Es gibt Monografien (seit 1992) sowie ein Jahrbuch heraus (seit 2013: Latvijas ārpolitikas gadagrāmata), zuweilen in Zusammenarbeit mit der Konrad-Adenauer-Stiftung oder der Friedrich-Ebert-Stiftung, vgl. URL: www.lai.lv; die Publikationen unter der URL: www.lai.lv/publikacijas (letzter Zugriff 23.8.2024).

## 9. Ausblick: Die Geschichtslandschaft Lettlands der Gegenwart (1991–2018)

gegründeten Wissenschaftsrat Lettlands (lett. *Latvijas Zinātnes padome*) mit Datum vom 16. Mai 1991 vom dänischen Staatlichen Forschungsrat (dän. *Statens Forskningsråd*) zwischen Juni und Oktober 1992 durchgeführt wurde. Eine vierköpfige Kommission, in der neben drei dänischen Historikern und Archäologen auch der Vorsitzende der Baltischen Historischen Kommission e. V. (BHK) in Göttingen, Gert von Pistohlkors (geb. 1935), Mitglied war, unterzog unter den Aspekten der universitären Lehre, der Bibliotheken und Archive, der Sprachprobleme, der Finanzsituation, der Profile der Historiker und der Veröffentlichungen 16 historische und vier archäologische Forschungsprojekte einer engeren Analyse.[17]

In ihren Schlussfolgerungen stellten die Experten fest, dass insbesondere die Trennung von Forschung und Lehre, bedingt durch das zentralistische sowjetische System der Akademie(n) der Wissenschaften, zu einer wissenschaftlichen Schwächung der Lehre geführt habe, und „the split between members of the University institute and the historical department of the Academy had partly become so deep that they started to ignore each other." Die Bibliotheken enthielten zu wenig westliche Literatur, die Kenntnisse westlicher Sprachen sei zu gering ausgeprägt und die schwierige ökonomische Situation des Wissenschaftssektors führe zu einem Mangel an wissenschaftlichem Nachwuchs auch in der Geschichtswissenschaft. Als befriedigend hingegen wurde die Qualität der Publikationen und die Arbeitsmöglichkeiten für Historiker in den nunmehr geöffneten Archiven genannt.[18]

Insbesondere die Evaluierung des Geschichtsinstituts förderte auch strukturelle Probleme unter den Historikern selbst zutage. 15 Wissenschaftler hatten das Institut seit 1990 verlassen, von den verbliebenen 63 Mitarbeitern war etwa die Hälfte älter als 50 Jahre. Fünf Historiker, älter als 70 Jahre, besserten im Institut ihre schmale Rente auf, ein Phänomen, das die Institutsarbeit auch in den folgenden Jahren bestimmen sollte. Nach Ansicht der dänischen Experten waren zu wenige von ihnen habilitiert, forschten die Wissenschaftler zu lange und publizierten zu wenig, waren zu wenig beruflich mobil und international vernetzt – typische Merkmale des sowjetischen Erbes, das es zu überwinden galt.[19]

Glaubt man einer weiteren Evaluierung der lettischen Wissenschaftslandschaft, die im Auftrag des Ministeriums für Bildung und Wissenschaft 2014 durchgeführt wurde, konnte die Situation in den Geschichtswissenschaften bis dahin kaum verbessert werden. Zu den Geisteswissenschaften hieß es in den Ergebnissen lapidar,

„die Humanwissenschaften sind sehr fragmentiert, [...], die Forschungen der verschiedenen Ausrichtungen fokussieren hauptsächlich auf Fragen, die für Lettland aktuell sind."

Sowohl das Geschichtsinstitut als auch die Fakultät für Geschichte und Philosophie an der Universität wurden lediglich mit „schwacher" bis „starker Akteur" beurteilt, und nur auf lokaler Ebene.[20] Damit wurde einem Teil der Geschichtswissenschaft in Lettland erneut bescheinigt, international nur begrenzt anschlussfähig zu sein.

---

17 Die übrigen Kommissionsmitglieder waren Birgit Løgstrup (Viborg), Henrik Thrane (Odense) und Troels Nørager (Aarhus); vgl. Latvian Research, zur Geschichtswissenschaft hier S. 539-552.
18 Ebenda, S. 536-539, Zitat 536. Als erfreuliche Ausnahme wird die Konferenzreihe „Germanija i Pribaltika", ab den 1970er Jahren von beiden Einrichtungen durchgeführt, genannt (vgl. Kap. 7).
19 Latvian Research, S. 546 f.
20 Informatīvais ziņojums par zinātnes starptautisko izvērtējumu [Informativer Bericht über die internationale Auswertung der Wissenschaft] (Entwurf), unter: file:///H:/4%20PROJEKT%20-

194   9. Ausblick: Die Geschichtslandschaft Lettlands der Gegenwart (1991–2018)

Immer wichtiger wurden daher historisch arbeitende Forschungsinitiativen, die außerhalb der traditionellen Einrichtungen des Geschichtsinstituts Lettlands oder der Fakultät für Geschichte und Philosophie im Bereich von Nachbarwissenschaften initiiert wurden. So etablierte sich 2004 beispielsweise an der Fakultät für Sozialwissenschaften der Universität Lettlands das „Institut für Soziale und Politische Forschungen" (lett. *Sociālo un Politisko pētījumu institūts*, SPPI) als Institut mit zeitgeschichtlicher Ausrichtung, an dem u. a. seit 2012 unter der Leitung von Vita Zelče (geb. 1965) ein „Zentrum für die Erforschung sozialer Erinnerung" (lett. *Sociālās atmiņas pētījumu centrs, SAPC*) interdisziplinär kollektive Erinnerung, die Rolle von Vergangenheit für die Gegenwart, Geschichtspolitik, ihre Repräsentationen und Geschichtsidentität erforscht. 2015 bis 2017 nahm das Zentrum an einem internationalen Projekt *Living Memories – Living together with difficult memories and diverse identities* der Initiative „ERA.Net.RUS Plus-initiative" teil, die die wissenschaftliche Zusammenarbeit zwischen Russland und der Europäische Union stärken wollte. An dem Projekt beteiligten sich neben den lettischen Wissenschaftlern auch Teams aus Frankfurt, Helsinki, Istanbul, Perm und Tartu. Neben der Printserie *Agora* (siehe unten) gaben das SPPI und das SAPC unter anderem eine Reihe von zeitgeschichtlichen Veröffentlichungen zu Fragen des Gedenkens an den Zweiten Weltkrieg und den Holocaust heraus.[21]

*Historiker*

Der Beginn von Demokratisierung und Pluralisierung Lettlands ab der zweiten Hälfte der 1980er Jahre machte deutlich, dass die Gesellschaft immer schon differenzierter war, als sowjetische Sprachregelungen hatten vermuten lassen. Rasch ließen sich größere Gruppen unterscheiden, die sich allerdings weniger über ihre Haltung gegenüber Demokratie und Freiheit als vielmehr über verschiedene Erinnerungskulturen definierten. Dies galt insbesondere für diejenigen, die für die Erinnerung zuständig waren, die Zunft der Sowjethistoriker in Lettland, deren Angehörige sich ab 1987 unterschiedlich zu orientieren begannen.

Überschaubar blieb die Gruppe der orthodoxen Hardliner, überwiegend Vertreter einer älteren Generation. Sie verloren in der Wendezeit durch ihre ideologische Unbeugsamkeit, vor allem in der Frage der Interpretation des Hitler-Stalin-Paktes, der Okkupation Lettlands 1940, des Zweiten Weltkrieges und der Deportationen sowohl ihre wissenschaftliche als auch öffentliche Glaubwürdigkeit. Zu ihnen gehörten der Historiker und ZK-Sekretär Aleksandrs Drīzulis (1920–2006) und der Geheimdienstler Jānis Dzintars (1928–2007), der kurz nach der Unabhängigkeit Lettland verließ und seinen Lebensabend in Moskau verbrachte. Andere hatten das Rentenalter erreicht, verließen die Bühne und publizierte nur noch selten kleinere Artikel, wie etwa Ēriks Žagars (1935–2022) oder Ojārs Niedre (1929–2009).

---

%20Dissertation/Bibliothek/Par%20zinatnes%20starptautisko%20izvertejumu.pdf. So wurde z. B. am Geschichtsinstitut das ambitiöse Projekt einer „Geschichte Lettlands im 20. Jahrhundert" lange nicht fortgeführt. Die ersten beiden Bände erschienen 2000 und 2003, die Bände III und IV, die bis 1964 reichen, erst 2022 und 2023., vgl. 20. gadsimta Latvijas vēsture.

21 Das Institut unter der URL: https://www.szf.lu.lv/petnieciba/sppi/par-institutu/; das Projekt unter der URL: https://www.lu.lv/zinatne/programmas-un-projekti/petniecibas-projekti-latvijas-universitate/2012/zelce/ (letzte Zugriffe 26.8.2024). Veröffentlichungen u. a.: Muižnieks, Zelče, Karojošā piemiņa; Neiburgs, Zelče, Divas puses; Zellis, Ilūziju un baiļu mašinērija.; Kaprāns, Procevska, Uzule, Saulītis, Padomju deportāciju pieminēšana Latvijā.

## 9. Ausblick: Die Geschichtslandschaft Lettlands der Gegenwart (1991–2018)

Eine flexiblere Haltung nahm Vilis Samsons (1920–2011) ein, der zwar als unbeugsamer Sowjetpartisan galt, gleichzeitig in der Vergangenheit aber vorsichtig nationalkommunistische Positionen in Kultur und Pädagogik vertreten hatte, im Jahr 1989 als Abgeordneter des lettischen Obersten Sowjets für die Wiederherstellung nationaler Symboliken und die Annahme des ersten Sprachengesetzes stimmte und sich bis zum Ende seiner beruflichen Tätigkeit als Sekretär des Präsidiums der Akademie der Wissenschaften im Jahr 1992 für deren Reform einsetzte.[22] Ļubova Zīle (1928–2016)[23], die 1988 die Unabhängigkeitsbewegung zunächst noch verurteilt hatte, diese später aber ebenfalls im Obersten Sowjet unterstützte und im April 1990 ihren Posten als Direktorin des Parteiinstituts verlor, weil sie die Unabhängigkeit der LKP von Moskau befördert hatte, begann 1991 mit Hilfe einer kleinen Stiftung die Geschichtszeitschrift *Latvijas Vēsture* (dt. Geschichte Lettlands)[24] herauszugeben. Weitere Beispiele sind der ehemalige Historiker am Parteiinstitut Leo Dribins (geb. 1931), der sich, aus einer deutsch-jüdischen Familie in Liepāja (dt. Libau) stammend, von der Edition der Werke und Biografie Pēteris Stučkas (1865–1932) kommend zunehmend der Geschichte der Minderheiten Lettlands zuwandte, oder Jānis Riekstiņš (geb. 1942), der noch 1987 ein verherrlichendes Buch über lettische „Tschekisten" schrieb, dann 1988 mit einem Aufsatz über „Klassenkampf auf dem Lande" moderatere Töne anschlug, um schließlich 1991 rechtzeitig zur Unabhängigkeit mit „Völkermord. Die Deportationen vom 25. März 1949"[25] die zeitgemäße und karrierestabilisierende Terminologie fand.

Beispiele für thematische Kontinuität unter den Bedingungen sich wandelnder Narrative sind etwa Ilga Apine (1928–2019), die dem Thema der Nationalitätenpolitik treu blieb und im Kontext der Debatten um eine neue lettisch Minderheitenpolitik zur Geschichte der nationalen Minderheiten in Lettland zu publizieren begann, oder Jānis Bērziņš (geb. 1941), der fortgesetzt seinem Interesse an der Geschichte der Industriearbeiterschaft nachging.[26]

Einige ältere Historiker jüdischer Abstammung verließen die lettische Geschichtslandschaft und emigrierten aus unpolitischen Gründen. Zu ihnen zählte etwa die Spezialistin für italienische Geschichte Aleksandra Rolova (1920–2019), die 1991 nach Aachen zog[27]. Maksim Duchanov (1921–2001) zog 1997 aus gesundheitlichen Gründen zu seiner Tochter, der russischen Historikerin Irina Saveleva (geb. 1947), nach Moskau.[28] Pēteris Krupņikovs

---

22 Vgl. den freundlichen Nekrolog: Stradiņš, Kristapsons, Latvijas Zinātņu akadēmijas prezidija ilgadējais galvenais zinātniskais sekretārs. Samsons wurde als ehemaligem Partisanenkommandanten noch 2010 vom russischen Botschafter in Riga eine Medaille zum 65. Siegestag verliehen.
23 Zīle war bis 1990 Direktorin des Parteiinstituts und gehörte lange zum inneren Parteizirkel um den Ersten Parteisekretär der LKP (1966–1984) Augusts Voss (1916–1994).
24 Latvijas vēsture [Geschichte Lettlands]. Rīga (1991), Nr. 1 ff. Siehe auch den Nachruf auf Zīle: Taurēns, In Memoriam.
25 Riekstiņš, Slepenās cīņas avangarda; ders., Šķiru cīņa laukos; ders., Genocīds.
26 Apine, Baltkrievi Latvijā; dies., Etnopolitika Latvijā; dies., Volkovs, Latvijas krievu identitāte; Bērziņš, Latvijas rūpniecības strādnieku dzīves līmenis; ders., Latvijas rūpniecības strādnieku sociālais portrets.
27 Ihre Erinnerungen: Rolova, Ein jüdisches Leben; Audiointerview über ihr Leben unter der URL: https://www.juedische-lebensgeschichten.de/film.asp?pid=31&vid=579&lang= (letzter Zugriff 20.1.2018).
28 Zelče, Maksims Duhanovs, hier S. 156.

(1920–2009) ging nach Deutschland und unterrichtete dort noch eine Zeitlang an der Universität Bremen, später an der Bundeswehrhochschule München.[29]

Auf der anderen Seite blieb die Zahl der lettischen Historiker, die aus dem Exil nach Lettland zurückkehrten, klein: Kārlis Kangeris (geb. 1948) ging erst nach seiner Pensionierung in Stockholm nach Riga zurück, und Valters Nollendorfs (1931), von Haus aus eigentlich kein Historiker, sondern Germanist, wandte sich erst als stellvertretender Direktor des Okkupationsmuseums Lettlands zeitgeschichtlichen Fragen zu. Häufige Gäste in Riga waren allerdings Andrejs Plakans (1940–2024) und Andrievs Ezergailis (1930–2022), beide als Historiker ausländische Mitglieder der Akademie der Wissenschaften Lettlands. Aufgrund des Wegfalls der ideologischen und natürlichen Grenzen kann nach 1991 im Grunde auch nicht länger von einer Trennung der lettischen Historiografie in eine Exilgeschichtsschreibung und einer Historiografie im Lande selbst gesprochen werden.

Anders als in Estland, wo junge Historiker früh die Lehrstühle für Geschichte in Tartu und Tallinn übernahmen und begannen, die estnische Geschichtslandschaft neu zu prägen, bezog in Lettland zunächst eine mittlere Generation die Schlüsselstellungen im Geschichtsbetrieb des Landes. Ihre Vertreter waren „Kinder des Erwachens", (lett. *Atmodas bērni*), wie man die Generation der Reformer nennt, die überwiegend nach 1945 geboren, in Sowjetlettland aufgewachsen und noch in der Sowjetunion ausgebildet und sozialisiert waren. Sie unterstützten den Kurs der Volksfront Lettlands auf Unabhängigkeit und die Dekonstruktion des sowjetlettischen Geschichtsnarrativs, habilitierten sich in den Jahren nach 1991, übernahmen die wichtigen Geschichtslehrstühle an der einzigen Fakultät für Geschichte und Philosophie in Riga und waren mehr als zwanzig Jahre für die Ausbildung junger Historiker verantwortlich. Wissenschaftlich vertreten sie eine positivistische, auf Quellenmaterial und „Fakten" gründende politische Geschichte Lettlands. Zu ihnen gehören etwa Ilgvars Butulis (geb. 1948, Professor 2002), Inesis Feldmanis (geb. 1949, Professor 1995), Aivars Stranga (geb. 1954, Professor 1995), und Gvido Straube (geb. 1959, Professor 2003). Als Mittelalterhistoriker (mit in Lettland seltenen Kenntnisses des Lateinischen) sieht sich Ilgvars Misāns (geb. 1955, Professor 2002) hingegen stärker einer regionalen Ostseegeschichte und weniger einer retrospektiven nationalen Geschichte verpflichtet. Einige Historiker, die sich zunächst mit der Geschichte der internationalen Beziehungen Lettlands beschäftigt hatten, darunter Bonifācijs Daukšts (1950–2024), Mārtiņš Virsis (geb. 1959) und Argita Daudze (geb. 1962), wechselten von der Wissenschaft ins Außenministerium der Republik Lettland und in den diplomatischen Dienst.[30]

Eine junge Generation, die andere Akzente setzt, stärker theoretisch beeinflusst und interessiert ist, Impulse aus Sozial- Mentalitäts- und Kulturgeschichte aufnimmt, Teile ihrer Ausbildung an ausländischen Universitäten in Deutschland oder angloamerikanischen Raum absolviert hat und fremdsprachlich stärker im westlichen Ausland Präsenz zeigt, macht sich in Lettland hingegen erst nach der Jahrtausendwende bemerkbar. Zu ihnen gehören etwa Andris Levāns und Kaspars Kļaviņš (beide geb. 1968), die in Hamburg bei Norbert Anger-

---

29 Seine Erinnerungen: [Krupņikovs], Dialogā. Ihm wurde in der Bundesrepublik eine Festschrift gewidmet, in der Darstellung seiner Biografie fehlt allerdings ein Hinweis auf seine Zeit beim sowjetischen militärischen Nachrichtendienst SMERŠ (1944–1946): Anton, Luks (Hrsg.), Deutschland, Russland und das Baltikum.
30 Daudze, Latvija Zviedrijas politikā; Daukšts, Kulturālās tuvināšanās biedrība ar SPRS tautām.

mann (geb. 1936) Mittelalterliche Geschichte studierten, oder Gustavs Strenga (geb. 1981), der in Freiburg studierte und ebenfalls in Mittelalterlicher Geschichte in London promovierte, Vita Zelče und Ineta Lipša (geb. 1970), die sich für Sozialgeschichte und Genderforschung stark machen, Ēriks Jēkabsons (geb. 1965), Uldis Neiburgs (geb. 1972) und Valters Ščerbinskis (geb. 1969) im Bereich der Zeitgeschichte, insbesondere der Geschichte des Zweiten Weltkrieges, oder Kaspars Zellis (geb. 1972) und Mārtiņš Mintaurs (geb. 1979), die Erinnerungsgeschichte und neuere Kulturgeschichte in der lettischen Geschichtswissenschaft popularisieren. Im Bereich der Minderheitengeschichte Lettlands haben Raimonds Cerūzis (1972), Jānis Keruss (geb. 1972 und Denis Hanovs (geb. 1977) veröffentlicht. Da die wenigen Lehrstühle an der Universität zunächst von der letzten in Sowjetlettland ausgebildeten Generation besetzt blieben, arbeiteten die Vertreter der jüngeren Generation zunächst häufig in Nachbarbereichen, an kleineren Hochschulen, Museen und Institutionen und publizierten viel, um sich finanziell über Wasser zu halten. Sie nutzen kreativer als die älteren Vertreter ihres Faches neue digitale Medien, um Ergebnisse Meinungen und Provokationen zu vernetzen, und begannen ab etwa Mitte der 2010er Jahre, frei werdende Lehrstühle an der Universität zu übernehmen.[31]

*Institutionen, Kommissionen und Vereinigungen*

Nach der Schließung des Parteiinstituts im August 1991 blieb das Geschichtsinstitut der Akademie der Wissenschaften einziges dezidiert geschichtswissenschaftliches Forschungsinstitut Lettlands. Zum 1. Januar 1994 wurde es, auch um den Kontakt zur Lehre zu stärken, zunächst als unabhängige Rechtsperson an die Universität Lettlands angegliedert, seit dem 1. Januar 2016 gilt es als Struktureinheit der Universität. Es hat allerdings nach 1991 nicht mehr die öffentliche Bedeutung erlangt, die es vor dem Zweiten Weltkrieg, aber auch während der sowjetischen Jahre besaß. Die Gründe liegen einerseits an einer notorischen Unterfinanzierung, andererseits aber auch an einer zögerlichen Haltung der jeweiligen Direktoren, das Institut stärker in den internationalen Forschungskontext einzubinden und so über Drittmittel finanziell zu stärken. So ist beispielsweise kein einziges nennenswertes internationales Forschungsprojekt bekannt, an dem sich das Institut seit 1991 beteiligt hätte. Hoffnung macht gegenwärtig ein vom Wissenschaftsrat Lettlands mit immerhin 1 674 000 EUR dotiertes, von dem Historiker Uldis Neiburgs geleitetes Forschungsprojekt (2023–2026) zur Geschichte Lettlands im 20. und 21. Jahrhundert, an dem mehr als 30 Wissenschaftler verschiedener Institute Lettlands beteiligt sind, und welches auch auf die Stärkung internationaler Zusammenarbeit und Sichtbarkeit abzielt. Das Institut ist fortgesetzt Heraus-

---

31 An dieser Stelle können nicht alle Namen genannt werden, man kann dieser Generation noch Gatis Krūmiņš (geb. 1973), der über die Agrarreform nach 1988 promovierte, und Mārtiņš Kaprāns (geb. 1980) zurechnen, ferner Kristīne [Kristine] Wohlfart (geb. 1968) und Svetlana Bogojavļenska (geb. 1977), die beide nach ihrem Studium der Geschichtswissenschaften an der Universität Mainz in Deutschland blieben, aber fortgesetzt in und über Lettland publizierten; oder die inzwischen in den USA lehrende Soziologin Ieva Zaķe [oder amer. Zake, geb. 1973], zu deren Themen die Geschichte der lettischen rechtsnationalen Eliten gehört, sowie Una Bergmane (geb. 1985), die in Paris promovierte und gegenwärtig am Aleksanteri-instituutti in Helsinki zu Themen der internationalen Politik arbeitet, vgl. Bergmane, Politics of Uncertainty.

geber der Geschichtszeitschrift *Latvijas Vēstures Institūta Žurnāls*, wichtigste Publikation seit 1991 ist eine bisher vierbändige Geschichte Lettlands im 20. Jahrhundert.[32]

Neben weiteren kleineren geschichtswissenschaftlich arbeitenden Institutionen, vor allem an den übrigen Universitäten und Hochschulen Lettlands, den Museen, Archiven und Bibliotheken, übernahmen seit 1991 vor allem historische Kommissionen, mit thematisch eng umrissenen zeitgeschichtlichen Forschungsaufgaben betraut, eine wichtige Funktion innerhalb der lettischen historiografischen Landschaft.

Den Anfang bildete eine dreizehnköpfige, zunächst überwiegend aus Vertretern des öffentlichen Lebens bestehende „Kommission zur Auswertung der letzten Lebensphase von Kārlis Ulmanis", die noch der Oberste Sowjet der SSR Lettland am 16. Januar 1990 einrichtete. Als Historiker waren zunächst nur der kommissarische Direktor des Geschichtsinstitutes Indulis Ronis (1943–2016) und der Lehrstuhlinhaber für Geschichte Lettlands an der Universität in Riga, Heinrihs Strods (1925–2012), vertreten; später kamen Elmārs Pelkaus (geb. 1943), Virsis und Žagars hinzu. Aufgabe der Kommission war, das bisher nur schemenhaft bekannte Schicksal[33] des letzten Staatspräsidenten vor dem Krieg nach dessen Verschleppung durch die Sowjets am 22. Juli 1940 aufzuklären, entsprechende Dokumente zu sichern und nach seinen sterblichen Überresten zu suchen. Zwischen 1990 bis 1993 führte die Kommission sechs Expeditionen nach Krasnovodsk (Turkmenistan) durch, dem letzten bekannten Aufenthaltsort von Ulmanis. Im Ergebnis konnte zweifelsfrei festgestellt werden, dass Ulmanis am 20. September 1942 in Einzelhaft im 2. Stadtgefängnis von Krasnovodsk aufgrund von schweren Krankheiten und Schwäche verstorben war.[34] Nachdem der Großneffe von Kārlis Ulmanis, Guntis Ulmanis, am 7. Juli 1993 zum ersten Staatspräsidenten nach der Wende gewählt worden war, wurde die Kommissionsarbeit beim Präsidialamt angesiedelt und um die Aufklärung des Schicksals weiterer Politiker der Zwischenkriegszeit, die ab Juni 1940 verschwunden waren, erweitert.

Die Arbeit dieser Untersuchungskommission mündete in eine weitere Kommission, die auf Initiative von Staatspräsident Ulmanis am 13. November 1998 unter der Bezeichnung „Lettlands Historikerkommission" (lett. *Latvijas Vēsturnieku komisija*) ins Leben gerufen wurde.[35] Den politischen Hintergrund bildete der Integrationswunsch Lettlands Richtung Westen, das geschichtlich bedingte, anhaltende Spannungsverhältnis zu Russland sowie das zunehmende Bedürfnis, die Geschichte Lettlands seit dem Hitler-Stalin-Pakt zeitgeschichtlich und vor allem faktologisch im Detail nach dem Vorbild ausländischer zeitgeschichtlich

---

32 Direktoren waren bis 1996 Indulis Ronis (1943–2016), 1996 bis 2002 Andris Caune (geb. 1937), 2002 bis 2006 Jānis Bērziņš (1941–2017), 2006 bis 2020 Guntis Zemītis (geb. 1955) und zur Zeit Gvido Straube (geb. 1959), vgl. URL: https://www.lvi.lu.lv/par-mums/vesture/pec-latvijas-neatkaribas-atgusanas/ (letzter Zugriff 7.12.2024); das Projekt unter der URL: https://www.lvi.lu.lv/vesturelv-xx-xxi/ (letzter Zugriff 7.12.2024). Veröffentlichung: 20. gadsimta Latvijas vēsture.
33 Vgl. Dunsdorfs, Kārļa Ulmaņa dzīve, S. 384-411.
34 Zur Kommissionsarbeit: Ronis, Žvinklis, Kārlis Ulmanis trimdā, S. 18-32; zum Tod von Ulmanis ebenda, S. 167.
35 Die Arbeit der Kommission regelt eine Verfügung des Staatspräsidenten, Nr. 2 vom 18. August 2015, vgl. die PDF *Vēstures komisijas nolikums* unter der URL: https://www.president.lv/lv/vesturnieku-komisija?utm_source=https%3A%2F%2Fwww.google.com%2F (letzter Zugriff 6.9.2024).

## 9. Ausblick: Die Geschichtslandschaft Lettlands der Gegenwart (1991–2018)

forschender Institute und Kommissionen aufzuklären, um postsowjetischen Legendenbildungen vorzubeugen, die Kontinuität der Staatlichkeit Lettlands erinnerungspolitisch zu unterlegen und die Geschichte Lettlands in eine gemeinsame europäische Erinnerung integrieren zu können.

Aufgabe der Historikerkommission war, die Politik des sowjetischen und nationalsozialistischen Besatzungsregimes zwischen 1939 und 1990 sowie die Geschichte des Holocaust in Lettland während des Zweiten Weltkrieges zu erforschen. Gleichzeitig sollte die Kommission den Dialog zwischen Lettland, Deutschland, Russland und Israel über strittige Fragen der Geschichte anregen. Zu diesem Zweck wurden vier Themengruppen gebildet, die die Geschichte des Staates Lettland bis 1939, der ersten sowjetischen Okkupation 1940/41, der „Verbrechen gegen die Menschlichkeit auf dem Territorium Lettlands während der Zeit der nationalsozialistischen Okkupation" 1941–1944[36] sowie „Lettlands im Bestand der Sowjetunion 1944–1990" thematisieren sollten. Neben ihrem Vorsitzenden Feldmanis wurden 13 weitere lettische Historiker in die Kommission berufen, ferner in Zusammenarbeit mit dem Außenministerium (an dem zahlreiche lettische Historiker eine Tätigkeit als Diplomaten gefunden hatten) auch ausländische Historiker als Kommissionsmitglieder gewonnen.[37]

Wurden zunächst nur ein- bis zwei Mal jährlich wissenschaftliche Konferenzen organisiert, so konnten ab 2000 auch Einzelforschungen aus dem Etat des Präsidialamtes finanziert und bisher insgesamt 29 umfangreiche und thematisch gebundene Aufsatzbände publiziert werden.[38] Der lettischen Zeitgeschichtsforschung liegt damit eine Fülle an Einzelergebnissen vor, sowohl übergreifend und das gesamte Land als auch lokale Entwicklungen betreffend. Der Schwerpunkt liegt auf der Geschichte Lettlands während des Zweiten Weltkrieges und betrifft sowohl die Besatzungspolitiken als auch Widerstand und Kollaboration. Einen weiteren Schwerpunkt bilden die traumatische Erfahrung des stalinistischen Terrors mit seinen Deportationswellen bis 1953 und die Phase des lettischen Nationalkommunismus bis 1959. Die Erforschung der Jahrzehnte der ‚Normalisierung' ab 1960 hingegen entziehen

---

36 Darunter werden sowohl die Verbrechen des Holocaust auf dem Territorium Lettlands als auch Verbrechen gegen die lettische und übrige Bevölkerung verstanden.
37 Die Zusammensetzung der Kommission wechselte, zuletzt waren neben dem Vorsitzenden Inesis Feldmanis folgende Historiker Mitglieder der Kommission (2017): Stranga, Butulis, Kangeris, Jēkabsons, Nollendorfs, Daina Bleiere (geb. 1949), Marģers Vestermanis (geb. 1925), Antonijs Zunda (geb. 1947), Neiburgs, Aleksandrs Ivanovs (geb. 1964), Ščerbinskis, Ainars Lerhis (geb. 1966) und Mintaurs. Ausländische Kommissionsmitglieder waren Erwin Oberländer (geb. 1937) und Joachim Tauber (geb. 1958) beide aus Deutschland, David Smith (Großbritannien), Aaron Schneier (Israel), Eero Medijainen (Estland, geb. 1959) und Zenonas Butkus (Litauen, geb. 1951). Zu Beginn der Kommissionsarbeit waren zunächst weitere ausländische Historiker und Persönlichkeiten Mitglieder: Carl Bildt (geb. 1949), Krister Wahlbäck (1937) und Per Ahlmark (1939–2018) aus Schweden, George D. Schwab (geb. 1931), Alfred Erich Senn (1932) und Norman M. Naimark (1944) aus den USA, David Cesarani (1956–2015) aus Großbritannien sowie Yitzhak Arad (1926–2021) aus Israel, vgl. URL: https://web.archive.org/web/20080228215411/http://www.president.lv/pk/content/?cat_id=7 (letzter Zugriff 17.10.2024).
38 Unter dem Serientitel „Schriften der Historikerkommission Lettlands" (lett. Latvijas Vēsturnieku Komisijas Raksti) sind die in kleiner Auflage gedruckten Sammelbände seit 2012 auf der Website des Präsidialamtes zugänglich, URL: www.president.lv/lv/latvijas-vesturnieku-komisijas-raksti (letzter Zugriff 6.9.2024). Der letzte Aufsatzband 29 (2021) umfasst noch einmal die gesamte Zeit der Anhängigkeit von 1940–1991.

9. Ausblick: Die Geschichtslandschaft Lettlands der Gegenwart (1991–2018)

sich der Täter-Opfer-Dichotomie, berühren die sowjetische Frühsozialisation manch eines Historikers, sind unbequem und dürften einer künftigen Historikergeneration vorbehalten bleiben.

Auch das Ziel, einerseits ausländische Forschungsergebnisse stärker in die Tätigkeit der Kommission einfließen zu lassen und andererseits die Arbeit international bekannter zu machen, konnte nur teilweise errreicht werden. Der Grund liegt in dem mangelnden Willen und der fehlenden Finanzierung, die Forschungsergebnisse auch in englischer Sprache vorzulegen. Auf energische Initiative des deutschen Kommissionsmitgliedes Erwin Oberländer (geb. 1937) und des aus den USA kommenden Exilletten Nollendorfs wurde immerhin ein Band mit ausgewählten und die neuralgischen Themen berührenden Aufsätze in englischer Sprache veröffentlicht. Ein Band mit Dokumenten des amerikanischen *State Departments* war bereits 2002 erschienen, ein weiterer Band mit Aufsätzen in englischer Sprache zur Geschichte des Widerstandes zwischen 1940 und 1991 folgte 2021.[39] Zu selten wird die lettische Geschichte ferner in den Kontext einer gemeinsamen osteuropäischen Erfahrung gestellt.[40] Auch die Chance zu einer multilateralen deutsch-baltisch-russischen Historikerkommission, die die Geschichte eigentlich nahelegt, wurden nicht erkannt.[41] Und nicht zuletzt stellte die Finanzierung der Kommission ein Problem dar, sie war von jeweils wechselnden Konjunkturen nach Präsidentschaftswahlen abhängig. Die großzügigste Förderung erhielt die Kommission bisher während der achtjährigen Präsidentschaft zwischen 1999 und 2007 der aus Kanada stammenden Exillettin Vaira Vīķe-Freiberga (geb. 1937), als Wissenschaftlerin in der AABS aktiv und mit der sttrategischen Bedeutung kollektiver Erinnerung für internationale Politik vertraut. Inzwischen hat die Kommission ihre Tätigkeit eingestellt, ohne offiziell aufgelöst zu sein.

Eine wichtige Funktion im Rahmen der Vergangenheitsbewältigung[42] übte seit 1992 das „Zentrum für die Folgen des Totalitarismus" (lett. *Totalitārisma Seku dokumentēšanas centrs*, TSDC) aus, eine Art lettische „Gauck-Behörde", die den schmalen dokumentarischen Nachlass der Rigaer Filiale des sowjetischen KGB verwaltet und auf Antrag Personenauskünfte Betroffener, Auskünfte über Mitarbeiter des KGB aber nur in besonderen Fällen und nur an bestimmte Institutionen, erteilt.[43] In einzelnen Fällen konnten die Mitarbeiter

---

39 Hidden and Forbidden History; Stockholm Documents; The Impossible Resistance.
40 Immerhin lautete das Thema der Tagung vom 8.12.2017: „Der unmögliche Widerstand. Opposition, Anpassung und Überleben während des kommunistischen und nationalsozialistischen Regimes in Osteuropa (1940–1991)".
41 So hatte Bundesaußenminister Frank-Walter Steinmeier (geb. 1956) noch 2008 in einer programmatischen Rede über die Beziehungen Deutschlands und der EU zu Russland und den östlichen Nachbarn gesagt: „Sind wir nicht so weit, dass Historiker aus Russland, Polen, Deutschland und dem Baltikum eine gemeinsame kritische wie selbstkritische Anstrengung unternehmen, die unterschiedlichen nationalen Sichtweisen abzugleichen, mit denen wir immer noch auf die gemeinsame Vergangenheit blicken?" Vgl. Steinmeier, Auf dem Weg. Inzwischen (2025) dürfte die Einrichtung einer solchen Kommission allerdings in hoffnungslose Ferne gerückt sein.
42 Allgemein zum Thema (juristische) Vergangenheitsbewältigung in den baltischen Staaten nach 1991: Pettai, Pettai, Transitional and Retrospective Justice.
43 Das TSDC unterstand bis 1995 dem Justizministerium und ist seit dem 6.11.1995 dem Büro für Verfassungsschutz unterstellt. Gesetzliche Grundlage der Arbeit bildet das „Gesetz über die Aufbewahrung der Dokumente des ehemaligen KGB, deren Nutzung und die Feststellung der Zusammenarbeit von Personen mit dem KGB" vom 19.5.1994. Leiter der vergleichsweise klei-

der Behörde, die Historiker Indulis Zālīte (geb. 1951), Aldis Bergmanis (geb. 1967) und Ritvars Jansons (geb. 1968) zur Geschichte des lettischen Geheimdienstes oder der sowjetischen Diversionstätigkeit in Lettland zwischen den Kriegen publizieren. Aufsätze wurden in der Schriftenreihe der Historikerkommision Lettlands, in den Jahrbüchern des Okkupationsmuseums und des Kriegsmuseums sowie in Geschichtszeitschriften veröffentlicht. Daneben wurden Unterlagen für Dokumenteneditionen Dritter bearbeitet und zur Verfügung gestellt.[44] Im Prinzip standen personenbezogene KGB-Unterlagen einer wissenschaftlichen Bearbeitung zunächst jedoch nicht zur Verfügung

Erst im Ergebnis einer jahrlangen Debatte über die Veröffentlichung der KGB-Dokumente wurde am 20. August 2014 eine weitere, zeitgeschichtlich bedeutsame Kommission ins Leben gerufen.[45] Die „Kommission zur wissenschaftlichen Erforschung des Komitees für Staatssicherheit (KGB)" (lett. *Valsts Drošības komitejas [VDK]dokumentu izpētes komisija*) sollte in mehrjähriger Tätigkeit bis zum 31. Mai 2018 die wenigen Dokumente, die der sowjetische KGB bei seinem überhasteten Abzug ab 1989 in Lettland zurückgelassen hatte und die im lettischen Volksmund als „die Säcke der Tscheka" (lett. *čekas maisi*) bekannt sind,[46] sichten und ein Gutachten erstellen, um dem Parlament die Möglichkeit zu geben, über die weitere Verwendung, vor allem personenbezogener Daten, zu entscheiden. Aus Sicht des Vorsitzenden der Kommission, des Historikers Kangeris, sollten die Dokumente darüber hinaus langfristig der Forschung zur Verfügung gestellt werden. Bisher veröffentlichte die Kommission vier Konferenzbände, eine Monografie sowie aufschlussreiche Einzelstudien sowohl zu Unterorganisationen als auch einzelnen Mitarbeitern des KGB.[47] Am 8. Juni 2018 reichte sie einen öffentlich zugänglichen zusammenfassenden Bericht auf über 2 800 Seiten ein, der neben offiziellen Dokumenten auch die wissenschaftlichen Veröffentlichungen enthielt.[48] Seit dem 20. Dezember 2018 werden die Deck- und Klarnamen der ehemaligen Mitarbeiter des Lettischen KGB auf der Website des Nationalarchivs Lettlands (lett. *Latvijas Nacionālais arhīvs*, LNA) veröffentlicht.[49]

---

nen Behörde war Indulis Zālīte (1992–) und ist z. Zt. Zinta Ābola (seit 2008). Vgl. die URL: https://www.sab.gov.lv/nozimigakie-tsdc-petijumi/ (letzter Zugriff 21.9.2024).

44 Latvijas izlūkdienesti; Niedre, Daugmalis, Slepenais karš; einzelne Dokumente in: Okupācijas varu politika; eine Liste weiterer Publikationen des TSDC unter der URL: https://www.sab.gov.lv/nozimigakie-tsdc-petijumi/.

45 Die Homepage der Kommission mit Angaben zu den Mitgliedern, zur gesetzlichen Grundlage, Geschäftsordnung usw. unter der URL: https://www.lu.lv/vdkkomisija/ (letzter Zugriff 21.9.2024); die Namen der 26 Kommissionsmitglieder sowie weiterer in die Arbeit eingebundener Experten unter der URL: https://lv.wikipedia.org/wiki/Latvijas_PSR_VDK_zin%C4%81tnisk%C4%81s_izp%C4%93tes_komisija (letzter Zugriff 21.9.2024)

46 Zur Geschichte des KGB-Nachlasses in Lettland: Wezel, Geschichte als Politikum, S. 118-127.

47 Totalitārisma sabiedrības kontrole; Jansons, LPSR drošības iestāžu darbība; LIELAIS BRĀLIS. Pirmā daļa; LIELAIS BRĀLIS. Otrā daļa. Der erste Konferenzband (Totalitārisma sabiedrības kontrole) ist im Print und digital, die Folgebände sind nur digital erschienen unter der URL: https://www.lu.lv/vdkkomisija/publikacijas/zinatniskas/ (letzter Zugriff 21.9.2024); ebenda auch eine Liste weiterer Einzeluntersuchungen und Aufsätze.

48 Der Bericht wurde dem Rektor der Universität zur Veröffentlichung auf der Website der Universität eingereicht. Leider ist er dort z. Zt. nicht mehr einsehbar, vgl. URL: https://www.lu.lv/par-mums/lu-mediji/zinas/zina/t/43440/ (letzter Zugriff 6.9.2024).

49 URL: https://kgb.arhivi.lv/ (letzter Zugriff 6.9.2024).

Eine gewisse Bedeutung für die Zeitgeschichtsforschung hat die „Kommission zur Feststellung der Opferzahl des kommunistischen Regimes und der Orte der Massengräber, der Sammlung von Informationen über Unterdrückung und Massendeportationen und der Berechnung der Verluste, die dem Staat Lettland und seinen Einwohnern zugefügt wurden" (lett. *Komisija PSRS totalitārā komunistiskā okupācijas režīma upuru skaita un masu kapu vietu noteikšanai, informācijas par represijām un masveida deportācijām apkopošanai un Latvijas valstij un tās iedzīvotājiem nodarīto zaudējumu aprēķināšanai*).[50] Sie wurde aufgrund einer Deklaration der Saeima vom 12. Mai 2005 ins Leben gerufen, in der die Russländische Föderation aufgefordert wurde, als Rechtsnachfolgerin der UdSSR und in Übereinstimmung mit völkerrechtlichen Prinzipien die moralische, rechtliche und finanzielle Verantwortung für Verbrechen und Schäden, die das Sowjetregime Lettland zugefügt habe, zu übernehmen.[51] Kurz gesagt geht es um den Versuch, die personellen und materiellen Schäden des Sowjetregimes auch finanziell zu beziffern, um zukünftig an Moskau Forderungen auf Reparationszahlungen stellen zu können. Die Kommission musste 2009 ihre Arbeit aufgrund der lettischen Finanzkrise von 2008 unterbrechen und nahm sie erst im November 2013 wieder auf. In ihrem Umfeld entstanden bisher einige wirtschaftsgeschichtliche Veröffentlichungen.[52] Ein vorläufiger Bericht vom 30. Juli 2009 bezifferte die Verluste für Lettland auf 300 Milliarden Euro. Vorsitzender der Kommission ist gegenwärtig der Historiker Gatis Krūmiņš (geb. 1973).[53]

Auf die Gründung einer „Historikerkommission Lettlands und Russlands" (lett. *Latvijas un Krievijas vēsturnieku komisija*) einigten sich der Staatspräsident Lettlands Valdis Zatlers (geb. 1955) und sein russischer Amtskollege Dmitrij A. Medvedev (geb. 1965) am 20. Dezember 2010 bei einem Staatsbesuch von Zatlers in Moskau. Nach Vorbildern wie der 1997 gegründeten „Gemeinsamen Kommission für die Erforschung der jüngeren Geschichte der deutsch-russischen Beziehungen" oder der 2006 ins Leben gerufenen litauisch-russischen Historikerkommission sollte die Aufgabe der Kommission die „vertiefte Erforschung der Geschichte Lettlands und Russlands im 20. Jahrhundert" sein, um „die akademische Wider-

---

50 Homepage der Kommission unter der URL: https://okupacijaszaudejumi.lv/ (letzter Zugriff 21.9.2024); zu Arbeit und Zielen der Kommission vgl. die URL: https://www.lvportals.lv/visi/viedokli/259657-daina-bleiere-smagakas-okupacijas-sekas-ir-musu-galvas/ (letzte Zugriffe: 21.9.2024). Die Kommission, zunächst unter ihrem Vorsitzenden, dem Politiker Edmunds Stankevičs (geb. 1974), arbeitet im Auftrag des Justizministeriums und ist nicht identisch mit der 2009 gegründeten privaten „Gesellschaft zur Erforschung der Okkupation" (lett. *Latvijas okupācijas izpētes biedrības*), die eine Schadenssumme von 185 Milliarden Euro errechnet haben will, vgl. URL: https://www.tvnet.lv/4726053/tm-latvijas-okupacijas-biedriba-nav-pilnvarota-aprekinat-okupacijas-zaudejumus (letzter Zugriff 21.9.2024).
51 Die Deklaration stützt sich auf eine frühere Deklaration der Saeima über die Okkupation Lettlands vom 22.8.1996. Eine gemeinsame Erklärung der Justizminister aller drei baltischen Staaten über die Notwendigkeit der Berechnung und Kompensation der durch die UdSSR verursachten Langzeitschäden wurde im Frühjahr 2016 unterzeichnet. Alle drei baltischen Staaten versuchen, den schwierigen Berechnungen eine gemeinsame Methodologie zugrunde zu legen.
52 Padomju Savienības nodarītie zaudējumi; Riekstiņš, Padomju impērijas koloniālā politika; Latvijas rūpniecība.
53 Kurzer Überblick über die Kommissionsarbeit (Stand 30.8.2023) unter der URL: https://lvportals.lv/norises/354379-psrs-radito-zaudejumu-aprekinasanas-komisija-turpinas-darbu-atjaunota-sas tava-2023.

spiegelung weniger erforschter und diskutabler Probleme der Geschichte und Beziehungen beider Staaten in einem breiten internationalen Kontext sicherzustellen".[54] Den Letten ging es darüber hinaus vor allem darum, über eine zwischenstaatliche Vereinbarung einen verbesserten Zugang zu zahlreichen und unverzichtbaren Quellen zur Geschichte Lettlands im 20. Jahrhundert zu erhalten, da sich viele Schlüsseldokumente nach wie vor in Moskau bzw. Russland befinden. Die konstituierende Sitzung der Kommission fand knapp ein Jahr später, am 14. November 2011, in Moskau statt, weitere Treffen am 26. November 2012 und am 5./6. Dezember 2013. Vorsitzender von von lettischer Seite war Antonjis Zunda (geb. 1947), von russischer Seite Aleksandr O. Čubarjan (geb. 1931).[55]

Eine erste Arbeitsgruppe sollte bis 2015 eine Dokumentenedition zu den lettisch-russischen Beziehungen der Zwischenkriegszeit vorbereiten.[56] Zu diesem Zweck sollte es lettischen Historiker ermöglicht werden, bisher nicht zugängliche Archivmaterialien in Moskau auszuwerten. Zwar konnten lettische Historiker ab April 2012 Aktenbestände in Moskauer Archiven einsehen (u. a. im Russischen Staatlichen Archiv für Sozialgeschichte Dokumente der Kommunistischen Internationale)[57], am 10. September 2014 entschied die lettische Seite jedoch aufgrund der Annexion der Krim, der Vorgänge in der Ostukraine und im Zusammenhang mit den vom Westen verhängten Sanktionen gegen Russland die einseitige Unterbrechung der Kommissionsarbeit.[58] Russland verweigerte daraufhin die Herausgabe bestellter Archivkopien.

In der Folge fehlte es nicht an Versuchen, die Situation zu entspannen. Im Herbst 2015 reiste der lettische Kommissionsvorsitzende Zunda auf Einladung des russischen Kommissionsvorsitzenden Čubarjan, ohne Rücksprache mit den übrigen lettischen Kollegen, nach Moskau, um die dringend benötigten Archivkopien entgegen zu nehmen. Zwar traten daraufhin vier lettische Kollegen aus der Kommission aus,[59] Zunda konnte aber eine baldige Wiederaufnahme der bilateralen Historikertreffen versprechen. Bei einem Gespräch am 12. September 2017 in Riga einigten sich Čubarjan, Ojārs Spārītis (geb. 1955) als Präsident der Akademie der Wissenschaften Lettlands sowie Zunda und zwei weitere lettische Kommis-

---

54 Siehe die Homepage der Kommission unter der URL: www.president.lv/lv/latvijas-krievijas-kopeja-vesturnieku-komisija (letzter Zugriff 24.9.2024). Ebenda auch die personelle Zusammensetzung der gemischten Kommission.
55 Aleksandr Čubar'jan, Wissenschaftlicher Leiter des Instituts für Allgemeine Geschichte der Russländischen Akademie der Wissenschaften, war auch Mitvorsitzender der 1997 gegründeten Deutsch-Russischen Historikerkommission sowie Litauisch-Russischen Historikerkommission.
56 Geplanter Arbeitstitel: Latvijas Republikas un PSRS ekonomiskās un politiskās attiecības un kultūras sakari starpkaru periodā 1918–1939 [Die ökonomischen und politischen Beziehungen und kulturellen Verbindungen zwischen der Republik Lettland und der UdSSR während der Zwischenkriegszeit 1918–1939], nicht veröffentlicht.
57 Nachrichtenagentur LETA, 6.5.2012.
58 Latvijas Avīze, 12.9.2014.
59 U. a. Ščerbinskis und Bleiere, vgl. Sašķēlušies Latvijas-Krievijas vēsturnieku komisijas biedri [Die Mitglieder der Historikerkommission Lettland-Russland sind gespalten], LETA (20.3.2016); Divas trešdaļas no Krievijas arhīvos pasūtītājām dokumentu kopijām nesaņēmām, sarūgtināts vēsturnieks Zunda [Zwei Drittel der in Archiven Russlands bestellten Archive haben wir nicht bekommen der Historiker Zunda ist verbittert], vgl. URL: https://www.delfi.lv/news/national/politics/divas-tresdalas-no-krievijas-arhivos-pasutitajam-dokumentu-kopijam-nesanemam-sarugtinats-vesturnieks-zunda.d?id=46293811 (letzter Zugriff 24.9.2024).

sionsmitglieder darauf, die lettische Kommissionsseite aus dem Präsidialamt herauszulösen, sie analog zur russischen Seite an der Wissenschaftsakademie anzusiedeln und sie damit zu entpolitisieren. Man habe sich darüber hinaus nicht nur auf eine baldige Herausgabe des geplanten Dokumentenbandes geeinigt, sondern darüber hinaus auch auf die Teilnahme russischer Historiker an einer für 2018 geplanten Konferenz zum 100. Bestehen des Staates Lettland.[60] Weitere Mitteilungen über die Arbeit der Komission gibt es nicht, es ist davon auszugehen, dass sie – vor allem nach dem russischen Angriff auf die Ukraine 2022 – *realiter* nicht mehr existiert.

Eine Merkwürdigkeit stellt der Umstand dar, dass es jenseits von Kommissionen und wissenschaftlichen Einrichtungen in Lettland bisher nicht gelungen ist, einen Historikerverband zu gründen. Auch von den beiden Historikerkongressen 2011 und 2018 gingen keine Initiativen in diese Richtung aus. Die Geschichtslehrer Lettlands hingegen organisieren sich seit 1991 in dem „Verband der Geschichtslehrer" (lett. *Vēstures skolotāju biedrība*)[61], der gleichzeitig Mitglied in der Vereinigung der Geschichtslehrer in Europa *EuroClio* ist.

*Historische Museen*[62]

Über ihre museale Ausstellungstätigkeit hinaus tragen die historischen Museen Lettlands wesentlich zur Entwicklung der Geschichtswissenschaft im heutigen Lettland bei. Sie bieten akademisch ausgebildeten Historiker über die Universitäten oder das Geschichtsinstitut hinaus Arbeitsmöglichkeiten, führen Konferenzen durch und publizieren Jahrbücher, Monografien und Sammelbände. Darüber hinaus prägen sie nicht selten die öffentliche historische Debatte.

Wichtiges und international bekanntestes Museum ist das „Okkupationsmuseum Lettlands" (lett. *Latvijas Okupācijas muzejs*), das die Zeitgeschichte Lettlands ab 1918 mit Schwerpunkt auf den Jahren der Abhängigkeit zwischen 1939 und 1991 und unter den Stichworten „Erinnern, Gedenken, Mahnen" museal präsentiert.[63] Das Okkupationsmuseum wurde 1993 auf Initiative von Exilletten gegründet, konnte bereits im selben Jahr im ehemaligen „Memorialmuseum der Lettischen Roten Schützen" Räumlichkeiten beziehen und eine erste Ausstellung eröffnen. Nichtstaatlicher Träger ist seit 2006 der gemeinnützige „Verein des Okkupationsmuseums Lettlands" (lett. *Latvijas Okupācijas muzeja biedrība*, LOMB),[64] finanziert wird es überwiegend aus Spenden, vor allem aus dem Exil, aus Eintrittsgeldern und seit 1997 zu einem geringen Teil aus staatlichen Mitteln. Im Jahr 2006 regelte ein besonderes Gesetz die staatliche Akkreditierung, finanzielle Unterstützung, Nut-

---

60 Pressemitteilung der Akademie der Wissenschaften Lettlands, unter der URL: www.lza.lv/index.php?option=com_content&task=view&id=3949&Itemid=43 (letzter Zugriff 11.1.2018).
61 Homepage: www.vsb.lv/ (letzter Zugriff 24.9.2024).
62 Einen Überblick über sämtliche Museen Lettlands, darunter zahlreiche historische Museen, findet sich auf der Homepage des „Verein der Museen Lettlands" (lett. *Latvijas muzeju biedrība*) unter der URL: https://muzeji.lv/lv (letzter Zugriff 29.8.2024).
63 Homepage des Museums unter der URL: https://okupacijasmuzejs.lv/lv/ (letzter Zugriff 29.8.2024). Vgl. auch: Michel, Nollendorfs, Das Lettische Okkupationsmuseum; Nollendorfs, Das Lettische Okkupationsmuseum und Public History.
64 Von 1993 bis 2006 war die „Museumsstiftung 50 Jahre Okkupation Lettlands" (lett. *Latvijas 50 gadu okupācijas muzeja fonds*, OMF) Träger.

## 9. Ausblick: Die Geschichtslandschaft Lettlands der Gegenwart (1991–2018)

zung des Gebäudes und einen geplanten Erweiterungsbau.[65] Mit mehr als 100 000 Besuchern jährlich ist das Okkupationsmusuem das besucherstärkste Museum Lettlands und darüber hinaus Teil des diplomatischen Protokolls der Republik Lettland. Es macht auf diese Weise auch hochrangige ausländische Staatsgäste mit der komplexen Geschichte Lettlands im 20. Jahrhundert bekannt.

Eine chronologisch aufgebaute Dauerausstellung informiert über die Vorgeschichte und das erste Jahr der sowjetischen Okkupation 1940/41 Lettlands, die Zeit der deutschen Besatzung und des Holocausts 1941–1944, die Jahrzehnte der Zugehörigkeit zur UdSSR, das lettische Exil und den Kampf um Wiederherstellung der Unabhängigkeit seit Mitte der 1980er Jahre. Sonderausstellungen wie „Rumbula. Anatomie eines Verbrechens 1941" zur Ermordung der lettischen Juden 1941 in Zusammenarbeit mit dem Jüdischen Museum in Riga[66] oder zur „Geschichte der Tscheka in Lettland" ergänzten das Angebot.

Bereits 1993 begann man zusätzlich mit dem Aufbau eines Archivs und dem Sammeln von privaten Dokumenten und Zeitzeugenberichten. Zu den inzwischen mehr als 75 000 Archiveinheiten gehören auch mehr als 2 500 Videoaufzeichnungen von Zeitzeugen und audiovisuelle Zeitdokumente.[67] Darüber hinaus ist das Okkupationsmuseum die einzige historisch arbeitende Einrichtung Lettlands, die zeitgeschichtliche Didaktik und Pädagogik reflektiert. Seit 1996 bietet eine Bildungsabteilung Schülern und Lehrern Seminare und Fortbildungen an. Mehrere Historiker – der Abteilungsleiter Gints Apals (geb. 1965), Edvīns Evarts (geb. 1976), Ainārs Lerhis (geb. 1966) u. a. – arbeiten in einer „Abteilung für *Public History*" und geben öffentlich Auskünfte. Unterseiten der Homepage des Museum informieren über einzelne zeitgeschichtliche Themen.[68] Rückläufig ist hingegen traditionelle Geschichtsforschung im Printformat. Das 1999 erstmals herausgegebene „Jahrbuch des Okkupationsmuseums Lettlands" mit Beiträgen und Dokumentenveröffentlichungen erschien bis 2007 und wurde nicht fortgesetzt.[69]

Nicht unumstritten ist die Bezeichnung „Okkupationsmuseum", da sie den knapp fünfzigjährigen Zeitraum der sowjetischen Herrschaft, vor allem die Zeit einer bedingten „Normalisierung" nach Stalins Tod und dem „Tauwetter" unter Nikita S. Chruščev (1894–1971), nicht ausreichend differenziert widerspiegele, die politische Kampfvokabel der *okupācija* (dt. Okkupation) aufnehme und damit einen Teil der Einwohner Lettlands ausgrenze. Andererseits bleibe verständlich, warum der Begriff für die Letten zentral und emotional besetzt sei. Während der Sowjetzeit sei er ausschließlich für die drei Jahre der nationalsozialistischen Besatzung verwandt worden, während es nun darum gehe, der sowjetischen Herrschaftsperiode im Geschichtsbewusstsein einen ähnlichen Stellenwert zuzumessen.[70]

---

65 Gesetz über das Okkupationsmuseum Lettlands vom 5.10.2006, in: Latvijas Vēstnesis Nr. 171 (3539), 26.10.2006.
66 Der virtuelle Rundgang der Ausstellung, die von 2011 bis 2014 gezeigt wurde, wurde am 8.12.2017 geschaltet (nicht mehr gültige URL: https://okupacijasmuzejs.lv/lv/aktualitates/jaunums-virtuala-izstade-rumbula-1941-478/). Autoren der Ausstellung waren u. a. Uldis Neiburgs und Marģers Vestermanis.
67 Ein Teil der Interviews wurde aus Mitteln der Europäischen Union finanziert, vgl. Wezel, Geschichte als Politikum, S. 263.
68 Vgl. URL: https://okupacijasmuzejs.lv/lv/vesture (letzter Zugriff 29.8.2024).
69 Latvijas Okupācijas muzeja gadagrāmata.
70 Die unterschiedlichen Standpunkte werden referiert bei Wezel, Geschichte als Politikum, S. 151 ff.

Vordergründig denkmalschützerische Widerstände lettischer Architekten und der russisch dominierten Stadtverwaltung Rigas gegen einen architektonisch ambitionierten und künftig den Rathausplatz dominierenden Erweiterungsbau des Museums gingen möglicherweise auf diesen Dissens zurück. Im September 2016 beendete das Parlament die Kontroverse, entzog der Stadtverwaltung die Planungshoheit und übertrug sie dem Ministerium für Umweltschutz und Regionalentwicklung. Allerdings konnte der Entwurf „Zukunftshaus" (lett. *Nākotnes nams*) des US-amerikanischen, aus Riga stammenden Stararchitekten Gunārs Birkerts (1925–2017)[71], der die Ergänzung des düsteren Gebäudekorpus des ehemaligen Schützenmuseums um einen hellen, die wiedergewonnene Freiheit symbolisierenden Quader vorsah, nicht mehr wie geplant zu den 100-Jahr-Feierlichkeiten der Republik Lettland im Jahr 2018 fertiggestellt werden und wurde erst zu Beginn des Jahres 2022 mit einer neuen Ausstellung eröffnet.

Nicht Wehrlosigkeit, sondern Wehrhaftigkeit repräsentiert hingegen das „Kriegsmuseum Lettlands" (lett. *Kara muzejs*)[72], das seit 1919 am Rande der Altstadt im Pulverturm residiert, sich in jedem seiner Geschosse einem Zeitabschnitt zwischen dem 13. und 19. Jahrhundert, den Kämpfen und lettischen Formationen im Ersten und Zweiten Weltkrieg sowie der Sowjetzeit bis in die Gegenwart widmet und dabei den Schwerpunkt der Dokumentation auf die Entstehung und Geschichte der lettischen militärischen Kräfte legt. Neben der Unterhaltung zweier musealer Außenstellen, Ausstellungen, Sammlungen, und Konferenzen nimmt inzwischen auch die Forschung breiten Raum ein. Mit etwa 50 vergleichsweise gut bezahlten Historikern ist das Kriegsmuseum sogar eine der größten historischen Forschungsstätten des Landes und verfolgt in fünf chronologischen und einer waffengeschichtlichen Abteilung eigene Forschungsprojekte zur Militärgeschichte Lettlands und Gegenständen der eigenen Sammlungen.[73] Finanziell ist es dazu in der Lage, da der Haushalt nicht aus dem schmalen Wissenschafts-, sondern dem Verteidigungshaushalt des NATO-Mitglieds Lettlands stammt. Zu den wichtigsten Publikationen gehören das „Jahrbuch des Kriegsmuseums" mit jeweils zahlreichen militärgeschichtlichen Aufsätzen, aber auch Monografien, die häufig speziellen Themen der lettischen Militärgeschichte gewidmet sind.[74] Die Mitarbeiter des Museums publizieren darüber hinaus regelmäßig kleinere historische Beiträge auf den Seiten der Militärzeitschrift *Tēvijas sargs* (dt. Wächter des Vaterlandes, 1995–2018) und des Nachrichtenportals *Sargs* (dt. Der Wachposten) des Verteidigungsministeriums.[75]

Ein weiteres Museum mit bedeutender öffentlicher Ausstrahlung ist das „Nationale Geschichtsmuseum Lettlands" (lett. *Latvijas Nacionālais vēstures muzejs*), welches 1918 aus den musealen Beständen des Rigaer Lettischen Vereins gebildet wurde, auch während der Sowjetzeit bestand und eine hohe Bedeutung für die lettische geschichtliche Identität besitzt. Es organisiert jährlich eine oder mehrere breit rezipierte Ausstellungen zu besonderen Ereignissen oder Epochen Lettlands. Die während der Jahre der Unabhängigkeitsbewegung

---

71 Von Birkerts stammt auch das Gebäude der 2015 eröffneten neuen Nationalbibliothek Lettlands.
72 Homepage: https://www.karamuzejs.lv/ (letzter Zugriff 30.8.2024).
73 Vgl. das Organigramm des Museums unter: https://www.karamuzejs.lv/ /media/F814FE9CC70349 849AAD5871A173FD48.ashx (letzter Zugriff 20.11.2018).
74 Latvijas Kara muzeja gadagrāmata.
75 URL: www.sargs.lv (letzter Zugriff 31.8.2024).

gezeigte Ausstellung „Lettland während der Zwischenkriegszeit" (1988) wurde mit 300 000 Besuchern von jedem neunten Einwohner des Landes gesehen. Ein besonderes Echo erfuhr die Ausstellung „Drei Sterne – drei Kronen", die 2001–2002 in Zusammenarbeit mit Schweden erarbeitet wurde.[76] Seit 2015 gehört auch das Museum der Volksfront Lettlands (lett. *Latvijas Tautas frontes muzejs*) zum Nationalen Geschichtsmuseum Lettlands. Seit 1962 gibt das Museum in unregelmäßigen Abständen eine Schriftenreihe heraus.[77]

Die ältere und damit auch deutsch konnotierte Geschichte dokumentiert das „Rigaer Museum für Stadtgeschichte und Schifffahrt" (lett. *Rīgas vēstures un kuģniecības muzejs*), hervorgegangen aus dem alten Dommuseum.[78] Daneben gibt es zahlreiche weitere Museen mit regionaler und lokaler Bedeutung: etwa das Museum in Tukums (lett. *Tukuma muzejs*), das kurländische und regionale deutschbaltische Geschichte präsentiert, das „Museum für Geschichte und Kunst" im Schloss von Cēsis (lett. *Cēsu vēstures un mākslas muzejs*), das der livländischen Region um das historische Wenden mit seiner mittelalterlichen Ordensburg verpflichtet ist, sowie seit 1990 das „Museum für Kulturgeschichtliche Lettgallens" (lett. *Latgales Kultūrvēstures muzejs*) in Rēzekne (dt. Rositten), das sich in den Räumen des ehemaligen zentralen Lettgallischen Museums (bis 1940) bzw. Heimatmuseums Rēzekne (Sowjetzeit) befindet. Das Museum Ventspils (lett. *Ventspils Muzejs*) ist ein Verbund von vier kleineren Museen zur Geschichte der Stadt, des Hafens und der Region um Ventspils (dt. Windau).[79] An den verschiedenen Museen finden Historiker Arbeitsmöglichkeiten, ihre Publikationen betreffen überwiegend lokale Themen, häufig aber auch ältere Epochen der Geschichte Lettlands oder die Geschichte der örtlichen Deutschbalten (Güter, Pastorate, kleinstädtisches Bürgertum, Personen der Kulturgeschichte u. a.).

Eine besondere Rolle, vor allem für ausländische Besucher, spielt das 1989 von dem Historiker Marģers Vestermanis (geb. 1925) und wenigen weiteren Holocaust-Überlebenden gegründete „Museum Juden in Lettland" (lett. *Muzejs Ebrēji Latvijā*), dessen Ziel die Dokumentation der reichen, etwa 450 Jahre alten jüdischen Geschichte Lettlands ist. Einen Schwerpunkt bildet der Holocaust in Lettland, dem während der deutschen Besatzungszeit zwischen 1941 und 1944 etwa fünf Sechstel der Juden Lettlands zum Opfer fielen.[80]

---

76 Three Stars – Three Crowns: Latvia – Sweden.
77 Eine Auflistung aller Ausstellungen unter URL: http://lnvm.lv/?page_id=50 (letzter Zugriff 10.10.2024). Homepage des Museums unterd er URL: www.lnvm.lv (letzter Zugriff 31.8.2024). Schriftenreihe:
78 Rīgas vēstures un kuģniecības muzejs; aktuell URL: www.rigamuz.lv (letzter Zugriffe 31.8.2024).
79 Die URL der Museen: www.tukumamuzejs.lv; www.cesupils.lv; www.rezekne.lv/latgales-kultur vestures-muzejs-2; www.muzejs.ventspils.lv/ (letzter Zugriff 9.10.2024). Die Schriftenreihe des Museums in Cēsis (bisher fünf Bände): Cēsu Pils Raksti. Arheoloģija, arhitektūra, vēsture. 1-5. Rīga 2017–2024; Schriftenreihe des Museums Ventspils (ab 2001), die sich der Regionalgeschichte und der Geschichte des Herzogtums Kurland widmet: Ventspils Muzeja Raksti. Große Beachtung fand 2015 bis 2016 eine Ausstellung über die Geschichte der Livländische Ritterschaft, die in Zusammenarbeit mit der Livländischen Ritterschaft in Deutschland konzipiert und im Schloss von Cēsis gezeigt wurde, vgl. den knapp 900seitigen Katalog mit zahlreichen wissenschaftlichen Beiträgen: Vidzemes bruņniecība un Latvija.
80 URL: www.ebrejumuzejs.lv/ (letzter Zugriff 10.10.2024).

## 9. Ausblick: Die Geschichtslandschaft Lettlands der Gegenwart (1991–2018)

*Zeitschriften und Periodika*

Der Pluralisierung der Gesellschaft und dem Aufbruch in die Wissensgesellschaft des 21. Jahrhunderts entsprach die entstehende Vielfalt der Publikationsorgane für Historiker und ihre Forschungsergebnisse nach 1991.[81] Im Unterschied zur Zwischenkriegszeit gibt es heute in Lettland mehrere hundert Historiker, die mehr oder weniger konstant publizieren, nicht zuletzt auch, um die schmalen Gehälter oder Projektmittel für Kulturwissenschaftler durch Publikationstätigkeit aufzubessern. Und im Unterschied zur Sowjetzeit ist Historie nicht mehr der Ideologie und Kontrolle, sondern vermehrt dem Wissensmarkt und der Konkurrenz unterworfen.

Im Dezember 1991 konnte das Geschichtsinstitut Lettlands die 1940 unterbrochene Herausgabe seiner Zeitschrift *Latvijas Vēstures Institūta Žurnāls* (dt. Zeitschrift des Geschichtsinstitutes Lettlands) wieder aufzunehmen.[82] Verantwortlicher Redakteur wurde zunächst der Archäologe Jānis Graudonis (1913–2005), der seine wissenschaftliche Ausbildung noch vor dem Krieg erhalten hatte, gegenwärtig übt die Historikerin Eva Eihmane (geb. 1970) diese Funktion aus. Seitdem haben die Mitarbeiter des Institutes, die in den Abteilungen für Archäologie, Anthropologie, Ethnografie, Mittelalterliche Geschichte sowie Neue und Neuere Geschichte arbeiten und forschen, in der Zeitschrift eine vielfältige Palette von Beiträgen zu Einzelfragen, aber auch zur Geschichte und Arbeit des Institutes selbst[83] veröffentlicht. Die Wiedergabe einzelner Quellentexte, Mitteilungen aus dem wissenschaftlichen Leben Lettlands und zu einzelnen Personen sowie Rezensionen und Buchmitteilungen runden jede Nummer ab. Die Möglichkeit der Veröffentlichung nehmen auch ausländische Historiker, vorwiegend Exilletten und Mitglieder der *Association for the Advancement of Baltic Studies* (AABS) bzw. der BHK, wahr.

Ebenfalls seit 1991 erschien die Zeitschrift *Latvijas Vēsture. Jaunie un Jaunākie Laiki* (dt. Geschichte Lettlands. Die neuere und neueste Zeit), finanziert von einer gleichnamigen Stiftung und herausgegeben von der Universität. Neben der bis 2015 verantwortlichen Redakteurin Zīle zeichneten in der Redaktion anfänglich auch Dietrich A. Loeber (Hamburg, 1923–2004) und Egils Levits (geb. 1955, 2019–2023 Staatspräsident Lettlands) verantwortlich. Die Zeitschrift wandte sich an ein breiteres zeithistorisch interessiertes Publikum, die veröffentlichten Beiträge machten häufig einen aleatorischen Eindruck. Nach der vollständigen Übernahme durch die Universität, unter neuer Redaktion von Jānis Taurēns (geb. 1969) und verändertem Titel *Vēsture. Latvijas Universitātes žurnāls* (Untertitel: History. Journal of the University of Latvia"), setzte 2016 eine Verwissenschaftlichkeit der Publikation ein.

---

81 Zu den (Neu-)Anfängen vgl. Detlef Henning: Latvijas Vēstures Institūta žurnāls... [Zeitschrift des Geschichtsinstituts Lettlands...], in: Nordost-Archiv (1996), Nr. 2, S. 481-485.
82 Die Zeitschrift erscheint vier Mal jährlich und definiert sich selbst als „*blind peer review* rezensierte Geschichtszeitschrift, das Ziel der publizierten wissenschaftlichen Beiträge ist die Erweiterung und Vertiefung des Wissens um die Prozesse und Ereignisse, die von den frühesten Zeiten bis heute geschehen sind und die Abläufe Lettlands und der übrigen Territorien des Baltikums beeinflusst haben oder außerhalb derselben geschenen sind, aber mit der Vergangenheit Lettlands und der baltischen Region verknüpft sind." Vgl. auf der Homepage der Universität die Unterseite der Zeitschrift, URL: www.lvi.lu.lv/zurnals/par-lviz (letzter Zugriff 24.9.2024).
83 Besonders (1995), Nr. 4.

## 9. Ausblick: Die Geschichtslandschaft Lettlands der Gegenwart (1991–2018) 209

Geschichtswissenschaftliche Beiträge werden auch in Reihe A des *Latvijas Zinātņu Akadēmijas vēstis* (dt. Bote der Akademie der Wissenschaften Lettlands) publiziert, der humanwissenschaftlichen Reihe der Zeitschrift der Wissenschaftsakademie. Von besonderem Interesse für den Historiker sind Beiträge, die unter der Rubrik „Quellen der Letonik" Ergebnisse der breit angelegten nationalen geisteswissenschaftlichen Forschungsprogramme „Letonika" (seit 2002) vorstellen. Berichte über einzelne Wissenschaftler sowie Konferenzen im In- und Ausland runden das Bild dieser traditionsreichen Publikation ab.

Mit *Latvijas arhīvi* (dt. Lettlands Archive) gibt die staatliche Archivverwaltung *Latvijas Nacionālais arhīvs* (dt. Lettlands Nationalarchiv) seit 1993 ein eigenes Organ heraus.[84] Im Mittelpunkt stehen Berichte über Archive, Archivmaterialien und -projekte, aber auch einzelne Aktenbestände, die Bezug zu Archiven in oder über Lettland haben. Regelmäßig werden Dokumente, teilweise wissenschaftlich kommentiert und vorwiegend zur Geschichte Lettlands im 20. Jahrhundert, veröffentlicht. So wurden beispielsweise in einer Reihe von Sondernummern ab 1995 die Listen der unter den Sowjets im Rahmen der Zwangskollektivierung 1949 aus Lettland deportierten 42 133 Personen, nach Landkreisen geordnet, veröffentlicht. Verantwortliche Redakteure waren zunächst Aina Raņķe und Jānis Riekstiņš, seit 1999 setzte unter der Archivdirektorin Valda Pētersone ebenfalls eine an wissenschaftlichen Prinzipien orientierte Professionalisierung ein und es erscheinen vermehrt historische Aufsätze zu unterschiedlichen Themen.

Eine bibliotheks- und buchgeschichtliche Schriftenreihe gibt seit 1964 die während der deutschen Besatzung in Riga gegründete Landesbibliothek (lett. *Zemes bibliotēka*) – unter den Sowjets die Staatsbibliothek (lett. *Valsts bibliotēka*), heute die Nationalbibliothek Lettlands (lett. *Latvijas Nacionālā bibliotēka*) – heraus Die „Wissenschaftlichen Schriften der Nationalbibliothek Lettlands" wenden sich in den letzten Jahren verstärkt der allgemeinen Kulturgeschichte des Landes, vor allem der Neueren Geschichte vor 1918 zu.[85] Die Nationalbibliothek unterhält auch eine kleinere Forschergruppe, hauptsächlich zu kulturgeschichtlichen Fragen rund um die Geschichte des Buchwesens in Lettland, und beherbergt die Redaktion der neuen digitalen Nationalenzyklopädie Lettlands (lett. *Nacionālā Enciklopēdija*).[86]

Seit den 1990er Jahren finden an der Universität Daugavpils (dt. Dünaburg) in Lettgallen Wissenschaftliche Lesungen der Fakultät für Humanwissenschaften statt. Die Historiker veröffentlichen ihre Vorträge in einer eigenen Reihe *Vēsture: Avoti un cilvēki* (dt. Geschichte: Quellen und Menschen), anfangs überwiegend noch in russischer Sprache, die neben der allgemeinen Geschichte Lettlands auch einen starken Bezug zur lettgallischen Regionalgeschichte und zu den nachbarschaftlichen Beziehungen der lettischen Grenzregion zu Russland, Belarus und zur polnischen Geschichte im historischen Polnisch-Livland aufweisen.[87]

Daneben sind Zeitschriften oder Jahrbücher der Nachbarwissenschaften Politologie, Soziologie und Folkloristik von Bedeutung.[88] Hervorzuheben ist die von einem internationalen

---

84 Latvijas arhīvi (1993), Nr. 1 ff.
85 Raksti. Trudy. Proceedings. Mit Bd. 3 (XXIII, 2017) erscheinen die Schriften u. d. T. Latvijas Nacionālās Bibliotēkas Zinātniskie Raksti als wissenschaftliche, teils thematische Sammelbände.
86 Neuere Veröffentlichung u. a.: Grāmata ārpus Latvijas.
87 Vēsture: Avoti un cilvēki.
88 Beispielsweise die unregelmäßig erscheinenden Schriftenreihen: Agora; und: Domino. Latvijas

Redaktionskollegium am Universitätsinstitut für Literatur, Folklore und Kunst (lett. *LU Literatūras, folkloras un mākslas institūts*, LU LFMI) herausgegebene, interdisziplinär angelegte und *peer-reviewed* Zeitschrift *Letonica*, in der regelmäßig kulturhistorische Artikel veröffentlicht werden.[89] Lettische Historiker publizieren daneben regelmäßig in den deutschsprachigen „Forschungen zur Baltischen Geschichte", die im benachbarten Tartu herausgegeben werden, und im *Journal of Baltic Studies*, der 1970 gegründete und vierteljährlich herausgegeben offiziellen *peer-reviewed* Zeitschrift der AABS.[90] Die Präsenz lettischer Historiker in international bedeutenden Organen der allgemeinen Geschichtswissenschaft ist eher zögerlich oder scheitert an der Relevanz, Qualität und Anschlussfähigkeit der Beiträge. Seit 2015 schließlich bereichert die literarisch-historische Zeitschrift *Domuzīme* den Zeitschriftenmarkt im Kiosk sowie auf *Facebook* und bemüht sich, den Diskurs theoretischer Fragen der Geschichtsbetrachung im ansonsten eher theorieskeptischen Lettland zu popularisieren.[91]

*Public History*

Eine immer wesentlichere Rolle für die Geschichtswissenschaft nehmen nichtwissenschaftliche Akteure auf dem Feld der Geschichtspolitik und kollektiven Erinnerung ein. Sie bieten den Historikern nicht nur hin und wieder ein Forum als Vortragende, sondern fordern heraus,[92] artikulieren eigene Themen oder popularisieren Nischen, instrumentalisieren die Geschichte im öffentlichen Raum oder sind Akteure einer ausländischen Geschichtspolitik.

Der „Verein zur Förderung der Erforschung und Popularisierung der Geschichte" (lett. *Vēstures izpētes un popularizēšanas biedrība*) wurde 2007 von jüngeren Historikern und ehemaligen Studenten der Fakultät für Geschichte und Philosophie der Universität mit dem Ziel gegründet, das Interesse für Geschichte in der Gesellschaft zu fördern. Sie vergibt einmal im Jahr den Preis „Historiker des Jahres" und fördert vereinzelt historische Publikationen.[93] In Gedenken an den Gründer des Lettischen Provisorischen Nationalrates (1917)

---

Universitātes Sociālo zinātņu fakultātes Komunikācijas studiju nodaļas studentu zinātniskie raksti. 1.-4. sēj. [Domino. Wissenschaftliche Beiträge der Studenten der Abteilung Kommunikationsstudien der Fakultät für Sozialwissenschaften der Universität Lettlands. Bd. 1-4]. Rīga 2003–2007.

89 Beispielsweise die unregelmäßig erscheinenden Schriftenreihen: Agora; und: Domino; Letonica unter der URL: www.lulfmi.lv/page/view?link=zurnals-letonica/par-zurnalu (letzter Zugriff 24.9.2024).

90 Homepage des Journal of Baltic Studies unter der URL: www.aabs-balticstudies.org/journal-of-baltic-studies/ (letzter Zugriff 24.9.2024).

91 Die Zeitschrift erscheint sechs Mal jährlich: Domuzīme. Literatūra, publicistika, vēsture [Gedankenstrich. Literatur, Publizistik, Geschichte]. (2015), Nr. 1 ff. Die Geschichte vertritt der Historiker Mārtiņš Mintaurs als einer der vier herausgebenden Redakteure.

92 Dazu gehören z. B.die von dem Verlag *Aminori* in der Serie „Lettlands Geschichtsmythen und –versionen" veröffentlichten polemischen Gespräche des Journalisten Māris Zanders mit Historikern zu umstrittenen historischen Fragen, etwa der lettischen Linken, dem deutschbaltischen Erbe oder der Ulmanis-Zeit: Šiliņš, Zanders, Ķēpīga tēma; Apals, Zanders, Latvieši, vācbaltieši un Krievija; Zelče, Zanders, Ulmaņa laiki, u. a.. Bisher sind sieben kleine Bände erschienen.

93 Die Website des Vereins unter URL: www.vesturesbiedriba.lv/ (letzter Zugriff 10.10.2024). Preisträger waren bisher Kaspars Zellis (2011), Ēriks Jēkabsons (2012), Aivars Stranga (2013), Gustavs Strenga (2014), Harijs Tumans (2015), Jānis Taurēns (2016), Elīna Guščika (2017, Uldis

und ersten Außenminister Lettlands Zigfrīds Anna Meierovics (1887–1925) wurde 2010 die „Meierovics-Gesellschaft" zum Zwecke der Förderung einer offenen Zivilgesellschaft und progressiver Veränderungen der lettischen Demokratie gegründet.[94] Zu den Gründern gehörten neben der Journalistin von *Radio Free Europe* (1983–1994) und Schwiegertochter vom Meierovics, Ingrīda Meierovica (geb. 1934), auch die Soziologen Tālis Tīfenkopfs (geb. 1957) und Ilmārs Mežs (geb. 1965), die Politologen Atis Lejiņš (geb. 1942) und Andris Sprūds (geb. 1971, seit 2023 Verteidigungsminister) sowie der Historiker Strenga. Im Rahmen von Diskussionsveranstaltungen traten regelmäßig Historiker auf, der gesellschaftliche Diskurs, z. B. anlässlich der Diskussionen um eine Präambel für die Verfassung der Republik Lettland 2013/14, gibt regelmäßig dem historischen Argument breiten Raum.

Einer jeweils anderen Geschichte Lettlands geben Vereinigungen Raum, die sich einer nationalen Minderheit verpflichtet fühlen. Hierzu gehören etwa das „Zentrum für Jüdische Studien" (lett. *Jūdaikas Studiju centrs*) an der Universität Lettlands.[95] Besonders hervorzuheben ist das „Institut für das Kulturerbe der Russen Lettlands" (lett. *Latvijas Krievu kultūras mantojuma institūts*), das sowohl das geschichtliche Erbe derjenigen Russen pflegt, die bereits seit Jahrhunderten auf dem Gebiet Lettlands leben und vor dem Zweiten Weltkrieg Staatsangehörige Lettlands waren, als auch der Geschichte und Kultur russischer Neueinwanderer nach 1945. Dessen Internetprojekt „Lettlands Russen", das die russische Geschichte und Kulturgeschichte auf dem Gebiet Lettlands sowie umfangreiche biografische Artikel zu russischen Persönlichkeiten in Lettland präsentiert, wird von der Historikerin Tatjana Feigmane (geb. 1952) betreut. Das Institut gibt ferner die einzige Geschichtszeitschrift Lettlands in russischer Sprache, *Klio*, heraus.[96] Die kleine deutschbaltisch-lettische Vereinigung *Domus Rigensis* pflegt und popularisiert, auch mit finanziellen Mitteln aus der Bundesrepublik Deutschland, das Kulturerbe der Deutschbalten in Lettland.[97]

Subtiles Sprachrohr russischer Außenpolitik und hybrider Beeinflussung war der im Jahr 2000 gegründete Verein und Think Tank *Baltijas Forum / Baltic Forum* in Riga, zu dessen Vorstand neben dem stellvertretenden Vorsitzenden der moskauorientierten politischen Partei *Saskaņa* (dt. Harmonie), Jānis Urbanovičs (geb. 1959), eine Zeitlang auch der deutsche kremltreue „Russlandexperte" und Publizist Alexander Rahr (geb. 1959) gehörte. Sein Vater, der Russlanddeutsche Gleb Rahr (1922–2006), hatte vor dem Zweiten Weltkrieg

---

Neiburgs (2018), Ēriks Jēkabsons (2019), Andrejs Gusačenko (2020) und Una Bergmane (2023). Ineta Lipša, für den Preis 2022 nominiert, weigerte sich aus Protest gegen die mangelnde politische und finanzielle Unterstützung der historischen Wissenschaften, den Preis entgegenzunehmen, vgl. ihre Mitteilung „Ich lehne ab" vom 8.3.2023 unter der URL: https://www.vesturesbiedriba.lv/jaunumi/params/post/4331728/es-atsakos-vesturnieces-inetas-lipsas-pazinojums-par-nominaciju-gada-vestur (letzter Zugriff 24.9.2024). Die Gesellschaft ist auch auf Facebook präsent unter: https://www.facebook.com/vesturesbiedriba (letzter Zugriff 24.9.2024).

94 *Meierovica Biedrība*, URL: www.archive.ph/wrcIJ (letzter Zugriff 24.09.2024).
95 URL: www.lu.lv/jsc/ (letzter Zugriff 24.9.2024).
96 URL: www.russkije.lv (letzter Zugriff 24.9.2024). Nicht immer entsprechen die einzelnen Beiträge zu Geschichte dem aktuellen Stand der Wissenschaft, so beginnt u. a. der Zweite Weltkrieg für Lettland erst 1941 mit dem deutschen Angriff auf die Sowjetunion oder werden in einem Beitrag zum „Konzentrationslager Salaspils" immer noch sowjetische Propagandazahlen der Opfer genannt, ohne diese zu relativieren usw., vgl.: www.russkije.lv/ru/lib/ii-world-war/-/ (letzter Zugriff 24.9.2024) www.russkije.lv/ru/lib/read/salaspils-memorial.html (letzter Zugriff 24.9.2024).
97 URL: www..domus-rigensis.eu (letzter Zugriff 24.9.2024).

am deutschen Gymnasium in Liepāja das Abitur gemacht. Neben jährlichen internationalen Konferenzen, die das Verhältnis Russlands zum Westen und dazwischen die Rolle des Baltikums thematisieren, versuchte das Forum auch Geschichtspolitik zu betreiben und publizierte neben euroskeptischer Literatur tendenziöse Bücher zur Zeitgeschichte Lettlands, in der Auswahl der Quellen in Anlehnung an die ehemals sowjetische Geschichtsklitterung.[98]

### 9.3. Lettische Historiografie der Gegenwart[99]

Spätestens mit dem Verbot kommunistischer Organisationen (Gesetz vom 24. August 1991) und damit verbunden auch parteilicher Geschichtsforschung konnten die Historiker in Lettland die Auflagen marxistischer Geschichtsschreibung, das materialistische Zwangskorsett der historischen Formationen und die Sprachregelungen der Parteitagsbeschlüsse abstreifen. Dennoch blieb auch in den folgenden Jahrzehnten die politische Entwicklung vor wissenschaftlichen Erkenntnisinteressen einer der wichtigsten Faktoren für Entwicklungen und Tendenzen innerhalb lettischen Geschichtswissenschaft. Nationsrekonstruktion und Transitionspolitik, Westintegration und Abgrenzung gegenüber Russland bestimmten das öffentliche historische Interesse und rückten die Geschichte der ersten Unabhängigkeit, die Bewältigung der Okkupation 1940 und die Ereignisse während des Zweiten Weltkrieges in den Mittelpunkt.[100] Damit verbunden war eine entsprechende Priorisierung der Vergabe von Forschungsgeldern an Projekte, die Fragen der nationalen lettischen und staatlichen Identität Lettlands thematisierten.

Mittelalterliche Geschichte, die Geschichte der Frühen Neuzeit oder des 19. Jahrhunderts galten demgegenüber nach 1991 als sekundär, im Unterschied zur Geschichtspolitik der ersten zwei Jahrzehnte der Unabhängigkeit, die die allmähliche Emanzipation von der deutschen Geschichte des Landes vor 1918 in den Fokus gerückt hatte. Die Historiker Misāns

---

98 Vgl. Vasil'ev, Dialogi dlinoju v 20 let. URL des Vereins: http://www.balticforum.org/ (letzter Zugriff 10.10.2024). Rahrs Vortragsrede (russisch) auf dem Baltic Forum 2017 auf Youtube unter der URL: https://www.youtube.com/watch?v=tvuX1KsdEYU&index=16&list=PLmzM7g 0UFqgah-8_cbkYrUi5z_BkCYHfU (letzter Zugriff 24.9.2024). Veröffentlichungen: Urbanovičs, Černovik buduščego (zum „lettischen Faktor" der letzten 300 Jahre russisch-lettischer Beziehungen, in Zusammenarbeit mit dem Institut für Gegenwartentwicklungen in Moskau); ferner Dokumentensammlungen in lettischer Sprache: Urbanovičs, Jurgens, Paiders (Hrsg.), Nākotnes melnraksti: 1934.–1941.; dies. (Hrsg.), Nākotnes melnraksti: 1941.–1947.; Dies. (Hrsg.), Nākotnes melnraksti: 1948.–1955.; dies. (Hrsg.), Nākotnes melnraksti: 1956.–1991. In das postsowjetische Umfeld gehört auch eine Festschrift zum 110. Jahr des Erscheinens der ersten Nummer der lettischen KP-Zeitung *Cīņa* (dt. Der Kampf): Rubiks, Cīņa. Einer der Herausgeber ist Alfrēds Rubiks (geb. 1935), 1990/91 kurzzeitig Vorsitzender der KP Lettlands und Mitglied des Politbüros der KPdSU, 1995 in Lettland wegen Beteiligung am Augustputsch 1991 zu acht Jahren Gefängnis verurteilt, von 2009 bis 2014 Abgeordneter des Europäischen Parlaments. Zur russischen Sicht auf die lettische Historiografie vgl. Simindej, Istoričeskaja politika Latvii.
99 Im Folgenden können aus der großen Zahl an Einzelveröffentlichungen seit 1991 nur einige wichtige Publikationen Erwähnung finden. Weiterführende Überblicke: Misāns, Starp zinātni; Latvijas vēstures krustceles; Vēstures zinātne Latvijā.
100 Umfassend dazu: Wezel, Geschichte als Politikum, S. 205-267.

## 9. Ausblick: Die Geschichtslandschaft Lettlands der Gegenwart (1991–2018)   213

und Straube nennen dafür vier Gründe: erstens habe man prioritär die Verkrümmungen der Geschichte des 20. Jahrhunderts durch die sowjetlettische Historiografie faktologisch und konzeptionell aufarbeiten müssen; zweitens habe man sich auf die nationale Geschichte und Identität der Letten konzentriert. Das Mittelalter und die methodischen Zugänge der europäischen Mediävistik und verhielten sich aber gegenüber einer Vereinnahmung durch die „Letonika"-Forschung sperrig; und viertens gäbe es zwar an der Universität einen Lehrstuhl für Mittelalterliche Geschichte mit drei Mitarbeitern, darüber hinaus aber in Lettland keine weiteren Institutionen, die sich auf die Geschichte vor 1918 konzentrieren.[101] Dennoch nennen beide für die Jahre bis zum I. Kongress der Historiker Lettlands (2013) eine Reihe internationaler Konferenzen, angefangen mit einer Konferenz zum Gedächtnis an den Ordensmeister Wolter von Plettenberg (1450–1535) im Jahre 1991 über Tagungen zur Hansegeschichte, Kirchengeschichte, Regionalgeschichte bis hin zu zwei Tagungen anlässlich des 450. Jubiläums des Herzogtums Kurland (2011, 2012), die jeweils weitere Forschungen anstießen.[102] Als wichtige Publikationen heben sie die Edition der kulturhistorisch bedeutsamen Zeichnungen Johann Christoph Brotzes (1742–1823), die beiden Mittelalterbände der Serie „Geschichte Lettlands" (lett. *Latvijas vēsture*) von Indriķis Šterns, die Dissertationen von Eva Eihmane zur Krise in Livland im 14. Jahrhundert, von Vija Stikāne über die Frau im mittelalterlichen Livland und von Gustavs Strenga über kollektive Memorialiteratur im spätmittelalterlichen Livland hervor.[103] Für die Neuzeit nennen sie die Ergebnisse eines gemeinsamen Forschungsprojektes „Verfassung, Wirtschaft und Gesellschaft im Herzogtum Kurland 1561–1795" von Wissenschaftlern der Universität Mainz (Oberländer) und in Lettland (Mārīte Jakovļeva, geb. 1964). Eine Reihe von Veröffentlichungen verdeutlicht, dass lettische Geschichte nicht nur national, sondern auch regional und über die Einordnung des Herzgtums Kurland in die Landkarte europäischer Adelsrepubliken der frühen Neuzeit auch europäisch geschrieben werden kann.[104]

Auch die Geschichte des 19. Jahrhunderts bis zum Ausbruch des Ersten Weltkrieges, obgleich die wichtigen Jahre der Bauernbefreiung, des Nationalen Erwachens, der Urbanisierung, Industrialisierung und politischen Emanzipation der Letten umfassend, wurde nach 1991 stiefmütterlich behandelt. Das Geschichtsinstitut gab im Jahr 2000 einen Sammelband zum 19. Jahrhundert heraus, Themen wie Einwohner, Landwirtschaft, Handel, Städte, Arbeiterbewegung, Ideengeschichte und politische Bewegungen behandelnd und unter weitestgehender Ignorierung der damaligen politischen Führungsschicht der Deutschbalten und der Ritterschaften. Als Nachklang zum 800. Jubiläum der Stadt Riga (2001) erschien 2004 eine Geschichte der unterschiedlichen ethnischen Bevölkerungsgruppen der größten

---

101 Misāns, Straube, Nacionālā un eiropeiskā trādicija, S. 78-79.
102 Ebenda, S. 86-87. Kirchengeschichte ist in Lettland nach wie vor Desiderat, seltene Ausnahme: Feldmanis, Latvijas baznīcas vēsture.
103 Broce, Zīmējumi un apraksti; Šterns, Latvijas vēsture. 1290–1500; ders., Latvijas vēsture 1180–1290; Eihmane, Rietumu kristīgās sabiedrības 14. gadsimta krīze; Stikāne, Sieviete Livonijas sabiedrībā; Gustavs Strenga: Remembering the Dead. Von Eihmane siehe ferner: Dies., Rīgas arhibīskapa un Vācu ordeņa cīņas.
104 Oberländer, Misāns (Hrsg.), Das Herzogtum Kurland; Oberländer (Hrsg.), Das Herzogtum Kurland. Bd. 2; weitere Literatur (Aufsätze) aus dem Umfeld des Projektes bei Misāns, Straube, Nacionālā un eiropeiskā trādicija, S. 88-89; zuletzt (2019) reflektierend zusammenfassend: Jakovļeva, Valstiskums Kurzemes un Zemgales hercogistē.

Stadt des Baltikums in einer deutschen und lettischen Ausgabe. Jānis Bērziņš (1941–2017) veröffentlichte, an seine älteren Untersuchungen aus der Sowjetzeit anknüpfend, zwei Monografien zur Geschichte der lettischen Arbeiterschaft. Eine Untersuchung der in den USA lebenden Soziologin Ieva Zaķe (geb. 1973) analysiert das lettische rechtsnationale Denken zwischen 1840 und 1980. Eine weitere Studie über das frühe lettische politische Denken in der zweiten Hälfte des 19. Jahrhunderts stammt aus der Feder des lettischen Politologen und Europaabgeordneten Ivars Ījabs (geb. 1972). Als Quellenedition ist schließlich die Veröffentlichung der umfangreichen Korrespondenz des Volkserweckers Krišjānis Valdemārs (1825–1891), jeweils in der Originalsprache des Dokuments (deutsch, lettisch oder russisch) hervorzuheben[105]

Überraschend unvorbereitet stolperten die lettische Historiker in das Jahr 2005. Offensichtlich bereitete das 100. Jubiläum der Revolution von 1905, nachdem die revolutionäre Geschichte des Landes jahrzehntelang den Festkalender im realen Sozialismus bereichert hatte, Unbehagen. Immerhin wurde für den 11. und 12. Januar 2005 kurzfristig eine Konferenz anberaumt, deren Vorträge in einem Sammelband veröffentlicht wurden, ohne wissenschaftlich nennenswert neues zu präsentieren. Eine weitere Veröffentlichung über kämpfende Revolutionäre 1905, erschien erst 2018.[106]

Die zeitlichen Zäsuren der Entstehung der Republik Lettland (1917–1920) und des Untergangs im Zweiten Weltkrieg (1939–1940) behandeln mehrere Monografien, ebenso rechte Bewegungen in Lettland und das autoritäre Regime unter Ulmanis (1934–1940).[107] Es fällt auf, dass im Gegenzug kaum nennenswerten Veröffentlichungen zur Entwicklung und Krise der Demokratie vor 1934 erschienen sind. Demokratiegeschichte scheint in Lettland Desiderat zu sein, obwohl die Entwicklung seit 1991 eine Interesse an Aufstieg und Scheitern der Demokratie, analog dem Interesse der deutschen Historiografie an der Geschichte der Weimarer Republik, nahelegt.[108] Hervorzuheben ist jüngst eine Gesellschaftsgeschichte

---

105 Latvija 19. gadsimtā (zur Livländischen Ritterschaft vgl. oben Anm. 77); Oberländer, Wohlfart (Hrsg.), Riga; Volfarte, Ervīns Oberlanders (Hrsg.), Katram bija sava Rīga (zwei Jahre später erschien zum gleichen Thema die Habilitationsschrift von Ulrike von Hirschhausen, Die Grenzen der Gemeinsamkeit); Bērziņš, Latvijas rūpniecības strādnieku dzīves ļimenis; ders., Latvijas rūpniecības strādnieku sociālais portrets; Zake, Nineteenth-Century Nationalism; Ījabs, Nepateicīgie; Valdemārs, Lietišķā un privātā sarakste.
106 1905. gads Latvijā: 100; Lapa, Kaujinieki un mežabrāļi.
107 1917–1920: Bērziņš, Latviešu strēlnieki Pirmajā pasaules karā; Latvijas brīvības cīņas 1918– 1920; Šiliņš, Padomju Latvija; Stranga, Latvijas – Padomju Krievijas miera līgums; Puga: Eiropa: Latvijas un Krievijas 1920. gada miera līgums. – Dokumente: Cīņa par brīvību. – 1939–1991; Gore, Stranga, Latvija: neatkarības mijkrēslis; Feldmanis, Stranga, Virsis, Latvijas ārpolitika un starptautiskais stāvoklis; Stranga, Latvija: Neatkarības pēdējais cēliens. – Dokumente: Latvijas okupācija un aneksija; The Occupation and Annexation of Latvia; Okupācijas varu politika. – Rechte Bewegungen: Paeglis, Pērkonkrusts; Krēsliņš, Aktīvais nacionālisms; Butulis, Sveiki, Aizsargi! – Autoritäres Regime: Ščerbinskis, Jēkabsons (Hrsg.), Apvērsums; Hanovs, Tēraudkalns, Laiks, telpa, vadonis; Feldmanis (Hrsg.), 15. maijs Latvijā (Aufsatzband); Stranga, Kārļa Ulmaņa autoritārā režīma saimnieciskā politika.
108 Auch die Übersetzung des Standardwerks von Eberhard Kolb, Geschichte der Weimarer Republik (1984) ins Lettische (1997) blieb ohne weiteres Echo in der lettischen Historiografie, vgl. Kolbs, Veimāras republika. Erwähnenswert ist die vierbändige Biografie über den demokratischen Politiker Arveds Bergs (1875–1941, in der UdSSR erschossen), sie bleibt allerdings deskriptiv mit geringem analytischen Wert: Lasmanis, Arveds Bergs.

## 9. Ausblick: Die Geschichtslandschaft Lettlands der Gegenwart (1991–2018)

Lettlands im Ersten Weltkrieg, die Einwohner, Kriminalität, Epidemien, die Lebensmittelversorgung, Geschlechterbeziehungen, die studentische Jugend oder Letten im Westen untersucht und damit über bisherige Darstellungen hinausgeht.[109] Weitere Themen sind Lettland in der internationalen Politik, zwei kleinere Publikationen widmen sich der Geschichte der LKP im lettischen Untergrund während der Zwischenkriegszeit sowie der „Lettischen Operation" Stalins gegen Letten in der UdSSR (1937–1938).[110]

Die Bemühungen um die Aufnahme Lettlands in den Europarat (1995) und die Europäische Union (2004) sowie die Frage der Zukunft der großen russischen Minderheit im Lande führten dazu, der Geschichte der nationalen Frage und der nationalen Minderheiten größere Aufmerksamkeit zu widmen. Impulse dazu kamen auch aus dem Ausland, von deutschbaltischen und jüdischen Organisationen in der Bundesrepublik Deutschland, in Israel und den USA. Seit Beginn der 1990er Jahre erschien eine Reihe von Veröffentlichungen, die sich der Geschichte der Minderheitenpolitik in Lettland oder einzelner Minderheiten zuwandten. Nach dem Erscheinen der lettischen und russischen Übersetzung der Biografie des britischen Historikers John Hiden (1940–2012) über den deutschbaltischen liberalen Minderheitenpolitiker Lettlands Paul Schiemann (1876–1944) ebbte das historiografische Interesse an der Geschichte der Minderheitenpolitik in Lettland wiede ab.[111]

Veröffentlichungen zur Geschichte Lettlands im Zweiten Weltkrieg und zur Sowjetzeit wurden bereits oben in Zusammenhang mit den verschiedenen historischen Kommissionen, vor allem der Historikerkommission Lettlands, ausführlich genannt. Eine gemeinsame Monografie zur Geschichte Lettlands im Zweiten Weltkrieg legten Daina Bleiere und vier weitere Autoren 2008 vor. Wichtige Fragen waren die nach der Rolle eines lettischen nationalen oder demokratischen Widerstandes zwischen den Mühlen der beiden Besatzungsregime, der Beteiligung von Juden am kommunistischen Regime oder aber der Beteiligung von Letten an der Ermordung der Juden Lettlands[112] Zahlreiche Dokumente wurden zur Geschichte

---

109  Karš un sabiedrība.
110  Lerhis, Latvijas Republikas ārlietu dienests; Latvijas ārpolitika un diplomātija 20. gadsimtā; Riekstiņš, PSRS Iekšlietu tautas komisariāta „Latviešu operācija"; Niedre, Daugmalis, Slepenais karš.
111  Zur nationalen Frage: Dribins, Nacionālais jautājums Latvijā. – Zur Geschichte der Minderheiten allgemein: Mazākumtautību vēsture Latvijā; Mazākumtautības Latvijā. – Deutsche Minderheit: Bereits 1985 hatte Inesis Feldmanis eine wichtige, leider unbeachtete Dissertation über die Nazifizierung der deutschbaltischen Minderheit in den Jahren 1933 bis 1939 verfasst: Feldmanis, Vācu fašisma loma; ferner: Dribins, Spārītis, Vācieši Latvijā; Cerūzis, Vācu faktors Latvijā; Feldmanis, Vācbaltiešu izceļošana. – Jüdische Minderheit: Dribins, Ebreji Latvijā; Aivars Stranga, Ebreji un diktatūras Baltijā; Dribins, Antisemītisms; Stranga, Ebreji Baltijā; Dribins u. a., Latvijas ebreji un padomju vara; Bogojavlenska, Die jüdische Gesellschaft; Jēkabsons, Aizmirstie karavīri. – Russische Minderheit: Volkovs, Krievi Latvijā; Apine, Volkovs, Latvijas krievu identitāte. – Übrige Minderheiten: Jēkabsons, Poļi Latvijā; Dribins, Ukraiņi Latvijā; Apine, Baltkrievi Latvijā. – Zu Paul Schiemann: Hiden, Defender of Minorities; Haidens, Pauls Šīmanis; Chajden, Paul' Šiman. Zuvor war bereits eine Auswahl von Aufsätzen Schiemanns in lettischer Sprache erschienen, die zu einem größeren Interesse an seiner Persönlichkeit geführt hatte: Šīmanis, Eiropas problēma.
112  Lettland im Zweiten Weltkrieg: Bleiere, Butulis u. a., Latvija otrajā pasaules karā. Ferner: Feldmanis, Latvija Otrajā pasaules karā. – Widerstand: Latvijas Centrālā Padome; Siliņš, Latvieši Štuthofas koncentrācijas nometnē; Ērglis, Latvijas Centrālās Padomes vēstures nezināmās lappuses; Andersons, Siliņš u. a.: Latvija un rietumi; Neiburgs, Draudu un cerību lokā. – Juden

der Sowjetzeit (1940/41 und 1944–1991), zu den stalinistischen Deportationen und zum Widerstand publiziert.[113] Eine wichtige Unterstützung für weitere Forschungen zur Sowjetzeit bietet eine Publikation, die über 43 000 Namen und die dazugehörigen Aktennummern im Archiv auflistet, die zwischen 1940 und 1986 vom NKVD bzw. KGB verfolgt und nach sowjetischem Recht strafrechtlich verfolgt wurden.[114]

Wenig erforscht ist das Feld der Wirtschaftsgeschichte Lettlands. Ambitioniert ist daher eine mehr als 1 000 Seiten umfassen kollektiv verfasste „Geschichte der Volkswirtschaft Lettlands", eine ausführliche Beschreibung der ökonomischen Entwicklung Lettlands während der vergangenen 120 Jahre, beginnend mit den letzten Jahrzehnten im Zarenreich bis in die Gegenwart Lettlands als EU-Mitgliedsstaat.[115] Traditionell deskriptiv bleiben zwei Veröffentlichungen zur Kulturgeschichte Lettlands, die in einzelnen Kapiteln jeweils die gängigen Bereiche von Kultur, Sprache, Literatur, Musik, Theater, Architektur usw. abarbeiten, ohne Fragen der modernen Kulturgeschichtsschreibung und –theorie aufzugreifen. Auffällig bleibt, wie sehr der Herausgeber der Veröffentlichung von 2021, Ojārs Spārītis, in seinem Vorwort fortgesetzt Stereotypen einer deutsch-lettischen Dichotomie, wie sie die nationalistische und sowjetlettischen Geschichtsschreibung generierten, perpetuiert.[116] Wertvoll für die Wissenschaftsgeschichte des Landes sind zwei Veröffentlichungen des langjährigen Präsidenten der Akademie der Wissenschaften Lettlands, Jānis Stradiņš (1933–2019) zur Entstehungsgeschichte der Wissenschaft, des Hochschulwesens sowie der Akademie der Wissenschaften in Lettland.[117] Als jüngere Beispiele für das Aufgreifen von Genderforschung und moderner Kulturgeschichte können zwei Veröffentlichungen der Historikerin

---

und sowjetisches Regime: Dribins, Žvinklis u. a., Latvijas ebreji un padomju vara. – Ermordung der Juden: Ezergailis, Holokausts Latvijā; Ezergailis, The Holocaust in Latvia; Ezergailis, Holokausts vācu okupētajā Latvijā. Zur Auseinandersetzung zwischen westlichen und lettischen Sichtweisen vgl. u. a. Avotiņš u. a., Nazi/Soviet Disinformation; sowie die ausführliche Rezension von Kārlis Kangeris der Veröffentlichung von Reichelt, Lettland unter deutscher Besatzung, in: Kangeris, [Rezension].

113 Z. B. zur Sowjetherrschaft: Izpostītā zeme; Latvijas okupācija un aneksija; Latvija padomju režīma varā; Plakans (Hrsg.), Experiencing Totalitarianism. – Zu den Deportationen: Aizvestie. 1941. gada 14. jūnijs; Aizvestie. 1949. gada 25. marts; Children of Siberia; Sibīrijas bērni. – Zum Widerstand: Nevardarbīgā pretošanās.

114 No NKVD līdz KGB. Hier findet man z. B. den Hinweis auf die Untersuchungsakte des deutschbaltisch-jüdischen Arztes Bernhard Press, einer der wenigen Überlebenden des Rigaer Ghetto, der 1951 wegen eines Fluchtversuches über die Ostsee zu 25 Jahren Lagerhaft verurteilt wurde, 1979 nach Berlin emigrierte und dort eines der ersten Bücher über den Holocaust in Lettland veröffentlichte, ebenda S. 600 mit der Aktennummer P-3006. Vgl. auch Press, Judenmord in Lettland.

115 Latvijas tautsaimniecības vēsture.

116 Avotiņa, Blūma u. a., Latvijas kultūras vēsture; Latvijas kultūras vēsture. Beispiel: „Zur Wende vom 19. zum 20. Jahrhundert kündigte die lettische akademische Intelligenz eine national unabhängige Sichtweise der Gesetzmäßigkeiten der Geschichte an und schuf auf diese Weise eine Konkurrenz zu dominierenden deutschbaltischen doktrinären Geschichtskonstruktionen.", ebenda, S. 11.

117 Stradiņš, Zinātne un augstākā izglītība; ders., Latvijas Zinātņu Akadēmija. Die Geschichte der Fakultät für Geschichte und Philospie der Universität Lettlands während der Sowjetzeit wurde in Kap. 7 bereits mehrfach genannt: Keruss, Lipša u. a., Latvijas Universitātes Vēstures un filozofijas fakultātes vēsture.

9. Ausblick: Die Geschichtslandschaft Lettlands der Gegenwart (1991–2018)   217

Ineta Lipša über moralische Aspekte der Unterhaltungskultur und über Sexualität und soziale Kontrolle in Lettland während der Zwischenkriegszeit genannt werden.[118]

*Gesamtgeschichte*

Im Gegensatz zu ihren estnischen und litauischen Kollegen legten lettische Historiker bisher keine neue, mehrbändige Gesamtgeschichte ihres Landes vor.[119] Eine populäre Zusammenfassung des Forschungsstandes zur Geschichte Lettlands im 20. Jahrhundert erschien ab 2005 in lettischer sowie deutscher, englischer, französischer und russischer Sprache. Ziel war eine kompakte, informative Darstellung der Geschichte der Republik Lettland vor allem für nichtlettische Leser. Der Anmerkungsapparat ist äußerst schmal, die englische und russische Ausgabe enthalten ein Personenregister, die lettische und englische Ausgabe darüber hinaus ein kurzes Literaturverzeichnis und nur die englische Ausgabe zusätzlich einige Quellentexte.[120]

Einziges größeres historiografisches Projekt nach 1991 bildet die vom Geschichtsinstitut herausgegebene, von unterschiedlichen Autoren verfasste „Geschichte Lettlands des 20. Jahrhunderts". Band I umfasst die Vor- bzw. Entstehungsgeschichte der Republik Lettland von 1900 bis 1918, Band II die zwei Jahrzehnte der ersten Unabhängigkeit bis zum Sommer 1940, Band III die Geschichte des Landes im Zweiten Weltkrieg beginnend mit der sowjetischen Okkupation im Juni 1940 und Band IV die Jahre der SSR Lettland von Herbst 1944 bis 1964, dem Jahr des Sturzes Nikita S. Chruščevs (1894–1971) vom Amt des Parteichefs der KPdSU. Eine chronologische Fortführung hätte zusätzlicher Forschungen bedurft, für die die Ressourcen nicht ausreichten, so die Herausgeber.[121] Die Bände I, III und IV enthalten darüber hinaus Überblickskapitel über die Historiografie und Quellen, die die wichtigsten lettischen, aber auch ausländischen Veröffentlichungen, darunter ältere, aber im wesentlichen neuere Forschungen zu einzelnen Problemen der politischen Geschichte ausführlich dokumentieren. Die Darstellungsweise ist traditionell, chronologisch und innerhalb der einzelnen Perioden systematisch angeordnet, die Faktologie solide. Was weiterhin fehlt, ist eine Kontextualisierung mit der Geschichte und Entwicklungen der Nachbarländer oder Europas, ferner theoretische Reflektionen zu einzelnen Begrifflichkeiten oder methodischen Zugängen, wie es etwa besonders Band IV zur Geschichte Sowjetlettlands, die aufgrund der Spezifik oder des Fehlens sowjetischen Quellen schwieriger zu fassen ist, nahegelegt hätte.

In Anlehnung an die Sammelbände „Die Letten. Aufsätze über Geschichte, Sprache und Kultur der alten Letten", die 1930 und 1932 herausgegeben wurden, vorausschauend auf das 100. Jubiläum der Proklamation des Staates im Jahr 2018 und stärker kulturgeschichtlich ausgeprägt sind vier Sammelbände mit dem gemeinsamen Titel „Die Letten

---

118 Lipša, Izklaides kultūra; dies., Seksualitāte un sociālā kontrole.
119 Eesti ajalugu; Lietuvos istorija.
120 Bleiere, Butulis, Feldmanis, Stranga, Zunda, Latvijas vēsture. Ebenfalls eine Geschichte Lettlands im 20. Jahrhundert, seiner Wirtschaft und Kultur wurde von lettischen und deutschen Historikern gemeinsam in lettischer und deutscher Sprache zum Jubiläumsjahr der Republik Lettland 2018 vorgelegt: Dt.: Ījabs, Kusber, Misāns, Oberländer (Hrsg.): Lettland 1918–2018; dass. lett.: Ījabs, Kusbers, Misāns, Oberlenders (Hrsg.): Latvija 1918–2018.
121 20. gadsimta Latvijas vēsture, hier Bd. IV, S 10.

## 9. Ausblick: Die Geschichtslandschaft Lettlands der Gegenwart (1991–2018)

und Lettland".[122] Es handelt sich um Aufsatzbände mit Beiträgen jeweiliger Fachleute, die im Rahmen des staatlichen kulturwissenschaftlichen Forschungsprogramms „Letonika: Forschungen zu Sprache, Geschichte und Kultur" (2005–2009) und „Nationale Identität: Sprache, Geschichte Lettlands, Kultur und menschliche Sicherheit" (2010–2013) unter der Ägide der Akademie der Wissenschaften Lettlands entstanden. Ziel war, den aktuellen Forschungsstand zu den Letten als Nation und Lettland als Staat zu präsentieren. Band 1 beschreibt Aspekte des „Lettentums" wie Vor- und Frühgeschichte, Letten in Livland, die Entwicklung der lettischen Sprache und Schrift, den Kulturraum und Volkstraditionen. Band 2 behandelt den Staat Lettland, seine Vorläuferstrukturen unter fremder Herrschaft vor 1918, seine Entstehung im 20. Jahrhundert, sein Schicksal zwischen Unabhängigkeit und Verlust derselben. Band 3 enthält Aufsätze zur Widerherstellung der Unabhängigkeit, zur Verfassungsentwicklung und Demokratie und damit verbundenen Problemen wie etwa der Sprachenfrage, zur Demografie, zur Volkswirtschaft und zur Rolle Lettlands innerhalb der Europäischen Union. Band 4 schließlich umfasst im weiteren Sinne die traditionelle Kulturgeschichte Lettlands, Literatur, Kunst, Musik, Theater Bildung und Wissenschaft sowie in einigen Kapiteln die Geschichte und Kultur der nationalen Minderheiten. Allerdings reicht das ambitionierte Sammelwerk nicht über eine Aufsatzsammlung hinaus, die den jeweiligen Wissensstand und die Interessen der einzelnen Autoren repräsentiert. Eine verbindende Konzeption, kritische Fragestellung oder Kontextualisierung mit der europäischen Kulturgeschichte werden wiederum kaum sichtbar.

In der Absicht, zum Staatsjubiläum eine kürzere Version der etwa 2 400 Seiten umfassenden Ausgabe in englischer und russischer Sprache vorzulegen, erschien 2018 unter dem gedrehten Titel „Lettland und die Letten" eine konzentriertere Version in zwei Bänden auf ca. 1 600 Seiten, z. T. mit überarbeiteten Aufsätzen und neuen Autoren. Band II umfasst Aufsätze zur Geschichte in zwei Abschnitten, über die „Letten von der Frühzeit bis zur Entstehung des Staates" und die „Letten und der Staat Lettland (1918–1990)".[123] Auch diese beiden Bände dienen eher der affirmativen Selbstvergewisserung denn der kritischen Betrachtung, führen aber in den seit 1991 erreichten Forschungsstand und vor allem dessen Literatur ein.

Weitere bedeutende Veröffentlichungen, weil sie die Betonung auf den „Staat vor dem Staat", also die nach 1991 vernachlässigten Jahrhunderte vor 1918, legen, bilden die Vorträge eines Zyklus von fünf Konferenzen, die im Rahmen des staatlichen Programms „Einhundert Jahre Staat Lettland" zwischen September 2017 und April 2019 von der Nationalbibliothek Lettlands und der Fakultät für Geschichte und Philosophie der Universität veranstaltet wurden. Die Konferenzen bildeten damit einen Kontrapunkt zum allgemeinen Festkalender und holten die nichtlettische Geschichte des Alten Livland und der Provinzen Estland, Livland und Kurland unter polnischer, schwedischer und russischer Herrschaft in die Erinnerung zurück. Es fällt auf, dass die Bände, entgegen sonstigen Gepflogenheiten der lettischen Historiografie, für die Zeit vor 1918 mit der retrospektiven Verwendung des Begriffs „Lettland" sorgsamer umgehen.[124]

---

122 Latvieši un Latvija.
123 Latvia and Latvians.
124 Viduslaiku Livonija; Vara, zeme un sabiedrība; Latvijas teritorija; Valsts valstī; Latvijas zemes.

9. Ausblick: Die Geschichtslandschaft Lettlands der Gegenwart (1991–2018)

Ähnlich einzuordnen ist die umgangreiche Publikation „Mächte in Lettland", die die Neuere Geschichte des Landes vom Herzogtum Kurland bis zur Gründun der Republik in den Blick nimmt, allerdings, und das ist ungewöhnlich und für lettische Verhältnisse innovativ, in Form reflektierender Essays. Besonders hervorzuheben sind zwei Aufsätze von Toms Ķencis (geb. 1980) über die Geschichte als Konstruktion und kollektives Gedächtnis und Agita Misāne (geb. 1965) über die Konstruktion der lettischen Nation, Beiträge, die darauf verweisen, dass sich die lettische Historiografie langsam, aber stetig in den internationalen Diskurs der Historiker integriert.[125]

*Die Kongresse lettischer Historiker 2011–2023*

Erst im Jahr 2011, 74 Jahre nach der „1. Historikerkonferenz der Baltischen Länder" und 20 Jahre nach Wiederherstellung der Unabhängigkeit, fand der „I. Kongress der Historiker Lettlands" mit knapp 400 Teilnehmern in Riga statt.[126] Eröffnet wurde er in Anwesenheit des Staatspräsidenten Andris Bērziņš (geb. 1944). Einer Plenarsitzung folgten Vorträge in sieben Sektionen, die im wesentlichen an die Epochen der Geschichte (Frühgeschichte, Mittelalterliche und Frühneuzeitliche Geschichte sowie Geschichte des 20. Jahrhunderts) sowie Bereiche wie der Kultur- und Sozialgeschichte, der Regionalgeschichte oder der internationalen Beziehungen Lettlands angelehnt waren. Jüngere Historiker kritisierten im Anschluss an den Kongress dessen inhaltliche und methodische Altbackenheit und sprachen sich für mehr Innovation jenseits einer traditionellen Nationalgeschichte sowie für mehr internationale Kooperation aus – Forderungen, die angesichts der notorischen Unterfinanzierung der Geschichtswissenschaft in Lettland kaum umzusetzen sind.

Immerhin ließ das Programm des „II. Kongresses der Historiker Lettlands" im Jahr 2018, der im Rahmen des „IV. Weltkongresses Lettischer Wissenschaftler" stattfand, bereits einen gewissen Paradigmenwechsel erkennen.[127] Methoden und Methodologie, Kommunikation in der Geschichtswissenschaft, Hilfswissenschaften sowie die Frage nach dem Zusammenhang zwischen Geschichte und Ideologie lauteten die Überschriften der Sektionen. Drei Tage vor dem Nationalfeiertag im November 2023 schließlich fand unter der leicht, aber absichtlich modifizierten und sich von den beiden Kongressen absetzenden Überschrift „Lettlands Geschichtskongress" eine eintägige Tagung statt, an der Historiker der jüngeren und mittleren Generation teilnahmen, um über die aktuelle Situation der Geschichtswissenschaft in Lettland, über Geschichte in der Bildung, über die Zukunft des Historikerberufs sowie die Institutionen von *public history* und und der Erinnerungskultur zu diskutieren.[128] Hinter-

---

125 Varas Latvijā; die Beiträge von Ķencis, ebenda S. 660-741; Misāne, ebenda, S. 742-799.
126 15. bis 17.9.2011. Veröffentlichung: Latvijas vēsture krustcelēs. Kritischer Bericht: Zellis, Probleme der Geschichte Lettlands. In der einführenden Plenarsitzung hielten auch die deutschen Historiker Erwin Oberländer (geb. 1937) und Detlef Henning (geb. 1959), Zenonas Butkus aus Litauen und Boris V. Sokolov (geb. 1957) aus der Russländischen Föderation Vorträge, in den Sektionen blieben die lettischen Referenten unter sich.
127 18. bis 19.6.2018. Veröffentlichung: Vēsture zinātne Latvijā. Die Veröffentlichung beinhaltet auch die im Anschluss an die Vorträge stattgefundenen Diskussionen.
128 Der Kongress ist auf der Website des „Vereins zur Förderung der Erforschung und Popularisierung der Geschichte" (lett. *Vēstures izpētes un popularizēšanas biedrība*) dokumentiert: www.vesturesbiedriba.lv/vestures-kongress/ (letzter Zugriff 10.10.2024)

grund war ein Offener Brief, den 118 Historiker bereits im April 2023 an staatliche Stellen gerichtet hatten, in dem sie nachdrücklich auf die kritische Finanzierunglage ihres Wissenschaftszweiges und die Unmöglichkeit qualitativer historischer Grundlagenforschung bei gleichzeitiger Zunahme der Bedeutung historischen Wissens in Zeiten hybrider Bedrohung hingewiesen hatten.

Alle drei Kongresse verdeutlichen, dass dort, wo moderne Forschungsmethoden und Fragen beginnen die lettische Geschichtswissenschaft zu verändern, sie dies weiterhin auf die oben genannten Themen- und Problemkomplexe bezogen tun werden. Und dort, wo die Geschichte Lettlands normativ konnotiert ist, etwa völker- oder minderheitenrechtliche Fragen sowie die Existenzberechtigung des Staates Lettland und die kulturelle Identität seiner Einwohner berührt, wird sich Geschichtswissenschaft Lettlands auch in Zukunft einer moderat nationalen Geschichtsschreibung verpflichtet fühlen. Andererseits aber wird sie auch, wo ein nationales Narrativ an die Grenze der Beschreibbarkeit komplexer Erscheinungen der Vergangenheit gerät und kulturanthropologische, digitale oder neurobiologische Herausforderungen der Zukunft im 21. Jahrhunderts andere Fragen an die *Humanitas* (auch die lettische) aufwerfen, behutsam neue Wege beschreiten müssen, die sich an den Tendenzen einer globalen Geschichtsschreibung orientieren werden.

## 10. Schlussbemerkungen

Die lettische Historiografie ist jünger als andere Nationalhistoriografien in Europa, aber sie ist alt genug, um einen kurzen Rückblick zu versuchen, die wichtigsten Ergebnisse, Tendenzen und Funktionen zusammenzufassen.

Entscheidend für die Geschichte der lettischen Geschichtsschreibung bleibt deren späte Entstehung in engem Zusammenhang mit den Nationalismen kleiner Völker Ostmitteleuropas und dem nationalen Erwachen der Letten ab Mitte des 19. Jahrhunderts. Nicht genuin geschichtsphilosophische oder geschichtswissenschaftliche Fragen, sondern das Primat kollektiver Identitätsfragen rückte in den Mittelpunkt, das Fragen nach dem Woher der Letten, nach einer ‚eigenen' Geschichte in Differenz zur Geschichte der herrschenden Deutschbalten und nach dem möglichen Telos der politischen, sozialen, ökonomischen und kulturellen Emanzipation der bisher leibeigenen Bauern. Wirksam wurde dabei vor allem ein Dreierschema von der ursprünglichen goldenen Freiheit, der Kolonisierung und Unterdrückung sowie Auflösung dieser tragischen Geschichte in einer künftigen neuen Freiheit, welches bis heute das Geschichtsbild in Lettland prägt. Da die Letten in ihrer Geschichte über keine eigene Staatlichkeit verfügt hatten, rückte zunächst das Volk als Subjekt der Geschichte in den Mittelpunkt, später unter dem Eindruck sozialistischer Strömungen gegen Ende des 19. Jahrhunderts die Klasse, die aufgrund der bäuerlichen Sozialgeschichte der Letten zu einem großen Teil mit dieser zusammenfiel. Geschichte blieb jedoch überwiegend auf die Bereiche einer historisierenden oder politischen Publizistik und eines didaktischen Bemühens um Volksaufklärung beschränkt. Nennenswerte historiografische Arbeiten, die es wissenschaftlich mit der Konkurrenz deutschbaltischer Publikationen hätten aufnehmen können, sind aus lettischer Feder vor den 1920er Jahren nicht erschienen. Der Historismus spielte kaum eine Rolle, eher Affinitäten zum Marxismus mit seiner Befreiungsrhetorik und hegelianischen Geschichtsdialektik.

Nach den russischen Revolutionen des Jahres 1917 und dem politischen Zusammenbruch des russischen Zarenreiches rückte zum ersten Mal eine eigene Staatlichkeit anstelle bisher angestrebter personaler oder territorialer Autonomiemodelle in den Bereich politischer Möglichkeiten. Sie wurde nach dem deutschen Zusammenbruch Ende 1918 und in den folgenden Wirren von Freiheits- und Bürgerkrieg zwischen 1918 und 1920 in Form der Republik Lettland in politische Realität umgesetzt und stabilisiert. Erst die Gründung der Republik Lettland 1918 und einer lettischen Universität in Riga ermöglichten den Aufbau einer akademischen Ausbildung lettischer Historiker und einer institutionalisierten lettischen Geschichtswissenschaft. Diese sah ihre wichtigste Aufgabe in der personellen, institutionellen und thematischen Entmachtung der bisher dominierenden deutschbaltischen Historiografie und im Aufbau eines eigenen nationalen ‚Geschichtsgebäudes', dessen Ecksteine die Geschichte des lettischen Volkes, seine jahrhundertelange Unterdrückung, die Wiederherstellung seiner Freiheit 1918 und im Anschluss daran das Bestreben darstellten, die lettische Nation und den Staat Lettland zur Deckung zu bringen. Sinnfälligsten Ausdruck der Verbindung von Geschichtswissenschaft und staatlicher historisch gebundener Identitätspolitik bildete 1936 die Gründung des bis heute bestehenden Geschichtsinstitutes Lettlands, das darüber hinaus bis zum Zusammenbruch 1940 ein wichtiges ideologisches Instrument des autoritären Regimes unter Kārlis Ulmanis und dessen Lettisierungsbemühungen wurde. Paradox bleibt, dass wichtige Anstöße und Impulse für die lettische Geschichtsschreibung trotz allem in der deutschbaltischen Historiografie und ihrer rechtsgeschichtlich motivierten Präferenz für Quellen, in der europäischen Ethnografie sowie über das Studium lettischer Historiker in St. Petersburg und Moskau vor 1918 und Robert Vippers Lehre in Riga während der Zwischenkriegszeit in der russischen Geschichtsschreibung zu suchen sind.

Die Entwicklung war jedoch ambivalent. Die Nationalisierung der Geschichte ließ die lettische Geschichte in Differenz und Wettbewerb zu anderen, umgebenden Nationalgeschichten treten, sodass über das Bemühen, den europäischen Nachbarn diese neue Geschichte erklären zu müssen, in den Jahren unmittelbar vor dem Zweiten Weltkrieg gleichzeitig der Beginn einer Internationalisierung der lettischen Historiographie erkennbar wird. Sie findet ihren Ausdruck in der Durchführung der „I. Historikerkonferenz der Baltischen Länder" (d. h. der Ostseeanrainerstaaten) in Riga im Jahr 1937, in der Zunahme von Auslandsaufenthalten lettischer Geschichtsstudenten und Historiker, in der Teilnahmen an internationalen Historikerkonferenzen und umfangreichen Archivreisen im Ausland sowie einer wachsenden Zahl von populären Darstellungen der lettischen Geschichte in europäischen Fremdsprachen für ein ausländisches Publikum.

Allerdings währte die erste Unabhängigkeit Lettlands zwischen den Kriegen zu kurz, um genügend Historiker auszubilden, eine Ausgewogenheit der Epochen und Themen zu erreichen oder ein für damalige Verhältnisse umfassendes Konzept einer Gesamtgeschichte der Letten oder Lettlands vorzulegen. Die Blütezeit der lettischen Geschichtswissenschaft vor dem Zweiten Weltkrieg fiel in die Jahre des autoritären Regimes unter Ulmanis. Dessen Beschränkungen behinderten bedauerlicherweise die Chance eines geregelten Historikerstreits oder Diskurses zwischen deutschbaltischen und lettischen Historikern um Inhalte und Methoden einer letztlich doch gemeinsamen Geschichte, der nur noch sehr eingeschränkt und indirekt zustande kam.

Gleichzeitig blieb das Geschichtsbild, welches in den 1920er und 1930er Jahren entwickelt wurde, produktiv. Die sowjetlettische Historiografie, die nach der zweiten Okkupation Lettlands durch die Rote Armee eines der ideologischen Herrschaftsinstrumente Moskaus in Lettland bildete, war gezwungen, auf diese Nationalgeschichte Bezug zu nehmen und konnte nicht einfach zur Tagesordnung einer sowjetischen Universalgeschichte und internationalistischer Rhetorik übergehen. Sie bildete stattdessen ein Amalgam aus universalistischer marxistisch-leninistischer Geschichtsdoktrin, einer auf die Klasse und lokale Bedeutung reduzierten lettischen Volksgeschichte sowie großrussischer bzw. allsowjetischer Geschichte und versuchte sich mehr oder weniger glücklos im Spagat zwischen imperialen Ansprüchen sowjetischer Herrschaft und regionaler, sowjetisch gefärbter Identitätspolitik im Rahmen der sowjetischen Nationalitätenpolitik.

Der sowjetlettischen Geschichtsschreibung gelang es in 45 Jahren nicht, lettische Volks- und Nationalgeschichte aufzulösen. Sie fand aus politisch-ideologischen Gründen auch keinen Anschluss an westliche Entwicklungen der Geschichtswissenschaften, an Wirtschafts-, Sozial- und Strukturgeschichte. Die Überlebensfähigkeit des lettischen nationalen Narrativs

## 10. Schlussbemerkungen

hingegen wurde erneut in den Jahren der *perestrojka* und der *glasnost'* ab 1987 sichtbar. Eine junge Generation marxistisch geschulter sowjetlettischer Historiker griff rasch und ohne Hemmungen darauf zurück und machte die Revision der sowjetlettischen Geschichte mit dem Dreh- und Angelpunkten Hitler-Stalin-Pakt, dessen Auswirkungen auf den Verlust staatlicher Unabhängigkeit sowie dessen Vor- und Nachgeschichte, innerhalb weniger Monate zu einem der wirksamsten Instrumente der Unabhängigkeitsbewegung Lettlands.

Nach Wiederherstellung der staatlichen Unabhängigkeit Lettlands 1990/91 und im Rahmen der allmählichen Integration des Landes in westliche Strukturen diente die lettische Geschichtsschreibung und ihr überwiegender Rückgriff auf die Geschichte der Staatlichkeit ab 1918 zunächst wieder der Identitätsfindung in einer Welt, die sich außerhalb der SSR Lettland in den Jahrzehnten nach 1945 rasant entwickelt hatte. Sie schwankte zwischen Retrospektive, Beharrung, positivistischer Apologetik gegenüber postmodernen westlichen Beobachtern auf der einen und revisionistischen Russen auf der anderen Seite, zwischen nationaler Beschaulichkeit und Anforderungen einer genuin internationalen Wissenschaftsrichtung. Erst seit dem erfolgreichen Beitritt zu EU und NATO im Jahr 2004 und dem Heranwachsen einer weiteren Historikergeneration, zum Teil im Ausland akademisch sozialisiert, vollzieht sich langsam der Anschluss an die Multiperspektivität einer modernen, sich als Kulturwissenschaft verstehenden Wissenschaftsdisziplin Geschichte. Dabei prägt der Zielkonflikt, das Eigene kulturell bewahren zu wollen, wissenschaftlich generalisierend aber auflösen zu müssen, Lettisch als Wissenschaftssprache bewahren zu wollen, andererseits international Gehör finden zu müssen, die kleine lettische Forschungslandschaft. Die Ergebnisse der lettischen Geschichtswissenschaft werden im Ausland, mit Ausnahme von einer kleinen Gruppe sprachlich ausgebildeter Spezialisten, kaum rezipiert, und Introspektion bleibt weiterhin beherrschendes Merkmal der *latviešu vēsturnieku kopiena*, der lettischen *historians community*.

Die vorliegende, das lettische historische Feld beschreibende Untersuchung stellt in erster Linie eine Bestandsaufnahme lettischer historiografischer Bemühungen der letzten 150 Jahre dar, gruppiert um die ‚Akteure' Politische Rahmenbedingungen und deren *challenges*, Historiker als Einzelpersonen, wissenschaftliche Institutionen, konzeptionelle Überlegungen, Themen und (manchmal) Kontroversen sowie nicht zuletzt Geschichte im öffentlichen Raum. Bei einem Bogen, der anderthalb Jahrhunderte, zahlreiche Krisen und Machtwechsel überspannt, bleibt manches nur gestreift und muss vieles nachfolgender Einzelforschung überlassen bleiben. Die Untersuchung möchte aber den Grundstein legen und Anregung geben, sich künftig in Lettland, aber auch in den beiden baltischen Nachbarstaaten und anderswo, nicht nur noch intensiver um historische Mikrodetails einer überschaubaren Nationalgeschichte zu kümmern, sondern sich stärker auch für die eigenen geschichtstheoretischen Bedingungen, die subkutanen ‚heimlichen Fragen' der Historiker und eine kritische Geschichte der eigenen Disziplin selbst und deren Rolle zwischen Nation, Politik, Kultur und Wissenschaft zu interessieren.

Dazu wird es notwendig werden, die hier zur Sprache gekommenen einzelnen Epochen intensiver in den Blick zu nehmen, im Detail insbesondere die Genese lettischen protohistorischen Denkens und Forschens im 19. Jahrhundert bis 1918, aber auch die Übergänge entlang der politischen Machtwechsel 1917/20, 1940/45 und 1988/91, verbunden mit häufiger Kontinuität des forschenden Personals. Im Bereich der Institutionengeschichte bilden, mit Ausnahme einer Untersuchung zur historischen Fakultät der Universität Lettlands, Monografien zum Geschichtsinstitut seit 1936 und zum Parteiinstitut während der Sowjetzeit dringliches Desiderat.

Schließlich wären die Historiker selbst, frei nach dem Motto *homines facit opera*, deutlicher in den Blick zu nehmen. Bisher liegt keine einzige Biografie eines lettischen Historikers vor, die ihn im Geflecht seiner Zeit zwischen politischer Macht und akademischen Ansprüchen kritisch würdigt. Den Beginn könnten so überaus facettenreiche und eine ganze Historiografieepoche repräsentierende Figuren wie Arveds Švābe, von der livländischen Provinz im Russischem Reich über das Lettland der Zwischenkriegszeit bis ins moderne Stockholm der 1950er Jahre, oder Aleksandrs Drīzulis, von der frühen Sowjetunion der 1920er Jahre über Sowjetlettland bis in ein wieder unabhängige Lettland in der Europäischen Union, machen, beide auch in ihren jeweiligen prominenten politischen Rollen. Zahlreiche weitere Historikerbiografien würden einen tiefen Einblick nicht nur in die Wissenschaftsgeschichte Lettlands, sondern in die Katakomben seiner Geschichte insgesamt gewähren.

Und nicht zuletzt möchte die vorliegende Arbeit einen Anstoß geben, sich künftig intensiver mit den wissenschaftlichen Ansprüchen, denen sich auch eine ‚lettische Geschichte' ‚verpflichtet sieht, auseinanderzusetzen, mit Fragen nach Resultaten und Defiziten im eigenen wie internationalen Rahmen, möglichen Ursachen für Theorieresilienz und Kontextverweigerung sowie Zukunftsfähigkeit in einer digitalisierten Welt. Dazu ist es notwendig, in Einzeluntersuchungen auch der Frage der internationalen Vernetzung der lettischen Geschichtswissenschaft und der Einflüsse, die wirkten oder warum sie nicht wirkten, nachzugehen. Vermutlich bestanden zu allen Perioden mehr Kontakte, selbst zu Sowjetzeiten hinter dem ‚Eisernen Vorhang',[1] als die provinzielle Enge der lettischen Geschichte, schmale Bandbreite nationaler Befindlichkeiten und ihr Bedürfnis nach Differenz es suggerieren.

---

1 Ein Beispiel von vielen: Jānis Zutis referierte bereits 1955 auf dem Internationalen Historikerkongress in Rom über lettische Historiografie, vgl. Latvijas PSR Mazā enciklopēdija. III. Rīga 1970, Lemma „Zutis".

Anhang

# Abkürzungen

Hinweis: Eine Zusammenstellung lettischsprachiger Abkürzungen, bearbeitet vom Autor, findet sich in: Abkürzungsverzeichnis zur Geschichte Ostmitteleuropas im 20. Jahrhundert. (Hrsg.): Herder-Institut, Marburg 2000.

| | |
|---|---|
| amer. | amerikanisch |
| apr. | lett. *apraksts*, dt. Verzeichnis (Archivverzeichnis) |
| CK | lett. *Centrālā Komiteja*, dt. Zentralkomitee |
| ČK | russ. *Črezvyčainaja Komisija*, dt. Außerordentliche Kommission |
| d. Ä. | der Ältere |
| d. J. | der Jüngere |
| Ders., dies. | Derselbe, dieselbe (in Literaturangaben) |
| dt. | deutsch |
| engl. | englisch |
| frz. | französisch |
| IKP | russ. *Institut krasnoj professury*, dt. Institut der Roten Professur |
| KGB | russ. *Komitet gosudarstvennoj bezopasnosti*, dt. Komitee für Staatssicherheit |
| KP | Kommunistische Partei |
| KPdSU | Kommunistische Partei der Sowjetunion |
| KPR(B) | Kommunistische Partei Russlands (Bolševiki) |
| lett. | lettisch |
| LKP | lett. *Latvijas Komunistiskā partija*, dt. Lettlands Kommunistische Partei |
| LME | lett. *Latvijas PSR Mazā Enciklopēdia*, dt. Kleine Enzyklopädie Sowjetlettlands |
| LNB | lett. *Latvijas Nacionālā bibliotēka*, dt. Lettlands Nationalbibliothek |
| lp., lpp. | lett. *lapa, lapas*; dt. Seite, Seiten (Buch), Blatt, Blätter (Archivdokumente) |
| LPE | lett. *Latvijas Padomju enciklopēdija*, dt. Lettlands Sowjetenzyklopädie |
| lpp. | lett. *lapas*; dt. Seiten (Buch) Blätter (Archivdokumente) |
| LSDSP | lett. *Latviešu Sociāldemokrātiskā strādnieku partija, dt.* Lettische Sozialdemokratische Arbeiterpartei |
| LSSR | Lettlands Sowjetische Sozialistische Republik |
| LU | lett. *Latvijas Universitāte*, dt. Lettlands Universität |
| LVA | lett. *Latvijas Valsts arhīvs*, dt. Lettlands Staatsarchiv |
| LVVA | lett. Latvijas Valsts Vēstures arhīvs, dt. Historisches Staatsarchiv Lettlands |

| | |
|---|---|
| NKVD | russ. *Narodnyj Komissariat vnutrennich del*, dt. Volkskommissariat für Innere Angelegenheiten |
| o. J. | ohne Jahr |
| o. O. | ohne Ort |
| OSOAVIACHIM | russ. *Obščestvo sodejstvija oborone, aviacionnomu i chimičeskomu stroitel'stvy*, dt. Gesellschaft zur Förderung der Verteidigung, des Flugwesens und der Chemie |
| PA | lett. *Partijas arhīvs*, dt. Parteiarchiv |
| Pseud. | Pseudonym(e) |
| russ. | russisch |
| SDAPR | Sozialdemokratische Arbeiterpartei Russlands |
| u. d. T. | unter dem Titel |
| VKP(B) | Kommunistischen Allunions-Partei (Bolschewiki) |
| ZA | lett. *Zinātņu akadēmija*, dt. Akademie der Wissenschaften |
| ZK | Zentralkomitee |

# Quellen- und Literaturverzeichnis

*Anmerkung*: Entsprechend den gegenwärtigen Gepflogenheiten der wissenschaftlichen Zitierweise in Lettland werden Titel in älteren Schreibweisen (bis Mitte der 1930er Jahre gebräuchlich) nicht buchstabengetreu, sondern in der heute gültigen lettischen Orthografie (1995) wiedergegeben.

## 1. Archive und ungedruckte Quellen

*Latvijas Nacionālās bibliotēkas (LNB) retumu un rokrakstu nodaļa [Raritäten- und Handschriftenabteilung der Nationalbibliothek Lettlands (LNB)]*
    A 105 Roberts Malvess, N. 193
*Latvijas Universitātes arhīvs [Archiv der Universität Lettlands]*
    Personu lietas [Personalakten]:
        Pēteris Krupnikovs
        Marģers Stepermanis
        Kārlis Strazdiņš
*Latvijas Valsts arhīvs (LVA) [Staatsarchiv Lettlands]*
    Fonds PA-31        LKP Centrālā Komiteja [Zentralkomitee der LKP]
    Fonds PA-32        Latvijas Sociāldemokrātijas CK Krievijas birojs [Russland-Büro des Zentralkomitees der Sozialdemokratie Lettlands]
    Fonds PA-35:       Latvijas KP Vēstures komisija [Historische Kommission der KP Lettlands]
    Fonds PA-45:       Latviešu strēlnieku vēstures komisija 1915–1937 [Kommission für die Geschichte der lettischen Schützen 1915–1937]
    Fonds PA-101:      LKP CK [Zentralkomitee der LKP]
    Fonds PA-200:      Institut istorii partii pri CK KPL [Institut für Parteigeschichte beim ZK der LKP]
    Fonds PA-301:      Lielā Tēvijas kara vēstures komisija 1941.–1945. [Kommission für die Geschichte des Großen Vaterländischen Krieges 1941–1945]
    Fonds PA-1339:     Latviešu Kultūras izglītības biedrība „Prometejs", Maskavā (1924–1937) [Lettischer Kultur- und Bildungsverein „Prometheus", in Moskau (1924–1937)]
    Fonds 491:         LPSR Vēstures muzejs [Geschichtsmuseum der LSSR]
    Fonds 673:         Latvijas PSR Ministru Padomes Valsts zinātniski pētnieciskā darba

koordinācijas komiteja (1957–1967) [Komitee für die Koordinierung der wissenschaftlichen Forschungsarbeit beim Ministerrat der SSR Lettland]

Fonds 1754: LPSR Kultūras ministrija. Revolūcijas muzejs [Kulturministerium der LSSR. Revolutionsmuseum]

Fonds 1860: Vēsturnieks akadēmiķis Jānis Krastiņš (1890.–1983.) [Der Historiker und Akademiker Jānis Krastiņš (1890–1983)]

Fonds 2371: Latvijas PSR Zinātņu akadēmija. Latvijas Vēstures institūts (1946.–1993.) [Akademie der Wissenschaften der SSR Lettland. Geschichtsinstitut Lettlands 1946–1993]

*Latvijas Valsts vēsturs arhīvs (LVVA) [Staatliches Geschichtsarchiv Lettlands]*

Fonds 291: Teodors Zeids. Vēsturnieks. 1931.–1992. [Teodors Zeids. Historiker. 1931–1992]

Fonds 1865: Latvijas PSR ZA Vēstures institūts [Geschichtsinstitut der Akademie der Wissenschaften der SSR Lettland]

Fonds 2575: Ārlietu ministrija [Außenministerium]

Fonds 7118: Arveds Švābe. Vēsturnieks [Arveds Švābe. Historiker]

*Sveriges Riksarkivet Marieberg (Schwedens Reichsarchiv Marieberg)* [Stockholm]
Arveds Švābes arkiv [Archiv Arveds Švābe]. Vol. 1-7.

## 2. Literatur

**1. Baltijas zemju vēsturnieku konference**, in: Latvijas Vēstures Institūta Žurnāls (1937), Nr. 3, S. 469-477 [Konferenzbericht].
*siehe auch* **Baltijas zemju vēsturnieku konference**

**9. un 13. janvaris**. 1905. g. janv. dienas un viņu pēcskaņas Latvijā [Der 9. und 13. Januar. Die Januartage des Jahres 1905 und ihr Nachhall in Lettland], Maskava [Moskau] 1925.

**15. maija Latvija** [Das Lettland des 15. Mai]. (Hrsg.): Inesis Feldmanis, Rīga 2017.

**20. gadsimta Latvijas vēsture** [Geschichte Lettlands im 20. Jahrhundert]. **I. Latvija no gadsimta sākuma** līdz neatkarības pasludināšanai. 1900–1918 [I. Lettland vom Anfang des Jahrhunderts bis zur Verkündung der Unabhängigkeit. 1900–1918], Rīga 2000; **II. Neatkarīgā valsts**. 1918–1940 [Der unabhängige Staat. 1918–1940], Rīga 2003; **III. 1940–1945/1946**, Rīga 2022; **IV. 1944/1945–1964**, Rīga 2023.

**1905. gads** [Das Jahr 1905], Maskava [Moskau] 1935.

**1905. gads Latvijā** [Das Jahr 1905 in Lettland], Rīga 1966.

**1905. gads Latvijā: 100**. Pētījumi un starptautiskas konferences materiāli, 2005. gada 11.–12. janvāris, Rīga [Das Jahr 1905 in Lettland: 100. Forschungen und Materialien einer internationalen Konferenz, 11.–12. Januar 2005 in Riga], Rīga 2005.

**1905. g. revolūcija**. Skatu un ainu krājums [Die Revolution 1905. Sammlung von Ansichten und Bildern], Maskava [Moskau] 1926.

**1905.–1907. gada revolūcija Latvijā**. Bibliogrāfiskais rādītājs [Die Revolution von 1905–1907 in Lettland. Bibliografisches Verzeichnis], Rīga 1997.

**1905. revolūcijas dalībnieku atmiņas**. I-II [Erinnerungen von Teilnehmern der Revolution von 1905. I-II], Rīga 1955-1956.

**1919. gads Latvijā**. Rakstu krājums [Das Jahr 1919 in Lettland. Aufsatzsammlung], Rīga 1969.

Benno **Ābers**: **Latvijas vēstures institūta kārtējais biedrs** profesors Dr. iur. Arveds Švābe [Das ordentliche Mitglied des Geschichtsinstituts Lettlands Dr. iur. Arveds Svābe], in: Latvijas Vēstures Institūta Žurnāls (1938), Nr. 2, S. 311-314.

Benno **Ābers**: **Prof. Dr. Arveds Švābe**, in: Commentationes Balticae VIII/IX (1962), S. 417-421.

Benno **Ābers**: **Vidzemes zemnieku stāvoklis** 19. gs. pirmajā pusē [Die bäuerlichen Verhältnisse in Livland in der ersten Hälfte des 19. Jhs.], Rīga 1936.

**Acta Baltica**. Liber annalis Instituti Baltici. I (1960/61)-XXXV (1997), Königstein 1962–1997.

**Agora**. (Hrsg.): Latvijas Universitāte. Sociālo zinātņu fakultāte. Komunikācijas studiju nodaļa. Sociālo un politisko pētījumu institūts. 1. sēj.: Identitāte: nācija, sociālā grupa [Bd. 1: Identität: Nation, soziale Gruppe], Rīga 2004; 2. sēj.: Vilis Lācis: Divu Latviju naratīvi, sociālais/sociālistiskais reālisms [Vilis Lācis: Zwei Lettland-Narrative, der soziale/sozialistische Realismus], Rīga 2004; 3. sēj.: Pēckara Latvijas cilvēklaiktelpa ≠ staļinisms. The Post-War Time and Space of Latvia's People ≠ Stalinism, Rīga 2005; 4 šej.: Laikplaisa. Piektais gads [Zeitzäsur. Das Jahr fünf ], Rīga 2006; 6. sēj.: Reiz dzīvoja Kārlis Ulmanis. Once upon a time, there was a man called Kārlis Ulmanis, Rīga 2007.

Arnolds **Aizsilnieks**
*siehe auch* Nicholas **Balabkins**, Arnolds **Aizsilnieks**

Arnolds **Aizsilnieks**: **Daži piebildumi** pie Labsvīra taisnošanās [Einige Einwände zur Argumentation von Labsvīrs], in: Jaunā Gaita 133 (1981), S. 52 f..

Arnolds **Aizsilnieks**: **Latvijas saimniecības vēsture 1914–1945** [Wirtschaftsgeschichte Lettlands 1914–1945], Sundbyberg 1968.

Arnolds **Aizsilnieks**: **Vai tā būtu attaisnojuma meklēšana** [Wäre das eine Suche nach Rechtfertigung], in: Jaunā Gaita 130 (1980), S. 56.

Arnolds **Aizsilnieks**: **Voldemāra Bastjāņa versija un manējā** [Die Version von Voldemārs Bāstjānis und die meinige], in: Jaunā Gaita 80 (1970), S. 44 f.

**Aizvestie. 1941. gada 14. jūnijs** [Die Verschleppten. Der 14. Juni. 1941], Rīga 2001.

**Aizvestie. 1949. gada 25. mārts**. 1-2 [Die Verschleppten. Der 25. März 1949. 1-2], Rīga 2007.

**Akademija nauk** Latvijskoj SSR [Die Akademie der Wissenschaften der SSR Lettland], Riga 1986.

**Akademiķis Jānis Zutis**, Rīga 1964.

Claus **Altmayer**, Armands **Gūtmanis** (Hrsg.): **Johann Gottfried Herder** und die deutschsprachige Literatur seiner Zeit in der baltischen Region. Beiträge der I. Rigaer Fachtagung zur deutschsprachigen Literatur im Baltikum 14. bis 17. September 1994, Riga 1997.

Erik **Amburger**: **Die Geschichtsschreibung** an der Universität Dorpat in der ersten Hälfte des 19. Jahrhunderts, in: Georg von Rauch (Hrsg.): Geschichte der deutschbaltischen Geschichtsschreibung, Köln u. a. 1986 (Ostmitteleuropa in Vergangenheit und Gegenwart 20), S. 89-102.

Edgar **Anderson**: **Die ersten kurländischen Expeditionen** nach Westindien im 17. Jahrhundert, in: Baltische Hefte 8,1 (1961), S. 13-35.

Edgar **Anderson**: **Die kurländische Kolonie Tobago**, in: Baltische Hefte 8,1 (1961), S. 216-232.

E. **Andersone**, P. **Dzerve**, T. **Draudin**: **Latvijskaja SSR**. Kratkij istoriko-ekonomičeskij očerk [Die SSR Lettland. Kurzer historisch-ökonomischer Abriss], Moskva 1956.

Edgars **Andersons** (Hrsg.): **Cross Road Country Latvia**, Waverly, Iowa 1953.

Edgars **Andersons**: **Latvijas bruņotie spēki** un to priekšvēsture [Lettlands Streitkräfte und ihre Vorgeschichte], Toronto 1983.

Edgars **Andersons**: **Latvijas vēsture 1914–1920** [Geschichte Lettlands 1914–1920], Stockholm 1967.

Edgars **Andersons**: **Latvijas vēsture 1920–1940. Ārpolitika. I** [Geschichte Lettlands 1920–1940. Außenpolitik. I], Stockholm 1982.

Edgars **Andersons**: **Latvijas vēsture 1920–1940. Ārpolitika. II** [Geschichte Lettlands 1920–1940. Außenpolitik. II], Stockholm 1984.

Edgars **Andersons**, Leonīds **Siliņš** u. a.: **Latvija un rietumi**. Latviešu nacionālā pretestības kustība 1943–1945 [Lettland und der Westen. Die lettische nationale Widerstandsbewegung 1943–1945], Rīga 2002.

Aleksejs **Andronovs**: **Baltkrievijas ZA latviešu sektora darbība** pēc 1920.–1930. gadu arhīvu materiāliem: latgalistikas aspekts [Die Tätigkeit der lettischen Abteilung an der Wissenschaftsakademie Weißrusslands nach Archivmaterialien der 1920er und 1930er Jahre: der lettgallische Aspekt], URL: http://journals.ru.lv/index.php/LATG/article/view/2707 (letzter Zugriff 26.6.2024).

Norbert **Angermann**: **Die mittelalterliche Chronistik**, in: Georg von Rauch (Hrsg.): Geschichte der deutschbaltischen Geschichtsschreibung, Köln u. a. 1986 (Ostmitteleuropa in Vergangenheit und Gegenwart 20), S. 3-20.

Norbert **Angermann**, Detlef **Henning**, Wilhelm **Lenz** (Hrsg.): **Baltische Politiker, Historiker und Publizisten** des 20. Jahrhunderts, Münster 2021 (Schriften der Baltischen Historischen Kommission 25, Baltische Biographische Forschungen 2).

Andrej **Angrick**, Peter **Klein**: **Die „Endlösung" in Riga**. Ausbeutung und Vernichtung 1941–1944, Darmstadt 2006 (engl.: The „Final Solution" in Riga. Exploitation and Annihilation 1941–1944, New York, Oxford 2012).

Florian **Anton**: **Staatlichkeit und Demokratisierung** in Lettland. Entwicklung – Stand – Perspektiven, Würzburg 2009 (Spektrum Politikwissenschaft 41).

Florian **Anton**, Leonid **Luks** (Hrsg.): **Deutschland, Russland und das Baltikum**. Beiträge zu einer Geschichte wechselvoller Beziehungen. Festschrift zum 85. Geburtstag von Peter Krupnikow, Köln u. a. 2005 (Schriften des Zentralinstituts für Mittel- und Osteuropastudien 7).

Ģints **Apals**: **Latvieši, vācbaltieši un Krievija**. Polemiskā saruna [Letten, Deutschbalten und Russland. Ein polemisches Gespräch]. Rīga 2020.

Gints **Apals**: **Latviešu nacionālā kustība** [Die lettische Nationalbewegung], in: Latvija 19. gadsimtā. Vēstures apceres [Lettland im 19. Jahrhundert. Beiträge zur Geschichte], Rīga 2000, S. 423-473.

Ilga **Apine**: **Baltkrievi Latvijā** [Belarussen in Lettland], Rīga 1995.

Ilga **Apine**: **Etnopolitika** Latvijā [Ethnopolitik in Lettland], Rīga 2001.

Ilga **Apine**: **Latvijas Komunistiskās Partijas nacionālā politika** (1917. gada oktobris – 1920. gada janvāris) [Die nationale Politik der Kommunistischen Partei Lettlands (Oktober 1917 – Januar 1920)], Rīga 1980.

Ilga **Apine**: **Latvijas Sociāldemokrātija un nacionālais jautājums**. 1893–1917 [Die Sozialdemokratie Lettlands und die nationale Frage. 1893–1917], Rīga 1974.

Ilga **Apine**, Vladislavs **Volkovs**: **Latvijas krievu identitāte**. Vēsturisks un socioloģisks apcerējums [Die Identität der Russen in Lettland. Historische und soziologische Abhandlung], Rīga 2007.

**Apcerējumi par Latvijas PSR vēsturi** [Beiträge zur Geschichte der SSR Lettland], Rīga 1948–1954.
*Anmerkung: Titel nach Reihennummer, die Bände Nr. 4, 7, 8 und 12 konnten nicht verifiziert werden (sind eventuell nicht erschienen).*
Jānis Zutis: Latvijas aizvēstures problēmas [Probleme der Vorgeschichte Lettlands], Rīga 1948 (Apcerējumi par Latvijas PSR vēsturi 1).
Jānis Zutis: Agrie viduslaiki Latvijā: no 9.–12. gadsimtam [Das frühe Mittelalter in Lettland: vom 9. – 12. Jahrhundert], Rīga 1948 (Apcerējumi par Latvijas PSR vēsturi 2).
Jānis Zutis: Krievu un Baltijas tautu cīņas pret vācu agresiju [Der Kampf des russischen Volkes und der baltischen Völker gegen die deutsche Aggression], Rīga 1948 (Apcerējumi par Latvijas PSR vēsturi 3).
Jānis Zutis: Livonijas karš (1558.–1582.) [Der Livländische Krieg (1558–1582)], Rīga 1949 (Apcerējumi par Latvijas PSR vēsturi 5).
Jānis Zutis: Vidzeme kā poļu un zviedru cīņas objekts (16. gs. otrā puse – 17. gs. sākumam) [Livland als Objekt des polnisch-schwedischen Kampfes (zweite Hälfte 16. Jhs. – Anfang des 17. Jhs.)], Rīga 1949 (Apcerējumi par Latvijas PSR vēsturi 6).
Jānis Zutis: Latvija klaušu saimniecības sairšanas periodā un Kauguru nemieri 1802. gadā [Lettland während der Periode des Niedergangs der Pachtwirtschaften und die Unruhen von Kaugern im Jahr 1802], Rīga 1953 (Apcerējumi par Latvijas PSR vēsturi 9).
Jānis Zutis: Vidzemes un Kurzemes zemnieku likumi XIX.. gadsimta sākumā (1804.–1819.) [Die Bauerngesetze Livlands und Kurlands zu Beginn des 19. Jahrhunderts (1804–1819)], Rīga 1954 (Apcerējumi par Latvijas PSR vēsturi 10).
Jānis Zutis: Vidzemes un Kurzemes zemnieku brīvlaišana: XIX gadsimta 20. gados [Die Bauernbefreiung Livlands und Kurlands: die 20er Jahre des 19. Jahrhunderts], Rīga 1956 (Apcerējumi par Latvijas PSR vēsturi 11).

Jānis Krastiņš: Latvija straujas kapitalisma attīstības laikā un imperialisma laikmeta sākumā [Lettland während der Zeit der raschen Entwicklung des Kapitalismus und zu Beginn des imperialistischen Zeitalters], Rīga 1948 (Apcerējumi par Latvijas PSR vēsturi 13).

Jānis Krastiņš: 1905. gada revolūcija Latvijā (1905.–1907.) [Die Revolution von 1905 in Lettland (1905–1907)], Rīga 1948 (Apcerējumi par Latvijas PSR vēsturi 14).

Jānis Krastiņš: Latvija Stolipina reakcijas gados (1908.–1912.) [Lettland in den Stolipinschen Jahren der Reaktion ], Rīga 1949 (Apcerējumi par Latvijas PSR vēsturi 15).

Jānis Krastiņš: Latvija strādnieku kustības uzplūdu gados (1912.–1914.) [Lettland in den Jahren des Aufschwungs der Arbeiterbewegung (1912–1914)], Rīga 1949 (Apcerējumi par Latvijas PSR vēsturi 16).

Aleksandrs Drīzulis: Latvija imperiālistiskā kara un februāra buržuāziski demokrātiskās revolūcijas periodā (1914.–1917.) [Lettland während der Periode des imperialistischen Krieges und der bourgeois-demokratischen Februarrevolution (1914–1917)], Rīga 1953 (Apcerējumi par Latvijas PSR vēsturi 17).

Aleksandrs Drīzulis: Latvija Lielās Oktobra sociālistiskās revolūcijas sagatavošanas un norises periodā [Lettland in der Periode der Vorbereitung und des Ablaufs der Großen Sozialistischen Oktoberrevolution], Rīga 1951 (Apcerējumi par Latvijas PSR vēsturi 18).

Aleksandrs Drīzulis: Latvija ārvalstu militārās intervences un pilsoņu kara posmā (1918.–1920.) [Lettland in der Phase der ausländischen militärischen Intervention und des Bürgerkrieges (1918–1920)], Rīga 1948 (Apcerējumi par Latvijas PSR vēsturi 19).

Aleksandrs Drīzulis: Buržuāziskās Latvijas pirmie gadi (1920.–1923.) [Die ersten Jahre des bourgeoisen Lettland (1920–1923)], Rīga 1948 (Apcerējumi par Latvijas PSR vēsturi 20).

Jānis Krastiņš: Latvija buržuāziskās republikas laikā (1923.–1934.) [Lettland in der Zeit der bourgeoisen Republik (1923–1934)], Rīga 1949 (Apcerējumi par Latvijas PSR vēsturi 21).

Jānis Krastiņš: Latvija fašistiskās diktatūras laikā (1934.–1940.) [Lettland in der Zeit der faschistischen Diktatur (1934–1940)], Rīga 1949 (Apcerējumi par Latvijas PSR vēsturi 22).

Aleksandrs Drīzulis: Cīņa par fašistiskās diktatūras gāšanu un Padomju Latvijas nodibināšanu 1940. gadā [Der Kampf um den Sturz der faschistischen Diktatur und der Gründung Sowjetlettlands im Jahr 1940], Rīga 1951 (Apcerējumi par Latvijas PSR vēsturi 23);

Aleksandrs Drīzulis: Padomju Latvijas sociālistiskās celtniecības pirmie soļi (1940.–1941.) [Die ersten Schritte des sozialistischen Aufbaus Sowjetlettlands (1940–1941)], Rīga 1952 (Apcerējumi par Latvijas PSR vēsturi 24).

Aleksandrs Drīzulis: Latvijas PSR Padomju Savienības Lielā Tēvijas kara laikā (1941.–1945.) [Die SSR Lettland in der Zeit des Großen Vaterländischen Krieges der Sowjetunion (1941–1945)], Rīga 1954 (Apcerējumi par Latvijas PSR vēsturi 25).

**Ar parakstu** par Latviju. Latvijas Centrālās Padomes Memoranda parakstītāju biogrāfijas [Mit der Unterschrift für Lettland. Die Biografien der Unterzeichner des Memorandums des Zentralrates Lettlands], Rīga 2015.

**Arbeiten des Ersten Baltischen Historikertages** zu Riga 1908, (Hrsg.): Gesellschaft für Geschichte und Altertumskunde der Ostseeprovinzen Russlands, Riga 1909.

**Arbeiten des Zweiten Baltischen Historikertages** zu Reval 1912, (Hrsg.): Estländische Literärische Gesellschaft zu Reval, Gesellschaft für Geschichte und Altertumskunde zu Riga, Reval 1932.

Leonid **Arbusow** d. Ä.: **Grundriß** der Geschichte Liv- Est- und Kurlands, Riga 1889 (mit drei weiteren Auflagen bis 1918).

Leonid **Arbusow** d. J.
*siehe auch* Ludwig **Karstens**

Leonid **Arbusow** d. J.: **Die Einführung der Reformation** in Liv-, Est- und Kurland, Leipzig 1921.

Leonid **Arbusow** d. J.: **Frühgeschichte Lettlands**, Riga 1933.

Leonīds **Arbuzovs** [Arbusow]: **Arveda Švābes Latvju Kultūras Vēsture** [Arveds Švābes Lettische Kulturgeschichte], in: Latvju Grāmata 1 (1924), S. 9-15, 2 (1924), S. 122-131.

Leonīds **Arbuzovs** [Arbusow]: **Latvijas historiogrāfija.** LU 1928/29. m. g. lasītas lekcijas [Lettlands Historiografie. Vorlesung an der LU im Studienjahr 1928/29], Rīga [o. J:].

Leonid **Arbusow** d. J.: **Lettland in der jüngeren Eisenzeit**, Riga 1924.

**Arhīvs**, (Hrsg.): Edgars Dunsdorfs (Bd. II, III auch Indriķis Šterns). I.–XXXI, Sidnejā, Melburnā [Sidney, Melbourne] 1960–1993.

Wilhelm **Arndt**: **Heinrici chronicon Lyvoniae** Ex recensione Wilhemi Arndt in usum scholarum ex monumentis Germaniae historicis recudi fecit Georgius Henricus Pertz, Hannoverae 1874.

**Arveds Švābe** 1888–1959. Historian, lawyer, writer, in: A Hundred Great Latvians, Rīga 2006, S. 96-97.

Jānis **Asaris: Kā Baltijas muižniecība** tikusi pie savām privilēģijām? [Wie kam der baltische Adel zu seinen Privilegien?], Petersburga 1907.

Jan **Assmann**: **Exodus**. Die Revolution der Alten Welt, München 2015.

Muntis **Auns: Jānim Talivaldim Zemzarim** – 100 [Für Jānis Talivaldis Zemzaris – Zum 100.], in: Latvijas Arhīvi (2002), Nr. 1, S. 149-154.

Muntis **Auns** u. a.: **Latvijas vēsture**. Skolas vecuma bērniem [Geschichte Lettlands. Für Kinder im Schulalter], Riga ¹1992, ²1993.

**Auseklis**: **Kopotie raksti** [Gesammelte Werke], Rīga 1936.

**Austrālijas Latvietis** 26 (27.9.1974), Nr. 1246, S. 1, 8.

Nikolajs **Avens, Nakts un rīts [Nacht und Morgen]**, Rīga 1936.

Austra **Avotiņa**, Daina **Blūma**, Asja **Līdaka**, Ināra **Ņefedova**, Edvarda **Šmite**: **Latvijas kultūras vēsture** [Lettlands Kulturgeschichte], Rīga 2003.

E. **Avotiņš**, J. **Dzirkalis**, V. **Pētersons** [Pseudonyme]: **Daugavas vanagi** [Die Dünafalken]. **Wer sind sie?**, Rīga 1963.

E. **Avotiņš**, J. **Dzirkalis**, V. **Pētersons** [Pseudonyme]: **Kas ir Daugavas Vanagi?** [Wer sind die Dünafalken], Rīga 1962.

E. **Avotiņš** (†), J. **Dzirkalis** (†), V. **Pētersons** (†), A. **Ezergailis**: **Nazi/Soviet Disinformation** about the Holocaust in Nazi-occupied Latvia. Daugavas Vanagi: Who are they? – Revisited, Rīga 2005.

Jörg **Baberowski**: **Der rote Terror**. Die Geschichte des Stalinismus, München 2003.

Jānis **Babris**: **Revoljucija 1905–1907 godov** v Latgalii [Die Revolution von 1905–1907 in Lettgallen], Riga 1957 (lett: Jānis **Babris**: 1905.–1907. gada revolūcija Latgalē, Rīga 1960).

**Baigais gads**. Attēlu un dokumentu krājums par boļševiku laiku Latvijā no 1940 līdz 1.VII. 1941 [Das Jahr des Schreckens. Bild- und Dokumentenband zur Bolschewikenzeit in Lettland von 1940 bis zum 1.7.1941], (Red.): P. Kovaļevskis, O. Norītis, M. Goppers, Rīga 1942.

Nicholas **Balabkins**, Arnolds **Aizsilnieks**: **Entrepreneur in a Small Country**. A Case Study against the Background of the Latvian Economy, 1919–1940, Hicksville (New York) 1975.

Lida **Balevica**: **Lauksaimniecība Vidzemē un Kurzemē** Pirmā pasaules kara priekšvakarā [Die Landwirtschaft in Livland und Kurland am Vorabend des Ersten Weltkrieges], Rīga 1970.

Agnis **Balodis**: **Vēsture no „principiālām un partejiskām pozicijām"** [Geschichte aus „prinzipiellen und parteiischen Positionen"], in: Latvija Šodien (1980), S. 65-71.

Francis **Balodis**: **9.–12. gadsimteņu Latvija** [Das Lettland des 9.–12. Jahrhunderts], in: Senatne un Māksla (1936), Nr. 2, S. 5-15.

Francis **Balodis**, Pēteris **Šmits**, Augusts **Tentelis** (Hrsg.): **Latvieši**. Rakstu krājums. I-II [Die Letten. Aufsatzband. I-II], Rīga 1930–1932 (Bd. I: ²1936).

Francis **Balodis**, Augusts **Tentelis** (Hrsg.): **Latviešu vēsture**. I. sēj. 1. Daļa [Lettische Geschichte. Bd. 1. Teil 1], Rīga 1938.

**Baltijas Universitāte 1946–1949** [Die Baltische Universität 1946–1949], Rīga 1996.

**Baltijas zemju vēsturnieku konference** Rīgā [Die Historikerkonferenz der Baltischen Länder], in: Latvijas Vēstures Institūta Žurnāls (1937), Nr. 2, S. 315-320 [Konferenzprogramm].

*siehe auch* **1. Baltijas zemju vēsturnieku konference**

Der **Baltische Historikerkongreß** in Riga 16.–20.8.1937, in: Osteuropa 13 (1937/38), Nr. 2, S. 155-159.

**Baltische Monatsschrift** (Baltische Monatshefte). Register 1859–1939, Marburg 1973 (Wissenschaftliche Beiträge zur Geschichte und Landeskunde Ost-Mitteleuropas 92).

Rūdolfs **Bangerskis**: **Mana mūža atmiņas**. 1.-4. sēj. [Meine Lebenserinnerungen. Bd. 1-4], Kopenhagen 1958–1960.

K. **Barons**, H. **Wissendorff**: **Latvju dainas**. 1-6 [Die lettischen Dainas. 1-6], Jelgava, Riga 1894–1915.

Roger **Bartlett**: **Johann Georg Eisen** als Kritiker der livländischen Verhältnisse, in: Klaus Garber, Martin Klöker (Hrsg.): Kulturgeschichte der baltischen Länder in der Frühen Neuzeit. Mit einem Ausblick in die Moderne, Tübingen 2003, S. 409-419.

Voldemārs **Bastjānis**: **Saimnieciskās dzīves attīstība** neatkarīgajā Latvijā [Die Entwicklung des wirtschaftlichen Lebens im unabhängigen Lettland], in: Jaunā Gaita 76 (1969), S. 18-22.

Olga **Bazileviča**, **Als das Ich Kind war**. Literatur, Kindheit und historisches Erinnern in Deutschland, Russland und Lettland, Würzburg 2021 (Epistemata, Würzburger Wissenschaftliche Schriften, Reihe Literaturwissenschaft, 925).

[Kaspars Biezbārdis] K. **Beesbardis**: **Meditationen** zur Forderung der Eintracht zwischen Russen und Deutschen in den baltischen Provincen Russlands, Bautzen 1866.

[Kaspars Biezbārdis] K. **Beesbardis**: **Der Sprach- und Bildungskampf** in den baltischen Provinzen Russlands, Bautzen 1865.

[Kaspars Biezbārdis] K. **Beezbaard**: **Zustände und Eigenthümlichkeiten** in den baltischen Provinzen Russlands, Bautzen 1865.

Aivars **Beika**, Dzintra **Vīksna**: **Latviešu skolas Krievijā** un to sagrāve (1917–1938) [Lettische Schulen in Russland und ihre Zerschlagung (1917–1938)], in: Latvijas Okupācijas gada grāmata 2000, S. 17-44.

Kristīne **Beķere**: **Latvian diasporas involvement** in the Latvian state independence renewal processes 1989–1991. in: Kaarel Piirimäe, Olaf Mertelsmann (Hrsg.): The Baltic States and the end of the Cold War, Berlin 2018, S. 189-203.

Kristīne **Beķere**: **Latvijas labā**. Politiskā darbība trimdā 20. gadsimta 40.–80. gados [Zum Wohle Lettlands. Die politische Arbeit im Exil in den 40er – 80er Jahren des 20. Jhs.], Rīga 2022.

**Behr**, Helmut: **Die vorgeschichtliche Sammlung** des Kurländischen Provinzialmuseums 1818–1938, Riga 1938.

Ernst **Benz**, **Die Revolution von 1905** in den Ostseeprovinzen Rußlands. Ursachen und Verlauf der lettischen und estnischen Arbeiter- und Bauernbewegung im Rahmen der ersten russischen Revolution, Diss. Mainz 1990.

Una **Bergmane**: **Politics of Uncertainty**. The United States, the Baltic Question, and the Collapse of the Soviet Union, New York 2023.

Aldis **Bergmanis**, Indulis **Zālīte**: **Padomju Latvijas drošības iestādes** un iedzīvotāju pretpadomju izpausmju apkarošana [Die Sicherheitsorgane Sowjetlettlands und die Bekämpfung antisowjetischer Äußerungen seiner Einwohner], in: Latvieši un Latvija. II. sēj. Valstiskums Latvijā un Latvijas valsts – izcīnītā un zaudētā [Letten und Lettland. Bd. II. Staatlichkeit in Lettland und der Staat Lettland – errungen und verloren], Rīga 2013, S. 441-469.

Ernsts **Bernheims**: **Vēstures filozofija**, viņa vēsture un uzdevumi [Geschichtsphilosophie, ihre Geschichte und Aufgaben], Peterburga [St. Petersburg] [o. J.].

Alfrēds **Bērziņš**: **Labie gadi**: pirms un pēc 15. maija [Die guten Jahre: Vor und nach dem 15. Mai], Bruklina [Brooklyn] 1963, Rīga 2014.

Alfrēds **Bērziņš**: **Nepublicētas atmiņas**. Laiks, kas negaist [Nicht publizierten Erinnerungen. Zeit die nicht verfliegt]. (Hrsg.): Ēriks Jēkabsons, Rīga 2015.

Jānis **Bērziņš**: **Latvijas rūpniecības strādnieku dzīves līmenis** 1900–1914 [Das Lebensniveau der Industriearbeiterschaft Lettlands 1900–1914], Rīga 1997.

Jānis **Bērziņš**: **Latvijas rūpniecības strādnieku sociālais portrets**. 1900–1914 [Sozialporträt der Industriearbeiterschaft Lettlands 1900–1914], Rīga 2009.

Valdis **Bērziņš**: **Latviešu strēlnieki Pirmajā pasaules karā** (1915–1918) [Die lettischen Schützen im Ersten Weltkrieg (1915–1918)], Rīga 2014.

Valdis **Bērziņš**: **Latviešu strēlnieku cīņā par Padomju Latviju** 1919. gadā [Die lettischen Schützen im Kampf für Sowjetlettland im Jahr 1919], Rīga 1969.

Valdis **Bērziņš**: **Latvija pirmā pasaules kara laikā** [Lettland während der Zeit des Ersten Weltkrieges], Rīga 1987.

K. J. **Bērzs** [Arvīds Pelše?]: **Krievu un latviešu tautas vēsturiskā draudzība** [Die historische Freundschaft zwischen dem russischen und dem lettischen Volk], Rīga 1947.

Marina **Bessudnova**: **Vasilij Dorošenko** als Erforscher der baltischen Stadtgeschichte, in: Norbert Angermann, Detlef Henning, Wilhelm Lenz (Hrsg.): Baltische Politiker, Historiker und Publizisten des 20. Jahrhunderts, Münster 2021 (Schriften der Baltischen Historischen Kommission 25, Baltische Biographische Forschungen 2), S. 407-429.

**Bibliogrāfija** Latvijas vēstures studijām: no vissenākajiem laikiem līdz XIX. g.s vidum: bibliogrāfisks rādītājs [Bibliografie zum Studium der Geschichte Lettlands von den ältesten Zeiten bis Mitte des 19. Jhs.: Bibliografisches Verzeichnis], Rīga 1991.

**Bibliogrāfisko palīglīdzekļu rādītājs** par Latvijas PSR [Verzeichnis der biobibliografischen Hilfsmittel zur SSR Lettland], Rīga 1974.
Fortsetzung u. d. T.: Bibliogrāfiskie līdzekļi par Latviju. 2. sēj. (1973–1985), Rīga 1996; 3. sēj. (1886–1990), Rīga 1996; 4. sēj. (1991–1995), Rīga 1999; 5. sēj. (1996–2000), Rīga 2002; 6. sēj. (2001–2005), Rīga 2007.

August **Bielenstein**: **Ein glückliches Leben**. Selbstbiographie, Riga 1904 (Nachdrucke 1982, 1986).

August **Bielenstein**: **Die Grenzen des lettischen Volksstammes** und der lettischen Sprache in der Gegenwart und im 13. Jahrhundert. Ein Beitrag zur ethnologischen Geographie und Geschichte Russlands, St. Petersburg 1892.

Kaspars **Biezbārdis**: **Herodota Skuti** un mūsu vectēvu cilts stāsti [Die Skythen Herodots und die Stammeserzählungen unserer Vorväter], Riga 1883.

Augusts **Bīlenšteins** [August Bielenstein]: **Kāda laimīga dzīve**. Dobeles mācītāja Dr. A. Bīlenšteina autobiogrāfija [Ein glückliches Leben. Die Autobiografie des Pastors von Doblen Dr. A. Bielenstein], Rīga 1995.

Alfreds **Bīlmanis**: **A History of Latvia**, Princeton 1951.

Alfred **Bilmanis** [Bīlmanis]: **Latvian-Russian Relations**. Documents, Washington D.C. 1944.

Alfreds **Bīlmanis**: **Latvijas Werdegang** vom Bischofsstaat Terra Mariana bis zur freien Volksrepublik. Ein Handbuch über Lettlands Geschichte und Gegenwart, Riga, Berlin 1929, Leipzig [4]1934.

Antons **Birkerts**: **J. Rainis** dzīvē un darbā [J. Rainis in Leben und Werk], Rīga 1930.

Antons **Birkerts**: **K. Valdemars** [K. Valdemārs], Rīga 1925.

Margarita **Bīrone**, Vladimirs **Miške**: **Ļeņins Latvijas revolucionāru atmiņās** [Lenin in den Erinnerungen lettischer Revolutionäre], Rīga 1969.

Anatolij **Biron**: **Istoričeskaja nauka Latvijskoj SSR v 70-e gody** [Geschichtswissenschaft in der SSR Lettland in den 70er Jahren], in: Istorija SSR (1982), Nr. 5, S. 3-20.

Anatolij **Biron**: **Izučenie istorii Latvii** učenymi Akademii nauk Latvijskoj SSR meždu XXV i XXVI s'ezdami KPSS [Forschungen zur Geschichte Lettlands an der Akademie der Wissenschaften des SSR Lettland zwischen dem XXV. und XVI. Parteitag der KPdSU], in: Izvestija Akademii nauk Latvijskoj SSR (1981), Nr. 2, S. 3-18.

Anatolijs **Bīrons: Padomju vēsturnieku pētījumi** 20.–30. gados Latvijas 19. gs. beigu un 20. gs. sākuma vēsturē [Forschungen sowjetischer Historiker der 20er und 30er Jahre zur Geschichte Lettlands am Ende des 19. Jhs. und zu Beginn des 20. Jhs.], in: Latvijas PSR Zinātņu Akadēmijas Vēstis (1980), Nr. 11, S. 49-57.

Anatolij K. **Biron**, Margarita F. **Biron: Stanovlenie sovetskoj istoriografii Latvii**. 20-e i 30-e godz XX veka [Die Entstehung der Sowjethistoriografie Lettlands. Die 20er und 30er Jahre des 20. Jahrhunderts], Riga 1981.

Anatolij K. **Biron**, V. V. **Dorošenko: Sovetskaja istoriografija Latvii** [Sowjetische Historiografie Lettlands], Riga 1970.

Anatolijs **Bīrons**, Vasilijs **Dorošenko: Vēstures zinātnes attīstība Padomju Latvijā** [Die Entwicklung der Geschichtswissenschaft in Sowjetlettland], Rīga 1966.

Anatolijs **Bīrons**, Regīna **Greitjāne** (Hrsg.): **Valmieras apriņķa un Sēļu pagasta deputātu padomju protokoli** 1917–1918 [Protokolle der Deputiertenräte des Kreises Wolmar und der Gemeinde Sehlen], Rīga 1987.

Anatolijs **Bīrons**, Teodors **Zeids**, Austra **Mieriņa**, Ēriks **Žagars: Latvijas PSR Zinātņu Akadēmijas Vēstures Institūts**. Institut Istorii Akademii Nauk Latvijskoj SSR [Das Geschichtsinstitut der Akademie der Wissenschaften der SSR Lettland], Rīga 1976.

Margot **Blank: Nationalsozialistische Hochschulpolitik** in Riga (1941 bis 1944). Konzeption und Realität eines Bereiches deutscher Besatzungspolitik, Lüneburg 1991.

Ernests **Blanks: Latvju tautas ceļš** uz neatkarīgu valsti [Der Weg des lettischen Volkes zum unabhängigen Staat], Västerås 1970.

Ernests **Blanks: Latvju tautiskā kustība** [Die lettische Volksbewegung], Rīga 1921, [2]1927 [3]1994.

F. B. **Blaufuß**
*siehe* Jānis **Siliņš**

Daina **Bleiere: Die sowjetische Herrschaft** 1944/45–1991, in: Ivars Ījabs, Jan Kusber, Ilgvars Misāns, Erwin Oberländer (Hrsg.): Lettland 1918–2018. Ein Jahrhundert Staatlichkeit, Paderborn 2018, S. 89-110.

Daina **Bleiere: Eiropa Ārpus Eiropas...** Dzīve Latvijas PSR [Europa außerhalb Europas... Das Leben in der SSR Lettland], Rīga 2012.

Daina **Bleiere: Latvijas sovetizācija** un tās ietekme uz sabiedrību un ekonomiku [Die Sowjetisierung Lettlands und ihr Einfluss auf Gesellschaft und Wirtschaft], in: Latvieši un Latvija. II. sēj. Valstiskums Latvijā un Latvijas valsts – izcīnītā un zaudētā [Letten und Lettland. Bd. II. Staatlichkeit in Lettland und der Staat Lettland – errungen und verloren], Rīga 2013, S. 470-496.

Daina **Bleiere: Nacionālkomunisms** Latvijā. (20. gadsimta 50. gadi). Dažas pētniecības problēmas [Nationalkommunismus in Lettland (50er Jahre des 20. Jahrhunderts). Einige Forschungsprobleme], in: Latvijas Vēstures Institūta Žurnāls (2016), Nr. 4, S. 113-139.

Daina **Bleiere: Vēstures zinātne Latvijā,** URL: https://enciklopedija.lv/skirklis/24540-v%C4%93stures-zin%C4%81tne-Latvij%C4%81 (letzter Zugriff 20.6.2024).

Daina **Bleiere**, Ilgvars **Butulis**, Inesis **Feldmanis**, Aivars **Stranga**, Antonjs **Zunda**: **Latvija otrajā pasaules karā** (1939–1945) [Lettland im Zweiten Weltkrieg (1939–1945)], Rīga 2008.

Daina **Bleiere**, Ilgvars **Butulis**, Inesis **Feldmanis**, Aivars **Stranga**, Antonijs **Zunda**: **Latvijas vēsture**. 20. gadsimts, Rīga 2005 (dt.: Dies.: Geschichte Lettlands. 20. Jahrhundert, Riga o. J.; frz.: Dies.: Histoire de la Lettonie au 20ème siècle, Riga 2006; engl.: Dies.: History of Latvia in the 20th century, Riga 2006; russ.: Istorija Latvii XX veka, Riga 2005).

Daina **Bleiere**, Jānis **Riekstiņš**:*Latvijas iedzīvotāju pirmā masveida deportācija*. **1941. gada 14. jūnijs [Die erste Massendeportation von Einwohnern Lettlands am 14. Juni 1941]**, Rīga 2007.

Valdis **Blūzma: Kad īsti Latvija kļuva par valsti** [Wann wurde Lettland richtig zum Staat], in: Latvijas Vēsture (1991) Nr. 3, S. 3-9, (1992), Nr. 1, S. 3-13.

Valdis **Blūzma: Latvija, 1918. gads**. Izvēle notikusi [Lettland im Jahr 1918. Die Wahl wurde getroffen], in: Padomju Latvijas Komunists (1988), Nr. 10, S. 66-73.

Valdis **Blūzma**, Ojārs **Celle**, Tālavs **Jundzis**, D. A. **Lēbers** [D. A. Loeber], Egils **Levits**, Ļubova **Zīle: Latvijas valsts atjaunošana** 1986.–1993. [Die Wiederherstellung des Staates Lettland 1986–1993], Rīga 1998.

Valdis **Blūzma**, Tālavs **Jundzis**, Jānis **Riekstiņš**, Gene **Sharp**, Heinrihs **Strods: Nevardarbīgā pretošanās**: Latvijas neatkarības atgūšanas ceļš, 1945-1991, Rīga 2008 (engl.: Dies.: Regaining Independence: Non-Violent Resistance in Latvia 1945–1991. Riga 2008).

Svetlana **Bogojavlenska: Die jüdische Gesellschaft in Kurland und Riga** 1795–1915, Paderborn u. a. 2012.

Julija **Boguna: Lettland als übersetzte Nation**. Garlieb Merkels „Die Letten" und ihre Rezeption im 19. Jahrhundert in Livland, Berlin 2014.

J. A. **Bokalders: Padomju historiogrāfija Latvijā** [Sowjethistoriografie in Lettland], in: Latvija Šodien (1975), S. 42-54.

Per **Bolin: Between National and Academic Agendas**. Ethnic Policies and National Disciplines at the University of Latvia, 1919–1940, Huddinge 2012 (Södertörn Studies in History 13; Södertörn Academic Studies 51).

Per **Bolin: The Fall of Empire** and the Emergence of New Elites: Creating a National Academic Elite at the University of Latvia, 1919–1922, in: Nordost-Archiv XIII (1914), S. 67-85.

Pēteris **Bondarevs: Lettland 1940**. Der Sieg der sozialistischen Revolution und die Wiederherstellung der Sowjetmacht in Lettland 1940, Rīga 1980.

Pēteris **Bondarevs: P. Stučka par agrāro jautājumu** Latvijā [P. Stučka über die Agrarfrage in Lettland], Rīga 1980.

**Bor'ba latyšskogo naroda** v gody Velikoj Otečestvennoj vojny. 1941–1945 [Der Kampf des lettischen Volkes in den Jahren des Zweiten Weltkrieges. 1941–1945], Riga 1970.

**Bor'ba za sovetskuju Pribaltiku** 1941–1945 v trech knigach [Der Kampf um das Sowjetbaltikum 1941–1945 in drei Büchern], Riga 1966–1969.

**Bor'ba za sovetskuju vlast'** v Pribaltike [Kampf um die Sowjetmacht im Baltikum], Moskva 1967.

J. **Brauns** [J. Jansons-Brauns]: **Baltjas revolūcija**. Atskats uz 1905. un 1906. gadu. Pirmā daļa [Die Baltische Revolution. Rückblick auf die Jahre 1905 und 1906. Erster Teil], Brisele [Brüssel] 1912.

**Brief der 17 lettischen Kommunisten**, in: Acta Baltica XI (1971), Königstein 1972, S. 117-130.

Johans Kristofs **Broce** [Johann Christoph Brotze]: **Zīmējumi un apraksti** piecos sējumos [Zeichnungen und Beschreibungen in fünf Bänden]. 1.-4. sēj., (Hrsg.): Teodors Zeids, Rīga 1992–2007.

Karsten **Brüggemann**: **Ein Russe in Riga**: Evgraf Vasil'evič Češichin (1824–1888) als Journalist und Historiker im Dienst des Imperiums, in: Norbert Angermann, Wilhelm Lenz, Konrad Maier (Hrsg.): Geisteswissenschaften und Publizistik im Baltikum des 19. und frühen 20. Jahrhunderts, Münster 2011 (Schriften der Baltischen Historischen Kommission 17. Baltische Biographische Forschungen 1), S. 157-191.

Karsten **Brüggemann**: **Licht und Luft** des Imperiums. Legitimations- und Repräsentationsstrategien russischer Herrschaft in den Ostseeprovinzen im 19. und frühen 20. Jahrhundert, Wiesbaden 2018 (Veröffentlichungen des Nordost-Instituts 21).

Karsten **Brüggemann**, Detlef **Henning**, Joachim **Tauber**: **Historiografie**, in: Karsten Brüggemann, Ralph Tuchtenhagen, Anja Wilhelmi (Hrsg.): Das Baltikum. Geschichte einer europäischen Region. Bd. 3: Die Staaten Estland, Lettland und Litauen, Stuttgart 2020, S. 33-93.

Dace **Bula** (Hrsg.): **Latviešu folkloristika** starpkaru periodā [Lettische Folkloristik in der Zwischenkriegszeit], Rīga 2014.

**Buržuāziskā Latvija** imperiālistisko lielvalstu ekonomiskajā atkarībā (1919–1940). Dokumenti un materiāli [Das bourgeoise Lettland in der ökonomischen Abhängigkeit der Großmächte (1919–1940). Dokumente und Materialien], Rīga 1984.

**Buržuāziskie nacionālisti – latviešu tautas niknākie ienaidnieki**. Palīgmateriāls lektoriem [Die bourgeoisen Nationalisten – die bösesten Feinde des lettischen Volkes. Hilfsmaterial für Lektoren], (Red.): O. Apsītis, Rīga 1969.

**Buržuāziskie nacionālisti – Latvijas vēstures viltotāji** [Die bourgeoisen Nationalisten – die Fälscher der Geschichte Lettlands]. (Red.): K. Strazdiņš u. a., Rīga 1952, ²1953.

Ojārs **Bušs**: **Latvija un latvieši: vārdu cilme** [Zum Ursprung der Wörter Lettland und Letten], in: Latvieši un Latvija. 1. sēj. Latvieši [Letten und Lettland. Bd. 1. Die Letten], Rīga 2013, S. 15-29.

Marianna **Butenschön**: **Estland, Lettland, Litauen**. Das Baltikum auf dem langen Weg in die Freiheit, München 1992.

Ilgvars **Butulis**: **Sveiki, Aizsargi!** Aizsargu organizācija Latvijas sabiedriski politiskajā dzīvē 1919.–1940. gadā [Seid gegrüßt, Aizsargi! Die Organisation der Aizsargi im gesellschaftlich-politischen Leben Lettlands 1919–1940], Rīga 2011

Ilgvars **Butulis**: **Auswirkungen der autoritären Ideologie** von Kārlis Ulmanis auf die lettische Geschichtsschreibung, in: Forschungen zur baltischen Geschichte 2 (2007), S. 149-158.

Ilgvars **Butulis**: **Jaunā strāva** [Neue Strömung], in: Latvija 19. gadsimtā Vēstures apceres [Lettland im 19. Jahrhundert. Beiträge zur Geschichte], Rīga 2000, S. 474-492.

Ilgvars **Butulis**: **Kārļa Ulmaņa autoritārās ideoloģijas ietekme** uz Latvijas vēstures pētīšanu [Auswirkungen der autoritären Ideologie von Kārlis Ulmanis auf die lettische Geschichtsschreibung, in: Latvijas Vēstures Institūta Žurnāls (2001), Nr. 2, S. 59-63.

Ilgvars **Butulis**, Antonijs **Zunda**: **Latvijas Vēsture**, Riga 2010.

Fricis **Brīvzemnieks**: **Augsti krievu vīri** iz zemas kārtas. I. Lomonosovs [Große russische Männer aus niederen Schichten. I. Lomonosov], Rīga 1874 (Nachdruck in: Jānis Stradiņš: Lomonosovs un Latvija [Lomonosov und Lettland], Rīga 1987, S. 97-159.

**Centrālās komitejas birojs** [Büro des Zentralkomitees], in: Latvijas Padomju enciklopēdija. 2. sēj., Rīga 1982, S. 248.

Raimonds **Cerūzis**: **Vācu faktors Latvijā** (1918–1939. Politiskie un starpnacionālie aspekti. The German Factor in Latvia (1933–1939). Political and Inter-ethnic Aspects, Rīga 2004.

Evgraf Vasil'evič **Češichin**: **Istorija Livonii** s drevnejšich vremen. T. 1-3 [Geschichte Livlands seit alten Zeiten. Bd. 1-3], Riga 1884–1887.

Evgraf Vasil'evič **Češichin** (Hrsg.): **Sbornik materialov** i statej po istorii pribaltijskogo kraja (Pribaltijskij Sbornik). T. 1-4 [Sammelband mit Materialien und Beiträgen zur Geschichte des Baltikums (Baltischer Sammelband). Bd. 1-4], Riga 1877–1882

**Cēsu Pils Raksti**. Arheoloģija, arhitektūra, vēsture. [Schriften des Schlosses zu Cēsis (dt. Wenden). Archäologie, Architektur, Geschichte], Rīga 1 ff. (2017 ff.).

The **Children of Siberia**. We had to tell this ..., Vol. 1-2, (Hrsg.): Dzintra Geka, Riga 2011–2012 (russ.: Deti Sibiri. My dolžny byli ob etom rasskazat', T. 1-2, Riga 2014; lett.: Sibīrijas bērni. Mums bija tas jāizstāsta .... 1.-2. sēj., Rīga [2019]).

Felikss **Cielēns**: **1905. gada vēsturiskā nozīme** [Die historische Bedeutung des Jahres 1905], in: Revolucionārā kustība Latvijā [Die revolutionäre Bewegung in Lettland], Riga 1927, S. 7-10.

Felikss **Cielēns**: **Laikmetu maiņā**. Atmiņas un atziņas. I-III [Im Wandel der Zeiten. Erinnerungen und Einsichten. I-III], Lidingö 1961–1964.

Saulvedis **Cimermanis**: **Marģers Stepermanis** un Vēstures institūta Etnogrāfijas nodaļa [Marģers Stepermanis und die Ethnografische Abteilung des Geschichtsinstitutes], in: Latvijas Vēstures Institūta Žurnāls (1999), Nr. 2, S. 85-108.

**Cīņa par brīvību**. Latvijas Neatkarības karš (1918–1920) Latvijas Valsts vēstures arhīva dokumentos. 1.-4. daļa [Der Unabhängigkeitskrieg Lettlands (1918–1920) in Dokumenten des Historischen Staatsarchivs Lettlands. Teil 1-4], (Hrsg.): Ēriks Jēkabsons, Jānis Šiliņš, Rīgas 2019–2023 (Vēstures Avoti X).

Gunārs **Cīrulis** [Gabriels Civjans]: **Atmiņu akordi** [Akkorde der Erinnerung], Rīga 1987.

Imants **Cīrulis**: **Die Geschichte der Letten**. Zum identitätsstiftenden historischen Konzept bei den Jungletten, Riga 2007 (Bachelorarbeit, unveröffentlicht).

Sergejs **Coja: Par Krievu universitātes zinātņu institūta finansiālo stāvokli** pirmskara Latvijā [Zur finanziellen Situation des wissenschaftlichen Instituts der Russischen Universität während der Zwischenkriegszeit], in: Latvijas vēsture krustcelēs un jaunu pieeju meklējumos. Latvijas vēsturnieku I kongresa materiāli, Rīga 2014, S. 408-420.

Sergejs **Coja**, Alīda **Zigmunde**: **Krievu universitātes kursu** Pegagoģijas nodaļas loma skolotāju sagatvošanā (1922–1929) [Die Rolle der Pädagogischen Abteilung der Kurse der Russischen Universität in der Ausbildung von Lehrern (1922–1929)], in: H*umanitārās un sociālās zinātnes* 20 (2012), S. 72-76.

**Commentationes Balticae**. Jahrbuch des Baltischen Forschungsinstituts. I (1953) – XVI (1971), Bonn 1954–1972.

**Congressus secundus archaeologorum Balticorum**. (Hrsg.): Francis Balodis, Rīga 1931.

Benjamin **Conrad: Loyalitäten, Identitäten und Interessen**. Deutsche Parlamentarier in Lettland und Polen der Zwischenkriegszeit, Mainz 2016, S. 25-98.

**Conventus primus historicorum Balticorum**. Rigae, 16.–20. VIII. Pirmā Baltijas vēsturnieku konference. Rīgā, 16.–20. VIII. 1937. Runas un referāti [Die Erste Baltische Historikerkonferenz. Riga 16.–20.8.1937. Reden und Vorträge], Rīga 1937.

Jūlijs **Danišēvskis: Prūšu junkuri Latvijā** 1812.–1914. [Die preußischen Junker in Lettland 1812–1914], Rīga 1914.

Oskars **Dankers: Lai vēsture spriež tiesu**. Atmiņas [Die Geschichte soll das Urteil sprechen. Erinnerungen], Toronto 1965, ²1994, ³2014.

Argita **Daudze: Latvija Zviedrijas politikā** 1945–1991 [Lettland in der Außenpolitik Schwedens 1945–1991], Rīga 2011.

A.[leksandrs] **Dauge: Vēstures likumi** [Die Gesetze der Geschichte], in: Pūrs. II [Die Truhe. II], Rīga 1892, S. 1-13.

Pauls **Dauge: 1905.–1907. gada revolucija Latvijā** [Die Revolution von 1905–1907 in Lettland], Rīga 1949 (russ.: Ders.: Revoljucija 1905–1907 gg. v Latvii, Riga 1949).

Pauls **Dauge: P. Stučkas dzīve un darbs** [P. Stučkas Leben und Arbeit], Rīga 1958.

Viktors **Daugmalis: Mīts par „septiņiem verdzības gadsimtiem"** [Der Mythos der „siebenhundertjährigen Knechtschaft"], in: Literatūra un Māksla (1990), Nr. 2, S. 16.

Inguna **Daukste-Silasproģe: Latviešu literārā dzīve** un latviešu literatūra bēgļu gados Vācijā 1944–1950 [Das lettische literarische Leben und die lettische Literatur während der Flüchtlingsjahre in Deutschland 1944–1950], Rīga 2002.

Inguna **Daukste-Silasproģe: Latvijas Miera aizstāvēšanas komiteja** (1951–1990) [Lettlands Komitee zur Verteidigung des Friedens (1951–1990)], URL: https://www.lu.lv/filead min/user_upload/lu_portal/projekti/vdkkomisija/3sej_VDKkomisija_DauksteSilasproge _Miera_aizstavesanas_komiteja__22novembris.pdf (letzter Zugriff 8.7.2024).

Bonifācijs **Daukšts: Kulturālās tuvināšanās biedrība ar SPRS tautām** (1929–1940) [Der Verein zur kulturellen Annäherung an die Völker der UdSSR (1929–1940)], Rīga 2012.

Augusts **Deglavs: Latviešu attīstības solis** no 1848–1875 g. [Der Entwicklungsschritt der Letten von 1848 bis 1875], Rīga 1893.

Fricis **Deglavs: Rakstu izlase**. 2 sēj. [Ausgewählte Schriften. 2 Bde.], Rīga 1960.

Eduards Bruno **Deksnis**, Kristīne **Beķere**: **Latviešu trimdas loma** Latvijas neatkarības idejas uzturēšanā (1945–1991) [Die Rolle des lettischen Exils für die Aufrechterhaltung der Unabhängigkeitsidee (1945–1991)], in: Latvieši un Latvija. III. sēj. Atjaunotā Latvijas valsts [Letten und Lettland. Bd. III. Der wiederhergestellte Staat Lettland], Rīga 2013, S. 69-105.

**Dem Leben entgegen**. Der Staatspräsident spricht zu den Absolventen, in: Rigasche Rundschau (22.6.1936), S. 1.

Juliette **Denis**: „The Best School of Communism". Latvians in the Great Patriotic War, 1941–1945, in: Olaf Mertelsmann (Hrsg.): The Baltic States under Stalinist Rule, Köln u. a. 2016, S. 27-46.

Ernsts **Dinsbergs** [auch Dinsberģis, Dünsbergs]: **Baltiešu senatnes vēsture**. Pirmā daļa. [Geschichte des baltischen Altertums. Erster Teil. ], Rīga 1882.

Kārlis **Dišlers**: **Ievads Latvijas valststiesību zinātnē** [Einführung in die Staatsrechtswissenschaft Lettlands], Rīga 1930, S. 65-73.

Kārlis **Dišlers**: **Latvijas satversme** [Die Verfassung Lettlands], in: Latvieši. II. Rakstu krājums [Die Letten. II. Sammelband], Rīga 1932, S. 147-190.

**Dokumenti stāsta**. Latvijas buržuāzijas nākšana pie varas [Dokumente erzählen. Die Machtergreifung von Lettlands Bourgeoisie], Rīga 1988.

**Domino**. Latvijas Universitātes Sociālo zinātņu fakultātes Komunikācijas studiju nodaļas studentu zinātniskie raksti. 1.-4. sēj. [Domino. Wissenschaftliche Beiträge der Studenten der Abteilung Kommunikationsstudien der Fakultät für Sozialwissenschaften der Universität Lettlands. Bd. 1-4], Rīga 2003–2007.

Victor **Dönninghaus**: **Minderheiten in Bedrängnis**. Sowjetische Politik gegenüber Deutschen, Polen und anderen Diaspora-Nationalitäten 1917–1938, München 2009.

Erich **Donnert**: **Die Universität Dorpat-Juŕev** 1802–1918. Ein Beitrag zur Geschichte des Hochschulwesens in den Ostseeprovinzen des Russischen Reiches, Frankfurt a. M. u. a. 2007.

Helene **Dopkewitsch**: **Die Entwicklung des lettländischen Staatsgedankens** bis 1918, Berlin 1936.

Vasilij V. **Dorošenko**: **Myza i rynok**. Chozjajstvo Rižskoj iezuitskoj kollegii na rubeže XVI i XVII vv. [Muse und Markt. Die Wirtschaft der Rigaer Jesuitenkollegien an der Schwelle vom XVI. zum XVII Jh.], Riga 1973.

Vasilij V. **Dorošenko**: **Očerki agrarnoj istorii Latvii** v XVI veke [Abhandlungen zur Agrargeschichte Lettlands im 16. Jahrhundert], Riga 1960.

Vasilij V. **Dorošenko**: **Torgovlja i kupečestvo Rigi** v XVII veke [Handel und Kaufmannschaft Rigas im 17. Jahrhundert], Riga 1985.

Teodors **Draudiņš**: **Amerikāņu un angļu imperialisti** kā buržuāziskās Latvijas faktiskie dibinātāji [Die amerikanischen und englischen Imperialisten als faktische Gründer des bourgeoisen Lettland], Rīga 1955.

Teodors **Draudiņš**: **Latviešu strēlnieku cīņu ceļš** 1917–1920 [Der Weg der Kämpfe der lettischen Schützen 1917–1920], Rīga 1961.

Teodors **Draudiņš: Latvijas bezzemnieki cīņā** par zemi un padomju varu 1917. gadā [Der Kampf der Landlosen Lettlands um Boden und die Sowjetmacht 1917], Rīga 1957.

**Draudzības vizīte** [Ein Freundschaftsbesuch], in: Cīņa (4.8.1956).

Juris **Dreifelds: Latvia in Transition**, Cambridge 1996.

Juris **Dreifelds: Latvijas prese** un citu plaššaziņas līdzekļu attīstība 19.–21. gadsimtā [Die Entwicklung der Presse und anderer Massenmedien Lettlands vom 19. bis zum 21. Jahrhundert], in: Latvieši un Latvija. III. sēj. Atjaunotā Latvijas valsts [Letten und Lettland. Bd. III. Der wiederhergestellte Staat Lettland], Rīga 2013, S. 179-213.

Leo **Dribins: 1918. gada 17. decembra manifests** [Das Manifest vom 17. Dezember 1917], in: Padomju Latvijas Komunists (1988), Nr. 11, S. 63-69.

Leo **Dribins: Antisemītisms** un tā izpausmes Latvijā. Vēstures atskats [Antisemitismus in Lettland. Historischer Rückblick], Rīga 2002 (Vēsturnieku Komisijas Raksti 4).

Leo **Dribins: Ebreji Latvijā** [Juden in Lettland], Rīga 1996.

Leo **Dribins: The Historiography** of the Latvian Nationalism in the Twentieth Century. Approaches to the Writing of National History in the North-East Baltic Region. Nineteenth and Twentieth Centuries, in: Michael Branch (Hrsg.): National History and Identity, Helsinki 1999, S. 245-255.

Leo **Dribins: Latvijas valsts minoritāšu politika** 20. gadsimta 20.–30. gados [Die Minderheitenpolitik des Staates Lettland in den 20er und 30er Jahren des 20. Jahrhunderts], in: Latvieši un Latvija. II. sēj. Valstiskums Latvijā un Latvijas valsts – izcīnītā un zaudētā [Letten und Lettland. Bd. II. Staatlichkeit in Lettland und der Staat Lettland – errungen und verloren], Rīga 2013, S. 300-322.

Leo **Dribins: Latvijas zinātnieks Leo Dribins.** Biobibliogrāfija [Der Wissenschaftler Lettlands Leo Dribins. Biobibliografie], Rīga 2020.

Leo **Dribins: Nacionālais jautājums Latvijā** 1850–1940 [Die nationale Frage in Lettland 1850–1940], Rīga 1997.

Leo **Dribins: Ukraiņi Latvijā** [Ukrainer in Lettland], Rīga 1995.

Leo **Dribins: Zum institutionellen Aufbau** der Nationalhistoriographie in Lettland in der Zwischenkriegszeit, in: Zeitschrift für Ostmitteleuopa-Forschung 50 (2001), S. 188-197.

Leo **Dribins**, Ojārs **Spārītis: Vācieši Latvijā** [Die Deutschen in Lettland], Rīga 2000.

Leo **Dribins**, Arturs **Žvinklis**, Aivars **Stranga**, Daina **Bleiere**, Ēriks **Žagars**, Josifs **Šteimans**, Īrene **Šneidere: Latvijas ebreji un padomju vara** 1928–1953. [Lettlands Juden und die Sowjetmacht 1928–1953], Rīga 2009.

Aleksandr **Drizul: V. I. Lenin i revoljucionnaja Latvija** [V. I. Lenin und das revolutionäre Lettland], Riga 1970 (lett.: Aleksandrs Drīzulis: V. I. Ļeņins un revolucionārā Latvija, Riga 1980.

Aleksandr A. **Drizul: Velikij Oktjabr' v Latvii.** [Der Große Oktober in Lettland], Riga 1977.

Aleksandr **Drizul: Velikij russkij narod** – staršij brat i ličšij drug latyšskogo naroda [Das große russische Volk – der große Bruder und persönliche Freund des lettischen Volkes], in: Bolševik Sovetskoj Latvii (1950), Nr. 12, S. 24-31 (lett.: Padomju Latvijas Bolševiks [1950], Nr. 12, S. 20-26).

Aleksandrs **Drīzulis**, Aleksandr **Drizul**
*siehe auch* **Apcerējumi par Latvijas PSR vēsturi**

Aleksandrs **Drīzulis: Buržuāziskās Latvijas pirmie gadi** (1920.–1923.) [Die ersten Jahre des bourgoisen Lettland (1920–1923)], Rīga 1948 (Apcerējumi par Latvijas PSR vēsturi 20).

A. **Drizulis: Fälscher der Geschichte** der baltischen Völker im Dienst des Imperialismus, in: Informationen über die imperialistische Ostforschung (1965), Nr. 1, S. 35-60.

Aleksandrs **Drīzulis: Latvija fašisma jūgā** [Lettland unter dem Joch des Faschismus], Rīga 1959.

Aleksandrs **Drīzulis: Lielais Oktobris Latvijā** [Der große Oktober in Lettland], Rīga 1987.

Aleksandrs **Drīzulis**, Jānis **Krastiņš: Cīņa par padomju varu** [Der Kampf um die Sowjetmacht], Rīga 1967 (russ.: Borba za sovetskuju vlast', Riga 1968).

Maksim M. **Duchanov: Ostzejcy**. Jav' i vymysel. O roli nemeckich pomeščikov i bjurgerov v istoričeskich cud'bach latyšskogo i estonskogo narodov v seredine XIX veka [Die Ostseeleute. Wirklichkeit und Erfindung. Über die Rolle der deutschen Gutsbesitzer und Bürger in den historischen Schicksalen des lettischen und estnischen Volkes in der Mitte des 19. Jahrhunderts], Riga 1970.

Maksim M. **Duchanov: Ostzejcy. Politika ostzejskogo dvorjanstva** v 50–70–godach XIX v. i kritika ee apologičeskoj istoriografii [Die Ostseeleute. Die Politik des ostseeischen Adels in den 50–70er Jahren des 19. Jahrhunderts und die Kritik seiner apologetischen Geschichtsschreibung], Riga 1978.

Maksim M. **Duhanov: Der baltische Adel**, der Zarismus und ihre Reformpolitik 1850–1880, in: Zeitschrift für Ostforschung 34 (1985), S. 558-567.

Maksims M. **Duhanovs: Baltijas muižniecība** laikmetu maiņā [Der baltische Adel im Wandel der Zeiten], Rīga 1986.

Maksims **Duhanovs: Nacisms 1919–1933**. NSVP un augšlāņi [Der Nazismus 1919–1933. Die NSDAP und die Oberschichten], Rīga 1989.

Maksims **Duchanovs**, Indulis **Ronis: Par dažām jaunām iezīmēm** mūsdienu Baltijas historiogrāfijā Vācijas Federatīvajā Republikā [Über einige neue Merkmale der gegenwärtigen baltischen Historiografie in der Bundesrepublik Deutschland], in: Latvijas PSR Zinātņu Akadēmijas Vēstis (1982), Nr. 10, S. 35-51.

Edgars **Dunsdorfs**
*siehe auch* Arnolds **Spekke**, Edgars **Dunsdorfs**

Edgars **Dunsdorfs: Bevölkerungs- und Wirtschaftsprobleme** bei der Staatsgründung Lettlands, in: Von den baltischen Provinzen zu den baltischen Staaten. Beiträge zur Entstehungsgeschichte der Republiken Estland und Lettland 1917–1918. Marburg 1971, S. 315-329.

Edgars **Dunsdorfs**: *Der Grosse schwedische Kataster* in Livland (1681–1710). Bd. 1, Stockholm 1950 (Vitterhets historie och antikvitets akademiens handlingar 72).

Edgars **Dunsdorfs: Kārļa Ulmaņa dzīve**. Ceļinieks – Politiķis – Diktators – Moceklis [Das Leben von Kārlis Ulmanis. Wanderer – Politiker – Diktator – Märtyrer], Stokholma [Stockholm] 1978, Rīga ²1992 (erweiterte Auflage).

Edgars **Dunsdorfs**: **Latvijas vēsture 1600–1710** [Geschichte Lettlands 1600–1710], [Stockholm] 1962.

Edgars **Dunsdorfs**: **Latvijas vēsture 1710–1800** [Geschichte Lettlands 1710–1800], Stockholm 1973.

Edgars **Dunsdorfs**: **Saldenieks pasaules tālēs** [Ein Mann aus Saldus (dt. Frauenburg) in den Weiten der Welt], Rīga 2004.

Edgars **Dunsdorfs**: **Uksenšernas Vidzemes muižu saimniecības grāmatas** 1624.–1654. [Die Wirtschaftsbücher der livländischen Güter der Familie Oxenstierna, 1624–1654], Rīga 1935.

Edgars **Dunsdorfs**: **Zum Hakenproblem**, in: Commentationes Balticae. Jahrbuch des Baltischen Forschungsinstituts I (1953), S. 1-25.

Pauls **Dzērve**: **1929–1933. g. ekonomiskā krīze** buržuāziskajā Latvijā un tās īpatnības [Die Wirtschaftskrise von 1929–1933 im bourgeoisen Lettland und ihre Besonderheiten], Rīga 1953.

Pauls **Dzērve**: **Pēteris Stučka** [Pēteris Stučka], Rīga 1957.

**Dzimtene** – īstenās vērtības mērs. Latvijas komitejai kultūras sakariem ar tautiešiem ārzemēs 20 gadi [Heimat – der wahre Wertmaßstab. 20 Jahre Lettlands Komitee für kulturelle Verbindungen mit Landsleuten im Ausland], Rīga 1984.

**Dzimtenes Balss** [Stimme der Heimat], Rīga 1946–1989.

Jānis **Dzintars**: **Nepakļāvīgie**. Liepājas un Lejaskurzemes darbaļaužu cīņa hitleriskās okupācijas gados [Die Unbeugsamen. Der Kampf der Werktätigen von Libau und Niederkurland in den Jahren der Okkupation der Hitleristen], Rīga 1988.

Jānis **Dzintars**: **Neredzamā fronte** [Die unsichtbare Front], Rīga ²1970.

Rainer **Eckert**, Elvira-Julia **Bukevičiūtė**, Friedhelm **Hinze**: **Die baltischen Sprachen**. Eine Einführung, Leipzig u. a. 1994.

**Eesti ajalugu**. I-VI [Geschichte Estlands], Tartu 2003–2020.

Eva **Eglāja-Kristsone**: **Dzelzgriezēji**. Latvijas un Rietumu trimdas kontakti [Drahtschneider. Die Kontakte zwischen Lettland und dem Exil im Westen], Rīga 2013.

Eva **Eihmane**: **Rietumu kristīgās sabiedrības 14. gadsimta krīze** Livonijā? [Eine Krise der westlichen christlichen Gesellschaft im 14. Jahrhundert in Livland?], Dissertation, Rīga 2011.

Eva **Eihmane**: **Rīgas arhibīskapa un Vācu ordeņa cīņas** par varu viduslaiku Livonijā [Die Machtkämpfe zwischen dem Rigaer Bischof und dem deutschen Orden im mittelalterlichen Livland], Rīga 2012.

**Eine alleingültige Geschichtssicht**. Das russische Parlament berät über ein Gesetz, das die Behauptung unter Strafe stellt, die Sowjetarmee habe Verbrechen begangen, in: Frankfurter Allgemeine Zeitung (20.5.2009).

**Eiropas drošības un sadarbības apspriede** [Die Konferenz für Sicherheit und Zusammenarbeit in Europa], in: Latvijas Padomju enciklopēdija. 3. sēj., Rīga 1983, S. 59.

Rolfs **Ekmanis**: **Kur ir tā patiesība plikā**? Imants Lešinskis un Jānis Liepiņš [Wo ist die Wahrheit, die nackte? Imants Lešinskis und Jānis Liepiņš], in: Jaunā Gaita (2005) Nr. 241, S. 47-50.

Rolfs **Ekmanis**: **Starptautiskie raidījumi** latviešu valodā 20. gs. otrā pusē [Ausländische Sendungen in lettischer Sprache in der zweiten Hälfte des 20. Jhs.], in: Jaunā Gaita (2003), Nr. 235, (2004), Nr. 237, 238.

**Ekonomičeskie svjazi Pribaltiki** s. Rossii. Sbornik statej [Ökonomische Beziehungen des Baltikums mit Russland. Aufsatzband], Tallin 1986.

Modris **Eksteins** [Ekšteins]: **Rites of Spring**. The Great War and the Birth of the Modern Age, Boston 1989.

Modris **Eksteins** [Ekšteins]: **Walking since Daybreak**. A Story of Eastern Europe, World War II, and the Heart of Our Century, Boston, New York 1999 (lett.: Ceļā kopš rītausmas, Rīga 2002).

Otto-Heinrich **Elias** u. a. (Hrsg.): **Aufklärung** in den baltischen Provinzen, Köln u. a. 1996 (Quellen und Studien zur baltischen Geschichte 15).

Otto-Heinrich **Elias**: **Städtische Autonomie** und staatlicher Souveränitätsanspruch. Die baltischen Provinzen und Süddeutschland im Vergleich, in: Otto-Heinrich Elias u. a. (Hrsg.): Aufklärung in den baltischen Provinzen, Köln u. a. 1996 (Quellen und Studien zur baltischen Geschichte 15), S. 1-26.

**Enciklopēdija Rīga** [Enzyklopädie Rigas], Rīga 1988.

**Enciklopēdiskā vārdnīca** 2 sējumos [Enzyklopädisches Wörterbuch in 2 Bänden], (Red.): A. Vilks u. a., Rīga 1991.

**Entschließungsantrag** des Europäischen Parlaments, in: Europäische Gemeinschaften. Europäisches Parlament. Sitzungsdokumente 1982–1983. Bericht im Namen des Politischen Ausschusses über die Lage in Estland, Lettland und Litauen vom 4. Oktober 1982. Dokument 1-656/82 (PE 78 130/endg.).

Dzintars **Ērglis**: **Latvijas Centrālās Padomes vēstures nezināmās lappuses** [Die unbekannten Seiten der Geschichte des Zentralrates Lettlands], Rīga 2003.

Edvīns **Evarts**: Latviešu Zemes pašpārvaldes izveidošanās un darbības sākums vācu nacistu okupētajā Latvijā (1941. gada jūlijs –1942. gada septembris) [Die Bildung der Lettischen Landeseigenen Verwaltung und die Anfänge ihrer Tätigkeit im deutsch okkupierten Lettland (Juli 1941 – September 1942)], in: Latvijas Vēstures Institūta Žurnāls (2001), Nr. 2, S. 135-155.

Andrievs **Ezergailis**
  *siehe auch* E. **Avotiņš** (†), J. **Dzirkalis** (†), V. **Pētersons** (†), A. **Ezergailis**

Andrievs **Ezergailis**: **Arāja komanda** [Das Kommando Arājs], in: Latvijas PSR Zinātņu Akadēmijas Vēstis (1988), Nr. 10, S. 113-180.

Andrievs **Ezergailis**: **Esejas par 1917. gadu** [Essays über das Jahr 1917], Rīga 1991.

Andrew **Ezergailis**: **The Holocaust in Latvija** 1941–1944. The Missing Center. Riga, Washington 1996.

Andrievs **Ezergailis**: **Holokausts Latvijā** [Der Holocaust in Lettland], [1986]. Nachdruck in: Emigranta elēģijas un mezgli [Elegien und Verknotungen eines Emigranten], Rīga 1991, S. 38-42.

Andrievs **Ezergailis**: **Holokausts vācu okupētajā Latvijā** 1941–1944 [Der Holocaust im deutsch okkupierten Lettland], Rīga 1999.

Andrievs **Ezergailis**: **Kas ir Daugavas vanagi?** [Wer sind die Dünafalken]. [1980] Nachdruck in: Emigranta elēģijas un mezgli [Elegien und Verknotungen eines Emigranten], Rīga 1991, S. 64-65.

Andrievs **Ezergailis**: **Latviešu mazinieki** 1917. gadā [Die lettischen Menschewisten im Jahr 1917], in: Brīvība (1968), Nr. 7-8, 10, (1969), Nr. 1-2.

Andrievs **Ezergailis**: **Latviešu mazinieki 1917. gadā**, in: Ders., Esejas par 1917. gadu [Essays über das Jahr 1917], Rīga 1991, S. 117-135.

Andrievs **Ezergailis**: **Latviešu Zemnieku savienība** 1917. gadā [Der Lettische Bauernbund im Jahr 1917], in: Treji Vārti (1975), Nr. 45-49, (1976), Nr. 50-52.

Andrievs **Ezergailis**: **Rīgas domes vēlēšanas** 1917. gadā [Die Wahlen zum Rigaer Stadtrat 1917], in: Jaunā Gaita (1968), Nr. 69-71.

Andrew **Ezergailis**: **The 1917 Revolution** in Latvia, New York u. a. 1974 (East European Monographs VIII).

Andrew **Ezergailis**: **The Latvian Impact** on the Bolshevik Revolution, New York 1983 (East European Monographs CXLIV).

A. [Andrew] **Ezergailis** (Hrsg.): **The Latvian Legion**. Heroes, Nazis or Victims? A Collection of Documents from OSS–War–Crimes Investigation Files 1945–1950, Riga 1997.

Andrievs **Ezergailis**: **Ulmanis** – Ulmanisms [Ulmanis – Ulmanismus] [1987]. Nachdruck in: Emigranta elēģijas un mezgli [Elegien und Verknotungen eines Emigranten], Rīga 1991, S. 34-38.

Andrievs **Ezergailis**: **Vēl viens kapitāldarbs** [Noch ein kapitales Werk], in: Jaunā Gaita 72 (1969).

Andrew **Ezergailis**, Gert **von Pistohlkors** (Hrsg.): **Die baltischen Provinzen Russlands zwischen den Revolutionen** von 1905 und 1917. The Russian Baltic Provinces between the 1905/1917 Revolutions, Köln 1982 (Quellen und Studien zur baltischen Geschichte 4).

David **Feest**: **Vorbild oder abschreckendes Beispiel?** Der „baltische Weg" in der Agrarpolitik des Russländischen Imperiums, in: Forschungen zur baltischen Geschichte 9 (2014), S. 139-151.

Björn **Felder**: **Lettland im Zweiten Weltkrieg**. Zwischen sowjetischen und deutschen Besatzern 1940–1946, Paderborn u. a. 2009.

Andrejs Edvīns **Feldmanis**: **Masļenku traģēdija** [Die Tragödie von Masļenki], Rīga 2002.

Inesis **Feldmanis**
 *siehe auch* 15. maija Latvija; Daina **Bleiere**, Ilgvars **Butulis**, Inesis **Feldmanis**, Aivars **Stranga**, Antonjs **Zunda**

Inesis **Feldmanis** (Hrsg.): **15. maijs Latvijā** [Der 15. Mai in Lettland], Rīga 2017.

Inesis **Feldmanis**: **Latvija Otrajā pasaules karā** (1939–1945): jauns konceptuāls skatījums [Lettland im Zweiten Weltkrieg (1939–1945): eine neue konzeptionelle Sicht], Rīga 2012.

Inesis **Feldmanis**: **Vācbaltiešu izceļošana** no Latvijas (1939–1941) [Die Ausreise der Deutschbalten aus Lettland (1939–1941], Rīga 2012.

Inesis **Feldmanis**: **Vācu fašisma loma** buržuāziskās Latvijas vācu nacionālā mazākuma galveno organizāciju nacifikācija (1933–1939) [Die Rolle des deutschen Faschismus bei der Nazifizierung der wichtigsten Organisationen der deutschen nationalen Minderheit Lettlands (1933–1939], Rīga 1985.

Inesis **Feldmanis**, Aivars **Stranga**, Mārtiņš **Virsis**: **Latvijas ārpolitika un starptautiskais stāvoklis** (30. gadu otrā puse) [Lettland Außenpolitik und die internationale Situation (zweite Hälfte der 1930er Jahre], Rīga 1993.

Roberts **Feldmanis**: **Latvijas baznīcas vēsture** [Kirchengeschichte Lettlands], Rīga 2010.

**Feodālā Rīga** [Das mittelalterliche Riga], Rīga 1978.

Etienne **Francois**, Kornelia **Konczal**, Robert **Traba**, Stefan **Troebst** (Hrsg.): **Geschichtspolitik** in Europa seit 1989: Deutschland, Frankreich und Polen im internationalen Vergleich, Göttingen 2013.

Rudolf **von Freymann**: **Der lettländisch-russische Friedensvertrag** vom 1920 und seine Verwirklichung, Riga 1927 (Nachdruck Hamburg 1990).

Michael **Garleff**: **Deutschbaltische Politik** zwischen den Weltkriegen, Bonn-Bad Godesberg 1976.

Jānis **Gavars**: **Tāda ir patiesība** [Das ist die Wahrheit], Rīga 1959.

**Generalkommissar** in Riga (Hrsg.): **Statistische Berichte** für den Generalbezirk Lettland. Jahresheft 1943. Statistikas biļetens Latvijas ģenerālapgabalam. 1943. gads, Riga 1943.

Germanija i Pribaltika. [1-9]. Riga 1972 ff.

Uldis **Ģērmanis**: **Latviešu tautas piedzīvojumi** [Die Abenteuer des lettischen Volkes], in: Jaunā Gaita 8-21 (1957-1959) (weitere Ausgaben: Stokholma [Stockholm] 1959, Rīga 1990 ff.).

Uldis **Ģērmanis**: **Oberst Vācietis und die lettischen Schützen im Weltkrieg** und in der Oktoberrevolution, in: Acta Baltica XII (1973), S. 165-216.

Uldis **Ģērmanis**, **Oberst Vācietis** und die lettischen Schützen im Weltkrieg und in der Oktoberrevolution, Stockholm 1974.

Uldis **Ģērmanis** (Hrsg.), Jukums **Vācietis**: **Pa aizputinātām pēdām**. Pulkveža J. Vācieša apcerējums Latviešu strēlnieku vēsturiskā nozīme. Ulda Ģērmaņa raksti par latviešu strēlniekiem un pulkvedi J. Vācieti. Komentāri un redakcija [Auf verwehten Pfaden. Die Abhandlung „Die historische Bedeutung der lettischen Schützen" von Oberst J. Vācietis. Aufsätze von Uldis Ģērmanis über die lettischen Schützen und Oberst J. Vācietis. Komentare und Redaktion], Stokholma [Stockholm] 1956 (weitere Ausgaben, zuletzt: Jukums Vācietis, Uldis Ģērmanis: Pa aizputinātām pēdām, Rīga 2017).

Uldis **Ģērmanis**: **Prof. A. Švābe baltvācu skatījumā** [Prof. A. Švābe aus der Sicht der Deutschbalten], in: Latvija (11.2.1961), S. 4.

Uldis **Ģērmanis**: **Zili stikli**, zaļi ledi. Rīgas piezīmes [Blaues Glas, grünes Eis. Rigaer Notizen], New York 1968 (Nachdruck Rīga 1995).

**Geschichte des Großen Vaterländischen Krieges** der Sowjetunion. Bd. I-VI, Berlin [Ost] 1962–1968.

Aurelijus **Gieda**: **Manifestuojanti Klėja**. Istorikai ir istorika Lietuvoje 1883–1940 metais [Clio manifestieren. Historiker und Geschichtsschreibung in Litauen, 1883–1940], Vilnius 2017.

Alfrēds **Goba**, **Pirmās „Peterburgas Avīzes"** un viņu nozīme tautas atmodas gaitā [Die ersten „Petersburger Zeitungen" und ihre Bedeutung für den Weg des Volkserwachens]. Rīga 1929.

Ilga **Gore**, Aivars **Stranga**: **Latvija: neatkarības mijkrēslis**. Okupācija. 1939. gada septembris – 1940. gada [Lettland: Schleudersitz der Unabhängigkeit. Okkupation. September 1939 bis Juni 1940], Rīga 1992.

Hugh **Graham**, **R. Iu. Vipper**. A Russian Historian in Three Worlds, in: Canadian Slavonic Papers 28 (1986), S. 22-35.

**Grāmata ārpus Latvijas**. Books for Latvia outside Latvia, Rīga 2021.

Arnolds **Grāmatiņš** (Hrsg.): **Baltijas Universitāte** [Die Baltische Universität], Münster 1989.

Ilga **Grasmane**: **Daugava un Rīgas eksports** XVIII gs. beigās un XIX. gs. pirmajā pusē [Die Düna und der Rigaer Export am Ende des XVIII. und in der ersten Hälfte des XIX. Jahrhunderts], Rīga 1975.

Jānis **Graudonis**: **Latvijas Vēstures institūts** Latvijas Republikas laikā 1936.–1940. gads [Das Geschichtsinstitut Lettlands in der Zeit der Republik Lettland 1936.–1940], in: Latvijas Vēstures Institūta Žurnāls (1995), Nr. 4, S. 9-18.

Jānis **Graudonis**: **Mūsu žurnāls** 1937.–1940. gadā. Laiks, autori, raksti, in: Latvijas Vēstures Institūta Žurnāls (1992), Nr. 3, S. 5-8.

**Graždanskaja vojna**, 1918–1921. V 3-ch tomach [Der Bürgerkrieg, 1918–1921. In 3 Bänden], Moskva 1928–1930.

Regīna **Greitjāne**
*siehe auch* Anatolijs **Bīrons**, Regīna **Greitjāne**

Regīna **Greitjāne**: **Vidzemes bezzemnieku padomju darbība**. 1917. marts – 1918. februāris [Die Tätigkeit der Landlosenräte in Livland. März 1917 – Februar 1918], Rīga 1986.

Arvīds **Grigulis**, Rihards **Trejs**: **Latviešu žurnālistikas vēsture** no pirmsākumiem līdz Pirmajam pasaules karam [Geschichte der lettischen Journalistik von den Anfängen bis zum Ersten Weltkrieg], Rīga 1992.

Aleksandrs **Grīns**: **Pasaules vēsture**. 1-4 [Weltgeschichte. 1-4], Rīga 1929–1931.

Māra **Grudule**: **Vācbaltieši** Latvijas un latviešu kultūras vēsturē [Deutschbalten in der Kulturgeschichte Lettlands und der Letten], in: Latvieši un Latvija. IV. sēj. Latvijas kultūra, izglītība, zinātne [Letten und Lettland. Bd. IV. Lettlands Kultur, Bildung, Wissenschaft], Rīga 2013, S. 207-230.

Jörg **Hackmann**: **Baltic Historiography in West German Exile**, in: Maria Zadencka, Andrejs Plakans, Andreas Lawaty (Hrsg.): East and Central European History Writing in Exile 1939–1989, Leiden, Boston 2015 (On the Boundary of Two Worlds. Vol. 39), S. 46-67.

Jörg **Hackmann**: **Ethnos oder Region**? Probleme der baltischen Historiographie im 20. Jahrhundert, in: Zeitschrift für Ostmitteleuropa-Forschung 50 (2001) H. 4, S. 531-556.

Jörg **Hackmann**: **Historianss as Nation-builders**. Historiographie und Nation in Estland von Hans Kruus bis Mart Laar, in: Markus Krzoska, Hans-Christian Maner (Hrsg.): Beruf und Berufung. Geschichtswissenschaft und Nationsbildung in Ostmittel- und Südosteuropa im 19. und 20. Jahrhundert, Münster 2005, S. 125-142.

Džons **Haidens: Pauls Šīmanis**. Minoritāšu aizstāvis [Paul Schiemann. Verteidiger der Minderheiten]. Rīga 2016 (russ. Džon **Chajden: Paul' Šiman**. Zaščitnik men'šinstv, Riga 2016).

Denis **Hanovs: Pilsonības nācija**: Baltijas Vēstnesis 1868–1906 [Die bürgerliche Nation: Der Baltijas Vēstnesis 1868–1906], Rīga 2003.

Deniss **Hanovs**, Valdis **Tēraudkalns: Laiks, telpa, vadonis**: autorisma kultūra Latvijā 1934–1940 [Zeit, Raum, Führer: Die Kultur des Autoritarismus in Lettland 1934–1940]. Rīga, 2012.

August **Hansen: Origines Livoniae** sacrae et civilis. Heinrich's des Letten älteste Chronik von Livland, aufs neue herausgegeben und mit einer Einleitung, einer deutschen Uebersetzung, Anmerkungen, Urkunden und Registern versehen von Dr. Aug. Hansen, Riga 1857.

Ulrike **Hanssen-Decker: Geschichtswissenschaft für den Ostseeraum?** Der Conventus primus historicorum Balticorum 1937 in Riga, in: NORDEUROPAforum 19 (2009), Nr. 1, S. 65-82.

Wolfgang **Hardtwig: Berliner Geschichtswissenschaft** 1810–1918. Etablierung als Wissenschaft, in: Ders.: Deutsche Geschichtskultur im 19. und 20 Jahrhundert, München 2013, S. 91-117.

Viktors **Hausmanis: Dažas atmiņu lauskas** par Vili Samsonu, in: Letonica 21 (2011), S. 296-300.

Jürgen **Heeg: Die politische Publizistik Garlieb Merkels** und seine Kritik an der livländischen Leibeigenschaft, in: Jahrbücher für Geschichte Osteuropas 40 (1992), Nr. 1, 27-40.

Jürgen von **Hehn: Anmerkungen** zu einer Biografie Kārlis Ulmanis', in: Zeitschrift für Ostforschung 28 (1979), S. 659-665.

Jürgen von **Hehn: Das Herder-Institut** zu Riga 1921–1939, in: Zeitschrift für Ostforschung 30 (1981), S, 494-526.

Jürgen von **Hehn: Der Baltische Historikerkongreß** in Riga. Ein Rückblick, in: Baltische Monatshefte (1937), Nr. 9, S. 483-493

Jürgen von **Hehn: Deutschbaltische Geschichtsschreibung** 1918–1939/45 in Lettland, in: Georg von Rauch (Hrsg.): Geschichte der deutschbaltischen Geschichtsschreibung, Köln u. a. 1986 (Ostmitteleuropa in Vergangenheit und Gegenwart 20), S. 371-398.

Jürgen von **Hehn: Lettische Geschichtsschreibung**. Zu A. Schwabes „Geschichte Lettlands 1800–1914", in: Jahrbücher für Geschichte Osteuropas 8 (1960), Nr. 3, S. 365-377.

Jürgen von **Hehn: Die lettisch-literärische Gesellschaft** und das Lettentum, Königsberg 1938.

Detlef **Henning**: **Der Weg Estlands, Lettlands und Litauens** in die zweite Unabhängigkeit, in: Franz-Lothar Altmann, Edgar Hösch (Hrsg.): Reformen und Reformer, Regensburg 1994, S. 203-233.

Detlef **Henning**: **Die Anfänge der lettischen sozialistischen Bewegung** 1886–1905, in: The Baltic Countries 1900–1914. Acta Universitatis Stockholmiensis, Studia Baltica Stockholmiensia 5 (1990), S. 167-174.

Detlef **Henning**: **Kurze Geschichte der lettischen Historiografi**e, in: Svetlana Bogojavlenska, Jan Kusber (Hrsg.): Tradition und Neuanfang. Forschungen zur Geschichte Lettlands an der Wende vom 20. zum 21. Jahrhundert, Münster 2014 (Mainzer Beiträge zur Geschichte Osteuropas 7), S. 13-31.

Detlef **Henning**: Latvijas Vēstures Institūta Zurnāls... [Zeitschrift des Geschichtsinstituts Lettlands...], in: Nordost-Archiv (1996), Nr. 2, S. 481-485.

Detlef **Henning**: **Letten – Evakuierung und Flucht** im Ersten Weltkrieg, in: Holm Sundhaussen, Detlef Brandes, Stefan Troebst (Hrsg.): Lexikon der Vertreibungen. Deportation, Zwangsaussiedlung und ethnische Säuberung im Europa des 20. Jahrhunderts, Wien u. a. 2010, S. 394-396.

Detlef **Henning**: **Sprachenpolitik** und Sprachgesetzgebung der Republik Lettland, in: WGO – Monatshefte für Osteuropäisches Recht (2000), Nr. 2, S. 103-115.

Detlef **Henning**: **Zum Staatsbürgerschaftsgesetz** Lettlands vom 22. Juli 1994, in: WGO – Monatshefte für Osteuropäisches Recht (1994), Nr. 5, S. 297-304 (Übersetzung des Gesetzes ebd. S. 304-314).

Detlef **Henning**, Aigars **Strupiss**: **Latvia**, in: Werner Weidenfeld (Hrsg.): Central and Eastern Europe on the Way into the European Union: Problems and Prospects of Integration, Gütersloh 1995 (Strategies for Europe), S. 111-130.

Johann Gottfried **Herder**: **Ideen** zur Philosophie der Geschichte der Menschheit, Riga 1791.

John **Hiden**
  *siehe auch* Džons **Haidens**

John **Hiden**: **Defender of Minorities**. Paul Schiemann, 1876–1944, London 2004.

John **Hiden**, Vahur **Made**, David J. **Smith** (Hrsg.): The **Baltic Question** During the Cold War, London 2008.

The **Hidden and Forbidden History** of Latvija under Soviet and Nazi Occupations 1940–1991. Selected Research of the Commission of the Historians of Latvia, Rīga 2005 (Symposium of the Commission of Historian of Latvia. 14).

Ulrike von **Hirschhausen**: **Die Grenzen der Gemeinsamkeit**. Deutsche, Letten, Russen und Juden in Riga 1860–1914, Göttingen 2006 (Kritische Studien zur Geschichtswissenschaft 172).

Joachim **Hösler**: **Die sowjetische Geschichtswissenschaft** 1953–1991. Studien zur Methodologie und Organisationsgeschichte, München 1995 (Osteuropastudien der Hochschulen des Landes Hessen. Reihe II. Marburger Abhandlungen 34).

Georg G. **Iggers**: **Deutsche Geschichtswissenschaft**, München 1982.

Georg G. **Iggers**: **Geschichtswissenschaft im 20. Jahrhundert**, Neuausgabe, Göttingen 2007.

Georg G. **Iggers**, Q. Edward **Wang**, Supriya **Mukherjee**: **Geschichtskulturen**. Weltgeschichte der Historiografie von 1750 bis heute, Göttingen 2013.

Ivars **Ījabs**: **Nepateicīgie**. Latviešu politiskās domas pirmsākumi Eiropas kontekstos [Die Undankbaren. Die Anfänge des lettischen politischen Denkens in den Kontexten Europas], Rīga 2023.

Ivars **Ījabs**, Jans **Kusbers**, Ilgvars **Misāns**, Ervīns **Oberlenders** (Hrsg.): **Latvija 1918–2018**. Valstiskuma gadsimts, Rīga 2018 (dt.: Ivars **Ījabs**, Jan **Kusber**, Ilgvars **Misāns**, Erwin **Oberländer** [Hrsg.]: **Lettland 1918–2018**. Ein Jahrhundert Staatlichkeit, Paderborn 2018).

The **Impossible Resistance**. Latvija between Two Totalitarian Regimes 1940–1991, Riga 2021 (Symposium of the Commission of the Historians of Latvia. 29).

**Indriķa hronika**. Heinrici Chronicon. A. Feldhūns (Übers.), Ē. Mugurēvičs (Vorw. u. Komm.), Rīga 1993.

**ISKOLATA un tā prezidija protokoli**. 1917.–1918. [Der ISKOLAT und die Protokolle seines Präsidiums], Rīga 1973.

**Īss pārskats** par Latvijas vēstures zinātnisko pētīšanu Latvijas valsts pastāvēšanas laikā [Kurzer Überblick über die wissenschaftliche Geschichtsforschung Lettlands während der Zeit des Bestehens des Staates Lettland], in: Latvijas Vēstures Institūta Žurnāls (2010), Nr. 4, S. 121-134.

**Istoričeskaja nauka Sovetskoj Latvii na sovremennom etape** [Geschichtswissenschaft in Sowjetlettland in der gegenwärtigen Periode], (Red.): A. K. Biron, R. S. Grejt'jane, Riga 1983.

**Istorija Latvijskoj SSR. Sokraščennyj kurs** [Geschichte der SSR Lettland. Kurzer Lehrgang], (Red.): K. Ja. Strazdin', Riga 1956.

**Istorija Latvijskoj SSR. Tom I-III.** [Geschichte der SSR Lettland. Bde. I-III], (Red.): K. Ja. Strazdin', Ja. Ja. Zutis, Ja. P. Krastyn', A. A. Drizul, Riga 1952–1958.

Tom I: S drevnejšich vremen do 1860 goda [Bd. I: Von den ältesten Zeiten bis zum Jahr 1861], (Red.): Ja. Ja. Zutis, Riga 1952.

Tom II: S 1861 g. po mart 1917 g. [Bd. II: Vom Jahr 1861 bis zum Jahr 1917], (Red.): Ja. P. Krastyn', Riga 1954.

Tom III: S 1917 g. po 1950 g. [Bd. III: Vom Jahr 1917 bis zum Jahr 1950], (Red.): K. Ja. Strazdin', Riga 1958.

**Istorija Latvijskoj SSR. Sokraščennyj kurs** [Geschichte der SSR Lettland. Kurzer Lehrgang], (Red.): A. A. Drizul, Riga 1971.

**Istorija latyšskich strel'kov** (1915–1920), (Red.): Ja. P. Krastyn, Riga 1972.

**Istorija Velikoj Otečestvennoj vojny** Sovetskogo Sojuza 1941–1945. Tom I-VI. Moskva 1960–1965 (dt.: Geschichte des Großen Vaterländischen Krieges der Sowjetunion. Bd. I-VI, Berlin [Ost] 1962–1968).

**Istoriko-ėtnografičeskii atlas Pribaltiki**. T. 1: Zemledelie [Historisch-ethnografischer Atlas des Baltikums. Bd. 1: Landwirtschaft], Vilnius 1985; Dass.: T. 2: Odežda [Bd. 2, Kleidung], Riga 1986.

**Istoriografičeskie issledovanija** v sovetskoj Pribaltike i Belorussii [Historiografische Forschung im Sowjetbaltikum und in Weißrussland], (Hrsg.): Naučnyj Sovet po istorii nauki pri Otd-ni istorii AN SSSR, Institut istorii LatvSSR, (Red.): A. Biron, Riga 1972.

**Itogi vsesojuznoj perepisi naselenija** 1979 goda po Latvijskoj SSR [Ergebnisse der allsowjetischen Volkszählung von 1979 für die SSR Lettland], Riga 1982.

Aleksandr **Ivanov: Preemstvennost' russkoj istoriografičeskoj tradicii** v osveščenii Rossii i Latvii (do 1917 g.) [Die Kontinuität der russischen historiografischen Tradition in der Betrachtung Russlands und Lettlands (vor 1917)], in: Daugavpils Universitātes Humanitārās fakultātes XII Zinātnisko lasījumu materiāli. Proceedings of the XIIth Scientific Readings of the Faculty of Humanities. Vēsture. VI. sēj. I. daļa [Geschichte. Bd. VI. 1. Teil], Daugavpils 2003, S. 62-68.

Aleksandrs **Ivanovs: Latvijas PSR historiogrāfija** (konceptuāls pārskats) [Historiografie der SSR Lettland (Konzeptioneller Überblick)], in: Latvijas Vēsture (2003), Nr. 2, S. 75-83, Nr. 3, S. 69-77.

Aleksandrs **Ivanovs: Nacionālā politika Latvijā** 20. gadsimta 60.–80. gados: teorētiskās pieejas, koncepti un izpētes konteksti [Nationale Politik in Lettland in den 60er–80er Jahren: theoretische Zugänge, Konzepte und Forschungskontexte], in: Latvijas Vēsturnieku Komisijas Raksti. 20. sēj. [Schriften der Historikerkommission Lettlands. Bd. 20], Rīga 2007, S. 30-44.

Aleksandrs **Ivanovs: Okupācijas varu maiņa** Latvijā 1940.–1945. gadā Latvijas historiogrāfijā [Der Wechsel der Okkupationsmacht in Lettland 1940–1945 in der Historiografie Lettlands], in: Latvijas Vēsturnieku Komisijas Raksti. 16. sēj. [Schriften der Historikerkommission Lettlands. Bd. 16], Rīga 2005, S. 11-72.

Aleksandrs **Ivanovs: Vēsture latviešu diasporā** PSRS starpkaru posmā sagatavotajos izdevumos: publikācijās reprezentētā pagātnes tēla un nacionālās pašapziņas mijiedarbības aspekti [Geschichte in der lettischen Diaspora in Publikationen in der UdSSR während der Zwischenkriegszeit: Aspekte der Wechselwirkung zwischen dem in Publikationen repräsentierten Bild von der Vergangenheit und nationalem Selbstbewusstsein], in: Viesturs Zanders (Hrsg.): Grāmata Latvijai ārpus Latvijas. Books for Latvija outside Latvia, Rīga 2021, S. 238-299.

Aleksandrs **Ivanovs: Vēstures zinātne kā padomju politikas instruments**: historiogrāfijas konceptuālais līmenis [Geschichtswissenschaft als Instrument der Sowjetpolitik: das konzeptionelle Niveau der Historiografie], in: Latvijas Vēsturnieku Komisijas Raksti. 9. sēj. [Schriften der Historikerkommission Lettlands. Bd. 9], Rīga 2003, S. 59-70.

A. **Ivanovs**, P. **Kivrāns**, I. **Poča**, K. **Počs: Apcerējumi par Latgales vēstures historiogrāfiju** līdz 1945. gadam [Abhandlungen zur Historiografie der Geschichte Lettgallens], Rēzekne 2003.

Ivar **Ivask** (Hrsg.): **First Conference** on Baltic Studies. Summary of Proceedings, Tacoma, Wash. 1969.

**Izpostītā zeme**. 1-3 [Verwüstetes Land. 1-3], (Hrsg.): Jānis Riekstiņš, Rīga 1994–1998.

Mārīte **Jakovļeva: Valstiskums Kurzemes un Zemgales hercogistē** (1562–1795), in Varas Latvijā. No Kurzemes hercogistes līdz neatkarīgai valstij. Esejas [Mächte in Lettland. Vom Herzogtum Kurland bis zum unabhängigen Staat. Essays], Rīga 2019, S. 14-65.

I. **Janson-Braun** [Jānis Jansons-Brauns]: **Revoljucija v Pribaltike** [Die Revolution im Baltikum], Moskva 1924.

Jānis [auch Janis] **Jansons-Brauns**
*siehe auch* J. **Brauns**

Janis **Jansons-Brauns**: **Vēsturiskais materiālisms** [Historischer Materialismus]. Rīga 1910.

Ritvars **Jansons**: **Bruņotā pretošanās** padomju okupācijas režīmam 1944.–1956. gadā [Bewaffneter Widerstand gegen das sowjetische Okkupationsregime 1944–1956], in: Latvieši un Latvija. II. sēj. Valstiskums Latvijā un Latvijas valsts – izcīnītā un zaudētā [Letten und Lettland. Bd. II. Staatlichkeit in Lettland und der Staat Lettland – errungen und verloren], Rīga 2013, S. 497-513.

Ritvars **Jansons**: **LPSR drošības iestāžu darbība** 1944.–1956. [Die Arbeit der Sicherheitsorgane der LSSR 1944–1956], Rīga 2016 (VDK Zinātniskas Izpētes Komisijas Raksti 2).

**Jaunā Gaita** [Der neue Weg]. (1955), Nr. 1 ff.; auch URL: www.jaunagaita.net (letzter Zugriff 11.7.2024).

**Jaunais rektors** pārņem universitātes vadību [Der neue Rektor übernimmt die Leitung der Universität], in: Latvijas Kareivis (31.7.1940), Nr. 172, S. 2.

Benjamiņš **Jēgers**: Latviešu trimdas izdevumu bibliogrāfija. Bibliography of Latvian Publications published outside Latvia. 1940–1960. 1. Grāmatas un brošūras. Books and Pamphlets, Sundbyberg 1968.
*Fortsetzungen u. d. T.:*
Ders.: Latviešu trimdas izdevumu bibliogrāfija. Bibliography of Latvian Publications published outside Latvia. 1940–1960. 2. Periodika. Notis. Kartes. Programmas un katalogi. Serials. Music. Maps. Programmes and Catalogues, Sundbyberg 1972.
Ders., Latviešu trimdas izdevumu bibliogrāfija. Bibliography of Latvian Publications published outside Latvia. 1961–1970, Sundbyberg 1977.
Ders., Latviešu trimdas izdevumu bibliogrāfija. Bibliography of Latvian Publications published outside Latvia. 1971–1980, Stockholm 1988.
Ders., Latviešu trimdas izdevumu bibliogrāfija. Bibliography of Latvian Publications published outside Latvia. 1981–1991. Rīga 1995.

Ēriks **Jēkabsons**
*siehe auch* Valters **Ščerbinskis**, Ēriks **Jēkabsons** (Hrsg.)

Ēriks **Jēkabsons**: **Aizmirstie karavīri** – ebreji Latvijas armijā 1918.–1940. gadā [Die vergessenen Soldaten – Juden in der Armee Lettlands 1918–1940]. Rīga 2013.

Ēriks **Jēkabsons**: **Latvijas neatkarības karš** 1918.–1920. gadā. Galveno militārpolitisko norišu atspoguļojums historiogrāfijā [Der Unabhängigkeitskrieg Lettland 1918–1920. Die Wiedergabe der wichtigsten militärischen Abläufe in der Historiografie], in: Latvijas valstiskumam 90. Latvijas valsts neatkarība: ideja un realizācija [Lettlands Staatlichkeit 90 Jahre. Idee und Realisierung des unabhängigen Staates Lettland], Rīga 2010, S. 20-44.

Ēriks **Jēkabsons**: **Latvijas sūtniecības ziņojumi** no Maskavas terora laikā 1937.–1939. gadā: PSRS latviešu aspekts [Die Berichte der Gesandtschft Lettlands aus Moskau in den Jahren des Terrors 1937–1939: Der Aspekt der Letten in der UdSSR], in: Latvijas Vēstures Institūta Žurnāls (2015), Nr. 2, S. 147-165.

Ēriks **Jēkabsons: Pirmais Padomju Krievijas Bruņoto spēku virspavēlnieks** [Der erste Befehlshaber der bewaffneten Streitkräfte Sowjetrusslands], in: Latvieši PSRS varas virsotnēs. Ilūzijas un traģēdija: 20. gadsimta 20.–30. gadi [Letten in der UdSSR auf den Gipfeln der Macht. Illusionen und Tragödie: die 20–30er Jahre des 20. Jahrhunderts], Rīga 2013, S. 179-198.

Ēriks **Jēkabsons: Poļi Latvijā** [Polen in Lettland], Rīga 1996.

Andrejs **Johansons: Latvijas kultūras vēsture 1710–1800** [Lettlands Kulturgeschichte 1710–1800], Stokholma [Stockholm] 1975.

Irēna **Jonāne: Latvijas sociāldemokrātija 1905.-1907.** gadu revolūcijā [Lettlands Sozialdemokratie in der Revolution der Jahre 1905–1907], Rīga 1968.

Tālavs **Jundzis: Latvijas drošības politika** [Lettlands Sicherheitspolitik], Rīga 1994.

Marc **Junge: Die Gesellschaft** ehemaliger politischer Zwangsarbeiter und Verbannter in der Sowjetunion. Gründung, Entwicklung und Liquidierung (1921–1935), Berlin 2009.

Indrek **Jürjo: Aufklärung im Baltikum.** Leben und Werk des livländischen Gelehrten August Wilhelm Hupel (1737–1819), Köln u. a. 2006 (Quellen und Studien zur baltischen Geschichte 19).

Igor' **Jurgens**, Janis **Urbanovičs: Černovik buduščego** [Entwurf der Zukunft], Moskva 2010.

**Jūrmalas dialogi.** PSRS un ASV sabiedrības pārstāvju tikšanās Jūrmalā 1986. g. 15.–19. septembrī [Dialoge in Jūrmala. Das Treffen gesellschaftlicher Vertreter der UdSSR und der USA in Jūrmala vom 15.–19. September 1986], Rīga 1987.

**Kā tas bija.** Dokumenti un materiāli. (Kā latviešu buržuāzija nāca pie varas) [Wie es war. Dokumente und Materialien (Wie die lettische Bourgeoisie an die Macht kam)], Rīga 1968.

Paul **Kaegbein**, Wilhelm **Lenz: Fünfzig Jahre baltische Geschichtsforschung** 1947–1996. Die Baltische Historische Kommission und die Baltischen Historikertreffen in Göttingen. Veröffentlichungen, Vorträge, Mitglieder, Köln 1997.

Jānis **Kaimiņš: Latviešu strēlnieku cīņā** par Oktobra revolūcijas uzvaru. 1917–1918 [Der Kampf der lettischen Schützen für den Sieg der Oktoberrevolution. 1917–1918], Rīga 1957.

Jānis **Kalnbērziņš** (1898–1986): **Piezīmes** par LKP 1919. gada kļūdām un Padomju Latvijas krišanas iemesliem [Anmerkungen zu den Fehlern der LKP im Jahr 1919 und den Gründen für den Fall Rätelettlands], in: Latvju revolucionārais strēlnieks, Bd. 2, Maskava 1935, S. 84-140.

Aija **Kalnciema**, Iveta **Šķiņķe: 1949. gada 25. marta deportācijas skaitliskais raksturojums** [Zahlenmäßiger Charakter der Deportation vom 25. März 1949], in: Latvijas Arhīvi (2010) Nr. 2, S. 158-196.

Sandra **Kalniete: Es lauzu**, tu lauzi, mēs lauzām, viņi lūza [Ich brach auf, Du brachst auf, wir brachen auf, sie brachen zusammen], Rīga 2000.

Dzintra **Kalniņa: Buržuāziskie uzskati par imperiālisma** vēsturisko vietu un to kritika [Die bourgeoisen Auffassungen über den historischen Platz des Imperialismus und deren Kritik], Rīga 1979.

Brūno **Kalniņš**: **Vēl cīņa nav galā** [Der Kampf ist noch nicht zu Ende], Stokholma [Stockholm] 1983 (dt.: Ders.: **Der Kampf** ist noch nicht zu Ende. 1899–1920, Bonn-Bad Godesberg 1989).

Der **Kampf um den Dom** zu Riga. Baltische Monatsschrift 62 (1931), Sonderheft.

Veronika **Kanāle**: **Fašistiskās diktatūras sabrukums** Latvijā [Der Zusammenbruch der faschistischen Diktatur in Lettland], Rīga 1960.

Kārlis **Kangeris**: **Baigā gada izpēte** vācu okupācijas laikā: vēsture starp zinātni un propagandu [Die Erforschung des Jahres des Schreckens während der deutschen Okkupationszeit: Geschichte zwischen Wissenschaft und Propaganda], in: Latvijas Vēsturnieku Komisijas Raksti. 19. sēj. [Schriften der Historikerkommission Lettlands. Bd. 19], Rīga 2007, S. 190-218.

Kārlis **Kangeris**: **Die Rückkehr** und der Einsatz von Deutschbalten im Generalbezirk Lettland 1941–1945, in: Michael Garleff (Hrsg.): Deutschbalten, Weimarer Republik und Drittes Reich, Köln u. a. 2008, S. 385-428.

Kārlis **Kangeris**: **Evakuācija** / bēgšana no Latvijas 1944. gadā: Jauns novērtējums uz jaunas datu bāzes [Evakuierung / Flucht aus Lettland im Jahr 1944. Eine Neubewertung auf Basis neuer Daten], in: Latvijas Vēstures Institūta Žurnāls (2016), Nr. 1, S. 111-135.

Kārlis **Kangeris**: [**Rezension** von] Katrin Reichelt: Lettland unter deutscher Besatzung 1941–1944, in: Latvijas Vēstures Institūta Žurnāls (2012), Nr. 1, S. 90-96.

Kārlis **Kangeris**, Uldis **Neiburgs**, Rudīte **Vīksne**: **Aiz šiem vārtiem vaid zeme**. Salaspils nometne 1941–1944 [Hinter diesen Toren stöhnt die Erde. Das Lager Kurtenhof 1941–1944], Rīga 2016.

Friedrich Wilhelm **Kantzenbach**: **Johann Gottfried Herder** in Selbstzeugnissen und Biddokumenten, Reinbek 1970.

**Kapitālisma attīstības un revolucionārās kustības problēmas** Latvijā [Probleme der Entwicklung des Kapitalismus und der revolutionären Bewegung in Lettland], Rīga 1980.

Mārtiņš **Kaprāns**, Olga **Procevska**, Laura **Uzule**, Andris **Saulītis**: **Padomju deportāciju pieminēšana Latvijā**. Atmiņu politika un publiskā telpa [Das Gedenken an die sowjetischen Deportationen in Lettland. Erinnerungspolitik und öffentlicher Raum], Rīga 2012.

V. [Vincents] **Karaļuns**: **Par padomju varas pretinieku**, kapitālistisko un deklasēto elementu pārvietošanu 1941. gada 14. jūnijā [Zur Umsiedlung von Gegnern der Sowjetmacht, kapitalistischer und deklassierter Elemente am 14. Juni 1941], in: Latvijas likteņgadi. II [Lettlands Schicksalsjahre. II.], Rīga, S. 69-82.

Anete **Karlsone**: **Dziesmu svētki** un tautiskā tērpa attīstība Latvijā 19. gadsimta beigās un 20. gadsimtā [Sängerfeste und die Entwicklung der Volkstracht in Lettland im 19. und 20. Jahrhundert], Rīga 2013.

**No NKVD līdz KGB**. Politiskās prāvas Latvijā. 1914–1920 [Krieg und Gesellschaft in Lettland. 1914–1920], (Red.): Ēriks Jēkabsons, Rīga 2021.

Ludwig **Karstens** [Pseud. für Leonid Arbusow d. J.]: Die Entwicklung und der Charakter der lettischen Geschichtswissenschaft, in: Jomsburg 3 (1939), 45-72.

**Kas vieno un kas šķeļ** ceļā uz Latvijas simtgadi? [Was einigt und was spaltet auf dem Weg zu Lettlands Hundertstem], in: Brīvā Latvija (23.–29.7.2016), Nr. 27 (1445), S. 7.

**Katalog der Ausstellung** zum X. Archäologischen Kongress in Riga 1896, Riga 1896.

Matīss **Kaudzīte: Atmiņas** no „tautiskā laikmeta" un viņa lielākiem aizgājušiem darbiniekiem. 1.-2. sēj. [Erinnerungen an die „völkische Zeit" und ihre größten davongegangenen Aktivisten. Bde. 1-2], Cēsis, Rīga 1924.

Matīss **Kaudzīte: Krievu valsts attīstības gājums**, jeb, Krievijas vēstures pārskats. (latviesu tautas skolam) [Die Entwicklung des russischen Staates, oder, ein Überblick zur Geschichte Russlands (für lettische Volkschulen)], o. O. 1889.

Matīss **Kaudzīte: Vēsture tautas skolām** [Geschichte für Volksschulen], Jelgava 1880, 1881, Rīga 1889.

Reinis **Kaudzīte**, Matīss **Kaudzīte: Landvermesserzeiten**, Salzburg 2012.

Kārlis **Kaufmanis** (Pseud.)
*siehe* Kārlis **Soms**

J. **Kauliņš: Domas par vēsturi** [Gedanken über die Geschichte], in: Puhrs. Rīga 1891, S. 5-23.

J. **Kaulinsch**
*siehe* J. **Kauliņš**

Francis **Kemps: Latgales likteņi** [Schicksale Lettgallens], Rīga 1938, ²1991.

Jānis **Keruss: Die Lehrkräfte der Historischen Fakultät** der Lettischen Staatsuniversität und das kommunistische Regime 1944–1953, in: Forschungen zur baltischen Geschichte 6 (2011), S. 163-177.

Jānis **Keruss**, Ineta **Lipša**, Inese **Runce**, Kaspars **Zellis: Latvijas Universitātes Vēstures un filozofijas fakultātes vēsture** padomju laikā. Personības, struktūras, idejas (1944–1991) [Die Fakultät für Geschichte und Philosophie an der Universität Lettlands zur Sowjetzeit. Persönlichkeiten, Strukturen, Ideen (1944–1991)], Rīga 2010.

Pēteris **Ķiķauka: Kā es kļuvu par profesoru?** [Wie wurde ich Professor?], in: Jaunā Gaita (1986–1987) Nr. 160-161.

Tālivaldis **Ķiķauka: Trimdas periodiskie izdevumi** [Ausgaben der Exilperiodika], in: Jaunā Gaita (1981), Nr. 131, S. 19-26.

Ju. **Kir's** [Jūlijs Kiršs]: **Agrarnaja revoljucija** v Pribaltike [Die Agrarrevolution im Baltikum], Moskva 1931.

Jūlijs **Kiršs: Agrārjautājums Latgalē** [Die Agrarfrage in Lettgallen], Maskava [Moskau] 1927.

Jūlijs **Kiršs: Kā lauktrādnieki cīnas** citās zemēs [Wie Landarbeiter in anderen Ländern kämpfen], Maskava [Moskau] 1930.

Jūlijs **Kiršs: Latvijas laukstrādnieki** un viņu revolucionārā cīņa [Die Landarbeiter Lettlands und ihr revolutionärer Kampf], o. O. 1928.

Jūlijs **Kiršs: Piezīmes par agrārjautājumu** Latvijā [Notizen zur Agrarfrage in Lettland], Pleskava 1925.

Roberts **Ķīsis: Oktobra revolucija un latviešu strēlnieki**, Rīga 1948.

Jüri **Kivimäe**: **Rektor Hans Kruus**, Tartu 2017.

Pāvils **Klāns**: **Riga retour**, Brooklyn 1961.

Jānis **Klētnieks**: **Profesors Francis Balodis** – pirmais latviešu pētnieks ēģiptoloģijā [Professor Francis Balodis – der erste lettische Forscher auf dem Gebiet der Ägyptologie]. LU Zinātniskie Raksti. 653. sējums. Zinātņu vēsture un muzejniecība, Rīga 2003, S. 90-101.

Ādolfs **Klīve**: **Brīvā Latvija**. Latvijas tapšana. Atmiņas, vērojumi un atzinumi [Das freie Lettland. Lettlands Werden. Erinnerungen, Beobachtungen und Einsichten], Bruklina [Brooklyn] 1969.

Ādolfs **Klīve**: **Latvijas neatkarības gadi** – Latvijas veidošanas un augšana [Die Unabhängigkeitsjahre Lettlands – Lettlands Entstehung und Wachsen], Bruklina [Brooklyn] 1976.

Julia **Köstenberger**: **Die Geschichte der "Kommunistischen Universität** der nationalen Minderheiten des Westens" (KUNMZ) in Moskau 1921–1936, in: Jahrbuch für Historische Kommunismusforschung VI/VII (2000/2001), Nr. 14, 248-303.

Eberhards **Kolbs**: **Veimāras republika** [Die Weimarer Republik]. Rīga 1997 (Oldenbourga vēstures apcerējumi, 16. sējums) (dt. Eberhard Kolb: Die Weimarer Republik. München 1984).

M. I. **Kozin**: **Ekonomičeskie predposylki** dvuch social'nych vojn v latyšskoj derevne [Die ökonomischen Voraussetzungen zweier sozialer Kriege auf dem lettischen Lande], in: Latvijas PSR Zinātņu Akadēmijas Vēstis (1974), Nr. 10, S. 65-76.

Vilberts **Krasnais**: **Latviešu kolonijas** [Die lettischen Kolonien], Rīga 1938.

Jānis **Krastiņš**
*siehe auch* **Apcerējumi par Latvijas PSR vēsturi**
*siehe auch* A. **Drīzulis**, J. **Krastiņš**

Jānis **Krastiņš**: **1905. gada revolūcija Latvijā** (1905.–1907.), Rīga 1948 (Apcerējumi par Latvijas PSR vēsturi 14).

Jānis **Krastiņš**: **1905. gada revolūcija Latvijā** [Die Revolution von 1905 in Lettland], Rīga 1950, $^2$1955, $^3$1975. (russ.: Ja. P. Krastyn': Revoljucija 1905–1907 godov v Latvii, Moskva 1952).

Jānis **Krastiņš**: **Kā nevajag rakstīt Latvijas vēsturi** [Wie man die Geschichte Lettlands nicht schreiben sollte]. E. Andersons. Latvijas vēsture 1914–1920 [Wie man die Geschichte Lettlands nicht schreiben sollte. E. Andersons. Geschichte Lettlands 1914–1920], in: Latvijas PSR Zinātņu Akadēmijas Vēstits (1971), Nr. 1, S. 132-135.

Jānis **Krastiņš**: **Krievu un latviešu tautas draudzība** [Die Freundschaft des russischen und lettischen Volkes], in: Propagandists un Aģitators (1945), Nr. 1-2, S. 45-52.

Oļģerts **Krastiņš**: **Mājsaimniecību budžetu pētījumi** toreiz un tagad [Forschungen zum Budget der Haushalte damals und heute], in: Latvijas Vēstnesis (3.9.1998), Nr. 252, URL: https://www.vestnesis.lv/ta/id/49594 (letzter Zugriff 20.6.2024).

Jānis **Krēsliņš**: **Latviešu tautas piedzīvojumi** [Die Abenteuer des lettischen Volkes], in: Jaunā Gaita 221 (2000).

Jānis **Krēsliņš**: **Raksti**. 1. sēj. **Ceļi un neceļi** [Schriften. Bd. 1. Wege und Nichtwege], Rīga 2004; 2. sēj. **Vēstures vārtos** [Bd. 2. In den Pforten der Geschichte], Rīga 2006; 3. sēj. **Laikmeta liecības** [Bd. 3. Zeugnisse der Epoche], Rīga 2008.

Uldis **Krēsliņš**: **Aktīvais nacionālisms** Latvijā 1922–1934 [Aktiver Nationalismus in Lettland 1922–1934], Rīga 2005.

Ilze **Krīgere**: **Latviešu strēlnieku piemiņu glābājot**. Latviešu veco strēlnieku biedrības darbība (1923–1941) [Die Erinnerung an die lettischen Schützen bewahren. Die Tätigkeit des Vereins der Alten lettischen Schützen (1923–1941)], in: Latvijas Kara Muzeja Gadagrāmata. IV (2003), S. 211-231.

[Jānis **Krodznieks**] **Iz Baltijas vēstures**. J. Krodznieka raksti. I. daļa [Aus der Geschichte des Baltikums. Schriften des J. Krodznieks. Teil I], Rīga 1912 (Rīgas Latviešu biedrības Derīgu grāmatu Nodaļas izdevums 234); Is Baltijas vēstures. J. Krodzieka raksti. II. daļa [Dass. Teil II], Rīga 1913 (Rīgas Latviešu biedrības Derīgu grāmatu Nodaļas izdevums 251); Iz Baltijas vēstures. J. Krodznieka raksti. III. daļa [Dass. Teil III], Rīga 1914 (Rīgas Latviešu biedrības Derīgu grāmatu Nodaļas izdevums 257).

Jānis **Krodznieks** [J. **Krodsneeks**]: **Kā muižnieku kārta** Baltijā cēlusies un attīstījusies [Wie der baltische Adelsstand entstanden ist und sich entwickelt hat], in: Austrums (1885), Nr. 5-6 und 8-9.

Jānis **Krodznieks** [J. **Krodsneeks**]: **Kas ir latviešu vēsture**? [Was ist die Geschichte der Letten], in: Austrums (1892), Nr. 11, S. 326-330.

Jānis **Krodznieks** [J. **Krodsneeks**]: **Latvijas vēsture** [Geschichte Lettlands], Rīga 1920

Jānis **Krodznieks**: **Vidzemes muižnieku un zemnieku adreses** ķeizaram Aleksandram II. [Die Adressen der livländischen Gutsherren und Bauern an Kaiser Alexander II.], Rīga 1924 (Valsts Arhiva Raksti II).

Jānis **Krodznieks** [J. **Krodsneeks**]: **Zemnieku nemieri** 1841. gadā [Die Bauernunruhen von 1841], Rīga 1922.

Ulrich **Kronauer** (Hrsg.): **Aufklärer** im Baltikum. Europäischer Kontext und regionale Besonderheiten, Heidelberg 2001.

Atis **Kronvalds**: **Tagadnei**. Izlase [Für die Gegenwart. Auswahl], Rīga 1987.

Otto **Kronwald** [Atis Kronvalds]: **Nationale Bestrebungen**. Erläuterungen zu einem Artikel der „Zeitung für Stadt und Land", Dorpat 1872.

Peter **Krupnikov** [Pēteris Krupņikovs]: **Lettland und die Letten** im Spiegel deutscher und deutschbaltischer Publizistik 1895–1950, Hannover–Döhren 1989.

P. Ja. **Krupnikov** [Pēteris Krupņikovs]: **Polveka istorii Latvii** glazami nemcev [Ein halbes Jahrhundert Geschichte Lettlands mit den Augen der Deutschen], Riga 1989.

[Pēteris **Krupņikovs**]: **Dialogā** ar vēsturi. Pētera Krupņikova dzīvesstāsts [Im Dialog mit der Geschichte. Die Lebensgeschichte von Pēteris Krupņikovs], Rīga 2015 (russ. u. d. T.: XX vek: Prožitoe i perežitoe. Istorija žizni istorika. Petra Krupnikova rasskazannaja im samim, Riga 2015, Sankt-Peterburg 2017).

Pēteris **Krupņikovs**: **Melu un patiesības palete** [Palette der Lügen und Wahrheiten], Rīga 1980.

Pēteris **Kruppikovs** (Hrsg.): **Vācija un Baltija**. Rakstu krājums [Deutschland und das Baltikum. Sammelband], Rīga 1990.

Jordan Tyler **Kuck**: **The Dictator without a Uniform**. Kārlis Ulmanis, Agrarian Nationalism, Transnational Fascism and Interwar Latvia, PhD Diss., University of Tennessee 2014.

Christina **Kupffer**: **Geschichte als Gedächtnis**. Der livländische Historiker und Jurist Friedrich Konrad Gadebusch (1719–1788), Köln u. a. 2004 (Quellen und Studien zur baltischen Geschichte 18).

Jan **Kusber**, Ilgvars **Misāns**, Maike **Sach** (Hrsg.): **Die drei Leben eines Historikers**. Robert Vipper (1859–1954) in der russischen, lettischen und sowjetischen Geschichtsschreibung, Berlin u. a. 2024 (Transformationen – Differenzierungen – Perspektiven. Mainzer Studien zur Neuzeit 11).

Linda **Kusiņa**: **Noskaidrotas 100** ievērojamākās Latvijas personības [Die 100 bemerkenswertesten Persönlichkeiten Lettlands sind benannt], in: Latvijas Avīze (30.12.2004).

Jānis **Labsvīrs**: **Atbilde Aizsilniekam** [Antwort an Aizsilnieks], in: Jaunā Gaita Nr. 131 (1980), S. 63-64.

Vilis **Lācis**: **Krievu un latviešu tautas vēsturiskā draudzība** [Die historische Freundschaft zwischen dem russischen und dem lettischen Volk], Rīga 1945 (Propagandistu un Aģitatoru bibliotēka).

Kārlis **Landers**: **Latvijas Vēsture**. Kultūr–vēsturiski apcerējumi [Geschichte Lettlands. Kultur–geschichtliche Abhandlungen]. Pirmā daļa [Erster Teil], Peterburga [St. Petersburg] 1908. Otrā daļa [Zweiter Teil], Peterburga 1908. Trešā daļa [Dritter Teil], Peterburga [St. Petersburg] 1909.

Līga **Lapa**: **Kaujinieki un mežabrāļi** 1905. gada revolūvijā Latvijā [Kämpfer und Waldbrüder in der Revolution von 1905 in Lettland], Rīga 2018.

Skaidrīte **Lasmane**: **Ideju vēsture** [Ideengeschichte], in: Latvija 19. gadsimtā. Vēstures apceres [Lettland im 19. Jahrhundert. Beiträge zur Geschichte], Rīga 2000, S. 398-422.

Uldis **Lasmanis**: **Arveds Bergs**. 1-4, Rīga 1997–2000.

**Latvia and Latvians**. Vol. I-II. Riga 2018.

**Latvian Research**. An International Evaluation. (Hrsg.): Forskningsrådene. The Danish Research Councils, Copenhagen 1992.

**Latvieši PSRS varas virsotnēs**. Ilūzijas un traģēdija. 20. gs. 20.–30. gadi [Letten in der UdSSR auf dem Höhepunkt der Macht. Illusionen und Tragödie. Die 20er und 30er Jahre des 20. Jh.], (Red.): Juris Goldmanis, Rīga 2013.

**Latvieši un Latvija**. Akadēmiskie raksti [Letten und Lettland. Akademische Aufsätze], (Red.): Jānis Stradiņš. **I. sējums**. Latvieši [Bd. I. Letten]. **II. sējums**. Valstiskums Latvijā un Latvijas valsts – izcīnītā un zaudētā [Bd. II. Staatlichkeit in Lettland und der Staat Lettland – errungen und verloren]. **III. sējums**. Atjaunotā Latvijas valsts [Bd. III. Der wiederhergestellte Staat Lettland]. **IV. sējums**. Latvijas kultūra, izglītība, zinātne [Bd. IV. Lettlands Kultur, Bildung, Wissenschaft], Rīga 2013.

„**Latviešu akcija**" PSRS 1937–1938. The „Latvian Operation" in the USSR 1937–1938, in: Latvijas Okupācijas Muzeja Gadagrāmata. Yearbook of the Museum of the Occupation of Latvia, Riga 2007, S. 7-54.

**Latviešu Ārste** jeb īsa mācība no tām vājībām un no šās zemes zālēm [Der lettische Arzt: oder kurze Unterrichtung der Schwachheiten und hiesigen Arzneien], [Nachdruck] Rīga 1991.

**Latviešu etnogrāfiskā izstāde**. 1896 [Die Lettische ethnografische Ausstellung. 1896], (Hrsg.): Sanita Stinkule, Rīga 2016.

**Latviešu grāmatas ārzemēs**. 1920–1940. Bibliogrāfiskais rādītājs [Lettische Bücher im Ausland. 1920–1940. Bibliografisches Verzeichnis], Rīga 1998.

**Latviešu karavīrs** otra pasaules kara laikā. Dokumentu un atmiņu krājums. 1-11 [Der lettische Soldat im Zweiten Weltkrieg. Sammlung von Dokumenten und Erinnerungen. 1-11], Västerås u. a. 1970–1993.

**Latviešu Konversācijas vārdnīca** [Lettisches Konversationswörterbuch]. Sēj. 1 (A) – 21 (Tje), (Red.): Arveds Švābe u. a., Rīga 1927–1940; sēj. 22 (Tobago–Žvīgule), (Red.): Arveds Švābe, Rīga 2004.

**Latviešu periodika** [Lettische Periodika].
1. sēj. 1768–1919 [1. Bd. 1768–1919], Rīga 1977.
2. sēj. 1920–1940. Revolucionārā un padomju periodika [2. Bd. 1920–1940. Revolutionäre und sowjetische Periodika], Rīga 1976.
3. sēj. 1. daļa. 1920–1940 [3. Bd., 1. Teil 1920–1940], Rīga 1988.
3. sēj. 2. daļa. 1920–1940 [3. Bd., 2. Teil 1920–1940], Rīga 1989.
4. sēj. 1940–1945 [4. Bd. 1940–1945], Rīga 1995.

**Latviešu rakstniecība biogrāfijās** [Lettisches Schrifttum in Biografien], Rīga ²2003.

**Latviešu rakstniecības rādītājs** [Register des lettischen Schrifttums].
*siehe* Jānis **Misiņš**

**Latviešu strēlnieki**. Latviešu veco strēlnieku vēsturisko dokumentu un atmiņu krājums. 1.-7. sēj. [Die lettischen Schützen. Sammlung geschichtlicher Materialien und Erinnerungen der lettischen alten Schützen. Bde. 1-7], (Hrsg.): Latviešu Veco strēlnieku biedrība, Rīga 1935–1940.

**Latviešu strēlnieki cīņā** par padomju varu 1917.–1920. gadā. Atmiņas un dokumenti [Lettische Schützen im Kampf um die Sowjetmacht 1917–1920. Erinnerungen und Dokumente], Rīga 1960.

**Latviešu strēlnieks**. Vēsturiski materiāli un atmiņas. 1. daļa [Der lettische Schütze. Geschichtliche Materialien und Erinnerungen. 1. Teil], (Hrsg.): Latviešu Veco strēlnieku biedrība, Rīga 1929.

**Latviešu strēlnieku vēsture** [Geschichte der lettischen Schützen], (Red.): Jānis Krastiņš, Rīga 1970 (russ.: Istorija latyšskich strel'kov [1915–1920], [Red.]: Ja. P. Krastyn, Riga 1972).

**Latviešu tautas cīņa** Lielajā Tēvijas karā. 1941.–1945. [Der Kampf des lettischen Volkes im Großen Vaterländischen Krieg. 1941–1945], Rīga 1966 (erweiterte russ. Ausgabe: Bor'ba latyšskogo naroda v gody Velikoj Otečestvennoj vojny. 1941–1945, Riga 1970).

**Latviešu zinātne un literatūra** (ab 1925 u. d. T.: **Latvijas zinātne un literatūra**). Periodikā iespiesto rakstu rādītājs. 1763.–1936. [Lettische (Lettlands) Wissenschaft und Literatur. Register der in Periodika gedruckten Schriften. 1763–1936. Bibliografie]. (Red.): Augusts Ģinters, (Hrsg.): Latvijas valsts bibliotēka, Rīga 1926–1997 (33 Bde.).

**Latvija 19. gadsimtā**. Vēstures apceres [Lettland im 19. Jahrhundert. Beiträge zur Geschichte], Rīga 2000.

**Latvija: Kultūru migrācija** [Lettland: Migration der Kulturen], Rīga 2019.

**Latvija padomju režīma varā** 1945–1986. Dokumentu krājums [Lettland unter der Herrschaft des Sowjetregimes 1945–1986. Sammlung von Dokumenten], Rīga 2001.

**Latvija pod igom nacizma**. Sbornik archivnych dokumentov [Lettland unter dem Joch des Nazismus. Sammlung von Archivdokumenten], Moskva 2006.

**Latvijas ārpolitikas gadagrāmata**. Latvian Foreign Policy Yearbook 2013, Rīga 2014. Fortsetzung u. d. T.: Latvijas ārējā un drošības politika. Gadagrāmata. Latvian Foreign and Security Policy Yearbook 2015 ff., Riga 2015 ff.

**Latvijas ārpolitika un diplomātija 20. gadsimtā** [Lettlands Außenpolitik und Diplomatie im 20. Jahrhundert]. Bd. 1-3, [Hrsg.): Inesis Feldmanis, Rīga 2015–2016.
1. sēj.: Inesis Feldmanis, Aivars Stranga, Jānis Taurēns, Antonijs Zunda: Latvijas ārpolitika un diplomātija 20. gadsimtā [Bd. 1: Lettlands Außenpolitik und Diplomatie im 20. Jahrhundert]; 2. sēj.: Antonijs Zunda, Inesis Feldmanis: Baltijas jautājums, 1940-1988 [Bd. 2: Die Baltische Frage 1940–1988]; 3. sēj.: Jānis Taurēns, Inesis Feldmanis: Latvijas ārpolitika un diplomātija 20. gadsimtā [Bd. 3: Lettlands Außenpolitik und Diplomatie im 20. Jahrhundert].

**Latvijas brīvības cīņas 1918–1920**. Enciklopēdija [Lettlands Freiheitskämpfe 1918–1920. Enzyklopädie], Rīga 1999.

**Latvijas Centrālā Padome** – LCP. Latviešu nacionālā pretestības kustība 1943–1945 [Der Zentralrat Lettlands – LCP. Die lettische nationale Widerstandsbewegung 1943–1945], (Hrsg.): Leonids [Leonīds] Siliņš, Upsala [Uppsala] 2000.

**Latvijas cīnītāji Spānijā**. 1936–1939. Atmiņas un dokumenti [Lettlands Kämpfer in Spanien. 1936–1939. Erinnerungen und Dokumente], Rīga 1966.

**Latvijas Enciklopēdija**. 1.-5. sēj., (Hrsg.): Valērijs Belokoņs, Rīga 2002–2009.

**Latvijas izlūkdienesti** 1919–1940. 664 likteņi. [Die lettischen Geheimdienste 1919–1940. 664 Schicksale], Rīga 2001.

**Latvijas Kara Muzeja Gadagrāmata**. I ff. [Jahrbuch des Kriegsmuseums Lettlands. I], Rīga 2000 ff.

**Latvijas Komunistiskā partija** [Kommunistische Partei Lettlands], in: Latvijas Padomju enciklopēija. 5.2 sēj., Rīga 1984, S. 259-290.

**Latvijas Komunistiskā partija 1918. un 1919**. gadā. Dokumenti un materiāli [Lettlands Kommunistische Partei im Jahr 1918 und 1919. Dokumente und Materialien], Rīga 1958.

**Latvijas Komunistiskās partijas kongresu**, konferenču un CK plenumu rezolucijas un lēmumi. I daļa. 1904.–1940. [Resolutionen und Beschlüsse der Kongresse, Konferenzen und ZK Plena der Kommunistischen Partei Lettlands. Teil I. 1904–1940], Rīga 1958.

**Latvijas Komunistiskās partijas vēstures apcerējumi** [Abhandlungen zur Geschichte der Kommunistischen Partei Lettlands], in: Padomju Latvijas Komunists (1963), Nr. 10, S. 30-41.

**Latvijas Komunistiskās partijas vēstures apcerējumi. I.–III.** [Beiträge zur Geschichte der Kommunistischen Partei Lettlands. I–III], Rīga 1961–1981.

**Latvijas KP CK Partijas vēstures institūts** – PSKP CK Marksisma–Ļeņinisma institūta filiāle [Das Institut für Geschichte der Partei des ZK der KP Lettlands – Filiale des Instituts für Marxismus-Leninismus des ZK der KPdSU], Rīga 1980.

**Latvijas kultūras vēsture** [Lettlands Kulturgeschichte], (Hrsg.): Ojārs Spārītis, Rīga 2021.

**Latvijas likteņgadi**. I-IV [Lettlands Schicksalsjahre], Rīga 1987–1990.

**Latvijas Nacionālā enciklopēdija [Lettlands Nationale Enzyklopädie]**, URL: www.enciklopedija.lv (letzter Zugriff 13.7.2024).

**Latvijas Nacionālā Vēstures Muzeja Raksti**, Rīga 1 ff. (1962 ff.).

**Latvijas Nacionālās Bibliotēkas Zinātniskie Raksti**, (Hrsg.): Latvijas Nacionālā bibliotēka, Rīga, [1 (XI)] (2009 ff.) (ab Bd. 4 im Print, Bde. 1-3 nur digital: https://dom.lndb.lv/data.obj/48615.html, -/48223.html und -/97672.html).

**Latvijas okupācija un aneksija** 1939–1940 [Die Okkupation und Annexion Lettlands 1939–1940]. Dokumenti un materiāli, Rīga 1995.

**Latvijas Okupācijas Muzeja Gadagrāmata**. Yearbook of the Occupation Museum of Latvia. 1–9, Rīga 1999–2007.

**Latvijas Padomju enciklopēdija**. Sēj. 1-10.2 [Lettlands Sowjetenzyklopädie. Bde. 1-10.2], (Red.): P. Jērāns, S. Ziemelis u. a., Rīga 1981–1988 (Bd. 5.2. auch russ.: Latvijskaja Sovetskaja enciklopedija. Sovetskaja Latvija, [Red]: P. P. Jērāns u. a., Rīga 1985).

**Latvijas PSR Mazā enciklopēdija** trijos sējumos [Kleine Enzyklopädie der SSR Lettland in drei Bänden], (Red.): Vilis Samsons u. a., Rīga 1967–1970; Latvijas PSR Mazā enciklopēdija. Personu un priekšmetu alfabētiskais rādītājs [Kleine Enzyklopädie der SSR Lettland. Alphabetisches Personen- und Sachregister], (Red.): Vilis Samsons, Rīga 1972.

**Latvijas PSR periodiskie izdevumi** [Periodika der SSR Lettland].
1940–1960. 1. daļa. Laikraksti [1940–1960. 1. Teil. Zeitschriften], Rīga 1982.
1961–1980. 1. daļa. Laikraksti [1961–1980. 1. Teil. Zeitschriften], Rīga 1986.
1940–1960. 2. daļa. Žurnāli, biļeteni, turpinājumu izdevumi. 1. grāmata [1940–1960. 2. Teil. Journale, Bulletins, Fortsetzungsausgaben. 1. Buch], Rīga 1990.
1961–1980. 2. daļa. Žurnāli, biļeteni, turpinājumu izdevumi. 2. grāmata. 1961–1980 [1940–1960. 2. Teil. Journale, Bulletins, Fortsetzungsausgaben. 2. Buch], Rīga 1990.
1940–1960. 2. daļa. Žurnāli, biļeteni, turpinājumu izdevumi. 2. grāmata. Palīgrādītājs [1940–1960. 2. Teil. Journale, Bulletins, Fortsetzungsausgaben. 2. Buch. Register], Rīga 1995.

**Latvijas PSR preses hronika** [Pressechronik der SSR Lettland], Latvijas preses hronika [Lettlands Pressechronik]
*siehe* **Preses hronika**

**Latvijas PSR strādnieku šķira** 1940–1980 [Die Arbeiterklasse der SSR Lettland], Rīga 1985.

**Latvijas PSR tautas saimniecība.** Narodnoe chozjajstvo Latvijskoj SSR [Die Volkswirtschaft der SSR Lettland], Riga 1957.

**Latvijas PSR vēsture. No vissenākiem laikiem** līdz mūsu dienām. Sēj. 1-2 [Geschichte der SSR Lettland. Von den ältesten Zeiten bis zu unseren Tagen. Bd. 1-2], (Red.): Aleksandrs Drīzulis, Rīga 1986.

**Latvijas PSR vēsture. Saīsināts kurss** [Geschichte der SSR Lettland. Kurzer Lehrgang], (Red.): Kārlis Strazdiņš, Rīga 1956; Dass., (Red.): Aleksandrs Drīzulis, Rīga 1967.

**Latvijas PSR vēsture. Sēj. I-III** [Geschichte der SSR Lettland, Bd. I-III], (Red.): Kārlis Strazdiņš, Jānis Zutis, Jānis Krastiņš, Aleksandrs Drīzulis, Rīga 1953–1959.

**Latvijas PSR Vēstures Muzeja Raksti**
*siehe* **Latvijas Nacionālā Vēstures Muzeja Raksti**

**Latvijas PSR Zinātņu akadēmijas akadēmiķis Aleksandrs Drīzulis.** Biobibliogrāfiskais rādītājs. Akademik Akademii nauk Latvijskoj SSR A. A. Drizul. Biobibliografičeskij ukazatel' [Der Akademiker der Akademie der Wissenschaften der SSR Lettland Aleksandrs Drīzulis. Biobibliografie], Rīga 1980.

**Latvijas PSR Zinātņu Akadēmijas Vēstures Institūta publikācijas (1946.–1972.)** Bibliogrāfija. Publikacii instituta istorii akademii nauk Latvijskoj SSR (1946–1972) [Publikationen des Geschichtsinstituts der Akademie der Wissenschaften der SSR Lettland (1946–1972). Bibliografie], Rīga 1973.

**Latvijas PSR Zinātņu Akadēmijas Vēstures Institūta publikācijas (1973.–1975.)** Bibliogrāfija. Publikacii instituta istorii akademii nauk Latvijskoj SSR 1973–1975 gg. [Publikationen des Geschichtsinstituts der Akademie der Wissenschaften der SSR Lettland 1973–1975. Bibliografie], Rīga 1979.

**Latvijas revolūcionāro cīnītāju piemiņas grāmata.** 1. sēj. I.–III. daļa: 1905.–1907. gada revolūcija [Gedenkbuch der revolutionären Kämpfer Lettlands. Bd. 1, Teil I-III: Die Revolution von 1905–1907], Rīga 1976–1983; Latvijas revolūcionāro cīnītāju piemiņas grāmata. 2. sēj.: 1917. gada februāra revolūcija [Gedenkbuch der revolutionären Kämpfer Lettlands. Bd. 2: Die Februarrevolution von 1917], Rīga 1987.

**Latvijas rūpniecība** pirms un pēc neatkarības atgūšanas. 2013. gada 13. decembra konferences referātu apkopojums [Lettlands Industrie vor und nach Wiedererlangung der Unabhängigkeit. Vorträge einer Konferenz vom 13. Dezember 2013], Rīga 2015.

**Latvijas Statistiskā Gada Grāmata 1920.** Annuaire Statistique de la Lettonie pour anée 1920, Rīga 1921.

**Latvijas Statistikas Gadagrāmata 1991.** Statistical Yearbook of Latvia. 1991, Rīga 1992.

**Latvijas strādnieki un zemnieki** 1905.–1907. gada revolūcijā [Lettlands Arbeiter und Bauern in der Revolution 1905–1907], Rīga 1986.

**Latvijas suverenitātes ideja** likteņgriežos. Vācu okupācijas laika dokumenti 1941–1945 [Die Idee der Souveränität Lettlands an Schicksalswenden. Dokumente der deutschen Besatzungszeit 1941–1945], Rīga 1990.

**Latvijas Tautas padome** [Der Volksrat Lettlands], Rīga 1920.

**Latvijas tautsaimniecības vēsture** [Wirtschaftsgeschichte Lettlands], (Hrsg.): Gatis Krūmiņš, Rīga 2017.

**Latvijas teritorija** agrīni modernā laikmeta politiskajā dimensijā 16.–18. gadsimtā [Das Territorium Lettlands in der politischen Dimension frühen Moderne im 16.–18. Jahrhundert], (Hrsg.): Valda Kļava, Rīga 2019 (Valsts pirms valsts [konference] 3).

**Latvijas tiesību vēsture** [Rechtsgeschichte Lettlands], Rīga 2000.

**Latvijas Universitāte 75** [75 Jahre Universität Lettlands], Rīga 1994.

**Latvijas Universitātē izstrādātās vai aizstāvētās disertācijas** (1996-2005). Bibliogrāfiskais rādītājs [An der Universität Lettlands verfasste oder verteidigte Dissertationen (1996–2005). Bibliografie], (Hrsg.): Diāna Paukšēna, Ilga Rampāne, Rīga 2008.

**Latvijas Universitātes Aspiranti un doktoranti**. 1. daļa: Aspirantūras un doktorantūras personāliju, aizstāvēto disertāciju un iegūto zinātnisko grādu apkopojums 1945–2005 [Aspiranten und Doktoranten der Universität Lettlands. 1. Teil: Zusammenfassung der Personalia der Aspiranturen und Promotionen, der verteidigten Dissertationen und verliehenen wissenschaftlichen Grade 1945–2005], (Hrsg.): Vija Medne, Rīga 2009.

**Latvijas valsts dibinātāji** [Die Staatsgründer Lettlands], Rīga 2018.

**Latvijas valsts pasludināšana** 18. novembrī 1918. g. Rakstu vainags [Die Ausrufung des Staates Lettland am 18. November 1918. Schriftenkranz], Rīga 1918.

**Latvijas Valsts universitātes vēsture** 1940–1990 [Geschichte der Staatsuniversität Lettlands 1940–1990], Rīga 1999.

**Latvijas vēsture** [Geschichte Lettlands]. Uppsala, Sundbyberg, Stockholm 1958–1984, Rīga 1997–2002.
Indriķis Šterns: Latvijas vēsture 1180–1290. Krustakari [Geschichte Lettlands 1180–1290. Die Kreuzzüge], Rīga 2002.
Indriķis Šterns: Latvijas vēsture. 1290–1500 [Geschichte Lettlands 1290–1500], Rīga 1997.
Arnolds Spekke, Edgars Dunsdorfs: Latvijas vēsture 1500–1600 [Geschichte Lettlands 1500–1600], Stokholma [Stockholm] 1964.
Edgars Dunsdorfs: Latvijas vēsture 1600–1710 [Geschichte Lettlands 1600–1710], [Stockholm] 1962
Edgars Dunsdorfs: Latvijas vēsture 1710–1800 [Geschichte Lettlands 1710–1800], Stockholm 1973.
Andrejs Johansons: Latvijas kultūras vēsture 1710–1800 [Lettlands Kulturgeschichte 1710–1800], Stockholm 1975.
Arveds Švābe: Latvijas vēsture 1800–1914 [Geschichte Lettlands 1800–1914], Uppsala 1958.
Edgars Andersons: Latvijas vēsture 1914–1920 [Geschichte Lettlands 1914–1920], Stockholm 1967.
Ādolfs Šilde: Latvijas vēsture 1914–1940. Valsts tapšana un suverēnā valsts [Geschichte Lettlands 1914–1940. Die Entstehung des Staates und der souveräne Staat], Stockholm 1976.
Arnolds Aizsilnieks: Latvijas saimniecības vēsture 1914–1940 [Lettlands Wirtschaftsgeschichte 1914–1940], Sundbyberg 1968.
Edgars Andersons: Latvijas vēsture. 1920–1940. Ārpolitika I [Geschichte Lettlands. 1920–1940. Außenpolitik I], Stockholm 1982.
Edgars Andersons: Latvijas vēsture. 1920–1940. Ārpolitika. II [Geschichte Lettlands. 1920–1940. Außenpolitik II], Stockholm 1984.

**Latvijas Vēsture. Jaunie un Jaunākie Laiki** [Geschichte Lettlands. Neuere und Neueste Zeit], Rīga (1991), Nr. 1 ff.
Seit 2016 Fortsetzung u. d. T.: Vēsture. Latvijas Universitātes Žurnāls [Geschichte. Zeitschrift der Universität Lettlands].

**Latvijas vēsture krustcelēs** un jaunu pieeju meklējumos. Latvijas vēsturnieku I kongresa materiāli [Die Geschichte Lettlands am Scheideweg und auf der Suche nach neuen Zugängen. Materialien des I. Kongresses der Historiker Lettlands], Rīga 2014

**Latvijas Vēstures avoti 1-7** [Lettlands Geschichtsquellen 1-7), Rīga 1937–1941.

Dokumenti par „Pēterburgas Avīzēm" [Dokumente zur „Petersburger Zeitung"], (Red.): Augusts Tentelis, Rīga 1937 (Latvijas Vēstures avoti 1).

Senās Latvijas vēstures avoti. 1.-2. burtnīca. [Quellen zur Geschichte des alten Lettland. Lieferung 1-2]. (Hrsg.): Arveds Švābe, Rīga 1937, 1940 (Latvijas Vēstures avoti 2).

Latvijas vēstures avoti Jezuita ordeņa archivos. 1.-2. daļa [Quellen zur Geschichte Lettlands in den Archiven der Jesuiten. Teil 1-2], Rīga 1940, 1941 (Latvijas Vēstures avoti 3).

Vidzemes arklu revizija 1639. gadā. 1.-2. sēj. [Die Hakenrevision in Livland. Bde. 1-2]. (Hrsg.): Edgars Dunsdorfs, Rīga 1938–1940 (Latvijas Vēstures avoti 4).

Dokumenti par tautas atmodas laikmetu 1856.–1867 [Dokumente zum Zeitalter des Volkserwachen], (Red.): Augusts Tentelis, Rīga 1939 (Latvijas Vēstures avoti 5).

Vidzemes saimniecības vēstures avoti. 1553.–1618. g. [Quellen zur Wirtschaftsgeschichte Livlands. 1553–1618], Rīga 1941 (Latvijas Vēstures avoti 6).

Vidzemes tiesību vēstures avoti. 1336.–1551. g. [Quellen zur Rechtsgeschichte Livlands. 1336–1551], Rīga 1941 (Latvijas Vēstures avoti 7).

**Latvijas vēstures bibliogrāfia 1918.–1935.** [Lettlands Geschichtsbibliografie 1918–1935]. (Red.): Elza Steņģele, Rīga 1935.

**Latvijas Vēstures institūta statuti** [Statuten des Geschichtsinstitutes Lettlands], in: Latvijas Vēstures Institūta Žurnāls (1937), Nr. 1, S. 153-156 (Nachdruck in: Latvijas Vēstures Institūta Žurnāls [1995], Nr. 4, S. 164-169).

**Latvijas Vēstures Institūta Žurnāls** [Zeitschrift des Geschichtsinstituts Lettlands]. (Hrsg.): Latvijas Vēstures institūts, Rīga (1936), Nr. 1 – (1940, 1991 ff.).

**Latvijas Vēstures Muzeja Raksti**
*siehe* **Latvijas Nacionālā Vēstures Muzeja Raksti**

**Latvijas Vēsturnieku Komisijas Raksti** [Schriften der Historikerkommission Lettlands]. 1.-29. sēj. [Schriften der Historikerkommission Lettlands. Bd. 1-29], Rīga 2000–2021.

**Latvijas zemes** no 19. gadsimta beigām līdz 1918. gadam: ceļš līdz valstij [Die Länder Lettlands vom Ende des 19. Jahrhunderts bis zum Jahr 1918: der Weg zum Staat], (Hrsg.): Ēriks Jēkabsons, Rīga 2020 (Valsts pirms valsts [konference] 5).

**Latvju enciklopēdija** [Lettische Enzyklopädie], (Red.): Arveds Švābe. Sēj. 1.–3, Stockholm 1950–1955.

*Später ergänzt und fortgesetzt*:

Latvju enciklopēdija. Sēj. 1–3. Papildinājumi [Lettische Enzyklopädie. Bd. 1-3. Ergänzungen]. (Red.): Arveds Švābe. Manuskript, o. O. o. J.

Latvju enciklopēdija. Papildinājumi [Lettische Enzyklopädie. Ergänzungen]. Sēj. 4, (Red.): Lidija Švābe, Stockholm 1962.

Latvju enciklopēdija. 1962–1982. Sēj. 1.–5. [Lettische Enzyklopädie. 1962–1982. Bd. 1-5]. (Red.): Edgars Andersons, Lincoln, Nebraska u. a. 1983–2006.

**Latvju revolucionārais strēlnieks** [Der lettische revolutionäre Schütze]. 1. sēj. [Bd. 1], Maskava [Moskau] 1934. 2. sēj. [Bd. 2], Maskava [Moskau] 1935.

**Latvju strēlnieku vēsture** [Geschichte der lettischen Schützen]. I., 1.–2. sēj. [Geschichte der lettischen Schützen. I., Bd. 1-2], Maskava [Moskau] 1928; II., 2. sēj. [II., Bd. 2], Maskava [Moskau] 1934.

**Latyšskie formirovanija** Sovetskoj armii na frontach velikoj Otečestvennoj vojny (1941–1945) [Die lettischen Einheiten der Sowjetarmee an den Fronten des Großen Vaterländischen Krieges (1941–1945)], Riga 1975.

Jānis **Lazdiņš**: **Profesors Arveds Švābe**: politiķis, vēsturnieks, jurists un... (1888–1959) [Professor Arveds Švābe: Politiker, Historiker, Jurist und... (1888–1959)], in: Latvijas Vēsture (2009), Nr. 2/3, S. 83-93.

Dītrihs A. **Lēbers** [Dietrich A. Loeber]: **Ādolfa Šildes darbs trimdā** [Die Arbeit von Ādolfs Šilde im Exil], in: Ādolfs Šilde: Trimdinieka raksti 1944–1990 [Schriften eines Exilanten 1944–1990], Rīga ²1992, S. 15-34.

Stefan **Lehr**: **Wolfgang A. Mommsens Aufzeichnungen** aus dem Baltikum, Polen und der Ukraine 1942–1944, in: Zeitschrift für Ostforschung 57 (2008), H. 4, S. 453-514.

Atis **Lejiņš**: **Gäst hos KGB**. Samtal i Riga [Zu Gast beim KGB. Gespräch in Riga], Stockholm 1983.

V. I. **Ļeņins**: **Par lozungiem** [Über die Losungen], Pēterpils [Petersburg] 1917 (Proletariata cīņas bibliotēka 1).

Wilhelm **Lenz**: „Alt–Livland" in der deutschbaltischen Geschichtsschreibung 1870 bis 1918, in: Georg von Rauch (Hrsg.): Geschichte der deutschbaltischen Geschichtsschreibung, Köln u. a. 1986 (Ostmitteleuropa in Vergangenheit und Gegenwart 20), S. 202-233.

Wilhelm **Lenz**: **Carl Schirren** (1826–1910) und seine „Lebensaufgabe", in: Norbert Angermann, Wilhelm Lenz, Konrad Maier (Hrsg.): Geisteswissenschaften und Publizistik im Baltikum des 19. und frühen 20. Jahrhunderts, Münster 2011 (Schriften der Baltischen Historischen Kommission 17. Baltische Biographische Forschungen 1), S. 217-237.

Ainars **Lerhis**: **Latvijas Republikas ārlietu dienests** 1918–1941 [Der Außenpolitische Dienst Lettlands 1918–1941], Rīga 2005.

Ainars **Lerhis**: **Padomju Latvijas ārlietu spēles** [Die außenpolitischen Spiele Sowjetlettlands], URL: v https://www.zurnals.lv/lv/vesture/323-padomju-latvijas-arlietu-speles/ (letzter Zugriff 24.7.2024).

Ainars **Lerhis**, Anita **Bormane**: **Valsts – ne vien faktiski**, bet arī tiesiski [Staat – nicht nur faktisch, sondern auch rechtlich], in: Mājas Viesis (22.1.2006)

Imants **Lešinskis**: **Starp divām pasaulēm**. Kalpības gadi un citi raksti [Zwischen zwei Welten. Jahre der Knechtschaft und andere Aufsätze], Rīga 2017.

**Letonica**. (Hrsg.): LU Literatūras, folkloras un Mākslas institūts. 1 (1998) ff.

Der **Lette, der noch Lenin** kannte. Arvid Pelsche gestorben, in: Frankfurter Allgemeine Zeitung (31.5.1983).

Die **Letten**. Aufsätze über Geschichte, Sprache und Kultur der alten Letten, Riga 1932.

**Lettisches Komitee** für kulturelle Verbindungen mit Landsleuten im Ausland. Riga Gorkistrasse 11a, Riga 1981.

Egils **Levits**: **Der politische Konflikt** zwischen den Selbstbestimmungsbestrebungen und dem sowjetischen Herrschaftsanspruch in Lettland. Eine regionale Fallstudie zur sowjetischen Nationalitätenpolitik, in: Dokumentation Ostmitteleuropa. Wissenschaftlicher Dienst für Ostmitteleuropa. N. F. 14 (38) (Dezember 1988), Nr. 5/6, S. 311–433.

Egils **Levits**: **Lettland unter der Sowjetherrschaft** und auf dem Wege zur Unabhängigkeit, in: Boris Meissner (Hrsg.): Die baltischen Nationen. Estland – Lettland – Litauen, Köln ²1991, S. 139-222.

G. **Libermanis**: **Mošķi sadodas rokās** [Böse Geister geben sich die Hände], in: Rīgas Balss (21.2.1961), Nr. 44.

**Lielā Oktobra sociālistiskā revolūcija un ārzemju militāra intervencija Latvijā** [Die Große Sozialistische Oktoberrevolution und die ausländische militärische Intervention in Lettland], Rīga 1957.

LIELAIS BRĀLIS TEVI VĒRO: VDK un tās piesegstruktūras. **Pirmā daļa**. [DER GROSSE BRUDER SIEHT DICH. Das KGB und seine Tarnstrukturen. Erster Teil], Rīga 2016 (VDK Zinātniskas Izpētes Komisijas Raksti 3).

LIELAIS BRĀLIS TEVI VĒRO: VDK un tās piesegstruktūras. **Otrā daļa**. [DER GROSSE BRUDER SIEHT DICH. Das KGB und seine Tarnstrukturen. Zweiter Teil], Rīga 2017 (VDK Zinātniskas Izpētes Komisijas Raksti 4).

Dzidra **Liepiņa**: **Agrārās attiecības** Rīga lauku novadā velā feodālisma posmā (17.–18. gs.) [Die Agrarbeziehungen im ländlichen Umkreis von Riga während der Phase des spätes Feudalismus (17.–18. Jh.), Rīga 1962.

Dzidra **Liepiņa**: **Vidzemes zemnieki un muiža** 18. gs. pirmajā pusē [Die Bauern Livlands und das Gut in der ersten Hälfte des 18. Jahrhunderts], Rīga 1983.

Jānis **Liepiņš**: **Uldis Ģērmanis** studiju gados [Uldis Ģērmanis während seiner Studienjahre], in: Jaunā Gaita (2016), Nr. 285, S. 45.

**Lietuvos istorija**. 1-12 tomų [Geschichte Litauens. Bde. 1-12], Vilnius 2005–2018.

Rainer **Lindner**: **Historiker und Herrschaft**. Nationsbildung und Geschichtspolitik in Weißrußland im 19. und 20. Jahrhundert, München 1999.

Ineta **Lipša**: **100 Latvijas personības**: Arveds Švābe [100 Persönlichkeiten Lettlands: Arveds Švābe], in: Lauku Avīze (21.05.2005).

Ineta **Lipša**: **Die Historiker der Lettischen Staatsuniversität** in Riga und ihr Verhältnis zur Kommunistischen Partei 1954–1964, in: Forschungen zur baltischen Geschichte 6 (2011), S. 178-195.

Ineta **Lipša**: **Izklaides kultūra** Latvijā: morāles komunikācijas aspekti (1918–1934) [Unterhaltungskultur in Lettland: Aspekte der Kommunikation von Moral (1918–1934)], Rīga 2012.

Ineta **Lipša**: **Seksualitāte un sociālā kontrole** Latvijā 1914–1939 [Sexualität und soziale Kontrolle in Lettland 1914–1939], Rīga 2014.

**L.K.P. 25 gadi**. Rakstu un materiālu krājums. Kongresu, konferenču un CK svarīgākie lēmumi un rezolūcijas [25 Jahre LKP. Sammlung von Aufsätzen und Materialien. Die wichtigsten Beschlüsse und Resolutionen der Kongresse, Konferenzen und des ZK]. (Hrsg.): L.K.P. Vēstures Komisija, Maskava [Moskau] 1929.

Dietrich A. **Loeber**
*siehe auch* Dītrihs A. **Lēbers**

Dietrich A. **Loeber**: **Legal Consequences** of the Molotov-Ribbentrop Pact for the Baltic States on the Obligation to „Overcome the Problems Inherited from the Past", in: Baltic Yearbook of International Law 1 (2001), S. 121-166 (lettische überarbeitete Übersetzung in: Likums un Tiesības (2002) Nr. 11, S. 332-342, Nr. 12, S. 356-365).

Dietrich A. **Loeber**, **Unbewältigte Vergangenheit** im sowjetischen Zivilrecht. Zur Auseinandersetzung um das wissenschaftliche Erbe von Peter I. Stučka, in: Macht und Recht im kommunistischen Herrschaftssystem, Köln 1965, S. 129-150.

Dietrich A. **Loeber**, V. Stanley **Vardys**, Laurence P. A. **Kitching** (Hrsg.): **Regional Identity** under Soviet Rule. The Case of the Baltic States, Hackettstown, N. J. 1990 (Publication of the Association for the Advancement of Baltic Studies 6).

Liina **Lukas**, Silke **Pasewalck**, Vinzenz **Hoppe**, Kaspar **Renner** (Hrsg.): **Medien der Aufklärung** – Aufklärung der Medien. Die baltische Aufklärung im europäischen Kontext, Oldenburg 2021.

Valdis **Lumans**: **Himmler's Auxiliaries**: The Volksdeutsche Mittelstelle and the German National Minorities of Europe, 1933–1945, Chapel Hill, N. C. 1993.

Valdis O. **Lumans**: **Latvia in World War II**, New York 2006.

Yvonne **Luven**: **Atis Kronvalds** und das lettische nationale Erwachen im 19. Jahrhundert. Unveröffentlichte Magisterarbeit, Bonn o. J [1980er].

F. **M.**: Īsas ziņas par to, kur Latvieši cēlušies un kādi ieradumi tiem bijuši vecos laikos [Kurze Nachrichten darüber, woher die Letten stammen und welches ihre Gebräuche in alten Zeiten waren], in: Mājas Viesis Nr. 6 (6.8.1856), S. 44.

Roberts **Malvess**: **Latvijas vēstures institūts** atjaunotās Latvijas 5 gadi sasnieguma skate [Das Geschichtsinstitut Lettlands auf der Erfolgsschau 5 Jahre erneuertes Lettland], in: Latvijas Vēstures Institūta Žurnāls (1939), Nr. 3, S. 479-480.

**Manaseina revīzija**. Senatora N. Manaseina ziņojums par viņa izdarīto revīziju Vidzemes un Kurzemes Guberņās no 1882. līdz 1883. gadam. Materiali Latvijas PSR vēstures pētīšanai [Die Manaseinsche Revision. Der Bericht des Senators N. Manasein über die von ihm durchgeführte Revision in den Gouvernements Livland und Kurland von 1882 bis 1883. Materialien zur Erforschung der Geschichte der SSR Lettland]. (Hrsg.): A. Drīzulis, Rīga 1949.

K. **Martinsons**: **Rīcības komitejas** Latvijā 1905. gada revolūcijā [Die Aktionskomitees in Lettland während der Revolution 1905], Rīga 1972.

**Mazākumtautības Latvijā**. Vēsture un tagadne [Minderheiten in Lettland. Geschichte und Gegenwart]. (Hrsg.): Leo Dribins, Rīga 2007.

**Mazākumtautību vēsture Latvijā** [Geschichte der Minderheiten in Lettland]. (Hrsg.): Leo Dribins, Rīga 1998.

Imants **Mednis**: **Savu vēsturi** mēs rakstījām visi kopā [Unsere Geschichte schrieben wir alle gemeinsam], Rīga 2005.

Boris **Meissner**: **Die Sowjetunion, die baltischen Staaten und das Völkerrecht**, Köln 1956.

Valdis **Melderis**: **Lettland**, Moskau 1980 (Die Sozialistischen Sowjetrepubliken).

Olaf **Mertelsmann** u. a. (Hrsg.): **The Baltic Sea Region and the Cold War**, Frankfurt a. M. 2012 (Tartu Historical Studies 3).

**Mēs apsūdzam**. Dokumenti un materiāli [Wir klagen an. Dokumente und Materialien], Rīga 1965.

Ilmārs **Mežs**: **Latvieši Latvijā**: etnodemogrāfisks apskats [Lettland: Ethnodemografischer Überblick], Rīga, 1994.

Gundega **Michel**, Valters **Nollendorfs**: **Das Lettische Okkupationsmuseum** Riga, in: Volkhard Knigge, Ulrich Mählert (Hrsg.): Der Kommunismus im Museum. Formen der Auseinandersetzung in Deutschland und Ostmitteleuropa, Köln 2005, S. 117-129.

Austra **Mieriņa**: **Agrārās attiecības** un zemnieku stāvoklis Kurzemē 19. gs. II pusē [Die Agrarbeziehungen un die Lage der Bauern in Kurland in der 2. Hälfte des 19. Jhs.]. Rīga 1968.

Visvaris **Millers**: **Padomju valstiskuma tapšana** Baltijā un aizrobežu falsifikatori [Die Entstehung sowjetischer Staatlichkeit im Baltikum und ihre auswärtigen Falsifikatoren], in: Padomju Latvijas Komunists (1974), Nr. 7, S. 65-70.

Visvaris Ottovič **Miller**: **Sozdanie sovetskoj gosudarstvennosti v Latvii** [Die Schaffung sowjetischer Staatlichkeit in Lettland], Riga 1967.

Mārtiņš **Mintaurs**: **Arhitektūras mantojuma aizsardzības vēsture** Latvijā [Geschichte des Schutzes des Architekturerbes in Lettland], Rīga 2016.

Mārtiņš **Mintaurs**: **Koloniālā Latvija?** Postkoloniālisms šodien [Koloniales Lettland? Postkolonialismus heute], in: Punctum (26.1.2016), URL: www.punctummagazine.lv/2016/01/26/koloniala-latvija-postkolonialisms-sodien/ (letzter Zugriff 16.7.2024).

Mārtiņš **Mintaurs**: **Perspectives** of the Cultural History in Latvia, in: Jörg Rogge (Hrsg.): Cultural History in Europa. Institutions – Themes – Perspectives, Bielefeld 2011, S. 91-123.

Jānis **Mirāms**: **Bruņotā sacelšanās Rīgā 1919. gada** 3. janvarī [Der bewaffnete Aufstand in Riga am 3. Januar 1919], Rīga 1958 (russ.: Janis Mirams: Vooružennoe vostanie v Rige 3 janvarja 1919 goda (Vospominanija), Rīga 1959.

Agita **Misāne**: **Daudzskaldnis** [Der Vielseitige] in: Domuzīme (2015), Nr. 4, S. 67-71.

Ilgvars **Misāns**
*siehe auch* Erwin **Oberländer**, Ilgvars **Misāns** (Hrsg.)

Ilgvars **Misāns**: **Akademische Geschichtsschreibung** in Lettland zwischen Selbstbezogenheit, Politisierung und Verwestlichung, in: Jahrbücher für Geschichte Osteuropas 61 (2013), Nr. 3, S. 373-378.

Ilgvars **Misāns**: **Klio Latvijā**: Raksti par historiogrāfijas problēmām. Klio in Latvia: Articles on Historiography Problems, Rīga 2012 (Latvijas Universitātes Vēstures un Filozofijas Fakultātes Raksti. Sērija „Vēsture" 2).

Ilgvars **Misāns**: **Latviešu debija** pirms 80 gadiem, ko vērts neaizmirst [Ein lettisches Debut vor 80 Jahren, das wert ist nicht zu vergessen], in: Ir (7.7.2017), URL: https://ir.lv/2017/06/07/latviesu-debija-pirms-80-gadiem-ko-verts-neaizmirst/ (letzter Zugriff 16.7.2024).

Ilgvars **Misāns**: **Leonid Arbusow und die lettische Geschichtsschreibung**, in: Leonid Arbusow (1882–1951) und die Erforschung des mittelalterlichen Livland. (Hrsg.): Ilgvars Misāns, Klaus Neitmann, Köln u. a. 2014 (Quellen und Studien zur baltischen Geschichte 24), S. 79-108.

Ilgvars **Misāns**, Gvido **Straube**: **Nacionālā un eiropeiskā trādicija** viduslaiku un jauno laiku vēstures izpētē Latvijā (1991–2013) [Die nationale und die europäische Tradition in den Forschungen zur mittelalterlichen und neueren Geschichte in Lettland (1991–2013], in: Latvijas vēsture krustcelēs un jaunu pieeju meklējumos. Latvijas vēsturnieku I kongresa materiāli [Die Geschichte Lettlands am Kreuzweg und auf der Suche nach neuen Zugängen. Materialien des I. Kongresses der Historiker Lettlands], Rīga 2014, S. 75-90.

Ilgvars **Misāns**: **Leonīds Arbuzovs un latviešu historiogrāfija**, in: Ders.: Klio Latvijā: Raksti par historiogrāfijas problēmām. Klio in Latvia: Articles on Historiography Problems, Rīga 2012 (Latvijas Universitātes Vēstures un Filozofijas Fakultātes Raksti. Sērija „Vēsture" 2), S. 97-121.

Ilgvars **Misāns**: **Starp zinātni**, ideoloģiju un politiku. Vēstures rakstīšana Latvijā pēc 1991. gada [Zwischen Wissenschaft, Ideologie und Politik. Geschichtsschreibung in Lettland nach 1991], in: Ders.: Klio Latvijā: Raksti par historiogrāfijas problēmām. Klio in Latvia: Articles on Historiography Problems, Rīga 2012 (Latvijas Universitātes Vēstures un Filozofijas Fakultātes Raksti. Sērija „Vēsture" 2), S. 122-151.

Ilgvars **Misāns**, Ervins **Oberlenders**, Gvido **Straube** (Hrsg.): **Kurzeme, Vidzeme, Latgale**. Reģions un identitāte vēsturē. Konferences materiāli [Kurland, Livland, Lettgallen. Region und Identität in der Geschichte. Konferenzmaterialien], Rīga 1999.

Jānis **Misiņš**: **Latviešu rakstniecības rādītājs (1585–1910)** [Register des lettischen Schrifttums (1585–1910)], Rīga 1924; ders.: **Latviešu rakstniecības rādītājs** II (1585–1925) [Register des lettischen Schrifttums (1585–1925)], Rīga 1937.
*Fortsetzungen u. d. T.:*
Latviešu rakstniecības rādītājs. J. Misiņa „Latviešu rakstniecības rādītāja" 1. un 2. sējuma papildinājumi (1585–1919). 1. sējuma turpinājums (1911–1919) [Register des lettischen Schrifttums. Ergänzungen des 1. und 2. Bandes des Registers des lettischen Schrifttums von J. Misiņš. Fortsetzung des 1. Bandes (1911–1919)], Rīga 1998.
Latviešu rakstniecības rādītājs. J. Misiņa „Latviešu rakstniecības rādītāja" 1. un 2. sējuma papildinājumi (1585–1919). 1. sējuma turpinājums (1911–1919). Nosaukuma palīgrādītājs [Register des lettischen Schrifttums. Ergänzungen des 1. und 2. Bandes des Registers des lettischen Schrifttums von J. Misiņš. Fortsetzung des 1. Bandes (1911–1919). Hilfsregister der Begriffe], Rīga 1998.

Romuald **Misiunas**, Rein **Taagepera**: **The Baltic States: Years of Dependence** 1940–1990, Berkeley u. a. 1993.

Elza **Miške**: **Valsts latviešu teātris „Skatuve"** [Das Staatliche lettische Theater „Die Bühne"], Rīga 1963.

Vladimirs **Miške: 1905.-1907. gada revolūcijas augstākā pakāpe** Latvijā [Die höchste Stufe der Revolution von 1905–1907], Rīga 1955 (russ.: Ders.: Vysšaja stupen' revoljucii 1905-1907 gg. v Latvii, Riga 1955).

Vladimirs **Miške: Buržujiskās Latvijas pirmā sociāldemokrātiskā valdība** [Die erste sozialdemokratische Regierung des bourgoisen Lettland], Maskava [Moskau] 1928.

Vladimirs **Miške: Kas ir latviešu buržuāziskie nacionālisti** [Wer sind die lettischen bourgeoisen Nationalisten], Rīga 1953 (russ.: Vladimir Miške: Kto takie latyžsskie buržuaznye nacionalisty, Riga 1956).

Vladimirs **Miške: Tas jāzina!**: Kā latviešu nacionālistiskā buržuāzija nodeva dzimteni un tautu, 1917–1919 [Das muss man wissen!: Wie die lettische nationalistische Bourgeoisie Heimat und Volk verriet], Rīga 1968 (russ.: Vladimir Miške: Etogo nel'sja zabyvat'. Kak latyšskaja nacionalistiskaja buržuazija predaval rodinu i narod v 1917–1919, Riga 1968).

**Mitteilungen**, (Hrsg.): Baltische Gesellschaft in Deutschland, Nr. 1 (6.1.1955), S. 1 [hektografiert].

**Monumentāls Latvijas vēstures izdevums** [Eine monumentale Ausgabe der Geschichte Lettlands], in: Australijas Latvietis Nr. 576 (4.3.1961), S. 1.

Eduard **Mühle: Resettled, Expelled and Displaced**: The Baltic Experience 1939–1951. Some Observations on the Current State of Research, in: Norbert Angermann, Michael Garleff, Wilhelm Lenz (Hrsg.): Baltische Ostseeprovinzen und das Nationale. Festschrift für Gert von Pistohlkors zum 70. Geburtstag, Münster 2005 (Schriften der Baltischen Historischen Kommission 14), S. 565-589.

Ēvalds **Mugurevičš: Mana dzīve** – no ganuzēna līdz akadēmiķim [Mein Leben – vom Hütejungen zum Akademiker], Rīga 2013.

Ēvalds **Mugurēvičs: Profesora Edgara Dunsdorfa dzīve** un zinātniskā darbība [Leben und wissenschaftliche Tätigkeit von Professor Edgars Dunsdords], in: Latvijas Vēsturnieki. Vēsturnieks profesors Dr. oec., Dr. hist. h. c. Edgars Dunsdorfs. Biobibliogrāfija [Lettlands Historiker. Der Historiker Professor Dr. oec., Dr. hist h. c. Edgars Dunsdorfs. Biobibliografie], Rīga 1999, S. 7-30.

Nils **Muižnieks** (Hrsg.): The **Geopolitics** of History in Latvian-Russian Relations, Rīga 2011.

Nils **Muižnieks**, Vita **Zelče: Karojošā piemiņa.** 16. marts un 9. maijs [Kämpferische Erinnerung. Der 16. März und der 9. Mai], Rīga 2011.

Seppo **Myllyniemi: Die Neuordnung** der baltischen Länder 1941–1944. Zum nationalsozialistischen Inhalt der deutschen Besatzungspolitik, Helsinki 1973.

**N. N.**
   *siehe* Andrejs **Spāģis**

N. N.: **Der Baltische Historikerkongreß** in Riga 16.–20.8.1937, in: Osteuropa 13 (1937), Nr. 2, S. 155-159.

**Nacionālā enciklopēdija** [Nationalenzyklopädie], URL: https://enciklopedija.lv/ (letzter Zugriff 20.6.2024).

Nacionālā politika Baltijas valstīs [Nationale Politik in de Baltischen Staaten], Rīga 1995

Hans **Namneek**: **Vēstures mācīšana** no jaunās Eiropas viedokļa [Geschichtsunterricht vom Standpunkt des neuen Europa], in: Izglītības Mēnešraksts (1942) Nr. 8, S. 226-228; Nr. 9 S. 266-268; Nr. 10, S. 300-302; Nr. 11, S. 327-329; Nr. 12, S. 362-364.

**Nationale Bestrebungen**, in: Zeitung für Stadt und Land (23.10.1871), Nr. 246.

**Neaizmirsti Audriņus**! [Vergiss Audriņi nicht!], Rīga 1966.

Irene **Neander**: **Carl Schirren** als Historiker, in: Georg von Rauch (Hrsg.): Geschichte der deutschbaltischen Geschichtsschreibung, Köln u. a. 1986 (Ostmitteleuropa in Vergangenheit und Gegenwart 20), S. 175-202.

„**Neatkarīgā**" **Latvija** – kāda tā bija [Das „unabhängige" Lettland – wie es war], Rīga 1987.

Uldis **Neiburgs**: **Draudu un cerību lokā**. Latvijas pretošanās kustība un Rietumu sabiedrotie (1941-1945) [Zwischen Drohungen und Hoffnungen. Die Widerstandsbewegung Lettlands und die westlichen Verbündeten (1941–1945)], Rīga 2017.

Uldis **Neiburgs**, Vita **Zelče** (Hrsg.): **Divas puses**. Latviešu kara stāsti. Otrais pasaules karš karavīru dienasgrāmatās [Zwei Seiten. Lettische Kriegsgeschichten. Der Zweite Weltkrieg in Soldatentagebüchern], Rīga 2011.

Klaus **Neitmann**: **Das wissenschaftliche Lebenswerk Leonid Arbusows**. Themen und Methoden seiner Forschungen zur Geschichte Livlands, in: Ilgvars Misāns, Klaus Neitmann (Hrsg.): Leonid Arbusow (1882–1951) und die Erforschung des mittelalterlichen Livland, Köln u. a. 2014, S. 19-78.

Klaus **Neitmann**: **Hermann von Bruiningk** (1849–1927). Livländischer Landesarchivar und Landeshistoriker, in: Norbert Angermann, Wilhelm Lenz, Konrad Maier (Hrsg.): Geisteswissenschaften und Publizistik im Baltikum des 19. und frühen 20. Jahrhunderts, Münster 2011 (Schriften der Baltischen Historischen Kommission 17. Baltische Biographische Forschungen 1), S. 337-356.

Jurij N. **Netesin**: **Promyšlennyj kapital Latvii** (1860–1917 gg.). K izučeniju social'no-ekonomičeskich predposylok Velikoj Oktjabr'skoj Socialističeskoj revoljucii [Industriekapital in Lettland (1860–1917). Zur Erforschung der sozioökonomischen Vorbedingungen der Großen Sozialistischen Oktoberrevolution], Rīga 1980.

Hubertus **Neuschäffer**: **Die Geschichtsschreibung** im Zeitalter der Aufklärung, in: Georg von Rauch (Hrsg.): Geschichte der deutschbaltischen Geschichtsschreibung, Köln u. a. 1986 (Ostmitteleuropa in Vergangenheit und Gegenwart 20), S. 63-85.

Hubertus **Neuschäffer**: **Katharina II. und die Aufklärung** in den baltischen Provinzen, in: Otto-Heinrich Elias u. a. (Hrsg.): Aufklärung in den baltischen Provinzen, Köln u. a. 1996 (Quellen und Studien zur baltischen Geschichte 15), S. 27-42.

Dietmar **Neutatz**: **Träume und Alpträume**. Eine Geschichte Russland im 20. Jahrhundert, München 2013.

**Nevardarbīgā pretošanās**. Latvijas neatkarības atgūšana dokumentos (1945–1991). 1.-4. sēj. [Gewaltloser Widerstand. Die Wiedererlangung der Unabhängigkeit Lettlands in Dokumenten (1945–1991). Bd. 1-4], (Red.): Heinrihs Strods, Jānis Riekstiņš, Valdis Blūzma, Tālavs Jundzis, Rīga 2013–2017.

Ojārs **Niedre**: **Pirmais Latvijas valdības vadītājs** [Der erste Regierungsführer Lettlands], in: Padomju Latvijas Komunists, (1990), Nr. 9/10, S. 98-104.

Ojārs **Niedre**: **Vidzemes un Kurzemes strādnieki un zemnieki** Pirmā pasaules kara laikā [Die Arbeiter und Bauern Livlands und Kurlands während der Zeit des Ersten Weltkrieges], Rīga 1972.

Ojārs **Niedre**, Viktors **Daugmalis**: **Slepenais karš** pret Latviju. Komunistiskās partijas darbība 1920.–1940. g. Arhīvi apsūdz [Der geheime Krieg gegen Lettland. Die Tätigkeit der Kommunistischen Partei Lettlands 1920–1940. Archive klagen an], Rīga 1999.

Valters **Nollendorfs**: **Das Lettische Okkupationsmuseum und Public History**. Einsichten und Aussichten, in: Svetlana Bogojavlenska, Jan Kusber (Hrsg.): Tradition und Neuanfang. Forschungen zur Geschichte Lettlands an der Wende vom 20. zum 21. Jahrhundert, Berlin u. a. 2014, S. 203-223.

Valters **Nollendorfs**: **Heimat in der Ferne**: Lettisches Nachkriegsexil 1944–1991, in: Ivars Ījabs, Jan Kusber, Ilgvars Misāns, Erwin Oberländer (Hrsg.): Lettland 1918–2018. Ein Jahrhundert Staatlichkeit, Paderborn 2018, S. 111-123.

**No NKVD līdz KGB**. Politiskās prāvas Latvijā 1940–1986 [Vom NKVD bis zum KGB. Politische Prozesse in Lettland 1940–1986], Rīga 1999.

**NS-Verbrechen und Justiz**, Düsseldorf 1996 (Juristische Zeitgeschichte 4).

Erwin **Oberländer**
 *siehe auch* Kristīne **Volfarte**, Ervīns **Oberlanders** (Hrsg.)

Erwin **Oberländer** (Hrsg.): **Das Herzogtum Kurland** 1561–1795. Verfassung, Wirtschaft und Gesellschaft. **Bd. 2**, Lüneburg 2001.

Erwin **Oberländer**, Ilgvars **Misāns** (Hrsg.): **Das Herzogtum Kurland** 1561–1795. Verfassung, Wirtschaft und Gesellschaft, Lüneburg 1993.

Erwin **Oberländer**, Kristine **Wohlfart** (Hrsg.): **Riga**. Portrait einer Vielvölkerstadt am Rande des Zarenreiches 1857–1914. Paderborn u. a. 2004.

Ervīns **Oberlenders** [Erwin Oberländer]: **Sovetizācijas instrumenti** 1939./40. gadā un pēc 1944./45. gada [Die Instrumente der Sowjetisierung im Jahr 1939/40 und nach 1944/45], in: Latvijas Vēsturnieku Komisijas Raksti. 9. sēj. [Schriften der Historikerkommission Lettlands. Bd. 9], Rīga 2003, S. 50-58.

The **Occupation and Annexation of Latvia**. 1939–1940. Documents and Materials, Rīga 1995.

**Očerki ekonomičeskoj istorii Latvii**. 1-2 [Abriss der Wirtschaftsgeschichte Lettlands. 1-2], Riga 1968–1972.

**Okupācijas varu politika** Latvijā 1939–1991. Dokumentu krājums [Die Politik der Okkupationsmächte in Lettland 1939–1991. Dokumentensammlung], Rīga 1999 (engl.: Policy of Occupation Powers in Latvija 1939–1991, Riga 1999; russ.: Politika okkupacionnych vlastej v Latvii 1939–1991, Riga 1999).

Vilis **Olavs** (bis 1890: Plute): **Latvju vēsture līdz 12.** simteņa beigām. 1. burtnīca [Lettische Geschichte bis zum 12. Jahrhundert. Heft 1], Jelgava 1892 (Latvju tauta. Enciklopēdisku rakstu virkne I [Das lettische Volk. Eine Reihe enzyklopädischer Aufsätze I]).

Eva-Clarita **Onken: Demokratisierung der Geschichte** in Lettland. Staatsbürgerliches Bewußtsein und Geschichtspolitik im ersten Jahrzehnt der Unabhängigkeit, Hamburg 2003.

**Organizacionnaja struktura Kommunističeskoj Partii Latvii** (1904–1941) [Dic Organisationsstruktur der Kommunistischen Partei Lettlands (1904–1941)], Riga 1978.

**Ostlandes reihskomisariāta Kūlturas nodaļas vadītāja Dr. Eriha fon Strikija (Erich Stricky) 1942. gada memorands** Latvijas vēstures pētīšanai, rakstīšanai un mācīšanai [Memorandum des Leiters der Kulturabteilung des Reichskommissariats Ostland Dr. Erich von Stritzky aus dem Jahr 1942 über das Erforschen, Schreiben und Unterrichten der Geschichte Lettlands], in: Latvijas Okupācijas Muzeja Gadagrāmata 2002 [Lettlands Okkupationsmuseum. Jahrbuch 2002], Rīga 2003, S. 303-306.

**Ottona fon Rutenberga Baltijas vēsture** [Die Baltische Geschichte Otto von Rutenbergs]. (Übers.): Jānis Vidiņš, Rīga 1908.

Agrita **Ozola: Tukuma muzeja ieguldījums** Kurzemes reģiona pētniecībā [Der Beitrag des Tuckumer Museums zur Erforschung der Region Kurlands], in: Latvijas vēsture krustcelēs un jaunu pieeju meklējumos. Latvijas vēsturnieku I kongresa materiāli [Die Geschichte Lettlands am Kreuzweg und auf der Suche nach neuen Zugängen. Materialien des I. Kongresses der Historiker Lettlands], Rīga 2014, S. 369-386.

Eduard **Pabst: Heinrich's von Lettland Livländische Chronik**, ein getreuer Bericht, wie das Christentum und die deutsche Herrschaft sich im Lande der Liven, Letten und Ehsten Bahn gebrochen. Nach Handschriften mit vielfacher Berichtigung des üblichen Textes aus dem Lateinischen übersetzt und erläutert von Eduard Pabst, Reval 1867.

**Padomju Latvijas Bolševiks** [Sowjetlettlands Bolschewist]
*siehe* **Padomju Latvijas Komunists**

Padomju Latvijas Komunists [Sowjetlettlands Kommunist], Rīga 1952–1990.
    1941 und 1944–1945 u. d. T.: Propagandists un Aģitators [Propagandist und Agitator].
    1945–1952 u. d. T.: Padomju Latvijas Bolševiks [Sowjetlettlands Bolschewist].
    Nachfolgezeitschrift u. d. T.: Vēsture. Sociologija. Politika [Geschichte. Soziologie. Politik]. (1990–1991).

**Padomju Savienības nodarītie zaudējumi** Baltijā. Starptautiskās konferences materiāli Rīgā 2011. gada 17.–18. jūnijs [Durch die Sowjetunion verursachte Verluste im Baltikum. Materialien einer internationalen Konferenz vom 17.–18. Juni 2011], Rīga 2013.

**Padomju varas atjaunošana Latvijā** un Latvijas PSR iestāšanās PSRS sastāvā. Dokumenti un materiāli [Die Wiederherstellung der Sowjetmacht in Lettland und der Eintritt der SSR Lettland in den Bestand der UdSSR. Dokumente und Materialien], Rīga 1987.

**Padomju varas konstitucionālie akti Latvijā** [Verfassungsakte der Sowjetmacht in Lettland], Rīga 1957.

Armands **Paeglis: Pērkonkrusts** pār Latviju. 1932-1944 [Die Donnerkreuzler über Lettland. 1932–1944]. Rīga 2005.

Jānis **Paeglis: Sabiedriski politiskā grāmata** latviešu valodā 1900–1917 [Das gesellschaftspolitische Buch in lettischer Sprache 1900–1917], Rīga 1987.

Spricis **Paeglis: Kā Latvijas valsts tapa** [Wie der Staat Lettland entstand], Rīga 1923.

Anna M. **Pankratova: Lielā krievu tauta** – Padomju Savienības izcilā nacija un vadītājs spēks [Das große russische Volk – die herausragende Nation und Führungskraft der Sowjetunion], Rīga 1947 [Vortragsstenogramm].

Anna M. **Pankratova** (Hrsg.): **PSRS vēsture**. Mācības grāmata vidusskolas 8. klasei [Geschichte der UdSSR. Schulbuch für die 8. Klasse der Mittelschule], Rīga 1941 (mit weiteren Auflagen ab 1944).

Anna M. **Pankratova: Velikij russkij narod** [Das große russische Volk], Moskva 1952.

**Par LVU vēstures fakultātes zinātnisko sesiju** [Über die wissenschaftliche Sitzung der Fakultätfür Geschichte der LVU], in: Cīņa (15.2.1948).

**Par oktobra uzvaru**. Raksti un atmiņas par Latvijas komunistu cīņu Lielās Oktobra revolūcijas un pilsoņu kara laikā 1917–1920 [Für den Sieg des Oktober. Aufsätze und Erinnerungen über den Kampf der Kommunisten Lettlands in der Zeit des Großen Oktober und während des Bürgerkrieges 1917–1920], Rīga 1967.

**Par padomju Latviju**. Cīnītāju atmiņas. I. daļa [Für die Sowjetmacht. Erinnerungen von Kämpfern. I. Teil], Rīga 1958; Dass., II. daļa [II. Teil]. Rīga 1959.

**Par tiesībām** Latvijas Universitātē pasniegt citās valodās nekā valsts valodā. Profesora Borisa Popova lieta. 1927. gada 2. jūnijs [Über die Rechte, an der Universität in einer anderen als der Staatssprache zu unterrichten. Sache Boris Popov. 2. Juni 1927], in: Dītrihs A. Lēbers [Loeber] (Hrsg.): No romiešu tiesībām līdz Hāgas konvencijām. Senatora Augusta Lēbera juridiskie atzinumi (1909–1939) [Vom römischen Recht bis zur Haager Konvention. Stellungnahemn des Senators August Loeber], Rīga 2004, S. 279-281.

Rasa **Pārpuce: Raula Šnores pārskats** par Rīgas pilsētas vēstures muzeja darbību no 1940. gada augusta līdz 1941. gada jūlijam [Rauls Šnores' Überblick über die Tätigkeit des Rigaer Museums für Stadtgeschichte von August 1940 bis Juli 1941], in: Latvijas Vēstures Institūta Žurnāls (2011), Nr. 1, S. 129-142.

Rasa **Pārpuce: Vēstures krātuves darbība** Otrā pasaules kara gados [Die Sammelstelle für Geschichte in den Jahren des Zweiten Weltkrieges], in: Latvijas Vēstures Institūta Žurnāls (2011), Nr. 3, S. 34-65.

Beate **Paškevica: Die Sammlung von Volksliedern** im lettischen Livland. Herders Helfer in den Jahren 1777 und 1778, in: Klaus Garber, Martin Klöker (Hrsg.): Kulturgeschichte der baltischen Länder in der Frühen Neuzeit. Mit einem Ausblick in die Moderne, Tübingen 2003, S. 229-243.

Beate **Paškeviva** (Hrsg.): **Frīdrihs Bernhards Blaufūss**. Dzīvesgājums. Friedrich Bernhrad Blaufuss. Lebenslauf. Rīga 2023.

Beata **Paskevica** [Paškevica]: **In der Stadt der Parolen**: Asja Lacis, Walter Benjamin und Bertolt Brecht, Essen 2006.

Velta **Pavulāne: Rīgas tirdzniecība ar meža materiāliem** XVII–XVIII gs. No Rīgas ekonomisko sakaru vēstures ar krievu, baltkrievu, ukraiņu un lietuviešu zemēm [Der Rigaer Holzhandel im 17. und 18. Jh. Aus der Geschichte der Wirtschaftsverbindungen Rigas mit den russischen, weißrussischen, ukrainischen und litauischen Landen], Rīga 1975.

Vilnis **Pavulāns: Satiksmes ceļi Latvijā** XIII–XVII gs. [Verkehrswege in Lettland vom 13.–17. Jh.], Rīga 1971.

Elmārs **Pelkaus**: **Partijas vārdā**. LKP CK ārzemju biroja darbība 1920–1936 [Im Namen der Partei. Die Tätigkeit des Auslandsbüros ders ZK der LKP 1920–1936], Rīga 1981.

Arvīds **Pelše**: **Inteliģences uzdevumi** cīņā ar latviešu buržuāzisko nacionālismu. Runa Latvijas PSR inteliģences pirmajā kongresā [Die Aufgaben der Intelligenz im Kampf mit der lettischen Bourgeoisie. Rede auf dem ersten Kongress der Intelligenz der SSR Lettland], Riga 1945 (russ.: Zadači inteligencii v bor'be s latyšskim buržuaznym nacionalizmon, Riga 1945).

Arvids **Pelše**: **Latviešu vāciskie nacionālisti** – latvju tautas niknākie ienaidnieki [Die lettischen deutschen Nationalisten – die wütendsten Feinde des lettischen Volkes], in: Propagandists un Aģitators (1945), Nr. 1-2, S. 27-39 (auch als Broschüre in der Reihe: Propagandista un aģitatora bibliotēka [Bibliothek des Propagandisten und Agitators]; russ.: Nemeckolatyšskie nacionalisty – zlejšie vragi latyšskogo naroda, Riga 1945).

Roberts **Pelše**: **Latviešu un krievu kultūras sakari** [Die lettisch-russischen Kulturverbindungen], Rīga 1951.

Mārtiņš **Peniķis** (Hrsg.): **Latvijas atbrīvošanas kara vēsture**. I-II [Geschichte des Befreiungskrieges Lettlands. I-II], Rīga 1938.

**Periodikas rādītājs.** The Index of Periodicals. Ukazatel periodičeskich izdanij. 1991 ff., Rīga 1996 ff.

Eva-Clarita **Pettai**, Vello **Pettai**: **Transitional and Retrospective Justice** in the Baltic States, Cambridge 2015

**Piemini Uldi Ģērmani!** [Gedenke an Uldis Ģērmanis!], (Red.): Agris Auce, Jānis Amols, Rīga 2017.

Gert **von Pistohlkors**: **Baltische Geschichtsforschung** in drei Generationen. Rückblick auf die Baltischen Historikertreffen in Göttingen seit 1947 und die Arbeit der Baltischen Historischen Kommission, in: Jahrbuch für die Geschichte Mittel- und Ostdeutschlands 55 (2009), S. 243-268.

Gert **von Pistohlkors**: **Die Baltischen Provinzen Rußlands im 19. Jahrhundert** und die deutsche Geschichtsschreibung, in: Petr Krupnikov (Hrsg.): Germanija i Pribaltika. Problemy političeskich i kul'turnych svjazy. Sbornik trudov [Deutschland und das Baltikum. Probleme der politischen und kulturellen Verbindungen. Aufsatzband], Riga 1985, S. 65-97.

**Gert von Pistohlkors**, **Toivo U. Raun**, **Paul Kaegbein** (Hrsg.): **Die Universitäten** Dorpat/Tartu, Riga und Wilna/Vilnius 1579–1979. The Universities in Dorpat/Tartu, Riga and Wilna/Vilnius 1579–1979, Köln 1988 (Quellen und Studien zur Baltischen Geschichte 9).

Andrejs **Plakans**: **The Baltic States**. A Concise History, Cambridge 2011.

Andrejs **Plakans**: **Edgars Dunsdorfs** (1904–2002). Exile Historian as Public Intellectual, in: Norbert Angermann, Detlef Henning, Wilhelm Lenz (Hrsg.): Baltische Politiker, Historiker und Publizisten des 20. Jahrhunderts., Münster 2021 (Schriften der Baltischen Historischen Kommission. Baltische Biographische Forschungen 2), S. 361-380.

Andrejs **Plakans**: **Esten, Letten und Litauer im Exil**, in: Karsten Brüggemann, Ralph Tuchtenhagen, Anja Wilhelmi (Hrsg.): Das Baltikum. Geschichte einer europäischen Region. Band 3. Die Staaten Estland, Lettland und Litauen, Stuttgart 2020, S. 512-541.

Andrejs **Plakans** (Hrsg.): **Experiencing Totalitarianism**: the Invasion and Occupation of Latvia by the USSR and Nazi Germany 1939–1991. A Documentary History, Bloomington, IN 2007.

Andrejs **Plakans**: **Kinship in the Past**. An Anthropology of European Family Life 1500–1900, Oxford 1984.

Andrejs **Plakans**: **The Latvians**, in: Edward C. Thaden (Hrsg.): Russification in the Baltic Provinces and Finland, 1855–1914, Princeton, NJ 1981, S. 206-283.

Andrejs **Plakans**: **The Latvians. A Short History**, Stanford, CA 1995 (Studies of Nationalities).

Andrejs **Plakans**: **Looking backward**. The Eighteenth and Nineteenth Centuries in Interwar-Latvian Historiography, in: Journal of Baltic Studies XXX (1999), Nr. 4, S. 293-306.

Andrejs **Plakans**: **The National Awakening** in Latvia 1850–1900. Diss. phil. (Harvard University), Cambridge, Mass. 1969 (unveröffentlicht).

Andrejs **Plakans**: **The Reluctant Exiles**. Latvians in the West after World War II, Paderborn 2021 (On the Boundary of two Worlds 45).

Andrejs **Plakans**: **Remaining Loyal**. Latvian Historians in Exile 1945–1991, in: Maria Zadencka, Andrejs Plakans, Andreas Lawaty (Hrsg.): East and Central European History Writing in Exile 1939–1989, Leiden u. a. 2015 (On the Boundary of Two Worlds 39), S. 68-92.

Tilman **Plath**: **Lettland unter deutscher Besatzung**, in: Ivars Ījabs, Jan Kusber, Ilgvars Misāns, Erwin Oberländer (Hrsg.): Lettland 1918–2018. Ein Jahrhundert Staatlichkeit, Paderborn 2018, S. 76-88.

Christian **Pletzing**, Marianne **Pletzing** (Hrsg.): **Displaced Persons**. Flüchtlinge aus den baltischen Staaten in Deutschland, München 2007 (Colloquia Baltica 12).

Vilis **Plūdons** [auch Plūdonis]: **Latvju literatūras vēsture**. 2. sēj. [Geschichte der lettischen Literatur. 2. Bd.], Jelgava 1909.

Vilis **Plūdonis**: **Latvju literatūras vēsture. Saīsinats izdevums**. Divās daļās [Lettische Literaturgeschichte. Gekürzte Ausgabe in zwei Teilen], Jelgava 1910.

Kārlis **Počs**, Inese **Poča**: **Ieskats Latgales vēstures historiogrāfijā** (līdz 1945.g.) [Einblick in die Historiografie der Geschichte Lettgallens (bis 1945)], Rēzekne 1993.

Kārlis **Počs**: „**Sanitārā kordona**" valgos. Baltijas savienības jautājums buržuāziskās Latvijas ārpolitikā 1919.–1925. gadā [„Cordon Sanitaire" in der Schlinge. Die Frage einer Baltischen Union in der Außenpolitik des bourgeoisen Lettland 1919–1925], Rīga 1971.

K. Ja. **Počs**: „**Sanitarnyj kordon**". Pribaltijskij region i Pol'ša v antisovetskich planach anglijskogo i francuzskogo imperializma (1921–1929 gg.) [Der „Cordon Sanitaire". Die baltische Region und Polen in den antisowjetischen Plänen des englischen und französischen Imperialismus (1921–1929)], Riga 1985.

**Politiskā enciklopēdija** [Politische Enzyklopädie], Rīga 1987.

**Preses hronika** [Pressechronik], Rīga 1949–1956.
    Fortsetzung u. d. T.: Latvijas PSR preses hronika [Pressechronik der SSR Lettland], Rīga 1957–1989; Fortsetzung u. d. T.: Latvijas preses hronika [Lettlands Pressechronik], Rīga 1990 ff.

Bernhard **Press**: Judenmord in Lettland 1941–1945. Berlin 1988, ²1992.

**Pretstatu cīņā**. Latvija 1917.–1950 [Im Kampf der Widersprüche. Lettland 1917–1950], Rīga 1990.

**Pribaltijskaja reakcionnaja emigracija** segodnja. Litovskaja, latyšskaja i estonskaja antisovetskaja emigracija na službe imperializma [Die reaktionäre baltische Emigration heute. Die litauische, lettische und estnische antisowjetische Emigration im Dienste des Imperialismus], (Hrsg.) Valentīns Šteinbergs, Riga 1979 (lett. u. d. T.: Baltijas reakcionārā emigrācija šodien. Lietuviešu, latviešu un igauņu antikomunistiskā emigrācija imperiālisma kalpībā, Rīga 1982).

Aija **Priedīte-Kleinhofa**: **Apgaismības idejas** un modernās sabiedrības veidošanās [Die Ideen der Aufklärung und die Entstehung der modernen Gesellschaft], in: Latvieši un Latvija. II. sēj. Valstiskums Latvijā un Latvijas valsts – izcīnītā un zaudētā [Letten und Lettland. Bd. II. Staatlichkeit in Lettland und der Staat Lettland – erkämpft und verloren], Rīga 2013, S. 197-224.

William D. **Prigge**: **Bearslayers**. The Rise and Fall of the Latvian National Communists., New York u. a. 2015 (American University Studies. Series X. Political Science 71).

William D. **Prigge**: **Sovietization**, Russification, and Nationalism in Post-War Latvia, in: Olaf Mertelsmann (Hrsg.): The Baltic States under Stalinist Rule. Köln u. a. 2016, S. 71-85.

**Prigovorennye nacizmom**. Konclager' Salaspils: sabytaja istorija. Sbornik dokumental'nych svidetel'stvo o zlodejanijach nemeckich nacistov i ich posobnikov v gody germanskoj okkupacii Latvii 1941–1944 gg. [Das Konzentrationslager Salaspils: eine vergessene Geschichte. Sammelband dokumentarischer Zeugnisse zu den Verbrechen der deutschen Nazisten und ihrer Handlanger in den Jahren der deutschen Okkupation in den Jahren 1941–1944], (Red.): Vlad[imir] Bogov, Riga 2011.

M. **Prīmanis**: **Kriegsaufgaben** der Wissenschaft, in: Ostland. Monatsschrift des Reichskommissars für das Ostland, Nr. 12 (Juni 1943), S. 3-4.

**Profesors Dr. honoris causa Augusts Tentelis**. Dzīve un darbs [Professor Dr. honoris causa Augusts Tentelis], Rīga 2009.

**Proletariskā revolūcija Latvijā**. I. Strādnieku šķiras partijas sākotne. L.K.P vēstures materiāli [Die Proletarische Revolution in Lettland. I. Die Anfänge der Partei der Arbeiterklasse. Materialien zur Geschichte der LKP], (Hrsg.): L.K.P. Vēstures Komisija, Maskava [Moskau] 1924.

**Propagandists un Aģitators**
    *siehe* **Padomju Latvijas komunists**

Arturs **Puga**: **Eiropa: Latvijas un Krievijas 1920. gada miera līgums**. Dokumenti, liecības un atziņas, Rīga 2010

Andrejs **Pumpurs**: **Lāčplēsis**. Latvju tautas varonis. Tautas eposs [Der Bärentöter. Ein Held des lettischen Volks. Volksepos], Rīga 1888.

**Punctum**, URL: www.punctummagazine.lv (letzter Zugriff 18.9.2021).

**Raksti. Trudy. Proceedings**
*siehe* **Latvijas Nacionālās Bibliotēkas Zinātniskie Raksti**

A. **Raškevics: Partizāņa piezīmes** [Aufzeichnungen eines Partisanen], Rīga 1961.

Georg **von Rauch: Geschichte der baltischen Staaten**, München ²1977.

Georg **von Rauch** (Hrsg.): **Geschichte der deutschbaltischen Geschichtsschreibung**, Köln u. a. 1986 (Ostmitteleuropa in Vergangenheit und Gegenwart 20).

Toivo **Raun: Estonia and the Estonians**, Stanford ²1991.

Toivo **Raun: Transnational Contacts** and Cross-Fertilization among Baltic Historians in Exile, 1968–1991, in: Maria Zadencka, Andrejs Plakans, Andreas Lawaty (Hrsg.): East and Central European History Writing in Exile 1939–1989, Leiden u. a. 2015 (On the Boundary of Two Worlds 39), S. 30-45.

**Razvitie sovetskogo naroda** – novoj istoričeskoj obščnosti [Die Entwicklung des Sowjetvolkes – einer neuen historischen Gemeinschaft], (Red.): Michail I. Kuličenko, Moskva 1980.

**Redakcijas kolēģijas ievads** [Vorwort des Redaktionskollegiums], in: Vēsture. Latvijas Universitātes Žurnāls. History. Journal of the University of Latvia (2016), Nr. 1 (96), S. 9-10.

Katrin **Reichelt: Lettland unter deutscher Besatzung** 1941-1944. Der lettische Anteil am Holocaust, Berlin 2011.

Jānis **Reinberģis: Kurzemes Lielskungs Jānis Ernests Bīrons** [Kurlands Herzog Johann Ernst Biron], in: Latvietis (1882), Nr. 3-5.

Jānis **Reinberģis: Kurzemes pirmais lielkungs Gothards Ketlers** [Kurlands erster Herzog Gotthard Kettler], Liepāja 1883.

Alfons **Reins: Latviešu Centrālās padomes un latviešu Centrālās komitejas pirmsākumi** pēc II pasaules kara beigām Rietumvācijā [Die Anfänge des Lettischen Zentralrats und des Lettischen Zentralkomitees nach dem Ende des II. Weltkrieges in Westdeutschland], in: Trimdas arhīvi atgriežas. Latviešu bēgļu gaitas Vācijā 1944–1949. Starptautiskā konference [Die Archive des Exils kehren zurück. Der Weg lettischer Flüchtlinge in Deutschland 1944–1949. Internationale Konferenz], (Red.): Latvijas Valsts arhīvs, Rīga 2000, S. 17-30.

Sanite **Reinsone: Folkloras studijas** un pētniecība Latvijas universitātē [Folklorestudium und -forschung an der Universität Lettlands ], in: Dace Bula (Hrsg.): Latviešu folkloristika starpkaru periodā [Lettische Folkloristik in der Zwischenkriegszeit], Rīga 2014, S. 151-186.

Arnd **Reitemeier** u. a. (Hrsg.): **Kommunikation und Raum**. 45. Deutscher Historikertag in Kiel vom 14. bis 17. September 2004. Berichtsband, Kiel 2005.

**Reiz cēlās strēlnieks sarkanais**. Atmiņu un dokumentu krājums par latviešu tautas bruņoto cīņu pret fašistiskajiem iebrūcējiem. 1-2 [Einst erhob sich der Schütze, der Rote. Erinnerungen und Dokumente zum bewaffneten Kampf des lettischen Volkes gegen die faschistischen Eindringlinge. 1-2], Rīga 1965–1971.

Thomas **Remeikis**: **A Latvian in the Politbureau**. A Political Portrait of Arvids Pelše, in: Lituanus. Lithuanian Quarterly Journal of Arts and Sciences, Vol. 12 (Spring 1966), Nr. 1, S. 81-84.

**Revoljucija 1905–1907** gg. v Latvii. Dokumenty i materialy [Die Revolution von 1905–1907 in Lettland. Dokumente und Materialien], Riga 1956.

**Revoljucionnye latyšskie strelki** (1917–1920) [Die revolutionären lettischen Schützen (1917–1920)], Riga 1980.

**Revolucionārās cīņas kritušo piemiņas grāmata** [Erinnerungsbuch der im revolutionären Kampf Gefallenen]. (Hrsg.): Rūdolfs. Endrups, Ansis Feldmanis. 1. sēj. 1905. g. revolūcija [Bd. 1. Die Revolution von 1905], Maskava [Moskau] 1933; 2. sēj. 1907–1917 [Bd. 2. 1907–1917], Maskava [Moskau] 1936.

**Revolucionārās Liepājas un Lejaskurzemes pagrīde cīņā**. 1918–1940. Cīnītāju atmiņas [Der Untergrund des revolutionären Liepāja und Niederkurlands im Kampf. 1918–1940. Erinnerungen von Kämpfern], Rīga 1977.

Alexander **von Richter**: **Geschichte** der dem russischen Kaiserthum einverleibten deutschen Ostseeprovinzen bis zur Zeit ihrer Vereinigung mit demselben. Theil I-II, Riga 1857-1858.

Jānis **Riekstiņš**: **Ar varu un viltu**. Repatriantu atgriešanās Latvijā 1945.–1953. [Mit Gewalt und List. Die Rückkehr von Repatrianten nach Lettland 1945–1953], in: Latvijas Arhīvi (1994), Nr. 1, S. 55-59.

Jānis **Riekstiņš**: **Genocīds**. 1949. gada 25. marta deportācijas akcija Latvijā [Genozid. Die Aktion der Deportationen vom 25. März 1949 in Lettland], in: Latvijas Vēsture (1991), Nr. 2, S. 34-39; Nr. 3, S. 24-29.

Jānis **Riekstiņš**: **Padomju impērijas koloniālā politika** un Latvijas kolonizācija. 1940–1990 [Die Kolonialpolitik des Sowjetimperiums und die Kolonisierung Lettlands 1940–1990], Rīga 2015.

Jānis **Riekstiņš**: **PSRS Iekšlietu tautas komisariāta „Latviešu operācija"** (1937–1938) [Die „Lettische Operation" des Volkskommisariats des Inneren der UdSSR (1937–1938)], Rīga 2012.

Jānis **Riekstiņš**: **Roberts Eihe** – staļinisma balsts un upuris [Roberts Eihe – Stütze und Opfer des Stalinismus], in: Latvieši PSRS varas virsotnēs. Ilūzijas un traģēdija: 20. gadsimta 20.–30. gadi [Letten in der UdSSR auf den Gipfeln der Macht. Illusionen und Tragödie: die 20–30 Jahre des 20. Jh.], Rīga 2013, S. 329-379.

Jānis **Riekstiņš**: **Šķiru cīņa laukos**: jauni fakti un atziņas (Klassenkampf auf dem Lande: neue Fakten und Erkenntnisse), in: Latvijas likteņgadi [Lettlands Schicksalsjahre]. II, Rīga 1988, S. 83-103.

Jānis **Riekstiņš**: **Slepenās cīņas avangarda**. Dokumentāli apraksti par latviešu čekistiem [Die heimliche Kampfavantgarde. Dokumentarische Berichte über lettische Tschekisten), Rīga 1987.

**Rīga**. Apcerējumi par pilsētas vēsturi [Riga. Abhandlungen zur Stadtgeschichte], Rīga 1965.

**Rīga 1860–1917**, Rīga 1978.

**Rīga retour**, in: Jaunā Gaita (2013) Nr. 275, S. 61-63.

Liliana **Riga**, James **Kennedy**: **Tolerant majorities**, loyal minorities and „ethnic reversals". Constructing minority rights at Versailles 1919, in: Nations and Nationalism 9 (2015) Nr. 3, S. 461-482.

**Rīga sociālisma laikmetā** 1917–1975 [Riga im Zeitalter des Sozialismus 1917–1975], Rīga 1980.

**Rīgas vēstures un kuģniecības muzejs.** Museum of the History of Riga and Navigation. Muzej istorii Rigi i morechodstva. Das Rigaer Geschichts- und Schiffahrtsmuseum. Rīga 1990

Hans von **Rimscha**: **Die Staatswerdung Lettlands** und das Baltische Deutschtum, Riga 1939.

Alexandra **Rolova**: **Ein jüdisches Leben** aus dem Baltikum, Aachen 2015.

Indulis **Ronis**: **Dažas pagātnes aktualitātes** no 19. gadsimta beigām līdz 1920. gadam [Einige Aktualitäten der Vergangenheit vom Ende des 19. Jahrhunderts bis 1920], in: Padomju Latvijas Komunists (1990), Nr. 1, S. 73-81.

Indulis **Ronis**: **Latviešu buržuāzijas politika** 1907.–1914. gadā [Die Politik der lettischen Bourgeoisie 1907–1914], Rīga 1978.

Indulis **Ronis**: **Latvijas vēstures institūts laikmeta kontekstā**, in: Latvijas Vēstures Institūta Žurnāls (1995), Nr. 4, S. 19-37.

Indulis **Ronis**, Arturs **Žvinklis** (Hrsg.): **Kārlis Ulmanis trimdā** un cietumā. Dokumenti un materiāli [Kārlis Ulmanis im Exil und Gefängnis. Dokumente und Materialien], Rīga 1994.

Die **Roten lettischen Schützen** 1917–1920, (Red.): A. Drizulis, J. Krastins, Berlin (Ost) 1985.

F. **Rozin'-Azis** [Fricis Roziņš]: **Stranica iz istorii krest'janstva**. Istoriko-ekonomičeskoe issledovanie agrarnych otnošenij v Pribaltike [Seiten aus der Geschichte der Bauernschaft. Historisch-ökonomische Studie zu den Agrarbeziehungen im Baltikum], Leningrad 1925.

Fricis **Roziņš**: **Latviešu zemnieks**. Kultūrvēsturiska un tautsaimnieciska studija. Vēsturiskā daļa [Der lettische Bauer. Kulturgeschichtliche und volkswirtschaftliche Studie. Historischer Teil], Berne [Bern] 1904 (Sociāldemokrātu bibliotēka 20) (Nachdruck Rīga 1958).

Fricis **Roziņš**: **Rakstu izlase**. I-III [Ausgewählte Schriften. I-III], Rīga 1963–1965.

Alfreds **Rubiks** (Hrsg.): **Cīņa**: slāpētais, vajātais vārds. 2014. gada martā paiet 110 gadu kopš „Cīņas" pirmā numura iznākšanas. Publikāciju un atmiņu krājums par „Cīņas" vēsturi [Der Kampf: das unterdrückte und verfolgte Wort. Im März 2014 sind 110 Jahre seit dem Erscheinen der ersten Nummer der „Cīna" vergangen. Sammlung von Publikationen und Erinnerungen zur Geschichte der „Cīņa"], Rīga 2014, URL: https://padomjug ramata.ucoz.com/board/jaunums/cina_slapetais_vajatais_vards/1-1-0-72 (letzter Zugriff 19.11.2024).

Ansis **Rudevics**: **Fašistiskā diktatūra** Latvijā (1934–1940) [Die faschistische Diktatur in Lettland (1934–1940)], Rīga 1961.

Ansis **Rudevics**: **Pārdomas par buržuāzisko Latviju** [Gedanken über das bourgeoise Lettland], Rīga 1971.

O. **Rudovska**: **Rīgas vēsturiskais muzejs** [Das Rigaer Städtische Historische Museum], in: Latvijas Vēstures Institūta Žurnāls (1937), Nr. 4, S. 632-635.

Velta **Rūķe-Draviņa**: **Baltistische Studien** in Schweden, in: Zeitschrift für Slawistik 29 (1984), Nr. 2, S. 224-228.

**Russische Militärdoktrin**, in: Europa Archiv 49 (1994), Nr. 1, S. D30-D46.

Otto von **Rutenberg**: **Geschichte der Ostseeprovinzen** Liv-, Ehst- und Kurland von der ältesten Zeit bis zum Untergang ihrer Selbständigkeit. Bd. 1-2, Leipzig 1859–1861.

Maike **Sach**: **Ein russischer Exil-Historiker** in Riga. Robert Ju. Vipper (1859–1954) und sein Beitrag zur lettischen Geschichtswissenschaft in der Zwischenkriegszeit, in: Norbert Angermann, Detlef Henning, Wilhelm Lenz (Hrsg.): Baltische Politiker, Historiker und Publizisten des 20. Jahrhunderts, Münster 2021 (Schriften der Baltischen Historischen Kommission 25, Baltische Biographische Forschungen 2), S. 381-406.

Vasilijus **Safronovas**: **Kampf um Identität**. Die ideologische Auseinandersetzung in Memel / Klaipėda im 20. Jahrhundert. (Hrsg.): Joachim Tauber, Wiesbaden 2015 (Veröffentlichungen des Nordost-Instituts 20).

Zenta **Šakare**: **Akadēmiķis Jānis Krastiņš**. Bibliogrāfija [Der Akademiker Jānis Krastiņš. Bibliografie], Rīga 1965.

**Salaspils nāves nometnē**. Atmiņu krājums [Das Todeslager von Salaspils. Sammlung von Erinnerungen], Rīga ²1975.

Vitālijs **Šalda**: **Jānis Rudzutaks** – vai Staļina sāncensis [Jānis Rudzutaks – ein Konkurrent Stalins]?, in: Latvieši PSRS varas virsotnēs. Ilūzijas un traģēdija: 20. gadsimta 20.–30. gadi [Letten in der UdSSR auf den Gipfeln der Macht. Illusionen und Tragödie: die 20–30 Jahre des 20. Jh.], Rīga 2013, S. 269-328.

Vitālijs **Šalda**: **Latviešu bēgļi Krievijā**. 1915–1922 [Lettische Flüchtlinge in Russland. 1915–1922], Daugavpils 2007.

Vitālijs **Šalda**: **Maskavas latviešu elite** 20. gs. 20.–30. gados [Die Moskauer lettische Elite in den 20er und 30er Jahren des 20. Jhs.], in: Latvieši PSRS varas virsotnēs. Ilūzijas un traģēdija 20. gs. 20.–30. gadi [Letten in der UdSSR auf dem Gipfel der Macht. Illusionen und Tragödie. Die 20er und 30er Jahre des 20. Jh.], (Red.): Juris Goldmanis, Rīga 2013, S. 17-134.

Jurij **Samarin**: **Das russisch-baltische Küstenland** im gegenwärtigen Augenblick, Leipzig 1869 (Reprint Münster 1996).

Vilis **Samsons**: **Družba narodov pobedila**. Sovmestnie dejstvija krasnych partizan i sovetskich razvedčikov v „Kurljandskom kotle" v 1944–1945 [Die Völkerfreundschaft siegte. Die gemeinsame Tätigkeit der Roten Partisanen und der sowjetischen Aufklärer im „Kurland-Kessel" 1944–1945], Riga 1980.

Vilis **Samsons**: **Kurzemes katlā**. Partizāņu un frontes izlūku cīņas. 1944–1945 [Im Kurlandkessel. Die Kämpfe der Partisanen und Späher], Rīga 1969.

Vilis **Samsons**: **Kurzemes meži šalc...** Partizāņu un izlūku cīņa kara pēdējā gadā Kurzemē 1944–1945 [Es rauschen die Wälder Kurlands... Der Kampf der Partisanen und Späher im letzten Kriegsjahr in Kurland 1944–1945], Rīga 1974.

Vilis **Samsons**: **Kurzemes partizāņi** [Die kurländischen Partisanen], Rīga 1959.

Vilis **Samsons: Naida un maldu slīkšņā**. Ieskats ekstrēmā latviešu nacionālisma uzskatu evolūcjiā [Im Sumpf von Hass und Irrtümern. Einblick in die Evolution der Ideen des extremen lettischen Nationalismus], Rīga 1983.

Vilis **Samsons: Partizanu kustība** Ziemeļlatvijā Lielajā Tēvijas karā [Die Partisanenbewegung in Nordlettland im Großen Vaterländischen Krieg], Rīga 1950.

Vasilij I. **Savčenko: Gvardejskaja Latyšskaja**. 43-ja strelkovaja divizija [Gardelettland. Die 43. Schützendivision], Riga 1961.

Vasilij I. **Savčenko: Sem' ognennych dnej** Liepai, 23–29 ijunja 1941 g. [Die sieben Feuertage von Libau, 23.–29. Juni 1941], Riga 1985.

Valters **Ščerbinskis**, Ēriks **Jēkabsons** (Hrsg.): **Apvērsums**. 1934. gada 15. maija notikumi avotos un pētījumos [Umsturz. Die Ereignisse des 15. Mai 1934 in Quellen und Forschungen], Rīga 2012.

Theodor **Schiemann: Rußland, Polen und Livland** bis ins 17. Jahrhundert. Bd. 1-2, Berlin 1886–1887.

Carl **Schirren: Livländische Antwort** an Herrn Juri Samarin, Leipzig 1869.

Carl **Schirren: Neue Quellen** zur Geschichte des Unterganges livländischer Selbständigkeit. Bd. 9-11, Reval 1883–1885.

Carl **Schirren: Quellen** zur Geschichte des Unterganges livländischer Selbständigkeit. Bd. 1-8, Reval 1861–1881.

Wolfgang P. **Schmid: Gotthard Friedrich Stender** (1714–1796) und die Entwicklung der lettischen Schriftsprache, in: Klaus Garber, Martin Klöker (Hrsg.): Kulturgeschichte der baltischen Länder in der Frühen Neuzeit. Mit einem Ausblick in die Moderne, Tübingen 2003, S. 219-228.

Thomas **Schmidt: Lettland**, in: Wolfgang Ismayr (Hrsg.): Die politischen System Osteuropas, Wiesbaden ³2010, S. 123-170.

Arwed **Schwabe**
*siehe* Arveds **Švābe**

**Second Conference** on Baltic Studies in Scandinavia, in: Journal of Baltic Studies (1973), Nr. 4, S. 401-413.

**Senate un Māksla** [Altertum und Kunst], (1936), Nr. 1 – (1940), Nr. 2.

Ernst **Seraphim: Geschichte Liv-, Ehst- und Kurlands** von der „Aufsegelung" des Landes bis zur Einverleibung in das russische Reich. Bd. 1, Reval 1895.

Ernst **Seraphim: Geschichte von Livland**. Erster Band. Das livländische Mittelalter und die Zeit der Reformation (Bis 1582), in: K. Lamprecht (Hrsg.): Allgemeine Staatengeschichte. Armin Tille (Hrsg.): Dritte Abteilung: Deutsche Landesgeschichten. Bd. 7, Gotha 1906.

Jānis **Seskis: Latvijas valsts izcelšanās** pasaules kara notikumu norisē. Atmiņas un apcerējumi (1914–1921) [Die Entstehung des Staates Lettland während der Ereignisse des Ersten Weltkrieges. Erinnerungen und Abhandlungen (1914–1921)], Rīga 1938.

Anna **Shabalov: Long Road in the Dunes**. Latvia and the Soviet Historical Narrative, Saarbrücken 2010, S. 70-96.

**Sibīrijas bērni**. 1949 [Die Kinder von Sibirien. 1949], (Hrsg.): Dzintra Geka, Rīga [2021].

Ādolfs **Šilde**: **Latvijas vēsture 1914–1940**. Valsts tapšana un suverēnā valsts [Geschichte Lettlands 1914–1940. Das Werden des Staates und der souveräne Staat], Stockholm 1976, Rīga ²1992.

Ādolfs **Šilde**: **Pirmā Republika**. Esejas par Latvijas valsti [Die Erste Republik. Essays über den Staat Lettland], New York 1982.

Artūrs **Silgailis**: **Latviešu leģions**. Dibināšana, formēšana un kauju gaitas Otrā pasaules karā [Die Lettische Legion. Gründung, Formierung und Kämpfe im Zweiten Weltkrieg], Kopenhāgena [Kopenhagen] 1962, Rīga ³2006 (engl.: Ders.: **The Latvian Legion**, San Jose 1986).

Jānis **Šiliņš** (Hrsg.): **F. B. Blaufuss**: Vidzemes stāsti. Stāsti no tās vecas un jaunas būšanas to Vidzemes ļaužu, uzrakstīti 1753 [Livländische Geschichten. Geschichten aus dem alten und neuen Sein der Leute von Livland, aufgeschrieben 1753], Rīga 2015.

Jānis **Šiliņš**: **Padomju Latvija** 1918–1919 [Rätelettland 1918–1919], Rīga 2013

Jānis **Šiliņš**: **Vai 700 gadu verdzības mīts** ir latviešu identitātes daļa? [Ist der Mythos von den 700 Jahren Sklaverei Teil der lettischen Identität?], in: LV. Cilvēks – valsts – likums (19.5.2015), URL: https://lvportals.lv/viedokli/271245-vai-700-gadu-verdzibas-mits-ir-latviesu-identitates-dala-2015 (letzter Zugriff 9.8.2024)

Jānis **Šiliņš**, Māris **Zanders**: **Ķēpīga tēma**. Latvieši – boļševiku balsts? [Ein schwieriges Thema. Die Letten – Stütze der Bolschewisten?], Rīga 2020.

Leonīds **Siliņš**
*siehe auch* Edgars **Andersons**, Leonīds **Siliņš**

Leonīds **Siliņš**: **Latvieši Štuthofas koncentrācijas nometnē** 1942–1945 [Letten im Konzentrationslager Stutthof], Rīga 2003.

Matīss **Siliņš**: **Atskaņu hronika** [Reimchronik], Rīga 1893.

Matīss **Siliņš**: **Latviešu Indriķa hronika**. [Chronik Heinrichs von Lettland], Rīga 1883.

Pauls **Šīmanis**: **Eiropas problēma**. Rakstu izlase [Ein europäisches Problem. Eine Auswahl an Schriften]. (Hrsg.): Detlefs Hennings, Rīga 1999.

Vladimir **Simindej**, **Istoričeskaja politika Latvii**. Materialy k izučeniju [Die Geschichtspolitik Lettlands. Materialien zu ihrer Erforschung]. Moskva 2014.

Vilnis **Sīpols**: **Ārvalstu intervencija Latvijā** un tās aizkulise. 1918–1920 [Die ausländische Intervention in Lettland und ihre Hintergründe.1918–1920], Rīga 1957.

Vilnis **Sipols**: **Die ausländische Intervention** in Lettland 1918–1920, Berlin (Ost) 1961.

Vilnis **Sīpols**: **Dzimtenes nodevība**. Buržuāziskās Latvijas ārpolitika no 1933. līdz 1940. gadam [Verrat an der Heimat: Die Außenpolitik des bourgeoisen Lettland von 1933 bis 1940], Rīga 1963.

Vilnis **Sīpols**: **Latvijas buržuāziskā diplomātija** [Lettlands bourgeoise Diplomatie], Rīga 1969 (engl.: Vilnis Sipols: The Latvian bourgeois diplomacy, Riga 1970).

Vilnis **Sīpols**: **Slepenā diplomātija**. Buržuāziskās Latvijas ārpolitika: 1919.–1932. g. [Geheimdiplomatie. Die Außenpolitik des bourgeoisen Lettland 1919–1932], Rīga 1965.

Vilnis **Sipols**: **Za kulisami inostrannoj intervencii** v Latvii (1918–1920 гг.) [Hinter den Kulissen der ausländischen Intervention in Lettland (1918–1920) ], Moskva 1959.

Kārlis **Šķilters: Latgales nacionālais jautājums** [Die nationale Frage Lettgallens], Minska [Minsk] 1934.

Kārlis **Šķilters: Latkoloniju vēsture**. 1. daļa [Geschichte der lettischen Kolonien. Teil 1], Maskava [Moskau] 1928.

Kārlis **Šķilters: Latvju zemnieks** Baltkrievijā pirms un pēc Oktobra revolūcijas [Der lettische Bauer in Weißrussland vor und nach der Oktoberrevolution], Minska [Minsk] 1935.

Kārlis **Šķilters: Pilsoņu karš** un latviešu kolonisti [Der Bürgerkrieg und die lettischen Kolonisten], Minska [Minsk] 1934.

Jānis **Skolis: Krievu un latviešu tautas vēsturiskā draudzība** [Die historische Freundschaft zwischen dem russischen und dem lettischen Volk], Rīga 1958.

Marģers **Skujenieks: Latvieši svešumā** un citas tautas Latvijā [Letten in der Fremde und andere Völker in Lettland], Rīga 1930.

Marģers **Skujenieks: Latvija. Zeme un iedzīvotāji** [Lettland. Land und Einwohner], Rīga 1927.

Marģers **Skujenieks: Nacionālais jautājums** Latvijā [Die nationale Frage in Lettland], Peterburgā [St. Petersburg] 1913.

Dagnija **Šleiere: Neatkarības laikmets** Latvijas vēstures grāmatās [Die Unabhängigkeitszeit in den Geschichtsbüchern Lettlands], in: Latvju Ziņas (8.5.1952), S. 3.

**Socialističeskaja Sovetskaja Respublika Latvii b 1919 g**. i inostrannaja intervencija. Dokumenty i materialy v dvuch tomach. Tom Pervyj: Obrazovanie Socialističeskoj Sovetskoj Respubliki Latvii i Socialističeskoe stroitel'stvo v 1919. g. [Die Sozialistische Sowjetrepublik Lettland 1919 und die ausländische Intervention. Dokumente und Materialien in zwei Bänden. Band Eins: Die Entstehung der Sozialistischen Sowjetrepublik Lettland und der sozialistische Aufbau im Jahr 1919], Riga 1959. Tom Vtoroj: Bor'ba latyšskogo naroda protiv inostrannoj intervencii i mestnoj kontrrevoljucii v 1919 g [Band Zwei: Der Kampf des lettischen Volkes gegen die ausländische Intervention und die örtliche Konterrevolution im Jahr 1919], Riga 1960.

**Sociālistiskās revolūcijas uzvara** Latvijā 1940. gadā. **Bibliogrāfiskais rādītājs** [Der Sieg der sozialistischen Revolution in Lettland 1940. Bibliografie], Rīga 1979.

**Sociālistiskās revolūcijas uzvara** Latvijā 1940. gadā (20.VI–5.VIII). **Dokumenti un materiāli** [Der Sieg der sozialistischen Revolution in Lettland 1940 (20.VI–5.VIII)], (Hrsg.): Aleksandrs Drīzuklis, Rīga 1963.

Nikita **Sokolov: Der ewige Karamzin**: Geschichtsideologie aus dem Lehrbuch, in: Osteuropa 59 (2009), Nr. 1, S. 83-96.

Henrihs **Soms: Entstehung der regionalen Identität Lettgallens** (Latgale), in: Joachim Kuropka (Hrsg.): Regionale Geschichtskultur. Phänomene – Projekte – Probleme aus Niedersachsen, Westfalen, Tschechien, Lettland, Ungarn, Rumänien, Polen, Münster u. a. 2010, S. 161-173.

Kārlis **Soms: L.K.P. agrārpolitikas un agrārprogrammas jautājumi**. Kritiskas piezīmes agrārjautajumā sakarā ar P. Stučkas „Darbs un zeme" [Die Agrarpolitik der LKP und

Fragen des Agrarprogramms" mit dem Untertitel „Kritische Anmerkungen in der Agrarfrage in Zusammenhang mit P. Stučkas »Arbeit und Boden«], Maskava [Moskau] 1930.

**Sovetskaja Pribaltika. Fotoal'bom** [Das Sowjetische Baltikum. Fotoalbum], Moskva 1965.

**Sovetskaja Pribaltika v bratskoj semi narodov SSSR** [Das Baltikum in der brüderlichen Familie der Völker der UdSSR], Riga 1960.

N. N. [Andrejs **Spāģis**]: **Die Zustände** des freien Bauernstandes in Kurland nach dem Gesetze und nach der Praxis im Lichte des modernen Rußlands, Leipzig 1863.

A. Spahg [Andrejs **Spāģis**]: Die Zustände des freien Bauernstandes in Kurland. **Zur Emancipationsfrage** des russischen Volkes. Von einem Patrioten, Leipzig 1860.

Ojārs **Spārītis**
  *siehe auch*Leo **Dribins**, Ojārs **Spārītis**

Arnolds **Spekke**: **Atmiņu brīži** [Momente der Erinnerungen], Stokholmā [Stockholm] 1967 (Nachdruck unter dem Titel: Ders.: Atmiņu brīži: ainas, epizodes, silueti [Momente der Erinnerungen: Landschaften, Episoden, Silhouetten], Rīga 2000).

Arnolds **Spekke**: **History of Latvia**. An Outline, Stockholm 1951, ²1957, 2006

Arnolds **Spekke**: **La Lettonie** et le problème Baltique. Esquisse d'histoire récente, Paris 1951.

Arnolds **Spekke**: **Latvieši un Livonija** 16. g.s. [Die Letten und Livland im 16. Jh.], Rīga 1935.

Arnolds **Spekke**: **Latvijas vēsture** [Geschichte Lettlands], Stockholm 1948.

Arnolds **Spekke: Livonijas zemnieku kustības** un nemieri 16. g.s. otrā pusē. Materiāli un ierosinājumi [Die Bauernbewegungen und Unruhen in Livland in der 2. Hälfte des 16. Jhs. Materialien und Anregungen], Rīga 1931.

Arnolds **Spekke**, Edgars **Dunsdorfs**: **Latvijas vēsture 1500–1600** [Geschichte Lettlands 1500–1600], Stokholma [Stockholm] 1964.

Ilgvars **Spilners**: **Mēs uzvarējām** [Wir haben gesiegt], Rīga 1998.

Auseklis **Spreslis**: **Latyšskie strelki** na straže zavoevanij Oktjabrja [Die lettischen Schützen auf der Wacht der Eroberung des Oktober], Riga 1967.

Auseklis **Spreslis**: **Strādnieku kustība buržuaziskajā Latvijā** pasaules ekonomiskās krizes gados (1929.–1933. g.) [Die Arbeiterbewegung im bourgeoisen Lettland in den Jahren der Weltwirtschaftskrise (1929–1933)], Rīga 1958.

**„Städte mit dem Land vereint."** Der Staatspräsident auf der Tagung der Städte, in: Rigasche Rundschau (25.4.1936), S. 1.

J. V. **Stalin**: **Über einige Fragen** der Geschichte des Bolschewismus, in: Ders.: Werke. Bd. 13, Berlin 1955, S. 76-91.

Marta **Starostina**: **Padomju ideoloģijas un propagandas izpausmes** Vissavienības akciju sabiedrības Intūrists Rīgas nodaļā kā VDK piesegstruktūrā darbā ar tūristiem no 1971. līdz 1985. gadam [Sowjetideologie und -propaganda der Rigaer Filiale der Allunionsaktiengesellschaft Intourist als Tarnorganisation des KGB für die Arbeit mit Touristen], in: LIELAIS BRĀLIS TEVI VĒRO. VDK un tās piesegstruktūras, Rīga 2016, S. 9-54.

Josifs **Šteimans: Latgales vēstures historiogrāfija** [Historiografie der Geschichte Lettgallens], Rēzekne 1999.

Josifs **Šteimans: Latvijas vēstures historiogrāfija** [Lettlands Geschichtsschreibung], Rēzekne 2010.

Josifs **Šteimans: Latvijas vēstures pētnieki** [Lettlands Geschichtsforscher], Daugavpils 1997.

Frank-Walter **Steinmeier: Auf dem Weg** zu einer europäischen Ostpolitik. Berlin 4.3.2008, hier zitiert nach: Osteuropa (2009), Nr. 7/8, S. 250.

Marģers **Stepermanis: Brīvas latviešu kurzemes starptautiskais stāvoklis** Hercoga Jēkaba laikā [Die internationale Stellung des freien lettischen Kurlands zur Zeit von Herzog Jakob], in: Rīts Nr. 189 (11.7.1936), S. 8.

Marģers **Stepermanis**: Prof. Dr. hist. **Roberts Vipers** dzīvē un darbos [Prof. Dr. Robert Vipper in Leben und Werk], in: M. Stepermanis, A. Švābe, T. Zeids (Hrsg.): Latviešu vēsturnieku veltījums profesoram Dr. hist. Robertam Viperam. 14. VII 1859–14.VII 1939. [Festschrift lettischer Historiker für Robert Vipper. 14. VII 1859–14.VII.1939], Rīga 1939, S. 7-25.

Marģers **Stepermanis**: Ziņas par Latvijas vēstures institūta līdzšinējo darbību [Nachrichten über die bisherige Tätigkeit des Geschichtsinstituts Lettlands], in: Latvijas Vēstures Institūta Žurnāls (1937), Nr. 1, S. 157-158.

Indriķis **Šterns: Latvijas vēsture 1180–1290.** Krustakari [Geschichte Lettlands 1180–1290. Die Kreuzzüge], Rīga 2002.

Indriķis **Šterns: Latvijas vēsture. 1290–1500** [Geschichte Lettlands 1290–1500], Rīga 1997.

Vija **Stikāne: Sieviete Livonijas sabiedrībā** viduslaikos un jauno laiku sākumā 13.–16. gs. [Die Frau in der mittelalterlichen Gesellschaft Livlands und zu Beginn der Neuzeit 13.–16. Jh.], Dissertation, Rīga 2012.

**Stockholm Documents**. The German Occupation of Latvia. 1941–1945. What did America know? (Hrsg.): Andrew Ezergailis, Rīga 2002 (Latvijas Vēsturnieku Komisijas Raksti 5).

Sigmar **Stopinski: Das Baltikum im Patt der Mächte**. Zur Entstehung Estlands, Lettlands und Litauens im Gefolge des Ersten Weltkriegs, Berlin 1997.

Jānis **Stradiņš: Akadēmiskā izglītība Baltijā** un Latvijas Universitātes priekšvēsture [Akademische Bildung im Baltikum und die Vorgeschichte der Universität Lettlands], in: Latvijas Universitāte 75, Rīga 1994, S. 13-44.

Jānis **Stradiņš: Latvijas 1905. gada revolūcijas kaujinieki** starptautiskā aspektā [Revolutionäre Kämpfer Lettlands des Jahres 1905 unter internationalem Aspekt], in: 1905. gads Latvijā [Das Jahr 1905 in Lettland], Rīga 2006, S. 410-447.

Jānis **Stradiņš: Latvijas dramatiskā vēsture** [Lettlands dramatische Geschichte], in: Ders.: Trešā atmoda. Raksti un runas 1988.–1990. gadā Latvijā un par Latviju [Das dritte Erwachen. Aufsätze und Reden 1988–1990 über in Lettland und über Lettland], Rīga 1992, S. 15-36.

Jānis **Stradiņš**: **Latvijas Zinātņu Akadēmija**: Izcelsme, vēsture, pārvērtības. Latvijas Zinātņu Akadēmijai 50 gadi divās daļās. I daļa [Die Akademie der Wissenschaften Lettlands: Entstehung, Geschichte, Deutungen. 50 Jahre Akademie der Wissenschaften Lettlands in zwei Teilen. Teil I ], Rīga 1998.

Jānis **Stradiņš**: **Staļina režīma attieksme** pret Latvijas zinātniekiem un akadēmiskajām aprindām (1944–1953) [Die Haltung des Regimes Stalins gegenüber den Wissenschaftlern und akademischen Kreisen Lettlands (1944–1953)], in: Latvijas Vēsturnieku Komisijas Raksti. 19. sēj. [Schriften der Historikerkommission Lettlands. Bd. 19], Rīga 2007, S. 408-448.

Jānis **Stradiņš**: **Totalitāro okupācijas režīmu represijas** pret Latvijas zinātni un akadēmiskajām aprindām (1940–1945) [Die Unterdrückungsmaßnahmen der totalitären Besatzungsregime gegen die Wissenschaft Lettlands und die akademischen Kreise (1940–1945)], in: Latvijas Vēsturnieku Komisijas Raksti. 13. sēj. [Schriften der Historikerkommission Lettlands. Bd. 13], Rīga 2004, S. 130-164.

Jānis **Stradiņš**: **Trešā atmoda**. Raksti un runas 1988.–1990. gadā Latvijā un par Latviju [Das Dritte Volkserwachen. Beiträge und Reden 1988–1990 in Lettland und über Lettland], Rīga 1992.

Jānis **Stradiņš**: **Zinātne un augstākā izglītība** [Wissenschaft und höhere Bildung], in: Latvija 19. gadsimtā. Vēstures apceres [Lettland im 19. Jahrhundert. Beiträge zur Geschichte], Rīga 2000, S. 291-351.

Jānis **Stradiņš**: **Zinātnes un augstskolu sākotne** Latvijā [Die Anfänge der Wissenschaft und der Hochschulen in Lettland], Rīga 2009.

Jānis **Stradiņš**, Dzintra **Cēbere**: **Latvijas Zinātņu akadēmijas veidošanās** [Die Entstehung der Akademie der Wissenschaften Lettlands], in: Latvijas Vēstures Institūta Žurnāls (2006), Nr. 3, S. 90-112.

Jānis **Stradiņš**, Saulvedis **Cimermanis**: **Par „Letonikas" jēdzienu** un saturu [Über Begriff und Inhalt des Begriffes „Letonika"], in: Latvijas Zinātņu Akadēmijas Vēstis. A daļa (1994), Nr. 5/6, S. 1-7.

Jānis **Stradiņš**, Jānis **Kristapsons**: **Latvijas Zinātņu akadēmijas prezidija ilgadējais galvenais zinātniskais sekretārs** akadēmiķis Vilis Samsons. 03.12.1920–17.09.2011 [Der langjährige wissenschaftliche Hauptsekretär des Präsidiums der Akademie der Wissenschaften Lettlands Vilis Samsons. 03.12.1920–17.09.2011], in: Latvijas Zinātņu Akadēmijas Vēstis 66 (2012), Nr. 1/2, S. 131-132.

Aivars **Stranga**
*siehe auch* Ilga **Gore**, Aivars **Stranga**

Aivars **Stranga**: *Ebreji* **Baltijā**. No ienākšanas pirmsākumiem līdz holokaustam. 14. gadsimts – 1945. gads [Juden im Baltikum. Von den Anfängen ihrer Einwanderung bis zum Holocaust. 14. Jahrhundert – 1945], Rīga 2008.

Aivars **Stranga**: **Ebreji un diktatūras Baltijā** (1920.–1940. gads) [Juden und die Diktaturen im Baltikum (1920–1940], Rīga 1997, ²2002.

Aivars **Stranga**: **Kārļa Ulmaņa autoritārā režīma saimnieciskā politika** (1934–1940) [Die Wirtschaftspolitik des autoritären Regimes von Kārlis Ulmanis (1934–1940)], Rīga 2017, ²2020.

Aivars **Stranga**: **Latvija: Neatkarības pēdējais cēliens**. 1939. gada 23. augusts – 1940. gada 17. jūnijs [Lettland: Der letzte Akt der Unabhängigkeit. 23. August 1939-17. Juni 1940], Rīga 2022.

Aivars **Stranga**: **Latvijas ebreji** revolūciju un Neatkarības kara laikā 1917–1920 [Die Juden Lettlands in der Revolution und im Unabhängigkeitskrieg 1917–1920].

Aivars **Stranga**: **Latvijas – Padomju Krievijas miera līgums** 1920. gada 11. augustā [Der Friedensvertrag zwischen Lettland und Sowjetrussland vom 11. August 1920], Rīga 2000.

Aivars **Stranga**: **Pie miera politikas šūpuļa** [An der Wiege der Friedenspolitik], in: Padomju Latvijas Komunists (1988), Nr. 8, S. 75-82.

J. **Straubergs**: **Pirmās latviešu brālības un amatnieki** Rīgā [Die ersten lettischen Bruderschaften und Handwerker in Riga], in: Senatne un Māksla (1937), Nr. 1, S. 5-12.

J. **Straubergs**: **Rīgas vēsture** [Geschichte Rigas], Rīga 1937.

Kārlis **Straubergs**: **Latvijas universitāte** 2. pasaules kaŗa laikā. Prorektora atmiņas [Die Universität Lettlands in der Zeit des 2. Weltkrieges. Erinnerungen des Prorektors], in: Universitas 12 (1963), S. 12-14.

E. **Strauss**: **Par latviešu strēlnieku vēstures komisijas darbību** [Über die Arbeit der Kommission für die Geschichte der Lettischen Schützen], in: Krievijas Cīņa (31.8.1926), S. 4.

W. [Vilis] **Strauss** [auch Vilhelms Štrauss]: **Padomju Latvija** un starptautiskā kontrrevolūcija [Sowjetlettland und die internationale Konterrevolution], Maskava [Moskau] 1931.

Gustavs **Strenga**: **Remembering the Dead**. Collectice Memory and Commemoration in Late Medieval Livonia, Turnhout 2023 (Memoria and Remenbrance 5).

Dr. [K. Chr.] von **Stritzky**: **Von der Aufgabe des Unterrichts** in der Heimatgeschichte, in: Izglītības Mēnešraksts (1942), Nr. 1, S. 12.

K. Chr. **Stritzky**: **Garlieb Merkel** und „Die Letten am Ende des philosophischen Jahrhunderts", Riga 1939.

Heinrihs **Strods**: **Latvijas nacionālo partizānu karš** 1944–1956 [Der Kampf der nationalen Partisanen Lettlands 1944–1956], Rīga 2012.

Heinrihs **Strods**: **Latvijas Universitāte** (1919–1940) [Lettlands Univsität (1919–1940)], in: Latvijas Universitāte 75, Rīga 1994, S. 45-70.

Heinrihs **Strods**: **Latvijas vēstures zinātne** (1945.-1990.) [Lettlands Geschichtswissenschaft (1945–1990)], in: Latvijas Vēsture (1991), Nr. 1, S. 3-6.

Heinrihs **Strods**: **Latvijas vēstures zinātnes padomizēšana** (1944–1985) [Die Sowjetisierung der Geschichtswissenschaft Lettland (1944–1985)], in: Latvijas Okupācijas Muzeja Gadagrāmata (1999), S. 15-42.

Heinrihs **Strods**: **LPSR Zinātņu Akadēmijas politiskā tīrīšana** 1950. gadā [Die politische Säuberung an der Akademie der Wissenschaften der LSSR], in: Latvijas Vēstures Institūta Žurnāls (1999), Nr. 2, S. 112-124.

Heinrihs **Strods**: **Netradicionālā pieeja** padomju laika vēstures izpētē [Untraditioneller Zugang zur Geschichtsforschung der Sowjetzeit], in: Latvijas Zinātņu Akadēmijas Vēstis 64 (2010), Nr. 1/2, S. 19-29.

Heinrihs **Strods**: **Trimdas izdevumu cenzūra** Latvijas PSR 1958.–1989. gadā [Die Zensur der Exilveröffentlichungen in der SSR Lettland 1958-1989.], in: Latvijas Vēsturnieku Komisijas Raksti. 20. sēj. [Schriften der Historikerkommission Lettlands. Bd. 20], Rīga 2007, S. 87-95.

Heinrihs **Strods**: **Vācu muižnieki – žūpības ieviesēji** un izplatītāji Latvijā. Materiāls lektoriem [Die deutschen Gutsherren – Importeure und Vertreiber der Trunksucht in Lettland], Rīga 1959.

Pēteris **Stučka**
*siehe auch* Pjotr, Peter **Stucka, Stutschka**

Pēteris **Stučka**: **Darbs un zeme**: Agrarrevolūcija un komunisms [Arbeit und Boden. Agrarevolution und Kommunismus], o. O. [Pleskau] 1920 (Nachdruck in: Ders.: Rakstu izlase. 3. sēj [Ausgewählte Schriften. Bd. 3], Rīga 1980, S. 19-405).

Petr. I. **Stucka** [Pēteris Stučka]: **Die revolutionäre Rolle von Recht und Staat**, Frankfurt a. M. 1969.

Pēteris **Stučka**: **Mana agrārrevolucija** un tās nosebojusī kritika [Meine Agrarrevolution und ihre verspätete Kritik], in: Ders.: Rakstu izlase. 7. sēj. [Ausgewählte Schriften. Bd. 7], Rīga 1984, S. 412- 443.

P. **Stučka**: **Par padomju varu** Latvijā 1918.–1920. Rakstu izlase [Für die Sowjetmacht in Lettland. Ausgewählte Schriften], Rīga 1958. (russ.: Ders.: Za sovetskuju vlast' v Latvii 1918–1920, Riga 1964).

P. **Stučka**: **Pjat' mesjacev** Socialističeskoj Sovetskoj Latvii [Fünf Monate Sozialistisches Sowjetlettland]. Čast' 1: Sbornik statej i zametok [Teil 1: Sammlung von Aufsätzen und Notizen]. [Pskov] 1919. Čast' 2: Sbornik dokumentov i važnejšich dekretov [Sammlung von Dokumenten und wichtigen Dekreten], Pskov 1921.

Pēteris **Stučka**: **Rakstu izlase**. 1.-7. sēj. [Ausgewählte Schriften. Bd. 1-7], Rīga 1976–1984.

P. **Stutschka** [Peter Stučka]: **Fünf Monate** im sozialistischen Sowjet-Lettland, in: Die Kommunistische Internationale, 2 (1919), Nr. 3, S. 357-364.

A. **Schwabe** [Švābe]: **Agrarian history** of Latvia, Riga o. J.

A. **Schwabe** [Švābe]: **Grundriss der Agrargeschichte** Lettlands, Riga 1928.

A. **Schwabe** [Švābe]: **Histoire agraire** de la Lettonie, Riga 1929.

Arveds **Schwabe** [Švābe]: **Histoire du peuple letton**, Stockholm 1953.

Arveds **Švābe**: **Chan und Pan**, in: Die Tat (Zürich), Nr. 18 (4.7.1953), S. 12.

Arveds **Švābe**: **Eiropas kultūras sargposteni** [Auf dem Wachposten der Kultur Europas], in: Kurzemes Vārds. Kurländisches Wort (25.7.1941), Nr. 21, S. 1-2.

Arveds **Švābe**: **Jersikas karaļvalsts** [Das Königreich Gerzike], in: Senatne un Māksla (1936), Nr. 1, S. 5-31.

Arveds **Švābe**: **Latviešu vēstures uzdevumi** [Aufgaben der lettischen Geschichte], in: Ders.: Straumes un avoti. 2. sēj. [Ströme und Quellen. Bd. 2], Rīga 1940, S. 5-112.

Arveds **Švābe**: **Latviešu vēsturnieku uzdevumi trimdā** [Die Aufgaben der lettischen Historiker im Exil, in: Latviešu vēsturnieku pirmā konference trimdā. 1948. g. janvarī], Lübeck 1948, S. 7-13 (Nachdruck in: Latvijas Vēstures Institūta Žurnāls (2002), Nr. 1, S. 129-139).

Arveds **Švābe**: **Latvijas vēsture 1800–1914**, Uppsala1958.

Arveds **Švābe**: **Latvju kultūras vēsture**. I-(III) [Lettische Kulturgeschichte. I–(III)], Rīga 1921–1933.

    Latvju kultūras vēsture. I. Dzimts satversme [Lettische Kulturgeschichte. I. Die Verfassung der Sippe], Rīga 1921.

    Latvju kultūras vēsture II. Feodālā satversme. 1. puse. Māras zemes kungi [Lettische Kulturgeschichte. II. Die Feudalverfassung. 1. Hälfte. Die Herren des Marienlandes], Rīga 1922.

    Kuršu ķoniņu un novadnieku tiesiskais stāvoklis [Der rechtliche Status der kurischen Könige und örtlichen Herrscher], Rīga 1933 (Fortsetzung von: Ders.: Latvju kultūras vēsture. II).

Arveds **Švābe**: **Lettlands historia**, Stockholm 1961.

Arveds **Švābe**: **Mana dzīve** [Mein Leben], in: Trimdas rakstnieki. Autobiogrāfiju krājums. (Hrsg.): Pēteris Ērmanis, Arturs Plaudis, Kemptene [Kempten] 1947.

Arveds **Švābe**: **Rīgas senvēsture** [Rigas Frühgeschichte], in: Senatne un Māksla (1936), Nr. 3, S. 5-24.

Arveds **Švābe**: **Straumes un avoti**. 2. sēj. [Ströme und Quellen. Bd. 2], Rīga 1940.

Arveds **Švābe**: **The Story of Latvia**. A historical survey, Stockholm 1949, 1950.

Arveds **Švābe**: **The Story of Latvia and her neighbours**. A historical Survey, Edinburgh 1946.

Arveds **Švābe**: **Zemes attiecību un zemes reformu vēsture Latvijā** [Geschichte der Bodenbeziehungen und Bodenreform in Lettland], in: Latvijas agrārā reforma [Lettlands Agrarreform], Rīga 1930, S. 7-176.

Melita **Svarāne**: **Saimnieks un kalps** Kurzemē un Vidzemē XIX. gs. vidū. Sociālekonomisks apcerējums [Herr und Knecht in Kurland und Livland Mitte des 19. Jahrhunderts], Rīga 1971.

Aurimas **Švedas**: **Soviet Lithuanian Historiography**, 1944–1985, Amsterdam, New York, 2014 (On the Boundary of Two Worlds. Identity, Freedom and Moral Imagination in the Baltics 38).

Broņislavs **Tabūns**: **Linards Laicēns**, Rīga 1972.

**Tas latviešu ļaužu draugs** [Der Lettenfreund]. (Hrsg.): Hermann Treu, Riga 1832–1846.

Thomas **Taterka**: **Aufgeklärte Volksaufklärung**. Aufklärung und Volksaufklärung im Baltikum oder Garlieb Merkel und die Entstehung des deutsch-lettischen Lesebuchs. Das Goldmacherdorf / Zeems, kur seltu taisa nach Heinrich Zschokke, in: Ulrich Kronauer (Hrsg.): Aufklärer im Baltikum. Europäischer Kontext und regionale Besonderheiten, Heidelberg 2001, S. 17-56.

Thomas **Taterka**: **Brief aus Riga**, in: Le Monde diplomatique". Deutsche Ausgabe (7.5. 2015), URL: https://monde-diplomatique.de/artikel/!868599 (letzter Zugriff 20.2.2018).

Thomas **Taterka** (Hrsg.): **Garlieb Merkel**: Die Letten: vorzüglich in Liefland am Ende des philosophischen Jahrhunderts. Ein Beitrag zur Völker- und Menschenkunde, Wedemark 1998 (Beiträge zur baltischen Geschichte 17).

Thomas **Taterka**: **Humanität, Abolition, Nation**. Baltische Varianten des kolonialkritischen Diskurses der europäischen Aufklärung um 1800, in: York-Gothart Mix, Hinrich

Ahrend (Hrsg.): Raynal – Herder – Merkel. Transformationen der Antikolonialismusdebatte in der europäischen Aufklärung, Heidelberg 2017, S, 183-251.

Caroline **Taube**: **Constitutionalism** in Estonia, Latvia and Lithuania. A Study in Comparative Constitutional Law, Uppsala 2001.

Meta **Taube**: **Rīgas latviešu tirdzniecības palīgamati**. 17.–18. gs. [Die lettischen Handels-Hilfshandwerke Rigas. 17.–18. Jh.], Rīga 1980.

Jānis **Taurēns**: **In Memoriam**. Ļubovas Zīles piemiņai, in: Vēsture (2016), Nr. 2, S. 199-200.

Gunārs **Tauriņš**: **Vēstures filozofija**, Rīga 1996.

Augusts **Tentelis**
*siehe auch* Francis **Balodis**, Augusts **Tentelis**

Augusts **Tentelis**: **Latvijas vēsturnieku tuvākie uzdevumi** [Die nächsten Aufgaben der Historiker Lettlands], in: Rakstu krājums. 18. krājums [Schriftensammelband. 18. Sammelband]. (Hrsg.): Rīgas Latviešu Biedrības zinību komisija, Rīga 1926, S. 38-44.

Augusts **Tentelis**: **Rīga un latvieši** 13. gadusimtenī [Riga und die Letten im 13. Jahrhundert], in: Senatne un Māksla (1936), Nr. 3, S. 37-43.

Augusts **Tentelis**: **Vēstures likumi** [Die Gesetze der Geschichte], in: Latviešu vēsturnieku veltījums – Latviešu vēsturnieku veltījums profesoram Dr. hist. Robertam Viperam [Festschrift lettischer Historiker für Dr. hist. Robert Vipper], (Hrsg.): Marģers Stepermanis, Arveds Švābe, Teodors Zeids, Rīga 1939, S. 37-44.

Augusts **Tentelis**: **Vēstures zinātne** [Geschichtswissenschaft], in: A. Švābe, A. Būmanis, K. Dišlers (Hrsg.): Latviešu Konversācijas vārdnīca, 11. sēj., Rīga 1934/35, S. 22511-22520.

Arvo **Tering**: **Baltische Studenten** an europäischen Universitäten im 18. Jahrhundert, in: Otto-Heinrich Elias u. a. (Hrsg.): Aufklärung in den baltischen Provinzen. Ideologie und soziale Wirklichkeit, Köln u. a. 1996 (Quellen und Studien zur baltischen Geschichte 15), S. 125-154.

Edward C. **Thaden**: **Iurii Fedorovich Samarin** (1819–1876) as a Baltic Historian, in: Norbert Angermann, Wilhelm Lenz, Konrad Maier (Hrsg.): Geisteswissenschaften und Publizistik im Baltikum des 19. und frühen 20. Jahrhunderts (Schriften der Baltischen Historischen Kommission 17. Baltische Biographische Forschungen 1), Münster 2011, S. 137-155.

Edward C. **Thaden** (Hrsg.): **Russification** in the Baltic Provinces and Finland, 1855–1914, Princeton, New Jersey 1981.

**Three Stars – Three Crowns**: Latvia – Sweden. (Hrsg.): Annemarie Dahlberg, Arnis Radiņš, Rīga 2001.

Alexander **von Tobien**: **Die Livländische Ritterschaft** in ihrem Verhältnis zum Zarismus und russischen Nationalismus. Bd. 1-2, Riga 1925, 1930.

Bruno Arvidovič **Toman** [Bruno Tomanis]: **Istoriografija istorii Kommunističeskoj partii Latvii** (konec XIX v. načalo 60–ch godov XX v.) [Historiografie der Geschichte der Kommunistischen Partei Lettlands (vom Ende des 19. bis zum Beginn der 60er Jahre des 20. Jh.)], Riga 1983.

**Totalitārisma sabiedrības kontrole** un represijas [Gesellschaftliche Kontrolle und Unterdrückung durch den Totalitarismus], Rīga 2015 (VDK Zinātniskas Izpētes Komisijas Raksti 1).

**Tote** klagen an. Zeugnisse über das Leben unter dem Sowjetjoch, (Red.): Arturs Plaudis, Stockholm 1983.

[Astaf von **Transehe-Roseneck**]: **Die lettische Revolution**. Teil I: Der Schauplatz. Treibende Kräfte, Berlin 1906; Teil II: Die Sozialdemokratie. Die Katastrophe, Berlin 1907.

Jānis Arveds **Trapāns**: Die **Geschichtsmodifizierung** in Lettland nach dem Vorbild Moskaus, in: Acta Baltica XXI (1981), S. 216-245.

Jānis Arveds **Trapāns**: **Vēstures pētniecība Latvijā Staļina laikā** [Geschichtsforschung in Lettland während der Stalinzeit], in: Latvija Šodien (1981), S. 97-108.

Jānis Arveds **Trapāns**: **Vēstures pētniecība Latvijā: Atkusnis un sasalšana**, 1953–1964, in: Latvija Šodien (1983), S. 95-102.

Rihards **Treijs**
 *siehe auch* Arvīds **Grigulis**, Rihards **Treijs**

Rihards **Treijs**: **Kas padarīts** līdz šim? laikam [Was wurde bis jetzt getan?], in: Rihards Treijs (Hrsg.), Latvijas Republikas prese. 1918–1940 [Die Presse der Republik Lettland. 1918–1940], Rīga 1996, S. 5-12.

Rihards **Treijs**: **Latvija 1919. gadā** [Lettland im Jahr 1919], Rīga 1978.

Rihards **Treijs**: **LKP 1919. gadā** [Die LKP im Jahr 1919], Rīga 1968.

**Trešais gads**. 1936.15.V.–1937.15.V. [Das dritte Jahr. 15.5.1936–15.5.1937], Rīga 1937.

**Trimdas arhīvi atgriežas**. Latviešu bēgļu gaitas Vācijā 1944–1949. Starptautiskā konference [Die Archive des Exils kehren zurück. Der Weg lettischer Flüchtlinge in Deutschland 1944–1949. Internationale Konferenz], (Hrsg.): Latvijas Valsts arhīvs, Rīga 2000.

Ralph **Tuchtenhagen**: **Zwischen Aufklärung und Absolutismus**. Staatliche Reformen in den Ostseeprovinzen unter Katharina II, in: Ulrich Kronauer (Hrsg.): Aufklärer im Baltikum. Europäischer Kontext und regionale Besonderheiten, Heidelberg 2001, S. 241-264.

Jānis **Urbanovičs**, Igors **Jurgens**, Juris **Paiders** (Hrsg.): **Nākotnes melnraksti**: Latvija **1934.–1941** [Blaupausen der Zukunft. Lettland 1934–1941], Rīga 2011.
 *Fortsetzungen u. d. T.:*
 Dies. (Hrsg.): **Nākotnes melnraksti**: Latvija **1941.–1947** [Blaupausen der Zukunft. Lettland 1941–1947], Rīga 2012.
 Dies. (Hrsg.): **Nākotnes melnraksti**: Latvija **1948.–1955** [Blaupausen der Zukunft. Lettland 1948–1955], Rīga 2013.
 Dies. (Hrsg.): **Nākotnes melnraksti**: Latvija **1956.–1991** [Blaupausen der Zukunft. Lettland 1956–1991], Rīga 2016.

Aigars **Urtāns**: **Padomju cenzūra** Latvijā līdz 1990. gadam [Sowjetische Zensur in Lettland bis zum Jahr 1990], in: Latvijas Vēsturnieku Komisijas Raksti. 25. sējums. Okupācijas režīmi Baltijas valstīs 1940–1991 [Schriften der Historikerkommission Lettlands. Bd. 25. Okkupationsregime in den Baltischen Staaten 1940–1991], Rīga 2009, S. 50-76.

**Uzvara pieder** garīgi, bet ne materiāli stiprākam. Valsts Prezidenta Dr. K. Ulmaņa atklāšanas runa pirmā Baltijas vēsturnieku konferencē [Der Sieg gehört dem geistig, nicht materiell Stärkerem. Eröffnungsrede von Staatspräsident Dr. K. Ulmanis auf der Ersten Historikerkonferenz des Baltikums], in: Jaunākās Ziņas (16.8.1937) Nr. 182, S. 1 [dass. dt. unter der Überschrift: Völker – die Triebkräfte der Weltgeschichte, in: Rigasche Rundschau (16.8.1937), S. 1].

[Arved von Taube, Erik Thomson]: **Vācbaltieši**, Rīga 1993.

Jukums **Vācietis**: **Latviešu strēlnieku vēsturiskā nozīme** [Die historische Bedeutung der lettischen Schützen]. o. O. [Pleskau] 1922–1924 (Nachdruck: Ders.: Latviešu strēlnieku vēsturiskā nozīme, Rīga 1989).

**Vācu faktors** Latvijas vēsturē [Der deutsche Faktor in der Geschichte Lettlands], (Hrsg.): Maksims Duhanovs, Rīga 1992.

**Vācu okupācijas laika dokumenti** 1941–1945 [Dokumente der deutschen Besatzungszeit 1941–1945], (Hrsg.): Vilis Samsons, Rīga 1990.

Krišjānis **Valdemārs**
*siehe auch* Christian **Woldemar**, C. **Waldemars**

Krišjānis **Valdemārs**: **Kāds vārds** par J. Krodznieka k. rakstu Austrumā No. 5, 6, 8 un 9: Kā muižnieka kārta Baltijā cēlusies un attīstījusies [Ein Wort zum Aufsatz von Hr. J. Krodznieks im Austrums Nr. 5, 6, 8 und 9: Wie der baltische Adelsstand entstanden ist und sich entwickelt hat], in: Austrums (1885) Nr. 12, S. 809-814.

Krišjānis **Valdemārs**: **Krišjāņa Valdemāra rakstu izlase** [Ausgewählte Schriften von Krišjānis Valdemārs], (Hrsg.): Kārlis Eliass, Rīga 1938.

Krišjānis **Valdemārs**: **Lietišķā un privātā sarakste**. 1. sēj. Vēstules [Dienstliche und private Korrespondenz. Bd. 1. Briefe]; 2. sēj. Vēstules Krišjānim Valdemāram [Bd. 2. Briefe an Krišjānis Valdemārs] (Hrsg.): Vita Zelče, Rīga 1997, 2007.

**Valmieras apriņķa un Sēļu pagasta deputātu padomju protokoli** 1917–1918 [Protokolle der Deputiertenräte des Kreises Wolmar und der Gemeinde Sehlen], Rīga 1987.

**Valsts bibliotekas biļetens**. Latvijas bibliografijas mēnešraksts [Bulletin der Staatsbibliothek. Lettlands bibliografische Monatsschrift], (Red.): M. Stumbergs, V. Caune, Rīga No. 1 (1927) ff. *Auch*: Zemes bibliotēkas biļetens. Latvijas Bibliografijas Žurnāls. 17. gads. Titeldrucke der Landesbibliothek. Monatsheft der Lettländischen Bibliographie. 17. Jg., Rīga 1943.

**Valsts valstī**. Latvija – Krievijas impērijas provinves 19. gadsimtā [Staat im Staate. Lettland – die Provinzen des Russischen Reiches im 19. Jahrhundert], (Hrsg.): Gvido Straube, Rīga 2020 (Valsts pirms valsts [konference] 4).

Miķelis **Valters**
*siehe auch* M. **Walter**

Miķelis **Valters**: **Das Verbrechen** gegen die baltischen Staaten. Warnung an Europa und die Welt, Stuttgart 1962.

Miķelis **Valters**: **Mūsu tautības jautājums**. Domas par Latvijas tagadni un nākotni [Die Frage unseres Volkstums. Überlegungen zur Gegenwart und Zukunft Lettlands], Rīga 1914.

**Vara, zeme un sabiedrība**: Politiskās un sociālās transformācijas Austrumbaltijā 12. un 13. gadsimtā [Macht, Land und Gesellschaft: Politische und soziale Transformationen im

Ostbaltikum im 12. und 13. Jahrhundert], (Hrsg.): Andris Šnē, Rīgā 2020 (Valsts pirms valsts [konference] 1).

**Varas Latvijā**. No Kurzemes hercogistes līdz neatkarīgai valstij. Esejas [Mächte in Lettland. Vom Herzogtum Kurland bis zum unabhängigen Staat. Essays], Rīga 2019.

Albert **Varslavans: Anglijskij imperializm i buržuaznaja Latvija**: politiko–diplomatičeskie vzaimootnošenija (1924–1929 gg.) [Der englische Imperialismus und das bourgeoise Lettland: die gegenseitigen politisch-ökonomischen Beziehungen (1924–1929)], Riga 1975.

Albert **Varslavans: Anglijskij kapital v buržuaznoj Latvii**: 1920–1929 gg. [Englisches Kapital im bourgeoisen Lettland: 1920–1929], Riga 1972.

Alberts Ja. **Varslavans**, Antonijs L. **Zunda: Britanskij imperializm i buržuaznaja Latvija** v gody mirovogo ekonomičeskogo krizisa 1929–1933 [Der britische Imperialismus und das bourgeoise Lettland in den Jahren der Weltwirtschaftskrise 1929–1933], Riga 1981.

Aleksandr **Vasil'ev: Dialogi dlinoju v 20 let**: „Baltijskij forum" o vremeni, Latvii, Rossii, mire i sebe [Dialoge über 20 Jahre: Das „Baltische Forum" über Zeiten, Lettland, Russland, die Welt und sich], Riga 2018.

**V dni vojny**. Iz istorii Latvii perioda Velikoj otečestvennoj vojny 1941–1945 gg. [In den Tagen des Krieges. Aus der Geschichte Lettlands im Großen Vaterländischen Krieg 1941–1945], Riga 1964.

Ilgvars **Veigners: Latvieši ārzemēs** [Letten im Ausland], Rīga 1993.

Frīdrihs [Fricis] **Veinbergs: Iz latviešu-leišu vēstures** [Aus der lettisch-litauischen Geschichte], Rīga 1885.

**Ventspils Muzeja Raksti**. Acta historica Vindaviesia. Ventspils 1 ff. (2001 ff.).

Marģers **Vestermanis: Mit dem anderen Deutschland**. Zur Geschichte der Beziehungen zwischen der lettischen und der deutschen Arbeiterbewegung, in: Beiträge zur Geschichte der deutschen Arbeiterbewegung 7 (1965), Nr. 6, S. 990-1001.

Marģers **Vestermanis: Tā rīkojās Vermahts**. Vācu militāristu loma nacistisko okupantu noziegumos Latvijā 1941–1945 [So handelte die Wehrmacht. Die Rolle der deutschen Militaristen bei den Verbrechen der nazistischen Okkupanten in Lettland 1941–1945], Rīga 1973.

**Vēsture** [Geschichte], in: Latvijas Padomju Enciklopēdija. 5.2 Sēj., Rīga 1984, S. 129-258.

**Vēsture: Avoti un cilvēki** [Geschichte: Quellen und Menschen], (Hrsg.): Daugavpils Universitāte, Daugavpils 2004 ff. (Humanitārās Fakultātes XIII starptautisko zinātnisko lasījumu materiāli. Vēsture. VII [I] ff.) (davor unter anderen Titeln).

**Vēsture. Socioloģija. Politika** [Geschichte. Soziologie. Politik], Rīga 1990–1991.
 siehe **Padomju Latvijas Komunists**

**Vēstures zinātne** [Geschichtswissenschaft], in: Latvijas Padomju Enciklopēdija. 5.2 Sēj., Rīga 1984, S. 507-515.

**Vēstures zinātne Latvijā** – 27 gadi pēc neatkarības atjaunošanas. Joprojām krustcelēs? Latvijas vēsturnieku II kongresa materiāli [Geschichtswissenschaft in Lettland – 27 Jahre nach Wiederherstellung der Unabhängigkeit. Immer noch am Scheideweg? Materialien des Lettlands II. Historikerkongresses], Rīga 2019.

**Vēstures zinātņu attīstība** Latvijas PSR 1971–1980. Bibliogrāfisks rādītājs [Die Entwicklung der Geschichtswissenschaft in der SSR Lettland 1971–1980. Bibliografie], (Hrsg.): Latvijas PSR Zinātņu Akadēmijas vēstures institūts. Sabiedrisko zinātņu zinātniskais informācijas centrs, Rīga 1983.

**Vēsturnieks** profesors Dr. oec., Dr. hist h. c. Edgars Dunsdorfs. Biobibliogrāfija [Der Historiker Dr. oec., Dr. hist h. c. Edgars Dunsdorfs. Biobibliografie], (Red.): Andris Caune, Rīga 1999.

Andrejs **Vičs**: **Iz Latvijas skolu vēstures** [Aus der Schulgeschichte Lettlands], Rīga 1923; [Bd. 2-5 u. d. T.:] Latvijas skolu vēsture. 2.-5. grāmata [Schulgeschichte Lettlands. Buch 2-5], Rīga 1926–1940.

**Viduslaiku Livonija** un tās vēsturiskais mantojums [Das mittelalterliche Livland und sein historisches Erbe], (Hrsg.): Andris Levāns, Ilgvars Misāns, Gustavs Strenga, Rīga 2019 (Valsts pirms valsts [konference] 2).

**Vidzemes 1638. g. arklu revīzija**. III. burtnīca [Die Livländische Hakenrevision von 1638. Heft III], (Hrsg.): Edgars Dunsdorfs, Rīga 1941.

**Vidzemes bruņniecība** un Latvija. Livländische Ritterschaft und Lettland, o. O. [Cēsis, Jelgava] 2020.

**Vidzemes saimniecības vēstures avoti**. 1553.–1618. g. [Quellen zur livländischen Wirtschaftsgeschichte 1553–1618], (Hrsg.): Arveds Švābe, Rīga 1941.

**Vidzemes tiesību vēstures avoti**. 1336.–1551. g. [Quellen zur livländischen Rechtsgeschichte. 1336–1551], (Hrsg.): Arveds Švābe, Rīga 1941.

Ilgvars **Vigners**: **Mēs uzvarējām**! Pasaules Brīvo Latviešu Apvienība Eiropas Drošības un Sadarbības Konferencē un daži citi laikmetīgi notikumi 1972–1986 [Wir haben gesiegt! Der Weltverband der Freien Letten auf der Konferenz für Sicherheit und Zusammenarbeit in Europa und einige andere zeitgenössische Ereignisse 1972–1986], Rīga 1998.

Juris **Vīgrabs**: **Vidzemes zemnieku tiesiskais stāvoklis** XVIII. gadusimteņa pirmajā pusē. Materiālu krājums no bij. Vidzemes bruņniecības archiva ar papildinājumiem. 1.-2. daļa [Die rechtliche Lage der Livländischen Bauern in der ersten Hälfte des XVIII. Jahrhunderts. Materialsammlung aus dem ehemaligen Archiv der Livländischen Ritterschaft mit Ergänzungen. Teil 1-2], Rīga 1927–1930 (Valsts Arhīva raksti 6, 8).

Dzintra **Vīksna**: **Latviešu kultūras un izglītības iestādes** Padomju Savienībā 20.–30. gados [Lettische Kultur- und Bildungseinrichtungen in der Sowjetunion in den 20er und 30er Jahren], Rīga 1972.

Māra **Vīksna**: **Latviešu folkloras krātuves izveide** un darbība [Schaffung und Tätigkeit der lettischen Folkloresammlung], in: Latviešu folkloristika starpkaru periodā [Lettische Folkloristik in der Zwischenkriegszeit], (Hrsg.): Dace Bula, Rīga 2014, S. 101-150.

R. **Vīksne**: **Krimināllieta Nr. 15463** [Kriminalsache Nr. 1546], in: Andris Caune (Hrsg.): Arheologi Elvīra Šnore (1905–1996) un Rauls Šnore (1901–1962). Biobibliogrāfija, vēstules, laikabiedru atmiņas [Kriminalsache Nr. 15463. Die Archäologen Elvīra Šnore (1905–1996) und Rauls Šnore (1901–1962). Biobibliografie, Briefe, Erinnerungen von Zeitgenossen], Rīga 1997, S. 86-96.

N[ikolajs] **Vīksniņš: Latviešu vēsturnieku uzdevumi trimdā** [Die Aufgaben lettischer Historiker im Exil], in: Laiks (30.11.1955), S. 3.

N[ikolajs] **Vīksniņš: Latvijas vēsture** jaunā gaismā (Lettlands Geschichte in neuem Licht), Oak Parkā (Oak Park) 1968.

Tālivaldis **Vilciņš**: Latvijas zinātnieki staļinisma represiju apstākļos [Lettlands Wissenschaftler unter Stalins Unterdrückung], in: Komunistiskā totalitārisma un genocīda prakse Latvijā. Konferences materiāli, (Red.): Irēna Šneidere, Rīga 1992, S. 87-98.

Roberts **Vipers: Jauno laiku vēsture**. 1.-4. daļa, Rīga 1930–1939.

    Jauno laiku vēsture. 1. daļa. Atradumu, reformācijas un reliģisko karu laikmets [Teil 1. Das Zeitalter der Entdeckungen, der Reformation und der Religionskriege], Rīga 1930.

    Jauno laiku vēsture. 2. daļa. Absolūtas monarhijas un triju lielo revolūciju laikmets (1640–1795) [Teil 2. Das Zeitalter der absoluten Monarchie und der drei großen Revolutionen (1640–1795)], Rīga 1937.

    Jauno laiku vēsture. 3. daļa. Napoleona impērija, liberālisma un nacionālo kstību laikmetas [Geschichte der Neuzeit. Teil 3. Das Zeitalter des napoleonischen Imperiums, des Liberalismus und der Nationalbewegungen], Rīga 1938.

    Jauno laiku vēsture. 4. daļa. Lielkapitālisma un militārisma laikmets (1851–1918) [Geschichte der Neuzeit. Teil 4. Das Zeitalter des Großkapitalismus und des Militarismus(1851–1918)], Rīga 1939.

Roberts **Vipers: Par Latvijas vēstures pētīšanu** sakarā ar vispārējo Eiropas vēsturi [Über die Erforschung der Geschichte Lettlands im Zusammenhang mit der allgemeinen Geschichte Europas], in: Pagātne un tagadne. II., Rīga 1938, S. 120-127.

[Roberts J.] **Vipers** [Vipper]: **Vēstures lielās problēmas** [Die großen Probleme der Geschichte], Rīga 1940 (Nachdruck Rīga 1990).

**Vissavienības Komunistiskās (boļševiku) partijas vēsture**. Īsais kurss [Geschichte der Allrussischen Kommunistischen Partei (Bolševiki). Kurzer Lehrgang], Rīga 1941.

Kristīne **Volfarte**, Ervīns **Oberlanders** (Hrsg.): **Katram bija sava Rīga** [Jeder hatte sein eigenes Riga], Rīga 2004.

Vladislavs **Volkovs: Krievi Latvijā** [Russen in Lettland], Rīga 1996.

Vladislavs **Volkovs**
    *siehe auch* Ilga **Apine**, Vladislavs **Volkovs**

**Von den baltischen Provinzen** zu den baltischen Staaten. Beiträge zur Entstehungsgeschichte der Republiken Estland und Lettland **1917–1918**, (Hrsg.): Baltische Historische Kommission, Marburg 1971.

**Von den baltischen Provinzen** zu den baltischen Staaten. Beiträge zur Entstehungsgeschichte der Republiken Estland und Lettland **1918–1920**, (Hrsg.): Baltische Historische Kommission, Marburg 1977.

**Von der Oberschicht zur Minderheit**. Die deutsche Minderheit in Lettland 1917–1940. Nordost-Archiv N. F., V (1996), H. 2.

**Vooruzhennoe vostanie** v Rige 3 janvarja 1919 goda (Vospominanija) [Der bewaffnete Aufstand in Riga am 3. Januar 1919 (Erinnerungen)], Riga 1959.

Wolfgang **Wachtsmuth**: **Von deutscher Arbeit** in Lettland 1918–1934. Ein Tätigkeitsbericht. Materialien zur Geschichte des Baltischen Deutschtums. Bd. 1-3. Köln 1951–1953.

M. **Walter**
*siehe auch* Miķelis **Valters**

M. **Walter**: **Le peuple Letton**, Riga 1926.

M. **Walter** [Miķelis Valters], **Lettland**. Seine Entwicklung zum Staat und die baltischen Fragen, Rome 1923.

Hellmuth **Weiss**: **Die historischen Gesellschaften**, in: Georg von Rauch (Hrsg.): Geschichte der deutschbaltischen Geschichtsschreibung, Köln u. a. 1986 (Ostmitteleuropa in Vergangenheit und Gegenwart 20), S. 121-139.

Katja **Wezel**: **Geschichte als Politikum**, Berlin 2016.

Reinhard **Wittram**: **Baltische Geschichte**, Göttingen 1954.

Reinhard **Wittram**: **Das Interesse an der Geschichte**. Zwölf Vorlesungen über Fragen des zeitgenössischen Geschichtsverständnisses, Göttingen 1954.

Reinhard **Wittram**: **Methodologische und geschichtstheoretische Überlegungen** zu Problemen der baltischen Geschichte, in: Zeitschrift für Ostforschung 20 (1971), S. 601-640.

C. **Waldemars**
*siehe auch* Krišjānis **Valdemārs**

Kristine **Wohlfart**: **Nationale Bewegung** und Staatsgründung, in: Ivars Ījabs, Jan Kusber, Ilgvars Misāns, Erwin Oberländer (Hrsg.): Lettland 1918–2018. Ein Jahrhundert Staatlichkeit, Paderborn 2018, S. 13-26.

Kristine **Wohlfart**: **Der Rigaer Letten Verein** und die lettische Nationalbewegung von 1868 bis 1905, Marburg 2006.

Kristine **Wohlfart**
*siehe auch* Kristīne **Volfarte**, Ervīns **Oberlanders** (Hrsg.)

Christian **Woldemar**
*siehe auch* Krišjānis **Valdemārs**, C. **Waldemars**

Christian **Woldemar**: Baltische, namentlich livländische **Bauernzustände**, Leipzig 1862.

Christian **Woldemar**: **Vaterländisches** und Gemeinnütziges, Moskau 1871.

Hans J. **Wolff**: **Die Rechtsbrüche** zum Nachteil der deutschen Volksgruppe in Lettland. 1919–1939. Nur für den Dienstgebrauch, Berlin-Dahlem 1941 (Schriften der Publikationsstelle für den Dienstgebrauch).

Meike **Wulf**, Pertti **Grönholm**: **Generating Meaning** Across Generations: The Role of Historians in the Codification of History in Soviet and Post-Soviet Estonia, in: Journal of Baltic Studies 41 (2010), Nr. 3, S. 351-382.

Ēriks **Žagars**: **Latvijas PSR iestāšanās PSR Savienībā** 1940. gadā [Der Beitritt der SSR Lettland zur UdSSR], Rīga 1973.

Ēriks **Žagars**: **Sociālistiskie pārveidojumi Latvijā**: 1940.–1941. [Die sozialistischen Umgestaltungen in Lettland: 1940–1941], Rīga 1975 (engl.: Ders.: Socialist transformations in Latvia: 1940–1941, Riga 1978).

Ieva **Zake**: **American Latvians**: Politics of a Refugee Community, New Brunswick 2010.

Ieva **Zake**: **Nineteenth-Century Nationalism** and Twentieth-Century anti-democratic Ideals. The Case of Latvia, 1840s to 1980s, Lewiston, N.Y. 2008.

Ieva **Zake**: **Soviet Campaigns** against „Capitalist Ideological Subversives" during the Cold War, in: Journal of Cold War Studies 12 (2010), Nr. 3, S. 91-114.

Lilita **Zalkalns**: **Back to the Motherland**. Repatriation and Latvian Émigrés 1955–1958, Stockholm 2014 (Stockholm Studies in Baltic Languages 8).

Viesturs **Zanders**: **Edgars Dunsdorfs un apgāda „Daugava" Latvijas vēstures sērija** [Edgars Dunsdorfs und die Serie Geschichte Lettlands des Verlages „Daugava"], in: Latvijas Vēstures Institūta Žurnāls (2015), Nr. 4, S. 46-88.

Viesturs **Zanders**: **Mazāk zināmais** par Ulža Ģērmaņa publikāciju tapšanu un likteņiem [Weniger Bekanntes über die Entstehung und das Schicksal der Publikationen von Uldid Ģērmanis], in: Letonica 35 (2017), S. 29-42.

Viesturs **Zanders**: **Rīgas Latviešu biedrība** (1868–1940) kā nacionālais grāmatniecības centrs [Der Rigaer Lettische Verein (1868–1940) als Zentrum des nationalen Buchwesen], Rīga 2006.

Viesturs **Zanders**: **Zinātnisko biedrību bibliotēkas** Latvijā (19.–20. gs.) un to likteņi [Bibliotheken wissenschaftlicher Gesellschaften in Lettland (19.–20. Jh.) und ihre Schicksale], in: Latvijas Universitātes Raksti 716 (2007), S. 47-52.

Jürgen **Zarusky**: **Debatten um den Hitler-Stalin-Pakt**: eine Moskauer Konferenz und ihr Umfeld, in: Vierteljahreshefte für Zeitgeschichte 53 (2005), Nr. 2, S. 331-342.

Teodors **Zeids**: **Beziehungen der Hansestädte Riga und Rostock** im Mittelalter, in: Neue Hansische Studien, Berlin 1970, S. 289-299.

Teodors **Zeids**: **Dzimtļaužu atsavināšana** Kurzemē 17.-18. g.s. [Die Enteignung der Leibeigenen in Kurland im 17. und 18. Jh.], Rīga 1939.

Teodors **Zeids**: **Feodālisms Livonijā** [Der Feudalismus in Livland], Rīga 1951.

Teodors **Zeids**: **Latviešu vēstures zinātnes attīstība** 1918–1938 [Die Entwicklung der lettischen Geschichtswissenschaft 1918–1938], Rīga 1939 (Sonderdruck aus: Ceļi 9 (138), S. 89-115).

Pēteris **Zeile**: **Garlībs Merķelis** kā kultūrfilozofs un kultūrpublicists [Garlieb Merkel als Kulturphilosoph und Kulturpublizist], in: Garlībs Merķelis, Kultūrvēsturiskie raksti [Garlieb Merkel. Kulturgeschichtliche Schriften], Rīga 1992, 5-30.

Vita **Zelče**: **Jānis Krodznieks** – Latvijas Republikas pirmā arhīva direktors [Jānis Krodznieks – Direktor des ersten Archivs der Republik Lettland], in: Latvijas Arhīvi (2001), Nr. 2, S. 151-155.

Vita **Zelče**: **Jaunstrāvnieki** [Die Anhänger der Neuen Strömung], in: Latvijas Vēstures Institūta Žurnāls (2000), Nr. 4, S. 60-82.

Vita **Zelče**: **Latviešu emigrācijas prese** – (iz)dzīvošanas saikne ar dzimeni (19. gadsimta beigas – 20. gadsimta sākums) [Die Presse der lettischen Emigration – (Über)Lebensverbindung mit der Heimat (Ende des 19. Jhs. – Beginn des 20. Jhs.)], in: Viesturs Zanders (Hrsg.): Grāmata ārpus Latvijas. Books for Latvia outside Latvia, Rīga 2021, S. 201-235.

Vita **Zelče**: **Maksims Duhanovs**. Vēsturnieks un skolotājs [Maxim Duhanov. Historiker und Lehrer], in: Latvijas Arhīvi (2001), Nr. 2, S. 141-155.

Vita **Zelče**, Māris **Zanders**: **Ulmaņalaiki**. Latvijas autoritārisma īpatnības [Die Ulmanis-Zeit. Die Eigenarten des Autoritarismus Lettlands], Rīga 2023.

Kaspars **Zellis**: **Der Erste Weltkrieg und die lettischen Schützen** im kollektiven Gedächtnis der Letten, in: Forschungen zur baltischen Geschichte 10 (2015), S. 163-187.

Kaspars **Zellis**: **Die Okkupation Lettlands** durch die Sowjetunion 1940/41, in: Ivars Ījabs, Jan Kusber, Ilgvars Misāns, Erwin Oberländer (Hrsg.): Lettland 1918–2018. Ein Jahrhundert Staatlichkeit, Paderborn 2018, S. 65-75.

Kaspars **Zellis**: **Ilūziju un baiļu mašinērija**. Propaganda nacistu okupētajā Latvijā: vara, mediji un sabiedrība (1941–1945) [Maschinerie der Illusionen und der Angst. Propaganda im nationalsozialistisch okkupierten Lettland: Macht, Medien und Gesellschaft (1941–1945)], Rīga 2012, $^2$2013.

Kaspars **Zellis**: **Latviešu vēsturiskuma izpratnes rekonstrukcija** nacionālsociālistiskās Vācijas okupācijas laikā [Die Rekonstruktion des lettischen Geschichtsverständnisses während der Okkupationszeit des nationalsozialistischen Deutschland], in: Pēdējais karš. Atmiņa un traumas komunikācija [Der letzte Krieg. Erinnerung und Traumakommunikation], (Hrsg.): Mārtiņš Kaprāns, Vita Zelče, Rīga 2011, S. 79-97.

Kaspars **Zellis**: **Nacionālsociālistiskās Vācijas propaganda** okupētajā Latvijā 1942.–1943. gadā [Die Propaganda des nationalsozialistischen Deutschland im besetzten Lettland 1942–1943], in: Latvijas Vēsturnieku Komisijas Raksti. 19. sēj. [Schriften der Historikerkommission Lettlands. Bd. 19], Rīga 2007, S. 219-248.

Kaspars **Zellis**: Probleme der Geschichte Lettlands. Der I. Kongress der Historiker Lettlands, in: Zapiski Historyczne LXXVI (2011), Z. 4, S. 129-136.

**Zemes bibliotēkas biļetens**
*siehe* **Valsts bibliotēkas biļetens**

Guntis **Zemītis**: **Drošības aspekti** Latvijas vēsturē [Aspekte der Sicherheit in der Geschichte Lettlands], Rīga 2023.

Guntis **Zemītis**: **Latvijas Vēstures institūtam 75 gadi** [75 Jahre Geschichtsinstitut Lettlands], in: Latvijas Vēstures Institūta Žurnāls (2010), Nr. 4, S. 135-153.

Guntis **Zemītis**: **Nacionālā identitāte** un valstiskums Latvijas vēsturē (sakarā ar Latvijas Vēstures institūta 75. gadadienu) [Nationale Identität und Staatlichkeit in der Geschichte Lettlands (in Zusammenhang mit dem 75. Jahrestag des Geschichtsinstituts Lettlands)]., in: Zinātnes Vēstnesis (9.5.2011), URL: http://archive.lza.lv/index.php?option=com_content&task=view&id=1215&Itemid=47 (letzter Zugriff, 31.3.2022).

Jānis **Zemzaris**: **Kultūras vērtības sargājot** (Atmiņu fragmenti par darbību Vēstures krātuvē) [Kulturwerte schützen (Erinnerungsfragmente über die Tätigkeit in der Sammelstelle für Geschichte)], in: Latvijas Vēsture (1993), Nr. 2, S. 47-50.

Kristine **Zestovska**: **Das autoritäre Regime** in Lettland im Spiegel der Reden von Karlis Ulmanis. Magisterarbeit Johannes Gutenberg Universität Mainz 1995 (unveröffentlicht).

Arvids **Ziedonis**, William L. **Winter**, Mardi **Valgemäe** (Hrsg.): **Baltic History**, Columbus, Ohio 1974 (Publications of the Association for the Advancement of Baltic Studies 5).

Ineta **Ziemele**: **State Continuity and Nationality**: The Baltic States and Russia: Past Present and Future as Defined by International Law, Leiden, Boston 2005 (auch URL: http://www.gbv.de/dms/spk/sbb/recht/toc/480621179.pdf [letzter Zugriff 20.7.2017]).

Al'ma J. **Zile**: **Ekonomičeskie meroprijatija** sovetskogo pravitel'stva Latvii v 1919 gody [Ökonomische Maßnahmen der Sowjetregierung Lettlands im Jahr 1919], Riga 1950.

Al'ma J. **Zile**: **Social'no-ekonomičeskie meroprijatija** sovetskogo pravitel'stva Latvii v 1919 gody. [Sozioökonomische Maßnahmen der Sowjetregierung Lettlands im Jahr 1919], Riga 1949 (Avtoreferaty kandidatskich dissertacij).

Ļubova **Zīle**: **Sociālisma celtniecības vēsturiskais ceļš** [Der historische Weg des Aufbaus des Sozialismus], Rīga 1980.

Elena **Zubkova**: **Pribaltika i Kreml'** 1940–1953 [Das Baltikum und der Kreml 1940–1953], Moskva 2008.

Antonijs **Zunda**
*siehe auch* Alberts Ja. **Varslavans**, Antonijs L. **Zunda**
*siehe auch* Ilgvars **Butulis**, Antonijs **Zunda**

Antonijs **Zunda**: **Latviešu trimda** Rietumvalstīs un Latvijas PSR Ārlietu ministrija (1950–1960) [Das lettische Exil im Westen und das Außenministerium der SSR Lettland (1950–1960)], URL: http://www.barikadopedija.lv/raksti/873125 (letzter Zugriff 23.4.2024).

Jānis **Zutis**
*siehe auch* **Apcerējumi par Latvijas PSR vēsturi**

Jānis **Zutis**: **Agrie viduslaiki** Latvijā: no IX līdz XII gs. [Das frühe Mittelalter in Lettland: vom 9. bis zum 12. Jh.], Rīga 1948 (Apcerējumi par Latvijas PSR vēsturi 2).

Jānis **Zutis**: **Baltijas jautājums** XVIII gadsimtā [Die baltische Frage im 18. Jahrhundert], Rīga 1951.

Jānis **Zutis**: **Buržuāziskais nacionālisms** un kosmopolitisms A. Švābes vēstures koncepcijā [Der bourgeoise Nationalismus und Kosmopolitismus in der Geschichtskonzeption A. Švābes], in: Buržuāziskie nacionālisti – Latvijas vēstures viltotāji, Rīga ²1953, S. 23-42.

Jānis **Zutis**: **Cīņa par agrārām reformām** XIX gadsimteņa pirmā pusē. Kapitālisma pirmatnējās uzkrāšanās posms Latvijā [Der Kampf um die Agrarreform während der ersten Hälfte des 19. Jahrhunderts. Die Anfänge der Kumulation des Kapitalismus in Lettland], Rīga 1945 (Latvijas PSR vēstures materiāli).

Ja. **Zutis**: **Grjunval'd** – konec mogučestva Tevtonskogo ordena [Grunwald – das Ende des Deutschen Ordens], in: Istoričeskij Žurnal 9 (1941), S. 74-80.

Jānis **Zutis**: **Krievu un Baltijas tautu cīņas** pret vācu agresiju [Die Kämpfe des russischen Volkes und der baltischen Völker gegen die deutsche Aggression], Rīga 1948 (Apcerējumi par Latvijas PSR vēsturi 3).

Jānis **Zutis**: **Latvijas vēstures pētīšanas jaunie uzdevumi** [Die neuen Aufgaben der Geschichtsforschung Lettlands], in: Latvijas PSR ZA Vēstis (1947), Nr. 1, S. 59-69.

Ja. **Zutis**: **Ob istoričeskom značenii** prisoedinenija Latvii k Rossii [Zur historischen Bedeutung des Anschlusses Lettlands an Russland], in: Voprosy Istorii (1954) Nr. 7, S. 95-105.

Janis **Zutis**: **Očerki po istoriografii Latvii**. Čast' 1. Pribaltisko-nemeckaja istoriografija [Abriss der Historiografie Lettlands. Teil 1. Die baltisch-deutsche Historiografie], Riga 1949.

Janis **Zutis**: **Ostzejskij vopros** v XVIII veke [Die Baltische Frage im 18. Jahrhundert], Riga 1946.

Janis **Zutis**: **Politika carizma** v Pribaltike v pervoj polovine XVIII veka [Die Politik des Zarismus im Baltikum in der ersten Hälfte des 18. Jahrhunderts], Moskva 1937.

Jānis **Zutis**: **Vidzeme XVIII gadsimtenī** [Livand im 18. Jahrhundert], Rīga 1945 (Latvijas PSR vēstures materiāli).

Pēteris **Zvidriņš**, Inta **Vanovska: Latvieši**. Statistiski demogrāfisks portetējums [Die Letten. Statistisch-demografisches Porträt], Rīga 1992.

Indulis **Zvirgzdiņš**: **Vēstures studijas** Latvijas Universitātē (1930–1940) [Das Studium der Geschichte an der Universität Lettlands (1930–1940)], in: Latvijas Universitātes Raksti 780 (2012), S. 331-340.

Kārlis **Zvirgzdiņš**: **Vācbaltiešu arhīvu pārņemšana** valsts glabāšanā (1935. gada rudens) [Die Übernahme der deutschbaltischen Archive in die Aufbewahrung des Staates (Herbst 1935)], in: Latvijas Arhīvi (2009) Nr. 3, S. 52-72.

# Personenregister

Ābers, Benno  57 f., 65, 117, 171, 176
Ābola, Zinta  210
Adamovičs, Ludvigs  116
Adenauer, Konrad  179
Ahlmark, Per  199
Aizsilnieks, Arnolds  107, 171, 182 f.
Akuraters, Jānis  49
Alksne, Irma  119
Alksnis, Jēkabs  81
Allilujeva (Stalina), Svetlana Iossifovna  134
Altements, Alfrēds  97, 105 f., 119
Alunāns, Juris  21, 33-35
Andersons, Edgars  162, 171, 173, 176 f., 181
Angermann, Norbert  196 f.
Apals, Gints  205
Apine, Ilga  123 f., 164, 195
Apinis, Roberts  87
Arad, Yitzhak  199
Arbusow d. Ä., Leonid  44
Arbusow d. J., Leonid (*Pseud.* Karstens, Ludwig, Nordmann, Hans)  10, 55-57, 60, 107, 178
Armands, Pāvels  147
Arndt, Wilhelm  24, 42
Āronu Matīss  28
Asaris, Jānis  46
Ašmane, Maija  121
Auseklis (*eigentl.* Krogzemis, Miķelis)  42
Avens, Nikolajs  66

Babris, Jānis  141
Balevica, Lida  133
Balodis, Agnis  12
Balodis, Francis  58 f., 61, 63, 64, 70, 72, 97 f., 103, 105, 117, 135
Bangerskis, Rudolfs  185
Barons, Krišjānis  21, 34, 38, 61
Bastjānis, Voldemārs  163, 182
Bauer, Albert  55
Bauer, Otto  40
Bazileviča, Olga  13

Bebel, August  91
Beesbardis, Beezbard *siehe* Biezbārdis, Kaspars
Behr, Helmut  66
Benjamin, Walter  80
Benninghoven, Friedrich  159
Benz, Ernst  174
Bergmane, Una  197, 211
Bergmanis, Aldis  201
Bergmann, Gustav von  25
Bergs, Arveds  108
Bernheim, Ernst  16
Bērziņš, Alfrēds  167, 170, 181
Bērziņš, Andris  219
Bērziņš, Eduards  81
Bērziņš, Jānis  57, 61, 66, 195, 198, 214
Bērziņš, Ludvigs (Ludis)  62
Bērziņš, Pēteris  65
Bērziņš, Valdis  147
Bērziņš-Ziemelis, Jānis  87
Bērzs, K. J. (*Pseud.?* für Pelše, Arvīds)  138
Bielenstein, August  28
Biezais, Haralds  171
Biezbārdis (*auch* Beesbardis, Beezbard), Kaspars  34, 37, 43
Bildt, Carl  199
Biļķins, Vilis  58, 65, 117, 174, 176
Bīlmanis, Alfrēds  62, 66, 167, 171, 178
Birkerts, Gunārs  206
Biron, Johann Ernst  45
Biron, Margarita  12
Biron, Anatolij  12, 85, 163
Blanks, Ernests  49, 67
Blaufuß, Friedrich Bernhard  30
Bleiere, Daina  11, 111, 199, 203, 215
Blese, Ernests  98
Blumfelds, Augusts  121
Blumfelds, Edgars  156
Blumfelds, P.  85
Blūzma, Valdis  164
Böll, Heinrich  161

Bogojavlenska, Svetlana  197
Bondarevs, Pēteris  152
Brandt, Willy  170
Brastiņš, Ernests  16, 117
Brecht, Bertolt  80
Bregžis, Ritvars  177
Brežgo, Bolesławs  117, 127, 139
Brīvzemnieks, Fricis  34, 38, 61
Brotze, Johann Christoph  24, 213
Bruiningk, Hermann von  55
Bubnov, A. S.  85
Bukšs, Miķelis  14
Bunge, Friedrich Georg von  25 f., 68
Busch, Nikolaus  55
Butkus, Zenonas  199, 219
Butulis, Ilgvars  13, 196, 199

Čakste, Jānis  28
Campe (Kampe), Pauls  173
Caune, Andris  198
Celms, Jānis  100 f., 105 f.
Celms, Teodors  16
Celmiņš, P.  85
Cerūzis, Raimonds  197
Cesarani, David  199
Češichin, Evgraf Vasil'evič  29
Chruščev, Nikita S.  113, 205, 217
Cielēns, Felikss  40, 141, 170
Cīrulis, Gunārs (eigentl. Civjans, Gabriels)  161
Civjans, Gabriels siehe Cīrulis, Gunārs
Čubarjan, Aleksandr O.  203

Daniševska  89
Daniševskis, Jūlijs  46, 85
Dankers, Oskars  100, 185
Darrées, Richard Walther  160
Daudze, Argita  196
Dauge, Aleksandrs  45
Dauge, Pauls  81, 86
Daugmalis, Viktors (eigentl. Kalniņš)  133
Daukštst, Bonifācijs  196
Daukšts, Kārlis  133
Deglavs, Augusts  45
Deglavs, Fricis  149
Diehl, Erich  56
Dinsbergs (auch Dinsberģis, Dünsbergs), Ernests  45
Dīriķis, Bernhards  34
Dišlers, Kārlis  49 f.
Dollinger, Philippe  159
Dopkewitsch, Helene  89

Dorošenko, Vasilij  12, 158
Draudiņš, Teodors  121, 135
Drechsler, Otto-Heinrich  100, 104
Dribins, Leo  13, 72, 164, 195
Drīzulis, Aleksandrs  14, 87, 120, 130, 135, 139-141, 149, 150, 163, 194, 224
Drīzulis, Arvīds  87
Duchanov (auch Duhanovs), Maksim  134 f., 195
Dülfer, Kurt  100, 104-106
Dunsdorfs, Edgars  14, 58, 61, 65, 98, 107 f., 169, 171, 174, 176, 178-180, 182, 186
Dzierżyński, Feliks  113
Dziļleja, Kārlis  176
Dzintars, Jānis (Pseud. Klucis, Valdis)  156 f., 194

Ebert, Max  55
Efferts  89
Eidemanis, Roberts  85
Eihe, (Kārlis) Roberts  81
Eihelis, Alberts  157
Eihmane, Eva  208, 213
Einstein, Albert  70
Eisen, Johann Georg  24
Ekšteins, Modris  172
Elvihs, Andrejs  122
Endzelīns, Jānis  28, 62, 98
Engels, Friedrich  123
Evarts, Edvīns  205
Ewers, Gustav von  25
Ezergailis, Andrejs (Andrew)  136, 162 f., 171, 184, 196

Fabriciuss, Jānis  147
Feigmane, Tatjana  211
Feldmanis, A.  85
Feldmanis, Inesis  196
Felsbergs, Ernests  57, 61
Feuereisen, Arnold  55
Fichte, Johann Gottlieb  35 f.
Friebe, Wilhelm Christian  24
Frunze, Michail V.  85

Gadebusch, Konrad  24
Gebhardt, Albrecht Ludwig  25
Gercen, A. I. siehe Herzen, A. I
Ģērmanis, Jānis  183
Ģērmanis, Uldis (Pseud. Ulafs Jansons)  12, 105, 105-107, 162 f., 171, 174, 182-184
Gerstenmaier, Eugen  169

Ginters (Ģinters), Valdemārs (Waldemar) 65, 117, 173
Göring, Hermann 100
Gorbačev, Michail S. 115 f., 154, 188
Gore (*auch* Grava, Kreituse), Ilga 164
Gorki, Maksim 151
Grašmanis, Krišs 121, 138
Graudonis, Jānis 208
Grekov, Boris D. 137
Grimm, Jacob 34
Grīns, Aleksandrs (*eigentl.* Jēkabs) 67
Grūbe, Gints 170
Gusačenko, Andrejs 211
Guščika, Elīna 210
Gustav II. Adolf 25, 62

Hanovs, Denis 197
Hansen, August 42
Hartung (Druckerei) 21
Hausmanis, Viktors 165
Hausmann, Richard 27
Hāzners, Vilis 170
Heckert, Fritz 93
Heckert, Wilhelmine 93
Hehn, Jürgen von 73, 180
Heine, Heinrich 3
Heinrich von Lettland 41 f.
Helk, Vello 174
Henning, Detlef 219
Herder, Johann Gottfried 30, 34, 37
Herodot 37
Herzen, A. I. 79
Hiden, John 215
Himmler, Heinrich 99 f.
Hitler, Adolf 100, 149, 151, 156
Holst, Niels von 100
Hubatsch, Walther 173
Hupel, August Wilhelm 24
Husserl, Edmund 16

Ieleja, Kārlis 176
Iggers, Georg G. 19
Ījabs, Ivars 214
Ipsen, Gunther 173
Ivan IV. 104, 129, 137
Ivanovs(s), Aleksandr(s) 13, 199
Īverts, Ilmārs 122
Ivinskis, Zenonas 173

Jakob von Kurland (Herzog) *siehe* Kettler, Jakob
Jakovļeva, Mārīte 213

Janelis, K. 85
Jannau, Heinrich Johann von 30
Jansone 89
Jansons, Aleksandrs 117
Jansons, Ritvars 201
Jansons, Ulafs (*Pseud.*) *siehe* Ģērmanis, Uldis
Jansons-Brauns, Jānis 46, 92, 141
Jēkabsons, Ēriks 13, 197, 199, 210 f.
Jel'cin, Boris 190
Jenš, Juris (Georgs) 117
Johansons, Andrejs 171, 173, 181
Jonāne, Irēna 141
Jurgens, Jānis 96

Kalnača, Velta 156
Kalnbērziņš, Jānis 89, 113, 119, 137
Kalniņa, Klāra 48
Kalniņš, Brūno (*auch* Bruno) 96, 141, 170, 176
Kalniņš, V. 176
Kamenev, K. K. 85
Kampe, Paul *siehe* Campe, Pauls
Kangeris, Kārlis 172, 196, 199, 201, 216
Kant, Edgar 173
Kant, Immanuel 34
Kaprāns, Mārtiņš 197
Karaļuns, Vincents 120, 142, 164
Karamzin, Nikolaj M. 127
Kārkliņš 89
Karlsons, Georgs 64
Karlsons, Žanis 64
Karnups, Ādolfs 16
Karstens, Ludwig (*Pseud.*) *siehe* Arbusow, Leonid d. J.
Karvelis, Petras 169
Katharina II. 25
Kaudzīte, Matīss 28, 33, 36
Kaudzīte, Reinis 36
Kaufmanis (*Pseud.* Soms), Kārlis 87, 93
Kauliņš, Jānis 45
Kauliņš, Kārlis 122
Ķaune, Nikolajs 65
Keller, Karl 48
Ķencis, Toms 219
Keruss, Jānis 197
Kettler, Gotthard 45
Kettler, Jakob 101
Ķiķauka, Pēteris 57, 61
Kilmi, Jaak 170
Kirhenšteins, Augusts 105, 153
Kiršs, Jūlijs 87
Klāns, Pavils (*Pseud.*) *siehe* Kovaļevskis, Pauls

Kļaviņš, Kaspars  196
Kleist, Wolf von  163
Klīve, Ādolfs  163, 170
Klot, Alexander von  48
Klucis, Valdis (*Pseud.*) siehe Dzintars, Jānis
Klumberg, Wilhelm  99
Knierim, Elisabeth von  176
Knoriņš (Knorin), Vilis (Vil'gelm)  81, 86 f., 89, 93, 138
Kolb, Eberhard  214
Kovaļevskis, Pauls  162
Kraft, Waldemar  169
Krastiņš, Eduards  105
Krastiņš, Jānis  20, 87, 120 f., 129-131, 135, 139-142, 147, 160, 163
Krastiņš, Kārlis  84, 93
Krēsliņš, Jānis (*Pseud.* Pelikāns)  172
Krodznieks, Jānis (*auch* Johann Krüger)  9, 38, 41, 43 f., 55, 57, 61
Krogzemis, Miķelis *siehe* Auseklis
Kronberga, Lidija (Lija) *siehe* Švābe, Lidija
Kronbergs  89
Kronvalds, Atis  34-37
Krüger, Johann *siehe* Krodznieks, Jānis
Krūmiņa, E.  176
Krūmiņš, Gatis  197, 202
Krūmiņš, Haralds  87
Krūmiņš, Jānis  84
Krūmiņš, Vilis  112, 164
Krupņikovs, Pēteris  133, 160, 195 f.
Kruus, Hans  74

Labsvīrs, Jānis  182
Lācis, Asja  80
Lācis, Vilis  138
Laicēns, Linards  79, 115
Landers, Kārlis  46, 90, 98, 136
Latkovskis, Leonards  172
Laun, Rudolf  169
Launags, Antons  174
Lazda, Paulis  171
Lejiņš, Atis  211
Lencmanis, Jānis  84 f.
Lenin, Vladimir Il'ič  80, 82, 88-91, 93, 114, 126, 142-144, 148
Lenz, Wilhelm  26
Lerhis, Ainars  199, 205
Lešinska, Ieva  170
Lešinskis, Imants  170
Levāns, Andris  196
Levits, Egils  174, 208

Liberts, Ludolfs  70
Līdaks, Oto  87
Liebknecht, Karl  91, 93
Lieknis, Jānis  97, 105
Liepiņa, Dzidra  158
Liepiņš, Roberts  169
Lipša, Ineta  197, 211
Loeber, Dietrich A.  163, 208
Løgstrup, Birgit  193
Lohse, Hinrich  100
Loit, Aleksander  176
Löwis of Menar, Karl Woldemar von  55
Lukstiņš, Gustavs  61, 98, 117
Lumans, Valdis  172
Luxemburg, Rosa  93

Machlewski, Julian  79
Maikovskis, Boleslavs  157
Malvess, Roberts  58, 62, 65, 97, 105, 117
Manasein, Nikolaj A.  39
Martinsons, Kārlis  141
Marx, Karl  22, 91, 123
Mattiesen, Heinz  73
Mechlis, Lev S.  93
Medvedev, Dmitrij A.  202
Medijainen, Eero  199
Mednis, Haralds  115
Mednis, Imants  11
Meierovica, Ingrīda  211
Meierovics, Zigfrīds Anna  211
Melbārde, Dace  184
Merkel, Garlieb  31-33, 37 f., 39, 41, 44, 186
Mežlauks, Valerijs  81
Mežs, Ilmārs  211
Mieriņa, Austra  159
Mill, John Stewart  34
Mintaurs, Mārtiņš  197, 199, 210
Misāne, Agita  219
Misāns, Ilgvars  13, 44, 196, 212
Miške, Vladimirs  86, 96 f., 130, 141
Mommsen, Wolfgang Arthur  107
Moora, Harri  139
Munters, Vilhelms  101, 163

Naimark, Norman M.  199
Namsons, Andrievs  174
Napoleon I.  27
Neiburgs, Uldis  197, 199, 210 f.
Nevski, Aleksandr  135
Niedra, Andrievs  50
Niedre, Niedra  137

Niedre, Ojārs 164, 194
Nīkurs, Arturs 105
Nollendorfs, Valters 196, 199 f.
Nørager, Troels 193
Nordmann, Hans (*Pseud.*) *siehe* Arbusow d.„J., Leonid

Oberländer, Erwin 111, 199 f., 213, 219
Ostrovs, Jānis 138
Ozols, Jēkabs 173
Ozoliņš, J. 138

Pabst, Eduard 42
Paeglis, Spricis 76
Palme, Olof 176
Pankratova, Anna M. 130, 137, 150
Paškevics, Jānis 96 f.
Pašukanis, Jevgenij B. 81
Pečaks, Kārlis 84
Pelkaus, Elmārs 164, 198
Pelše, Arvīds 113, 123, 127 f., 131, 133, 135, 138
Pelše, Roberts 131, 137 f.
Peniķis, Mārtiņš 67
Peter I. d. Große 104
Pētersone, Valda 209
Peterss, Jēkabs 81
Petri, Christoph Johann 25
Pičeta, Vladimir I. 137
Piscator, Erwin 80
Pistohlkors, Gert von 133, 193
Plakans, Andrejs 12, 71, 73, 172, 185 f., 196
Platon 108
Plensners, Aleksandrs 65, 176
Plettenberg, Wolter von 102, 213
Pliekšāne, Dora *siehe* Stučka, Dora
Pliekšāns, Jānis *siehe* Rainis
Plūdonis (Plūdons), Vilis 31
Podnieks, Juris 147
Pokrovskij, Michail N. 82, 129 f.
Popov, Boris 60
Press, Bernhard 216
Prīmanis, Mārtiņš 100
Pumpurs, Andrejs 38
Putin, Vladimir V. 192

Rahr, Alexander 211
Rahr, Gleb 211
Rainis (*eigentl.* Pliekšāns, Jānis) 34, 40, 73, 85, 151, 161
Raņķe, Aina 209

Ranke, Leopold von 25
Raškevics, Alfreds 122
Raudanikas 137
Rauch, Georg von 14, 132
Raun, Toivo 186
Raynal, Guillaume-Thomas François 31
Rebas, Hain 74, 174
Reich, Bernhard 80
Reinbergs (*auch* Reinberģis), Jānis 45
Renner, Karl 40
Richter, Alexander von 25
Rickert, Heinrich John 16, 135
Riekstiņš, Jānis 164, 195, 209
Rimscha, Hans von 50
Rocques, Franz von 99
Rolova, Aleksandra 195
Ronis, Indulis 133, 164, 198
Rörig, Fritz 73
Rosenberg, Alfred 100, 160
Rosenberg, Eduard Baron 48
Rousseau, Jean-Jacques 34
Roziņš, Fricis 45 f., 91, 98, 144
Rubiks, Alfrēds 212
Rudzītis, Helmārs 168
Rudzutaks, Jānis 81, 84, 86
Rutenberg, Otto von 32, 44

Samarin, Jurij F. 26
Samsons, Vilis 156 f., 164 f., 195
Šaurums, Gustavs 55
Savčenko, Vasilij I. 156
Saveleva, Irina 195
Ščerbinskis, Valters 20, 197, 199, 203
Scheel, Otto 73
Schiemann, Paul 215
Schirren, Carl 25 f.
Schlözer, August Ludwig 30
Schneier, Aaron 199
Schwab, George D. 199
Seile, Valērija 62
Selter, Karl 169
Šenberga, Ilze 17
Senn, Alfred Erich 199
Seskis, Jānis 76
Šilde, Ādolfs 168, 171, 174, 182
Silgailis, Artūrs 174, 185
Šiliņš, Jānis 176
Siliņš, Matiss 41 f.
Šimkuva, Helēna 174
Sīpols, Vilis 145
Skapars, Kārlis 176

Šķilters, Kārlis 86 f.
Skujenieks, Marģers 77 f., 151
Šleiere, Dagnija 168, 179, 181
Šleiers, Georgs (Juris) 168, 179
Smith, David 199
Šmits, Pēteris 57, 59, 61 f.
Šnore, Elvīra 65, 117, 120, 135, 139
Šnore, Rauls 65, 106, 117
Šojgu, Sergej K. 192
Sokolov, Boris V. 219
Solov'jov, Sergej M. 127
Sombart, Werner 180
Soms, Kārlis *siehe* Kaufmanis, Kārlis
Spāģis, Andrejs 34
Spārītis, Ojārs 203, 216
Spekke, Arnolds 56, 61, 68, 171, 178, 180
Spengler, Oswald 108
Spreslis, Auseklis 135, 163
Sprūds, Andris 211
Stalin, Iosif V. 82, 90, 93, 112 f., 120, 123, 126, 129, 134, 138, 146, 151
Štamberga (Stammberg), Vilma (Wilma) 93
Stankevičs, Edmunds 202
Stavenhagen, Oskar 57
Stegmanis, Arturs 163
Šteimans, Josifs 11
Šteinbergs, Valentīns 120
Šteinhauers, Jānis 41
Steinmeier, Frank-Walter 200
Stender, Friedrich 30
Stepe, Fricis 93
Stepermanis, Marģers 58, 64, 71, 96-98, 103, 106 f., 117-118, 134, 138
Šterns, Indriķis 171, 213
Stikāne, Vija 213
Stradiņš, Jānis 27, 60, 134, 216
Stranga, Aivars 164, 196, 199, 210
Straube, Gvido 196, 198
Straubergs, Jānis 70, 117
Straubergs, Kārlis 57, 70, 117
Štrauss, K. 87
Štrauss, V. 85
Strazdiņš, Kārlis 87 120, 135
Strēlerte, Veronika 176
Strenga, Gustavs 197, 210 f., 213
Stritzky, Erich von 103
Stritzky, Karl (Carl Christoph) von 100, 101-104, 107
Strods, Heinrihs 12, 174, 198
Stučka, Dora 85
Stucka, K. 85

Stučka, Pēteris 34, 40, 49, 67, 80 f., 84, 86, 88 f., 91, 93 f., 114, 144-146, 151, 195
Šturms, Eduards 58, 65, 98, 105, 107, 173, 176
Suslovs, Michail A. 113 f.
Švābe, Arveds 12, 14, 20, 41, 55, 57-59, 61, 63, 69 f., 72, 75 f., 90, 96 f., 104-109, 117, 134 f., 141, 160 f., 167, 171, 173 f., 175-180, 224
Švābe, Lidija 178
Svarāne, Melita 158
Sverdlov, Jakov M. 89

Tacitus 37
Tallgren, Aarne Michaël 61 f.
Tatiščev, Vasilij N. 127
Taube, Arved von 134
Taube, Meta 158
Tauber, Joachim 199
Taurēns, Jānis 208, 210
Tentelis, Augusts 11, 31, 55, 58, 61, 63-65, 69, 75, 97, 105, 117, 135, 179
Tetsch, Karl Ludwig 25
Thomson, Erik 134
Thrane, Henrik 193
Tīfenkopfs, Tālis 211
Tobien, Alexander von 71
Transehe-Roseneck, Astaf von 46
Trapāns, Jānis Arveds 12, 172, 174
Treu, Hermann 33
Trockij, Lev 82
Troeltsch, Ernst 180
Trops, H. 65
Tuchačevskij, Michail N. 85
Tumans, Harijs 210
Tunberg, Sven 62

Udal'cov, Aleksandr D. 137
Ūdre, Aurora 156
Uibopuu, Henn-Jüri 174
Ulmanis, Guntis 190, 198
Ulmanis, Kārlis 48, 53 f., 56, 59, 63 f., 66, 68, 70 f., 74 f., 89, 101, 104, 116, 119, 144, 149, 152, 167, 169 f., 182, 185, 198, 222
Upīts, Andrejs 138
Urbanovičs, Jānis 211

Vāciete, Margarete 85
Vācietis, Jukums 81, 90, 147, 182 f.
Valdemārs, Krišjānis 21, 34-37, 37, 43 f., 65, 214
Valdess-Bērziņš, Rihards 53

Valdmanis, Alfrēds 169
Valeskalns, Pēteris 87, 120
Valters (*auch* Walter), Miķelis 34, 46, 178
Veinbergs (*auch* Weinberg), Fricis 45
Veiss, Eduards 92
Velme, Jānis 35
Vestermanis, Marģers 199, 207
Vičš, Andrejs 117
Vīgrabs, Juris 65, 173 f.
Vīķe-Freiberga, Vaira 192, 200
Vīksne, Pauls 85
Vīksniņš, Nikolajs 171, 177 f.
Vinovskis, Māris 172
Vipper Boris R. 96, 98
Vipper, Robert Iu. 16, 57, 61, 75, 96, 98, 133, 138, 181, 222
Virchow, Rudolf 28
Virsis, Mārtiņš 164, 196, 198
Vītols, Jāzeps 176
Vogel, Walther 73
Voss, Augusts 195
Vucinich, Wayne 186
Vulfsons, Mavriks 160, 164
Vyšinski, Andrej J. 94, 96, 120, 154

Wagner, Daniel Ernst 25
Wahlbäck, Krister 199
Waitz, Georg 26 f,
Waldemar, Christian *siehe* Valdemārs
Wallin, Harry 61

Watson, Karl 30
Weber, Max 180
Weinberg, Fritz *siehe* Veinbergs, Fricis
Wittram, Reinhard 133, 174, 178
Wohlfart (*auch* Volfarte), Kristine 197

Žagars, Ēriks 156, 160, 164, 194, 198
Zaķe (*auch* Zake), Ieva 197, 214
Zālīte, Indulis 201
Zanders, Māris 210
Zariņš, Kārlis 167
Zariņš, Vilnis 160
Zatlers, Valdis 202
Zelče, Vita 194, 197
Zeids, Teodors 12, 58, 69, 106 f., 117, 119, 139, 158
Zellis, Kaspars 13, 197, 210
Zemgals, Gustavs 48
Zemītis. Guntis 16, 198
Zemzaris, Jānis 106, 117, 119
Ziegenhorn, Christoph Georg 25
Ziemelis, Sigurds 133, 142
Zile, Alma 126
Zīle, Ļubova 122, 158, 164, 195, 208
Žilinskis, Jēkabs 84
Zschokke, Heinrich 33
Zunda, Antonijs 199, 203
Zutis, Jānis 14, 86 f., 129 f., 132 f., 135-139, 141